2023

ESCOLA DE SARGENTOS DAS ARMAS ESA

4ª EDIÇÃO

Proteção de direitos

Todos os direitos autorais desta obra são reservados e protegidos pela Lei nº 9.610/1998. É proibida a reprodução de qualquer parte deste material didático, sem autorização prévia expressa por escrito do autor e da editora, por quaisquer meios empregados, sejam eletrônicos, mecânicos, videográficos, fonográficos, reprográficos, microfílmicos, fotográficos, gráficos ou quaisquer outros que possam vir a ser criados. Essas proibições também se aplicam à editoração da obra, bem como às suas características gráficas.

Diretor Geral: Evandro Guedes
Diretor de TI: Jadson Siqueira
Diretor Editorial: Javert Falco
Gerente Editorial: Mariana Passos
Editor(a): Mateus Ruhmke Vazzoller
Gerente de Editoração: Alexandre Rossa
Diagramador(a): Emilly Lazarotto

Português
Adriano Paccielo, Giancarla Bombonato, Glaucia Cansian, Pablo Jamilk, Priscila Conte

Matemática
Daniel Lustosa

História e Geografia do Brasil
Julio Raizer e Oliveira (Oli) Soares

Inglês
Ely Cuimbra, Guilherme Figura e Henrique Ferreira

Dados Internacionais de Catalogação na Publicação (CIP)
Jéssica de Oliveira Molinari CRB-8/9852

E73
    Escola de Sargentos das Armas : ESA / Equipe de professores Alfacon. – 4. ed. - Cascavel, PR : AlfaCon, 2023.

    320 p.

    Bibliografia
    ISBN 978-65-5918-485-9

    1. Serviço público - Concursos – Brasil 2. Língua portuguesa 3. Matemática 4. Ciências sociais 5. Língua inglesa

22-6603   **CDD 351.81076**

Índices para catálogo sistemático:
1. Serviço público - Brasil - Concursos

Dúvidas?
Acesse: www.alfaconcursos.com.br/atendimento
Núcleo Editorial:
    Rua: Paraná, nº 3193, Centro - Cascavel/PR
    CEP: 85810-010

Núcleo Comercial/Centro de Distribuição:
    Rua: Dias Leme, nº 489, Mooca - São Paulo/SP
    CEP: 03118-040

SAC: (45) 3037-8888

Data de fechamento
1ª impressão:
02/01/2023

www.alfaconcursos.com.br/apostilas

Atualizações e erratas
Esta obra é vendida como se apresenta. Atualizações – definidas a critério exclusivo da Editora AlfaCon, mediante análise pedagógica – e erratas serão disponibilizadas no site www.alfaconcursos.com.br/codigo, por meio do código disponível no final do material didático. Ressaltamos que há a preocupação de oferecer ao leitor uma obra com a melhor qualidade possível, sem a incidência de erros técnicos e/ou de conteúdo. Caso ocorra alguma incorreção, solicitamos que o leitor, atenciosamente, colabore com sugestões, por meio do setor de atendimento do AlfaCon Concursos Públicos.

APRESENTAÇÃO

A chance de fazer parte do Serviço Público chegou, e a oportunidade está no concurso para **Escola de Sargentos das Armas - ESA**. Neste universo dos concursos públicos, estar bem-preparado faz toda a diferença e para ingressar nesta carreira, é fundamental que esteja preparado com os conteúdos que o AlfaCon julga mais importante cobrados na prova:

Aqui, você encontrará os conteúdos básicos de

> Português
> Matemática
> História e Geografia do Brasil
> Inglês

O AlfaCon preparou todo o material com explicações, reunindo os principais conteúdos relacionados a prova, dando ênfase aos tópicos mais cobrados. ESTEJA ATENTO AO CONTEÚDO ONLINE POR MEIO DO CÓDIGO DE RESGATE, para que você tenha acesso a todo conteúdo do solicitado pelo edital.

Desfrute de seu material o máximo possível, estamos juntos nessa conquista!

Bons estudos e rumo à sua aprovação!

COMO ESTUDAR PARA UM CONCURSO PÚBLICO!

Para se preparar para um concurso público, não basta somente estudar o conteúdo. É preciso adotar metodologias e ferramentas, como plano de estudo, que ajudem o concurseiro em sua organização.

As informações disponibilizadas são resultado de anos de experiência nesta área e apontam que estudar de forma direcionada traz ótimos resultados ao aluno.

Curso on-line GRATUITO

- Como montar caderno
- Como estudar
- Como e quando fazer simulados
- O que fazer antes, durante e depois de uma prova!

Ou pelo link: alfaconcursos.com.br/cursos/material-didatico-como-estudar

ORGANIZAÇÃO

Organização é o primeiro passo para quem deseja se preparar para um concurso público.

Conhecer o conteúdo programático é fundamental para um estudo eficiente, pois os concursos seguem uma tendência e as matérias são previsíveis. Usar o edital anterior - que apresenta pouca variação de um para outro - como base é uma boa opção.

Quem estuda a partir desse núcleo comum precisa somente ajustar os estudos quando os editais são publicados.

PLANO DE ESTUDO

Depois de verificar as disciplinas apresentadas no edital, as regras determinadas para o concurso e as características da banca examinadora, é hora de construir uma tabela com seus horários de estudo, na qual todas as matérias e atividades desenvolvidas na fase preparatória estejam dispostas.

PASSO A PASSO

VEJA AS ETAPAS FUNDAMENTAIS PARA ORGANIZAR SEUS ESTUDOS

PASSO 1
Selecionar as disciplinas que serão estudadas.

PASSO 2
Organizar sua rotina diária: marcar pontualmente tudo o que é feito durante 24 horas, inclusive o tempo que é destinado para dormir, por exemplo.

PASSO 3
Organizar a tabela semanal: dividir o horário para que você estude 2 matérias por dia e também destine um tempo para a resolução de exercícios e/ou revisão de conteúdos.

PASSO 4
Seguir rigorosamente o que está na tabela, ou seja, destinar o mesmo tempo de estudo para cada matéria. Por exemplo: 2h/dia para cada disciplina.

PASSO 5
Reservar um dia por semana para fazer exercícios, redação e também simulados.

Esta tabela é uma sugestão de como você pode organizar seu plano de estudo. Para cada dia, você deve reservar um tempo para duas disciplinas e também para a resolução de exercícios e/ou revisão de conteúdos. Fique atento ao fato de que o horário precisa ser determinado por você, ou seja, a duração e o momento do dia em que será feito o estudo é você quem escolhe.

AlfaCon
Concursos Públicos

TABELA SEMANAL

SEMANA	SEGUNDA	TERÇA	QUARTA	QUINTA	SEXTA	SÁBADO	DOMINGO
1							
2							
3							
4							

SUMÁRIO

PORTUGUÊS..**17**

1. FONOLOGIA.. 18
   1.1 Partição silábica.. 18
2. ACENTUAÇÃO GRÁFICA... 19
   2.1 Padrões de tonicidade.. 19
   2.2 Encontros vocálicos.. 19
   2.3 Regras gerais.. 19
3. ACORDO ORTOGRÁFICO DA LÍNGUA PORTUGUESA........... 20
   3.1 Trema.. 20
   3.2 Regras de acentuação... 20
   3.3 Hífen com compostos.. 20
   3.4 Uso do hífen com palavras formadas por prefixos......... 21
4. ORTOGRAFIA.. 24
   4.1 Alfabeto... 24
   4.2 Emprego da letra H... 24
   4.3 Emprego de E e I.. 24
   4.4 Emprego de O e U... 24
   4.5 Emprego de G e J.. 25
   4.6 Orientações sobre a grafia do fonema /s/.................... 25
   4.7 Emprego da letra Z.. 26
   4.8 Emprego do X e do CH... 26
   4.9 Escreveremos com X.. 26
   4.10 Escreveremos com CH.. 26
5. NÍVEIS DE ANÁLISE DA LÍNGUA................................... 27
6. ESTRUTURA E FORMAÇÃO DE PALAVRAS....................... 27
   6.1 Estrutura das palavras.. 27
   6.2 Radicais gregos e latinos....................................... 27
   6.3 Origem das palavras de Língua Portuguesa................. 28
   6.4 Processos de formação de palavras........................... 28
   6.5 Acrônimo ou sigla... 29
   6.6 Onomatopeia ou reduplicação.................................. 29
7. MORFOLOGIA... 30
   7.1 Substantivos... 30
   7.2 Artigo.. 30
   7.3 Pronome.. 31
   7.4 Verbo.. 35
   7.5 Adjetivo... 40
   7.6 Advérbio.. 42
   7.7 Conjunção.. 42
   7.8 Interjeição... 43
   7.9 Numeral... 43
   7.10 Preposição.. 45

Sumário

Sumário

8. SINTAXE BÁSICA 46
8.1 Período simples (oração) 46
8.2 Termos integrantes da oração 47
8.3 Termos acessórios da oração..47
8.4 Período composto 47

9. FUNÇÕES DO "SE" 50
9.1 Partícula apassivadora 50
9.2 Pronome reflexivo 50
9.3 Pronome recíproco 50
9.4 Partícula expletiva (de realce) 50
9.5 Pronome indeterminador do sujeito 50
9.6 Parte do verbo pronominal 50
9.7 Conjunção 50

10. FUNÇÕES DO "QUE" 51
10.1 Substantivo..51
10.2 Pronome...51
10.3 Interjeição 51
10.4 Preposição 51
10.5 Advérbio 51
10.6 Conjunção 51
10.7 Conjunção subordinativa 51
10.8 Partícula expletiva (de realce)...51

11. CONCORDÂNCIA VERBAL E NOMINAL 52
11.1 Concordância verbal...52
11.2 Concordância nominal 53

12. REGÊNCIA VERBAL E NOMINAL......................................54
12.1 Regência verbal 54
12.2 Regência nominal 55

13. PARALELISMO...56
13.1 Paralelismo sintático 56
13.2 Paralelismo semântico 56

14. COLOCAÇÃO PRONOMINAL...57
14.1 Regras de próclise 57
14.2 Regras de mesóclise 57
14.3 Regras de ênclise 57
14.4 Casos facultativos..57

15. CRASE...58
15.1 Crase proibitiva 58
15.2 Crase obrigatória 58
15.3 Crase facultativa 58

16. PONTUAÇÃO...59
16.1 Principais sinais e usos..59

17. PARÁFRASE 61
17.1 Passos da paráfrase...61

18. REESCRITURA DE FRASES **62**
18.1 Substituição de palavras ou de trechos de texto 62
18.2 Conectores de mesmo valor semântico 62
18.3 Retextualização de diferentes gêneros e níveis de formalidade............62

19. FIGURAS DE LINGUAGEM **65**
19.1 Vícios de linguagem 66
19.2 Funções da linguagem 66

20. TIPOLOGIA TEXTUAL **68**
20.1 Texto narrativo 68
20.2 Texto dissertativo 68
20.3 Texto descritivo 69
20.4 Conotação × denotação 69

21. GÊNEROS TEXTUAIS **70**
21.1 Gêneros textuais e esferas de circulação...70
21.2 Exemplos de gêneros textuais..70

22. COMPREENSÃO E INTERPRETAÇÃO DE TEXTOS..................**73**
22.1 Ideias preliminares sobre o assunto 73
22.2 Semântica ou pragmática? 73
22.3 Questão de interpretação 73
22.4 Dicas para interpretação..73
22.5 Dicas para organização..74

23. INTERPRETAÇÃO DE TEXTO POÉTICO **76**
23.1 Tradução de sentido...76
23.2 Organização de texto 76
23.3 Significação das palavras 77
23.4 Inferência 77

24. TIPOS DE DISCURSO..**79**
24.1 Discurso direto 79
24.2 Discurso indireto 79
24.3 Discurso indireto livre..79

25. INTRODUÇÃO À LITERATURA **80**
25.1 A arte literária..80
25.2 Gêneros literários...80
25.3 Noções de versificação 81
25.4 Evolução da arte literária em portugal e no Brasil 82

26. LITERATURA BRASILEIRA...**84**
26.1 Contexto histórico..84
26.2 Quinhentismo 84
26.3 Barroco..84
26.4 Arcadismo 85
26.5 Romantismo 85
26.6 Realismo 86
26.7 Naturalismo 86

Sumário

Sumário

26.8 Impressionismo...87
26.9 Parnasianismo..87
26.10 Simbolismo..87
26.11 Movimentos da Vanguarda Europeia no Brasil.................87
26.12 Modernismo..87
26.13 Tendências da Literatura Contemporânea......................88

MATEMÁTICA 89

1 CONJUNTOS...90
1.1 Definição..90
1.2 Subconjuntos..90
1.3 Operações com conjuntos...90

2 CONJUNTOS NUMÉRICOS...92
2.1 Números naturais..92
2.2 Números inteiros...92
2.3 Números racionais...92
2.4 Números irracionais...94
2.5 Números reais...94
2.6 Intervalos...94
2.7 Múltiplos e divisores..94
2.8 Números primos..94
2.9 MMC e MDC..94
2.10 Divisibilidade..95
2.11 Expressões numéricas..95

3 PROPORCIONALIDADE 96
3.1 Grandeza..96
3.2 Razão...96
3.3 Proporção...96
3.4 Divisão em partes proporcionais...96
3.5 Regra das torneiras...97
3.6 Regra de três..97

4 NOÇÕES DE MATEMÁTICA FINANCEIRA................................98
4.1 Porcentagem...98
4.2 Lucro e prejuízo..98
4.3 Juros simples..98
4.4 Juros compostos...98
4.5 Capitalização..98

5 NÚMEROS COMPLEXOS...99
5.1 Unidade imaginária..99
5.2 Forma algébrica de um número complexo............................99
5.3 Conjugado e módulo de um número complexo.....................99
5.4 Forma trigonométrica de um número complexo....................99
5.5 Operações com números complexos....................................99

6 FUNÇÕES 100
6.1 Definições 100
6.2 Plano cartesiano 100
6.3 Funções injetoras, sobrejetoras e bijetoras 100
6.4 Funções crescentes, decrescentes e constantes 100
6.5 Funções inversas e compostas 100
6.6 Função afim 101
6.7 Equação e função exponencial 103
6.8 Equação e função logarítmica 103

7 TRIGONOMETRIA 105
7.1 Triângulos 105
7.2 Trigonometria no triângulo retângulo 105
7.3 Trigonometria em um triângulo qualquer 105
7.4 Medidas dos ângulos 105
7.5 Ciclo trigonométrico 106
7.6 Funções trigonométricas 107
7.7 Identidades e operações trigonométricas 107
7.8 Bissecção de arcos ou arco metade 108

8 ANÁLISE COMBINATÓRIA 109
8.1 Definição 109
8.2 Fatorial 109
8.3 Princípio fundamental da contagem (PFC) 109
8.4 Arranjo e combinação 109
8.5 Permutação 110

9 PROBABILIDADE 112
9.1 Definições 112
9.2 Fórmula da probabilidade 112
9.3 Eventos complementares 112
9.4 Casos especiais de probabilidade 112

10 SEQUÊNCIAS NUMÉRICAS 114
10.1 Definições 114
10.2 Lei de formação de uma sequência 114
10.3 Progressão aritmética (P.A.) 114
10.4 Progressão geométrica (P.G.) 115

11 MATRIZES 116
11.1 Representação de uma matriz 116
11.2 Lei de formação de uma matriz 116
11.3 Tipos de matrizes 116
11.4 Operações com matrizes 117
11.5 Multiplicação de matrizes 117

12 DETERMINANTES 119
12.1 Cálculo dos determinantes 119
12.2 Propriedades dos determinantes 120

Sumário

Sumário

13 SISTEMAS LINEARES 122
13.1 Representação de um sistema linear em forma de matriz.................122
13.2 Resolução de um sistema linear..122

14 GEOMETRIA PLANA..123
14.1 Semelhanças de figuras 123
14.2 Relações métricas nos triângulos 123
14.3 Quadriláteros...124
14.4 Polígonos regulares..125
14.5 Círculos e circunferências 126
14.6 Polígonos regulares inscritos e circunscritos 126
14.7 Perímetros e áreas dos polígonos e círculos 128

15 GEOMETRIA ESPACIAL...129
15.1 Retas e planos...129
15.2 Prismas 130
15.3 Cilindro 134
15.4 Cone circular 135
15.5 Pirâmides 136
15.6 Troncos..137
15.7 Esfera 138

16 GEOMETRIA ANALÍTICA...140
16.1 Ponto 140
16.2 Reta 141
16.3 Circunferência 143

17 POLINÔMIOS..146
17.1 Definições 146
17.2 Função polinomial 146
17.3 Polinômio nulo..146
17.4 Grau de um polinômio 146
17.5 Identidade entre polinômios 146
17.6 Valor numérico de um polinômio..146
17.7 Operações com polinômios..146
17.8 Divisões com polinômios 146
17.9 Equações polinomiais 147

HISTÓRIA E GEOGRAFIA DO BRASIL 148

1 A EXPANSÃO ULTRAMARINA EUROPEIA DOS SÉCULOS XV E XVI..................149
1.1 As Navegações Portuguesas..149
1.2 As Navegações Espanholas..150
1.3 As Navegações Francesas, Inglesas e Holandesas...............................150

2 O SISTEMA COLONIAL PORTUGUÊS NA AMÉRICA 152
2.1 Período Colonial 152
2.2 Estrutura Político-Administrativa 152
2.3 Estrutura Socioeconômica 153
2.4 Expansão Territorial Brasileira 156
2.5 Interiorização da Colonização...156

2.6 Formação das Fronteiras 157
2.7 Antecedentes da Independência do Brasil 157
2.8 Rebeliões Coloniais 158
2.9 Movimentos e Tentativas Emancipacionistas 159

3 O PERÍODO JOANINO E A INDEPENDÊNCIA 162
3.1 Família Real no Brasil 162
3.2 Processo de Independência do Brasil 162

4 BRASIL IMPERIAL 163
4.1 Primeiro Reinado (1822-1831) 163
4.2 Período Regencial 164
4.3 Revoltas Regenciais 165
4.4 Política do Regresso 166
4.5 Segundo Reinado (1840-1889) 166
4.6 Política Externa 167

5 BRASIL REPÚBLICA 170
5.1 Crise da Monarquia e Proclamação da República 170
5.2 República Velha ou Oligárquica (1894-1930) 171

6 REVOLUÇÃO DE 1930 175
6.1 Era Vargas (1930-1945) 175
6.2 Plano Cohen 177
6.3 Estado Novo 177
6.4 Estrutura Política do Estado Novo 177
6.5 Economia no Estado Novo 177
6.6 Brasil e a Segunda Guerra Mundial 177
6.7 Governo Eurico Gaspar Dutra (1946-1950) 178
6.8 Getúlio Vargas (1951-1954) 178
6.9 Juscelino Kubitschek (1956-1960) 179
6.10 Jânio Quadros (1961) 179
6.11 João Goulart (1961-1964) 180

7 BRASIL POLÍTICO: NAÇÃO E TERRITÓRIO 181
7.1 Estrutura Política e Administrativa 181
7.2 Formação das Fronteiras ao Longo da História 182
7.3 A independência e a identidade nacional 183
7.4 O Período Republicano 183
7.5 Extensão, Localização e Limites 183
7.6 Pontos Extremos - o Brasil vai do Oiapoque ao Chuí? 184
7.7 Equidistância 184

8 ESTRUTURA GEOLÓGICA E RELEVO DO BRASIL 185
8.1 Estrutura Geológica 185
8.2 Classificações de Relevo do Brasil 189

9 CLIMAS DO BRASIL 192
9.1 Caracterização Geral 192
9.2 Massas Atmosféricas 192
9.3 Classificação Climática 193

Sumário

Sumário

10 HIDROGRAFIA DO BRASIL **197**

10.1 Bacias Hidrográficas Brasileiras – CNRH (Conselho Nacional de Recursos Hídricos).. 197

10.2 O Mar Territorial Brasileiro e a Degradação dos Recursos – Amazônia Azul 203

11 DOMÍNIOS MORFOCLIMÁTICOS **205**

11.1 Domínios da Natureza do Brasil.. 205

11.2 Domínio Amazônico e Terras Baixas Florestadas Equatoriais 205

11.3 Domínio da Caatinga e Depressões Intermontanas e Interplanálticas Semiáridas.. 205

11.4 Domínio do Cerrado e Chapadões Tropicais Interiores com Cerrados e Florestas-Galeria 205

11.5 Domínio das Araucárias e Planaltos Subtropicais com Araucária........ 206

11.6 Domínio dos Mares de Morros e Áreas Mamelonares Tropical-Atlântica Florestadas.. 206

11.7 Domínio das Pradarias e Coxilhas Subtropicais com Prada Mistas 206

11.8 Faixas Transicionais 206

11.9 Principais Ameaças aos Domínios Morfoclimáticos.............................. 206

12 A QUESTÃO AMBIENTAL NO BRASIL **208**

12.1 A Questão Ambiental... 208

13 BRASIL: LOCALIZAÇÃO GEOGRÁFICA **216**

13.1 Pontos Extremos 216

13.2 Divisão Oficial do IBGE 217

13.3 A Divisão do IBGE (Macrorregiões).. 219

13.4 Pedro Pinchas Geiger 219

14 BRASIL: ASPECTOS DEMOGRÁFICOS **223**

14.1 A Distribuição da População 223

14.2 O Crescimento da População 223

14.3 Pirâmides Etárias 223

14.4 Setores de Atividades.. 224

14.5 Migrações Externas no Brasil.. 228

14.6 Migrações Internas no Brasil 230

15 URBANIZAÇÃO BRASILEIRA **232**

15.1 Regiões Metropolitanas 232

15.2 A Hierarquia Urbana 233

15.3 Redes Urbanas.. 233

16 AGROPECUÁRIA BRASILEIRA **234**

16.1 Engenhos de Cana-de-Açúcar 234

16.2 Estrutura Fundiária 235

16.3 As Lutas pela Posse da Terra 237

16.4 Principais Rebanhos Brasileiros 239

17 RECURSOS MINERAIS NO BRASIL **241**

18 ENERGIA NO BRASIL **245**

19 INDUSTRIALIZAÇÃO BRASILEIRA **251**

20 MODELO ECONÔMICO BRASILEIRO 255
   20.1 O Processo de Industrialização.................................. 255
   20.2 Fontes de Energia.. 257
   20.3 Complexos Agroindustriais... 260

21 POLÍTICAS TERRITORIAIS E REGIONAIS 263
   21.1 Amazônia 263
   21.2 Nordeste 264
   21.3 O Mercosul e a América do Sul.................................. 265

INGLÊS 267

1 NUMBERS, PRONOUNS AND DEFINITE AND INDEFINITE ARTICLES..............268
   1.1 Cardinal numbers.. 268
   1.2 Ordinal numbers.. 268
   1.3 Articles.. 268
   1.4 Indefinite articles.. 269
   1.5 Pronouns.. 269

2 SIMPLE PRESENT, POSSESSIVE ADJECTIVES, POSSESSIVE PRONOUNS, GENITIVE CASE..272
   2.1 Simple Present 272

3 POSSESSIVE ADJECTIVES X POSSESSIVE PRONOUNS 273
   3.1 Genitive case... 273

4 PRESENT CONTINUOUS, ADJECTIVES AND ADVERBS..............274
   4.1 Present continuous... 274
   4.2 Adjetivos.. 274
   4.3 Advérbios 274

5 SIMPLE PAST, PAST CONTINUOUS, THERE TO BE 276
   5.1 Simple past 276
   5.2 Past continuous.. 276
   5.3 There To Be 276

6 IMPERATIVO, SUBJUNTIVO, QUESTION WORDS, DEMONSTRATIVE PRONOUNS 278
   6.1 Imperativo 278
   6.2 Forma do subjuntivo 278
   6.3 Question Words... 278
   6.4 Demonstrative Pronouns... 278

7 COMPARATIVE ADJECTIVES, SUPERLATIVE ADJECTIVES 280
   7.1 Comparative Adjectives.. 280
   7.2 Superlative of superiority 280

8 QUESTION TAGS, PREPOSIÇÕES DE LUGAR E TEMPO..............282
   8.1 Question tags.. 282
   8.2 Preposições 282
   8.3 Preposições de lugar 282

Sumário

Sumário

9 SIMPLE FUTURE, FUTURE WITH BE GOING TO 283
    9.1 Simple future 283
    9.2 Future with be going to 283

10 MODAL VERBS, NOUNS, QUANTIFIERS, INDEFINETE PRONOUNS 284
    10.1 Modal Verbs.. 284
    10.2 Nouns 284
    10.3 Quantifiers 285
    10.4 Indefinite pronouns 285

11 PRESENT PERFECT, PRESENT PERFECT CONTINUOUS 286
    11.1 Present Perfect 286
    11.2 Present perfect continuous 286

12 PAST PERFECT, PAST PERFECT CONTINUOUS 287
    12.1 Past perfect 287
    12.2 Past perfect continuous.. 287

13 PASSIVE VOICE 288

14 GERUND AND INFINITIVE, CONJUNCTIONS 289
    14.1 Gerund X Infinitive.. 289
    14.2 Conjunctions.. 289

15 CONDITIONAL SENTENCES, REPORTED SPEECH 291
    15.1 Conditional sentences.. 291
    15.2 Reported speech.. 291

16 RELATIVE PRONOUNS AND ADVERBS, PHRASAL VERBS 293
    16.1 Relative Pronouns 293
    16.2 Relative adverbs.. 293
    16.3 Phrasal Verbs 293

17 LINKING WORDS 294

18 INTERPRETAÇÃO DE TEXTOS 296

19 APÊNDICE 302

SIMULADO PARA ESA **304**

    1 GABARITOS 320

PORTUGUÊS

1. FONOLOGIA

Para escrever corretamente, dentro das normas aplicadas pela gramática, é preciso estudar o menor elemento sonoro de uma palavra: o fonema. A fonologia, então, é o estudo feito dos fonemas.

Os fonemas podem ser classificados em vogais, semivogais e consoantes. Esta qualificação ocorre de acordo com a forma como o ar passa pela boca e/ou nariz e como as cordas vocais vibram para produzir o som deles.

Cuidado para não confundir fonema com letra! A letra é a representação gráfica do fonema. Uma palavra pode ter quantidades diferentes de letras e fonemas.

Por exemplo:

Manhã: 5 letras

m/ /a/ /nh/ /ã/: 4 fonemas

- **Vogais:** existem **vogais nasais**, quando ocorre o movimento do ar saindo pela boca e pelo nariz. Tais vogais acompanham as letras m e n, ou também podem estar marcadas pelo til (~). No caso das **vogais orais**, o som passa apenas pela boca.

    Por exemplo:

    Mãe, lindo, tromba → vogais nasais

    Flor, calor, festa → vogais orais

- **Semivogais:** os fonemas /i/ e /u/ acompanhados por uma vogal na mesma sílaba da palavra constituem as semivogais. O som das semivogais é mais fraco do que o das vogais.

    Por exemplo: automóvel, história.

- **Consoantes:** quando o ar que sai pela boca sofre uma quebra formada por uma barreira como a língua, os lábios ou os dentes. São elas: b, c, d, f, g, j, k, l, lh, m, n, nh, p, rr, r, s, t, v, ch, z.

Lembre-se de que estamos tratando de fonemas, e não de letras. Por isso, os dígrafos também são citados como consoantes: os dígrafos são os encontros de duas consoantes, também chamados de encontros consonantais.

O encontro de dois sons vocálicos, ou seja, vogais ou semivogais, chama-se encontro vocálico. Eles são divididos em: ditongo, tritongo e hiato.

- **Ditongo:** na mesma sílaba, estão uma vogal e uma semivogal.

    Por exemplo: p**ai** (**A** → vogal, **I** → semivogal).

- **Tritongo:** na mesma sílaba, estão juntas uma semivogal, uma vogal e outra semivogal.

    Por exemplo: Urug**uai** (**U** → semivogal, **A** → vogal, **I** → semivogal).

- **Hiato:** são duas vogais juntas na mesma palavra, mas em sílabas diferentes.

    Por exemplo: juíza (ju-í-za).

1.1 Partição silábica

Quando um fonema é falado em uma só expiração, ou seja, em uma única saída de ar, ele recebe o nome de sílaba. As palavras podem ser classificadas de diferentes formas, de acordo com a quantidade de sílabas ou quanto à sílaba tônica.

Pela quantidade de sílabas, as palavras podem ser:

- Monossílaba: 1 sílaba.

    Por exemplo: céu (monossílaba).

- Dissílaba: 2 sílabas.

    Por exemplo: jovem (jo-vem).

- Trissílaba: 3 sílabas.

    Por exemplo: palhaço (pa-lha-ço).

- Polissílaba: 4 ou mais sílabas.

    Por exemplo: dignidade (dig-ni-da-de,), particularmente (par-ti-cu-lar-men-te).

Pela tonicidade, ou seja, pela força com que a sílaba é falada e sua posição na palavra:

- **Oxítona:** a última sílaba é a tônica.
- **Paroxítona:** a penúltima sílaba é a tônica.
- **Proparoxítona:** a antepenúltima sílaba é a tônica.

A identificação da posição da sílaba tônica de uma palavra é feita de trás para frente. Desta forma, uma palavra oxítona possui como sílaba tônica a sílaba final da palavra.

Para realizar uma correta divisão silábica, é preciso ficar atento às regras.

- Não separe ditongos e tritongos.

    Por exemplo: sau-da-de, sa-guão.

- Não separe os dígrafos **CH, LH, NH, GU, QU**.

    Por exemplo: ca-**ch**o, a-be-**lh**a, ga-li-**nh**a, Gui-**lh**er-me, **qu**e-ri-do.

- Não separe encontros consonantais que iniciam sílaba.

    Por exemplo: **ps**i-có-lo-go, a-**gl**u-ti-nar.

- Separe as vogais que formam um hiato.

    Por exemplo: pa-**ra**-í-so, sa-ú-de.

- Separe os dígrafos **RR, SS, SC, SÇ, XC**.

    Por exemplo: ba**r-r**i-ga, a**s-s**ado, pi**s-c**i-na, cre**s-ç**o, e**x-c**e-der.

- Separe as consoantes que estejam em sílabas diferentes.

    Por exemplo: a**d-j**un-to, sub**s-t**an-ti-vo, pra**g-m**á-ti-co.

PORTUGUÊS

2. ACENTUAÇÃO GRÁFICA

Antes de começar o estudo, é importante que você entenda quais são os padrões de tonicidade da Língua Portuguesa e quais são os encontros vocálicos presentes na Língua. Assim, fica mais fácil entender quais são as regras e como elas surgem.

2.1 Padrões de tonicidade

- **Palavras oxítonas:** última sílaba tônica (*so-***fá**, *ca-***fé**, *ji-***ló**).
- **Palavras paroxítonas:** penúltima sílaba tônica (fer-**ru**-gem, a-**du**-bo, sa-**ú**-de).
- **Palavras proparoxítonas:** antepenúltima sílaba tônica (**â**-ni-mo, **ví**-ti-ma, **ó**-ti-mo).

2.2 Encontros vocálicos

- **Hiato: encontro vocálico que se separa** (pi-a-no, sa-ú-de).
- **Ditongo: encontro vocálico que permanece unido na sílaba** (cha-péu, to-néis).
- **Tritongo: encontro vocálico que permanece unido na sílaba** (sa-guão, U-ru-guai).

2.3 Regras gerais

Quanto às proparoxítonas

Acentuam-se todas as palavras proparoxítonas:
- Por exemplo: **ví**-ti-ma, **â**-ni-mo, hi-per-**bó**-li-co.

Quanto às paroxítonas

Não se acentuam as paroxítonas terminadas em **A, E, O** (seguidas ou não de S) **M** e **ENS**.
- Por exemplo: cas**te**lo, gra**na**da, pa**ne**la, pe**pi**no, **pa**jem, i**ma**gens etc.

Acentuam-se as terminadas em **R, N, L, X, I** ou **IS, US, UM, UNS, PS, Ã** ou **ÃS** e ditongos.
- Por exemplo: sust**en**tável, **tó**rax, **hí**fen, **tá**xi, **ál**bum, **bí**ceps, prin**cí**pio etc.

Fique de olho em alguns casos particulares, como as palavras terminadas em **OM, ON, ONS**.
- Por exemplo: i**ân**dom; **pró**ton, **nêu**trons etc.

Com a reforma ortográfica, deixam de se acentuar as paroxítonas com **OO** e **EE**:
- Por exemplo: v**oo**, enj**oo**, perd**oo**, mag**oo**, l**ee**m, v**ee**m, d**ee**m, cr**ee**m etc.

Quanto às oxítonas

São acentuadas as terminadas em:
- **A** ou **AS**: sof**á**, Par**á**.
- **E** ou **ES**: rap**é**, caf**é**.
- **O** ou **OS**: av**ô**, cip**ó**.
- **EM** ou **ENS**: tamb**ém**, parab**éns**.

Acentuação de monossílabos

Acentuam-se os monossílabos tônicos terminados em **A, E O**, seguidos ou não de **S**.
- Por exemplo: p**á**, p**ó**, p**é**, j**á**, l**á**, f**é**, s**ó**.

Acentuação dos hiatos

Acentuam-se os hiatos quando forem formados pelas letras **I** ou **U**, sozinhas ou seguidas de **S**:
- Por exemplo: sa**ú**va, ba**ú**, bala**ú**stre, pa**ís**.

Exceções:
- Seguidas de **NH**: tainha.
- Paroxítonas antecedidas de ditongo: feiura.
- Com o **I** duplicado: xiita.

Ditongos abertos

Serão acentuados os ditongos abertos **ÉU, ÉI** e **ÓI**, com ou sem **S**, quando forem oxítonos ou monossílabos.
- Por exemplo: chap**éu**, r**éu**, tonéis, her**ói**, pastéis, hotéis, lençóis etc.

Com a reforma ortográfica, caiu o acento do ditongo aberto em posição de paroxítona.
- Por exemplo: id**ei**a, onomatop**ei**a, jib**oi**a, paran**oi**a, her**oi**co etc.

Formas verbais com hífen

Para saber se há acento em uma forma verbal com hífen, deve-se analisar o padrão de tonicidade de cada bloco da palavra:
- Aju**dá**-lo (oxítona terminada em "a" → monossílabo átono).
- Con**tar**-lhe (oxítona terminada em "r" → monossílabo átono).
- Convi**dá**-la-íamos (oxítona terminada em "a" → proparoxítona).

Verbos "ter" e "vir"

Quando escritos na 3ª pessoa do singular, não serão acentuados:
- Ele **tem/vem**.

Quando escritos na **3ª pessoa do plural**, receberão o **acento circunflexo**:
- Eles **têm/vêm**.

Nos verbos derivados das formas apresentadas anteriormente:
- Acento agudo para singular: contém, convém.
- Acento circunflexo para o plural: contêm, convêm.

Acentos diferenciais

Alguns permanecem:
- Pôde/pode (pretérito perfeito/presente simples).
- Pôr/por (verbo/preposição).
- Fôrma/forma (substantivo/verbo ou ainda substantivo).

Caiu o acento diferencial de:
- Para/pára (preposição/verbo).
- Pelo/pêlo (preposição + artigo/substantivo).
- Polo/pólo (preposição + artigo/substantivo).
- Pera/pêra (preposição + artigo/substantivo).

3. ACORDO ORTOGRÁFICO DA LÍNGUA PORTUGUESA

O Acordo Ortográfico busca simplificar as regras ortográficas da Língua Portuguesa e unificar a nossa escrita e a das demais nações de língua portuguesa: Portugal, Angola, Moçambique, Cabo Verde, Guiné-Bissau, São Tomé e Príncipe e Timor-Leste.

Sua implementação no Brasil passou por algumas etapas:
- **2009:** vigência ainda não obrigatória.
- **2010-2015:** adaptação completa às novas regras.
- **A partir de 1º de janeiro de 2016:** emprego obrigatório. O acordo ortográfico passa a ser o único formato da língua reconhecido no Brasil.

Entre as mudanças na língua portuguesa decorrentes da reforma ortográfica, podemos citar o fim do trema, alterações na forma de acentuar palavras com ditongos abertos e que sejam hiatos, supressão dos acentos diferenciais e dos acentos tônicos, novas regras para o emprego do hífen e inclusão das letras w, k e y ao idioma.

3.1 Trema

Não se usa mais o trema (¨), sinal colocado sobre a letra u para indicar que ela deve ser pronunciada nos grupos **gue, gui, que, qui**.
- Por exemplo: aguentar, bilíngue, cinquenta, delinquente, eloquente, ensanguentado, frequente, linguiça, quinquênio, sequência, sequestro, tranquilo etc.

Obs.: o trema permanece apenas nas palavras estrangeiras e em suas derivadas. Exemplos: Müller, mülleriano.

3.2 Regras de acentuação

Ditongos abertos em paroxítonas

Não se usa mais o acento dos ditongos abertos **EI** e **OI** das palavras paroxítonas (palavras que têm acento tônico na penúltima sílaba).
- Por exemplo: alcateia, androide, apoia, apoio (verbo), asteroide, boia, celuloide, claraboia, colmeia, Coreia, debiloide, epopeia, estoico, estreia, geleia, heroico, ideia, jiboia, joia, odisseia, paranoia, paranoico, plateia, tramoia etc.

Obs.: a regra vale somente para palavras paroxítonas. Assim, continuam a ser acentuadas as palavras oxítonas e os monossílabos tônicos terminados em ÉI(S), ÓI(S).
- Por exemplo: papéis, herói, heróis, dói (verbo doer), sóis etc.

A palavra **ideia** não leva mais acento, assim como **heroico**, mas o termo **herói** é acentuado.

I e U tônicos depois de um ditongo

Nas palavras paroxítonas, não se usa mais o acento no **I** e no **U** tônicos quando vierem depois de um ditongo.
- Por exemplo: baiuca, bocaiuva (tipo de palmeira), cauila (avarento).

Obs.:
- Se a palavra for oxítona e o I ou o U estiverem em posição final (ou seguidos de S), o acento permanece. Exemplos: tuiuiú, tuiuiús, Piauí.
- Se o I ou o U forem precedidos de ditongo crescente, o acento permanece. Exemplos: guaíba, Guaíra.

Hiatos EE e OO

Não se usa mais acento em palavras terminadas em **EEM** e **OO(S)**.
- Abençoo, creem, deem, doo, enjoo, leem, magoo, perdoo, povoo, veem, voos, zoo.

Acento diferencial

Não se usa mais o acento que diferenciava os pares pára/para, péla(s)/pela(s), pêlo(s)/pelo(s), pólo(s)/polo(s) e pêra/pera. Por exemplo:
> Ele para o carro.
> Ele foi ao polo Norte.
> Ele gosta de jogar polo.
> Esse gato tem pelos brancos.
> Comi uma pera.

Obs.:
- Permanece o acento diferencial em **pôde/pode**. Pôde é a forma do passado do verbo poder (pretérito perfeito do indicativo), na 3ª pessoa do singular. Pode é a forma do presente do indicativo, na 3ª pessoa do singular.
  - Por exemplo: Ontem, ele não **pôde** sair mais cedo, mas hoje ele **pode**.
- Permanece o acento diferencial em **pôr/por**. Pôr é verbo. Por é preposição.
  - Por exemplo: Vou **pôr** o livro na estante que foi feita **por** mim.
- Permanecem os acentos que diferenciam o singular do plural dos verbos ter e vir, assim como de seus derivados (manter, deter, reter, conter, convir, intervir, advir etc.). Por exemplo:
  > Ele **tem** dois carros. Eles **têm** dois carros.
  > Ele **vem** de Sorocaba. Eles **vêm** de Sorocaba.
  > Ele **mantém** a palavra. Eles **mantêm** a palavra.
  > Ele **convém** aos estudantes. Eles **convêm** aos estudantes.
  > Ele **detém** o poder. Eles **detêm** o poder.
  > Ele **intervém** em todas as aulas. Eles **intervêm** em todas as aulas.
- É facultativo o uso do acento circunflexo para diferenciar as palavras **forma/fôrma**. Em alguns casos, o uso do acento deixa a frase mais clara. Por exemplo: Qual é a forma da fôrma do bolo?

Acento agudo no U tônico

Não se usa mais o acento agudo no **U** tônico das formas (tu) arguis, (ele) argui, (eles) arguem, do presente do indicativo dos verbos **arguir** e **redarguir**.

3.3 Hífen com compostos

Palavras compostas sem elementos de ligação

Usa-se o hífen nas palavras compostas que não apresentam elementos de ligação.
- Por exemplo: guarda-chuva, arco-íris, boa-fé, segunda-feira, mesa-redonda, vaga-lume, joão-ninguém, porta-malas, porta-bandeira, pão-duro, bate-boca etc.

Exceções: não se usa o hífen em certas palavras que perderam a noção de composição, como girassol, madressilva, mandachuva, pontapé, paraquedas, paraquedista, paraquedismo.

Compostos com palavras iguais

Usa-se o hífen em compostos que têm palavras iguais ou quase iguais, sem elementos de ligação.

- Por exemplo: reco-reco, blá-blá-blá, zum-zum, tico-tico, tique-taque, cri-cri, glu-glu, rom-rom, pingue-pongue, zigue-zague, esconde-esconde, pega-pega, corre-corre.

Compostos com elementos de ligação

Não se usa o hífen em compostos que apresentam elementos de ligação.
- Por exemplo: pé de moleque, pé de vento, pai de todos, dia a dia, fim de semana, cor de vinho, ponto e vírgula, camisa de força, cara de pau, olho de sogra.

Obs.: incluem-se nesse caso os compostos de base oracional.
- Por exemplo: Maria vai com as outras, leva e traz, diz que diz que, Deus me livre, Deus nos acuda, cor de burro quando foge, bicho de sete cabeças, faz de conta.

Exceções: água-de-colônia, arco-da-velha, cor-de-rosa, mais-que-perfeito, pé-de-meia, ao deus-dará, à queima-roupa.

Topônimos

Usa-se o hífen nas palavras compostas derivadas de topônimos (nomes próprios de lugares), com ou sem elementos de ligação. Por exemplo:
- Belo Horizonte: belo-horizontino.
- Porto Alegre: porto-alegrense.
- Mato Grosso do Sul: mato-grossense-do-sul.
- Rio Grande do Norte: rio-grandense-do-norte.
- África do Sul: sul-africano.

3.4 Uso do hífen com palavras formadas por prefixos

Casos gerais

Antes de H

Usa-se o hífen diante de palavra iniciada por **H**.
- Por exemplo: anti-higiênico, anti-histórico, macro-história, mini-hotel, proto-história, sobre-humano, super-homem, ultra-humano.

Letras iguais

Usa-se o hífen se o prefixo terminar com a mesma letra com que se inicia a outra palavra.
- Por exemplo: micro-ondas, anti-inflacionário, sub-bibliotecário, inter-regional.

Letras diferentes

Não se usa o hífen se o prefixo terminar com letra diferente daquela com que se inicia a outra palavra.
- Por exemplo: aeroespacial agroindustrial autoescola, antiaéreo, intermunicipal, supersônico, superinteressante, semicírculo.

Obs.: se o prefixo terminar por vogal e a outra palavra começar por **R** ou **S**, dobram-se essas letras.
- Por exemplo: minissaia, antirracismo, ultrassom, semirreta.

Casos particulares

Prefixos SUB- e SOB-

Com os prefixos **SUB-** e **SOB-**, usa-se o hífen também diante de palavra iniciada por **R**.
- Por exemplo: sub-região, sub-reitor, sub-regional, sob-roda.

Prefixos CIRCUM- e PAN-

Com os prefixos **CIRCUM-** e **PAN-**, usa-se o hífen diante de palavra iniciada por **M**, **N** e vogal.
- Por exemplo: circum-murado, circum-navegação, pan-americano.

Outros prefixos

Usa-se o hífen com os prefixos **EX-**, **SEM-**, **ALÉM-**, **AQUÉM-**, **RECÉM-**, **PÓS-**, **PRÉ-**, **PRÓ-**, **VICE-**.
- Por exemplo: além-mar, além-túmulo, aquém-mar, ex-aluno, ex-diretor, ex-hospedeiro, pós-graduação, pré-história, pré-vestibular, pró-europeu, recém-casado, recém-nascido, sem-terra, vice-rei.

Prefixo CO

O prefixo **CO** junta-se com o segundo elemento, mesmo quando este se inicia por **O** ou **H**. Neste último caso, corta-se o **H**. Se a palavra seguinte começar com **R** ou **S**, dobram-se essas letras.
- Por exemplo: coobrigação, coedição, coeducar, cofundador, coabitação, coerdeiro, corréu, corresponsável, cosseno.

Prefixos PRE- e RE-

Com os prefixos **PRE-** e **RE-**, não se usa o hífen, mesmo diante de palavras começadas por **E**.
- Por exemplo: preexistente, reescrever, reedição.

Prefixos AB-, OB- e AD-

Na formação de palavras com **AB-**, **OB-** e **AD-**, usa-se o hífen diante de palavra começada por **B**, **D** ou **R**.
- Por exemplo: ad-digital, ad-renal, ob-rogar, ab-rogar.

Outros casos do uso do hífen

NÃO e QUASE

Não se usa o hífen na formação de palavras com **não** e **quase**.
- Por exemplo: (acordo de) não agressão, (isto é, um) quase delito.

MAL

Com **mal**, usa-se o hífen quando a palavra seguinte começar por vogal, **H** ou **L**.
- Por exemplo: mal-entendido, mal-estar, mal-humorado, mal-limpo.

Obs.: quando **mal** significa doença, usa-se o hífen se não houver elemento de ligação.
- Por exemplo: mal-francês.

Se houver elemento de ligação, escreve-se sem o hífen.
- Por exemplo: mal de Lázaro, mal de sete dias.

Tupi-guarani

Usa-se o hífen com sufixos de origem tupi-guarani que representam formas adjetivas: **açu**, **guaçu**, **mirim**:
- Por exemplo: capim-açu, amoré-guaçu, anajá-mirim.

Combinação ocasional

Usa-se o hífen para ligar duas ou mais palavras que ocasionalmente se combinam, formando não propriamente vocábulos, mas encadeamentos vocabulares.
- Por exemplo: ponte Rio-Niterói, eixo Rio-São Paulo.

ACORDO ORTOGRÁFICO DA LÍNGUA PORTUGUESA

Hífen e translineação

Para clareza gráfica, se no final da linha a partição de uma palavra ou combinação de palavras coincidir com o hífen, ele deve ser repetido na linha seguinte.
- Por exemplo: O diretor foi receber os ex-
    -alunos.

Síntese das principais regras do hífen

	Síntese do hífen	Exemplos
Letras diferentes	Não use hífen	Infraestrutura, extraoficial, supermercado
Letras iguais	Use hífen	Anti-inflamatório, contra-argumento, inter-racial, hiper-realista
Vogal + R ou S	Não use hífen (duplique R ou S)	Corréu, cosseno, minissaia, autorretrato
Bem	Use hífen	Bem-vindo, bem-humorado

Quadro resumo do emprego do hífen com prefixos

Prefixos	Letra que inicia a palavra seguinte
Ante-, anti-, contra-, entre-, extra-, infra-, intra-, sobre-, supra-, ultra-	H/VOGAL IDÊNTICA À QUE TERMINA O PREFIXO Exemplos com H: ante-hipófise, anti-higiênico, anti-herói, contra-hospitalar, entre-hostil, extra-humano, infra-hepático, sobre-humano, supra-hepático, ultra-hiperbólico. Exemplos com vogal idêntica: anti-inflamatório, contra-ataque, infra-axilar, sobre-estimar, supra-auricular, ultra-aquecido.
Ab-, ad-, ob-, sob-	B/R/D (Apenas com o prefixo "Ad") Exemplos: ab-rogar (pôr em desuso), ad-rogar (adotar), ob-reptício (astucioso), sob-roda, ad-digital
Circum-, pan-	H/M/N/VOGAL Exemplos: circum-meridiano, circum-navegação, circum-oral, pan-americano, pan-mágico, pan-negritude.
Ex- (no sentido de estado anterior), sota-, soto-, vice-, vizo-	DIANTE DE QUALQUER PALAVRA Exemplos: ex-namorada, sota-soberania (não total), soto-mestre (substituto), vice-reitor, vizo-rei.
Hiper-, inter-, super-	H/R Exemplos: hiper-hidrose, hiper-raivoso, inter-humano, inter-racial, super-homem, super-resistente.
Pós-, pré-, pró- (tônicos e com significados próprios)	DIANTE DE QUALQUER PALAVRA Exemplos: pós-graduação, pré-escolar, pró-democracia. Obs.: se os prefixos não forem autônomos, não haverá hífen. Exemplos: predeterminado, pressupor, pospor, propor.
Sub-	B /H/R Exemplos: sub-bloco, sub-hepático, sub-humano, sub-região. Obs.: "subumano" e "subepático" também são aceitas.
Pseudoprefixos (diferem-se dos prefixos por apresentarem elevado grau de independência e possuírem uma significação mais ou menos delimitada, presente à consciência dos falantes.) Aero-, agro-, arqui-, auto-, bio-, eletro-, geo-, hidro-, macro-, maxi-, mega-, micro-, mini-, multi-, neo-, pluri-, proto-, pseudo-, retro-, semi-, tele-	H/VOGAL IDÊNTICA À QUE TERMINA O PREFIXO Exemplos com H: geo-histórico, mini-hospital, neo-helênico, proto-história, semi-hospitalar. Exemplos com vogal idêntica: arqui-inimigo, auto-observação, eletro-ótica, micro-ondas, micro-ônibus, neo-ortodoxia, semi-interno, tele-educação.

Não se utilizará o hífen:
- Em palavras iniciadas pelo prefixo **CO**-.
    - Por exemplo: Coadministrar, coautor, coexistência, cooptar, coerdeiro corresponsável, cosseno.
- Em palavras iniciadas pelos prefixos **DES**- ou **IN**- seguidos de elementos sem o "h" inicial.
    - Por exemplo: desarmonia, desumano, desumidificar, inábil, inumano etc.
- Com a palavra não.
    - Por exemplo: Não violência, não agressão, não comparecimento.

- Em palavras que possuem os elementos **BI**, **TRI**, **TETRA**, **PENTA**, **HEXA** etc.
    - Por exemplo: bicampeão, bimensal, bimestral, bienal, tridimensional, trimestral, triênio, tetracampeão, tetraplégico, pentacampeão, pentágono etc.
- Em relação ao prefixo **HIDRO-**, em alguns casos pode haver duas formas de grafia.
    - Por exemplo: hidroelétrica e hidrelétrica.
- No caso do elemento **SOCIO**, o hífen será utilizado apenas quando houver função de substantivo (= de associado).
    - Por exemplo: sócio-gerente / socioeconômico.

4. ORTOGRAFIA

A ortografia é a parte da Gramática que estuda a escrita correta das palavras. O próprio nome da disciplina já designa tal função. É oriunda das palavras gregas *ortho* que significa "correto" e *graphos* que significa "escrita".

4.1 Alfabeto

As letras **K**, **W** e **Y** foram inseridas no alfabeto devido a uma grande quantidade de palavras que são grafadas com tais letras e não podem mais figurar como termos exóticos em relação ao português. Eis alguns exemplos de seu emprego:

- Em abreviaturas e em símbolos de uso internacional: **kg** - quilograma / **w** - watt.
- Em palavras estrangeiras de uso internacional, nomes próprios estrangeiros e seus derivados: Kremlin, Kepler, Darwin, Byron, byroniano.

O alfabeto, também conhecido como abecedário, é formado (a partir do novo acordo ortográfico) por 26 letras.

FORMA MAIÚSCULA	FORMA MINÚSCULA	FORMA MAIÚSCULA	FORMA MINÚSCULA
A	a	N	n
B	b	O	o
C	c	P	p
D	d	Q	q
E	e	R	r
F	f	S	s
G	g	T	t
H	h	U	u
I	i	V	v
J	j	W	w
K	k	X	x
L	l	Y	y
M	m	Z	z

4.2 Emprego da letra H

A letra **H** demanda um pouco de atenção. Apesar de não possuir verdadeiramente sonoridade, ainda a utilizamos por convenção histórica. Seu emprego, basicamente, está relacionado às seguintes regras:

- No início de algumas palavras, por sua origem: hoje, hodierno, haver, Helena, helênico.
- No fim de algumas interjeições: Ah! Oh! Ih! Uh!
- No interior de palavra compostas que preservam o hífen, nas quais o segundo elemento se liga ao primeiro: super-homem, pré-história, sobre-humano.
- Nos dígrafos **NH**, **LH** e **CH**: tainha, lhama, chuveiro.

4.3 Emprego de E e I

Existe uma curiosidade a respeito do emprego dessas letras nas palavras que escrevemos: o fato de o "e", no final da palavra, ser pronunciado como uma semivogal faz com que muitos falantes pensem ser correto grafar a palavra com **I**.

Aqui, veremos quais são os principais aspectos do emprego dessas letras.

- Escreveremos com "e" palavras formadas com o prefixo **ANTE-** (que significa antes, anterior).
    - Por exemplo: antebraço, antevéspera, antecipar, antediluviano etc.
- A sílaba final de formas conjugadas dos verbos terminados em **–OAR** e **–UAR** (quando estiverem no subjuntivo).
    - Por exemplo: abençoe (abençoar), continue (continuar), pontue (pontuar).
- Algumas palavras, por sua origem.
    - Por exemplo: arrepiar, cadeado, creolina, desperdiçar, desperdício, destilar, disenteria, empecilho, indígena, irrequieto, mexerico, mimeógrafo, orquídea, quase, sequer, seringa, umedecer etc.
- Escreveremos com "i" palavras formadas com o prefixo **ANTI-** (que significa contra).
    - Por exemplo: antiaéreo, anticristo, antitetânico, anti-inflamatório.
- A sílaba final de formas conjugadas dos verbos terminados em **-AIR**, **-OER** e **-UIR**.
    - Por exemplo: cai (cair), sai (sair), diminui (diminuir), dói (doer).
- Os ditongos AI, OI, ÓI, UI.
    - Por exemplo: pai, foi, herói, influi.
- As seguintes palavras: aborígine, chefiar, crânio, criar, digladiar, displicência, escárnio, implicante, impertinente, impedimento, inigualável, lampião, pátio, penicilina, privilégio, requisito etc.

Vejamos alguns casos em que o emprego das letras **E** e **I** pode causar uma alteração semântica:

- Escrito com **E**:
    - Arrear = pôr arreios.
    - Área = extensão de terra, local.
    - Delatar = denunciar.
    - Descrição = ação de descrever.
    - Descriminação = absolver.
    - Emergir = vir à tona.
    - Emigrar = sair do país ou do local de origem.
    - Eminente = importante.
- Escrito com **I**:
    - Arriar = abaixar, desistir.
    - Ária = peça musical.
    - Dilatar = alargar, aumentar.
    - Discrição = separar, estabelecer diferença.
    - Imergir = mergulhar.
    - Imigrar = entrar em um país estrangeiro.
    - Iminente = próximo, prestes a ocorrer.

O Novo Acordo Ortográfico explica que, agora, escreve-se com **I** antes de sílaba tônica. Veja alguns exemplos: acriano (admite-se, por ora, acreano, de Acre), rosiano (de Guimarães Rosa), camoniano (de Camões), nietzschiano (de Nietzsche) etc.

4.4 Emprego de O e U

Apenas por exceção, palavras em português com sílabas finais átonas (fracas) terminam por **US**; o comum é que se escreva com **O** ou **OS**. Por exemplo: carro, aluno, abandono, abono, chimango etc.

Exemplos das exceções a que aludimos: bônus, vírus, ônibus etc.

Em palavras proparoxítonas ou paroxítonas com terminação em ditongo, são comuns as terminações em -**UA**, -**ULA**, -**ULO**: tábua, rábula, crápula, coágulo.

As terminações em -AO, -OLA, -OLO só aparecem em algumas palavras: mágoa, névoa, nódoa, agrícola, vinícola, varíola etc.

Fique de olho na grafia destes termos:
- **Com a letra O:** abolir, boate, botequim, bússola, costume, engolir, goela, moela, moleque, mosquito etc.
- **Com a letra U:** bulício, buliçoso, bulir, camundongo, curtume, cutucar, jabuti, jabuticaba, rebuliço, urtiga, urticante etc.

4.5 Emprego de G e J

Essas letras, por apresentarem o mesmo som, eventualmente, costumam causar problemas de ortografia. A letra **G** só apresenta o som de **J** diante das letras **E** e **I**: gesso, gelo, agitar, agitador, agir, gíria.

Escreveremos com G

- Palavras terminadas em -AGEM, -IGEM, -UGEM. Por exemplo: garagem, vertigem, rabugem, ferrugem, fuligem etc.
    Exceções: pajem, lambujem (doce ou gorjeta), lajem (pedra da sepultura).
- Palavras terminadas em -ÁGIO, -ÉGIO, -ÍGIO, -ÓGIO, -ÚGIO: contágio, régio, prodígio, relógio, refúgio.
- Palavras derivadas de outras que já possuem a letra **G**. Por exemplo: **viagem** – viageiro; **ferrugem** – ferrugento; **vertigem** – vertiginoso; **regime** – regimental; **selvagem** – selvageria; **regional** – regionalismo.
- Em geral, após a letra "r". Por exemplo: aspergir, divergir, submergir, imergir etc.
- Palavras:
    De origem latina: agir, gente, proteger, surgir, gengiva, gesto etc.
    De origem árabe: álgebra, algema, ginete, girafa, giz etc.
    De origem francesa: estrangeiro, agiotagem, geleia, sargento etc.
    De origem italiana: gelosia, ágio etc.
    Do castelhano: gitano.
    Do inglês: gim.

Escreveremos com J

- Os verbos terminados em -JAR ou -JEAR e suas formas conjugadas:
    Gorjear: gorjeia (lembre-se das "aves"), gorjeiam, gorjearão.
    Viajar: viajei, viaje, viajemos, viajante.

> Cuidado para não confundir os termos **viagem** (substantivo) com **viajem** (verbo "viajar"). Vejamos o emprego:
> Ele fez uma bela viagem.
> Tomara que eles viajem amanhã.

- Palavras derivadas de outras terminadas em -JA. Por exemplo: **granja:** granjeiro, granjear; **loja:** lojista, lojinha; **laranja:** laranjal, laranjeira; **lisonja:** lisonjeiro, lisonjeador; **sarja:** sarjeta.
- Palavras cognatas (raiz em comum) ou derivadas de outras que possuem o J. Por exemplo:
    Laje: lajense, lajedo.
    Nojo: nojento, nojeira.
    Jeito: jeitoso, ajeitar, desajeitado.
- Palavras de origem ameríndia (geralmente tupi-guarani) ou africana: canjerê, canjica, jenipapo, jequitibá, jerimum, jia, jiboia, jiló, jirau, Moji, pajé.

- Palavras: conjetura, ejetar, injeção, interjeição, objeção, objeto, objetivo, projeção, projeto, rejeição, sujeitar, sujeito, trajeto, trajetória, trejeito, berinjela, cafajeste, jeca, jegue, Jeremias, jerico, jérsei, majestade, manjedoura, ojeriza, pegajento, rijeza, sujeira, traje, ultraje, varejista.

4.6 Orientações sobre a grafia do fonema /s/

Podemos representar o fonema /s/ por:
- S: ânsia, cansar, diversão, farsa.
- SS: acesso, assar, carrossel, discussão.
- C, Ç: acetinado, cimento, açoite, açúcar.
- SC, SÇ: acréscimo, adolescente, ascensão, consciência, nasço, desça.
- X: aproximar, auxiliar, auxílio, sintaxe.
- XC: exceção, exceder, excelência, excepcional.

Escreveremos com S

- A correlação **ND – NS**:
    Pretender – pretensão, pretenso.
    Expandir – expansão, expansivo.
- A correlação **RG – RS**:
    Aspergir – aspersão.
    Imergir – imersão.
    Emergir – emersão.
- A correlação **RT – RS**:
    Divertir – diversão.
    Inverter – inversão.
- O sufixo -**ENSE**:
    Paranaense.
    Cearense.
    Londrinense.

Escreveremos com SS

- A correlação **CED – CESS**:
    Ceder – cessão.
    Interceder – intercessão.
    Retroceder – retrocesso.
- A correlação **GRED – GRESS**:
    Agredir – agressão, agressivo.
    Progredir – progressão, progresso.
- A correlação **PRIM – PRESS**:
    Imprimir – impressão, impresso.
    Oprimir – opressão, opressor.
    Reprimir – repressão, repressivo.
- A correlação **METER – MISS**:
    Submeter – submissão.
    Intrometer – intromissão.

Escreveremos com C ou com Ç

- Palavras de origem tupi ou africana. Por exemplo: açaí, araçá, Iguaçu, Juçara, muçurana, Paraguaçu, caçula, cacimba.
- **O Ç só será usado antes das vogais A, O e U.**
- Com os sufixos:
    -**AÇA:** barcaça.
    -**AÇÃO:** armação.
    -**ÇAR:** aguçar.
    -**ECER:** esmaecer.

ORTOGRAFIA

-**IÇA**: carniça.
-**NÇA**: criança.
-**UÇA**: dentuça.

- Palavras derivadas de verbos terminados em -**TER** (não confundir com a regra do –**METER** – -**MISS**):
    Abster: abstenção.
    Reter: retenção.
    Deter: detenção.
- Depois de ditongos:
    Feição; louça; traição.
- Palavras de origem árabe:
    Açúcar; açucena; cetim; muçulmano.

Emprego do SC

Escreveremos com **SC** palavras que são termos emprestados do latim. Por exemplo: adolescência; ascendente; consciente; crescer; descer; fascinar; fescenino.

Grafia da letra S com som de /z/

Escreveremos com S:
- Terminações em -**ÊS**, -**ESA** e -**ISA**, que indicam nacionalidade, título ou origem:
    Japonês – japonesa.
    Marquês – marquesa.
    Camponês – camponesa.
- Após ditongos: causa; coisa; lousa; Sousa.
- As formas dos verbos **pôr** e **querer** e de seus compostos:
    Eu pus, nós pusemos, pusésseis etc.
    Eu quis, nós quisemos, quisésseis etc.
- Terminações -**OSO** e -**OSA**, que indicam qualidade. Por exemplo: gostoso; garboso; fervorosa; talentosa.
- Prefixo **TRANS**-: transe; transação; transoceânico.
- Em diminutivos cujo radical termine em **S**:
    Rosa – rosinha.
    Teresa – Teresinha.
    Lápis – lapisinho.
- Na correlação **D** – **S**:
    Aludir – alusão, alusivo.
    Decidir – decisão, decisivo.
    Defender – defesa, defensivo.
- Verbos derivados de palavras cujo radical termina em S:
    Análise – analisar.
    Presa – apresar.
    Êxtase – extasiar.
    Português – aportuguesar.
- Substantivos com os sufixos gregos -**ESE**, -**ISA** e -**OSE**: catequese, diocese, poetisa, virose, (obs.: "catequizar" com **Z**).
- Nomes próprios: Baltasar, Heloísa, Isabel, Isaura, Luísa, Sousa, Teresa.
- Palavras: análise, cortesia, hesitar, reses, vaselina, avisar, defesa, obséquio, revés, vigésimo, besouro, fusível, pesquisa, tesoura, colisão, heresia, querosene, vasilha.

4.7 Emprego da letra Z

Escreveremos com **Z**:
- Terminações -**EZ** e -**EZA** de substantivos abstratos derivados de adjetivos:
    Belo – beleza.
    Rico – riqueza.
    Altivo – altivez.
    Sensato - sensatez.
- Verbos formados com o sufixo -**IZAR** e palavras cognatas: balizar, inicializar, civilizar.
- As palavras derivadas em:
    -**ZAL**: cafezal, abacaxizal.
    -**ZEIRO**: cajazeiro, açaizeiro.
    -**ZITO**: avezita.
    -**ZINHO**: cãozinho, pãozinho, pezinho
- Derivadas de palavras cujo radical termina em **Z**: cruzeiro, esvaziar.
- Palavras: azar, aprazível, baliza, buzina, bazar, cicatriz, ojeriza, prezar, proeza, vazamento, vizinho, xadrez, xerez.

4.8 Emprego do X e do CH

A letra X pode representar os seguintes fonemas:
/**ch**/: xarope.
/**cx**/: sexo, tóxico.
/**z**/: exame.
/**ss**/: máximo.
/**s**/: sexto.

4.9 Escreveremos com X

- Em geral, após um ditongo. Por exemplo: caixa, peixe, ameixa, rouxinol, caixeiro. **Exceções**: recauchutar e guache.
- Geralmente, depois de sílaba iniciada por **EN**-: enxada; enxerido; enxugar; enxurrada.
- Encher (e seus derivados); palavras que iniciam por **CH** e recebem o prefixo **EN**-. Por exemplo: encharcar, enchumaçar, enchiqueirar, enchumbar, enchova.
- Palavras de origem indígena ou africana: abacaxi, xavante, xará, orixá, xinxim.
- Após a sílaba **ME** no início da palavra. Por exemplo: mexerica, mexerico, mexer, mexida. **Exceção**: mecha de cabelo.
- Palavras: bexiga, bruxa, coaxar, faxina, graxa, lagartixa, lixa, praxe, vexame, xícara, xale, xingar, xampu.

4.10 Escreveremos com CH

- As seguintes palavras, em razão de sua origem: chave, cheirar, chuva, chapéu, chalé, charlatão, salsicha, espadachim, chope, sanduíche, chuchu, cochilo, fachada, flecha, mecha, mochila, pechincha.
- **Atente para a divergência de sentido com os seguintes elementos:**
    Bucho – estômago.
    Buxo – espécie de arbusto.
    Cheque – ordem de pagamento.
    Xeque – lance do jogo de xadrez.
    Tacha – pequeno prego.
    Taxa – imposto.

PORTUGUÊS

5. NÍVEIS DE ANÁLISE DA LÍNGUA

A Língua Portuguesa possui quatro níveis de análise. Veja cada um deles:

- **Nível fonético/fonológico:** estuda a produção e articulação dos sons da língua.
- **Nível morfológico:** estuda a estrutura e a classificação das palavras.
- **Nível sintático:** estuda a função das palavras dentro de uma sentença.
- **Nível semântico:** estuda as relações de sentido construídas entre as palavras.

Na **Semântica**, entre outras coisas, estuda-se a diferença entre linguagem de sentido denotativo (ou literal, do dicionário) e linguagem de sentido conotativo (ou figurado).

- Rosa é uma flor.
  - **Morfologia:**
    - *Rosa:* substantivo;
    - *É:* verbo ser;
    - *Uma:* artigo;
    - *Flor:* substantivo
  - **Sintaxe:**
    - *Rosa:* sujeito;
    - *É uma flor:* predicado;
    - *Uma flor:* predicativo do sujeito.
  - **Semântica:**
    - Rosa pode ser entendida como uma pessoa ou como uma planta, depende do sentido.

6. ESTRUTURA E FORMAÇÃO DE PALAVRAS

6.1 Estrutura das palavras

Para compreender os termos da Língua Portuguesa, deve-se observar, nos vocábulos, a presença de algumas estruturas como **raiz**, **desinências** e **afixos**:

- **Raiz ou radical (morfema lexical):** parte que guarda o sentido da palavra.
  - **Pedr**eiro.
  - **Pedr**ada.
  - Em**pedr**ado.
  - **Pedr**egulho.
- **Desinências:** fazem a flexão dos termos.
  - **Nominais:**
  - **Gênero:** jogador/jogadora.
  - **Número:** aluno/alunos.
  - **Grau:** cadeira/cadeirinha.
  - **Verbais:**
  - **Modo-tempo:** cantáva**mos**, vendê**ramos**.
  - **Número-pessoa:** fize**mos**, compra**stes**.
- **Afixos:** conectam-se às raízes dos termos.
  - **Prefixos:** colocados antes da raiz.
  - **In**feliz, **des**fazer, **re**tocar.
  - **Sufixos:** colocados após a raiz.
  - Feliz**mente**, capac**idade**, igual**dade**.

Também é importante atentar aos termos de ligação. São eles:

- **Vogal de ligação:**
  - Gas**ô**metro, bar**ô**metro, caf**e**icultura, carn**í**voro.
- **Consoante de ligação:**
  - Giras**s**ol, cafe**t**eira, pau**l**ada, cha**l**eira.

6.2 Radicais gregos e latinos

O conhecimento sobre a origem dos radicais é, muitas vezes, importante para a compreensão e memorização de inúmeras palavras.

Radicais gregos

Os radicais gregos têm uma importância expressiva para a compreensão e fácil memorização de diversas palavras que foram criadas e vulgarizadas pela linguagem científica.

Podemos observar que esses radicais se unem, geralmente, a outros elementos de origem grega e, frequentemente, sofrem alterações fonéticas e gráficas para formarem palavras compostas.

Seguem alguns radicais gregos, seus respectivos significados e algumas palavras de exemplo:

- *Ácros* **(alto):** acrópole, acrobacia, acrofobia.
- *Álgos* **(dor):** algofilia, analgésico, nevralgia.
- *Ánthropos* **(homem):** antropologia, antropófago, filantropo.
- *Astér, astéros* **(estrela):** asteroide, asterisco.
- *Ástron* **(astro):** astronomia, astronauta.
- *Biblíon* **(livro):** biblioteca, bibliografia, bibliófilo.
- *Chéir, cheirós* **(mão – cir-, quiro):** cirurgia, cirurgião, quiromante.
- *Chlorós,* **(verde):** cloro, clorofila, clorídrico.
- *Chróma, chrómatos,* **(cor):** cromático, policromia.
- *Dáktylos* **(dedo):** datilografia, datilografar.
- *Déka* **(dez)**: decálogo, decâmetro, decassílabo.

ESTRUTURA E FORMAÇÃO DE PALAVRAS

- *Gámos*, **(casamento)**: poligamia, polígamo, monogamia.
- *Gastér, gastrós*, **(estômago)**: gastrite, gastrônomo, gástrico.
- *Glótta, glóssa*, **(língua)**: poliglota, epiglote, glossário.
- *Grámma* **(letra, escrito)**: gramática, anagrama, telegrama.
- *Grápho* **(escrevo)**: grafia, ortografia, caligrafia.
- *Heméra* **(dia)**: herneroteca, hernerologia, efêmero.
- *Hippos* **(cavalo)**: hipódromo, hipismo, hipopótamo.
- *Kardía* **(coração)**: cardíaco, cardiologia, taquicardia.
- *Mésos*, **(meio, do meio)**: mesocarpo, mesóclise, mesopotâmia.
- *Mnéme* **(memória, lembrança)**: mnemônico, amnésia, mnemoteste.
- *Morphé* **(forma)**: morfologia, amorfo, metamorfose.
- *Nekrós* **(morto)**: necrotério, necropsia, necrológio.
- *Páis, paidós* **(criança)**: pedagogia, pediatria, pediatra.
- *Pyr, pyrós* **(fogo)**: pirosfera, pirotécnico, antipirético.
- *Rhis, rhinós* **(nariz)**: rinite, rinofonia, otorrino.
- *Theós* **(deus)**: teologia, teólogo, apoteose.
- *Zóon* **(animal)**: zoologia, zoológico, zoonose.

Radicais latinos

Outras palavras da língua portuguesa possuem radicais latinos. A maioria delas entrou na língua entre os séculos XVIII e XX. Seguem algumas das que vieram por via científica ou literária:

- *Ager, agri* **(campo)**: agrícola, agricultura.
- *Ambi* **(de ambo, ambos)**: ambidestro, ambíguo.
- *Argentum, argenti* **(prata)**: argênteo, argentífero, argentino.
- *Capillus, capilli* **(cabelo)**: capilar, capiliforme, capilaridade.
- *Caput, capitis* **(cabeça**: capital, decapitar, capitoso.
- *Cola-, colere* **(habitar, cultivar)**: arborícola, vitícola.
- *Cuprum, cupri* **(cobre)**: cúpreo, cúprico, cuprífero.
- *Ego* **(eu)**: egocêntrico, egoísmo,ególatra.
- *Equi-, aequus* **(igual)**: equivalente, equinócio, equiângulo.
- *-fero, ferre* **(levar, conter)**: aurífero, lactífero, carbonífero.
- *Fluvius* **(rio)**: fluvial, fluviômetro.
- *Frigus, frigoris* **(frio)**: frigorífico, frigomóvel.
- *Lapis, lapidis* **(pedra)**: lápide, lapidificar, lapidar.
- *Lex, legis* **(lei)**: legislativo, legislar, legista.
- *Noceo, nocere* **(prejudicar, causar mal)**: nocivo, inocente, inócuo.
- *Pauper, pauperis* **(pobre)**: pauperismo, depauperar.
- *Pecus* **(rebanho)**: pecuária, pecuarista, pecúnia.
- *Pluvia* **(chuva)**: pluvial, pluviômetro.
- *Radix, radieis* **(raiz)**: radical, radicar, erradicar.
- *Sidus, sideris* **(astro)**: sideral, sidéreo, siderar.
- *Stella* **(estrela)**: estelar, constelação.
- *Triticum, tritici* **(trigo)**: tritricultura, triticultor, tritícola.
- *Vinum, vini* **(vinho)**: vinicultura, vinícola.
- *Vitis* **(videira)**: viticultura, viticultor, vitícola.
- *Volo, volare* **(voar)**: volátil, noctívolo.
- *Vox, vocis* **(voz)**: vocal, vociferar.

6.3 Origem das palavras de Língua Portuguesa

As palavras da Língua Portuguesa têm múltiplas origens, mas a maioria delas veio do latim vulgar, ou seja, o latim que era falado pelo povo duzentos anos antes de Cristo.

No geral, as palavras que formam o nosso léxico podem ser de origem latina, de formação vernácula ou de importação estrangeira.

Quanto às palavras de origem latina, sabe-se que algumas datam dos séculos VI e XI, aproximadamente, e outras foram introduzidas na língua por escritores e letrados ao longo do tempo, sobretudo no período áureo, o século XVI, e de forma ainda mais abundante durante os séculos que o seguiram, por meios literário e científico. As primeiras, as formas populares, foram grandemente alteradas na fala do povo rude, mas as formas eruditas tiveram leves alterações.

Houve, ao longo desses séculos, com incentivo do povo luso-brasileiro, a criação de palavras que colaboraram para enriquecer o vocabulário. Essas palavras são chamadas criações vernáculas.

Desde os primórdios da língua, diversos termos estrangeiros entraram em uso, posteriormente enriquecendo definitivamente o patrimônio léxico, porque é inevitável que palavras de outros idiomas adentrem na língua por meio das relações estabelecidas entre os povos e suas culturas.

Devido a isso, encontramos, no vocabulário português, palavras provenientes:

- Do grego: por influência do cristianismo e do latim literário: anjo, bíblia, clímax. E por criação de sábios e cientistas: nostalgia, microscópio.
- Do hebraico: veiculadas pela Bíblia: aleluia, Jesus, Maria, sábado.
- Do alemão: guerra, realengo, interlância.
- Do árabe: algodão, alfaiate, algema.
- Do japonês: biombo, micado, samurai.
- Do francês: greve, detalhe, pose.
- Do inglês: bife, futebol, tênis.
- Do turco: lacaio, algoz.
- Do italiano: piano, maestro, lasanha.
- Do russo: vodca, esputinique.
- Do tupi: tatu, saci, jiboia, pitanga.
- Do espanhol: cavalheiro, ninharia, castanhola.
- De línguas africanas: macumba, maxixe, marimbondo.

Atualmente, o francês e o inglês são os idiomas com maior influência sobre a língua portuguesa.

6.4 Processos de formação de palavras

Há dois processos mais fortes (presentes) na formação de palavras em Língua Portuguesa: a composição e a derivação. Vejamos suas principais características.

Composição

É uma criação de vocábulo. Pode ocorrer por:
- **Justaposição:** sem perda de elementos.
    Guarda-chuva, girassol, arranha-céu etc.
- **Aglutinação:** com perda de elementos.
    Embora, fidalgo, aguardente, planalto, boquiaberto etc.
- **Hibridismo:** união de radicais oriundos de línguas distintas.
    Automóvel (latim e grego); sambódromo (tupi e grego).

Derivação

É uma transformação no vocábulo. Pode ocorrer das seguintes maneiras:
- **Prefixal (prefixação):** reforma, anfiteatro, cooperação.
- **Sufixal (sufixação):** pedreiro, engenharia, florista.
- **Prefixal – sufixal:** infelizmente, ateísmo, desordenamento.

- **Parassintética:** prefixo e sufixo simultaneamente, sem a possibilidade de remover umas das partes.
    Avermelhado, anoitecer, emudecer, amanhecer.
- **Regressão (regressiva) ou deverbal:** advinda de um verbo.
    Abalo (abalar), luta (lutar), fuga (fugir).
- **Imprópria (conversão):** mudança de classe gramatical.
    O jantar, um não, o seu sim, o pobre.

Estrangeirismo

Pode-se entender como um empréstimo linguístico.

- **Com aportuguesamento:** abajur (do francês *abat-jour*), algodão (do árabe *al-qutun*), lanche (do inglês *lunch*) etc.
- **Sem aportuguesamento:** *networking, software, pizza, show, shopping* etc.

6.5 Acrônimo ou sigla

- **Silabáveis:** podem ser separados em sílabas.
    Infraero (Infraestrutura Aeroportuária), **Petrobras** (Petróleo Brasileiro) etc.
- **Não-silabáveis:** não podem ser separados em sílabas.
    FMI, MST, SPC, PT, INSS, MPU etc.

6.6 Onomatopeia ou reduplicação

- **Onomatopeia:** tentativa de representar um som da natureza.
    Pow, paf, tum, psiu, argh.
- **Reduplicação:** repetição de palavra com fim onomatopaico.
    Reco-reco, tique-taque, pingue-pongue.
- **Redução ou abreviação:** eliminação do segmento de alguma palavra.
    Fone (telefone), cinema (cinematógrafo), pneu (pneumático) etc.

7. MORFOLOGIA

Antes de adentrar nas conceituações, veja a lista a seguir para facilitar o estudo. Nela, temos uma classe de palavra seguida de um exemplo.

Artigo: o, a, os, as, um, uma, uns, umas.

Adjetivo: legal, interessante, capaz, brasileiro, francês.

Advérbio: muito, pouco, bem, mal, ontem, certamente.

Conjunção: que, caso, embora.

Interjeição: Ai! Ui! Ufa! Eita!

Numeral: sétimo, vigésimo, terço.

Preposição: a, ante, até, após, com, contra, de, desde, em, entre.

Pronome: cujo, o qual, quem, eu, lhe.

Substantivo: mesa, bicho, concursando, Pablo, José.

Verbo: estudar, passar, ganhar, gastar.

7.1 Substantivos

É a palavra variável que designa qualidades, sentimentos, sensações, ações etc.

Quanto à sua classificação, o substantivo pode ser:

- **Primitivo** (sem afixos): pedra.
- **Derivado** (com afixos): pedreiro/empedrado.
- **Simples** (1 núcleo): guarda.
- **Composto** (mais de 1 núcleo): guarda-roupas.
- **Comum** (designa ser genérico): copo, colher.
- **Próprio** (designa ser específico): Maria, Portugal.
- **Concreto** (existência própria): cadeira, lápis.
- **Abstrato** (existência dependente): glória, amizade.

Substantivos concretos

Designam seres de existência própria, como: padre, político, carro e árvore.

Substantivos abstratos

Nomeiam qualidades ou conceitos de existência dependente, como: beleza, fricção, tristeza e amor.

Substantivos próprios

São sempre concretos e devem ser grafados com iniciais maiúsculas. Alguns substantivos próprios, no entanto, podem vir a se tornar comuns pelo processo de derivação imprópria que, geralmente, ocorre pela anteposição de um artigo e a grafia do substantivo com letra minúscula (um judas = traidor/um panamá = chapéu). As flexões dos substantivos podem se dar em gênero, número e grau.

Gênero dos substantivos

Quanto à distinção entre masculino e feminino, os substantivos podem ser:

- **Biformes:** quando apresentam uma forma para o masculino e outra para o feminino. Por exemplo: gato, gata, homem, mulher.
- **Uniformes:** quando apresentam uma única forma para ambos os gêneros. Nesse caso, eles estão divididos em:
    - **Epicenos:** usados para animais de ambos os sexos (macho e fêmea). Por exemplo: besouro, jacaré, albatroz.
    - **Comum de dois gêneros:** aqueles que designam pessoas. Nesse caso, a distinção é feita por um elemento ladeador (artigo, pronome). Por exemplo: o/a terrícola, o/a estudante, o/a dentista, o/a motorista.
    - **Sobrecomuns:** apresentam um só gênero gramatical para designar seres de ambos os sexos. Por exemplo: o indivíduo, a vítima, o algoz.

Em algumas situações, a mudança de gênero altera também o sentido do substantivo:

- O cabeça (líder).
- A cabeça (parte do corpo).

Número dos substantivos

Tentemos resumir as principais regras de formação do plural nos substantivos.

TERMINAÇÃO	VARIAÇÃO	EXEMPLO
vogal ou ditongo	acréscimo do S	barco – barcos
M	NS	pudim – pudins
ÃO (primeiro caso)	ÕES	ladrão – ladrões
ÃO (segundo caso)	ÃES	pão – pães
ÃO (terceiro caso)	S	cidadão – cidadãos
R	ES	mulher – mulheres
Z	ES	cartaz – cartazes
N	ES	abdômen – abdômenes
S (oxítonos)	ES	inglês – ingleses
AL, EL, OL, ULI	IS	tribunal – tribunais
IL (oxítonos)	S	barril – barris
IL (paroxítonos)	EIS	fóssil – fósseis
ZINHO, ZITO	S	anelzinho – aneizinhos

Alguns substantivos são grafados apenas no plural: alvíssaras, anais, antolhos, arredores, belas-artes, calendas, cãs, condolências, esponsais, exéquias, fastos, férias, fezes, núpcias, óculos, pêsames.

Grau do substantivo

Aumentativo/diminutivo

Analítico: quando se associam os adjetivos ao substantivo. Por exemplo: carro grande, pé pequeno.

Sintético: quando se adiciona ao substantivo sufixos indicadores de grau, carrão, pezinho.

- **Sufixos:**
    - **Aumentativos:** -ÁZIO, -ORRA, -OLA, -AZ, -ÃO, -EIRÃO, -ALHÃO, -ARÃO, -ARRÃO, -ZARRÃO.
    - **Diminutivos:** -ITO, -ULO-, -CULO, -OTE, -OLA, -IM, -ELHO, -INHO, -ZINHO. O sufixo -ZINHO é obrigatório quando o substantivo terminar em vogal tônica ou ditongo: cafezinho, paizinho etc.

O aumentativo pode exprimir tamanho (casarão), despreco (sabichão, ministraço, poetastro) ou intimidade (amigão); enquanto o diminutivo pode indicar carinho (filhinho) ou ter valor pejorativo (livreco, casebre), além das noções de tamanho (bolinha).

7.2 Artigo

O artigo é a palavra variável que tem por função individualizar algo, ou seja, possui como função primordial indicar um elemento, por meio de definição ou indefinição da palavra que, pela anteposição do artigo, passa a ser substantivada. Os artigos se subdividem em:

PORTUGUÊS

- **Artigos definidos (O, A, OS, AS):** definem o substantivo a que se referem. Por exemplo:

    Hoje à tarde, falaremos sobre **a** aula da semana passada.
    Na última aula, falamos **do** conteúdo programático.

- **Artigos indefinidos (um, uma, uns, umas):** indefinem o substantivo a que se referem. Por exemplo:

    Assim que eu passar no concurso, eu irei comprar **um** carro.
    Pela manhã, papai, apareceu **um** homem da loja aqui.

É importante ressaltar que os artigos podem ser contraídos com algumas preposições essenciais, como demonstrado na tabela a seguir:

| PREPOSIÇÕES | ARTIGO ||||||||
| | DEFINIDO |||| INDEFINIDO ||||
	O	A	OS	AS	UM	UMA	UNS	UMAS
A	ao	à	aos	às	-	-	-	-
De	do	da	dos	das	dum	duma	duns	dumas
Em	no	na	nos	nas	num	numa	nuns	numas
Per	pelo	pela	pelos	pelas	-	-	-	-
Por	polo	pola	polos	polas	-	-	-	-

O artigo é utilizado para substantivar um termo. Ou seja, quer transformar algo em um substantivo? Coloque um artigo em sua frente.

Cantar alivia a alma. (Verbo)
O **cantar** alivia a alma. (Substantivo)

Emprego do artigo com a palavra "todo"

Quando inserimos artigos ao lado da palavra "todo", em geral, o sentido da expressão passa a designar totalidade. Como no exemplo abaixo:

Pobreza é um problema que acomete **todo país**. (todos os países)
Pobreza é um problema que acomete **todo o país**. (o país em sua totalidade).

7.3 Pronome

Em uma definição breve, podemos dizer que pronome é o termo que substitui um substantivo, desempenhando, na sentença em que aparece, uma função coesiva. Podemos dividir os pronomes em sete categorias, são elas: pessoais, tratamento, demonstrativos, relativos, indefinidos, interrogativos, possessivos.

Antes de partir para o estudo pormenorizado dos pronomes, vamos fazer uma classificação funcional deles quando empregados em uma sentença:

- **Pronomes substantivos:** são aqueles que ocupam o lugar do substantivo na sentença. Por exemplo:

    Alguém apareceu na sala ontem.
    Nós faremos todo o trabalho.

- **Pronomes adjetivos:** são aqueles que acompanham um substantivo na sentença. Por exemplo:

    Meus alunos são os mais preparados.
    Pessoa **alguma** fará tal serviço por **esse** valor.

Pronomes substantivos e adjetivos

É chamado **pronome substantivo** quando um pronome substitui um substantivo.

É chamado **pronome adjetivo** quando determina o substantivo com o qual se encontra.

Pronomes pessoais

Referem-se às pessoas do discurso, veja:

- Quem fala (1ª pessoa).
- Com quem se fala (2ª pessoa).
- De quem se fala (3ª pessoa).

Classificação dos pronomes pessoais (caso **reto** × caso **oblíquo**):

| PESSOA GRAMATICAL | RETOS | OBLÍQUOS ||
		ÁTONOS	TÔNICOS
1ª – Singular	eu	me	mim, comigo
2ª – Singular	tu	te	ti, contigo
3ª – Singular	ele, ela	o, a, lhe, se	si, consigo
1ª – Plural	nós	nos	nós, conosco
2ª – Plural	vós	vos	vós, convosco
3ª – Plural	eles, elas	os, as, lhes, se	si, consigo
Função	Sujeito	Complemento/Adjunto	

Veja a seguir o emprego de alguns pronomes (**certo** × **errado**).

Eu e tu × mim e ti

1ª regra: depois de preposição essencial, usa-se pronome oblíquo. Observe:

Entre mim e ti, não há acordo.
Sobre Manoel e ti, nada se pode falar.
Devo **a** ti esta conquista.
O presente é **para** mim.
Não saia **sem** mim.
Comprei um livro **para** ti.

Observe a preposição essencial destacada nas sentenças.

2ª regra: se o pronome utilizado na sentença for sujeito de um verbo, deve-se empregar os do caso reto.

Não saia sem **eu** deixar.
Comprei um livro para **tu** leres.
O presente é para **eu** desfrutar.

Observe que o pronome desempenha a função de sujeito do verbo destacado. Ou seja: "mim" não faz nada!

Não se confunda com as sentenças em que a ordem frasal está alterada. Deve-se, nesses casos, tentar colocar a sentença na ordem direta.

Para mim, fazer exercícios é muito bom. → Fazer exercícios é muito bom para mim.
Não é tarefa para mim realizar esta revisão. → Realizar esta revisão não é para mim.

Com causativos e sensitivos

Regra com verbos causativos (mandar, fazer, deixar) ou sensitivos (ver, ouvir, sentir): quando os pronomes oblíquos átonos são empregados com verbos causativos ou sensitivos, pode haver a possibilidade de desempenharem a função de sujeito de uma forma verbal próxima. Veja os exemplos:

Fiz **Juliana** chorar. (Sentença original).
Fi-**la** chorar. (Sentença reescrita com a substituição do termo Juliana pelo pronome oblíquo).

Em ambas as situações, a "Juliana é a chorona". Isso quer dizer que o termo feminino que está na sentença é sujeito do verbo "chorar". Pensando dessa maneira, entenderemos a primeira função da forma pronominal "la" que aparece na sentença reescrita.

MORFOLOGIA

Outro fator a ser considerado é que o verbo "fazer" necessita de um complemento, portanto, é um verbo transitivo. Ocorre que o complemento do verbo "fazer" não pode ter outro referente senão "Juliana". Então, entendemos que, na reescrita da frase, a forma pronominal "la" funciona como complemento do verbo "fazer" e sujeito do verbo "chorar".

Si e consigo

Esses pronomes somente podem ser empregados se se referirem ao sujeito da oração, pois possuem função reflexiva. Observe:

Alberto só pensa em si. ("Si" refere-se a "Alberto": sujeito do verbo "pensar").
O aluno levou as apostilas consigo. ("consigo" refere-se ao termo "aluno").

Estão erradas, portanto, frases como estas:

Creio muito em si, meu amigo.
Quero falar consigo.

Corrigindo:

Creio muito em você, meu amigo.
Quero falar contigo.

Conosco e convosco

As formas **"conosco"** e **"convosco"** são substituídas por **"com nós"** e **"com vós"** quando os pronomes pessoais são reforçados por palavras como **outros, mesmos, próprios, todos, ambos** ou **algum numeral**. Por exemplo:

Ele disse que iria com nós três.

Ele(s), ela(s) × o(s), a(s)

É muito comum ouvirmos frases como: "vi **ela** na esquina", "não queremos **eles** aqui". De acordo com as normas da Língua Portuguesa, é errado falar ou escrever assim, pois o pronome em questão está sendo utilizado fora de seu emprego original, ou seja, como um complemento (ao passo que deveria ser apenas sujeito). O certo é: "vi-**a** na esquina", "não **os** queremos aqui".

"O" e "a"

São **complementos diretos**, ou seja, são utilizados juntamente aos verbos transitivos diretos, ou nos bitransitivos, como no exemplo a seguir:

Comprei **um carro** para minha namorada = Comprei-**o** para ela. (Ocorreu a substituição do objeto direto)

É importante lembrar que há uma especificidade em relação à colocação dos pronomes "o" e "a" depois de algumas palavras:

- Se a palavra terminar em **R, S** ou **Z**: tais letras devem ser suprimidas e o pronome será empregado como **lo, la, los, las**.

    Fazer as tarefas = fazê-**las**.
    Querer o dinheiro = querê-**lo**.

- Se a palavra terminar com **ÃO, ÕE** ou **M**: tais letras devem ser mantidas e o pronome há de ser empregado como **no, na, nos, nas**.

    Compraram a casa = compraram-**na**.
    Compõe a canção = compõe-**na**.

Lhe

É um complemento indireto, equivalente a "a ele" ou "a ela". Ou seja, é empregado juntamente a um verbo transitivo indireto ou a um verbo bitransitivo, como no exemplo:

- Comprei um carro **para minha namorada** = comprei-**lhe** um carro. (Ocorreu a substituição do objeto indireto).

Muitas bancas gostam de trocar as formas "o" e "a" por "lhe", o que não pode ser feito sem que a sentença seja totalmente reelaborada.

Pronomes de tratamento

São pronomes de tratamento **você, senhor, senhora, senhorita, fulano, sicrano, beltrano** e as expressões que integram o quadro seguinte:

PRONOME	ABREVIATURA SINGULAR	ABREVIATURA PLURAL
Vossa Excelência(s)	V. Ex.ª	V. Ex.ªs
USA-SE PARA:		
Presidente (sem abreviatura), ministro, embaixador, governador, secretário de Estado, prefeito, senador, deputado federal e estadual, juiz, general, almirante, brigadeiro e presidente de câmara de vereadores.		

PRONOME	ABREVIATURA SINGULAR	ABREVIATURA PLURAL
Vossa(s) Magnificência(s)	V. Mag.ª	V. Mag.ªs
USA-SE PARA:		
Reitor de universidade para o qual também se pode usar V. Ex.ª.		

PRONOME	ABREVIATURA SINGULAR	ABREVIATURA PLURAL
Vossa(s) Senhoria(s)	V. Sª	V. S.ªs

USA-SE PARA:		
Qualquer autoridade ou pessoa civil não citada acima.		
PRONOME	**ABREVIATURA SINGULAR**	**ABREVIATURA PLURAL**
Vossa(s) Santidade(s)	V. S	VV. SS.

USA-SE PARA:		
Papa.		
PRONOME	**ABREVIATURA SINGULAR**	**ABREVIATURA PLURAL**
Vossa(s) Eminência(s)	V. Em.ª	V.Em.ᵃˢ

USA-SE PARA:		
Cardeal.		
PRONOME	**ABREVIATURA SINGULAR**	**ABREVIATURA PLURAL**
Vossa(s) Excelência(s) Reverendíssima(s)	V. Exª. Rev.ma	V. Ex.ᵃˢ. Rev.ᵐᵃˢ

USA-SE PARA:		
Arcebispo e bispo.		
PRONOME	**ABREVIATURA SINGULAR**	**ABREVIATURA PLURAL**
Vossa(s) Reverendíssima(s)	V. Rev.ᵐᵃ	V.Rev.ᵐᵃˢ

Usa-se para:		
Autoridade religiosa inferior às acima citadas.		
PRONOME	**ABREVIATURA SINGULAR**	**ABREVIATURA PLURAL**
Vossa(s) Reverência(s)	V. Rev.ª	V. Rev.ᵐᵃˢ

USA-SE PARA:		
Religioso sem graduação.		
PRONOME	**ABREVIATURA SINGULAR**	**ABREVIATURA PLURAL**
Vossa(s) Majestade(s)	V. M.	VV. MM.

USA-SE PARA:		
Rei e imperador.		
PRONOME	**ABREVIATURA SINGULAR**	**ABREVIATURA PLURAL**
Vossa(s) Alteza(s)	V. A.	VV. AA.

USA-SE PARA:		
Príncipe, arquiduque e duque.		

Todas essas expressões se apresentam também com "Sua" para cujas abreviaturas basta substituir o "V" por "S".

Emprego dos pronomes de tratamento

- **Vossa Excelência** etc. × **Sua Excelência** etc.

Os pronomes de tratamento iniciados com "Vossa(s)" empregam-se em uma relação direta, ou seja, indicam o nosso interlocutor, pessoa com quem falamos:

Soube que V. Ex.ª, Senhor Ministro, falou que não estava interessado no assunto da reunião.

Empregaremos o pronome com a forma "sua" quando a relação não é direta, ou seja, quando falamos sobre a pessoa:

A notícia divulgada é de que Sua Excelência, o Presidente da República, foi flagrado em uma boate.

Utilização da 3ª pessoa

Os pronomes de tratamento são de 3ª pessoa; portanto, todos os elementos relacionados a eles devem ser empregados também na 3ª pessoa, para que se mantenha a uniformidade:

É preciso que V. Ex.ª **diga** qual será o **seu** procedimento no caso em questão, a fim de que seus assessores possam agir a tempo.

MORFOLOGIA

Uniformidade de tratamento

No momento da escrita ou da fala, não é possível ficar fazendo "dança das pessoas" com os pronomes. Isso quer dizer que se deve manter a uniformidade de tratamento. Para tanto, se for utilizada 3ª pessoa no início de uma sentença, ela deve permanecer ao longo de todo o texto. Preste atenção para ver como ficou estranha a construção abaixo:

Quando **você** chegar, eu **te** darei o presente.

"Você" é de 3ª pessoa e "te" é de 2ª pessoa. Não há motivo para cometer tal engano. Tome cuidado, portanto. Podemos corrigir a sentença:

Quando tu chegares, eu te darei o presente.
Quando você chegar, eu lhe darei o presente.

Pronomes possessivos

São os pronomes que atribuem posse de algo às pessoas do discurso. Eles podem estar em:

- **1ª pessoa do singular:** meu, minha, meus, minhas.
- **2ª pessoa do singular:** teu, tua, teus, tuas.
- **3ª pessoa do singular:** seu, sua, seus, suas.
- **1ª pessoa do plural:** nosso, nossa, nossos, nossas.
- **2ª pessoa do plural:** vosso, vossa, vossos, vossas.
- **3ª pessoa do plural:** seu, sua, seus, suas.

Emprego

- Ambiguidade: "seu", "sua", "seus" e "suas" são os reis da ambiguidade (duplicidade de sentido).

    O policial prendeu o maconheiro em **sua** casa. (casa de quem?).
    Meu pai levou meu tio para casa em **seu** carro. (no carro de quem?).

- Corrigindo:

    O policial prendeu o maconheiro na casa **deste**.
    Meu pai, em **seu** carro, levou meu tio para casa.

- Emprego especial: não se usam os possessivos em relação às partes do corpo ou às faculdades do espírito. Devemos, pois, dizer:

    Machuquei a mão. (E não "a minha mão").
    Ele bateu a cabeça. (E não "a sua cabeça").
    Perdeste a razão? (E não "a tua razão").

Pronomes demonstrativos

São os que localizam ou identificam o substantivo ou uma expressão no espaço, no tempo ou no texto.

- **1ª pessoa:**
    Masculino: este(s).
    Feminino: esta(s).
    Neutro: isto.
    No espaço: com o falante.
    No tempo: presente.
    No texto: o que se pretende dizer ou o imediatamente retomado.

- **2ª pessoa**
    Masculino: esse(s).
    Feminino: essa(s).
    Neutro: isso.
    No espaço: pouco afastado.
    No tempo: passado ou futuro próximos.
    No texto: o que se disse anteriormente.

- **3ª pessoa**
    Masculino: aquele(s).
    Feminino: aquela(s).
    Neutro: aquilo.
    No espaço: muito afastado.
    No tempo: passado ou futuro distantes.
    No texto: o que se disse há muito ou o que se pretende dizer.

Quando o pronome retoma algo já mencionado no texto, dizemos que ele possui função **anafórica**. Quando aponta para algo que será dito, dizemos que possui função **catafórica**. Essa nomenclatura começou a ser cobrada em algumas questões de concurso público, portanto, é importante ter esses conceitos na ponta da língua.

Exemplos de emprego dos demonstrativos:

Veja **este** livro que eu trouxe, é muito bom.
Você deve estudar mais! **Isso** é o que eu queria dizer.
Vê **aquele** mendigo lá na rua? Terrível futuro o aguarda.

Há outros pronomes demonstrativos: **o, a, os, as**, quando antecedem o relativo que e podem ser permutados por **aquele(s), aquela(s), aquilo**. Veja os exemplos:

Não entendi o que disseste. (Não entendi aquilo que disseste.).
Esta rua não é a que te indiquei. (Esta rua não é aquela que te indiquei.).

Tal: quando puder ser permutado por qualquer demonstrativo:

Não acredito que você disse **tal** coisa. (Aquela coisa).

Semelhante: quando puder ser permutado por qualquer demonstrativo:

Jamais me prestarei a **semelhante** canalhice. (Esta canalhice).

Mesmo: quando modificar os pronomes eu, tu, nós e vós:

Eu **mesmo** investiguei o caso.

De modo análogo, classificamos o termo "**próprio**" (eu próprio, ela própria).

O termo "**mesmo**" pode ainda funcionar como pronome neutro em frases como: "é o mesmo", "vem a ser o mesmo".

Vejamos mais alguns exemplos:

José e **João** são alunos do ensino médio. Este gosta de matemática, **aquele** gosta de português.

Veja que a verdadeira relação estabelecida pelos pronomes demonstrativos focaliza, por meio do "este" o elemento mais próximo, por meio do "aquele" o elemento mais afastado.

Esta sala precisa de bons professores.
Gostaria de que esse órgão pudesse resolver meu problema.

Este(s), esta(s), isto indicam o local de onde escrevemos. **Esse(s), essa(s), isso** indicam o local em que se encontra o nosso interlocutor.

Pronomes relativos

São termos que relacionam palavras em um encadeamento. Os relativos da Língua Portuguesa são:

- **Que:** quando puder ser permutado por "o qual" ou um de seus termos derivados. Utiliza-se o pronome "que" para referências a pessoas ou coisas.

    O peão a **que** me refiro é Jonas.

- **O qual:** empregado para referência a coisas ou pessoas.

    A casa **na qual** houve o tiroteio foi interditada.

- **Quem:** é equivalente a dois pronomes: "aquele" e "que".

    O homem para **quem** se enviou a correspondência é Alberto.

- **Quanto:** será relativo quando seu antecedente for o termo "tudo".
  Não gastes tudo **quanto** tens.
- **Onde:** é utilizado para estabelecer referência a lugares, sendo permutável por "em que" ou "no qual" e seus derivados.
  O estado para **onde** vou é Minas Gerais.
- **Cujo:** possui um sentido possessivo. Não permite permuta por outro relativo. Também é preciso lembrar que o pronome "cujo" não admite artigo, pois já é variável (cujo/cuja, jamais "cujo o", "cuja a").
  Cara, o pedreiro em **cujo** serviço podemos confiar é Marcelino.

> A preposição que está relacionada ao pronome é, em grande parte dos casos, oriunda do verbo que aparece posteriormente na sentença.

Pronomes indefinidos

São os pronomes que se referem, de forma imprecisa e vaga, à 3ª pessoa do discurso.

Eles podem ser:
- **Pronomes indefinidos substantivos:** têm função de substantivo: alguém, algo, nada, tudo, ninguém.
- **Pronomes indefinidos adjetivos:** têm função de adjetivo: cada, certo(s), certa (s).
- **Que variam entre pronomes adjetivos e substantivos:** variam de acordo com o contexto: algum, alguma, bastante, demais, mais, qual etc.

VARIÁVEIS				INVARIÁVEIS
MASCULINO		**FEMININO**		
SINGULAR	PLURAL	SINGULAR	PLURAL	
Algum	Alguns	Alguma	Algumas	Alguém
Certo	Certos	Certa	Certas	Algo
Muito	Muitos	Muita	Muitas	Nada
Nenhum	Nenhuns	Nenhuma	Nenhumas	Ninguém
Outro	Outros	Outra	Outras	Outrem
Qualquer	Quaisquer	Qualquer	Quaisquer	Cada
Quando	Quantos	Quanta	Quantas	-
Tanto	Tantos	Tanta	Tantas	-
Todo	Todos	Toda	Todas	Tudo
Vário	Vários	Vária	Várias	-
Pouco	Poucos	Pouca	Poucas	-

Fique bem atento para as alterações de sentido relacionadas às mudanças de posição dos pronomes indefinidos.

Alguma pessoa passou por aqui ontem. (Alguma pessoa = ao menos uma pessoa).

Pessoa alguma passou por aqui ontem. (Pessoa alguma = ninguém).

Locuções pronominais indefinidas

"Cada qual", "cada um", "seja qual for", "tal qual", "um ou outro" etc.

Pronomes interrogativos

Chamam-se interrogativos os pronomes **que, quem, qual** e **quanto**, empregados para formular uma pergunta direta ou indireta:

Que conteúdo estão estudando?
Diga-me **que** conteúdo estão estudando.
Quem vai passar no concurso?
Gostaria de saber **quem** vai passar no concurso.
Qual dos livros preferes?
Não sei **qual** dos livros preferes.
Quantos de coragem você tem?
Pergunte **quanto** de coragem você tem.

7.4 Verbo

É a palavra com que se expressa uma ação (cantar, vender), um estado (ser, estar), mudança de estado (tornar-se) ou fenômeno da natureza (chover).

Quanto à noção que expressam, os verbos podem ser classificados da seguinte maneira:
- **Verbos relacionais:** exprimem estado ou mudança de estado. São os chamados verbos de ligação.
- **Verbos de ligação: ser, estar, continuar, andar, parecer, permanecer, ficar, tornar-se etc.**
- **Verbos nocionais:** exprimem ação ou fenômeno da natureza. São os chamados verbos significativos.

Os verbos nocionais podem ser classificados da seguinte maneira:
- **Verbo Intransitivo (VI):** diz-se daquele que não necessita de um complemento para que se compreenda a ação verbal. Por exemplo: "morrer", "cantar", "sorrir", "nascer", "viver".
- **Verbo Transitivo (VT):** diz-se daquele que necessita de um complemento para expressar o afetado pela ação verbal. Divide-se em três tipos:
  - **Diretos (VTD):** não possuem preposição para ligar o complemento verbal ao verbo. São exemplos os verbos "querer", "comprar", "ler", "falar" etc.
  - **Indiretos (VTI):** possuem preposição para ligar o complemento verbal ao verbo. São exemplos os verbos "gostar", "necessitar", "precisar", "acreditar" etc.
  - **Diretos e Indiretos (VTDI) ou bitransitivos:** possuem dois complementos, um não preposicionado, outro com preposição. São exemplos os verbos "pagar", "perdoar", "implicar" etc.

Preste atenção na dica que segue:

João morreu. (Quem morre, morre. Não é preciso um complemento para entender o verbo).

Eu quero um aumento. (Quem quer, quer alguma coisa. É preciso um complemento para entender o sentido do verbo).

Eu preciso de um emprego. (Quem precisa, precisa "de" alguma coisa. Deve haver uma preposição para ligar o complemento ao seu verbo).

Mário pagou a conta ao padeiro. (Quem paga, paga algo a alguém. Há um complemento com preposição e um complemento sem preposição).

MORFOLOGIA

Estrutura e conjugação dos verbos

Os verbos possuem:
- **Raiz:** o que lhes guarda o sentido (**cant**ar, **corr**er, **sorr**ir).
- **Vogal temática:** o que lhes garante a família conjugacional (AR, ER, IR).
- **Desinências:** o que ajuda a conjugar ou nominalizar o verbo (cant**ando**, cant**ávamos**).

Os verbos apresentam três conjugações, ou seja, três famílias conjugacionais. Em função da vogal temática, podem-se criar três paradigmas verbais. De acordo com a relação dos verbos com esses paradigmas, obtém-se a seguinte classificação:

- **Regulares:** seguem o paradigma verbal de sua conjugação sem alterar suas raízes (amar, vender, partir).
- **Irregulares:** não seguem o paradigma verbal da conjugação a que pertencem. As irregularidades podem aparecer na raiz ou nas desinências (ouvir – ouço/ouve, estar – estou/estão).
- **Anômalos:** apresentam profundas irregularidades. São classificados como anômalos em todas as gramáticas os verbos "ser" e "ir".
- **Defectivos:** não são conjugados em determinadas pessoas, tempo ou modo, portanto, apresentam algum tipo de "defeito" ("falir", no presente do indicativo, só apresenta a 1ª e a 2ª pessoa do plural). Os defectivos distribuem-se em grupos:
  - Impessoais.
  - Unipessoais: vozes ou ruídos de animais, só conjugados nas terceiras pessoas.
  - Antieufônicos: a sonoridade permite confusão com outros verbos – "demolir"; "falir", "abolir" etc.
- **Abundantes:** apresentam mais de uma forma para uma mesma conjugação.

Existe abundância **conjugacional** e **participial**. A primeira ocorre na conjugação de algumas formas verbais, como o verbo "haver", que admite "nós havemos/hemos", "vós haveis/heis". A segunda ocorre com as formas nominais de particípio.

A seguir segue uma lista dos principais abundantes na forma participial.

VERBOS	PARTICÍPIO REGULAR – EMPREGADO COM OS AUXILIARES "TER" E "HAVER"	PARTICÍPIO IRREGULAR – EMPREGADO COM OS AUXILIARES "SER", "ESTAR" E "FICAR"
aceitar	aceitado	aceito
acender	acendido	aceso
benzer	benzido	bento
eleger	elegido	eleito
entregar	entregado	entregue
enxugar	enxugado	enxuto
expressar	expressado	expresso
expulsar	expulsado	expulso
extinguir	extinguido	extinto
matar	matado	morto
prender	prendido	preso
romper	rompido	roto
salvar	salvado	salvo
soltar	soltado	solto
suspender	suspendido	suspenso
tingir	tingido	tinto

Flexão verbal

Relativamente à flexão verbal, anotamos:
- **Número:** singular ou plural.
- **Pessoa gramatical:** 1ª, 2ª ou 3ª.

Tempo: referência ao momento em que se fala (pretérito, presente ou futuro). O modo imperativo só tem um tempo, o presente.
- **Voz:** ativa, passiva, reflexiva e recíproca (que trabalharemos mais tarde).
- **Modo:** indicativo (certeza de um fato ou estado), subjuntivo (possibilidade ou desejo de realização de um fato ou incerteza do estado) e imperativo (expressa ordem, advertência ou pedido).

Formas nominais do verbo

As três formas nominais do verbo (infinitivo, gerúndio e particípio) não possuem função exclusivamente verbal.
- **Infinitivo:** assemelha-se ao substantivo, indica algo atemporal – o nome do verbo, sua desinência característica é a letra R: am**ar**, realç**ar**, ung**ir** etc.
- **Gerúndio:** equipara-se ao adjetivo ou advérbio pelas circunstâncias que exprime de ação em processo. Sua desinência característica é -**NDO**: ama**ndo**, realça**ndo**, ungi**ndo** etc.
- **Particípio:** tem valor e forma de adjetivo – pode também indicar ação concluída, sua desinência característica é -**ADO** ou -**IDO** para as formas regulares: am**ado**, realç**ado**, ung**ido** etc.

Tempos verbais

Dentro do **modo indicativo**, anotamos os seguintes tempos:
- **Presente do indicativo:** indica um fato situado no momento ou época em que se fala.

  Eu amo, eu vendo, eu parto.
- **Pretérito perfeito do indicativo:** indica um fato cuja ação foi iniciada e concluída no passado.

  Eu amei, eu vendi, eu parti.
- **Pretérito imperfeito do indicativo:** indica um fato cuja ação foi iniciada no passado, mas não foi concluída ou era uma ação costumeira no passado.

  Eu amava, eu vendia, eu partia.
- **Pretérito mais-que-perfeito do indicativo:** indica um fato cuja ação é anterior a outra ação já passada.

  Eu amara, eu vendera, eu partira.
- **Futuro do presente do indicativo:** indica um fato situado em momento ou época vindoura.

  Eu amarei, eu venderei, eu partirei.
- **Futuro do pretérito do indicativo:** indica um fato possível, hipotético, situado num momento futuro, mas ligado a um momento passado.

  Eu amaria, eu venderia, eu partiria.

PORTUGUÊS

Dentro do **modo subjuntivo**, anotamos os seguintes tempos:
- Presente do subjuntivo: indica um fato provável, duvidoso ou hipotético, situado no momento ou época em que se fala. Para facilitar a conjugação, utilize a conjunção "que".

    Que eu ame, que eu venda, que eu parta.

- Pretérito imperfeito do subjuntivo: indica um fato provável, duvidoso ou hipotético, cuja ação foi iniciada, mas não concluída no passado. Para facilitar a conjugação, utilize a conjunção "se".

    Se eu amasse, se eu vendesse, se eu partisse.

- Futuro do subjuntivo: indica um fato provável, duvidoso, hipotético, situado num momento ou época futura. Para facilitar a conjugação, utilize a conjunção "quando".

    Quando eu amar, quando eu vender, quando eu partir.

Tempos compostos da voz ativa

Constituem-se pelos verbos auxiliares "**ter**" ou "**haver**" + particípio do verbo que se quer conjugar, dito principal.

No **modo indicativo**, os tempos compostos são formados da seguinte maneira:
- **Pretérito perfeito:** presente do indicativo do auxiliar + particípio do verbo principal (tenho amado).
- **Pretérito mais-que-perfeito:** pretérito imperfeito do indicativo do auxiliar + particípio do verbo principal (tinha amado).
- **Futuro do presente:** futuro do presente do indicativo do auxiliar + particípio do verbo principal (terei amado).
- **Futuro do pretérito:** futuro do pretérito indicativo do auxiliar + particípio do verbo principal (teria amado).

No **modo subjuntivo**, a formação se dá da seguinte maneira:
- **Pretérito perfeito:** presente do subjuntivo do auxiliar + particípio do verbo principal (tenha amado).
- **Pretérito mais-que-perfeito:** imperfeito do subjuntivo do auxiliar + particípio do verbo principal (tivesse amado).
- **Futuro composto:** futuro do subjuntivo do auxiliar + particípio do verbo principal (tiver amado).

Quanto às **formas nominais**, elas são formadas da seguinte maneira:
- **Infinitivo composto:** infinitivo pessoal ou impessoal do auxiliar + particípio do verbo principal (ter vendido/teres vendido).
- **Gerúndio composto:** gerúndio do auxiliar + particípio do verbo principal (tendo partido).

Vozes verbais

Quanto às vozes, os verbos apresentam voz:
- **Ativa:** o sujeito é agente da ação verbal.

    O corretor vende casas.

- **Passiva:** o sujeito é paciente da ação verbal.

    Casas são vendidas **pelo corretor**.

- **Reflexiva:** o sujeito é agente e paciente da ação verbal.

    A garota feriu-**se** ao cair da escada.

- **Recíproca:** há uma ação mútua descrita na sentença.

    Os amigos entreolh**aram-se**.

Voz passiva: sua característica é possuir um sujeito paciente, ou seja, que é afetado pela ação do verbo.
- **Analítica:** verbo auxiliar + particípio do verbo principal. Isso significa que há uma locução verbal de voz passiva.

    Casas são *vendidas* pelo corretor.

    Ele fez o trabalho – O trabalho **foi feito** por ele (mantido o pretérito perfeito do indicativo).

    O vento ia levando as folhas – As folhas iam **sendo levadas** pelo vento (mantido o gerúndio do verbo principal em um dos auxiliares).

    Vereadores entregarão um prêmio ao gari – Um prêmio **será entregue** ao gari por vereadores (veja como a flexão do futuro se mantém na locução).

- **Sintética:** verbo apassivado pelo termo "se" (partícula apassivadora) + sujeito paciente.

    Roubou-se **o dinheiro do povo**.

    Fez-se **o trabalho** com pressa.

É comum observar, em provas de concurso público, questões que mostram uma voz passiva sintética como aquela que é proveniente de uma ativa com sujeito indeterminado.

Alguns verbos da língua portuguesa apresentam **problemas de conjugação**:

Compraram um carro novo (ativa).

Comprou-se um carro novo (passiva sintética).

Verbos com a conjugação irregular

Abolir: defectivo – não possui a 1ª pessoa do singular do presente do indicativo, por isso não possui presente do subjuntivo e o imperativo negativo. (= banir, carpir, colorir, delinquir, demolir, descomedir-se, emergir, exaurir, fremir, fulgir, haurir, retorquir, urgir).

Acudir: alternância vocálica O/U no presente do indicativo – acudo, acodes etc. Pretérito perfeito do indicativo com U. (= bulir, consumir, cuspir, engolir, fugir).

Adequar: defectivo – só possui a 1ª e a 2ª pessoa do plural no presente do indicativo.

Aderir: alternância vocálica E/I no presente do indicativo – adiro, adere etc. (= advertir, cerzir, despir, diferir, digerir, divergir, ferir, sugerir).

Agir: acomodação gráfica G/J no presente do indicativo – ajo, ages etc. (= afligir, coagir, erigir, espargir, refulgir, restringir, transigir, urgir).

Agredir: alternância vocálica E/I no presente do indicativo – agrido, agrides, agride, agredimos, agredis, agridem. (= prevenir, progredir, regredir, transgredir).

Aguar: regular. Presente do indicativo – águo, águas etc. Pretérito perfeito do indicativo – aguei, aguaste, aguou, aguamos, aguastes, aguaram. (= desaguar, enxaguar, minguar).

Aprazer: irregular. Presente do indicativo – aprazo, aprazes, apraz etc. Pretérito perfeito do indicativo – aprouve, aprouveste, aprouve, aprouvemos, aprouvestes, aprouveram.

Arguir: irregular com alternância vocálica O/U no presente do indicativo – arguo (ú), arguis, argui, arguimos, arguis, arguem. Pretérito perfeito – argui, arguiste etc.

Atrair: irregular. Presente do indicativo – atraio, atrais etc. Pretérito perfeito – atraí, atraíste etc. (= abstrair, cair, distrair, sair, subtrair).

Atribuir: irregular. Presente do indicativo – atribuo, atribuis, atribui, atribuímos, atribuís, atribuem. Pretérito perfeito – atribuí, atribuíste, atribuiu etc. (= afluir, concluir, destituir, excluir, instruir, possuir, usufruir).

Averiguar: alternância vocálica O/U no presente do indicativo – averiguo (ú), averiguas (ú), averigua (ú), averiguamos, averiguais, averiguam (ú). Pretérito perfeito – averiguei, averiguaste etc. Presente do subjuntivo – averigue, averigues, averigue etc. (= apaziguar).

Cear: irregular. Presente do indicativo – ceio, ceias, ceia, ceamos, ceais, ceiam. Pretérito perfeito indicativo – ceei, ceaste, ceou, ceamos,

MORFOLOGIA

ceastes, cearam. (= verbos terminados em -ear: falsear, passear... - alguns apresentam pronúncia aberta: estreio, estreia...).

Coar: irregular. Presente do indicativo – coo, côas, côa, coamos, coais, coam. Pretérito perfeito – coei, coaste, coou etc. (= abençoar, magoar, perdoar).

Comerciar: regular. Presente do indicativo – comercio, comerciais etc. Pretérito perfeito – comerciei etc. (= verbos em -iar, exceto os seguintes verbos: mediar, ansiar, remediar, incendiar, odiar).

Compelir: alternância vocálica E/I. Presente do indicativo – compilo, compeles etc. Pretérito perfeito indicativo – compeli, compeliste.

Compilar: regular. Presente do indicativo – compilo, compilas, compila etc. Pretérito perfeito indicativo – compilei, compilaste etc.

Construir: irregular e abundante. Presente do indicativo – construo, constróis, constrói, construímos, construís, constroem. Pretérito perfeito indicativo – construí, construíste etc.

Crer: irregular. Presente do indicativo – creio, crês, crê, cremos, credes, creem. Pretérito perfeito indicativo – cri, creste, creu, cremos, crestes, creram. Imperfeito indicativo – cria, crias, cria, críamos, críeis, criam.

Falir: defectivo. Presente do indicativo – falimos, falis. Pretérito perfeito indicativo – fali, faliste etc. (= aguerrir, combalir, foragir-se, remir, renhir).

Frigir: acomodação gráfica G/J e alternância vocálica E/I. Presente do indicativo – frijo, freges, frege, frigimos, frigis, fregem. Pretérito perfeito indicativo – frigi, frigiste etc.

Ir: irregular. Presente do indicativo – vou, vais, vai, vamos, ides, vão. Pretérito perfeito indicativo – fui, foste etc. Presente subjuntivo – vá, vás, vá, vamos, vades, vão.

Jazer: irregular. Presente do indicativo – jazo, jazes etc. Pretérito perfeito indicativo – jázi, jazeste, jazeu etc.

Mobiliar: irregular. Presente do indicativo – mobílio, mobílias, mobília, mobiliamos, mobiliais, mobíliam. Pretérito perfeito indicativo – mobiliei, mobiliaste.

Obstar: regular. Presente do indicativo – obsto, obstas etc. Pretérito perfeito indicativo – obtei, obstaste etc.

Pedir: irregular. Presente do indicativo – peço, pedes, pede, pedimos, pedis, pedem. Pretérito perfeito indicativo – pedi, pediste etc. (= despedir, expedir, medir).

Polir: alternância vocálica E/I. Presente do indicativo – pulo, pules, pule, polimos, polis, pulem. Pretérito perfeito indicativo – poli, poliste etc.

Precaver-se: defectivo e pronominal. Presente do indicativo – precavemo-nos, precaveis-vos. Pretérito perfeito indicativo – precavi-me, precaveste-te etc.

Prover: irregular. Presente do indicativo – provejo, provês, provê, provemos, provedes, proveem. Pretérito perfeito indicativo – provi, proveste, proveu etc.

Reaver: defectivo. Presente do indicativo – reavemos, reaveis. Pretérito perfeito indicativo – reouve, reouveste, reouve etc. (verbo derivado do haver, mas só é conjugado nas formas verbais com a letra v).

Remir: defectivo. Presente do indicativo – remimos, remis. Pretérito perfeito indicativo – remi, remiste etc.

Requerer: irregular. Presente do indicativo – requeiro, requeres etc. Pretérito perfeito indicativo – requeri, requereste, requereu etc. (Derivado do querer, diferindo dele na 1ª pessoa do singular do presente do indicativo e no pretérito perfeito do indicativo e derivados, sendo regular).

Rir: irregular. Presente do indicativo – rio, ris, ri, rimos, rides, riem. Pretérito perfeito indicativo – ri, riste. (= sorrir).

Saudar: alternância vocálica. Presente do indicativo – saúdo, saúdas etc. Pretérito perfeito indicativo – saudei, saudaste etc.

Suar: regular. Presente do indicativo – suo, suas, sua etc. Pretérito perfeito indicativo – suei, suaste, sou etc. (= atuar, continuar, habituar, individuar, recuar, situar).

Valer: irregular. Presente do indicativo – valho, vales, vale etc. Pretérito perfeito indicativo – vali, valeste, valeu etc.

Também merecem atenção os seguintes verbos irregulares:

▷ **Pronominais:** apiedar-se, dignar-se, persignar-se, precaver-se.

- **Caber**

    Presente do indicativo: caibo, cabes, cabe, cabemos, cabeis, cabem.
    Presente do subjuntivo: caiba, caibas, caiba, caibamos, caibais, caibam.
    Pretérito perfeito do indicativo: coube, coubeste, coube, coubemos, coubestes, couberam.
    Pretérito mais-que-perfeito do indicativo: coubera, couberas, coubera, coubéramos, coubéreis, couberam.
    Pretérito imperfeito do subjuntivo: coubesse, coubesses, coubesse, coubéssemos, coubésseis, coubessem.
    Futuro do subjuntivo: couber, couberes, couber, coubermos, couberdes, couberem.

- **Dar**

    Presente do indicativo: dou, dás, dá, damos, dais, dão.
    Presente do subjuntivo: dê, dês, dê, demos, deis, deem.
    Pretérito perfeito do indicativo: dei, deste, deu, demos, destes, deram.
    Pretérito mais-que-perfeito do indicativo: dera, deras, dera, déramos, déreis, deram.
    Pretérito imperfeito do subjuntivo: desse, desses, desse, déssemos, désseis, dessem.
    Futuro do subjuntivo: der, deres, der, dermos, derdes, derem.

- **Dizer**

    Presente do indicativo: digo, dizes, diz, dizemos, dizeis, dizem.
    Presente do subjuntivo: diga, digas, diga, digamos, digais, digam.
    Pretérito perfeito do indicativo: disse, disseste, disse, dissemos, dissestes, disseram.
    Pretérito mais-que-perfeito do indicativo: dissera, disseras, dissera, disséramos, disséreis, disseram.
    Futuro do presente: direi, dirás, dirá etc.
    Futuro do pretérito: diria, dirias, diria etc.
    Pretérito imperfeito do subjuntivo: dissesse, dissesses, dissesse, disséssemos, dissésseis, dissessem.
    Futuro do subjuntivo: disser, disseres, disser, dissermos, disserdes, disserem.

- **Estar**

    Presente do indicativo: estou, estás, está, estamos, estais, estão.
    Presente do subjuntivo: esteja, estejas, esteja, estejamos, estejais, estejam.
    Pretérito perfeito do indicativo: estive, estiveste, esteve, estivemos, estivestes, estiveram.
    Pretérito mais-que-perfeito do indicativo: estivera, estiveras, estivera, estivéramos, estivéreis, estiveram.

PORTUGUÊS

Pretérito imperfeito do subjuntivo: estivesse, estivesses, estivesse, estivéssemos, estivésseis, estivessem.

Futuro do subjuntivo: estiver, estiveres, estiver, estivermos, estiverdes, estiverem.

- **Fazer**

    Presente do indicativo: faço, fazes, faz, fazemos, fazeis, fazem.

    Presente do subjuntivo: faça, faças, faça, façamos, façais, façam.

    Pretérito perfeito do indicativo: fiz, fizeste, fez, fizemos, fizestes, fizeram.

    Pretérito mais-que-perfeito do indicativo: fizera, fizeras, fizera, fizéramos, fizéreis, fizeram.

    Pretérito imperfeito do subjuntivo: fizesse, fizesses, fizesse, fizéssemos, fizésseis, fizessem.

    Futuro do subjuntivo: fizer, fizeres, fizer, fizermos, fizerdes, fizerem.

Seguem esse modelo os verbos: desfazer, liquefazer e satisfazer.

Os particípios destes verbos e seus derivados são irregulares: feito, desfeito, liquefeito, satisfeito etc.

- **Haver**

    Presente do indicativo: hei, hás, há, havemos, haveis, hão.

    Presente do subjuntivo: haja, hajas, haja, hajamos, hajais, hajam.

    Pretérito perfeito do indicativo: houve, houveste, houve, houvemos, houvestes, houveram.

    Pretérito mais-que-perfeito do indicativo: houvera, houveras, houvera, houvéramos, houvéreis, houveram.

    Pretérito imperfeito do subjuntivo: houvesse, houvesses, houvesse, houvéssemos, houvésseis, houvessem.

    Futuro do subjuntivo: houver, houveres, houver, houvermos, houverdes, houverem.

- **Ir**

    Presente do indicativo: vou, vais, vai, vamos, ides, vão.

    Presente do subjuntivo: vá, vás, vá, vamos, vades, vão.

    Pretérito imperfeito do indicativo: ia, ias, ia, íamos, íeis, iam.

    Pretérito perfeito do indicativo: fui, foste, foi, fomos, fostes, foram.

    Pretérito mais-que-perfeito do indicativo: fora, foras, fora, fôramos, fôreis, foram.

    Pretérito imperfeito do subjuntivo: fosse, fosses, fosse, fôssemos, fôsseis, fossem.

    Futuro do subjuntivo: for, fores, for, formos, fordes, forem.

- **Poder**

    Presente do indicativo: posso, podes, pode, podemos, podeis, podem.

    Presente do subjuntivo: possa, possas, possa, possamos, possais, possam.

    Pretérito perfeito do indicativo: pude, pudeste, pôde, pudemos, pudestes, puderam.

    Pretérito mais-que-perfeito do indicativo: pudera, puderas, pudera, pudéramos, pudéreis, puderam.

    Pretérito imperfeito do subjuntivo: pudesse, pudesses, pudesse, pudéssemos, pudésseis, pudessem.

    Futuro do subjuntivo: puder, puderes, puder, pudermos, puderdes, puderem.

- **Pôr**

    Presente do indicativo: ponho, pões, põe, pomos, pondes, põem.

    Presente do subjuntivo: ponha, ponhas, ponha, ponhamos, ponhais, ponham.

    Pretérito imperfeito do indicativo: punha, punhas, punha, púnhamos, púnheis, punham.

    Pretérito perfeito do indicativo: pus, puseste, pôs, pusemos, pusestes, puseram.

    Pretérito mais-que-perfeito do indicativo: pusera, puseras, pusera, puséramos, puséreis, puseram.

    Pretérito imperfeito do subjuntivo: pusesse, pusesses, pusesse, puséssemos, pusésseis, pusessem.

    Futuro do subjuntivo: puser, puseres, puser, pusermos, puserdes, puserem.

Todos os derivados do verbo pôr seguem exatamente este modelo: antepor, compor, contrapor, decompor, depor, descompor, dispor, expor, impor, indispor, interpor, opor, pospor, predispor, pressupor, propor, recompor, repor, sobrepor, supor, transpor são alguns deles.

- **Querer**

    Presente do indicativo: quero, queres, quer, queremos, quereis, querem.

    Presente do subjuntivo: queira, queiras, queira, queiramos, queirais, queiram.

    Pretérito perfeito do indicativo: quis, quiseste, quis, quisemos, quisestes, quiseram.

    Pretérito mais-que-perfeito do indicativo: quisera, quiseras, quisera, quiséramos, quiséreis, quiseram.

    Pretérito imperfeito do subjuntivo: quisesse, quisesses, quisesse, quiséssemos, quisésseis, quisessem.

    Futuro do subjuntivo: quiser, quiseres, quiser, quisermos, quiserdes, quiserem.

- **Saber**

    Presente do indicativo: sei, sabes, sabe, sabemos, sabeis, sabem.

    Presente do subjuntivo: saiba, saibas, saiba, saibamos, saibais, saibam.

    Pretérito perfeito do indicativo: soube, soubeste, soube, soubemos, soubestes, souberam.

    Pretérito mais-que-perfeito do indicativo: soubera, souberas, soubera, soubéramos, soubéreis, souberam.

    Pretérito imperfeito do subjuntivo: soubesse, soubesses, soubesse, soubéssemos, soubésseis, soubessem.

    Futuro do subjuntivo: souber, souberes, souber, soubermos, souberdes, souberem.

- **Ser**

    Presente do indicativo: sou, és, é, somos, sois, são.

    Presente do subjuntivo: seja, sejas, seja, sejamos, sejais, sejam.

    Pretérito imperfeito do indicativo: era, eras, era, éramos, éreis, eram.

    Pretérito perfeito do indicativo: fui, foste, foi, fomos, fostes, foram.

    Pretérito mais-que-perfeito do indicativo: fora, foras, fora, fôramos, fôreis, foram.

    Pretérito imperfeito do subjuntivo: fosse, fosses, fosse, fôssemos, fôsseis, fossem.

    Futuro do subjuntivo: for, fores, for, formos, fordes, forem.

As segundas pessoas do imperativo afirmativo são: sê (tu) e sede (vós).

MORFOLOGIA

- **Ter**

    Presente do indicativo: tenho, tens, tem, temos, tendes, têm.
    Presente do subjuntivo: tenha, tenhas, tenha, tenhamos, tenhais, tenham.
    Pretérito imperfeito do indicativo: tinha, tinhas, tinha, tínhamos, tínheis, tinham.
    Pretérito perfeito do indicativo: tive, tiveste, teve, tivemos, tivestes, tiveram.
    Pretérito mais-que-perfeito do indicativo: tivera, tiveras, tivera, tivéramos, tivéreis, tiveram.
    Pretérito imperfeito do subjuntivo: tivesse, tivesses, tivesse, tivéssemos, tivésseis, tivessem.
    Futuro do subjuntivo: tiver, tiveres, tiver, tivermos, tiverdes, tiverem.

Seguem esse modelo os verbos: ater, conter, deter, entreter, manter, reter.

- **Trazer**

    Presente do indicativo: trago, trazes, traz, trazemos, trazeis, trazem.
    Presente do subjuntivo: traga, tragas, traga, tragamos, tragais, tragam.
    Pretérito perfeito do indicativo: trouxe, trouxeste, trouxe, trouxemos, trouxestes, trouxeram.
    Pretérito mais-que-perfeito do indicativo: trouxera, trouxeras, trouxera, trouxéramos, trouxéreis, trouxeram.
    Futuro do presente: trarei, trarás, trará etc.
    Futuro do pretérito: traria, trarias, traria etc.
    Pretérito imperfeito do subjuntivo: trouxesse, trouxesses, trouxesse, trouxéssemos, trouxésseis, trouxessem.
    Futuro do subjuntivo: trouxer, trouxeres, trouxer, trouxermos, trouxerdes, trouxerem.

- **Ver**

    Presente do indicativo: vejo, vês, vê, vemos, vedes, veem.
    Presente do subjuntivo: veja, vejas, veja, vejamos, vejais, vejam.
    Pretérito perfeito do indicativo: vi, viste, viu, vimos, vistes, viram.
    Pretérito mais-que-perfeito do indicativo: vira, viras, vira, víramos, víreis, viram.
    Pretérito imperfeito do subjuntivo: visse, visses, visse, víssemos, vísseis, vissem.
    Futuro do subjuntivo: vir, vires, vir, virmos, virdes, virem.

Seguem esse modelo os derivados antever, entrever, prever, rever. Prover segue o modelo acima apenas no presente do indicativo e seus tempos derivados; nos demais tempos, comporta-se como um verbo regular da segunda conjugação.

- **Vir**

    Presente do indicativo: venho, vens, vem, vimos, vindes, vêm.
    Presente do subjuntivo: venha, venhas, venha, venhamos, venhais, venham.
    Pretérito imperfeito do indicativo: vinha, vinhas, vinha, vínhamos, vínheis, vinham.
    Pretérito perfeito do indicativo: vim, vieste, veio, viemos, viestes, vieram.
    Pretérito mais-que-perfeito do indicativo: viera, vieras, viera, viéramos, viéreis, vieram.
    Pretérito imperfeito do subjuntivo: viesse, viesses, viesse, viéssemos, viésseis, viessem.
    Futuro do subjuntivo: vier, vieres, vier, viermos, vierdes, vierem.
    Particípio e gerúndio: vindo.

Emprego do infinitivo

Apesar de não haver regras bem definidas, podemos anotar as seguintes ocorrências:

▷ Usa-se o **impessoal**:

- Sem referência a nenhum sujeito:

    É proibido **estacionar** na calçada.

- Nas locuções verbais:

    Devemos **pensar** sobre a sua situação.

- Se o infinitivo exercer a função de complemento de adjetivos:

    É uma questão fácil de **resolver**.

- Se o infinitivo possuir valor de imperativo:

    O comandante gritou: "**marchar**!"

▷ Usa-se o **pessoal**:

- Quando o sujeito do infinitivo é diferente do sujeito da oração principal:

    Eu não te culpo por **seres** um imbecil.

- Quando, por meio de flexão, se quer realçar ou identificar a pessoa do sujeito:

    Não foi bom **agires** dessa forma.

7.5 Adjetivo

É a palavra variável que expressa uma qualidade, característica ou origem de algum substantivo ao qual se relaciona.

- Meu terno é azul, elegante e italiano.

Analisando, entendemos assim:

Azul: característica.
Elegante: qualidade.
Italiano: origem.

Estrutura e a classificação dos adjetivos

Com relação à sua formação, eles podem ser:

- **Explicativos:** quando a característica é comum ao substantivo referido.

    Fogo **quente**, homem **mortal**. (Todo fogo é quente, todo homem é mortal).

- **Restritivos:** quando a característica não é comum ao substantivo, ou seja, nem todo substantivo é assim caracterizado.

    Terno **azul**, casa **grande**. (Nem todo terno é azul, nem toda casa é grande).

- **Simples:** quando possui apenas uma raiz.

    Amarelo, brasileiro, competente, sagaz, loquaz, inteligente, grande, forte etc.

- **Composto:** quando possui mais de uma raiz.

    Amarelo-canário, luso-brasileiro, verde-escuro, vermelho-sangue etc.

- **Primitivo:** quando pode dar origem a outra palavra, não tendo sofrido derivação alguma.

    Bom, legal, grande, rápido, belo etc.

- **Derivado:** quando resultado de um processo de derivação, ou seja, oriundo de outra palavra.

    Bondoso (de bom), grandioso (de grande), maléfico (de mal), esplendoroso (de esplendor) etc.

Os adjetivos que designam origem de algum termo são denominados adjetivos pátrios ou gentílicos.

PORTUGUÊS

Adjetivos pátrios de estados:
Acre: acriano.
Alagoas: alagoano.
Amapá: amapaense.
Aracaju: aracajuano ou aracajuense.
Amazonas: amazonense ou baré.
Belém (PA): belenense.
Belo Horizonte: belo-horizontino.
Boa Vista: boa-vistense.
Brasília: brasiliense.
Cabo Frio: cabo-friense.
Campinas: campineiro ou campinense.
Curitiba: curitibano.
Espírito Santo: espírito-santense ou capixaba.
Fernando de Noronha: noronhense.
Florianópolis: florianopolitano.
Fortaleza: fortalezense.
Goiânia: goianiense.
João Pessoa: pessoense.
Macapá: macapaense.
Maceió: maceioense.
Manaus: manauense.
Maranhão: maranhense.
Marajó: marajoara.
Natal: natalense ou papa-jerimum.
Porto Alegre: porto alegrense.
Ribeirão Preto: ribeiropretense.
Rio de Janeiro (estado): fluminense.
Rio de Janeiro (cidade): carioca.
Rio Branco: rio-branquense.
Rio Grande do Norte: rio-grandense-do-norte, norte-riograndense ou potiguar.
Rio Grande do Sul: rio-grandense-do-sul, sul-rio-grandense ou gaúcho.
Rondônia: rondoniano.
Roraima: roraimense.
Salvador: salvadorense ou soteropolitano.
Santa Catarina: catarinense ou barriga verde.
Santarém: santarense.
São Paulo (estado): paulista.
São Paulo (cidade): paulistano.
Sergipe: sergipano.
Teresina: teresinense.
Tocantins: tocantinense.

Adjetivos pátrios de países:
Croácia: croata.
Costa Rica: costarriquense.
Curdistão: curdo.
Estados Unidos: estadunidense, norte-americano ou ianque.
El Salvador: salvadorenho.
Guatemala: guatemalteco.
Índia: indiano ou hindu (os que professam o hinduísmo).
Israel: israelense ou israelita.
Irã: iraniano.
Moçambique: moçambicano.
Mongólia: mongol ou mongólico.
Panamá: panamenho.
Porto Rico: porto-riquenho.
Somália: somali.

Na formação de adjetivos pátrios compostos, o primeiro elemento aparece na forma reduzida e, normalmente, erudita.

Observe alguns exemplos de adjetivos pátrios compostos:
África: afro-americana.
Alemanha: germano- ou teuto-: competições teutoinglesas.
América: Américo-: companhia américo-africana.
Ásia: ásio-: encontros ásio-europeus.
Áustria: austro-: peças austro-búlgaras.
Bélgica: belgo-: acampamentos belgo-franceses.
China: sino-: acordos sino-japoneses.
Espanha: hispano- + mercado: hispano-português.
Europa: euro + negociações euro-americanas.
França: franco- ou galo-: reuniões franco-italianas.
Grécia: greco-: filmes greco-romanos.
Índia: indo-: guerras indo-paquistanesas.
Inglaterra: anglo-: letras anglo-portuguesas.
Itália: ítalo-: sociedade ítalo-portuguesa.
Japão: nipo-: associações nipo-brasileiras.
Portugal: luso-: acordos luso-brasileiros.

Locução adjetiva

Expressão que tem valor adjetival, mas que é formada por mais de uma palavra. Geralmente, concorrem para sua formação uma preposição e um substantivo. Veja alguns exemplos de locução adjetiva seguida de adjetivo:

De águia: aquilino.
De aluno: discente.
De anjo: angelical.
De bispo: episcopal.
De cabelo: capilar.
De cão: canino.
De dedo: digital.
De estômago: estomacal ou gástrico.
De fera: ferino.
De gelo: glacial.
De homem: viril ou humano.
De ilha: insular.
De lago: lacustre.
De madeira: lígneo.
De neve: níveo ou nival.
De orelha: auricular.
De paixão: passional.
De quadris: ciático.
De rio: fluvial.
De serpente: viperino.
De trigo: trítício.
De urso: ursino.
De velho: senil.

Flexão do adjetivo

O adjetivo pode ser flexionado em gênero, número e grau.

Flexão de gênero (masculino/feminino)

Com relação ao gênero, os adjetivos podem ser classificados de duas formas:
- Biformes: quando possuem uma forma para cada gênero.
    Homem **belo**/mulher **bela**.
    Contexto **complicado**/questão **complicada**.

MORFOLOGIA

- **Uniformes:** quando possuem apenas uma forma, como se fossem elementos neutros.

    Homem **fiel**/mulher **fiel**.
    Contexto **interessante**/questão **interessante**.

Flexão de número (singular/plural)

Os adjetivos simples seguem a mesma regra de flexão que os substantivos simples. Serão, por regra, flexionados os adjetivos compostos que, em sua formação, possuírem dois adjetivos. A flexão ocorrerá apenas no segundo elemento da composição.

Guerra greco-**romana** – Guerras greco-**romanas**.
Conflito **socioeconômico** – Análises **socioeconômicas**.

Por outro lado, se houver um substantivo como elemento da composição, o adjetivo fica invariável.

Blusa **amarelo-canário** – Blusas **amarelo-canário**.
Mesa **verde-musgo** – Mesas **verde-musgo**.

O caso em questão também pode ocorrer quando um substantivo passa a ser, por derivação imprópria, um adjetivo, ou seja, também serão invariáveis os "substantivos adjetivados".

Terno cinza – Ternos cinza.
Vestido rosa – Vestidos rosa.

E também:

Surdo mudo – surdos mudos.
Pele vermelha – peles vermelhas.

> Azul-marinho e azul-celeste são invariáveis.

Flexão de grau (comparativo e superlativo)

Há duas maneiras de se estabelecer o grau do adjetivo: por meio do **grau comparativo** e por meio do **grau superlativo**.

Grau comparativo: estabelece um tipo de comparação de características, sendo estabelecido de três maneiras:

- **Inferioridade:** o açúcar é **menos** doce (do) **que** os teus olhos.
- **Igualdade:** o meu primo é **tão** estudioso **quanto** o meu irmão.
- **Superioridade:** gramática **é mais legal** (do) **que** matemática.

Grau superlativo: reforça determinada qualidade em relação a um referente. Pode-se estabelecer o grau superlativo de duas maneiras:

▷ **Relativo:** em relação a um grupo.
- **De superioridade:** José é o **mais** inteligente dos alunos.
- **De inferioridade:** o presidente foi o **menos** prestigiado da festa.

▷ **Absoluto:** sem relações, apenas reforçando as características:
- **Analítico:** com auxílio de algum termo:
    Pedro é muito magro.
    Pedro é magro, magro, magro.
- **Sintético** (com o acréscimo de -íssimo ou -érrimo):
    Pedro é macérrimo.
    Somos todos estudiosíssimos.

Veja, agora, alguns exemplos de superlativos sintéticos:

Ágil: agilíssimo.
Bom: ótimo ou boníssimo.
Capaz: capacíssimo.
Difícil: dificílimo.
Eficaz: eficacíssimo.
Fiel: fidelíssimo.
Geral: generalíssimo.
Horrível: horribilíssimo.
Inimigo: inimicíssimo.
Jovem: juveníssimo.
Louvável: laudabilíssimo.
Mísero: misérrimo.
Notável: notabilíssimo.
Pequeno: mínimo ou pequeníssimo.
Sério: seríssimo.
Terrível: terribilíssimo.
Vão: vaníssimo.

Atente à mudança de sentido provocada pela alteração de posição do adjetivo.

Homem **grande** (alto, corpulento).
Grande homem (célebre).

Mas isso nem sempre ocorre. Se você analisar a construção "giz azul" e "azul giz", perceberá que não há diferença semântica.

7.6 Advérbio

É a palavra invariável que se relaciona ao verbo, ao adjetivo ou a outro advérbio para atribuir-lhes uma circunstância. Veja os exemplos:

Os alunos saíram **apressadamente**.
O caso era muito **interessante**.
Resolvemos **muito bem** o problema.

Classificação do advérbio

- **Afirmação:** sim, certamente, efetivamente etc.
- **Negação:** não, nunca, jamais.
- **Intensidade:** muito, pouco, assaz, bastante, mais, menos, tão, tanto, quão etc.
- **Lugar:** aqui, ali, aí, aquém, acima, abaixo, atrás, dentro, junto, defronte, perto, longe, algures, alhures, nenhures etc.
- **Tempo:** agora, já, depois, anteontem, ontem, hoje, jamais, sempre, outrora, breve etc.
- **Modo:** assim, bem, mal, depressa, devagar, melhor, pior e a maior parte das palavras formadas de um adjetivo, mais a terminação "mente" (leve + mente = levemente; calma + mente = calmamente).
- **Inclusão:** também, inclusive.
- **Designação:** eis.
- **Interrogação:** onde, como, quando, por que.

Também existem as chamadas locuções adverbiais que vêm quase sempre introduzidas por uma preposição: à farta (= fartamente), às pressas (= apressadamente), à toa, às cegas, às escuras, às tontas, às vezes, de quando em quando, de vez em quando etc.

Existem casos em que utilizamos um adjetivo como forma de advérbio. É o que chamamos de adjetivo adverbializado. Veja os exemplos:

Aquele orador fala **belamente**. (Advérbio de modo).
Aquele orador fala **bonito**. (Adjetivo adverbializado que tenta designar modo).

7.7 Conjunção

É a palavra invariável que conecta elementos em algum encadeamento frasal. A relação em questão pode ser de natureza lógico-semântica (relação de sentido) ou apenas indicar uma conexão exigida pela sintaxe da frase.

Coordenativas

São as conjunções que conectam elementos que não possuem dependência sintática, ou seja, as sentenças que são conectadas por meio desses elementos já estão com suas estruturas sintáticas (sujeito / predicado / complemento) completas.

- **Aditivas:** e, nem (= e não), também, que, não só..., mas também, não só... como, tanto ... como, assim... como etc.

  José não foi à aula **nem** fez os exercícios.
  Devemos estudar **e** apreender os conteúdos.

- **Adversativas:** mas, porém, contudo, todavia, no entanto, entretanto, senão, não obstante, aliás, ainda assim.

  Os países assinaram o acordo, **mas** não o cumpriram.
  A menina cantou bem, **contudo** não agradou ao público.

- **Alternativas:** ou... ou, já ... já, seja... seja, quer... quer, ora... ora, agora... agora.

  Ora diz sim, **ora** diz não.
  Ou está feliz, **ou** está no ludibriando.

- **Conclusivas:** logo, pois (depois do verbo), então, portanto, assim, enfim, por fim, por conseguinte, conseguintemente, consequentemente, donde, por onde, por isso.

  O concursando estudou muito, **logo**, deverá conseguir seu cargo.
  É professor, **por conseguinte** deve saber explicar o conteúdo.

- **Explicativas:** isto é, por exemplo, a saber, ou seja, verbi gratia, pois (antes do verbo), pois bem, ora, na verdade, depois, além disso, com efeito, que, porque, ademais, outrossim, porquanto etc.

  Deve ter chovido, **pois** o chão está molhado.
  O homem é um animal racional, **porque** é capaz de raciocinar.
  Não converse agora, **que** eu estou explicando.

Subordinativas

São as conjunções que denotam uma relação de subordinação entre orações, ou seja, a conjunção subordinativa evidencia que uma oração possui dependência sintática em relação a outra. O que se pretende dizer com isso é que uma das orações envolvidas nesse conjunto desempenha uma função sintática para com sua oração principal.

Integrantes

- Que, se:

  Sei **que** o dia do pagamento é hoje.
  Vejamos **se** você consegue estudar sem interrupções.

Adverbiais

▷ **Causais:** indicam a causa de algo.
- Já que, porque, que, pois que, uma vez que, sendo que, como, visto que, visto como, como etc.

  Não teve medo do perigo, **já que** estava protegido.
  Passou no concurso, **porque** estudou muito.

▷ **Comparativas:** estabelecem relação de comparação:
- Como, mais... (do) que, menos... (do) que, tão como, assim como, tanto quanto etc.

  Tal como procederes, receberás o castigo.
  Alberto é aplicado **como** quem quer passar.

▷ **Concessivas (concessão):** estabelecem relação de quebra de expectativa com respeito à sentença à qual se relacionam.
- Embora, ainda que, dado que, posto que, conquanto, em que, quando mesmo, mesmo que, por menos que, por pouco que, apesar de (que).

  Embora tivesse estudado pouco, conseguiu passar.
  Conquanto estudasse, não conseguiu aprender.

▷ **Condicionais:** estabelecem relação de condição.
- Se, salvo se, caso, exceto se, contanto que, com tal que, caso, a não ser que, a menos que, sem que etc.

  Se tudo der certo, estaremos em Portugal amanhã.
  Caso você tenha dúvidas, pergunte a seu professor.

▷ **Consecutivas:** estabelecem relação de consequência.
- Tanto que, de modo que, de sorte que, tão...que, sem que etc.

  O aluno estudou **tanto que** morreu.
  Timeto Amon era **tão** feio **que** não se olhava no espelho.

▷ **Conformativas:** estabelecem relação de conformidade.
- Conforme, consoante, segundo, da mesma maneira que, assim como, como que etc.

  Faça a prova **conforme** teu pai disse.
  Todos agem **consoante** se vê na televisão.

▷ **Finais:** estabelecem relação de finalidade.
- Para que, a fim de que, que, porque.

  Estudou muito **para que** pudesse ter uma vida confortável.
  Trabalhei **a fim de que** o resultado seja satisfatório.

▷ **Proporcionais:** estabelecem relação de proporção.
- À proporção que, à medida que, quanto mais... tanto mais, quanto menos... tanto menos, ao passo que etc.

  À medida que o momento de realizar a prova chegava, a ansiedade de todos aumentava.
  Quanto mais você estudar, **tanto mais** terá a chance de ser bem-sucedido.

▷ **Temporais:** estabelecem relação de tempo.
- Quando, enquanto, apenas, mal, desde que, logo que, até que, antes que, depois que, assim que, sempre que, senão quando, ao tempo que, apenas que, antes que, depois que, sempre que etc.

  Quando todos disserem para você parar, continue.
  Depois que terminar toda a lição, poderá descansar um pouco.
  Mal chegou, já quis sair.

7.8 Interjeição

É o termo que exprime, de modo enérgico, um estado súbito de alma. Sem muita importância para a análise a que nos propomos, vale apenas lembrar que elas possuem uma classificação semântica:

- **Dor:** ai! ui!
- **Alegria:** ah! eh! oh!
- **Desejo:** oxalá! tomara!
- **Admiração:** puxa! cáspite! safa! quê!
- **Animação:** eia! sus! coragem!
- **Aplauso:** bravo! apoiado!
- **Aversão:** ih! chi! irra! apre!
- **Apelo:** ó, olá! psit! pitsiu! alô! socorro!
- **Silêncio:** psit! psiu! caluda!
- **Interrogação, espanto:** hem!

Há, também, locuções interjetivas: **minha nossa! Meu Deus!**

A despeito da classificação acima, o que determina o sentido da interjeição é o seu uso.

7.9 Numeral

É a palavra que indica uma quantidade, multiplicação, fração ou um lugar em uma série. Os numerais podem ser divididos em:

MORFOLOGIA

- **Cardinais:** quando indicam um número básico: um, dois, três, cem mil etc.
- **Ordinais:** quando indicam um lugar numa série: primeiro, segundo, terceiro, centésimo, milésimo etc.
- **Multiplicativos:** quando indicam uma quantidade multiplicativa: dobro, triplo, quádruplo etc.
- **Fracionários:** quando indicam parte de um inteiro: meio, metade, dois terços etc.

ALGARISMO ROMANOS	ALGARISMO ARÁBICOS	CARDINAIS	ORDINAIS
I	1	um	primeiro
II	2	dois	segundo
III	3	três	terceiro
IV	4	quatro	quarto
V	5	cinco	quinto
VI	6	seis	sexto
VII	7	sete	sétimo
VIII	8	oito	oitavo
IX	9	nove	nono
X	10	dez	décimo
XI	11	onze	undécimo ou décimo primeiro
XII	12	doze	duodécimo ou décimo segundo
XIII	13	treze	décimo terceiro
XIV	14	quatorze ou catorze	décimo quarto
XV	15	quinze	décimo quinto
XVI	16	dezesseis	décimo sexto
XVII	17	dezessete	décimo sétimo
XVIII	18	dezoito	décimo oitavo
XIX	19	dezenove	décimo nono
XX	20	vinte	vigésimo
XXI	21	vinte e um	vigésimo primeiro
XXX	30	trinta	trigésimo
XXXL	40	quarenta	quadragésimo
L	50	cinquenta	quinquagésimo
LX	60	sessenta	sexagésimo
LXX	70	setenta	septuagésimo ou setuagésimo
LXXX	80	oitenta	octogésimo
XC	90	noventa	nonagésimo
C	100	cem	centésimo
CC	200	duzentos	ducentésimo
CCC	300	trezentos	trecentésimo
CD	400	quatrocentos	quadringentésimo
D	500	quinhentos	quingentésimo
DC	600	seiscentos	seiscentésimo ou sexcentésimo
DCC	700	setecentos	septingentésimo
DCCC	800	oitocentos	octingentésimo
CM	900	novecentos	nongentésimo ou noningentésimo
M	1.000	mil	milésimo
X'	10.000	dez mil	dez milésimos
C'	100.000	cem mil	cem milésimos
M'	1.000.000	um milhão	milionésimo
M''	1.000.000.000	um bilhão	bilionésimo

Lista de numerais multiplicativos e fracionários:

Algarismos	Multiplicativos	Fracionários
2	duplo, dobro, dúplice	meio ou metade
3	triplo, tríplice	terço
4	quádruplo	quarto
5	quíntuplo	quinto
6	sêxtuplo	sexto
7	sétuplo	sétimo
8	óctuplo	oitavo
9	nônuplo	nono
10	décuplo	décimo
11	undécuplo	onze avos
12	duodécuplo	doze avos
100	cêntuplo	centésimo

Cardinais

Para realizar a leitura dos cardinais, é necessário colocar a conjunção "e" entre as centenas e dezenas, assim como entre as dezenas e a unidade.

Exemplo: 3.068.724 = três milhões, sessenta **e** oito mil, setecentos **e** vinte **e** quatro.

Ordinais

Quanto à leitura do numeral ordinal, há duas possibilidades: quando é inferior a 2.000, lê-se inteiramente segundo a forma ordinal.
- 1.766º = milésimo septingentésimo sexagésimo sexto.

Acima de 2.000, lê-se o primeiro algarismo como cardinal e os demais como ordinais. Hodiernamente, entretanto, tem-se observado a tendência a ler os números redondos segundo a forma ordinal.
- 2.536º = dois milésimos quingentésimo trigésimo sexto.
- 8 000º = oitavo milésimo.

Fracionários

O numerador de um numeral fracionário é sempre lido como cardinal. Quanto ao denominador, há dois casos:
- Primeiro: se for inferior ou igual a 10, ou ainda for um número redondo, será lido como ordinal 2/6 = dois sextos; 9/10 = nove décimos; centésimos (se houver). São exceções: 1/2 = meio; 1/3 = um terço.

- Segundo: se for superior a 10 e não constituir número redondo, é lido como cardinal, seguido da palavra "avos". 1/12 = um doze avos; 4/25 = quatro vinte e cinco avos.

Ao se fazer indicação de reis, papas, séculos, partes de uma obra, usam-se os numerais ordinais até décimo. A partir daí, devem-se empregar os cardinais. Século V (século quinto), século XX (vinte), João Paulo II (segundo), Bento XVI (dezesseis).

7.10 Preposição

É a palavra invariável que serve de ligação entre dois termos de uma oração ou, às vezes, entre duas orações. Costuma-se denominar "regente" o termo que exige a preposição e "regido" aquele que recebe a preposição:

Ele comprou um livro **de** poesia.

Ele tinha medo **de** ficar solitário.

Como se vê, a preposição "de", no primeiro caso, liga termos de uma mesma oração; no segundo, liga orações.

Preposições essenciais

São aquelas que têm como função primordial a conexão das palavras:

- a, ante, até, após, com contra, de, desde, em, entre, para, per, perante, por, sem, sob, sobre, trás.

Veja o emprego de algumas preposições:

Os manifestantes lutaram **contra** a polícia.

O aluno chegou **ao** salão rapidamente.

Aguardo sua decisão **desde** ontem.

Entre mim e ti, não há qualquer problema.

Preposições acidentais

São palavras que pertencem a outras classes, empregadas, porém, eventualmente como preposições: conforme, consoante, durante, exceto, fora, agora, mediante, menos, salvante, salvo, segundo, tirante.

O emprego das preposições acidentais é mais comum do que parece, veja os exemplos:

Todos saíram da sala, **exceto** eu.

Tirante as mulheres, o grupo que estava na sala parou de falar.

Escreveu o livro **conforme** o original.

Locuções prepositivas

Além das preposições simples, existem também as chamadas locuções prepositivas, que terminam sempre por uma preposição simples:

- abaixo de, acerca de, acima de, a despeito de, adiante de, a fim de, além de, antes de, ao lado de, a par de, apesar de, a respeito de, atrás de, através de, de acordo com, debaixo de, de cima de, defronte de, dentro de, depois de, diante de, embaixo de, em cima de, em frente de(a), em lugar de, em redor de, em torno de, em vez de, graças a, junto a (de), para baixo de, para cima de, para com, perto de, por baixo de, por causa de, por cima de, por detrás de, por diante de, por entre, por trás de.

Conectivos

Os conectivos têm a função de ligar palavras ou orações. Eles podem ser coordenativos (ligam orações coordenadas) ou subordinativos (ligam orações subordinadas).

Coordenativos

- Conjunções coordenativas que iniciam as orações coordenadas:
    Aditivas: e.
    Adversativas: mas.
    Alternativas: ou.
    Conclusivas: logo.
    Explicativas: pois.

Subordinativos

- Pronomes relativos que iniciam as orações adjetivas:
    Que.
    Quem.
    Cujo/cuja.
    O qual/a qual.
- Conjunções subordinativas que iniciam as orações adverbiais:
    Causais: porque.
    Comparativas: como.
    Concessivas: embora.
    Condicionais: se.
    Conformativas: conforme.
    Consecutivas: (tão) que.
    Finais: para que.
    Proporcionais: à medida que.
    Temporais: quando.
- **Conjunções subordinativas que iniciam as orações substantivas:**
    Integrantes: que, se.

Formas variantes

Algumas palavras possuem mais de uma forma, ou seja, junto à forma padrão existem outras formas variantes.

Em algumas situações, é irrelevante a variação utilizada, mas em outros deve-se escolher a variação mais generalizada.

Exemplos:

Assobiar, assoviar.

Coisa, cousa.

Louro, loiro.

Lacrimejar, lagrimejar.

Infarto, enfarte.

Diabete, diabetes.

Transpassar, traspassar, trespassar.

SINTAXE BÁSICA

8. SINTAXE BÁSICA

Sintaxe é a parte da Gramática que estuda a função das palavras ou das expressões em uma oração ou em um período.

Antes de iniciar o estudo da sintaxe, faz-se necessário definir alguns conceitos, tais como: frase, oração e período (conceitos essenciais).

- **Frase**: qualquer sentença dotada de sentido.
  Eu adoro estudar português!
  Fogo! Socorro!
- **Oração**: frase organizada em torno de uma forma verbal.
  Os alunos farão a prova amanhã!
- **Período**: conjunto de orações.
  - Período simples: 1 oração.
    Ex.: **Estudarei** português.
  - Período composto: mais de 1 oração.
    Ex.: **Estudarei** português e **farei** a prova.

8.1 Período simples (oração)

A oração é dividida em termos. Assim, o estudo fica organizado e impossibilita a confusão. São os termos da oração:
- Essenciais.
- Integrantes.
- Acessórios.

Termos essenciais da oração

Sujeito e predicado: são chamados de essenciais, porque são os elementos que dão vida à oração. Quer dizer, sem um deles (o predicado, ao menos) não se pode formar oração.
- O **Brasil** caminha para uma profunda transformação social.
  O Brasil: sujeito.
  Para uma profunda transformação social: predicado.

Sujeito

Sujeito é o termo sintático sobre o qual se declara ou se constata algo. Deve-se observar que há uma profunda relação entre o verbo que comporá o predicado e o sujeito da oração. Usualmente, o sujeito é formado por um substantivo ou por uma expressão substantivada.

O sujeito pode ser: simples; composto; oculto, elíptico ou desinencial; indeterminado; inexistente ou oracional.

- **Sujeito simples:** aquele que possui apenas um núcleo.
  O **país** deverá enfrentar difíceis rivais na competição.
  A **perda** de fôlego de algumas das grandes economias também já foi notada por outras gigantes do setor.
- **Sujeito composto:** é aquele que possui mais de um núcleo.
  João e **Maria** são amigos inseparáveis.
  Eu, meus **amigos** e todo o **resto** dos alunos faremos a prova.
- **Sujeito oculto, elíptico ou desinencial:** aquele que não se encontra expresso na oração, porém é facilmente subentendido pelo verbo apresentado.
  Acord**amos** cedo naquele dia. (Nós)
  Ab**ri** o blusão, tirei o 38, e perguntei com tanta raiva que uma gota de meu cuspe bateu na cara dele. (R. Fonseca) (eu)
  Vanderlei caminh**ou** pela manhã. À tarde pass**ou** pelo lago municipal, onde encontr**ou** a Anaconda da cidade. (Ele, Vanderlei)

Perceba que o sujeito não está grafado na sentença, mas é facilmente recuperável por meio da terminação do verbo.

- **Sujeito indeterminado:** ocorre quando o verbo não se refere a um núcleo determinado. São situações de indeterminação do sujeito:
  - Terceira pessoa do plural sem um referente:
    Nunca lhe **deram** nada.
    Fizeram comentários maldosos a seu respeito.
  - Com verbos transitivos indiretos, intransitivo e relacionais (de ligação) acompanhados da partícula "se" que, no caso, será classificada como índice de indeterminação de sujeito:
    Vive-se muito bem.
    Precisa-se de força e coragem na vida de estudante.
    Nem sempre **se está** feliz na riqueza.

▷ **Sujeito inexistente ou oração sem sujeito:** ocorre em algumas situações específicas.
- Com verbos impessoais (principalmente os que denotam fenômeno da natureza).
  Em setembro **chove** muito.
  Nevava em Palotina.
- Com o verbo haver, desde que empregado nos sentidos de existir, acontecer ou ocorrer.
  Há poemas perfeitos, não **há** poetas perfeitos.
  Deveria haver soluções para tais problemas.
- Com os verbos ir, haver e fazer, desde que empregado fazendo alusão a tempo transcorrido.
  Faz um ano que não viajo. (verbo "fazer" no sentido de "tempo transcorrido")
  Há muito tempo que você não aparece. (verbo "haver" no sentido de "tempo")
  Vai para dois meses que não recebo salário. (verbo "ir" no sentido de "tempo")
- Com os verbos ser ou estar indicando tempo.
  Era noite fechada.
  É tarde, eles não vêm!
- Com os verbos bastar e chegar indicando cessamento.
  Basta de tanta corrupção no Senado!
  Chega de ficar calado quando a situação aperta!
- Com o verbo ser indicando data ou horas.
  São dez horas no relógio da torre.
  Amanhã **serão** dez de dezembro.

▷ **Sujeito oracional:** ocorre nas análises do período composto, quando se verifica que o sujeito de um verbo é uma oração.
  É preciso **que você estude Língua Portuguesa**.

Predicado

É o termo que designa aquilo que se declara acerca do sujeito. É mais simples e mais prudente para o aluno buscar identificar o predicado antes do sujeito, pois, se assim o fizer, terá mais concretude na identificação do sujeito.

O predicado pode ser nominal, verbal ou verbo-nominal.
- **Predicado Nominal:** o predicado nominal é formado por um verbo relacional (de ligação) + predicativo.

Principais verbos de ligação: ser, estar, permanecer, continuar, ficar, parecer, andar e torna-se.
  A economia da Ásia parecia derrotada após a crise.
  O deputado, de repente, virou patriota.
  Português é legal.

46

- **Predicado Verbal:** o predicado verbal tem como núcleo um verbo nocional.

    Empresários **investirão R$ 250 milhões em novo berço para o Porto de Paranaguá**.

- **Predicado Verbo-nominal:** ocorre quando há um verbo significativo (nocional) + um predicativo do sujeito.

    O trem chegou atrasado. ("atrasado" é uma qualidade do sujeito que aparece após o verbo, portanto, é um predicativo do sujeito).

    Pedro Paladino já nasceu rico.

    Acompanhei a indignação de meus alunos preocupado.

Predicativo

O predicativo é um termo componente do predicado. Qualifica sujeito ou objeto.

Josefina era **maldosa, ruim, sem valor**. (predicativo do sujeito)

Leila deixou o garoto **louco**. (predicativo do objeto)

O diretor nomeou João **chefe da repartição**. (predicativo do objeto)

8.2 Termos integrantes da oração

Os termos integrantes da oração são: objeto direto (complemento verbal); objeto indireto (complemento verbal); complemento nominal e agente da passiva.

- **Objeto Direto:** é o complemento de um verbo transitivo direto.

    Os bons cidadãos cumprem **as leis**. (quem cumpre, cumpre algo)

    Em resumo: ele queria **uma mulher**. (quem quer, quer algo)

- **Objeto Indireto:** é o complemento de um verbo transitivo indireto.

    Os bons cidadãos obedecem **às leis**. (quem obedece, obedece a algo)

    Necessitamos **de manuais mais práticos** nos dias de hoje. (quem necessita, necessita de algo)

- **Complemento Nominal:** é o complemento, sempre preposicionado, de adjetivos, advérbios e substantivos que, em determinadas circunstâncias, pedem complemento, assim como os verbos transitivos indiretos.

    O filme era impróprio para crianças.

    Finalizou-se a construção do prédio.

    Agiu favoravelmente ao réu.

- **Agente da Passiva:** é o complemento que, na voz passiva, designa o ser praticante da ação sofrida ou recebida pelo sujeito. Veja os exemplos:

    Voz ativa: o zagueiro executou a jogada.

    Voz passiva: a jogada foi executada **pelo zagueiro**. (Agente da passiva)

    Conversas foram interceptadas pela **Polícia Federal**. (Agente da passiva)

8.3 Termos acessórios da oração

Os termos acessórios da oração são: adjunto adnominal; adjunto adverbial; aposto e vocativo.

▷ **Adjunto Adnominal:** a função do adjunto adnominal é desempenhada por qualquer palavra ou expressão que, junto de um substantivo ou de uma expressão substantivada, modifica o seu sentido. Vejamos algumas palavras que desempenham tal função.

- **Artigos: as** alunas serão aprovadas.
- **Pronomes adjetivos: aquela** aluna será aprovada.
- **Numerais adjetivos: duas** alunas serão aprovadas.
- **Adjetivos:** aluno **estudioso** é aprovado.
- **Locuções adjetivas:** aluno **de gramática** passa no concurso.

▷ **Adjunto Adverbial:** o adjunto adverbial é o termo acessório (que não é exigido por elemento algum da sentença) que exprime circunstância ao verbo e, às vezes, ao adjetivo ou mesmo ao advérbio.

- **Advérbios:** os povos antigos trabalhavam mais.
- **Locuções Adverbiais:** li vários livros **durante as férias**.
- **Alguns tipos de adjuntos adverbiais:**

    Tempo: ontem, choveu muito.

    Lugar: gostaria de que me encontrasse **na esquina da padaria**.

    Modo: Alfredo executou a aria **fantasticamente**.

    Meio: fui para a escola **a pé**.

    Causa: por amor, cometem-se loucuras.

    Instrumento: quebrou a **vidraça com uma pedra**.

    Condição: se estudar muito, será aprovado.

    Companhia: faremos sucesso **com essa banda**.

▷ **Aposto:** o aposto é o termo sintático que, possuindo equivalência semântica, esclarece seu referente. Tipos de aposto:

Explicativo: Alencar, **escritor romântico**, possui uma obra vastíssima.

Resumitivo ou recapitulativo: estudo, esporte, cinema, **tudo** o chateava.

Enumerativo: preciso de duas coisas: **saúde e dinheiro**.

Especificativo: a notícia foi publicada na revista **Veja**.

Distributivo: havia grupos interessados: **o da direita e o da esquerda**.

Oracional: desejo só uma coisa: **que vocês passem no concurso**.

Vocativo: é uma interpelação, é um chamamento. Normalmente, indica com quem se fala.

▷ **Ó mar**, por que não me levas contigo?

- Vem, **minha amiga**, abraçar um vitorioso.

8.4 Período composto

O período composto possui dois processos: coordenação e subordinação.

- **Coordenação:** ocorre quando são unidas orações independentes sintaticamente. Ou seja, são autônomas do ponto de vista estrutural. Vamos a um exemplo:

    - Altamiro pratica esportes e estuda muito.

- **Subordinação:** ocorre quando são unidas orações que possuem dependência sintática. Ou seja, não estão completas em sua estrutura. O processo de subordinação ocorre de três maneiras:

    - **Substantiva:** quando a oração desempenhar a função de um substantivo na sentença (**sujeito, predicativo, objeto direto, objeto indireto, complemento nominal ou aposto**).

    - **Adjetiva:** quando a oração desempenhar a função de adjunto adnominal na sentença.

    - **Adverbial:** quando a oração desempenhar a função de adjunto adverbial na sentença.

    Eu quero **que vocês passem no concurso**. (Oração subordinada substantiva objetiva direta – a função de objeto direto está sendo desempenhada pela oração)

    O Brasil, **que é um belíssimo país**, possui vegetação exuberante. (Oração subordinada adjetiva explicativa)

    Quando José entrou na sala, Manoel saiu. (Oração subordinada adverbial temporal)

SINTAXE BÁSICA

Processo de coordenação

Há dois tipos de orações coordenadas: **assindéticas** e **sindéticas**.

- **Assindéticas:**

O nome vem da palavra grega *sýndetos*, que significa conjunção, união. Ou seja, oração que não possui conjunção quando está colocada ao lado de outra.

Valdevino **correu (oração coordenada assindética), correu (oração coordenada assindética), correu (oração coordenada assindética)** o dia todo.

Perceba que não há conjunções para ligar os verbos, ou seja, as orações estão colocadas uma ao lado da outra sem síndeto, portanto, são **orações coordenadas assindéticas**.

- **Sindéticas:**

Contrariamente às assindéticas, as sindéticas possuem conjunção para exprimir uma relação lógico-semântica. Cada oração recebe o nome da conjunção que a introduz. Por isso é necessário decorar as conjunções.

- **Aditivas:** são introduzidas pelas conjunções e, nem, mas também, também, como (após "não só"), como ou quanto (após "tanto"), mais etc., dando a ideia de adição à oração anterior.

A seleção brasileira venceu a Dinamarca / **e empatou com a Inglaterra**. (Oração coordenada assindética / **oração coordenada sindética aditiva**)

- **Adversativas:** são introduzidas pelas conjunções: mas, porém, todavia, contudo, entretanto, no entanto, não obstante, senão, apesar disso, embora etc., indicando uma relação de oposição à sentença anterior.

O time batalhou muito, / **mas não venceu o adversário.** (Oração coordenada assindética / **oração coordenada sindética adversativa**)

- **Alternativas:** são introduzidas pelas conjunções ou… ou, ora… ora, já… já, quer… quer, seja… seja, nem… nem etc., indicando uma relação de alternância entre as sentenças.

Ora estuda, / ora trabalha. (**Oração coordenada sindética alternativa / oração coordenada sindética alternativa**)

- **Conclusivas:** são introduzidas pelas conjunções: pois (posposto ao verbo), logo, portanto, então, por conseguinte, por consequência, assim, desse modo, destarte, com isso, por isto, consequentemente, de modo que, indicando uma relação de conclusão do período anterior.

Comprei a carne e o carvão, / **portanto podemos fazer o churrasco**. (Oração coordenada assindética / **oração coordenada sindética conclusiva**)

Estou muito doente, / **não posso, pois, ir à aula**. (Oração coordenada assindética/ **oração coordenada sindética conclusiva**)

- **Explicativas:** são introduzidas pelas conjunções que, porque, porquanto, por, portanto, como, pois (anteposta ao verbo), ou seja, isto é, indicando uma relação de explicação para com a sentença anterior.

Não converse, / **pois estou estudando**. (Oração coordenada assindética / **oração coordenada sindética explicativa**)

Processo de subordinação

As orações subordinadas substantivas se dividem em seis tipos, introduzidas, geralmente, pelas conjunções "**que**" e "**se**".

- **Subjetiva:** exerce função de sujeito do verbo da oração principal.

É interessante / **que todos joguem na loteria**. (Oração principal / **oração subordinada substantiva subjetiva**)

- **Objetiva direta:** exerce função de objeto direto.

Eu quero / **que você entenda a matéria**. Quem quer, quer algo ou alguma coisa. (Oração principal / **oração subordinada substantiva objetiva direta**)

- **Objetiva indireta:** exerce função de objeto indireto.

Os alunos necessitam / **de que as explicações fiquem claras**. Quem necessita, necessita de algo. (Oração principal / **oração subordinada substantiva objetiva indireta**)

- **Predicativa:** exerce função de predicativo.

O bom é / **que você faça exercícios todos os dias**. (Oração principal / **oração subordinada substantiva predicativa**)

- **Completiva nominal:** exerce função de complemento nominal de um nome da oração principal.

Jonas tem vontade / **de que alguém o mande calar a boca**. (Oração principal / **oração subordinada substantiva completiva nominal**)

- **Apositivas:** possuem a função de aposto da sentença principal, geralmente são introduzidas por dois-pontos (:).

Eu quero apenas isto: / **que você passe no concurso**. (Oração principal / **oração subordinada substantiva apositiva**)

- **Orações subordinadas adjetivas:** dividem-se em dois tipos. Quando desenvolvidas, são introduzidas por um pronome relativo.

O nome oração subordinada adjetiva se deve ao fato de ela desempenhar a mesma função de um adjetivo na oração, ou seja, a função de adjunto adnominal. Na Gramática de Portugal, são chamadas de orações relativas pelo fato de serem introduzidas por pronome relativo.

- **Restritivas:** restringem a informação da oração principal. Não possuem vírgulas.

O homem / **que mora ao lado** / é mal-humorado. (Oração principal / **oração subordinada adjetiva restritiva** / oração principal)

Para entender basta perguntar: qualquer homem é mal-humorado? Não. Só o que mora ao lado.

- **Explicativas:** explicam ou dão algum esclarecimento sobre a oração principal.

João, / **que é o ex-integrante da comissão**, / chegou para auxiliar os novos contratados. (Oração principal / **oração subordinada adjetiva explicativa** /oração principal)

- **Orações subordinadas adverbiais:** dividem-se em nove tipos. Recebem o nome da conjunção que as introduz. Nesse caso, teremos uma principal (que não está negritada) e uma subordinada adverbial (que está em negrito).

Essas orações desempenham a função de adjunto adverbial da oração principal.

- **Causais:** exprimem a causa do fato que ocorreu na oração principal. Introduzidas, principalmente, pelas conjunções porque, visto que, já que, uma vez que, como que, como.

Já que precisamos de dinheiro, vamos trabalhar.

- **Comparativas:** representam o segundo termo de uma comparação. Introduzidas, na maior parte dos casos, pelas conjunções que, do que, como, assim como, (tanto) quanto.

Tiburcina fala **como uma gralha** (fala - o verbo está elíptico).

- **Concessivas:** indica uma concessão entre as orações. Introduzidas, principalmente, pelas conjunções embora, a menos que, ainda que, posto que, conquanto, mesmo que, se bem que, por mais que, apesar de que. Fique de olho na relação da conjunção com o verbo.

Embora não tivesse tempo disponível, consegui estudar.

48

- **Condicionais:** expressa ideia de condição. Introduzidas, principalmente, pelas conjunções se, salvo se, desde que, exceto, caso, desde, contanto que, sem que, a menos que.

    Se ele não se defender, acabará como "boi-de-piranha" no caso.

- **Conformativas:** exprimem acordo, concordância entre fatos ou ideias. Introduzidas, principalmente, pelas conjunções como, consoante, segundo, conforme, de acordo com etc.

    Realize as atividades **conforme eu expliquei**.

- **Consecutivas:** indicam a consequência ou o efeito daquilo que se diz na oração principal. Introduzidas, principalmente, pelas conjunções que (precedida de tal, tão, tanto, tamanho), de sorte que, de modo que.

    Estudei tanto, **que saiu sangue dos olhos**.

- **Finais:** exprimem finalidade da ação primeira. Introduzidas, em grande parte dos casos, pelas conjunções para que, a fim de que, que e porque.

    Estudei muito **para que pudesse fazer a prova**.

- **Proporcionais:** expressa uma relação de proporção entre as orações. Introduzidas, principalmente, pelas conjunções (locuções conjuntivas) à medida que, quanto mais... mais, à proporção que, ao passo que, quanto mais.
    - José piorava, **à medida que abandonava seu tratamento**.

- **Temporais:** indicam circunstância de tempo. Introduzidas, principalmente, pelas conjunções quando, antes que, assim que, logo que, até que, depois que, mal, apenas, enquanto etc.

    Logo que iniciamos o trabalho os alunos ficaram mais tranquilos.

FUNÇÕES DO "SE"

9. FUNÇÕES DO "SE"

A palavra "se", assim como o "que", possui diversas funções e costuma gerar muitas dúvidas. Por isso, para entender cada função e identificá-las, observe os exemplos a seguir.

9.1 Partícula apassivadora

Vendem-**se** plantas. (É possível passar a oração para a voz passiva analítica: plantas são vendidas).

Neste caso, o "se" nunca será seguido por preposição.

9.2 Pronome reflexivo

Nesse caso, o pronome expressa a igualdade entre o sujeito e o objeto da ação, exercendo a função de complemento verbal.

Penteou-**se** com capricho.

9.3 Pronome recíproco

Denota a ocorrência de que houve uma ação trocada entre os elementos do sujeito.

Amaram-**se** durante anos.

9.4 Partícula expletiva (de realce)

Tem o papel de realçar ou enfatizar um vocábulo ou um segmento da frase. Pode ser retirada da frase sem prejuízo sintático ou semântico.

Foi-**se** o tempo em que confiávamos nos políticos. (Não possui função na oração, apenas realça o que foi dito).

9.5 Pronome indeterminador do sujeito

O pronome "se" serve como índice de indeterminação do sujeito. O sujeito indeterminado é o sujeito que não quer ou não se pode identificar.

Precisa-**se** de secretária. (Não se pode passar a oração para a voz passiva analítica).

Nessa casa, come-**se** muito.

9.6 Parte do verbo pronominal

Alguns verbos exigem a presença da partícula "se" para indicar que a ação é referente ao sujeito que a pratica. Veja os exemplos:

Arrependeu-**se** de ter ligado.

Outros exemplos de verbos pronominais: lembrar-**se**, queixar-**se**, enganar-**se**, suicidar-**se**.

9.7 Conjunção

A conjunção "se" pode assumir várias funções, veja alguns exemplos:

Vou chegar no horário **se** não chover. (Conjunção condicional).
Não sei **se** dormirei em casa hoje. (Conjunção integrante).
Se vai ficar aqui, então fale comigo. (Conjunção adverbial causal).
Se queria ser mãe, nunca demonstrou amor pelas crianças. (Conjunção concessiva).

10. FUNÇÕES DO "QUE"

A palavra "que" possui diversas funções e costuma gerar muitas dúvidas. Por isso, para entender cada função e identificá-las, observe os exemplos a seguir:

10.1 Substantivo

Senti um **quê** de falsidade naquela fala.

Neste caso, o que está precedido por um determinante – um artigo –, e é acentuado, pois assume o papel de um substantivo. Poderia ser substituído por outro substantivo:

Senti um **ar** de falsidade naquela fala.

Quanto atua como substantivo, o quê será sempre acentuado e precedido por um artigo, pronome ou numeral.

10.2 Pronome

Exemplos:

Que beleza de festa! (Pronome exclamativo)
O livro **que** comprei estava em promoção. (Pronome relativo)
Que dia é a prova? (Pronome interrogativo)

10.3 Interjeição

Exemplos:

Quê? Não entendi.
Quê! Ela sabe sim!

10.4 Preposição

Temos **que** chegar cedo.

Observe que a regência do verbo ter exige a preposição "de": *temos de chegar cedo*. No entanto, na fala coloquial, já é aceito o uso do "que" como preposição.

10.5 Advérbio

Que bela está a casa!

Neste caso, antecede um adjetivo, modificando-o: **como** a casa está bela!

Que longe estava da cidade!

Neste caso, antecede um advérbio, intensificando-o: Estava **muito longe** da cidade.

10.6 Conjunção

Exemplos:

Que gostem ou **que** não gostem, tomei minha decisão. (Conjunção alternativa).
Pode entrar na fila **que** não será atendida. (Conjunção adversativa).
Não falte à aula **que** o conteúdo é importante. (Conjunção explicativa).

10.7 Conjunção subordinativa

Exemplos:

Estava tão cansada **que** não quis recebê-lo. (Conjunção subordinativa consecutiva).
Gostei da viagem, cara **que** tenha sido. (Conjunção subordinativa concessiva).
Não corra **que** o chão está molhado! (Conjunção subordinativa causal).

10.8 Partícula expletiva (de realce)

Que bonito **que** está o seu cabelo! (Não tem função na oração, apenas realça o que está sendo falado)

CONCORDÂNCIA VERBAL E NOMINAL

11. CONCORDÂNCIA VERBAL E NOMINAL

Trata-se do processo de flexão dos termos a fim de se relacionarem harmoniosamente na frase. Quando se pensa sobre a relação do verbo com os demais termos da oração, o estudo focaliza a concordância verbal. Quando a análise se volta para a relação entre pronomes, substantivos, adjetivos e demais termos do grupo nominal, diz-se que o foco é concordância nominal.

11.1 Concordância verbal

Regra geral

O verbo concorda com o sujeito em número e pessoa.

O **primeiro-ministro** russo **acusou** seus inimigos.
Dois **parlamentares rebateram** a acusação.
Contaram-se **mentiras** no telejornal.
Vós sois os responsáveis por vosso destino.

Regras para sujeito composto

▷ Anteposto se colocado antes do verbo, o verbo vai para o plural:

Eu e meus irmãos vamos à praia.

▷ Posposto se colocado após o verbo, o verbo concorda com o mais próximo ou vai para o plural:

Morreu (morreram), no acidente, **o prefeito e o vereador**.

▷ Formado por pessoas (gramaticais) diferentes: plural da predominante.

Eu, você e os alunos **estudaremos** para o concurso. (a primeira pessoa é a predominante, por isso, o verbo fica na primeira pessoa do plural).

▷ Com núcleos em correlação, a concordância se dá com o mais próximo ou fica no plural:

O professor assim como o monitor auxilia(m) os estudantes.

▷ Ligado por NEM o verbo concordará:
- No singular: se houver exclusão.

Nem Josias nem Josué **percebeu** o perigo iminente.

- No singular: quando se pretende individualizar a ação, aludindo a um termo em específico.

Nem os esportes nem a leitura **o entretém**.

- No plural: quando não houver exclusão, ou seja, quando a intenção for aludir ao sujeito em sua totalidade.

Nem a minha rainha nem o meu mentor **serão** tão convincentes a ponto de me fazerem mudar de ideia.

▷ Ligado por COM o verbo concorda com o antecedente do COM ou vai para o plural:

O vocalista com os demais integrantes da banda **realizaram (realizou)** o show.

▷ Ligado por OU o verbo fica no singular (se houver exclusão) ou no plural (se não houver exclusão):

Ou Pedro Amorim ou Jurandir Leitão **será** eleito vereador da cidade.

O aviso ou o ofício **deveriam** ser expedidos antes da data prevista.

▷ Se o sujeito for construído com os termos: um e outro, nem um nem outro, o verbo fica no singular ou plural, dependendo do sentido pretendido.

Um e outro **passou (passaram)** no concurso.
Um ou outro: verbo no singular.
Um ou outro fez a lição.

▷ **Expressões partitivas seguidas de nome plural:** verbo no singular ou plural.

A maior parte das pessoas **fez (fizeram)** o exercício recomendado.

▷ **Coletivo geral:** verbo no singular.

O cardume **nadou** rio acima.

▷ **Expressões que indicam quantidade aproximada seguida de numeral:** o verbo concorda com o substantivo.

Aproximadamente 20% dos eleitores **compareceram** às urnas.
Aproximadamente 20% do eleitorado **compareceu** às urnas.

▷ **Pronomes (indefinidos ou interrogativos) seguidos dos pronomes "nós" e/ou "vós":** o verbo fica no singular ou plural.

Quem de nós **fará (faremos)** a diferença?

▷ **Palavra QUE (pronome relativo):** o verbo concorda com o antecedente do pronome "que".

Fui eu que **fiz** a diferença.

▷ **Palavra QUEM:** verbo na 3ª pessoa do singular.

Fui eu *quem* **fez** a diferença.

Pela repetida utilização errônea, algumas gramáticas já toleram a concordância do verbo com a pessoa gramatical distinta da terceira, no caso de se utilizar um pronome pessoal como antecedente do "quem".

▷ **Um dos que:** verbo no singular ou plural.

Ele foi *um dos que* **fez (fizeram)** a diferença.

▷ **Palavras sinônimas:** verbo concorda com o mais próximo ou fica no plural.

A ruindade, a maldade, a vileza **habita (habitam)** a alma do ser humano.

▷ **Quando os verbos estiverem acompanhados da palavra "SE":** fique atento à função da palavra "SE".

- **SE na função de pronome apassivador:** o verbo concorda com o sujeito paciente.

Vendem-se casas e sobrados em Alta Vista.
Presenteou-se o aluno aplicado com uma gramática.

- **SE na função de índice de indeterminação do sujeito:** o verbo fica sempre na 3ª pessoa do singular.

Precisa-se de empregados com capacidade de aprender.
Vive-se muito bem na riqueza.

A dica é ficar de olho na transitividade do verbo. Se o verbo for VTI, VI ou VL, o termo "SE" será índice de indeterminação do sujeito.

▷ **Casos de concordância com o verbo "ser":**

- **Quando indicar tempo ou distância:** concorda com o predicativo.

Amanhã **serão** 7 de fevereiro.
São 890 quilômetros daqui até Florianópolis.

- **Quando houver sujeito que indica quantidade e predicativo que indica suficiência ou excesso:** concorda com o predicativo.

Vinte milhões **era** muito por aquela casa.
Sessenta centavos **é** pouco por aquele lápis.

- **O verbo "dar", no sentido de "bater" ou "soar", acompanhado do termo "hora(s)":** concorda com o sujeito.

Deram cinco horas no relógio do juiz.
Deu cinco horas o relógio juiz.

- **Verbo "parecer" somado a infinitivo:** flexiona-se um dos dois.

Os alunos **pareciam** estudar novos conteúdos.
Os alunos **pareciam estudarem** novos conteúdos.

- **Quando houver sujeito construído com nome no plural,** com artigo no singular ou sem artigo: o verbo fica no singular.
    Memórias Póstumas de Brás Cubas **continua** sendo lido por jovens estudantes.
    Minas Gerais **é** um lindo lugar.
- Com artigo plural: o verbo fica no plural.
    Os Estados Unidos **aceitaram** os termos do acordo assinado.

11.2 Concordância nominal

A concordância nominal está relacionada aos termos do grupo nominal. Ou seja, relaciona-se com o substantivo, o pronome, o artigo, o numeral e o adjetivo. Vamos à regra geral para a concordância.

Regra geral

O artigo, o numeral, o adjetivo e o pronome adjetivo devem concordar com o substantivo a que se referem em gênero e número.

Meu belíssimo e **antigo** carro **amarelo** quebrou, ontem, em **uma** rua **estreita.**

Os termos destacados acima, mantém uma relação harmoniosa com o núcleo de cada expressão. Relação essa que se estabelece em questões de gênero e de número.

A despeito de a regra geral dar conta de grande parte dos casos de concordância, devemos considerar a existência de casos particulares, que merecem atenção.

Casos que devem ser estudados

Dependendo da intencionalidade de quem escreve, pode-se realizar a concordância atrativa, primando por concordar com apenas um termo de uma sequência ou com toda a sequência. Vejamos:

Vi um carro e uma **moto** *vermelha*. (concordância apenas com o termo "moto")
Vi um carro e uma **moto** *vermelhos*. (concordância com ambos os elementos)

A palavra "**bastante**", por exemplo, varia de acordo com o contexto. Se "bastante" é pronome adjetivo, será variável; se for advérbio (modificando o verbo), será invariável, ou seja, não vai para o plural.

Há *bastantes* **motivos** para sua ausência. (adjetivo)
Os alunos **falam** *bastante*. (advérbio)

Troque a palavra "bastante" por "muito". Se "muito" for para o plural, "bastante" também irá.

Anexo, incluso, apenso, obrigado, mesmo, próprio: são adjetivos que devem concordar com o substantivo a que se referem.

O *relatório* segue **anexo** ao documento.
Os *documentos* irão **apensos** ao relatório.

A expressão "em anexo" é invariável (não vai para plural nem para o feminino).

As planilhas irão **em anexo.**

É bom, é necessário, é proibido, é permitido: variam somente se o sujeito vier antecedido de um artigo ou outro termo determinante.

Maçã **é bom** para a voz. / A maçã **é boa** para a voz.
É necessário **aparecer** na sala. / É necessária **sua aparição** na sala.

"**Menos**" e "**alerta**" são sempre invariáveis, contanto que respeitem sua classe de origem - advérbio: se forem derivadas para substantivo, elas poderão variar.

Encontramos **menos** alunos na escola. / Encontramos **menos** alunas na escola.
O policial ficou **alerta**. / Os policiais ficaram **alerta**.

"**Só**" e "**sós**" variam apenas quando forem adjetivos: quando forem advérbios, serão invariáveis.

Pedro apareceu **só** (sozinho) na sala. / Os meninos apareceram **sós** (sozinhos) na sala. (adjetivo)
Estamos **só** (somente) esperando sua decisão. (advérbio)

- A expressão "a sós" é invariável.
    A menina ficou **a sós** com seus pensamentos.

Troque "só" por "sozinho" (vai para o plural) ou "somente" (fica no singular).

REGÊNCIA VERBAL E NOMINAL

12. REGÊNCIA VERBAL E NOMINAL

Regência é a parte da Gramática Normativa que estuda a relação entre dois termos, verificando se um termo serve de complemento a outro e se nessa complementação há uma preposição.

Dividimos a regência em:
- Regência verbal (ligada aos verbos).
- Regência nominal (ligada aos substantivos, adjetivos ou advérbios).

12.1 Regência verbal

Deve-se analisar, nesse caso, a necessidade de complementação, a presença ou ausência da preposição e a possibilidade de mudança de sentido do texto.

Vamos aos casos:
- **Agradar e desagradar:** são transitivos indiretos (com preposição a) nos sentidos de satisfazer, contentar.

    A biografia de Aníbal Machado **agradou/desagradou** à maioria dos leitores.

    A criança **agradava** ao pai por ser muito comportada.
- **Agradar:** pode ser transitivo direto (sem preposição) se significar acariciar, afagar.

    Agradar a esposa.

    Pedro passava o dia todo **agradando** os seus gatos.
- **Agradecer:** transitivo direto e indireto, com a preposição a, no sentido de demonstrar gratidão a alguém.

    Agradecemos a Santo Antônio o milagre alcançado.

    Agradecemos-lhes a benesse concedida.

O verbo em questão também pode ser transitivo direto no sentido de mostrar gratidão por alguma coisa:

    Agradeço a dedicação de todos os estudantes.

    Os pais **agradecem** a dedicação dos professores para com os alunos.

- **Aspirar:** é transitivo indireto (preposição "a") nos sentidos de desejar, pretender ou almejar.

    Sempre **aspirei** a um cargo público.

    Manoel **aspirava** a ver novamente a família na Holanda.
- **Aspirar:** é transitivo direto na acepção de inalar, sorver, tragar, ou seja, mandar para dentro.

    Aspiramos o perfume das flores.

    Vimos a empregada **aspirando** a poeira do sofá.
- **Assistir:** é transitivo direto no sentido de ajudar, socorrer etc.

    O professor **assistia** o aluno.

    Devemos **assistir** os mais necessitados.
- **Assistir:** é transitivo indireto (complemento regido pela preposição "a") no sentido de ver ou presenciar.

    Assisti ao comentário da palestra anterior.

    Você deve **assistir** às aulas do professor!
- **Assistir:** é transitivo indireto (complemento regido pela preposição "a") no sentido de "ser próprio de", "pertencer a".

    O direito à vida **assiste** ao ser humano.

    Esse comportamento **assiste** às pessoas vitoriosas.
- **Assistir:** é intransitivo no sentido de morar ou residir.

    Maneco **assistira** em Salvador.
- **Chegar:** é verbo intransitivo e possui os adjuntos adverbiais de lugar introduzidos pela preposição "a".

    Chegamos a Cascavel pela manhã.

    Este é o ponto a que pretendia **chegar**.

Caso a expressão indique posição em um deslocamento, admite-se a preposição em:

    Cheguei no trem à estação.

Os verbos ir e vir têm a mesma regência de chegar:

    Nós **iremos** à praia amanhã.

    Eles **vieram** ao cursinho para estudar.
- **Custar no sentido de** ter valor ou preço: verbo transitivo direto.

    O avião **custa** 100 mil reais.
- **Custar no sentido de** ter como resultado certa perda ou revés é verbo transitivo direto e indireto:

    Essa atitude **custou**-lhe a vida.
- **Custar no sentido de** ser difícil ou trabalhoso é intransitivo:

    Custa muito entender esse raciocínio.
- **Custar no sentido de** levar tempo ou demorar é intransitivo:

    Custa a vida para aprender a viver.
- **Esquecer/lembrar:** possuem a seguinte regra – se forem pronominais, terão complemento regido pela preposição "de"; se não forem, não haverá preposição.

    Lembrei-**me de** seu nome.

    Esqueci-**me de** seu nome.

    Lembrei seu nome.

    Esqueci seu nome.
- **Gostar:** é transitivo indireto no sentido de apreciar (complemento introduzido pela preposição "de").

    Gosto de estudar.

    Gosto muito de minha mãe.
- **Gostar:** como sinônimo de experimentar ou provar é transitivo direto.

    Gostei a sobremesa apenas uma vez e já adorei.

    Gostei o chimarrão uma vez e não mais o abandonei.
- **Implicar** pode ser:
    - **Transitivo direto** (sentido de acarretar):

        Cada escolha **implica** uma renúncia.
    - **Transitivo direto e indireto** (sentido de envolver alguém em algo):

        Implicou a irmã no crime.
    - **Transitivo indireto** (sentido de rivalizar):

        Joana estava **implicando** com o irmão menor.
- **Informar:** é bitransitivo, ou seja, é transitivo direto e indireto. Quem informa, informa:

    Algo a alguém: **informei** o acontecido para Jonas.

    Alguém de algo: **informei**-o do acontecido.

    Alguém sobre algo: **informei**-o sobre o acontecido.
- **Morar/residir:** verbos intransitivos (ou, como preconizam alguns dicionários, transitivo adverbiado), cujos adjuntos adverbiais de lugar são introduzidos pela preposição "em".

    José **mora** em Alagoas.

    Há boas pessoas **residindo** em todos os estados do Brasil.
- **Obedecer:** é um verbo transitivo indireto.

    Os filhos **obedecem** aos pais.

    Obedeça às leis de trânsito.

Embora transitivo indireto, admite forma passiva:

    Os pais são obedecidos pelos filhos.

O antônimo "desobedecer" também segue a mesma regra.

- **Perdoar:** é transitivo direto e indireto, com objeto direto de coisa e indireto de pessoa.
    Jesus **perdoou** os pecados aos pecadores.
    Perdoava-lhe a desconsideração.
  Perdoar admite a voz passiva:
    Os pecadores foram perdoados por Deus.
- **Precisar:** é transitivo indireto (complemento regido pela preposição de) no sentido de "necessitar".
    Precisaremos de uma nova Gramática.
- **Precisar:** é transitivo direto no sentido de indicar com precisão.
    Magali não soube **precisar** quando o marido voltaria da viagem.
- **Preferir:** é um verbo bitransitivo, ou seja, é transitivo direto e indireto, sempre exigindo a preposição a (preferir alguma coisa à outra).
    Adelaide **preferiu** o filé ao risoto.
    Prefiro estudar a ficar em casa descansando.
    Prefiro o sacrifício à desistência.

É incorreto reforçar o verbo "preferir" ou utilizar a locução "do que".

- **Proceder:** é intransitivo na acepção de "ter cabimento":
    Suas críticas são vazias, não **procedem**.
- **Proceder:** é também intransitivo na acepção de "portar-se":
  Todas as crianças **procederam** bem ao lavarem as mãos antes do lanche.
- **Proceder:** no sentido de "ter procedência" é utilizado com a preposição de:
    Acredito que a dúvida **proceda** do coração dos curiosos.
- **Proceder:** é transitivo indireto exigindo a preposição a no sentido de "dar início":
    Os investigadores **procederam** ao inquérito rapidamente.
- **Querer:** é transitivo direto no sentido de "desejar":
    Eu **quero** um carro novo.
- **Querer:** é transitivo indireto (com o complemento de pessoa) no sentido de "ter afeto":
    Quero muito a meus alunos que são dedicados.
- **Solicitar:** é utilizado, na maior parte dos casos, como transitivo direto e indireto. Nada impede, entretanto, que se construa como transitivo direto.
    O juiz **solicitou** as provas ao advogado.
    Solicito seus documentos para a investidura no cargo.
- **Visar:** é transitivo direto na acepção de mirar.
    O atirador **visou** o alvo e disparou um tiro certeiro.
- **Visar:** é transitivo direto também no sentido de "dar visto", "assinar".
    O gerente havia **visado** o relatório do estagiário.
- **Visar:** é transitivo indireto, exigindo a preposição a, na acepção de "ter em vista", "pretender", "almejar".
    Pedro **visava** ao amor de Mariana.
    As regras gramaticais **visam** à uniformidade da expressão linguística.

12.2 Regência nominal

Alguns nomes (substantivos, adjetivos e advérbios) são comparáveis aos verbos transitivos indiretos: precisam de um complemento introduzido por uma preposição.

Acompanhemos os principais termos que exigem regência especial.

SUBSTANTIVO

Admiração a, por	Devoção a, para, com, por	Medo a, de
Aversão a, para, por	Doutor em	Obediência a
Atentado a, contra	Dúvida acerca de, em, sobre	Ojeriza a, por
Bacharel em	Horror a	Proeminência sobre
Capacidade de, para	Impaciência com	Respeito a, com, para com, por
Exceção a	Excelência em	Exatidão de, em
Dissonância entre	Divergência com, de, em, entre, sobre	Referência a
Alusão a	Acesso a	Menção a

ADJETIVOS

Acessível a	Diferente de	Necessário a
Acostumado a, com	Entendido em	Nocivo a
Afável com, para com	Equivalente a	Paralelo a
Agradável a	Escasso de	Parco em, de
Alheio a, de	Essencial a, para	Passível de
Análogo a	Fácil de	Preferível a
Ansioso de, para, por	Fanático por	Prejudicial a
Apto a, para	Favorável a	Prestes a
Ávido de	Generoso com	Propício a
Benéfico a	Grato a, por	Próximo a
Capaz de, para	Hábil em	Relacionado com
Compatível com	Habituado a	Relativo a
Contemporâneo a, de	Idêntico a	Satisfeito com, de, em, por
Contíguo a	Impróprio para	Semelhante a
Contrário a	Indeciso em	Sensível a
Curioso de, por	Insensível a	Sito em
Descontente com	Liberal com	Suspeito de
Desejoso de	Natural de	Vazio de
Distinto de, em, por	Dissonante a, de, entre	Distante de, para

ADVÉRBIOS

Longe de	Perto de	Relativamente a
Contemporaneamente a	Impropriamente a	Contrariamente a

É provável que você encontre muitas listas com palavras e suas regências, porém a maneira mais eficaz de se descobrir a regência de um termo é fazer uma pergunta para ele e verificar se, na pergunta, há uma preposição. Havendo, descobre-se a regência.

- A descoberta era **acessível** a todos.

Faz-se a pergunta: algo que é acessível é acessível? (a algo ou a alguém). Descobre-se, assim, a regência de acessível.

13. PARALELISMO

Ocorre quando há uma sequência de expressões com estrutura idêntica.

13.1 Paralelismo sintático

O paralelismo sintático é possível quando a estrutura de termos coordenados entre si é idêntica. Nesse caso, entende-se que "termos coordenados entre si" são aqueles que desempenham a mesma função sintática em um período ou trecho.

João comprou **balas** e **biscoitos**.

Perceba que "balas" e "biscoitos" têm a mesma função sintática (objeto direto). Além disso, ambas são expressões nominais. Assim, apresentam, na sentença, uma estrutura sintática idêntica.

Os formandos **estão pensando na carreira, isto é, no futuro.**

Tanto "na carreira" quanto "no futuro" são complementos do verbo pensar. Ademais, as duas expressões são formadas por preposição e substantivo.

13.2 Paralelismo semântico

Estrutura-se pela coerência entre as informações.

Lucélia **gosta de maçã e de pera**.

Percebe-se que há uma relação semântica entre maçã e pera, pois ambas são frutas.

Lucélia **gosta de livros de ação e de pizza**.

Observa-se que os termos "livros de ação" e "pizza" não possuem sentidos semelhantes que garantam a sequência lógica esperada no período.

PORTUGUÊS

14. COLOCAÇÃO PRONOMINAL

Esta parte do conteúdo é relativa ao estudo da posição dos pronomes oblíquos átonos em relação ao verbo. Antes de iniciar o estudo, memorize os pronomes em questão.

PRONOMES OBLÍQUOS ÁTONOS
me
te
o, a, lhe, se
nos
vos
os, as, lhes, se

Quatro casos de colocação:
- **Próclise** (anteposto ao verbo):
    Nunca **o** vi.
- **Mesóclise** (medial em relação ao verbo):
    Dir-**te**-ei algo.
- **Ênclise** (posposto ao verbo):
    Passa-**me** a resposta.
- **Apossínclise** (intercalação de uma ou mais palavras entre o pronome e o verbo):
    - Talvez tu **me** já não creias.

14.1 Regras de próclise

- Palavras ou expressões negativas:
    Não **me** deixe aqui neste lugar!
    Ninguém **lhe** disse que seria fácil.
- Pronomes relativos:
    O material de que **me** falaste é muito bom.
    Eis o conteúdo que **me** causa nojo.
- Pronomes indefinidos:
    Alguém **me** disse que você vai ser transferido.
    Tudo **me** parece estranho.
- Conjunções subordinativas:
    Confiei neles, assim que **os** conheci.
    Disse que **me** faltavam palavras.
- Advérbios:
    Sempre **lhe** disse a verdade.
    Talvez **nos** apareça a resposta para essa questão.
- Pronomes interrogativos:
    Quem **te** contou a novidade?
    Que **te** parece essa situação?
- "Em + gerúndio"
    Em **se** tratando de Gramática, eu gosto muito!
    Nesta terra, em **se** plantando, tudo há de nascer.
- Particípio
    Ele havia avisado-**me**. (errado)
    Ele **me** havia avisado. (certo)
- Sentenças optativas:
    Deus **lhe** pague!
    Deus **o** acompanhe!

14.2 Regras de mesóclise

Emprega-se o pronome oblíquo átono no meio da forma verbal, quando ela estiver no futuro do presente ou no futuro simples do pretérito do indicativo.

Chamar-**te**-ei, quando ele chegar.
Se houver tempo, contar-**vos**-emos nossa aventura.
Contar-**te**-ia a novidade.

14.3 Regras de ênclise

Não se inicia sentença, em Língua Portuguesa, por pronome oblíquo átono. Ou seja, o pronome átono não deve ficar no início da frase.

Formas verbais:
- Do **infinitivo impessoal** (precedido ou não da preposição "a");
- Do **gerúndio**;
- Do **imperativo afirmativo**:
    Alcança-**me** o prato de salada, por favor!
    Urge obedecer-**se** às leis.
    O garoto saiu da sala desculpando-**se**.
    Tratando-**se** desse assunto, não gosto de pensar.
    Dá-**me** motivos para estudar.

Se o gerúndio vier precedido da preposição "em", deve-se empregar a próclise.

Em **se** tratando de Gramática, eu gosto muito.

14.4 Casos facultativos

Sujeito expresso, próximo ao verbo.
    O menino se machucou (-se).
    Eu me refiro (-me) ao fato de ele ser idiota.

Infinitivo antecedido de "não" ou de preposição.
    Sabemos que não se habituar (-se) ao meio causa problemas.
    O público o incentivou a se jogar (-se) do prédio.

15. CRASE

O acento grave é solicitado nas palavras quando há a união da preposição "a" com o artigo (ou a vogal dependendo do caso) feminino "a" ou com os pronomes demonstrativos (aquele, aquela, aquilo e "a").

- Mário foi **à** festa ontem.

   Tem-se o "a" preposição e o "a" artigo feminino.

   Quem vai, vai a algum lugar. "Festa" é palavra feminina, portanto, admite o artigo "a".

- Chegamos **àquele** assunto (a + aquele).

- A gravata que eu comprei é semelhante **à** que você comprou (a + a).

Decore os casos em que não ocorre crase, pois a tendência da prova é perguntar se há crase ou não. Sabendo os casos proibitivos, fica muito fácil.

15.1 Crase proibitiva

Não se pode usar acento grave indicativo de crase:

- Antes de palavras masculinas.

   Fez uma pergunta **a** Mário.

- Antes de palavras de sentido indefinido.

   Não vai **a** festas, **a** reuniões, **a** lugar algum.

- Antes de verbos.

   Todos estão dispostos **a** colaborar.

- Antes de pronomes pessoais.

   Darei um presente **a ela**.

- Antes de nomes de cidade, estado ou país que não utilizam o artigo feminino.

   Fui **a** Cascavel.

   Vou **a** Pequim.

- Antes da palavra "casa" quando tem significado de próprio lar, ou seja, quando ela aparecer indeterminada na sentença.

   Voltei a casa, pois precisava comer algo.

> Quando houver determinação da palavra casa, ocorrerá crase.
>
> "Voltei à casa de meus pais."

- Da palavra "terra" quando tem sentido de solo.

   Os tripulantes vieram a terra.

> A mesma regra da palavra "casa" se aplica à palavra terra.

- De expressões com palavras repetidas.

   Dia a dia, mano a mano, face a face, cara a cara etc.

- Diante de numerais cardinais referentes a substantivos que não estão determinados pelo artigo.

   Assistirei a duas aulas de Língua Portuguesa.

> No caso de locuções adverbiais que exprimem hora determinada e nos casos em que o numeral estiver precedido de artigo, acentua-se:
>
> "Chegamos às oito horas da noite."
>
> "Assisti às duas sessões de ontem."
>
> No caso dos numerais, há uma dica para facilitar o entendimento dos casos de crase. Se houver o "a" no singular e a palavra posterior no plural, não ocorrerá o acento grave. Do contrário, ocorrerá.

15.2 Crase obrigatória

Deve-se usar acento grave indicativo de crase:

- Antes de locução adverbial feminina.

   À noite, à tarde, às pressas, às vezes, à farta, à vista, à hora certa, à esquerda, à direita, à toa, às sete horas, à custa de, à força de, à espera de, à vontade, à toa.

- Antes de termos femininos ou masculinos com sentido da expressão "à moda de" ou "ao estilo de".

   Filé à milanesa, servir à francesa, brigar à portuguesa, gol à Pelé, conto à Machado de Assis, discurso à Rui Barbosa etc.

- Antes de locuções conjuntivas proporcionais.

   À medida que, à proporção que.

- Antes de locuções prepositivas.

   À procura de, à vista de, à margem de, à beira de, à custa de, à razão de, à mercê de, à maneira de etc.

- Para evitar ambiguidade: receberá o acento o termo afetado pela ação do verbo (objeto direto preposicionado).

   Derrubou a menina **à panela**.

   Matou a vaca **à cobra**.

   Diante da palavra distância quando houver determinação da distância em questão:

   Achava-se à **distância de cem** (ou de alguns) **metros**.

- Antes das formas de tratamento "senhora", "senhorita" e "madame" = não há consenso entre os gramáticos, no entanto, opta-se pelo uso.

   Enviei lindas flores **à senhorita**.

   Josias remeteu uma carta **à senhora**.

15.3 Crase facultativa

- Após a preposição até.

   As crianças foram até **à escola**.

- Antes de pronomes possessivos femininos.

   Ele fez referência **à nossa causa!**

- Antes de nomes próprios femininos.

   Mandei um SMS **à Joaquina**.

- Antes da palavra "Dona".

   Remeti uma carta à **Dona Benta**.

   Não se usa crase antes de nomes históricos ou sagrados.

   O padre fez alusão a Nossa Senhora.

   Quando o professor fez menção a Joana D'Arc, todos ficaram entusiasmados.

16. PONTUAÇÃO

A pontuação assinala a melodia de nossa fala, ou seja, as pausas, a ênfase etc.

16.1 Principais sinais e usos

Vírgula

É o sinal mais importante para concurso público.

Usa-se a vírgula para:
- Separar termos que possuem mesma função sintática no período.
    > **José**, **Maria**, **Antônio** e **Joana** foram ao mercado. (Função de núcleo do sujeito).
- Isolar o vocativo.
    > Então, **minha cara**, não há mais o que se dizer!
- Isolar um aposto explicativo (cuidado com essa regra, veja que não há verbo no aposto explicativo).
    > O João, **ex-integrante da comissão**, veio fazer parte da reunião.
- Isolar termos antecipados, como: complemento, adjunto ou predicativo.
    > **Na semana passada**, comemos camarão no restaurante português. (Antecipação de adjunto adverbial).
- Separar expressões explicativas, conjunções e conectivos.
    > Isto é, ou seja, por exemplo, além disso, pois, porém, mas, no entanto, assim etc.
- Separar os nomes dos locais de datas.
    > Cascavel, 2 de maio de 2012.
- Isolar orações adjetivas explicativas (pronome relativo + verbo + vírgula).
    > O Brasil, **que é um belíssimo país**, possui ótimas praias.
- Separar termos de uma enumeração.
    > Vá ao mercado e traga **cebola**, **alho**, **sal**, **pimenta e coentro**.
- Separar orações coordenadas.
    > Esforçou-se muito, **mas não venceu o desafio**. (Oração coordenada sindética adversativa).
    > Roubou todo o dinheiro, **e ainda apareceu na casa**. (Oração coordenada sindética aditiva).

A vírgula pode ser utilizada antes da conjunção aditiva "e" caso se queira enfatizar a oração por ela introduzida.

- Omitir um termo, elipse (no caso da elipse verbal, chamaremos "zeugma").
    - De dia era um anjo, de noite um **demônio**. (Omissão do verbo "ser").
- Separar termos de natureza adverbial deslocados dentro da sentença.
    > **Na semana passada**, trinta alunos foram aprovados no concurso. (Locução adverbial temporal)
    > **Se estudar muito**, você será aprovado no concurso. (Oração subordinada adverbial condicional)

Ponto final

Usa-se o ponto final:
- Ao final de frases para indicar uma pausa total; é o que marca o fim de um período.
    > Depois de passar no concurso, comprarei um carro.

Em abreviaturas:
> Sr., a. C., Ltda., num., adj., obs., máx., *bat.*, *brit. etc.*

Ponto e vírgula

Usam-se ponto e vírgula para:
- Separar itens que aparecem enumerados.
    - Uma boa dissertação apresenta:
    Coesão;
    Coerência;
    Progressão lógica;
    Riqueza lexical;
    Concisão;
    Objetividade;
    Aprofundamento.
- Separar um período que já se encontra dividido por vírgulas.
    > Não gostava de trabalhar; queria, no entanto, muito dinheiro no bolso.
- Separar partes do texto que se equilibram em importância.
    > Os pobres dão pelo pão o trabalho; os ricos dão pelo pão a fazenda; os de espíritos generosos dão pelo pão a vida; os de nenhum espírito dão pelo pão a alma. (Vieira)
    > O capitalismo é a exploração do homem pelo homem; o socialismo é exatamente o contrário.

Dois pontos

São usados dois pontos quando:
- Se vai fazer uma citação ou introduzir uma fala.
    > José respondeu:
    > – Não, muito obrigado!
- Se quer indicar uma enumeração.
    > Quero apenas uma coisa: que vocês sejam aprovados no concurso!

Aspas

São usadas aspas para indicar:
- Citação presente no texto.
    > "Há distinção entre categorias do pensamento" – disse o filósofo.
- Expressões estrangeiras, neologismos, gírias.
    > Na parede, haviam pintado a palavra "love". (Expressão estrangeira).
    > Ficava "bailarinando", como diria Guimarães. (Neologismo).
    > "Velho", esconde o "cano" aí e "deixa baixo". (Gíria).

Reticências

São usadas para indicar supressão de um trecho, interrupção na fala, ou dar ideia de continuidade ao que se estava falando.
> [...] Profundissimamente hipocondríaco. Este ambiente me causa repugnância. Sobe-me à boca uma ânsia análoga à ânsia. Que se escapa pela boca de um cardíaco [...]
> Eu estava andando pela rua quando...
> Eu gostei da nova casa, mas da garagem...

Parênteses

- São usados quando se quer explicar melhor algo que foi dito ou para fazer simples indicações.
    > Foi o homem que cometeu o crime (o assassinato do irmão).

PONTUAÇÃO

Travessão

- Indica a fala de um personagem.

    Ademar falou.
    Amigo, preciso contar algo para você.

- Isola um comentário no texto.

    O estudo bem realizado – **diga-se de passagem, que quase ninguém faz** – é o primeiro passo para a aprovação.

- Isola um aposto na sentença.

    A Semântica – **estudo sobre as relações de sentido** – é importantíssima para o entendimento da Língua.

- Reforçar a parte final de um enunciado.

    Para passar no concurso, é preciso estudar muito – **muito mesmo.**

Trocas

A banca, eventualmente, costuma perguntar sobre a possibilidade de troca de termos, portanto, atenção!

Vírgulas, travessões e parênteses, quando isolarem um aposto, podem ser trocados sem prejuízo para a sentença.

Travessões podem ser trocados por dois pontos, a fim de enfatizar um enunciado.

Regra de ouro

Na ordem natural de uma sentença, é proibido:

- Separar sujeito e predicado com vírgulas:

    Aqueles maravilhosos velhos ensinamentos de meu pai foram de grande utilidade. (Certo)

    Aqueles maravilhosos velhos ensinamentos de meu pai, foram de grande utilidade. (Errado)

- Separar verbo de objeto:

    "O presidente do maravilhoso país chamado Brasil assinou uma lei importante. (Certo)

    O presidente do maravilhoso país chamado Brasil assinou, uma lei importante. (Errado)

17. PARÁFRASE

Parafrasear, em sentido lato, significa reescrever uma sequência de texto sem alterar suas informações originais. Isso quer dizer que o texto resultante deve apresentar o mesmo sentido do texto original, modificando, evidentemente, apenas a ordem frasal ou o vocabulário. Há algumas exigências para uma paráfrase competente. São elas:

- Usar a mesma ordem das ideias que aparecem no texto original.
- Em hipótese alguma é possível omitir informações essenciais.
- Não tecer comentários acerca do texto original, apenas parafrasear, sem frescura.
- Usar construções sintáticas e vocabulares que, apesar de manterem o sentido original, sejam distintas das do texto base.

17.1 Passos da paráfrase

Há alguns recursos para parafrasear um texto:

- Utilização de termos sinônimos.

    O presidente assinou o documento, **mas** esqueceu-se de pegar sua caneta.

    O presidente assinou o documento, **contudo** esqueceu-se de pegar sua caneta.

- Uso de palavras antônimas, valendo-se de palavra negativa.

    José era um **covarde.**

    José **não** era um **valente.**

- Emprego de termos anafóricos.

    São Paulo e Palmeiras são dois times brasileiros. O São Paulo venceu o Palmeiras na semana passada.

    São Paulo e Palmeiras são dois times brasileiros. **Aquele** (São Paulo) venceu **este** (Palmeiras) na semana passada.

- Permuta de termo verbal por nominal, e vice-versa.

    É importante que chegue cedo.

    Sua chegada é importante.

- Deixar termos elípticos.

    Eu preciso da colaboração de todos.

    Preciso da colaboração de todos.

- Alteração da ordem frasal.

    Adalberto venceu o último desafio de sua vida ontem.

    Ontem, Adalberto venceu o último desafio de sua vida.

- Transposição de voz verbal.

    Joel cortou a seringueira centenária. A seringueira centenária foi cortada por Joel.

- Troca de discurso.

    Naquela manhã, Oséas dirigiu-se ao pai dizendo: "Cortarei a grama sozinho." (Discurso direto).

    Naquela manhã, Oséas dirigiu-se ao pai dizendo que cortaria a grama sozinho. (Discurso indireto).

- Troca de palavras por expressões perifrásticas.

    O Rei do Futebol esteve presente durante as celebrações.

    Pelé esteve presente durante as celebrações.

- Troca de locuções por palavras de mesmo sentido.

    A turma **da noite** está comprometida com os estudos.

    A turma **noturna** está mais comprometida com os estudos.

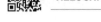

REESCRITURA DE FRASES

18. REESCRITURA DE FRASES

A reescrita de frases é uma paráfrase que visa à mudança da forma de um texto. Para que o novo período esteja correto, é preciso que sejam respeitadas a correção gramatical e o sentido do texto original. Desse modo, quando há qualquer inadequação do ponto de vista gramatical e/ou semântico, o trecho reescrito deve ser considerado incorreto.

Assim, para resolver uma questão que envolve reescrita de trechos ou períodos, é necessário verificar os aspectos gramaticais (principalmente, pontuação, elementos coesivos, ortografia, concordância, emprego de pronomes, colocação pronominal, regência etc.) e aspectos semânticos (significação de palavras, alteração de sentido etc.).

Existem diversas maneiras de se parafrasear uma frase, por isso cada banca examinadora pode formular questões a partir de muitas formas. Nesse sentido, é essencial conhecer e dominar as variadas estruturas que uma sentença pode assumir quando ela é reescrita.

18.1 Substituição de palavras ou de trechos de texto

No processo de reescrita, pode haver a substituição de palavras ou trechos. Ao se comparar o texto original e o que foi reestruturado, é necessário verificar se essa substituição mantém ou altera o sentido e a coerência do primeiro texto.

Locuções × palavras

Em muitos casos, há locuções (expressões formadas por mais de uma palavra) que podem ser substituídas por uma palavra, sem alterar o sentido e a correção gramatical. Isso é muito comum com verbos.

Os alunos **têm buscado** formação profissional. (Locução: têm buscado).

Os alunos **buscam** formação profissional. (Uma palavra: buscam).

Ambas as frases têm sentido atemporal, ou seja, expressam ações constantes, que não têm fim.

Significação das palavras

Ao avaliarmos a significação das palavras, devemos ficar atentos a alguns aspectos: sinônimos, antônimos, polissemia, homônimos e parônimos.

Sinônimos

Palavras que possuem significados próximos, mas não são totalmente equivalentes.

Casa – lar – moradia – residência.
Carro – automóvel.

Para verificar a validade da substituição, deve-se também ficar atento ao significado contextual. Por exemplo, na frase "as fronteiras entre o bem e o mal", não há menção a limites geográficos, pois a palavra "fronteira" está em sentido conotativo (figurado).

Além disso, nem toda substituição é coerente. Por exemplo, na frase "eu comprei uma casa", fica incoerente reescrever "eu comprei um lar".

Antônimos

Palavras que possuem significados diferentes, opostos, contrários.
Mal – bem.
Ausência – presença.
Subir – descer.
Cheio – vazio.
Possível – impossível.

Polissemia

Ocorre quando uma palavra apresenta mais de um significado em diferentes contextos.

Banco (instituição comercial financeira; assento).
Manga (parte da roupa; fruta).

A polissemia está relacionada ao significado contextual, ou seja, uma palavra tem um sentido específico apenas no contexto em que está inserida. Por exemplo:

A eleição foi marcada por debates explosivos (ou seja: debates acalorados, e não com sentido de explodir algo).

Homônimos

Palavras com a mesma pronúncia (algumas vezes, a mesma grafia), mas com significados diferentes.

Acender: colocar fogo. **As**cender: subir.
Con**c**erto: sessão musical. Con**s**erto: reparo.

Homônimos perfeitos

Palavras com a mesma grafia e o mesmo som.
Eu **cedo** este lugar você. (**Cedo** = verbo).
Cheguei **cedo** para jantar. (**Cedo** = advérbio de tempo).

Percebe-se que o significado depende do contexto em que a palavra aparece. Portanto, deve-se ficar atento à ortografia quando a questão é de reescrita.

Parônimos

Palavras que possuem significados diferentes, mas são muito parecidas na pronúncia e na escrita.

Ab**sol**ver: perdoar, inocentar. Ab**sor**ver: aspirar.
C**o**mprimento: extensão. C**u**mprimento: saudação.

18.2 Conectores de mesmo valor semântico

Há palavras, principalmente as conjunções, que possuem valores semânticos específicos, os quais devem ser levados em conta no momento de fazer uma substituição.

Logo, pode-se reescrever um período, alterando a conjunção. Para tanto, é preciso que a outra conjunção tenha o mesmo valor semântico. Além disso, é importante verificar como ficam os tempos verbais após a substituição.

Embora fosse tarde, fomos visitá-lo. (Conjunção subordinativa concessiva).

Apesar de ser tarde, fomos visitá-lo. (Conjunção subordinativa concessiva).

No exemplo anterior, o verbo também sofreu alteração.

Toque o sinal **para que** todos entrem na sala. (Conjunção subordinativa final).

Toque o sinal **a fim de que** todos entrem na sala. (Conjunção subordinativa final).

No exemplo anterior, o verbo permaneceu da mesma maneira.

18.3 Retextualização de diferentes gêneros e níveis de formalidade

Na retextualização, pode-se alterar o nível de linguagem do texto, dependendo de qual é a finalidade da transformação proposta. Nesse caso, são possíveis as seguintes alterações: linguagem informal para a formal; tipos de discurso; vozes verbais; oração reduzida para desenvolvida; inversão sintática; dupla regência.

PORTUGUÊS

Linguagem formal × linguagem informal

Um texto pode estar escrito em linguagem coloquial (informal) ou formal (norma padrão). A proposta de reescrita pode mudar de uma linguagem para outra. Veja o exemplo:

Pra que serve a política? (Informalidade)
Para que serve a política? (Formalidade)

A oralidade, geralmente, é mais informal. Portanto, fique atento: a fala e a escrita são diferentes, ou seja, a escrita não reproduz a fala e vice-versa.

Tipos de discurso

Discurso está relacionado à construção de textos, tanto orais quanto escritos, portanto, ele é considerado uma prática social.

Em um texto, podem ser encontrados três tipos de discurso: o discurso direto, o indireto e o indireto livre.

Discurso direto

São as falas das personagens. Esse discurso pode aparecer em forma de diálogos e citações, e vêm marcados com alguma pontuação (travessão, dois pontos, aspas etc.). Ou seja, o discurso direto reproduz fielmente a fala de alguém.

O médico disse à paciente:
– Você precisa fazer exercícios físicos regularmente.

Discurso indireto

É a reprodução da fala de alguém, a qual é feita pelo narrador. Normalmente, esse discurso é escrito em terceira pessoa.

O médico disse à paciente que ela precisava fazer exercícios regulamente.

Discurso indireto livre

É a ocorrência do discurso direto e indireto ao mesmo tempo. Ou seja, o narrador conta a história, mas as personagens também têm voz própria.

No exemplo a seguir, há um discurso direto: "que raiva", que mostra a fala da personagem.

Retirou as asas e estraçalhou-a. Só tinham beleza. Entretanto, qualquer urubu... que raiva...

(Ana Maria Machado)

No trecho a seguir, há uma fala da personagem, mesclada com a narração: "Para que estar catando defeitos no próximo?".

D. Aurora sacudiu a cabeça e afastou o juízo temerário. Para que estar catando defeitos no próximo? Eram todos irmãos. Irmãos.

(Graciliano Ramos)

Exemplo de uma transposição de discurso direto para indireto:
Ana perguntou:
– Qual é a resposta correta?
Ana perguntou qual era a resposta correta.

Nas questões de reescrita que tratam da transposição de discursos, é mais frequente a substituição do direto pelo indireto. Nesse caso, deve-se ficar atento aos tempos verbais.

Voz verbal

Um verbo pode apresentar-se na voz ativa, passiva ou reflexiva.

Ativa

Ocorre quando o sujeito é agente, ou seja, pratica a ação expressa pelo verbo.

O aluno resolveu o exercício.

Passiva

Ocorre quando o sujeito é paciente, ou seja, recebe a ação expressa pelo verbo.

O exercício foi resolvido pelo aluno.

Reflexiva

Ocorre quando o sujeito é agente e paciente ao mesmo tempo, ou seja, pratica e recebe a ação.

A criança feriu-se com a faca.

Não confunda o emprego reflexivo do verbo com a reciprocidade. Por exemplo:

Os lutadores de MMA feriram-se. (Um ao outro)

Formação da voz passiva

A voz passiva pode ocorrer de forma analítica ou sintética.

- **Voz passiva analítica:** verbo SER + particípio do verbo principal.

    A academia de polícia **será pintada**.
    O relatório é **feito** por ele.

- A variação de tempo é determinada pelo verbo auxiliar (SER), pois o particípio é invariável.

    João **fez** a tarefa. (Pretérito perfeito do indicativo)
    A tarefa **foi** feita por João. (Pretérito perfeito do indicativo)
    João **faz** a tarefa. (Presente do indicativo)
    A tarefa **é** feita por João. (Presente do indicativo)
    João **fará** a tarefa. (Futuro do presente)
    A tarefa **será** feita por João. (Futuro do presente)

- **Voz passiva sintética:** verbo na 3ª pessoa, seguido do pronome apassivador SE.

    Abriram-se as inscrições para o concurso.

Transposição da voz ativa para a voz passiva

Pode-se mudar de uma voz para outra sem alterar o sentido da frase.

Os médicos brasileiros **lançaram** um tratamento para o câncer.
Um tratamento para o câncer **foi lançado** pelos médicos brasileiros.

Nas questões de concursos, costuma-se cobrar a transposição da voz ativa para a passiva, e da voz passiva sintética para a analítica.

Veja os exemplos:

A fiscalização exige o passaporte.
O passaporte é exigido pela fiscalização.
Exige-se comprovante de pagamento.
É exigido comprovante de pagamento.

Oração reduzida × oração desenvolvida

As orações subordinadas podem ser reduzidas ou desenvolvidas. Não há mudança de sentido se houver a substituição de uma pela outra. Veja os exemplos:

Ao terminar a aula, todos podem sair. (Reduzida de infinitivo)
Quando terminarem a prova, todos podem sair. (Desenvolvida)
Os vizinhos ouviram uma criança chorando na rua. (Reduzida de gerúndio)
Os vizinhos ouviram uma criança que chorava na rua. (Desenvolvida)
Terminada a reforma, a família mudou-se para a nova casa. (Reduzida de particípio)
Assim que terminou a reforma, a família mudou-se para a nova casa. (Desenvolvida)

63

REESCRITURA DE FRASES

Inversão sintática

Um período pode ser escrito na ordem direta ou indireta. Nesse caso, quando ocorre a inversão sintática, a correção gramatical é mantida. Apenas é necessário ficar atento ao sentido do período.

- Ordem direta: sujeito – verbo – complementos/adjuntos adverbiais.

    Os documentos foram levados para o gerente. (Direta)
    Foram levados os documentos para o gerente. (Indireta)

Dupla regência

Há verbos que exigem a presença da preposição e outros não. Deve-se ficar atento ao fato de que a regência pode influenciar no significado de um verbo.

Verbos transitivos diretos ou indiretos

Sem alterar o sentido, alguns verbos admitem duas construções: uma transitiva direta e outra indireta. Portanto, a ocorrência ou não da preposição mantém um trecho com o mesmo sentido.

- Almejar

    Almejamos **a** paz entre os países que estão em guerra.
    Almejamos **pela** paz entre os países que estão em guerra.

- Atender

    O gerente atendeu **os** meus pedidos.
    O gerente atendeu **aos** meus pedidos.

- Necessitar

    Necessitamos algumas horas para organizar o evento.
    Necessitamos **de** algumas horas para organizar o evento.

Transitividade e mudança de significado

Existem alguns verbos que, conforme a mudança de transitividade, têm o sentido alterado.

- **Aspirar:** é **transitivo direto** no sentido de sorver, inspirar (o ar), inalar.

    Aspirava o suave perfume. (Aspirava-o.)

- **Aspirar:** é **transitivo indireto** no sentido de desejar, ter como ambição.

    Aspirávamos ao cargo de diretor.

19. FIGURAS DE LINGUAGEM

As figuras de linguagem (também chamadas de figuras de pensamento) são construções que se relacionam com a função **poética da linguagem**, ou seja, estão articuladas em razão de modificar o código linguístico para dar ênfase no sentido de uma frase.

É comum vermos exemplos de figuras de linguagem em propagandas publicitárias, poemas, músicas etc. Essas figuras estão presentes em nossa fala cotidiana, principalmente na fala de registro **informal**.

O registro dito informal é aquele que não possui grande preocupação com a situação comunicativa, uma vez que não há tensão para a comunicação entre os falantes. Gírias, erros de concordância e subtração de termos da frase são comuns nesse baixo nível de formalidade comunicativa. Até grandes poetas já escreveram textos sobre esse assunto, veja o exemplo do escritor Oswald de Andrade, que discute a norma gramatical em relação à fala popular do brasileiro:

> *Pronominais*
> *Dê-me um cigarro*
> *Diz a gramática*
> *Do professor e do aluno*
> *E do mulato sabido*
> *Mas o bom negro e o bom branco*
> *Da Nação Brasileira*
> *Dizem todos os dias*
> *Deixa disso camarada*
> *Me dá um cigarro*

ANDRADE, Oswald de Andrade. **Os Cem Melhores Poemas Brasileiros do Século** - Seleção e Organização de Ítalo Moriconi. Rio de Janeiro: Editora Objetiva, 2001.

Vejamos agora algumas das principais figuras de linguagem que costumam ser cobradas em provas de concursos públicos:

- **Metáfora:** uma figura de linguagem, que consiste na comparação de dois termos sem o uso de um conectivo.

    Rosa **é uma flor**. (A pessoa é como uma flor: perfumada, delicada, bela etc.).
    Seus olhos **são dois oceanos**. (Os olhos possuem a profundidade do oceano, a cor do oceano etc.).
    João **é fera**. (João é perito em alguma coisa, desempenha determinada tarefa muito bem etc.).

- **Metonímia:** figura de linguagem que consiste em utilização de uma expressão por outra, dada a semelhança de sentido ou a possibilidade de associação lógica entre elas.

Há vários tipos de metonímia, vejamos alguns deles:

Efeito pela causa: O carrasco ergueu **a morte**. (O efeito é a morte, a causa é o machado)
Marca pelo produto: Vá ao mercado e traga um Nescau. (Achocolatado em pó)
Autor pela obra: Li Camões com entusiasmo. (Quem leu, leu a obra, não o autor)
Continente pelo conteúdo: Comi dois pratos de feijão. (Comeu o feijão, ou seja, o conteúdo do prato)
Parte pelo todo: Peço sua **mão em casamento**. (Pede-se, na verdade, o corpo todo)
Possuidor pelo possuído: Mulher, vou **ao médico**. (Vai-se ao consultório que pertence ao médico, não ao médico em si)

- **Antítese:** figura de linguagem que consiste na exposição de ideias opostas.

    *Nasce o **Sol** e não dura mais que um dia*
    *Depois da **Luz** se segue à **noite escura***
    *Em **tristes sombras** morre a formosura,*
    *Em contínuas **tristezas** e **alegrias**.*
    (Gregório de Matos)

Os termos em negrito evidenciam relações semânticas de distinção (oposição). Nascer é o contrário de morrer, assim como sombra é o contrário de luz. Essa figura foi muito utilizada na poesia brasileira, em especial pelo autor dos versos citados anteriormente: Gregório de Matos Guerra.

- **Paradoxo:** expressão que contraria o senso comum. Ilógica.

    *Amor é fogo que **arde sem se ver**;*
    *É ferida que **dói e não se sente**;*
    *É um **contentamento descontente**;*
    *É dor que **desatina sem doer**.*
    (Luís de Camões)

A construção semântica apresentada é totalmente ilógica, pois é impossível uma ferida doer e não ser sentida, assim como não é possível o contentamento ser descontente.

- **Perífrase:** expressão que tem por função substituir semanticamente um termo:

    A última flor do Lácio anda muito judiada. (Português é a última flor do Lácio)
    O país do futebol é uma grande nação. (Brasil)
    O Bruxo do Cosme Velho foi um grande escritor. (Machado de Assis era conhecido como o Bruxo do Cosme Velho)
    O anjo de pernas tortas foi o melhor jogador do mundo. (Garrincha)

- **Eufemismo:** figura que consiste em atenuar uma expressão desagradável:

    José **pegou emprestado sem avisar**. (Roubou)
    Maurício **entregou a alma a Deus.** (Morreu)
    Coitado, só porque **é desprovido de beleza**. (Feio)

- **Disfemismo:** contrário ao eufemismo, é a figura de linguagem que consiste em tornar uma expressão desagradável em algo ainda pior.

    O homem **abotoou o paletó de madeira**. (Morreu)
    Está chupando cana pela raiz. (Morreu)
    Sentou no colo do capeta. (Morreu)

- **Prosopopeia:** atribuição de características animadas a seres inanimados.

    O vento **sussurrou em meus ouvidos**.
    Parecia que a **agulha odiava o homem**.

- **Hipérbole:** exagero proposital de alguma característica.

    Estou morrendo de rir.
    Chorou rios de lágrimas.

- **Hipérbato:** inversão sintática de efeito expressivo.

    Ouviram do Ipiranga as margens plácidas. / De um povo heroico o brado e retumbante.

    - **Colocando na ordem direta:**

        As margens plácidas do Ipiranga ouviram o brado retumbante de um povo heroico.

FIGURAS DE LINGUAGEM

- **Gradação:** figura que consiste na construção de uma escala de termo que fazem parte do mesmo campo semântico.

  Plantou **a semente**, zelou pelo **broto**, regou a **planta** e colheu o **fruto**. (A gradação pode ser do campo semântico da palavra semente – broto, planta e fruto – ou da palavra plantar – zelar, regar, colher)

- **Ironia:** figura que consiste em dizer o contrário do que se pensa.

  Lamento por ter sido eu o vencedor dessa prova. (Evidentemente a pessoa não lamenta ser o vencedor de alguma coisa)

- **Onomatopeia:** tentativa de representar um som da natureza. Figura muito comum em histórias em quadrinhos.

  Pof, tic-tac, click, bum, vrum!

- **Sinestesia:** confusão dos sentidos do corpo humano para produzir efeitos expressivos.

  Ouvi uma **voz suave** saindo do quarto.

  O seu **perfume doce** é extremamente inebriante.

19.1 Vícios de linguagem

Em âmbito geral, vício de linguagem é toda expressão contrária à lógica da norma gramatical. Vejamos quais são os principais deslizes que se transformam em vícios.

- **Pleonasmo vicioso:** consiste na repetição desnecessária de ideias.

  Subir para cima.
  Descer para baixo.
  Entrar para dentro.
  Cardume de peixes.
  Enxame de abelhas.
  Elo de ligação.
  Fato real.

> **OBSERVAÇÃO**
> Pode existir o plágio expressivo em um texto poético. Na frase "ele penetrou na escura treva" há pleonasmo, mas não é vicioso.

- **Ambiguidade:** ocorre quando a construção frasal permite que a sentença possua dois sentidos.

  Tenho de buscar **a cadela da sua irmã**.

  A empregada disse para o chefe que o cheque estava sobre **sua mesa**.

- **Cacofonia:** ocorre quando a pronúncia de determinadas palavras permite a construção de outra palavra.

  Dei um beijo na bo**ca dela**. (Cadela)
  Nos**so hino** é belo. (Suíno)
  Na **vez passada**, esca**pei de** uma. (Vespa assada)

- **Barbarismo:** é um desvio na forma de falar ou grafar determinada palavra.

  Mortandela (em vez de mortadela).
  Poblema (em vez de problema).
  Mindingo (em vez de mendigo).
  Salchicha (em vez de salsicha).

Esse conteúdo costuma ser simples para quem pratica a leitura de textos poéticos, portanto, devemos sempre ler poesia.

19.2 Funções da linguagem

Deve-se a Roman Jakobson a discriminação das seis funções da linguagem na expressão e na comunicação humanas, conforme o realce particular que cada um dos componentes do processo de comunicação recebe no enunciado. Por isso mesmo, é raro encontrar em uma única mensagem apenas uma dessas funções, ou todas reunidas em um mesmo texto. O mais frequente é elas se superporem, apresentando-se uma ou outra como predominante.

Em que pese tal fato, é preciso considerar que há particularidades com relação às funções da linguagem, ou seja, cada função descreve algo em particular. Com isso, pretendo dizer que, antes de o estudante se ater às funções em si, é preciso que ele conheça o sistema que é um pouco mais amplo, ou seja, o ato comunicativo. Afinal, a teoria de Roman Jakobson se volta à descrição do ato comunicativo em si.

Na obra *Linguística e comunicação*, o linguista Roman Jakobson, pensando sobre o ato comunicativo e seus elementos, identifica seis funções da linguagem.

- Nesse esquema, identificamos:
  - **Emissor:** quem enuncia.
  - **Mensagem:** aquilo que é transmitido pelo emissor.
  - **Receptor:** quem recebe a mensagem.
  - **Código:** o sistema em que a mensagem é codificada. O código deve ser comum aos polos da comunicação.
  - **Canal:** meio físico porque ocorre a comunicação.

Pensando sobre esses elementos, Jakobson percebeu que cada função da linguagem está centrada em um elemento específico do ato comunicativo. É o que veremos agora.

As funções da linguagem são:

- **Referencial:** centrada na mensagem, ou seja, na transmissão do conteúdo. Como possui esse caráter, a objetividade é uma constante para a função referencial. É comum que se busque a imparcialidade quando dela se faz uso. É também conhecida como função denotativa. Como a terceira pessoa do singular é predominante, podem-se encontrar exemplos de tal função em textos científicos, livros didáticos, textos de cunho apenas informativo etc.

- **Emotiva:** centrada no emissor, ou seja, em quem enuncia a mensagem. Basicamente, a primeira pessoa predomina quando o texto se apoia sobre a função emotiva. É muito comum a observarmos em depoimentos, discursos, em textos sentimentais, e mesmo em textos líricos.

- **Apelativa:** centrada no receptor, ou seja, em quem recebe a mensagem. As características comuns a manifestações dessa função da linguagem são os verbos no modo imperativo, a tentativa de persuadir o receptor, a utilização dos pronomes de tratamento que tangenciem o interlocutor. É comum observar a função apelativa em propaganda, em discursos motivacionais etc.

- **Poética:** centrada na transformação da mensagem, ou seja, em como modificar o conteúdo da mensagem a fim de torná-lo mais expressivo. As figuras de linguagem são abundantes nessa função e, por sua presença, convencionou-se chamar, também, função poética de função conotativa. Textos literários, poemas e brincadeiras com a mensagem são fontes em que se pode verificar a presença da função poética da linguagem.

- **Fática:** centrada no canal comunicativo. Basicamente, busca testar o canal para saber se a comunicação está ocorrendo. Expressões como "olá", "psiu" e "alô você" são exemplos dessa função.

- **Metalinguística:** centrada no código. Quando o emissor se vale do código para explicar o próprio código, ou seja, num tipo de comunicação autorreferente. Como exemplo, podemos citar um livro de gramática, que se vale da língua para explicar a própria língua; uma aula de didática (sobre como dar aula); ou mesmo um poema que se refere ao processo de escrita de um poema. O poema a seguir é um ótimo exemplo de função metalinguística.

Catar feijão

Catar feijão se limita com escrever:
jogam-se os grãos na água do alguidar
e as palavras na da folha de papel;
e depois, joga-se fora o que boiar.
Certo, toda palavra boiará no papel,
água congelada, por chumbo seu verbo:
pois para catar esse feijão, soprar nele,
e jogar fora o leve e oco, palha e eco.
Ora, nesse catar feijão entra um risco:
o de que entre os grãos pesados entre
um grão qualquer, pedra ou indigesto,
um grão imastigável, de quebrar dente.
Certo não, quando ao catar palavras:
a pedra dá à frase seu grão mais vivo:
obstrui a leitura fluviante, flutual,
açula a atenção, isca-a com risco.

MELO NETO, João Cabral de. **Obra completa**. Rio de Janeiro: Nova Aguilar, 1995.

TIPOLOGIA TEXTUAL

20. TIPOLOGIA TEXTUAL

O primeiro item que se deve ter em mente na hora de analisar um texto segundo sua tipologia é o caráter da predominância. Isso quer dizer que um mesmo agrupamento textual pode possuir características de diversas tipologias distintas, porém as questões costumam focalizar qual é o "tipo" predominante, o que mais está evidente no texto. Um pouco de bom-senso e uma pequena dose de conhecimento relativo ao assunto são necessários para obter sucesso nesse conteúdo.

Trabalharemos com três tipologias básicas: **narração, dissertação e descrição**.

20.1 Texto narrativo

Facilmente identificável, a tipologia narrativa guarda uma característica básica: contar algo, transmitir a ocorrência de fatos e/ou ações que possuam um registro espacial e temporal. Quer dizer, a narração necessita, também, de um espaço bem-marcado e de um tempo em que as ações narradas ocorrem. Discorramos sobre cada aspecto separadamente.

São elementos de uma narração:

- **Personagem:** quem pratica ação dentro da narrativa, é claro. Deve-se observar que os personagens podem possuir características físicas (altura, aparência, cor do cabelo etc.) e psicológicas (temperamento, sentimentos, emoções etc.), as quais podem ser descritas ao longo do texto.
- **Espaço:** trata-se do local em que a ação narrativa ocorre.
- **Tempo:** é o lapso temporal em que a ação é descrita. O tempo pode ser enunciado por um simples "era uma vez".
- **Ação:** não existe narração sem ação! Ou seja, os personagens precisam fazer algo, ou sofrer algo para que haja ação narrativa.
- **Narrador:** afinal, como será contada uma estória sem uma voz que a narre? Portanto, este é outro elemento estruturante da tipologia narrativa. O narrador pode estar inserido na narrativa ou apenas "observar" e narrar os acontecimentos.

Note-se que, na tipologia narrativa, os verbos flexionados no pretérito são mais evidentes.

Eis um exemplo de narração, tente observar os elementos descritos anteriormente, no texto a seguir:

Um apólogo

Era uma vez uma agulha, que disse a um novelo de linha:

— Por que está você com esse ar, toda cheia de si, toda enrolada, para fingir que vale alguma cousa neste mundo?

— Deixe-me, senhora.

— Que a deixe? Que a deixe, por quê? Por que lhe digo que está com um ar insuportável? Repito que sim, e falarei sempre que me der na cabeça.

— Que cabeça, senhora? A senhora não é alfinete, é agulha. Agulha não tem cabeça. Que lhe importa o meu ar? Cada qual tem o ar que Deus lhe deu. Importe-se com a sua vida e deixe a dos outros.

— Mas você é orgulhosa.

— Decerto que sou.

— Mas por quê?

— É boa! Porque coso. Então os vestidos e enfeites de nossa ama, quem é que os cose, senão eu?

— Você? Esta agora é melhor. Você é que os cose? Você ignora que quem os cose sou eu e muito eu? – Você fura o pano, nada mais; eu é que coso, prendo um pedaço ao outro, dou feição aos babados...

— Sim, mas que vale isso? Eu é que furo o pano, vou adiante, puxando por você, que vem atrás obedecendo ao que eu faço e mando...

— Também os batedores vão adiante do imperador.

— Você é imperador?

— Não digo isso. Mas a verdade é que você faz um papel subalterno, indo adiante; vai só mostrando o caminho, vai fazendo o trabalho obscuro e ínfimo. Eu é que prendo, ligo, ajunto...

Estavam nisto, quando a costureira chegou à casa da baronesa. Não sei se disse que isto se passava em casa de uma baronesa, que tinha a modista ao pé de si, para não andar atrás dela. Chegou à costureira, pegou do pano, pegou da agulha, pegou da linha, enfiou a linha na agulha, e entrou a coser. Uma e outra iam andando orgulhosas, pelo pano adiante, que era a melhor das sedas, entre os dedos da costureira, ágeis como os galgos de Diana – para dar a isto uma cor poética. E dizia a agulha:

— Então, senhora linha, ainda teima no que dizia há pouco? Não repara que esta distinta costureira só se importa comigo; eu é que vou aqui entre os dedos dela, unidinha a eles, furando abaixo e acima...

A linha não respondia; ia andando. Buraco aberto pela agulha era logo enchido por ela, silenciosa e ativa, como quem sabe o que faz, e não está para ouvir palavras loucas. A agulha, vendo que ela não lhe dava resposta, calou-se também, e foi andando. E era tudo silêncio na saleta de costura; não se ouvia mais que o plic-plic-plic-plic da agulha no pano. Caindo o sol, a costureira dobrou a costura, para o dia seguinte. Continuou ainda nessa e no outro, até que no quarto acabou a obra, e ficou esperando o baile.

Veio a noite do baile, e a baronesa vestiu-se. A costureira, que a ajudou a vestir-se, levava a agulha espetada no corpinho, para dar algum ponto necessário. E enquanto compunha o vestido da bela dama, e puxava de um lado ou outro, arregaçava daqui ou dali, alisando, abotoando, acolchetando, a linha para mofar da agulha, perguntou-lhe:

— Ora, agora, diga-me, quem é que vai ao baile, no corpo da baronesa, fazendo parte do vestido e da elegância? Quem é que vai dançar com ministros e diplomatas, enquanto você volta para a caixinha da costureira, antes de ir para o balaio das mucamas? Vamos, diga lá.

Parece que a agulha não disse nada; mas um alfinete, de cabeça grande e não menor experiência, murmurou à pobre agulha:

— Anda, aprende, tola. Cansas-te em abrir caminho para ela e ela é que vai gozar da vida, enquanto aí ficas na caixinha de costura. Faze como eu, que não abro caminho para ninguém. Onde me espetam, fico.

Contei esta história a um professor de melancolia, que me disse, abanando a cabeça:

— Também eu tenho servido de agulha a muita linha ordinária!

ASSIS, Machado de. **Um apólogo**. In: **Para Gostar de Ler**. v. 9, Contos. São Paulo: Ática, 1984, p. 59.

20.2 Texto dissertativo

O texto dissertativo, também chamado por alguns de informativo, possui a finalidade de discorrer sobre determinado assunto, apresentando fatos, opiniões de especialistas, dados quantitativos ou mesmo informações sobre o assunto da dissertação. É preciso entender que nem sempre a dissertação busca persuadir o seu interlocutor, ela pode simplesmente transmitir informações pertinentes ao assunto dissertado.

Quando a persuasão é objetivada, o texto passa a ter também características argumentativas. A rigor, as questões de concurso público focalizam a tipologia, não seus interstícios, portanto, não precisa ficar desesperado com o fato de haver diferença entre texto dissertativo-expositivo e texto dissertativo-argumentativo. Importa saber que ele é dissertativo.

Ressalta-se que toda boa dissertação possui a **introdução** do tema, o **desenvolvimento** coeso e coerente, que está vinculado ao que se diz na introdução, e uma **conclusão** lógica do texto, evidenciando o que se permite compreender por meio da exposição dos parágrafos de desenvolvimento.

A tipologia dissertativa pode ser facilmente encontrada em editoriais, textos de divulgação acadêmica, ou seja, com caráter científico, ensaios, resenhas, artigos científicos e textos pedagógicos.

Exemplo de dissertação:

Japão foi avisado sobre problemas em usinas dois anos antes, diz Wikileaks

O Wikileaks, site de divulgação de informações consideradas sigilosas, vazou um documento que denuncia que o governo japonês já havia sido avisado pela vigilância nuclear internacional que suas usinas poderiam não ser capazes de resistir a terremotos. O relatório, assinado pelo embaixador Thomas Schieffer obtido pelo WikiLeaks foi publicado hoje pelo jornal britânico, The Guardian.

O documento revela uma conversa de dezembro de 2008 entre o então deputado japonês, Taro Kono, e um grupo diplomático norte-americano durante um jantar. Segundo o relatório, um membro da Agência Internacional de Energia Atômica (AIEA) disse que as normas de segurança estavam obsoletas para aguentar os fortes terremotos, o que significaria "um problema grave para as centrais nucleares". O texto diz ainda que o governo do Japão encobria custos e problemas associados a esse ramo da indústria.

Diante da recomendação da AIEA, o Japão criou um centro de resposta de emergência em Fukushima, capaz de suportar, apenas, tremores até magnitude 7,0.

Como visto anteriormente, conceituar, polemizar, questionar a lógica de algum tema, explicar ou mesmo comentar uma notícia são estratégias dissertativas. Vamos dividir essa tipologia textual em dois tipos essencialmente diferentes: o **dissertativo-expositivo** e o **dissertativo-argumentativo**.

Padrão dissertativo-expositivo

A característica fundamental do padrão expositivo da dissertação é utilizar a estrutura da prosa não para convencer alguém de alguma coisa, e sim para apresentar uma ideia, apresentar um conceito. O princípio do texto expositivo não é a persuasão, é a informação e, justamente por tal fato, ficou conhecido como informativo. Para garantir uma boa interpretação desse padrão textual, é importante buscar a ideia principal (que deve estar presente na introdução do texto) e, depois, entender quais serão os aspectos que farão o texto progredir.

- **Onde posso encontrar esse tipo de texto?** Jornais revistas, sites sobre o mundo de economia e finanças. Diz-se que esse tipo de texto focaliza a função referencial da linguagem.
- **Como costuma ser o tipo de questão relacionada ao texto dissertativo-expositivo?** Geralmente, os elaboradores questionam sobre as informações veiculadas pelo texto. A tendência é que o elaborador inverta as informações contidas no texto.
- **Como resolver mais facilmente?** Toda frase que mencionar o conceito ou a quantidade de alguma coisa deve ser destacada para facilitar a consulta.

Padrão dissertativo-argumentativo

No texto do padrão dissertativo-argumentativo, existe uma opinião sendo defendida e existe uma posição ideológica por detrás de quem escreve o texto. Se analisarmos a divisão dos parágrafos de um texto com características argumentativas, perceberemos que a introdução apresenta sempre uma tese (ou hipótese) que é defendida ao longo dos parágrafos.

Uma vez feito isso, o candidato deve entender qual é a estratégia utilizada pelo produtor do texto para defender seu ponto de vista. Na verdade, agora é o momento de colocar "a mão na massa" para valer, uma vez que aqueles enunciados que iniciam com "infere-se da argumentação do texto", "depreende-se dos argumentos do autor" serão vencidos caso se observem os fatores de interpretação corretos:

- Conexão entre as ideias do texto (atenção para as conjunções).
- Articulação entre as ideias do texto (atenção para a combinação de argumentos).
- Progressão do texto.

Recursos argumentativos

Quando o leitor interage com uma fonte textual, deve observar – tratando-se de um texto com o padrão dissertativo-argumentativo – que o autor se vale de recursos argumentativos para construir seu raciocínio dentro do texto. Vejamos alguns recursos importantes:

- **Argumento de autoridade:** baseado na exposição do pensamento de algum especialista ou alguma autoridade no assunto. Citações, paráfrases e menções ao indivíduo podem ser tomadas ao longo do texto. É importante saber diferenciar se a opinião colocada em foco é a do autor ou se é a do indivíduo que ele cita ao longo do texto.
- **Argumento com base em consenso:** parte de uma ideia tomada como consensual, o que leva o leitor a entender apenas aquilo que o elaborador mostra. Sentenças do tipo "todo mundo sabe que", "é de conhecimento geral que" identificam esse tipo de argumentação.
- **Argumento com fundamentação concreta:** basear aquilo que se diz em algum tipo de pesquisa ou fato que ocorre com certa frequência.
- **Argumento silogístico (com base em um raciocínio lógico):** do tipo hipotético – "Se ... então".
- **Argumento de competência linguística:** consiste em adequar o discurso ao panorama linguístico de quem é tido como possível leitor do texto.
- **Argumento de exemplificação:** utilizar casos ou pequenos relatos para ilustrar a argumentação do texto.

20.3 Texto descritivo

Em um texto descritivo, faz-se um tipo de retrato por escrito de um lugar, uma pessoa, um animal ou um objeto. Os adjetivos são abundantes nessa tipologia, uma vez que a sua função de caracterizar os substantivos é extremamente exigida nesse contexto. É possível existir um texto descritivo que enuncie características de sensações ou sentimentos, porém não é muito comum em provas de concurso público. Não há relação temporal na descrição. Os verbos relacionais são mais presentes para poder evidenciar aspectos e características. Significa "criar" com palavras uma imagem.

Exemplo de texto descritivo:

Texto extraído da prova do BRB (2010) – Banca CESPE/UnB

Nome científico: Ginkgo biloba L.
Nome popular: Nogueira-do-japão
Origem: Extremo Oriente
Aspecto: as folhas dispõem-se em leque e são semelhantes ao trevo; a altura da árvore pode chegar a 40 metros; o fruto lembra uma ameixa e contém uma noz que pode ser assada e comida

20.4 Conotação × denotação

É interessante, quando se estuda o conteúdo de tipologia textual, ressaltar a distinção conceitual entre o sentido conotativo e o sentido denotativo da linguagem. Vejamos como se opera essa distinção:

Sentido conotativo: figurado, ou abstrato. Relaciona-se com as figuras de linguagem.

- Adalberto **entregou sua alma a Deus**.

    A ideia de entregar a alma a Deus é figurada, ou seja, não ocorre literalmente, pois não há um serviço de entrega de almas. Essa é uma figura que convencionamos chamar de **metáfora**.

Sentido denotativo: literal, ou do dicionário. Relaciona-se com a função **referencial** da linguagem.

- Adalberto **morreu**.

    Quando dizemos função referencial, entende-se que o falante está preocupado em transmitir precisamente o fato ocorrido, sem apelar para figuras de pensamento. Essa frase do exemplo scrviu para mostrar o sinônimo da figura de linguagem anterior.

GÊNEROS TEXTUAIS

21. GÊNEROS TEXTUAIS

Os gêneros textuais podem ser textos orais ou escritos, formais ou informais. Eles possuem características em comum, como a intenção comunicativa, mas há algumas características que os distinguem uns dos outros.

21.1 Gêneros textuais e esferas de circulação

Cada gênero textual está vinculado a uma esfera de circulação, ou seja, um lugar comum em que ele pode ser encontrado.

Cotidiana: adivinhas, diário, álbum de família exposição oral, anedotas, fotos, bilhetes, músicas, cantigas de roda, parlendas, carta pessoal, piadas, cartão, provérbios, cartão postal, quadrinhas, causos, receitas, comunicado, relatos de experiências vividas, convites, trava-línguas, *curriculum vitae*.

Literária/artística: autobiografia, letras de músicas, biografias, narrativas de aventura, contos, narrativas de enigma, contos de fadas, narrativas de ficção, contos de fadas contemporâneos, narrativas de humor, crônicas de ficção, narrativas de terror, escultura, narrativas fantásticas, fábulas, narrativas míticas, fábulas contemporâneas, paródias, haicais, pinturas, histórias em quadrinhos, poemas, lendas, romances, literatura de cordel, tankas, memórias, textos dramáticos.

Científica: artigos, relatos históricos, conferências, relatórios, debates, palestras, verbetes, pesquisas.

Escolar: atas, relatos históricos, cartazes, relatórios, debates, regrados, relatos de experiências, diálogos/discussões argumentativas científicas, exposições orais, resenhas, júris simulados, resumos, mapas, seminários, palestras, textos argumentativos, pesquisas, textos de opinião, verbetes de enciclopédias.

Jornalística: imprensas, agendas culturais, fotos, anúncios de emprego, horóscopos, artigos de opinião, infográficos, caricaturas, manchetes, cartas ao leitor, mapas, mesas redondas, cartuns, notícias, charges, reportagens, classificados, resenhas críticas, crônicas jornalísticas, sinopses de filmes, editoriais, tiras, entrevistas (orais e escritas).

Publicidade: anúncios, músicas, caricaturas, **paródias**, cartazes, placas, comerciais para televisão, publicidades comerciais, *e-mails*, publicidades institucionais, *folders*, publicidades oficiais, fotos, textos políticos, *slogans*.

Política: abaixo-assinados, debates regrados, assembleias, discursos políticos, cartas de emprego, fóruns, cartas de reclamação, manifestos, cartas de solicitação, mesas redondas, debates, panfletos.

Jurídica: boletins de ocorrência, estatutos, constituição brasileira, leis, contratos, ofícios, declaração de direitos, procurações, depoimentos, regimentos, discursos de acusação, regulamentos, discursos de defesa, requerimentos.

Social: bulas, relatos históricos, manuais técnicos, relatórios, placas, relatos de experiências científicas, resenhas, resumos, seminários, textos argumentativos, textos de opinião, verbetes de enciclopédias.

Midiática: *blogs, realities show, chats, talks show*, desenhos animados, telejornais, e-mails, telenovelas, entrevistas, torpedos, filmes, vídeos clip, fotoblogs, videoconferências, *home page*.

21.2 Exemplos de gêneros textuais

Artigo: o artigo de opinião é um gênero textual que faz parte da esfera jornalística e tem por finalidade a exposição do ponto de vista sobre um determinado assunto. Assim como a dissertação, ele também se compõe de um título, uma introdução, um desenvolvimento e uma conclusão.

Ata: a ata tem como finalidade registrar ocorrências, resoluções e decisões de reuniões, sessões realizadas por algum órgão, setor, entidade etc.

Estrutura da ata:
- Dia, mês, ano e hora (por extenso);
- Local da reunião;
- Pessoas presentes, devidamente qualificadas;
- Ordem do dia (pauta);
- Fecho.

Observações:
- Não há disposição quanto à quantidade de pessoas que deve assinar a ata; pode ser assinada apenas pelo presidente e pelo secretário.
- A ata deve ser redigida de modo que não sejam possíveis alterações posteriores à assinatura (há o emprego de expressões "digo" e "em tempo").
- Não há parágrafos ou alíneas.
- A ata é o registro fiel.

Atestado: atestado é o documento mediante o qual a autoridade comprova um fato ou situação de que tenha conhecimento em razão do cargo que ocupa ou da função que exerce. Destina-se à comprovação de fatos ou situações passíveis de modificações frequentes. É uma mera declaração, ao passo que a certidão é uma transcrição. Ato administrativo enunciativo, o atestado é, em síntese, afirmação oficial de fatos.

Partes:
- **Título ou epígrafe:** denominação do ato (atestado).
- **Texto:** exposição do objeto da atestação. Pode-se declarar, embora não seja obrigatório, a pedido de quem e com que finalidade o documento é emitido.
- **Local e data:** cidade, dia, mês e ano da emissão do ato, podendo também citar, preferentemente sob forma de sigla, o nome do órgão em que a autoridade signatária do atestado exerce suas funções.
- **Assinatura:** nome e cargo ou função da autoridade que atesta.

Apostila: apostila é a averbação, feita abaixo dos textos ou no verso de decretos e portarias pessoais (nomeação, promoção, ascensão, transferência, readaptação, reversão, aproveitamento, reintegração, recondução, remoção, exoneração, demissão, dispensa, disponibilidade e aposentadoria), para que seja corrigida flagrante inexatidão material do texto original (erro na grafia de nomes próprios, lapso na especificação de datas etc.), desde que essa correção não venha a alterar a substância do ato já publicado.

Tratando-se de erro material em decreto pessoal, a apostila deve ser feita pelo Ministro de Estado que o propôs. Se o lapso houver ocorrido em portaria pessoal, a correção por apostilamento estará a cargo do ministro ou secretário signatário da portaria. Nos dois casos, a apostila deve sempre ser publicada no Boletim de Serviço ou Boletim Interno correspondente e, quando se tratar de ato referente a ministro de Estado, também no Diário Oficial da União.

A finalidade da correção de inexatidões materiais por meio de apostila é evitar que se sobrecarregue o Presidente da República com a assinatura de atos repetidos, e que se onere a Imprensa Nacional com a republicação de atos.

Forma e estrutura:
- Título, em maiúsculas e centralizado sobre o texto.

- Texto, no qual deve constar a correção que está sendo feita, a ser iniciada com a remissão ao decreto que autoriza esse procedimento.
- Local e data, por extenso:
  - Por exemplo: Brasília, em 12 de novembro de 1990.
- Identificação do signatário, abaixo da assinatura:
  - Por exemplo: NOME (em maiúsculas)
    Secretário da Administração Federal

No original do ato normativo, próximo à apostila, deverá ser mencionada a data de publicação da apostila no Boletim de Serviço ou no Boletim Interno.

Carta: pode ter caráter argumentativo quando se trata de uma carta aberta ou carta do leitor. Quando se trata de carta pessoal, há a presença de aspectos narrativos ou descritivos.

Charge: é um gênero textual em que é feita uma ilustração cômica, irônica, por meio de caricaturas, com o objetivo de satirizar, criticar ou fazer um comentário sobre algum acontecimento, que é atual, em sua grande maioria.

A charge é um dos gêneros textuais mais cobrados em questões de concurso. Deve-se dar atenção à crítica feita pelo autor, a qual pode ser percebida pela relação texto verbal e não verbal (palavras e imagens).

Certidão: certidão é o ato pelo qual se procede à publicidade de algo relativo à atividade Cartorária, a fim de que não haja dúvidas. Possui formato padrão próprio, termos essenciais que lhe dão suas características. Exige linguagem formal, objetiva e concisão.

Termos essenciais da certidão:
- **Afirmação:** certidão e dou fé que.
- **Identificação do motivo de sua expedição:** a pedido da parte interessada.
- **Ato a que se refere:** revendo os assentamentos constantes deste cartório, não logrei encontrar ação movida contra (nome).
- **Data:** de sua expedição.
- **Assinatura:** do escrivão.

Circular: é utilizada para transmitir avisos, ordens, pedidos ou instruções, dar ciência de leis, decretos, portarias etc.
- Destina-se a uma ou mais de uma pessoa/órgão/empresa. No caso de mais de um destinatário, todas as vias distribuídas devem ser iguais.
- A paragrafação pode seguir o estilo americano (sem entradas de parágrafo), ou estilo tradicional. No caso de estilo americano, todo o texto, a data e a assinatura devem ser alinhados à margem esquerda. No estilo tradicional, devem ser centralizados.

Partes:
- **Timbre:** impresso no alto do papel.
- **Título e número:** cerca de três linhas do timbre e no centro da folha. O número pode vir seguido do ano.
- **Data:** deve estar próxima do título e número, ao lado ou abaixo, podendo se apresentar de várias formas:
  - Por exemplo:
  - CIRCULAR Nº 01, DE 2 MARÇO DE 2002
  - CIRCULAR Nº 01
  - De 2 de março de 2002
  - CIRCULAR Nº 01/02
  - Rio de Janeiro, 2 de março de 2002

- **Ementa (opcional):** deve vir abaixo do título e data, cerca de três linhas.
  - Ementa: Material de consumo.
  - Ref.: Material de consumo.
- **Invocação:** cerca de quatro linhas do título. Dependendo do assunto e destinatários, a invocação é dispensável.
  - Excelentíssimo Senhor:
  - Senhor Prefeito:
  - Senhores Pais:
- **Texto:** cerca de três linhas do título. Deve conter:
  - Exposição do assunto, desenvolvida a partir dos objetivos.
  - A sensibilização do receptor/destinatário;
  - Convite a agir.
  - Cumprimento final:
  - Respeitosamente,
  - Atenciosamente,
- **Assinatura:** cerca de quatro linhas do cumprimento final. É composta do nome do emissor (só as iniciais maiúsculas) e cargo ou função (todo em maiúscula):
  - Por exemplo:
    Herivelto Nascimento
    DIRETOR
- **Anexos:** quando houver documentos a anexar, escreve-se a palavra anexo à margem esquerda, seguida da relação do que está anexado:
  - Por exemplo:
    Anexo: quadro de horários.
    Anexa: cópia do documento.
    Anexas: tabela de horários e cópia dos documentos.
- **Iniciais:** na última linha útil do papel, à esquerda, devemos escrever as iniciais de quem elaborou o texto (redator), seguidas das iniciais de quem a datilografou/digitou (em maiúscula ou minúscula, tanto faz). Quando o redator e o datilógrafo forem a mesma pessoa, basta colocar a barra seguida das iniciais:
  - PPS/AZ
  - Pps/az
  - /pps
  - /PPS
- **Declaração:** a declaração deve ser fornecida por pessoa credenciada ou idônea que nele assume a responsabilidade sobre uma situação ou a concorrência de um fato. Portanto, é uma comprovação escrita com caráter de documento. A declaração pode ser manuscrita em papel almaço simples ou digitada. Quanto ao aspecto formal, divide-se nas seguintes etapas:
  - **Timbre:** impresso com cabeçalho, contendo o nome do órgão ou empresa. Nas declarações particulares, usa-se papel sem timbre.
  - **Título:** no centro da folha, em caixa alta.
  - **Texto:**
    - Identificação do emissor.
    - O verbo atestar ou declarar deve aparecer no presente do indicativo, terceira pessoa do singular ou do plural.

GÊNEROS TEXTUAIS

- Finalidade do documento: em geral, costuma-se usar o termo "para os devidos fins". Também se pode especificar: "para fins de trabalho", "para fins escolares" etc.
- Nome e dados de identificação do interessado.
- Citação do fato a ser atestado.
- **Local e data:** deve-se escrevê-lo acerca de três linhas do texto.

Editorial: é um gênero textual dissertativo-argumentativo que apresenta o posicionamento de uma empresa, revista, jornal sobre determinado assunto.

Entrevista: é um gênero textual em que aparece o diálogo entre o entrevistador e o(s) entrevistado(s), para obter informações sobre o entrevistado ou algum assunto. Podem aparecer elementos expositivos, argumentativos e narrativos.

Edital: é um documento em que são apresentados avisos, citações, determinações.

São diversos os tipos de editais, de acordo com o objetivo: pode comunicar uma citação, um proclame, um contrato, uma exoneração, uma licitação de obras, serviços, tomada de preço etc.

Entre eles, os editais mais comuns são os de concursos públicos, que determinam as etapas dos processos seletivos e as competências necessárias para a sua execução.

22. COMPREENSÃO E INTERPRETAÇÃO DE TEXTOS

22.1 Ideias preliminares sobre o assunto

Para interpretar um texto, o indivíduo precisa de muita atenção e de muito treino. Interpretar pode ser comparado com o disparar de uma arma: apenas temos chance de acertar o alvo se treinarmos muito e soubermos combinar todos os elementos externos ao disparo: velocidade do ar, direção, distância etc.

Quando o assunto é texto, o primordial é estabelecer uma relação contextual com aquilo que estamos lendo. Montar o contexto significa associar o que está escrito no texto-base com o que está disposto nas questões. Lembre-se de que as questões são elaboradas com a intenção de testar os concursandos, ou seja, deve ficar atento para todas as palavras e para todas as possibilidades de mudança de sentido que possa haver nas questões.

É preciso, para entender as questões de interpretação de qualquer banca, buscar o raciocínio que o elaborador da questão emprega na redação da questão. Usualmente, objetiva-se a depreensão dos sentidos do texto. Para tanto, destaque os itens fundamentais (as ideias principais contidas nos parágrafos) para poder refletir sobre tais itens dentro das questões.

22.2 Semântica ou pragmática?

Existe uma discussão acadêmica sobre o que possa ser considerado como semântica e como pragmática. Em que pese o fato de os universitários divergirem a respeito do assunto, vamos estabelecer uma distinção simples, apenas para clarear nossos estudos.

- **Semântica:** disciplina que estuda o **significado** dos termos. Para as questões relacionadas a essa área, o comum é que se questione acerca da troca de algum termo e a manutenção do sentido original da sentença.
- **Pragmática:** disciplina que estuda o **sentido** que um termo assume dentro de determinado contexto. Isso quer dizer que a identificação desse sentido depende do entorno linguístico e da intenção de quem exprime a sentença.

Para exemplificar essa situação, vejamos o exemplo a seguir:

- **Pedro está na geladeira.**

Nesse caso, é possível que uma questão avalie a capacidade de o leitor compreender que há, no mínimo, dois sentidos possíveis para essa sentença: um deles diz respeito ao fato de a expressão "na geladeira" poder significar algo como "ele foi até a geladeira buscar algo", o que – coloquialmente – significaria uma expressão indicativa de lugar.

O outro sentido diz respeito ao fato de "na geladeira" significar que "foi apartado de alguma coisa para receber algum tipo de punição".

A questão sobre **semântica** exigiria que o candidato percebesse a possibilidade de trocar a palavra "geladeira" por "refrigerador" – havendo, nesse caso, uma relação de sinonímia.

A questão de **pragmática** exigiria que o candidato percebesse a relação contextualmente estabelecida, ou seja, a criação de uma figura de linguagem (um tipo de metáfora) para veicular um sentido particular.

22.3 Questão de interpretação

Como se faz para saber que uma questão de interpretação é uma questão de interpretação?

Respondendo a essa pergunta, entende-se que há pistas que identificam a questão como pertencente ao rol de questões para interpretação. Os indícios mais precisos que costumam aparecer nas questões são:

- Reconhecimento da intenção do autor.
- Ponto de vista defendido.
- Argumentação do autor.
- Sentido da sentença.

Apesar disso, não são apenas esses os indícios de que uma questão é de interpretação. Dependendo da banca, podemos ter a natureza interpretativa distinta, principalmente porque o critério de intepretação é mais subjetivo que objetivo. Algumas bancas podem restringir o entendimento do texto; outras podem extrapolá-lo.

22.4 Dicas para interpretação

Há três elementos fundamentais para boa interpretação:

- Eliminação dos vícios de leitura.
- Organização.
- Sagacidade.

Vícios de leitura

A pior coisa que pode acontecer com o concursando, quando recebe um texto complexo para ler e interpretar, é cair num vício de leitura. Veja se você possui algum deles. Caso possua, tente eliminar o quanto antes.

Movimento

Como tudo inicia. O indivíduo pega o texto para ler e não para quieto. Troca a maneira de sentar, troca a posição do texto, nada está bom, nada está confortável. Em casa, senta para estudar e o que acontece? Fome. Depois? Sede. Então, a pessoa fica se mexendo para pegar comida, para tomar água, para ficar mais sossegado e o fluxo de leitura vai para o espaço. Fique quieto! O conceito é militar! Sente-se e permaneça assim até acabar a leitura, do contrário, vai acabar com a possibilidade de entender o que está escrito. Estudar com televisão, rádio, redes sociais e qualquer coisa dispersiva desse gênero só vai atrapalhar você.

Apoio

Não é aconselhável utilizar apoios para a leitura, tais como: réguas, acompanhar a linha com a caneta, ler em voz baixa, passar o dedo pelo papel etc. Basta pensar que seus olhos são muito mais rápidos que qualquer movimento ou leitura em voz alta.

"Garoto da borboleta"

Se você possui os vícios anteriores, certamente é um "garoto da borboleta" também. Isso quer dizer que é desatento e fica facilmente (fatalmente) disperso. Tudo chama sua atenção: caneta batendo na mesa, o concorrente barulhento, a pessoa estranha que está em sua frente, o tempo passando etc. Você vai querer ficar voltando ao início do texto porque não conseguiu compreender nada e, finalmente, vai perder as questões de interpretação.

Organização da leitura

Para que ocorra organização, é necessário compreender que todo texto possui:

- **Posto:** aquilo que é dito no texto. O conteúdo expresso.
- **Pressuposto:** aquilo que não está dito, mas que é facilmente compreendido.
- **Subentendido:** o que se pode interpretar por uma soma de dito com não-dito.

COMPREENSÃO E INTERPRETAÇÃO DE TEXTOS

Veja um exemplo:

Alguém diz: "felizmente, meu tio parou de beber." É certo que o dito se compõe pelo conteúdo da mensagem: o homem parou de beber. O não-dito, ou pressuposto, fica a cargo da ideia de que o homem bebia e, agora, não bebe mais. Por sua vez, o subentendido pode ser abstraído como "meu tio possuía problemas com a bebida e eu assumo isso por meio da sentença que profiro". Não é difícil! É necessário, no entanto, possuir uma certa "malandragem linguística" para perceber isso de início.

22.5 Dicas para organização

As dicas de organização não são novas, mas são eficazes, vamos lá:

- **Ler mais de uma vez o texto (quando for curto, é lógico)**

A primeira leitura é para tomar contato com o assunto, a segunda, para observar como o texto está articulado.

Ao lado de cada parágrafo, escreva a principal ideia (tópico frasal) ou argumento mais forte do trecho. Isso ajuda você a ter clareza da temática e como ela está sendo desenvolvida.

Se o texto for muito longo, recomenda-se ler primeiro a questão de interpretação, para, então, buscá-la na leitura.

- **Observar as relações entre parágrafos**

Observar que há relações de exemplificação, oposição e causalidade entre os parágrafos do texto, por isso, tente compreender as relações intratextuais nos parágrafos.

Ficar de olho aberto para as conjunções adversativas: *no entanto*, *contudo*, *entretanto* etc.

- **Atentar para o comando da questão**

Responda àquilo que foi pedido.

- **Dica:** entenda que modificar e prejudicar o sentido não são a mesma coisa.

- **Palavras de alerta (polarizadoras)**

Sublinhar palavras como: *erro*, *incorreto*, *correto* e *exceto*, para não se confundir no momento de responder à questão.

Inaceitável, *incompatível* e *incongruente* também podem aparecer.

- **Limitar os horizontes**

Não imaginar que você sabe o que o autor quis dizer, mas sim entender o que ele disse: o que ele escreveu. Não extrapolar a significação do texto. Para isso, é importante prestar atenção ao significado das palavras.

Pode até ser coerente o que você concluiu, mas se não há base textual, descarte.

O homem **pode** morrer de infarto. / O homem **deve** morrer de infarto.

- **Busque o tema central do texto**

Geralmente aparece no primeiro parágrafo do texto.

- **Desenvolvimento**

Se o enunciado mencionar a argumentação do texto, você deve buscar entender o que ocorre com o desenvolvimento dos parágrafos.

Verificar se o desenvolvimento ocorre por:

- Causa e consequência.
- Enumeração de fatos.
- Retrospectiva histórica.
- Fala de especialista.
- Resposta a um questionamento.
- Sequência de dados.
- Estudo de caso.
- Exemplificação.

- **Relatores**

Atentar para os pronomes relativos e demonstrativos no texto. Eles auxiliam o leitor a entender como se estabelece a coesão textual.

Alguns deles: *que, cujo, o qual, onde, esse, este, isso, isto* etc.

- **Entender se a questão é de interpretação ou de compreensão**
  - Interpretação

Parte do texto para uma conclusão. As questões que solicitam uma inferência costumam apresentar as seguintes estruturas:

"É possível entender que..."
"O texto possibilita o entendimento de que..."
"O texto encaminha o leitor para..."
"O texto possibilita deduzir que..."
"Depreende-se do texto que..."
"Com apoio no texto, infere-se que..."
"Entende-se que..."
"Compreende-se que..."
"Compreensão"

Buscam-se as informações solicitadas pela questão no texto. As questões dessa natureza possuem as seguintes estruturas:

"De acordo com o texto, é possível afirmar..."
"Segundo o texto..."
"Conforme o autor..."
"No texto..."
"Conforme o texto..."

- **Tome cuidado com as generalizações**

Na maior parte das vezes, o elaborador da prova utiliza a generalização para tornar a questão incorreta.

Atenção para as palavras: *sempre, nunca, exclusivamente, unicamente, somente*.

O que você não deve fazer!
"Viajar" no texto: interpretar algo para além do que o texto permite.
Interpretar apenas um trecho do texto.
Entender o contrário: fique atento a palavras como "pode", "não", "deve" etc.

Astúcia da banca

Talvez seja essa a característica mais difícil de se desenvolver no concursando, pois ela envolve o conhecimento do tipo de interpretação e dos limites estabelecidos pelas bancas. Só há uma maneira de ficar esperto estudando para concurso público: realizando provas! Pode parecer estranho, mas depois de resolver 200 questões da mesma banca, você já consegue prever como será a próxima questão. Prever é garantir o acerto! Então, faça exercícios até cansar e, quando cansar, faça mais um pouco.

Vamos trabalhar com alguns exemplos agora:

- **Exemplo I**

Entre os maiores obstáculos ao pleno desenvolvimento do Brasil, está a educação. Este é o próximo grande desafio que deve ser enfrentado com paciência, mas sem rodeios. É a bola da vez dentro das políticas públicas prioritárias do Estado. Nos anos 1990 do século passado, o país derrotou a inflação – que corroía salários, causava instabilidade política e irracionalidade econômica. Na primeira década deste século, os avanços deram-se em direção a uma agenda social, voltada para a redução da pobreza e da desigualdade estrutural. Nos próximos anos, a questão da melhoria da qualidade do ensino deve ser uma obrigação dos governantes, sejam quais forem os ungidos pelas decisões das urnas.

Jornal do Brasil, Editorial, 21/1/2010 (com adaptações).

Agora o mesmo texto, devidamente marcado.

> Entre **os maiores obstáculos** ao pleno desenvolvimento do Brasil, está a educação. Este é o **próximo grande desafio** que deve ser enfrentado com paciência, mas sem rodeios. É a **bola da vez** dentro das políticas públicas prioritárias do Estado. **Nos anos 90 do século passado**, o país derrotou a inflação – que corroía salários, causava instabilidade política e irracionalidade econômica. **Na primeira década deste século**, os avanços deram-se em direção a uma agenda social, voltada para a redução da pobreza e da desigualdade estrutural. **Nos próximos anos**, a questão da melhoria da qualidade do ensino deve ser uma **OBRIGAÇÃO DOS GOVERNANTES**, sejam quais forem os ungidos pelas decisões das urnas.

Observe que destacamos para você elementos que podem surgir, posteriormente como questões. O texto inicia falando que há mais obstáculos além da educação. Também argumenta, posteriormente, que já houve outros desafios além desse que ele chama de "próximo grande desafio". Utilizando uma expressão de sentido **conotativo** (bola da vez), o escritor anuncia que a educação ocupa posição de destaque quando o assunto se volta para as políticas públicas prioritárias do Estado.

No decorrer do texto, que se desenvolve por um tipo de retrospectiva histórica (veja o que está destacado), o redator traça um panorama dessas políticas públicas ao longo da história do país, fazendo uma previsão para os anos vindouros (o que foi destacado em caixa alta).

- **Exemplo II**

> Um passo fundamental para que não nos enganemos quanto à **natureza do capitalismo contemporâneo** e o significado das políticas empreendidas pelos países centrais para enfrentar a recente **crise econômica** é problematizarmos, com cuidado, o termo **neoliberalismo**: "começar pelas palavras talvez não seja coisa vã", escreve Alfredo Bosi em Dialética da Colonização.
>
> **A partir da década de 1980**, buscando exprimir a natureza do capitalismo contemporâneo, muitos, principalmente os críticos, utilizaram esta palavra que, por fim, se generalizou. Mas o que, de fato, significa? O prefixo neo quer dizer novo; portanto, novo liberalismo. Ora, durante o século **XIX deu-se a construção de um liberalismo** que viria encontrar a sua crise definitiva na I Guerra Mundial em 1914 e na crise de 1929. Mas desde o período entre guerras e, sobretudo, depois, com o término da II Guerra Mundial, em 1945, tomou corpo um novo modelo, principalmente na Europa, que de certa forma se contrapunha ao velho liberalismo: era **o mundo da socialdemocracia**, da presença do Estado na vida econômica, das ações políticas inspiradas na reflexão teórica do economista britânico John Keynes, um crítico do liberalismo econômico clássico que viveu na primeira metade do século XX. Quando esse modelo também entrou em crise, no princípio da década de 1970, surgiu a perspectiva de **reconstrução da ordem liberal**. Por isso, novo liberalismo, neoliberalismo.

Grupo de São Paulo, disponível em: http://www.correiocidadania.com.br/content/view/5158/9/. Acesso em: 28/10/2010. (Adaptado)

- **Exemplo III**

Em Defesa do Voto Obrigatório

> O voto, direito duramente conquistado, **deve ser considerado um dever** cívico, sem o exercício do qual o **direito se descaracteriza ou se perde**, afinal liberdade e democracia são fins e não apenas meios. Quem vive em uma comunidade política não pode estar **desobrigado** de opinar sobre os rumos dela. Nada contra a desobediência civil, recurso legítimo para o protesto cidadão, que, no caso eleitoral, se pode expressar no voto nulo (cuja tecla deveria constar na máquina utilizada para votação). Com o **voto facultativo**, o direito de votar e o de não votar ficam inscritos, em pé de igualdade, no corpo legal. Uma parte do eleitorado deixará voluntariamente de opinar sobre a constituição do poder político. O desinteresse pela política e a descrença no voto são registrados como mera "escolha", sequer como desobediência civil ou protesto. **A consagração da alienação política** como um direito legal interessa aos conservadores, reduz o peso da soberania popular e desconstitui o sufrágio como universal.
>
> Para o **cidadão ativo**, que, além de votar, se organiza para garantir os direitos civis, políticos e sociais, o enfoque é inteiramente outro. O tempo e o **trabalho dedicados ao acompanhamento continuado da política não se apresentam como restritivos da liberdade individual**. Pelo contrário, são obrigações auto assumidas no esforço de construção e aprofundamento da democracia e de vigília na defesa das liberdades individuais e públicas. A ideia de que a democracia se constrói nas lutas do dia a dia se contrapõe, na essência, ao modelo liberal. O cidadão escolado na disputa política sabe que a liberdade de não ir votar é uma armadilha. Para que o sufrágio continue universal, para que todo poder emane do povo e não, dos donos do poder econômico, o voto, além de ser um direito, **deve conservar a sua condição de dever cívico**.

INTERPRETAÇÃO DE TEXTO POÉTICO

23. INTERPRETAÇÃO DE TEXTO POÉTICO

Cada vez mais comum em provas de concursos públicos, o texto poético possui suas particularidades. Nem todas as pessoas possuem a capacidade de ler um texto poético, quanto mais interpretá-lo. Justamente por esse fato, ele tem sido o predileto dos examinadores que querem dificultar a vida dos candidatos.

Antes de passar à interpretação propriamente dita, é preciso identificar a nomenclatura das partes de um poema. Cada "linha" do poema é chamada de "**verso**", o conjunto de versos é chamado de "**estrofe**". A primeira sugestão para quem pretende interpretar um poema é segmentar a interpretação por estrofe e anotar o sentido trazido ao lado e cada trecho.

Geralmente, as bancas pecam ao diferenciar **autor** de **eu-lírico**. O primeiro é realmente a pessoa por detrás da caneta, ou seja, é quem efetivamente escreve o texto; o segundo é a "voz" do poema, a "pessoa" fictícia, abstrata que figura como quem traz o poema para o leitor.

Outra dificuldade muito comum é a leitura do texto. Como o texto está em uma disposição que não é mais tão usual, as pessoas têm dificuldade para realizar a leitura. Eis uma dica fundamental: só interrompa a leitura quando chegar a um ponto ou a uma vírgula, porque é dessa maneira que se lê um texto poético. Além disso, é preciso que, mesmo mentalmente, o indivíduo tente dar ênfase na leitura, pois isso pode ajudar na interpretação.

Comumente, o vocabulário do texto poético não é acessível e, em razão disso, costuma haver notas explicativas com o significado das palavras, jamais ignore essa informação! Pode ser a salvação para a interpretação do texto lido.

Veja um exemplo:

Nel mezzo del camin
Cheguei. Chegaste. Vinhas fatigada
E triste, e triste e fatigado eu vinha.
Tinhas a alma de sonhos povoada,
E a alma de sonhos povoada eu tinha...

E paramos de súbito na estrada
Da vida: longos anos, presa à minha
A tua mão, a vista deslumbrada
Tive da luz que teu olhar continha.

Hoje, segues de novo... Na partida
Nem o pranto os teus olhos umedece,
Nem te comove a dor da despedida.
E eu, solitário, volto a face, e tremo,
Vendo o teu vulto que desaparece
Na extrema curva do caminho extremo.

(Olavo Bilac)

Existe outro fator extremamente importante na hora de tentar entender o conteúdo de um texto poético: o **título**. Nem todo poema possui um título, é claro, mas os que possuem ajudam, e muito, na compreensão do "assunto" do poema.

É claro que ter conhecimento do autor e do estilo de escrita por ele adotado é a ferramenta mais importante para que o candidato compreenda com profundidade o que está sendo veiculado pelo texto, porém, como grande parte das bancas ainda não chegou a esse nível de aprofundamento interpretativo, apenas o reconhecimento da superfície do texto já é suficiente para responder às questões.

Vejamos alguns textos para explanar melhor:

Bem no fundo
No fundo, no fundo,
Bem lá no fundo,
A gente gostaria
De ver nossos problemas
Resolvidos por decreto

A partir desta data,
Aquela mágoa sem remédio
É considerada nula
E sobre ela – silêncio perpétuo

Extinto por lei todo o remorso,
Maldito seja quem olhar pra trás,
Lá pra trás não há nada,
E nada mais

Mas problemas não se resolvem,
Problemas têm família grande,
E aos domingos saem todos passear
O problema, sua senhora
E outros pequenos probleminhas

(Paulo Leminski)

Interpretação: por mais que trabalhemos para resolvermos nossos problemas, a única certeza é a de que eles continuarão existindo, pois é isso o que nos move.

23.1 Tradução de sentido

As questões de tradução de sentido costumam ser o "calcanhar de Aquiles" dos candidatos. A maneira mais eficaz de resolvê-las é buscar relações de sinonímia em ambos os lados da sentença. Com isso, fica mais fácil acertar a questão.

Consideremos a relação de sinonímia presente entre "alegria" e "felicidade". Esses dois substantivos não significam, rigorosamente, a mesma coisa, mas são considerados sinônimos contextuais, se considerarmos um texto. Disso, entende-se que o sinônimo é identificado contextualmente e não depende, necessariamente, do conhecimento do sentido de todas as palavras.

Seria bom se fosse sempre dessa maneira. Ocorre que algumas bancas tentam selecionar de maneira não rigorosa os candidatos, cobrando deles o chamado "conhecimento que não é básico". O melhor exemplo é pedir o significado da palavra "adrede", o qual pouquíssimas pessoas conhecem.

23.2 Organização de texto

Em algumas bancas, é comum haver questões que apresentam um texto desordenado, para que o candidato o reordene, garantido a **coesão** e a **coerência**. Além disso, não é raro haver trecho de texto com lacunas para preencher com alguns parágrafos. Para que isso ocorra, é mister saber o que significa coesão e coerência. Vamos a algumas definições simples.

Coesão

Coesão é o conjunto de procedimentos e mecanismos que estabelecem conexão dentro do texto, o que busca garantir a progressão daquilo que se escreve nas sentenças. Pronomes, perífrases e sinônimos estão entre os mecanismos de coesão que podem ser empregados na sentença.

Coerência

Coerência diz respeito à organização de significância do texto, ou seja, o sentido daquilo que se escreve. A sequência temporal e o princípio de não contradição são os dispostos mais emergentes da coerência.

Em questões dessa natureza, busque analisar as sequências de entrada e saída dos textos. Veja se há definições e conectivos que encerram ideias, ou se há pronomes que buscam sequenciar as sentenças. Desse modo, fica mais fácil acertar a questão.

23.3 Significação das palavras

Compreensão, interpretação e intelecção

O candidato que é concurseiro de longa data sabe que, dentre as questões de interpretação de texto, é muito comum surgirem nomenclaturas distintas para fenômenos não tão distintos assim. Quer dizer que, se no seu edital há elementos como leitura, compreensão, intelecção ou interpretação de texto, no fundo, o conceito é o mesmo. Ocorre que, dentro desse processo de interpretação, há elementos importantes para a resolução dos certames.

O que se diz e o que se pode ter dito

Sempre que há um momento de enunciação, o material linguístico serve de base para que os interlocutores negociem o sentido daquilo que está na comunicação. Isso ocorre por meio de vários processos. É possível destacar alguns mais relevantes:

- **Dito:** consiste na superfície do enunciado. O próprio material linguístico que se enuncia.
- **Não-dito:** consiste naquilo que se identifica imediatamente, quando se trabalha com o que está posto (o dito).
- **Subentendido:** consiste nos sentidos ativados por um processo inferencial de análise e síntese do material linguístico somado ao não-dito.

Vejamos isso em uma sentença para compreendermos a teoria.

- "A eleição de Barack Obama não é um evento apenas americano."

> **Dito:** é o próprio conteúdo da sentença – o fato de a eleição em questão não ser um evento apenas americano.
> **Não-dito:** alguém poderia pensar que a eleição teria importância apenas para os americanos.
> **Subentendido:** pode-se concluir que a eleição em questão terá grandes repercussões, a um nível global.

23.4 Inferência

Para a finalidade dos concursos públicos, vamos considerar que a inferência é o resultado do processamento na leitura, ou seja, é aquilo que se pode "concluir" ou "depreender" da leitura de um texto.

No momento de responder a uma questão dessa natureza, recomenda-se prudência. Existe um conceito que parece fundamental para facilitar a resolução dessas questões. Ele se chama **ancoragem lexical**. Basicamente, entende-se como ancoragem lexical a inserção de algum elemento que dispara pressuposições e fomenta inferências, ou seja, se alguma questão pedir se é possível inferir algo, o candidato só poderá responder afirmativamente, se houver uma palavra ou uma expressão (âncora lexical) que permita associar diretamente esses elementos.

Semântica (sentido)

Evidentemente, o conteúdo relativo à significação das palavras deve muito a uma boa leitura do dicionário. Na verdade, o vocabulário faz parte do histórico de leitura de qualquer pessoa: quanto mais você lê, maior é o número de palavras que você vai possuir em seu vocabulário. Como é impossível receitar a leitura de um dicionário, podemos arrolar uma lista com palavras que possuem peculiaridades na hora de seu emprego. Falo especificamente de **sinônimos, antônimos, homônimos e parônimos**. Mãos à obra!

▷ **Sinônimos**:
- Sentido aproximado: não existem sinônimos perfeitos:
  > Feliz – alegre – contente.
  > Palavra – vocábulo.
  > Professor – docente.
  > **O professor** Mário chegou à escola. O **docente** leciona matemática.

▷ **Antônimos:**
- Oposição de sentido:
  > Bem – mal.
  > Bom – mau.
  > Igual – diferente.

▷ **Homônimos:** são palavras com escrita ou pronúncia iguais (semelhantes), porém com significado (sentido) diferente.
  > Adoro comer **manga** com sal.
  > Derrubei vinho na **manga** da camisa.

Há três tipos de homônimos: homógrafos, homófonos e homônimos perfeitos.

- **Homógrafos** – palavras que possuem a mesma grafia, mas o som é diferente.
  > O meu **olho** está doendo.
  > Quando eu **olho** para você, dói.
- **Homófonos** – apresentam grafia diferente, mas o som é semelhante.
  > A **cela** do presídio foi incendiada.
  > A **sela** do cavalo é novinha.
- **Homônimos perfeitos** – possuem a mesma grafia e o mesmo som.
  > O **banco** foi assaltado.
  > O **banco** da praça foi restaurado ontem.
  > Ele não **para** de estudar.
  > Ele olhou **para** a prova.
- **Parônimos:** são palavras que possuem escrita e pronúncia semelhantes, mas com significado distinto.
  > O professor fez a **descrição** do conteúdo.
  > Haja com muita **discrição**, Marivaldo.

Aqui vai uma lista para você se precaver quanto aos sentidos desses termos:

- **Ascender** (subir) e **acender** (pôr fogo, alumiar).
  > Quando Nero **ascendeu** em Roma, ele **acendeu** Roma.
- **Acento** (sinal gráfico) e **assento** (lugar de sentar-se).
  > O **acento** grave indica crase.
  > O **assento** 43 está danificado.
- **Acerca de** (a respeito de) e **cerca de** (aproximadamente).
  > **Há cerca de** (faz aproximadamente).
  > Falamos **acerca de** Português ontem.
  > José mora **cerca de** mim.
  > **Há cerca de** 10 anos, leciono Português.
- **Afim** (semelhante a) e **a fim de** (com a finalidade de).
  > Nós possuímos ideias **afins**.
  > Nós estamos estudando **a fim** de passar.

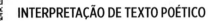

INTERPRETAÇÃO DE TEXTO POÉTICO

- **Aprender** (instruir-se) e **apreender** (assimilar).
    Quando você **apreender** o conteúdo, saberá que **aprendeu** o conteúdo.
- **Área** (superfície) e **ária** (melodia, cantiga).
    O tenor executou a **ária**.
    A polícia cercou a **área**.
- **Arrear** (pôr arreios) e **arriar** (abaixar, descer).
    Precisamos **arrear** o cavalo.
    Joaquim **arriou** as calças.
- **Caçar** (apanhar animais) e **cassar** (anular).
    O veado foi **caçado**.
    O deputado teve sua candidatura **cassada**.
- **Censo** (recenseamento) e **senso** (raciocínio).
    Finalizou-se o **censo** no Brasil.
    Argumentou com bom-**senso**.
- **Cerração** (nevoeiro) **serração** (ato de serrar).
    Nos dias de chuva, pode haver **cerração**.
    Rolou a maior **serração** na madeireira ontem.
- **Cerrar** (fechar) e **serrar** (cortar).
    Cerrou os olhos para a verdade.
    Marina **serrou**, acidentalmente, o nariz na serra.
- **Cessão** (ato de ceder), **seção** (divisão), **secção** (corte) e **sessão** (reunião).
    O órgão pediu a **cessão** do espaço.
    Compareça à **seção** de materiais.
    Fez-se uma **secção** no azulejo.
    Assisti à **sessão** de cinema ontem. Passava "A Lagoa Azul".
- **Concerto** (sessão musical) e **conserto** (reparo).
    Vamos ao **concerto** hoje.
    Fizeram o **conserto** do carro.
- **Mal** (antônimo de bem) e **mau** (antônimo de bom).
    O homem **mau** vai para o inferno.
    O **mal** nunca prevalece sobre o bem.
- **Ratificar** (confirmar) e **retificar** (corrigir).
    O documento **ratificou** a decisão.
    O documento **retificou** a decisão.
- **Tacha** (pequeno prego, mancha) e **taxa** (imposto, percentagem).
    Comprei uma **tacha**.
    Paguei outra **taxa**.
    Bucho (estômago) e **buxo** (arbusto)
- **Calda** (xarope) e **cauda** (rabo)
- **Cela** (pequeno quarto) e **sela** (arreio)
- **Chá** (bebida) e **xá** (título do soberano da Pérsia, atual Irã, antes da revolução islâmica)
- **Cheque** (ordem de pagamento) **e xeque** (lance do jogo de xadrez)
- **Comprimento** (extensão) e **cumprimento** (saudação)
- **Conjetura** (hipótese) **e conjuntura** (situação)
- **Coser** (costurar) e **cozer** (cozinhar)
- **Deferir** (costurar) **e diferir** (distinguir-se)
- **Degredado** (desterrado, exilado) e **degradado** (rebaixado, estragado)
- **Descrição** (ato de descrever) **e discrição** (reserva, qualidade de discreto)
- **Descriminar** (inocentar) e **discriminar** (distinguir)
- **Despensa** (lugar de guardar mantimentos) **e dispensa** (isenção, licença)
- **Despercebido** (não notado) e **desapercebido** (desprovido, despreparado)
- **Emergir** (vir à tona) **e imergir** (mergulhar)
- **Eminente** (notável, célebre) e **iminente** (prestes a acontecer)
- **Esbaforido** (ofegante, cansado) **e espavorido** (apavorado)
- **Esperto** (inteligente) e **experto** (perito)
- **Espiar** (observar) **e expiar** (sofrer castigo)
- **Estada** (ato de estar, permanecer) e **estadia** (permanência, estada por tempo limitado)
- **Estático** (imóvel) **e extático** (pasmo)
- **Estrato** (tipo de nuvem) e **extrato** (resumo)
- **Flagrante** (evidente) e **fragrante** (perfumado)
- **Fluir** (correr) e **fruir** (gozar, desfrutar)
- **Incidente** (episódio) **e acidente** (acontecimento grave)
- **Incipiente** (principiante) e **insipiente** (ignorante)
- **Inflação** (desvalorização do dinheiro) **e infração** (violação, transgressão)
- **Infligir** (aplicar castigo) e **infringir** (transgredir)
- **Intercessão** (ato de interceder) **e interseção ou intersecção** (ato de cortar)
- **Laço** (nó) e **lasso** (frouxo)
- **Mandado** (ordem judicial) **e mandato** (período político)
- **Ótico** (relativo ao ouvido) e **óptico** (relativo à visão)
- **Paço** (palácio) **e passo** (passada)
- **Peão** (empregado/peça de xadrez) e **pião** (brinquedo)
- **Pequenez** (pequeno) **e pequinês** (ração de cão, de Pequim)
- **Pleito** (disputa) e **preito** (homenagem)
- **Proeminente** (saliente) **e preeminente** (nobre, distinto)
- **Prescrição** (ordem expressa) e **proscrição** (eliminação, expulsão)
- **Prostrar-se** (humilhar-se) **e postar-se** (permanecer por muito tempo)
- **Ruço** (grisalho, desbotado) e **russo** (da Rússia)
- **Sexta** (numeral cardinal), **cesta** (utensílio) **e sesta** (descanso depois do almoço)
- **Sortido** (abastecido) e **surtido** (produzido, causado)
- **Sortir** (abastecer) **e surtir** (efeito ou resultado)
- **Sustar** (suspender) e **suster** (sustentar)
- **Tilintar** (soar) e **tiritar** (tremer)
- **Tráfego** (trânsito) **e tráfico** (comércio ilícito)
- **Vadear** (passa a pé ou a cavalo, atravessar o rio) e **vadiar** (vagabundear)
- **Viagem** (substantivo) **e viajem** (verbo)
- **Vultoso** (volumoso, grande vulto) e **vultuoso** (inchado)

24. TIPOS DE DISCURSO

Discurso está relacionado à construção de textos, tanto orais quanto escritos, portanto, ele é considerado uma prática social.

Em um texto, podem ser encontrados três tipos de discurso: o discurso **direto**, o **indireto** e o **indireto livre**.

24.1 Discurso direto

São as falas das personagens. Esse discurso pode aparecer em forma de diálogos e citações, e vem marcado com alguma pontuação (travessão, dois pontos, aspas etc.). Ou seja, o discurso direto reproduz fielmente a fala de alguém.

- Por exemplo:

    O médico disse à paciente:
    Você precisa fazer exercícios físicos regularmente.

24.2 Discurso indireto

É a reprodução da fala de alguém, a qual é feita pelo narrador. Normalmente, esse discurso é escrito em terceira pessoa.

- Por exemplo:

    O médico disse à paciente que ela precisava fazer exercícios regulamente.

24.3 Discurso indireto livre

É a ocorrência do discurso direto e indireto ao mesmo tempo. Ou seja, o narrador conta a história, mas as personagens também têm voz própria.

No exemplo a seguir, há um discurso direto: "que raiva", que mostra a fala da personagem.

"Retirou as asas e estraçalhou-a. Só tinham beleza. Entretanto, qualquer urubu... que raiva..." (Ana Maria Machado)

No trecho a seguir, há uma fala da personagem, mesclada com a narração: "Para que estar catando defeitos no próximo?".

"D. Aurora sacudiu a cabeça e afastou o juízo temerário. Para que estar catando defeitos no próximo? Eram todos irmãos. Irmãos." (Graciliano Ramos)

Exemplo de uma transposição de discurso direto para indireto:

Ana perguntou:
– Qual a resposta correta?
Ana perguntou qual era a resposta correta.

Ressalta-se que nas questões de reescrita que tratam da transposição de discursos, é mais frequente a substituição do direto pelo indireto.

INTRODUÇÃO À LITERATURA

25. INTRODUÇÃO À LITERATURA

25.1 A arte literária

A Literatura foi classificada como a 6ª Arte, de acordo com Ricciotto Canudo, no Manifesto das Sete Artes, em 1912.

As artes foram enumeradas de acordo com seu surgimento. Assim, temos: Música, Dança, Artes Plásticas, Escultura, Artes Cênicas, Literatura e Cinema. O que difere os textos literários dos demais é a capacidade do autor em expressar seus sentimentos utilizando os mais variados recursos de linguagem, dando a sua visão da realidade que está sendo apresentada.

Então, a Literatura tem como objetivo estudar autores e obras de determinados períodos da humanidade, levando em conta a época em que estavam inseridos. Cada um desses períodos, devido às suas características, é chamado de escola literária.

As escolas literárias serão estudadas adiante, em Literatura Brasileira.

25.2 Gêneros literários

Os gêneros literários foram criados por Aristóteles e, apesar de tantas modificações ocorridas na linguagem, eles ainda são estudados. O filósofo os classificou em três: gênero épico (atualmente chamado de narrativo), gênero lírico e gênero dramático.

Gênero narrativo

É caracterizado pela presença de um narrador, podendo ser um texto ficcional ou não. Precisa sempre responder a cinco perguntas: O quê?, Quem?, Quando?, Onde? e Por quê?.

As respostas a essas perguntas formam a estrutura do texto narrativo, ou seja, narrador, personagens, tempo, espaço, enredo.

Narrador: não deve ser confundido com o autor do texto. O narrador conta a história, podendo ele mesmo ser um dos personagens dela. Assim, quando ele é também um personagem, chama-se narrador em primeira pessoa. Quando isto não acontece, ele é chamado de narrador em terceira pessoa.

Personagens: são eles que praticam as ações no decorrer da narrativa, ou seja, os personagens desenrolam a história. O personagem principal é chamado de protagonista.

Tempo: a narrativa pode ocorrer no tempo cronológico, aquele em que se verificam marcações temporais - dia e noite, dias da semana, meses, anos -, ou no tempo psicológico, quando a passagem do tempo é marcada por reflexões, memórias dos personagens, não há como medi-lo.

Espaço: lugar (ou lugares) onde ocorre a narrativa.

Enredo: é a sequência de fatos da narrativa. É composto, também, pelos conflitos e o tema, motivo central do texto.

São parte deste gênero os textos de: crônica, conto, novela, fábula, romance, entre outros.

Crônica: narrativa de acontecimentos diários, é um texto curto e, geralmente, narrado em 1ª pessoa. Um dos principais cronistas brasileiros foi Nelson Rodrigues. Entre suas temáticas, está o futebol, como pode ser visto em *A pátria de chuteiras*.

Conto: breve narrativa focada em apenas uma história. Luís Fernando Veríssimo e o conto *Paixões* são exemplos que merecem destaque.

Novela: nas novelas existe mais de um enredo sendo desenvolvido simultaneamente, contudo, geralmente todos tratados em uma sequência. Os personagens são essenciais para as tramas e utilizam linguagem adaptada à época em que o enredo ocorre. Alguns autores dizem que as novelas não devem ultrapassar as 200 páginas. Por essas características, alguns textos são feitos ou adaptados à televisão. Como exemplo deste gênero temos *O exército de um homem só*, de Moacyr Scliar.

Fábula: tem como objetivo transmitir uma lição de moral e, como principal característica o fato de que seus personagens são animais. Um exemplo nacional é a fábula *O cão e o Lobo*, de Monteiro Lobato.

Romance: narrativa mais longa e complexa, composta por diversos conflitos e personagens, apresentando situações ficcionais de cunho real. Podem existir diferentes tipos de romance, dependendo da temática, como romance policial, romance de aventura, romance histórico, entre outros. *Amor, verbo intransitivo* é um exemplo de romance de Mário de Andrade.

Gênero lírico

Esse gênero sempre é apresentado em versos e tem como principal objetivo exprimir sentimentos do eu lírico. Deste gênero surgiu a métrica dos versos poéticos, pois os autores prezam pela musicalidade do texto.

Neste material, o estudo sobre a métrica está em Noções de versificação.

São exemplos do gênero: soneto, ode ou hino, elegia, écloga, entre outros.

Soneto: composto por 14 versos divididos em dois quartetos e dois tercetos, utiliza sempre a métrica e a rima. Um dos sonetos mais conhecidos é o *Soneto de fidelidade*, de Vinicius de Moraes.

Ode e hino: a ode é utilizada para exaltar algo ou alguém e o hino é direcionado à pátria, a divindades etc. A letra do Hino Nacional brasileiro, por exemplo, foi escrita por Joaquim Osório Duque Estrada.

Elegia: a "poesia da tristeza". Fala apenas de situações tristes, como a morte.

Écloga: enaltece a natureza, a vida no campo. Um exemplo é o *Cântico do Calvário*, de Fagundes Varela.

Observe, a seguir, um exemplo de soneto.

> *Amor é um fogo que arde sem se ver,*
> *é ferida que dói, e não se sente;*
> *é um contentamento descontente,*
> *é dor que desatina sem doer.*
>
> *É um não querer mais que bem querer;*
> *é um andar solitário entre a gente;*
> *é nunca contentar se de contente;*
> *é um cuidar que ganha em se perder.*
>
> *É querer estar preso por vontade;*
> *é servir a quem vence, o vencedor;*
> *é ter com quem nos mata, lealdade.*
>
> *Mas como causar pode seu favor*
> *nos corações humanos amizade,*
> *se tão contrário a si é o mesmo Amor?*
>
> Luís Vaz de Camões

Gênero dramático

Todos os textos passíveis de encenação teatral estão ligados a este gênero. Os personagens travam diálogos ou mesmo monólogos, apresentando o texto ao público.

PORTUGUÊS

Tragédias, comédias, autos, farsas, entre outros, pertencem a este gênero.

Tragédia: apresenta conflitos que geram no público dor, tristeza, medo, angústia como forma de alerta. Ex.: *O pagador de promessas*, de Dias Gomes.

Comédia: desde sua origem, busca criticar costumes e posturas da sociedade por meio da ridicularização de situações, levando ao riso. Ex.: *Nova viagem à Lua*, de Artur de Azevedo.

Auto: texto breve, geralmente em versos, com caráter religioso e profano. Ex.: *Auto da Compadecida*, de Ariano Suassuna.

Farsa: utiliza um texto também curto, com poucos personagens, e tem por objetivo fazer rir por meio de caricaturas e exageros a respeito de situações do dia a dia.

A seguir, transcreve-se um trecho do **Auto da Barca do Inferno**, de Gil Vicente.

> *E passando per diante da proa do batel dos danados assim cantando, com suas espadas e escudos, disse o Arrais da perdição desta maneira:*
> DIABO *Cavaleiros, vós passais*
> *e nom perguntais onde is?*
> 1º CAVALEIRO *Vós, Satanás, presumis?*
> *Atentai com quem falais!*
> 2º CAVALEIRO *Vós que nos demandais?*
> *Siquer conhecê-nos bem:*
> *morremos nas Partes d'Além,*
> *e não queirais saber mais.*
> DIABO *Entrai cá! Que cousa é essa?*
> *Eu nom posso entender isto!*
> CAVALEIROS *Quem morre por Jesu Cristo*
> *não vai em tal barca como essa!*
> *Tornaram a prosseguir, cantando, seu caminho direito à barca da Glória, e, tanto que chegam, diz o Anjo:*
> ANJO *Ó cavaleiros de Deus,*
> *a vós estou esperando,*
> *que morrestes pelejando*
> *por Cristo, Senhor dos Céus!*
> *Sois livres de todo mal,*
> *mártires da Santa Igreja,*
> *que quem morre em tal peleja*
> *merece paz eternal.*
> *E assi embarcam.*

Auto da Barca do Inferno. Disponível em: <http://www.dominiopublico.gov.br/download/texto/bv000107.pdf>. Acesso em: 15 jul. 2016.

25.3 Noções de versificação

Estrutura do verso

Ao escrever em versos, é preciso conhecer alguns conceitos. Observe o texto de Vinicius de Moraes:

> **Soneto de separação**
> *De repente do riso fez-se o pranto* → verso
> *Silencioso e branco como a bruma* → verso
> *E das bocas unidas fez-se a espuma* → verso
> *E das mãos espalmadas fez-se o espanto.* → verso
> *De repente da calma fez-se o vento*
> *Que dos olhos desfez a última chama*
> *E da paixão fez-se o pressentimento*
> *E do momento imóvel fez-se o drama.*
> *De repente, não mais que de repente*
> *Fez-se de triste o que se fez amante*
> *E de sozinho o que se fez contente.*
> *Fez-se do amigo próximo o distante*
> *Fez-se da vida uma aventura errante*
> *De repente, não mais que de repente.*

Cada linha do texto chama-se verso e apresenta uma característica de ritmo. O conjunto de versos chama-se estrofe. Neste caso, temos um soneto - é uma forma fixa com dois quartetos e dois tercetos. O conjunto de estrofes forma um poema.

> **Fique ligado**
> Os versos com mais de 12 sílabas poéticas são chamados de versos bárbaros. Os versos com 12 sílabas poéticas também são chamados de alexandrinos ou clássicos.

Tipos de verso

Para conhecermos os tipos de versos, é preciso fazer a escansão do poema, ou seja, fazer a divisão e contagem das sílabas poéticas. A medida usada nesta contagem é a métrica.

É importante lembrar que a métrica não utiliza a divisão silábica das palavras; ela é realizada de acordo com o ritmo da palavra.

De/ re/pen/te/ do/ ri/so/ fez/-se o/ pran/to
Si/len/ci/o/so e /bran/co/ co/mo a/ bru/ma

A última sílaba poética destes versos são "pran" e "bru", desta forma, estes versos possuem 10 sílabas poéticas cada - são versos, então, decassílabos.

NÚMERO DE SÍLABAS POÉTICAS	CLASSIFICAÇÃO
1	Monossílabo
2	Dissílabo
3	Trissílabo
4	Tetrassílabo
5	Pentassílabo
6	Hexassílabo
7	Heptassílabo
8	Octassílabo
9	Eneassílabo
10	Decassílabo
11	Hendecassílabo
12	Dodecassílabo

Para classificar os tipos de versos, podemos usar três variantes: quanto à métrica, quanto à acentuação e quanto à rima.

Quanto à métrica, os versos podem ser:

- **Versos de arte menor**: são os que possuem de uma a oito sílabas poéticas.
- **Versos de arte maior**: são os que possuem de nove a mais sílabas poéticas.

Quanto à acentuação, os versos podem ser:

- **Trocaicos**: quando o acento de uma das palavras está em uma sílaba poética ímpar.
- **Iâmbicos**: quando o acento de uma das palavras está em uma sílaba poética par.
- **Mistos**: quando acontecem simultaneamente.

INTRODUÇÃO À LITERATURA

Quanto à rima, os versos podem ser:
- **Versos rimados**: o final da palavra de um verso rima com um ou mais versos da estrofe.
- **Versos brancos**: são os que possuem métrica igual à de outros versos no poema, mas não possuem rima.
- **Versos livres**: não possuem uma métrica fixa, ou seja, em uma mesma estrofe, os versos têm quantidades de sílabas poéticas diferentes; também não possuem rima.

Rima

Observe, novamente, a segunda estrofe do poema apresentado:

De repente da calma fez-se o vento → A
Que dos olhos desfez a última chama → B
E da paixão fez-se o pressentimento → A
E do momento imóvel fez-se o drama. → B

As rimas podem ser classificadas pela disposição, qualidade e sonoridade.

Quanto à disposição, existem quatro possibilidades:
- emparelhadas ou paralelas (AABB);
- opostas ou interpoladas (ABBA ou A- -A);
- cruzadas ou alternadas (ABAB);
- encadeadas ou internas (dentro dos versos).

Quanto à qualidade, as rimas podem ser classificadas em:
- **Ricas**: as palavras que rimam pertencem a classes de palavras diferentes. Há rima entre um substantivo e um adjetivo. Ex.: quente/infelizmente.
- **Pobres**: as rimas são feitas com palavras na mesma classe gramatical. Entre dois substantivos. Ex.: marmelo/amarelo.

Ao tratar da sonoridade das palavras envolvidas nas rimas, podemos classificá-las em:
- **Toantes**: quando há repetição dos sons de vogais. Ex.: amo/clamo.
- **Aliterantes**: quando há repetição dos sons de consoantes. Ex.: quis/feliz.
- **Agudas**: rimas entre palavras oxítonas. Ex.: coração/emoção.
- **Graves**: rimas entre palavras paroxítonas. Ex.: lealdade/fidelidade.
- **Esdrúxulas**: rimas entre palavras proparoxítonas. Ex.: calórico/bucólico.

Estrofação

Uma estrofe pode possuir um ou mais versos. Observe a nomenclatura a ser usada conforme a quantidade de versos de uma estrofe.

VERSOS POR ESTROFE	NOMENCLATURA
1	Monóstico
2	Dístico
3	Terceto
4	Quarteto ou quadra
5	Quintilha
6	Sextilha
7	Septilha ou sete-versos
8	Oitava
9	Nona ou nove-versos
10	Décima

Poemas de Forma Fixa

Alguns poemas - por possuírem determinado número, tipo ou divisão de estrofes - são chamados de poemas de forma fixa. Soneto, balada, trova e haicai são os mais comuns.

- **Soneto**: possuem 14 versos: uma sequência de dois quartetos e dois tercetos, geralmente com versos decassílabos. Como apresentado anteriormente, temos o Soneto da Separação, entre vários outros.
- **Balada**: poema formado por três oitavas e uma quadra, geralmente todos octassílabos.

  Azul...
  Lembra-te bem! Azul-celeste
  Era essa alcova em que amei.
  O último beijo que me deste
  Foi nessa alcova que o tomei!
  É o firmamento que a reveste
  Toda de um cálido fulgor:
  — Um firmamento, em que pusesse
  Como uma estrela, o teu amor.
  Lembras-te? Um dia me disseste:
  'Tudo acabou!' E eu exclamei:
  'Se vais partir, por que vieste?'
  E às tuas plantas me arrastei...
  Beijei a fímbria à tua veste,
  Gritei de espanto, uivei de dor:
  'Quem há que te ame e te requeste
  Com febre igual ao meu amor?'
  Por todo o mal que me fizeste,
  Por todo o pranto que chorei,
  — Como uma casa em que entra a peste,
  Fecha essa casa em que fui rei!
  Que nada mais perdure e reste
  Desse passado embriagador:
  E cubra a sombra de um cipreste
  A sepultura deste amor!
  Desbote-a o inverno! o estio a creste!
  Abale-a o vento com fragor!
  — Desabe a igreja azul-celeste
  Em que oficiava o meu amor!

  Olavo Bilac

- **Trova**: possui apenas um quarteto com versos heptassílabos.

  Ficou pronta a criação
  Sem um defeito sequer,
  E atingiu a perfeição
  Quando Deus fez a mulher.

  Eva Reis

- **Haicai**: poema composto por uma estrofe de três versos, sendo sua formação: um verso pentassílabo + um verso heptassílabo + um verso pentassílabo.

  Observei um lírio:
  De fato, nem Salomão
  É tão bem vestido...

  Afrânio Peixoto

25.4 Evolução da arte literária em portugal e no Brasil

A literatura de um país depende muito da cultura do povo local, de suas influências históricas, do momento político-social em que se está vivendo, entre outros inúmeros fatores. Com Portugal e Brasil não foi diferente e, para conhecermos a evolução da arte literária do Brasil, é preciso estudar sobre como se deu a formação da literatura em Portugal.

O primeiro registro em língua portuguesa que se tem conhecimento data de 1189 ou 1198. Trata-se da "Cantiga da Ribeirinha", de Paio Soares de Taveirós. Esse texto faz parte da primeira escola literária de Portugal, o Trovadorismo.

O Trovadorismo ocorreu do século XII ao século XIV e foi a época das cantigas medievais, ou seja, poesias feitas pelos trovadores para serem cantadas ao som de instrumentos como a flauta e o alaúde. As cantigas são classificadas em quatro: cantiga de amor, cantiga de amigo, cantiga de escárnio e cantiga de maldizer.

Durante este período, a Europa viu sua população diminuir muito devido às guerras e, principalmente, à peste negra. Contudo, a partir do século XV, este cenário mudou, assim como o interesse literário dos intelectuais da época: as poesias deixaram de ser musicadas e o homem virou o centro das descobertas.

Começa, então, o Humanismo (séculos XV a XVI). Gil Vicente e Fernão Lopes são os grandes nomes portugueses desta época. O primeiro, é considerado o fundador do teatro em Portugal. Gil Vicente se dedicou aos textos teatrais que pregavam a real obediência ao catolicismo e criticavam a sociedade. O *Auto da Barca do Inferno*, visto anteriormente, é um grande exemplo de seu trabalho e de qual era seu objetivo. Fernão Lopes é considerado o pai da historiografia portuguesa: era o responsável pelos documentos da Corte portuguesa e, aproveitando-se de seu conhecimento junto à vivência dos nobres, dedicou-se às crônicas, cujo objetivo era mostrar a vida além da realeza, os feitos também da população.

Com o início da era moderna, o Renascimento proporcionou desenvolvimento em várias áreas da sociedade. Chegamos à era das Grandes Navegações. O Classicismo surge logo no século XVI, seu maior nome é Luís de Camões e sua grande obra foi *Os Lusíadas*. A literatura portuguesa, agora, misturava a sofisticação e o caráter popular.

Neste mesmo período, os portugueses chegaram ao nosso país. O primeiro texto sobre o Brasil foi escrito por Pero Vaz de Caminha: uma carta ao rei português sobre as terras recém-descobertas pela frota de Pedro Álvares Cabral. Para transmitir as informações sobre as novas terras à Corte, os navegadores e jesuítas escreviam o que foi chamado de Literatura Informativa sobre o Brasil.

O Classicismo, então, logo deu lugar ao Barroco (XVII-XVIII). Após o Concílio de Trento (1545-1563), instalou-se uma crise religiosa em países católicos e houve a volta do teocentrismo. As manifestações artísticas foram censuradas e, desta forma, a liberdade de pensamento tolhida. Nas palavras de Douglas Tufano, no Barroco, há a exaltação dos sentimentos, a religiosidade é expressa de forma dramática, intensa, procurando envolver emocionalmente as pessoas [...] assistimos a uma retomada do espírito religioso e místico da Idade Média. Além disso, as dificuldades econômicas também afetaram esse período, o que fez com que as pessoas passassem por conflitos entre a religiosidade e a vida mundana.

Diferente de Portugal, que já possuía uma literatura consistente, o Brasil ainda era muito novo também nesta área. Em Portugal, um dos autores de destaque do Barroco foi o padre Antônio Vieira. No Brasil, Gregório de Matos produziu vários textos - nenhum deles publicado enquanto ele estava vivo - e nos quais se nota uma grande influência da literatura estrangeira. É conhecido como "Boca do Inferno" por suas fortes críticas à sociedade baiana.

No Brasil, o Barroco é fortemente empregado na arte, principalmente nas igrejas de Minas Gerais, pelo escultor Antônio Francisco Lisboa, conhecido como Aleijadinho.

A igreja e convento de São Francisco, em Salvador (BA) é a maior representante da arte barroca no Brasil. Ela é toda coberta por ouro esculpido.

No Arcadismo/Neoclassicismo (séculos XVIII-XIX), há a volta ao Classicismo e à temática pastoril, valorizando a simplicidade, como resposta à linguagem rebuscada utilizada no Barroco. Em Portugal, o autor de destaque neste movimento foi Bocage. No Brasil, alguns nomes merecem ser citados: Cláudio Manuel da Costa - autor de Obras, Tomás Antônio Gonzaga - autor de Marília de Dirceu, Frei José de Santa Rita Durão - autor de Caramuru, entre outros.

O período em que o Romantismo surgiu em Portugal correspondeu a um momento político conturbado: devido à ameaça de invasão por Napoleão, toda a Corte portuguesa transferiu-se para o Brasil. O Romantismo português foi influenciado por escritores ingleses e franceses. Isso porque a Inglaterra e a França eram países onde se exilavam vários escritores lusitanos fugindo das perseguições políticas. Almeida Garrett, Camilo Castelo Branco, João de Deus e Alexandre Herculano são os nomes de destaque em Portugal. Já no Brasil, Gonçalves de Magalhães foi o precursor do movimento, com a obra Suspiros poéticos e saudades.

O Realismo surgiu da preocupação em trabalhar com a realidade da época, que se modificava tanto sob os aspectos sociais e políticos quanto sob o contexto religioso. Objetivou-se voltar a tratar das questões científicas e filosóficas e dar à literatura os ares modernos que a sociedade estava experimentando. Eça de Queirós é o destaque português, enquanto que, no Brasil, Machado de Assis e Aluísio de Azevedo, entre outros, publicavam seus romances.

26. LITERATURA BRASILEIRA

26.1 Contexto histórico

Ao chegar às terras que hoje são chamadas de Brasil, os portugueses não tinham a intenção de colonizá-las, mas, sim, de explorar suas riquezas. Depois de mais de três décadas de exploração das terras, é que a Corte portuguesa começou o processo de colonização de nosso país.

Assim, os jesuítas foram trazidos de Portugal para o Brasil com a intenção de catequizar os indígenas, para que eles seguissem o catolicismo, e passassem a obedecer aos colonizadores.

Assim é que o homem europeu, especificamente o ibérico, apresentava-se em pleno século XVI com duas preocupações distintas: a conquista material, resultante da política das Grandes Navegações, e a conquista espiritual, resultante, no caso português, do movimento de Contrarreforma.

Fonte: NICOLA, J. de. Literatura brasileira: das origens aos nossos dias.
São Paulo: Scipione, 1993. p. 30.

E então surgiram também os primeiros registros sobre o Brasil. Como vimos, a linguagem está em constante transformação e, somada às mudanças do cenário político, econômico e social de nosso país no decorrer dos anos, foi-se constituindo a Literatura Brasileira.

26.2 Quinhentismo

Características, principais autores e obras

Literatura informativa

Cartas dos navegadores à Coroa com a intenção de descrever o local encontrado, quais riquezas poderiam ser exploradas, como era a fauna e flora do lugar etc. O principal autor foi Pero Vaz de Caminha, com sua obra Carta a El-Rei Dom Manuel sobre o achamento do Brasil. Observemos um trecho desta obra:

> *Nela até agora não pudemos saber que haja ouro, nem prata, nem nenhum cousa de metal, nem de ferro; nem lho vimos. A terra, porém, em si, é de muito bons ares. [...]*

> **Fique ligado**
>
> O Quinhentismo (1500-1601) é considerado literatura feita no Brasil, e não brasileira. Nesse período, o que foi produzido era feito pelos portugueses, com sua visão sobre sua colônia. Dividiu-se em literatura informativa e literatura jesuítica.

Mas o melhor fruto que nela se pode fazer me parece que será salvar esta gente. E, esta deve ser a principal semente que Vossa Alteza em ela deve lançar. E que aí não houvesse mais que ter aqui esta pousada para esta navegação de Calecute, bastaria, quanto mais disposição para se nela cumprir e fazer o que Vossa Alteza tanto deseja, a saber, acrescentamento de nossa santa fé.

Literatura jesuítica

Textos utilizados para catequizar os indígenas, continham os ensinamentos católicos nas mais variadas formas, como textos teatrais, sermões e poesias, todas escritas em tupi pelo padre José de Anchieta, principal autor. A seguir, transcrevemos um trecho de uma de suas obras.

A Santa Inês

Cordeirinha linda,
como folga o povo
porque vossa vinda
lhe dá lume novo!
Cordeirinha santa,
de Iesu querida,
vossa santa vinda
o diabo espanta.
Por isso vos canta,
com prazer, o povo,
porque vossa vinda
lhe dá lume novo.
Nossa culpa escura
fugirá depressa,
pois vossa cabeça
vem com luz tão pura. [...]

26.3 Barroco

Características, principais autores e obras

A literatura barroca trata da dualidade do ser humano à época: o conflito entre a religiosidade e o mundo profano; o espiritual e o material. Por isso, os textos barrocos contêm muitas figuras de linguagem – como metáforas, antíteses e hipérboles –, exageros, linguagem rebuscada.

Os principais representantes no Brasil são Bento Teixeira, como o poema Prosopopeia, considerado o primeiro texto do Barroco brasileiro, e Gregório de Matos, conhecido como "Boca do Inferno" por suas sátiras extremamente críticas à sociedade baiana - quanto às suas obras, algumas ainda são de autoria não confirmada, pois nenhum texto de Gregório de Matos foi publicado enquanto ele estava vivo. Apesar de português, Padre Antônio Vieira também pode ser destacado na literatura brasileira, pois chegou à Bahia ainda criança e aqui viveu. O *Sermão da sexagésima* é sua obra de destaque.

Prosopopeia

(Bento Teixeira)

[...]
E se determinais a cega fúria
executar de tão feroz intento,
a mim fazei o mal, a mim a injúria,
fiquem livres os mais de tal tormento.
Mas o Senhor que assiste na alta Cúria
um mal atalhará tão violento,
dando-nos brando Mar, vento galerno,
com que vamos no Minho entrar paterno.
[...]

Epigrama

(Gregório de Matos)

[...]
Que falta nesta cidade?... Verdade.
Que mais por sua desonra?... Honra.
Falta mais que se lhe ponha?... Vergonha.
O demo a viver se exponha,
Por mais que a fama a exalta,
Numa cidade onde falta
Verdade, honra, vergonha. [...]
À Bahia aconteceu
O que a um doente acontece:
Cai na cama, e o mal cresce,

Baixou, subiu, morreu.
A Câmara não acode?... Não pode.
Pois não tem todo o poder?... Não quer.
É que o Governo a convence?... Não vence.
[...]

Sermão da Sexagésima

(Padre Antônio Vieira)

E se quisesse Deus que este tão ilustre e tão numeroso auditório saísse hoje tão desenganado da pregação, como vem enganado com o pregador! Ouçamos o Evangelho, e ouçamo-lo todo, que todo é do caso que me levou e trouxe de tão longe.

Ecce exiit qui seminat, seminare. Diz Cristo que saiu o pregador evangélico a semear a palavra divina. Bem parece este texto dos livros de Deus. Não só faz menção do semear, mas também faz caso do sair: Exiit, porque no dia da messe hão-nos de medir a semeadura e hão-nos de contar os passos. O Mundo, aos que lavrais com ele, nem vos satisfaz o que dispendeis, nem vos paga o que andais. Deus não é assim. Para quem lavra com Deus até o sair é semear, porque também das passadas colhe fruto. Entre os semeadores do Evangelho há uns que saem a semear, há outros que semeiam sem sair. Os que saem a semear são os que vão pregar à Índia, à China, ao Japão; os que semeiam sem sair, são os que se contentam com pregar na Pátria. Todos terão sua razão, mas tudo tem sua conta. Aos que têm a seara em casa, pagar-lhes-ão a semeadura; aos que vão buscar a seara tão longe, hão-lhes de medir a semeadura e hão-lhes de contar os passos. Ah Dia do Juízo! Ah pregadores! Os de cá, achar-vos-eis com mais paço; os de lá, com mais passos: Exiit seminare.
[...]

26.4 Arcadismo

Características, principais autores e obras

Também chamado de Neoclassicismo, o Arcadismo é a volta da linguagem simples, pastoril, utilizada no Classicismo - o que justifica sua nomenclatura. Além desse aspecto, outras características do Arcadismo são: a idealização da mulher amada; fingimento poético, pela utilização de apelidos por parte dos autores; busca pela natureza.

Entre os autores e as obras de destaque estão Cláudio Manuel da Costa e seu livro *Obras*, Basílio da Gama com *O Uruguai*, Santa Rita Durão com *O Caramuru*. O também português, mas estudado como autor brasileiro, Tomás Antônio Gonzaga, é um dos grandes nomes do Arcadismo com a famosa obra Marília de Dirceu.

Soneto sobre a terra natal

(Cláudio Manuel da Costa)

Leia a posteridade, ó pátrio Rio,
Em meus versos teu nome celebrado;
Por que vejas uma hora despertado
O sono vil do esquecimento frio:
Não vês nas tuas margens o sombrio,
Fresco assento de um álamo copado;
Não vês ninfa cantar, pastar o gado
Na tarde clara do calmoso estio.
Turvo banhando as pálidas areias
Nas porções do riquíssimo tesouro
O vasto campo da ambição recreias.
Que de seus raios o planeta louro
Enriquecendo o influxo em tuas veias,
Quanto em chamas fecunda, brota em ouro.

Marília de Dirceu

(Tomás Antônio Gonzaga)

Leve-me a sementeira muito embora
O rio sobre os campos levantado:
Acabe, acabe a peste matadora,
Sem deixar uma rês, o nédio gado.
Já destes bens, Marília, não preciso:
Nem me cega a paixão, que o mundo arrasta;
Para viver feliz, Marília, basta
Que os olhos movas, e me dês um riso.
Graças, Marília bela,
Graças à minha Estrela!
[...]

26.5 Romantismo

Características, principais autores e obras

A valorização do sentimento, o egocentrismo do poeta, o nacionalismo, as fugas da realidade (álcool, procura pela prostituição e a morte) são características do Romantismo. Há, também, a criação do herói nacional - o indígena, uma maior produção de textos em prosa e mais longos.

O Romantismo é dividido em três gerações, devido ao tempo que esse estilo permaneceu em voga, durante mais de 40 anos. Neste período, muitas mudanças ocorrem na história social e política do Brasil, o que diferencia as temáticas utilizadas pelos autores de diferentes gerações.

A seguir, destacaremos esta divisão, os nomes dos principais autores do Romantismo brasileiro e suas principais obras:

- **Primeira geração**: nacionalista ou indianista: Gonçalves Dias, com *Canção do Exílio*, Gonçalves de Magalhães, com *Suspiros poéticos e saudades* e Joaquim Manuel de Macedo, com *A Moreninha*.
- **Segunda geração**: Álvares de Azevedo, com *Noite na taverna*, Casimiro de Abreu, com seu único livro *As primaveras*, Fagundes Varela, com *Cântico do calvário* e Junqueira Freire, com *Inspirações do claustro*.
- **Terceira geração**: Castro Alves, com *O navio negreiro* e Sousândrade, com *O guesa errante*.

José de Alencar é um dos grandes nomes também do Romantismo brasileiro. Apesar de ser considerado um autor da primeira geração, sua obra perpassa por todas elas, pois escreveu sobre todos os temas. Suas obras principais são *Cinco minutos*, *Senhora*, *Lucíola*, *O guarani* e *Iracema*.

Canção do exílio

(Gonçalves Dias)

Minha terra tem palmeiras,
Onde canta o Sabiá;
As aves, que aqui gorjeiam,
Não gorjeiam como lá.
Nosso céu tem mais estrelas,
Nossas várzeas têm mais flores,
Nossos bosques têm mais vida,
Nossa vida mais amores.
Em cismar, sozinho, à noite,
Mais prazer eu encontro lá;
Minha terra tem palmeiras,
Onde canta o Sabiá.
Minha terra tem primores,
Que tais não encontro eu cá;

LITERATURA BRASILEIRA

Em cismar – sozinho, à noite –
Mais prazer eu encontro lá;
Minha terra tem palmeiras,
Onde canta o Sabiá.
Não permita Deus que eu morra,
Sem que eu volte para lá;
Sem que disfrute os primores
Que não encontro por cá;
Sem qu'inda aviste as palmeiras,
Onde canta o Sabiá.

Se eu morresse amanhã

(Álvares de Azevedo)

Se eu morresse amanhã, viria ao menos
Fechar meus olhos minha triste irmã;
Minha mãe de saudades morreria
Se eu morresse amanhã!
Quanta glória pressinto em meu futuro!
Que aurora de porvir e que amanhã!
Eu perdera chorando essas coroas
Se eu morresse amanhã!
Que sol! que céu azul! que doce n'alva
Acorda a natureza mais louçã!
Não me batera tanto amor no peito
Se eu morresse amanhã!
Mas essa dor da vida que devora
A ânsia de glória, o doloroso afã...
A dor no peito emudecera ao menos
Se eu morresse amanhã!

O navio negreiro

(Castro Alves)

[...]
Era um sonho dantesco... o tombadilho
Que das luzernas avermelha o brilho.
Em sangue a se banhar.
Tinir de ferros... estalar de açoite...
Legiões de homens negros como a noite,
Horrendos a dançar...
Negras mulheres, suspendendo às tetas
Magras crianças, cujas bocas pretas
Rega o sangue das mães:
Outras moças, mas nuas e espantadas,
No turbilhão de espectros arrastadas,
Em ânsia e mágoa vãs!
[...]

Iracema

(José de Alencar)

[...]
Um dia, ao pino do sol, ela repousava em um claro da floresta. Banhava-lhe o corpo a sombra da oiticica, mais fresca do que o orvalho da noite. Os ramos da acácia silvestre esparziam flores sobre os úmidos cabelos. Escondidos na folhagem os pássaros ameigavam o canto.
Iracema saiu do banho: o aljôfar d'água ainda a roreja, como à doce mangaba que corou em manhã de chuva. Enquanto repousa, empluma das penas do gará as flechas de seu arco, e concerta com o sabiá da mata, pousado no galho próximo, o canto do agreste.
[...]

26.6 Realismo

Características, principais autores e obras

Madame Bovary, publicado em 1857 na França por Gustave Flaubert, é considerado o primeiro romance realista da literatura universal.

Personagens densos, descrição de ambientes, tempo psicológico, objetivismo, interesses sociais acima dos sentimentos, ausência de idealização da mulher são algumas das características do Realismo, que tem como principal representante Machado de Assis e sua mais famosa obra: *Dom Casmurro*. Outro autor que se destaca é Raul Pompeia, com *O Ateneu*.

Dom Casmurro

(Machado de Assis)

[...]
Deixe ver os olhos, Capitu.
Tinha-me lembrado da definição que José Dias dera deles, 'olhos de cigana oblíqua e dissimulada'. Eu não sabia o que era oblíqua, mas dissimulada sabia, e queria ver se podiam chamar assim. Capitu deixou-se fitar e examinar. Só me perguntava o que era, se nunca os vira; eu nada achei extraordinário; a cor e a doçura eram minhas conhecidas. A demora da contemplação creio que lhe deu outra ideia do meu intento; imaginou que era um pretexto para mirá-los mais de perto, com os meus olhos longos, constantes, enfiados neles, e a isto atribuo que entrassem a ficar crescidos, crescidos e sombrios
[...]

O Ateneu

(Raul Pompeia)

[...]
Aqui suspendo a crônica das saudades. Saudades verdadeiramente? Puras recordações, saudades talvez se ponderarmos que o tempo é a ocasião passageira dos fatos, mas sobretudo – o funeral para sempre das horas.
[...]

26.7 Naturalismo

Características, principais autores e obras

Muito relacionado ao Realismo, o Naturalismo também dedicou-se a descrever aspectos da vida cotidiana sem mascará-los. Tratava de assuntos como o preconceito racial e criticava a sociedade.

O principal representante deste estilo é Aluísio de Azevedo, com *O cortiço*.

O cortiço

(Aluísio de Azevedo)

[...]
"Estalagem de São Romão. Alugam-se casinhas e tinas para lavadeiras." As casinhas eram alugadas por mês e as tinas por dia; tudo pago adiantado. O preço de cada tina, metendo a água, quinhentos réis; sabão à parte. As moradoras do cortiço tinham preferência e não pagavam nada para lavar. [...]
E aquilo se foi constituindo numa grande lavanderia, agitada e barulhenta, com as suas cercas de varas, as suas hortaliças verdejantes e os seus jardinzinhos de três e quatro palmos, que apareciam como manchas alegres por entre a negrura das limosas tinas transbordantes e o revérbero das claras barracas de algodão cru, armadas sobre os lustrosos bancos de lavar. E os gotejantes jiraus, cobertos de roupa molhada, cintilavam ao sol, que nem lagos de metal branco.
E naquela terra encharcada e fumegante, naquela umidade quente e lodosa, começou a minhocar, a esfervilhar, a crescer, um mundo, uma coisa viva, uma geração, que parecia brotar espontânea, ali mesmo, daquele lameiro, e multiplicar-se como larvas no esterco.
[...]

Fonte: Azevedo, Aluísio de. O cortiço. São Paulo: Ática, 1997. In. AMARAL, Emília; FERREIRA, Mauro; LEITE, Ricardo; ANTÔNIO, Severino. Português: novas palavras. São Paulo: FTD, 2000.

26.8 Impressionismo

O Impressionismo foi um movimento artístico, o qual predominou especialmente na pintura, com Claude Monet como seu principal representante.

Na Literatura, esse movimento é estudado de maneira concomitante com o Realismo, o Naturalismo e até com o Simbolismo, pois também trata de expressar a realidade e descrever mais profundamente os personagens, contudo, de forma a provocar impressões quanto ao que se é dito. A obra *O primo Basílio*, do português Eça de Queirós é um exemplo do impressionismo na literatura.

26.9 Parnasianismo

Características, principais autores e obras

Os autores parnasianos prezam pela perfeição: utilizam a forma regular de métrica, linguagem refinada, fazem referência às artes, colocam a sensualidade da mulher em destaque. Olavo Bilac é o principal autor desta fase e sua obra de destaque é *Via Láctea*.

Via Láctea

(Olavo Bilac)

'Ora (direis) ouvir estrelas! Certo
Perdeste o senso!' E eu vos direi, no entanto,
Que, para ouvi-las, muita vez desperto
E abro as janelas, pálido de espanto...

E conversamos toda a noite, enquanto
A Via-Láctea, como um pálio aberto,
Cintila. E, ao vir do sol, saudoso e em pranto,
Inda as procuro pelo céu deserto.

Direis agora: 'Tresloucado amigo!
Que conversas com elas? Que sentido
Tem o que dizem, quando estão contigo?'

E eu vos direi: 'Amai para entendê-las!
Pois só quem ama pode ter ouvido
Capaz de ouvir e de entender estrelas.'
[...]

26.10 Simbolismo

Características, principais autores e obras

Musicalidade, a busca pelo resgate de sentimentos profundos, a mulher agora como um ser espiritualizado, religiosidade: essas são as características do Simbolismo.

Cruz e Sousa é o principal autor e sua obra *Broquéis* merece destaque.

O grande sonho

(Cruz e Souza)

Sonho profundo, ó Sonho doloroso
Doloroso e profundo Sentimento!
Vai, vai nas harpas trêmulas do vento
Chorar o teu mistério tenebroso.

Sobe dos astros ao clarão radioso,
Aos leves fluidos do luar nevoento,
Às urnas de cristal do firmamento,
Ó velho Sonho amargo e majestoso!

Sobe às estrelas rútilas e frias,
Brancas e virginais eucaristias,
De onde uma luz de eterna paz escorre.

Nessa Amplidão das Amplidões austeras
Chora o Sonho profundo das esferas,
Que nas azuis Melancolias morre...

26.11 Movimentos da Vanguarda Europeia no Brasil

As Vanguardas Europeias foram uma série de movimentações artísticas que ocorreram no século XX, na Europa, e foram um momento de inovação em várias artes, dentre elas a literatura, rompendo o senso estético da época e buscando liberdade de expressão. Esse movimento confrontou o padrão da época, que era a arte como reprodução do real, valorizando a harmonia, a ordem e o equilíbrio, mas suas obras não foram bem aceitas pela crítica.

Ocorriam, na época, diversas mudanças sociais e políticas devido à Revolução Industrial, iniciada em 1840, e devido à 1ª Guerra Mundial em 1914, o que inspirou o tema de suas obras.

Os movimentos mais importantes da época foram o Futurismo, de 1909, que enalteceu as inovações tecnológicas da época, em contraponto às coisas tradicionais, e valorizou as guerras e as máquinas; o Cubismo, de 1908 e 1910, explorou as formas geométricas, promovendo a fragmentação de tais formas e possibilitando várias perspectivas, o que na literatura culminou uma mudança na disposição das palavras, a fim de mostrar imagens; o Expressionismo, de 1912, que valorizou a subjetividade e utilizou a caricatura para demonstrar a angústia e o sofrimento proveniente do período pré 1ª Guerra Mundial; o Dadaísmo, 1916, que buscava chocar a burguesia e refletia as consequências da guerra que estava acontecendo, entoando a agressividade e a revolta para com o capitalismo burguês; e o Surrealismo, de 1924, que focou no inconsciente humano e na psicanálise, considerando as fantasias e os sonhos e criando cenários que os representavam e, por vezes, pareciam loucura.

As vanguardas influenciaram o Brasil a criar uma identidade própria, utilizando diversas críticas sociais que se opunham à burguesia. As mudanças na literatura brasileira se consolidaram na Semana de Arte Moderna, ou Semana de 22, que ocorreu no centenário da independência do Brasil.

26.12 Modernismo

Características, principais autores e obras

O Modernismo teve como marco, no Brasil, a Semana de Arte Moderna de 1922, a qual teve o objetivo de romper com todos os padrões previamente estabelecidos na literatura de nosso país. A palavra de ordem era "inovação" e, baseados nos movimentos de escritores europeus do Futurismo, Dadaísmo, Surrealismo e Expressionismo, escritores como Mário de Andrade, Heitor Villa-Lobos e Oswald de Andrade transformaram a literatura brasileira.

O Modernismo foi dividido em três gerações:

- **Primeira geração (1922-1930):** os autores de destaque nesta fase foram Mário de Andrade, com suas obras *Pauliceia desvairada*, na poesia, e *Macunaíma: o herói sem nenhum caráter*, e Oswald de Andrade, com a *Poesia pau-brasil* e *Memórias sentimentais de João Miramar*.
- **Segunda geração (1930-1945):** Carlos Drummond de Andrade, com *Antologia poética*, e Cecília Meireles, com *A viagem*, são os destaques na poesia da 2ª geração do Modernismo, assim como Vinicius de Moraes, Jorge de Lima e Mário Quintana. Quanto à prosa, destacam-se: Graciliano Ramos, com *São Bernardo*, Jorge Amado, com *Capitães da areia*, Érico Veríssimo, com *O tempo e o vento*, além de Rachel de Queiroz, Ciro dos Anjos e José Lins do Rego.

LITERATURA BRASILEIRA

- **Terceira geração (1945-1960)**: o Brasil experimenta profundas transformações relacionadas aos aspectos políticos e sociais; o tom dos textos acompanha este ritmo e os destaques são Guimarães Rosa, com *Grande Sertão: Veredas* e *Sagarana*; Clarice Lispector, com *Laços de família* e *A hora da estrela*; João Cabral de Melo Neto, com *Morte e vida Severina*; e Nelson Rodrigues, com *Vestido de noiva*.

Pauliceia desvairada

(Mário de Andrade)

Prefácio Interessantíssimo
'Dans mon pays de fiel et d'or j'en suis la loi.'
Leitor:
Está fundado o Desvairismo.
Este prefácio, apesar de interessante, inútel.
Alguns dados. Nem todos. Sem conclusões. Para quem me aceita são inúteis amos. Os curiosos terão prazer em descobrir minhas conclusões, confrontando obra e dados. Para quem me rejeita trabalho perdido explicar o que, antes de ler, já não aceitou.
Quando sinto a impulsão lírica escrevo sem pensar tudo o que meu inconsciente me grita. Penso depois: não só para corrigir, como para justificar o que escrevi. Daí a razão deste Prefácio Interessantíssimo. Aliás muito difícil nesta prosa saber onde termina a blague, onde principia a seriedade. Nem eu sei.
E desculpo-me por estar tão atrasado dos movimentos artísticos atuais. sou passadista, confesso. Ninguém pode se libertar duma só vez das teorias-avós que bebeu; e o autor deste livro seria hipócrita si pretendesse representar orientação moderna que ainda não compreende bem.
Livro evidentemente impressionista. Ora, segundo modernos, erro grave o Impressionismo. Os arquitetos fogem do gótico como da arte nova, filiando-se, para além dos tempos históricos, nos volumes elementares: cubo, esfera, etc. Os pintores desdenham Delacroix como Whistler, para apoiarem na calma construtiva de Rafael, de Ingres, do Grecco. Na escultura Rodin é ruim, os imaginários africanos são bons. Os músicos desprezam Debussy, genuflexos diante da polifonia catedralesca de Palestrina e João Sebastião Bach. A poesia... 'tende a despojar o homem de todos os seus aspectos contingentes e efêmeros, para apanhar nele a humanidade... 'Sou passadista, confesso.
'Este Alcorão nada mais é que uma embrulhada de sonhos confusos e incoerentes. Não é inspiração provinda de Deus, mas criada pelo autor. Maomé não é profeta, é um homem que faz versos. Que se apresente com algum sinal revelador do seu destino, como os antigos profetas.' Talvez digam de mim o que disseram do criador de Alá. Diferença cabal entre nós dois: Maomé apresentava-se como profeta; julguei mais conveniente apresentar-me como louco.
[...]

26.13 Tendências da Literatura Contemporânea

A literatura contemporânea teve início após o pós-modernismo, em meados do século XX e é a que está ocorrendo agora. As literaturas mudam conforme a sociedade se transforma e isso pode ocorrer por fatores sociais, políticos, econômicos, dentre outros.

Nos anos 1960, com o Golpe Militar, um clima de censura, tensão e medo dominou o Brasil. Devido ao exílio de diversas pessoas que se mostravam contra o governo, muitas das obras eram um disfarce para dizer o que não poderia ser dito.

Nos anos 1970, com o sancionamento da Lei da Anistia, os exilados retornaram ao país e surgiu um sentimento de esperança e otimismo, que se instalou em 1985, com o fim da ditadura.

A maior característica da literatura contemporânea, nas últimas décadas, é a diversidade e variedade de temas e das formas das obras, que transitam entre erudita e popular, rompendo seus limites, crônicas, contos, minicontos, temas cotidianos, temas sociais, entre outros.

As tendências da literatura contemporânea têm transitado entre temas variados, e algumas delas são a poesia marginal, que expressa as mazelas e os anseios de uma parcela expressiva de nossa sociedade, e a poesia social, que expressa e denuncia problemas sociais. Além disso, reúne diversas características de movimentos literários anteriores, inovando crônicas, poemas e prosas.

Alguns dos autores de referência são Ariano Suassuna, Ferreira Gullar, Millôr Fernandes e Rubem Braga.

MATEMÁTICA

1 CONJUNTOS

1.1 Definição

Os conjuntos numéricos são advindos da necessidade de contar ou quantificar as coisas ou os objetos, adquirindo características próprias que os diferem. Os componentes de um conjunto são chamados de elementos. Costuma-se representar um conjunto nomeando os elementos um a um, colocando-os entre chaves e separando-os por vírgula, o que chamamos de representação por extensão. Para nomear um conjunto, usa-se geralmente uma letra maiúscula.

$$A = \{1,2,3,4,5\} \rightarrow \text{conjunto finito}$$

$$B = \{1,2,3,4,5,\ldots\} \rightarrow \text{conjunto infinito}$$

| Ao montar o conjunto das vogais do alfabeto, os **elementos** serão a, e, i, o, u.

A nomenclatura dos conjuntos é formada pelas letras maiúsculas do alfabeto.

| Conjunto dos estados da região Sul do Brasil:
| A = {Paraná, Santa Catarina, Rio Grande do Sul}.

1.1.1 Representação dos conjuntos

Os conjuntos podem ser representados em **chaves** ou em **diagramas**.

> **Fique ligado**
> Quando é dada uma característica dos elementos de um conjunto, diz-se que ele está representado por compreensão.
> | A = {x | x é um múltiplo de dois maior que zero}

▷ **Representação em chaves**
| Conjunto dos estados brasileiros que fazem fronteira com o Paraguai:
| B = {Paraná, Mato Grosso do Sul}.

▷ **Representação em diagramas**
Conjunto das cores da bandeira do Brasil:

1.1.2 Elementos e relação de pertinência

Quando um elemento está em um conjunto, dizemos que ele pertence a esse conjunto. A relação de pertinência é representada pelo símbolo $\in$ (pertence).

| Conjunto dos algarismos pares: **G** = {2, 4, 6, 8, 0}.
| Observe que:
| $4 \in G$
| $7 \notin G$

1.1.3 Conjuntos unitário, vazio e universo

Conjunto unitário: possui um só elemento.
| Conjunto da capital do Brasil: K = {Brasília}

Conjunto vazio: simbolizado por $\emptyset$ ou { }, é o conjunto que não possui elemento.
| Conjunto dos estados brasileiros que fazem fronteira com o Chile:
| M = $\emptyset$.

Conjunto universo: em inúmeras situações é importante estabelecer o conjunto U ao qual pertencem os elementos de todos os conjuntos considerados. Esse conjunto é chamado de conjunto universo. Assim:
- Quando se estuda as letras, o conjunto universo das letras é o alfabeto.
- Quando se estuda a população humana, o conjunto universo é constituído de todos os seres humanos.

Para descrever um conjunto A por meio de uma propriedade característica p de seus elementos, deve-se mencionar, de modo explícito ou não, o conjunto universo U no qual se está trabalhando.

| A = {x $\in$ R | x>2}, onde U = R $\rightarrow$ forma explícita.
| A = {x | x > 2} $\rightarrow$ forma implícita.

1.2 Subconjuntos

Diz-se que B é um subconjunto de A se todos os elementos de B pertencem a A.

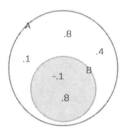

Deve-se notar que A = {-1, 0, 1, 4, 8} e B = {-1, 8}, ou seja, todos os elementos de B também são elementos do conjunto **A**.

- Os símbolos $\subset$ (contido), $\supset$ (contém), $\not\subset$ (não está contido) e $\not\supset$ (não contém) são utilizados para relacionar conjuntos.

Nesse caso, diz-se que B está contido em A ou B é subconjunto de A (B $\subset$ A). Pode-se dizer também que A contém B (A $\supset$ B).

Observações:
- Se $A \subset B$ e $B \subset A$, então A = B.
- Para todo conjunto A, tem-se $A \subset A$.
- Para todo conjunto A, tem-se $\emptyset \subset A$, onde $\emptyset$ representa o conjunto vazio.
- Todo conjunto é subconjunto de si próprio (D $\subset$ D).
- O conjunto vazio é subconjunto de qualquer conjunto ($\emptyset \subset$ D).
- Se um conjunto A possui p elementos, então ele possui 2p subconjuntos.
- O conjunto formado por todos os subconjuntos de um conjunto A, é denominado conjunto das partes de A. Assim, se A = {4, 7}, o conjunto das partes de A, é dado por {$\emptyset$, {4}, {7}, {4, 7}}.

1.3 Operações com conjuntos

União de conjuntos: a união de dois conjuntos quaisquer será representada por $A \cup B$ e terá os elementos que pertencem a A ou a B, ou seja, todos os elementos.

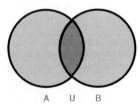

Interseção de conjuntos: a interseção de dois conjuntos quaisquer será representada por A ∩ B. Os elementos que fazem parte do conjunto interseção são os elementos comuns aos dois conjuntos.

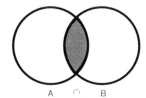

Conjuntos disjuntos: se dois conjuntos não possuem elementos em comum, diz-se que eles são disjuntos. Simbolicamente, escreve-se A ∩ B = ∅. Nesse caso, a união dos conjuntos A e B é denominada união disjunta. O número de elementos A ∩ B nesse caso é igual a zero.

$$n(A \cap B) = 0$$

Seja A = {1, 2, 3, 4, 5}, B = {1, 5, 6, 3}, C = {2, 4, 7, 8, 9} e D = {10, 20}. Tem-se:
A ∪ B = {1, 2, 3, 4, 5, 6}
B ∪ A = {1, 2, 3, 4, 5, 6}
A ∩ B = {1, 3, 5}
B ∩ A = {1, 3, 5}
A ∪ B ∪ C = {1, 2, 3, 4, 5, 6, 7, 8, 9} e
A ∩ D = ∅
É possível notar que A, B e C são todos disjuntos com D, mas A, B e C não são dois a dois disjuntos.

Diferença de conjuntos: a diferença de dois conjuntos quaisquer será representada por A − B e terá os elementos que pertencem somente a A, mas não pertencem a B, ou seja, que são exclusivos de A.

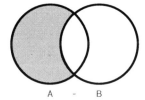

Complementar de um conjunto: se A está contido no conjunto universo U, o complementar de A é a diferença entre o conjunto universo e o conjunto A, será representado por CU(A) = U − A e terá todos os elementos que pertencem ao conjunto universo, menos os que pertencem ao conjunto A.

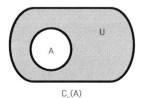

2 CONJUNTOS NUMÉRICOS

Os números surgiram da necessidade de contar ou quantificar coisas ou objetos. Com o passar do tempo, foram adquirindo características próprias.

2.1 Números naturais

É o primeiro dos conjuntos numéricos. Representado pelo símbolo $\mathbb{N}$ e formado pelos seguintes elementos:

$\mathbb{N} = \{0, 1, 2, 3, 4, 5, 6, 7, 8, 9, 10, 11, 12, 13, ... + \infty\}$

O símbolo ∞ significa infinito, o + quer dizer positivo, então $+\infty$ quer dizer infinito positivo.

2.2 Números inteiros

Esse conjunto surgiu da necessidade de alguns cálculos não possuírem resultados, pois esses resultados eram negativos. Representado pelo símbolo $\mathbb{Z}$ e formado pelos seguintes elementos:

$\mathbb{Z} = \{-\infty, ..., -3, -2, -1, 0, 1, 2, 3, ..., +\infty\}$

2.2.1 Operações e propriedades dos números naturais e inteiros

As principais operações com os números naturais e inteiros são: adição, subtração, multiplicação, divisão, potenciação e radiciação (as quatro primeiras são também chamadas operações fundamentais).

Adição

Na adição, a soma dos termos ou das parcelas resulta naquilo que se chama **total**.

| $2 + 2 = 4$

As propriedades da adição são:

- **Elemento neutro:** qualquer número somado ao zero tem como total o próprio número.
| $2 + 0 = 2$
- **Comutativa:** a ordem dos termos não altera o total.
| $2 + 3 = 3 + 2 = 5$
- **Associativa:** o ajuntamento de parcelas não altera o total.
| $(2 + 3) + 5 = 2 + (3 + 5) = 10$

Subtração

Operação contrária à adição é conhecida como diferença.

Os termos ou parcelas da subtração, assim como o total, têm nomes próprios:

M – N = P; em que M = minuendo, N = subtraendo e P = diferença ou resto.

| $7 - 2 = 5$

Quando o subtraendo for maior que o minuendo, a diferença será negativa.

Multiplicação

É a soma de uma quantidade de parcelas fixas. O resultado da multiplicação chama-se produto. Os sinais que indicam a multiplicação são o × e o ·.

| $4 \times 7 = 7 + 7 + 7 + 7 = 28$
| $7 \cdot 4 = 4 + 4 + 4 + 4 + 4 + 4 + 4 = 28$

As propriedades da multiplicação são:

Elemento neutro: qualquer número multiplicado por 1 terá como produto o próprio número.

| $5 \cdot 1 = 5$

Comutativa: ordem dos fatores não altera o produto.
| $3 \cdot 4 = 4 \cdot 3 = 12$

Associativa: o ajuntamento dos fatores não altera o resultado.
| $2 \cdot (3 \cdot 4) = (2 \cdot 3) \cdot 4 = 24$

Distributiva: um fator em evidência multiplica todas as parcelas dentro dos parênteses.
| $2 \cdot (3 + 4) = (2 \cdot 3) + (2 \cdot 4) = 6 + 8 = 14$

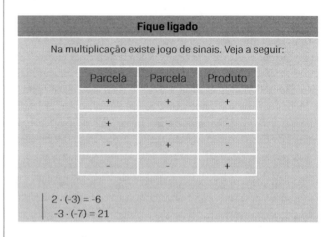

Divisão

É o inverso da multiplicação. Os sinais que indicam a divisão são: ÷, :, /.

| $14 \div 7 = 2$
| $25 : 5 = 5$
| $36/12 = 3$

Fique ligado

Por ser o inverso da multiplicação, a divisão também possui o jogo de sinal.

2.3 Números racionais

Os números racionais são os números que podem ser escritos na forma de fração, são representados pela letra $\mathbb{Q}$ e podem ser escritos em forma de frações.

| $\mathbb{Q} = \dfrac{a}{b}$ (com b diferente de zero → $b \neq 0$); em que a é o numerador e b é o denominador.

Pertencem também a este conjunto as dízimas periódicas (números que apresentam uma série infinita de algarismos decimais, após a vírgula) e os números decimais (aqueles que são escritos com a vírgula e cujo denominador são potências de 10).

Toda fração cujo numerador é menor que o denominador é chamada de fração própria.

2.3.1 Operações com números racionais

Adição e subtração

Para somar frações deve estar atento se os denominadores das frações são os mesmos. Caso sejam iguais, basta repetir o denominador e somar (ou subtrair) os numeradores, porém se os denominadores forem diferentes é preciso fazer o MMC (mínimo múltiplo comum) dos denominadores, constituindo novas frações equivalentes às frações originais e proceder com o cálculo.

MATEMÁTICA

$$\frac{2}{7} + \frac{4}{7} = \frac{6}{7}$$

$$\frac{2}{3} + \frac{4}{5} = \frac{10}{15} + \frac{12}{15} = \frac{22}{15}$$

Multiplicação

Multiplicar numerador com numerador e denominador com denominador das frações.

$$\frac{3}{4} \cdot \frac{5}{7} = \frac{15}{28}$$

Divisão

Para dividir frações, multiplicar a primeira fração com o inverso da segunda fração.

$$\frac{2}{3} \div \frac{4}{5} = \frac{2}{3} \cdot \frac{5}{4} = \frac{10}{12} = \frac{5}{6}$$

(Simplificado por 2)

Toda vez, que for possível, deve simplificar a fração até sua fração irredutível (aquela que não pode mais ser simplificada).

Potenciação

Se a multiplicação é a soma de uma quantidade de parcelas fixas, a potenciação é a multiplicação de uma quantidade de fatores fixos, tal quantidade indicada no expoente que acompanha a base da potência.

A potenciação é expressa por: a^n, cujo **a** é a base da potência e o **n** é o expoente.

$4^3 = 4 \cdot 4 \cdot 4 = 64$

Propriedades das potências:

$a^0 = 1$
$3^0 = 1$
$a^1 = a$
$5^1 = 5$
$a^{-n} = 1/a^n$
$2^{-3} = 1/2^3 = 1/8$
$a^m \cdot a^n = a^{(m+n)}$
$3^2 \cdot 3^3 = 3^{(2+3)} = 3^5 = 243$
$a^m : a^n = a^{(m-n)}$
$4^5 : 4^3 = 4^{(5-3)} = 4^2 = 16$
$(a^m)^n = a^{m \cdot n}$
$(2^2)^4 = 2^{2 \cdot 4} = 2^8 = 256$
$a^{m/n} = \sqrt[n]{a^m}$
$7^{2/3} = \sqrt[3]{7^2}$

Não confunda: $(a^m)^n \neq a^{m^n}$

Não confunda também: $(-a)^n \neq -a^n$.

Radiciação

É a expressão da potenciação com expoente fracionário.

A representação genérica da radiciação é: $\sqrt[n]{a}$; cujo **n** é o índice da raiz, o **a** é o radicando e $\sqrt{\ }$ é o radical.

Quando o índice da raiz for o 2 ele não precisa aparecer e essa raiz será uma raiz quadrada.

Propriedades das raízes:

$\sqrt[n]{a^m} = (\sqrt[n]{a})^m = a^{m/n}$
$\sqrt[m]{\sqrt[n]{a}} = \sqrt[m \cdot n]{a}$
$\sqrt[m]{a^m} = a = a^{m/m} = a^1 = a$

Racionalização: se uma fração tem em seu denominador um radical, faz-se o seguinte:

$$\frac{1}{\sqrt{a}} = \frac{1}{\sqrt{a}} \cdot \frac{\sqrt{a}}{\sqrt{a}} = \frac{\sqrt{a}}{\sqrt{a^2}} = \frac{\sqrt{a}}{a}$$

2.3.2 Transformação de dízima periódica em fração

Para transformar dízimas periódicas em fração, é preciso atentar-se para algumas situações:

- Verifique se depois da vírgula só há a parte periódica, ou se há uma parte não periódica e uma periódica.
- Observe quantas são as casas periódicas e, caso haja, as não periódicas. Lembre-se sempre que essa observação só será para os números que estão depois da vírgula.
- Em relação à fração, o denominador será tantos 9 quantos forem as casas do período, seguido de tantos 0 quantos forem as casas não periódicas (caso haja e depois da vírgula). Já o numerador será o número sem a vírgula até o primeiro período menos toda a parte não periódica (caso haja).

$$0,6666... = \frac{6}{9}$$

$$0,36363636... = \frac{36}{99}$$

$$0,123333... = \frac{123 - 12}{900} = \frac{111}{900}$$

$$2,8888... = \frac{28 - 2}{9} = \frac{26}{9}$$

$$3,754545454... = \frac{3754 - 37}{990} = \frac{3717}{990}$$

2.3.3 Transformação de número decimal em fração

Para transformar número decimal em fração, basta contar quantas casas existem depois da vírgula; então o denominador da fração será o número 1 acompanhado de tantos zeros quantos forem o número de casas, já o numerador será o número sem a vírgula.

$$0,3 = \frac{3}{10}$$

$$2,45 = \frac{245}{100}$$

$$49,586 = \frac{49586}{1000}$$

CONJUNTOS NUMÉRICOS

2.4 Números irracionais

São os números que não podem ser escritos na forma de fração.

O conjunto é representado pela letra $\mathbb{I}$ e tem como elementos as dízimas não periódicas e as raízes não exatas.

2.5 Números reais

Simbolizado pela letra $\mathbb{R}$, é a união do conjunto dos números racionais com o conjunto dos números irracionais.

Representado, temos:

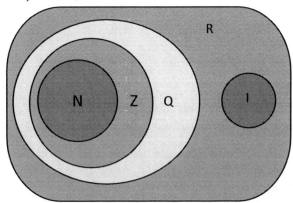

Colocando todos os números em uma reta, temos:

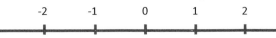

As desigualdades ocorrem em razão de os números serem maiores ou menores uns dos outros.

Os símbolos das desigualdades são:

≥ maior ou igual a.

≤ menor ou igual a.

\> maior que.

< menor que.

Dessas desigualdades surgem os intervalos, que nada mais são do que um espaço dessa reta, entre dois números.

Os intervalos podem ser abertos ou fechados, depende dos símbolos de desigualdade utilizados.

Intervalo aberto ocorre quando os números não fazem parte do intervalo e os sinais de desigualdade são:

\> maior que.

< menor que.

Intervalo fechado ocorre quando os números fazem parte do intervalo e os sinais de desigualdade são:

≥ maior ou igual a.

≤ menor ou igual a.

2.6 Intervalos

Os intervalos numéricos podem ser representados das seguintes formas:

2.6.1 Com os símbolos <, >, ≤, ≥

Quando usar os símbolos < ou >, os números que os acompanham não fazem parte do intervalo real. Quando usar os símbolos ≤ ou ≥, os números farão parte do intervalo real.

2 < x < 5: o 2 e o 5 não fazem parte do intervalo.

2 ≤ x < 5: o 2 faz parte do intervalo, mas o 5 não.

2 ≤ x ≤ 5: o 2 e o 5 fazem parte do intervalo.

2.6.2 Com os colchetes [ ]

Quando os colchetes estiverem voltados para os números, significa que farão parte do intervalo. Quando os colchetes estiverem invertidos, significa que os números não farão parte do intervalo.

]2;5[: o 2 e o 5 não fazem parte do intervalo.

[2;5[: o 2 faz parte do intervalo, mas o 5 não faz.

[2;5]: o 2 e o 5 fazem parte do intervalo.

2.6.3 Sobre uma reta numérica

▷ **Intervalo aberto**

2<x<5:

Em que 2 e 5 não fazem parte do intervalo numérico, representado pela marcação aberta (sem preenchimento - O).

▷ **Intervalo fechado e aberto**

2≤x<5:

Em que 2 faz parte do intervalo, representado pela marcação fechada (preenchida ●) em que 5 não faz parte do intervalo, representado pela marcação aberta (O).

▷ **Intervalo fechado**

2≤x≤5:

Em que 2 e 5 fazem parte do intervalo numérico, representado pela marcação fechada (●).

2.7 Múltiplos e divisores

Os múltiplos são resultados de uma multiplicação de dois números naturais.

Os múltiplos de 3 são: 0, 3, 6, 9, 12, 15, 18, 21, 24, 27, 30... (os múltiplos são infinitos).

Os divisores de um número são os números, cuja divisão desse número por eles será exata.

Os divisores de 12 são: 1, 2, 3, 4, 6, 12.

> **Fique ligado**
>
> Números quadrados perfeitos são aqueles que resultam da multiplicação de um número por ele mesmo.
>
> 4 = 2 · 2
> 25 = 5 · 5

2.8 Números primos

São os números que têm apenas dois divisores, o 1 e ele mesmo. (Alguns autores consideram os números primos aqueles que tem 4 divisores, sendo o 1, o -1, ele mesmo e o seu oposto – simétrico.)

2 (único primo par), 3, 5, 7, 11, 13, 17, 19, 23, 29, 31, 37, 41, 43, 47, 53, 59, ...

Os números primos servem para decompor outros números.

A decomposição de um número em fatores primos serve para fazer o MMC e o MDC (máximo divisor comum).

2.9 MMC e MDC

O MMC de um, dois ou mais números é o menor número que, ao mesmo tempo, é múltiplo de todos esses números.

O MDC de dois ou mais números é o maior número que pode dividir todos esses números ao mesmo tempo.

Para calcular, após decompor os números, o MMC de dois ou mais números será o produto de todos os fatores primos, comuns e não comuns, elevados aos maiores expoentes. Já o MDC será apenas os fatores comuns a todos os números elevados aos menores expoentes.

$6 = 2 \cdot 3$
$18 = 2 \cdot 3 \cdot 3 = 2 \cdot 3^2$
$35 = 5 \cdot 7$
$144 = 2 \cdot 2 \cdot 2 \cdot 2 \cdot 3 \cdot 3 = 2^4 \cdot 3^2$
$225 = 3 \cdot 3 \cdot 5 \cdot 5 = 3^2 \cdot 5^2$
$490 = 2 \cdot 5 \cdot 7 \cdot 7 = 2 \cdot 5 \cdot 7^2$
$640 = 2 \cdot 2 \cdot 2 \cdot 2 \cdot 2 \cdot 2 \cdot 2 \cdot 5 = 2^7 \cdot 5$
MMC de 18 e 225 = $2 \cdot 3^2 \cdot 5^2 = 2 \cdot 9 \cdot 25 = 450$
MDC de 225 e 490 = 5

Para saber a quantidade de divisores de um número basta, depois da decomposição do número, pegar os expoentes dos fatores primos, somar +1 e multiplicar os valores obtidos.

$225 = 3^2 \cdot 5^2 = 3^{2+1} \cdot 5^{2+1} = 3 \cdot 3 = 9$

Nº de divisores = $(2 + 1) \cdot (2 + 1) = 3 \cdot 3 = 9$ divisores. Que são: 1, 3, 5, 9, 15, 25, 45, 75, 225.

2.10 Divisibilidade

As regras de divisibilidade servem para facilitar a resolução de contas, para ajudar a descobrir se um número é ou não divisível por outro. Veja algumas dessas regras.

Divisibilidade por 2: para um número ser divisível por 2, ele tem de ser par.

14 é divisível por 2.
17 não é divisível por 2.

Divisibilidade por 3: para um número ser divisível por 3, a soma dos seus algarismos tem de ser divisível por 3.

174 é divisível por 3, pois 1 + 7 + 4 = 12.
188 não é divisível por 3, pois 1 + 8 + 8 = 17.

Divisibilidade por 4: para um número ser divisível por 4, ele tem de terminar em 00 ou os seus dois últimos números devem ser múltiplos de 4.

300 é divisível por 4.
532 é divisível por 4.
766 não é divisível por 4.

Divisibilidade por 5: para um número ser divisível por 5, ele deve terminar em 0 ou em 5.

35 é divisível por 5.
370 é divisível por 5.
548 não é divisível por 5.

Divisibilidade por 6: para um número ser divisível por 6, ele deve ser divisível por 2 e por 3 ao mesmo tempo.

78 é divisível por 6.
576 é divisível por 6.
652 não é divisível por 6.

Divisibilidade por 9: para um número ser divisível por 9, a soma dos seus algarismos deve ser divisível por 9.

75 é não divisível por 9.
684 é divisível por 9.

Divisibilidade por 10: para um número ser divisível por 10, ele tem de terminar em 0.

90 é divisível por 10.
364 não é divisível por 10.

2.11 Expressões numéricas

Para resolver expressões numéricas, deve-se seguir a ordem:
- Resolva os parênteses ( ), depois os colchetes [ ], depois as chaves { }, sempre nessa ordem.
- Dentre as operações, resolva primeiro as potenciações e raízes (o que vier primeiro), depois as multiplicações e divisões (o que vier primeiro) e, por último, as somas e subtrações (o que vier primeiro).

Calcule o valor da expressão:
$8 - \{5 - [10 - (7 - 3 \cdot 2)] \div 3\}$
$8 - \{5 - [10 - (7 - 6)] \div 3\}$
$8 - \{5 - [10 - (1)] \div 3\}$
$8 - \{5 - [9] \div 3\}$
$8 - \{5 - 3\}$
$8 - \{2\}$
6

3 PROPORCIONALIDADE

Os conceitos de razão e proporção estão ligados ao quociente. Esse conteúdo é muito solicitado pelas bancas de concursos.

Primeiramente, vamos compreender o que é grandeza, em seguida, razão e proporção.

3.1 Grandeza

É tudo aquilo que pode ser contado, medido ou enumerado.

| Comprimento (distância), tempo, quantidade de pessoas e/ou coisas etc.

Grandezas diretamente proporcionais: são aquelas em que o aumento de uma implica o aumento da outra.

| Quantidade e preço.

Grandezas inversamente proporcionais: são aquelas em que o aumento de uma implica a diminuição da outra.

| Velocidade e tempo.

3.2 Razão

É a comparação de duas grandezas. Essas grandezas podem ser da mesma espécie (unidades iguais) ou de espécies diferentes (unidades diferentes). Nada mais é do que uma fração do tipo $\frac{a}{b}$, com $b \neq 0$.

Nas razões, os numeradores são também chamados de antecedentes e os denominadores de consequentes.

Escala: comprimento no desenho comparado ao tamanho real.

Velocidade: distância comparada ao tempo.

3.3 Proporção

É determinada pela igualdade entre duas razões.

$$\frac{a}{b} = \frac{c}{d}$$

Dessa igualdade, tiramos a propriedade fundamental das proporções: o produto dos meios igual ao produto dos extremos (a chamada multiplicação cruzada).

$$\boxed{b \cdot c = a \cdot d}$$

É basicamente essa propriedade que ajuda resolver a maioria das questões desse assunto.

Dados três números racionais a, b e c, não nulos, denomina **quarta proporcional** desses números um número x tal que:

$$\frac{a}{b} = \frac{c}{x}$$

Proporção contínua é a que apresenta os meios iguais.

De um modo geral, uma proporção contínua pode ser representada por:

$$\frac{a}{b} = \frac{b}{c}$$

As outras propriedades das proporções são:

Numa proporção, a soma dos dois primeiros termos está para o 2º (ou 1º) termo, assim como a soma dos dois últimos está para o 4º (ou 3º).

$$\frac{a+b}{b} = \frac{c+d}{d} \text{ ou } \frac{a+b}{a} = \frac{c+d}{c}$$

Numa proporção, a diferença dos dois primeiros termos está para o 2º (ou 1º) termo, assim como a diferença dos dois últimos está para o 4º (ou 3º).

$$\frac{a-b}{b} = \frac{c-d}{d} \text{ ou } \frac{a-b}{a} = \frac{c-d}{c}$$

Numa proporção, a soma dos antecedentes está para a soma dos consequentes, assim como cada antecedente está para o seu consequente.

$$\frac{a+c}{b+d} = \frac{c}{d} = \frac{a}{b}$$

Numa proporção, a diferença dos antecedentes está para a diferença dos consequentes, assim como cada antecedente está para o seu consequente.

$$\frac{a-c}{b-d} = \frac{c}{d} = \frac{a}{b}$$

Numa proporção, o produto dos antecedentes está para o produto dos consequentes, assim como o quadrado de cada antecedente está para quadrado do seu consequente.

$$\frac{a \cdot c}{b \cdot d} = \frac{a^2}{b^2} = \frac{c^2}{d^2}$$

A última propriedade pode ser estendida para qualquer número de razões.

$$\frac{a \cdot c \cdot e}{b \cdot d \cdot f} = \frac{a^3}{b^3} = \frac{c^3}{d^3} = \frac{e^3}{f^3}$$

3.4 Divisão em partes proporcionais

Para dividir um número em partes direta ou inversamente proporcionais, devem-se seguir algumas regras.

▷ **Divisão em partes diretamente proporcionais**

Divida o número 50 em partes diretamente proporcionais a 4 e a 6.

$4x + 6x = 50$

$10x = 50$

$x = \frac{50}{10}$

$x = 5$

x = constante proporcional

Então, $4x = 4 \cdot 5 = 20$ e $6x = 6 \cdot 5 = 30$

Logo, a parte proporcional a 4 é o 20 e a parte proporcional ao 6 é o 30.

MATEMÁTICA

▷ **Divisão em partes inversamente proporcionais**

Divida o número 60 em partes inversamente proporcionais a 2 e a 3.

$$\frac{x}{2} = \frac{x}{3} = 60$$

$$\frac{3x}{6} + \frac{2x}{6} = 60$$

$5x = 60 \cdot 6$

$5x = 360$

$x = \dfrac{360}{5}$

$x = 72$

x = constante proporcional

Então, $\dfrac{x}{2} = \dfrac{72}{2} = 36$ e $\dfrac{x}{3} = \dfrac{72}{3} = 24$

Logo, a parte proporcional a 2 é o 36 e a parte proporcional ao 3 é o 24.

Perceba que, na divisão diretamente proporcional, quem tiver a maior parte ficará com o maior valor. Já na divisão inversamente proporcional, quem tiver a maior parte ficará com o menor valor.

3.5 Regra das torneiras

Sempre que uma questão envolver uma situação que pode ser feita de um jeito em determinado tempo (ou por uma pessoa) e, em outro tempo, de outro jeito (ou por outra pessoa), e quiser saber em quanto tempo seria se fosse feito tudo ao mesmo tempo, usa-se a regra da torneira, que consiste na aplicação da seguinte fórmula:

$$t_T = \frac{t_1 \cdot t_2}{t_1 + t_2}$$

Em que **T** é o tempo.

Quando houver mais de duas situações, é melhor usar a fórmula:

$$\frac{1}{t_T} = \frac{1}{t_1} + \frac{1}{t_2} + \dots + \frac{1}{t_n}$$

Em que **n** é a quantidade de situações.

Uma torneira enche um tanque em 6h. Uma segunda torneira enche o mesmo tanque em 8h. Se as duas torneiras forem abertas juntas quanto tempo vão levar para encher o mesmo tanque?

$$t_T = \frac{6 \cdot 8}{6 + 8} = \frac{48}{14} = 3h25min43s$$

3.6 Regra de três

Mecanismo prático e/ou método utilizado para resolver questões que envolvem razão e proporção (grandezas).

3.6.1 Regra de três simples

Aquela que só envolve duas grandezas.

Durante uma viagem, um carro consome 20 litros de combustível para percorrer 240km, quantos litros são necessários para percorrer 450km?

Primeiro, verifique se as grandezas envolvidas na questão são direta ou inversamente proporcionais, e monte uma estrutura para visualizar melhor a questão.

Distância	Litro
240	20
450	x

Ao aumentar a distância, a quantidade de litros de combustível necessária para percorrer essa distância também vai aumentar, então, as grandezas são diretamente proporcionais.

$$\frac{20}{x} = \frac{240}{450}$$

Aplicando a propriedade fundamental das proporções:
$240x = 9.000$

$x = \dfrac{9.000}{240} = 37,5$ litros

3.6.2 Regra de três composta

Aquela que envolve mais de duas grandezas.

Dois pedreiros levam nove dias para construir um muro com 2m de altura. Trabalhando três pedreiros e aumentando a altura para 4m, qual será o tempo necessário para completar esse muro?

Neste caso, deve-se comparar uma grandeza de cada vez com a variável.

Dias	Pedreiros	Altura
9	2	2
x	3	4

Note que, ao aumentar a quantidade de pedreiros, o número de dias necessários para construir um muro diminui, então as grandezas pedreiros e dias são inversamente proporcionais. No entanto, se aumentar a altura do muro, será necessário mais dias para construí-lo. Dessa forma, as grandezas muro e dias são diretamente proporcionais. Para finalizar, monte a proporção e resolva. Lembre-se que quando uma grandeza for inversamente proporcional à variável sua fração será invertida.

$$\frac{9}{x} = \frac{3}{2} \cdot \frac{2}{4}$$

$$\frac{9}{x} = \frac{6}{8}$$

Aplicar a propriedade fundamental das proporções:
$6x = 72$

$x = \dfrac{72}{6} = 12$ dias

NOÇÕES DE MATEMÁTICA FINANCEIRA

4 NOÇÕES DE MATEMÁTICA FINANCEIRA

Porcentagem e juros fazem parte da matemática financeira e são assuntos amplamente difundidos em variados segmentos.

4.1 Porcentagem

É a aplicação da taxa percentual a determinado valor.

Taxa percentual: é o valor que vem acompanhado do símbolo %.

Para fins de cálculo, usa-se a taxa percentual em forma de fração ou em números decimais.

- 3% = 3/100 = 0,03
- 15% = 15/100 = 0,15
- 34% de 1.200 = 34/100 · 1.200 = 40.800/100 = 408
- 65% de 140 = 0,65 · 140 = 91

4.2 Lucro e prejuízo

Lucro e prejuízo são resultados de movimentações financeiras.

Custo (C): gasto.

Venda (V): ganho.

Lucro (L): quando se ganha mais do que se gasta.

$$L = V - C$$

Prejuízo (P): quando se gasta mais do que se ganha.

$$P = C - V$$

Basta substituir no lucro ou no prejuízo o valor da porcentagem, no custo ou na venda.

Um computador foi comprado por R$ 3.000,00 e revendido com lucro de 25% sobre a venda. Qual o preço de venda?
Como o lucro foi na venda, então L = 0,25V:
L = V − C
0,25V = V − 3.000
0,25V − V = −3.000
−0,75V = −3.000 (−1)
0,75V = 3.000
$V = \dfrac{3.000}{0,75} = \dfrac{300.000}{75} = 4.000$

Logo, a venda se deu por R$ 4.000,00.

4.3 Juros simples

Juros: atributos (ganhos) de uma operação financeira.

Juros simples: os valores são somados ao capital apenas no final da aplicação. Somente o capital rende juros.

Para o cálculo de juros simples, usa-se a seguinte fórmula:

$$J = C \cdot i \cdot t$$

- J = juros.
- C = capital.
- i = taxa de juros.
- t = tempo da aplicação.

Um capital de R$ 2.500,00 foi aplicado a juros de 2% ao trimestre durante um ano. Quais os juros produzidos?
Em 1 ano há exatamente 4 trimestres, como a taxa está em trimestre, agora é só calcular:
J = C · i · t
J = 2.500 · 0,02 · 4
J = 200

4.4 Juros compostos

Os valores são somados ao capital no final de cada período de aplicação, formando um novo capital, para incidência dos juros novamente. É o famoso caso de juros sobre juros.

Para o cálculo de juros compostos, usa-se a seguinte fórmula:

$$M = C \cdot (1 + i)^t$$

- M = montante.
- C = capital.
- i = taxa de juros.
- t = tempo da aplicação.

Um investidor aplicou a quantia de R$ 10.000,00 à taxa de juros de 2% a.m. durante 4 meses. Qual o montante desse investimento?
Aplique a fórmula, porque a taxa e o tempo estão na mesma unidade:
$M = C \cdot (1 + i)^t$
$M = 10.000 \cdot (1 + 0,02)^4$
$M = 10.000 \cdot (1,02)^4$
M = 10.000 · 1,08243216
M = 10.824,32

4.5 Capitalização

Capitalização: acúmulo de capitais (capital + juros).

Nos juros simples, calcula-se por: M = C + J.

Nos juros compostos, calcula-se por: J = M − C.

Em algumas questões terão de ser calculados os montantes dos juros simples ou dos juros compostos.

> **Fique ligado**
> Nas questões de juros, as taxas de juros e os tempos devem estar expressos pela mesma unidade.

5 NÚMEROS COMPLEXOS

Neste capítulo, veremos outro conjunto numérico até então desconhecido e não utilizado, porém passa a fazer muito sentido quando queremos obter a raiz de um número negativo.

5.1 Unidade imaginária

Para resolver uma equação do tipo $x^2 + 1 = 0$, não existe solução no conjunto dos números reais, mas foi criado um conjunto, com um valor, que permite resolver essa equação, é o conjunto dos números complexos e o valor é o da unidade imaginária ($i^2 = -1$).

Partindo desse conceito, temos que $i^2 = -1$, assim podemos definir as potências de i.

$i^0 = 1$ $i^1 = i$ $i^2 = -1$ $i^3 = -i$

$i^4 = 1$ $i^5 = i$ $i^6 = -1$ $i^7 = -i$

$i^8 = 1$ $i^9 = i$ $i^{10} = -1$ $i^{11} = -i$

5.2 Forma algébrica de um número complexo

Um número complexo é representado na forma $Z = a + bi$ em que a e b são números reais.

▷ A representação $Z = a + bi$ tem três classificações.
- $Z = a + bi$; se $b = 0$ podemos afirmar que Z é um número real.
- $Z = a + bi$ é imaginário puro se $a = 0$ e $b \neq 0$.
- $Z = a + bi$ é simplesmente imaginário se a e b forem diferentes de zero.

Logo, pode-se concluir que os números complexos contêm todos os reais mais os imaginários:

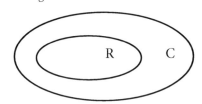

5.3 Conjugado e módulo de um número complexo

Para encontrar o conjugado de um número complexo, basta trocar o sinal da parte imaginária, ou seja, dado $Z = a + bi$, o conjugado $\overline{Z}$ será $\overline{Z} = a - bi$.

A representação de um número complexo pode ser feita no Plano Cartesiano (Plano de Argand-Gauss), sendo x o eixo real e y o eixo imaginário. Dessa forma, um número complexo $Z = a + bi$ é representado no plano da seguinte maneira:

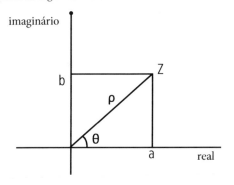

O par ordenado (a, b) do número complexo $Z = a + bi$ é chamado de afixo do número.

Temos que $\rho = |Z|$, ou seja, ρ é o módulo de Z dado por $\rho \sqrt{a^2 + b^2}$.

O ângulo θ é chamado de argumento de Z e sempre será o ângulo entre a reta real e o segmento de comprimento ρ.

Para encontrar θ, usamos a trigonometria no triângulo retângulo.

$$\operatorname{sen}\theta = \frac{b}{\rho} \text{ e } \cos\theta = \frac{a}{\rho}$$

5.4 Forma trigonométrica de um número complexo

A forma trigonométrica de um número complexo é dada pela fórmula:

$$Z = (\cos\theta + i \cdot \operatorname{sen}\theta)$$

5.5 Operações com números complexos

5.5.1 Adição

Para somar dois números complexos (na forma algébrica), deve-se somar parte real com parte real e parte imaginária com parte imaginária.

5.5.2 Subtração

A subtração de complexos (na forma algébrica), segue as mesmas regras da adição, parte real com parte real e parte imaginária com parte imaginária.

5.5.3 Multiplicação

Na multiplicação de complexos (na forma algébrica), tem-se que multiplicar tudo, aplicando a propriedade distributiva da multiplicação, se for necessário.

Já na forma trigonométrica, deve-se proceder da seguinte forma:
$$z_1 \cdot z_2 = |z_1| \cdot |z_2| \cdot [\cos(\theta + \alpha) + i \cdot \operatorname{sen}(\theta + \alpha)]$$

5.5.4 Divisão

Para efetuar a divisão de $\dfrac{z_1}{z_2}$ (na forma algébrica), deve-se multiplicar o denominador e o numerador pelo conjugado do denominador.

Na forma trigonométrica, deve-se proceder assim:
$$\frac{z_1}{z_2} = \frac{|z_1|}{|z_2|} \cdot [\cos(\theta - \alpha) + i \cdot \operatorname{sen}(\theta - \alpha)]$$

5.5.5 Potenciação

Na forma trigonométrica, temos:
$$Z^n = |Z|^n \cdot (\cos(n\theta) + i \cdot \operatorname{sen}(n\theta))$$

6 FUNÇÕES

6.1 Definições

A função é uma relação estabelecida entre dois conjuntos A e B, em que exista uma associação entre cada elemento de A com um único de B por meio de uma lei de formação.

Podemos dizer que a função é uma relação de dois valores, por exemplo: $f(x) = y$, sendo que x e y são valores, nos quais x é o domínio da função (a função está dependendo dele) e y é um valor que depende do valor de x, sendo a imagem da função.

As funções possuem um conjunto chamado domínio e outro, imagem da função, além do contradomínio. No plano cartesiano, que o eixo x representa o **domínio** da função, enquanto no eixo y apresentam-se os valores obtidos em função de x, constituindo a imagem da função (o eixo y seria o **contradomínio** da função).

Com os conjuntos A = {1, 4, 7} e B = {1, 4, 6, 7, 8, 9, 12} cria-se a função f: A → B definida por $f(x) = x + 5$, que também pode ser representada por $y = x + 5$. A representação, utilizando conjuntos, desta função é:

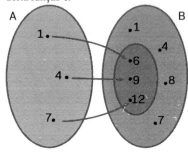

O conjunto A é o conjunto de saída e o B é o conjunto de chegada. Domínio é um sinônimo para conjunto de saída, ou seja, para esta função o domínio é o próprio conjunto A = {1, 4, 7}.

Como, em uma função, o conjunto de saída (domínio) deve ter todos os seus elementos relacionados, não precisa ter subdivisões para o domínio.

O domínio de uma função é chamado de campo de definição ou campo de existência da função, e é representado pela letra D.

O conjunto de chegada B, também possui um sinônimo, é chamado de contradomínio, representado por CD.

Note que é possível fazer uma subdivisão dentro do contradomínio e ter elementos do contradomínio que não são relacionados com algum elemento do domínio e outros que são. Por isso, deve-se levar em consideração esta subdivisão.

Este subconjunto é chamado de conjunto **imagem**, e é composto por todos os elementos em que as flechas de relacionamento chegam.

O conjunto imagem é representado por Im, e cada ponto que a flecha chega é chamado de imagem.

6.2 Plano cartesiano

Criado por René Descartes, o plano cartesiano consiste em dois eixos perpendiculares, sendo o horizontal chamado de eixo das abscissas e o vertical de eixo das ordenadas. O plano cartesiano foi desenvolvido por Descartes no intuito de localizar pontos em determinado espaço.

As disposições dos eixos no plano formam quatro quadrantes, mostrados na figura a seguir:

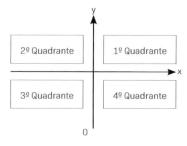

O encontro dos eixos é chamado de origem. Cada ponto do plano cartesiano é formado por um par ordenado (x, y), em que x: abscissa e y: ordenada.

6.2.1 Raízes

Em matemática, uma raiz ou zero da função consiste em determinar os pontos de interseção da função com o eixo das abscissas no plano cartesiano. A função f é um elemento no domínio de f tal que $f(x) = 0$.

Considere a função:
$f(x) = x^2 - 6x + 9$
3 é uma raiz de f, porque:
$f(3) = 3^2 - 6 \cdot 3 + 9 = 0$

6.3 Funções injetoras, sobrejetoras e bijetoras

Função injetora: é a função em que cada x encontra um único y, ou seja, os elementos distintos têm imagens distintas.

Função sobrejetora: a função em que o conjunto imagem é exatamente igual ao contradomínio (y).

Função bijetora: a função que for injetora e sobrejetora ao mesmo tempo.

6.4 Funções crescentes, decrescentes e constantes

Função crescente: à medida que x aumenta, as imagens vão aumentando.

Com $x_1 > x_2$ a função é crescente para $f(x_1) > f(x_2)$, isto é, aumentando valor de x, aumenta o valor de y.

Função decrescente: à medida que x aumenta, as imagens vão diminuindo (decrescente).

Com $x_1 > x_2$ a função é crescente para $f(x_1) < f(x_2)$, isto é, aumentando x, diminui o valor de y.

Função constante: em uma função constante qualquer que seja o elemento do domínio, eles sempre terão a mesma imagem, ao variar x encontra sempre o mesmo valor y.

6.5 Funções inversas e compostas

6.5.1 Função inversa

Dada uma função f: A → B, se f é bijetora, se define a função inversa f^{-1} como sendo a função de B em A, tal que $f^{-1}(y) = x$.

Determine a inversa da função definida por:
$y = 2x + 3$
Trocando as variáveis x e y:
$x = 2y + 3$

Colocando y em função de x:

$2y = x - 3$

$y = \dfrac{x-3}{2}$, que define a função inversa da função dada.

6.5.2 Função composta

A função obtida que substitui a variável independente x por uma função, chama-se função composta (ou função de função).

Simbolicamente fica:

$$f_o g(x) = f(g(x)) \text{ ou } g_o f(x) = g(f(x))$$

Dadas as funções $f(x) = 2x + 3$ e $g(x) = 5x$, determine $g_o f(x)$ e $f_o g(x)$.

$g_o f(x) = g[f(x)] = g(2x + 3) = 5(2x + 3) = 10x + 15$

$f_o g(x) = f[g(x)] = f(5x) = 2(5x) + 3 = 10x + 3$

6.6 Função afim

Chama-se função polinomial do 1º grau, ou função afim, qualquer função f dada por uma lei da forma $f(x) = ax + b$, cujo a e b são números reais dados e $a \neq 0$.

Na função $f(x) = ax + b$, o número a é chamado de coeficiente de x e o número b é chamado termo constante.

6.6.1 Gráfico

O gráfico de uma função polinomial do 1º grau, $y = ax + b$, com $a \neq 0$, é uma reta oblíqua aos eixos x e y.

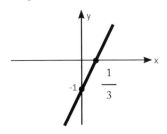

6.6.2 Zero e equação do 1º grau

Chama-se zero ou raiz da função polinomial do 1º grau $f(x) = ax + b$, $a \neq 0$, o número real x tal que $f(x) = 0$.

Assim: $f(x) = 0 \Rightarrow ax + b = 0 \Rightarrow x = \dfrac{-b}{a}$

6.6.3 Crescimento e decrescimento

A função do 1º grau $f(x) = ax + b$ é crescente, quando o coeficiente de x é positivo ($a > 0$).

A função do 1º grau $f(x) = ax + b$ é decrescente, quando o coeficiente de x é negativo ($a < 0$).

6.6.4 Sinal

Estudar o sinal de qualquer $y = f(x)$ é determinar o valor de x para os quais y é positivo, os valores de x para os quais y é zero e os valores de x para os quais y é negativo.

Considere uma função afim $y = f(x) = ax + b$, essa função se anula para a raiz $x = \dfrac{-b}{a}$.

Há dois casos possíveis:

a > 0 (a função é crescente)

$y > 0 \Rightarrow ax + b > 0 \Rightarrow x > \dfrac{-b}{a}$

$y < 0 \Rightarrow ax + b < 0 \Rightarrow x < \dfrac{-b}{a}$

Logo, y é positivo para valores de x maiores que a raiz; y é negativo para valores de x menores que a raiz.

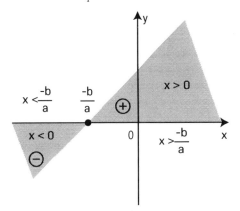

a < 0 (a função é decrescente)

$y > 0 \Rightarrow ax + b > 0 \Rightarrow x < \dfrac{-b}{a}$

$y < 0 \Rightarrow ax + b < 0 \Rightarrow x < \dfrac{-b}{a}$

Portanto, y é positivo para valores de x menores que a raiz; y é negativo para valores de x maiores que a raiz.

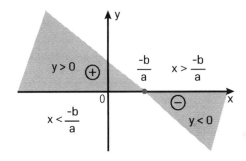

6.6.5 Equações e inequações do 1º grau

Equação

Uma equação do 1º grau na incógnita x é qualquer expressão do 1º grau que pode ser escrita em uma das seguintes formas:

$$ax + b = 0$$

Para resolver uma equação, basta achar o valor de x.

▷ **Sistema de equação**

Um sistema de equação de 1º grau com duas incógnitas é formado por duas equações de 1º grau com duas incógnitas diferentes em cada equação.

$\begin{cases} x + y = 20 \\ 3x - 4y = 72 \end{cases}$

Para encontrar o par ordenado desse sistema, é preciso utilizar dois métodos para a sua solução, são eles: substituição e adição.

▷ **Método da substituição**

Esse método consiste em escolher uma das duas equações, isolar uma das incógnitas e substituir na outra equação.

FUNÇÕES

Dado o sistema $\begin{cases} x + y = 20 \\ 3x - 4y = 72 \end{cases}$ enumeramos as equações.

$\begin{cases} x + y = 20 \quad \boxed{1} \\ 3x - 4y = 72 \quad \boxed{2} \end{cases}$

Escolhemos a equação 1 e isolamos o x:
$x + y = 20$
$x = 20 - y$
Na equação 2, substituímos o valor de $x = 20 - y$.
$3x + 4y = 72$
$3(20 - y) + 4y = 72$
$60 - 3y + 4y = 72$
$-3y + 4y = 72 - 60$
y = 12
Para descobrir o valor de x, substituir y por 12 na equação:
$x = 20 - y$.
$x = 20 - y$
$x = 20 - 12$
x = 8
Portanto, a solução do sistema é S = (8, 12)

▷ **Método da adição**

Este método consiste em adicionar as duas equações de tal forma que a soma de uma das incógnitas seja zero. Para que isso aconteça, será preciso que multipliquemos as duas equações ou apenas uma equação por números inteiros para que a soma de uma das incógnitas seja zero.

Dado o sistema:
$\begin{cases} x + y = 20 \\ 3x - 4y = 72 \end{cases}$

Para adicionar as duas equações e a soma de uma das incógnitas de zero, teremos que multiplicar a primeira equação por -3.

$\begin{cases} x + y = 20 \quad \boxed{(-3)} \\ 3x - 4y = 72 \end{cases}$

Agora, o sistema fica assim:
$\begin{cases} -3x - 3y = -60 \\ 3x + 4y = 72 \end{cases}$

Adicionando as duas equações:
$-3x - 3y = -60$
$+ 3x + 4y = 72$
y = 12
Para descobrir o valor de x, escolher uma das duas equações e substituir o valor de y encontrado:
$x + y = 20$
$x + 12 = 20$
$x = 20 - 12$
x = 8
Portanto, a solução desse sistema é: S = (8, 12)

Inequação

Uma inequação do 1º grau na incógnita x é qualquer expressão do 1º grau que pode ser escrita em uma das seguintes formas:

$$\begin{array}{|c|} \hline ax + b > 0 \\ ax + b < 0 \\ ax + b \geq 0 \\ ax + b \leq 0 \\ \hline \end{array}$$

Sendo **a**, **b** são números reais com $a \neq 0$.
$\begin{cases} -2x + 7 > 0 \\ x - 10 \leq 0 \\ 2x + 5 \leq 0 \\ 12 - x < 0 \end{cases}$

▷ **Resolvendo uma inequação de 1º grau**

Uma maneira simples de resolver uma inequação do 1º grau é isolar a incógnita x em um dos membros da desigualdade.

Resolva a inequação $-2x + 7 > 0$:
$-2x > -7 \cdot (-1)$
$2x < 7$
$x < \dfrac{7}{2}$
Logo, a solução da inequação é $x < \dfrac{7}{2}$.

Resolva a inequação $2x - 6 < 0$:
$2x < 6$
$x < \dfrac{6}{2}$
$x < 3$
Portanto, a solução da inequação é $x < 3$.

Pode-se resolver qualquer inequação do 1º grau por meio do estudo do sinal de uma função do 1º grau, com o seguinte procedimento:

- Iguala-se a expressão ax + b a zero.
- Localiza-se a raiz no eixo x.
- Estuda-se o sinal conforme o caso.

$-2x + 7 > 0$
$-2x + 7 = 0$
$x = \dfrac{7}{2}$

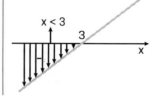

$x < 7/2$

$2x - 6 < 0$
$2x - 6 = 0$
$x = 3$

$x < 3$

6.7 Equação e função exponencial

Equação exponencial é toda equação na qual a incógnita aparece em expoente.

Para resolver equações exponenciais, devem-se realizar dois passos importantes:
- Redução dos dois membros da equação a potências de mesma base.
- Aplicação da propriedade:

$a^m = a^n \Rightarrow m = n$ ($a \neq 1$ e $a > 0$)

6.7.1 Função exponencial

Funções exponenciais são aquelas nas quais temos a variável aparecendo em expoente.

A função $f: \mathbb{R} \to \mathbb{R}_+$, definida por $f(x) = a^x$, com $a \in \mathbb{R}_+$ e $a \neq 1$, é chamada função exponencial de base a. O domínio dessa função é o conjunto $\mathbb{R}$ (reais) e o contradomínio é $\mathbb{R}_+$ (reais positivos, maiores que zero).

6.7.2 Gráfico cartesiano da função exponencial

Há dois casos a considerar:

Quando a > 1:

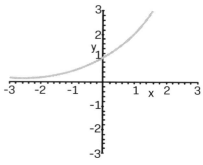

$f(x)$ é crescente e $Im = \mathbb{R}_+$

Para quaisquer x_1 e x_2 do domínio: $x_2 > x_1 \Rightarrow y_2 > y_1$ (as desigualdades têm mesmo sentido).

Quando 0 < a < 1:

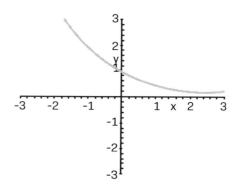

$f(x)$ é decrescente e $Im = \mathbb{R}_+$

Para quaisquer x_1 e x_2 do domínio: $x_2 > x_1 \Rightarrow y_2 < y_1$ (as desigualdades têm sentidos diferentes).

Nas duas situações, pode-se observar que:
- O gráfico nunca intercepta o eixo horizontal.
- A função não tem raízes; o gráfico corta o eixo vertical no ponto (0,1).
- Os valores de y são sempre positivos (potência de base positiva é positiva), portanto, o conjunto imagem é $Im = \mathbb{R}_+$.

6.7.3 Inequações exponenciais

Inequação exponencial é toda inequação na qual a incógnita aparece em expoente.

Para resolver inequações exponenciais, devem-se realizar dois passos:
- Redução dos dois membros da inequação a potências de mesma base.
- Aplicação da propriedade:

a > 1

$a^m > a^n \Rightarrow m > n$

(as desigualdades têm mesmo sentido)

0 < a < 1

$a^m > a^n \Rightarrow m < n$

(as desigualdades têm sentidos diferentes)

6.8 Equação e função logarítmica

6.8.1 Logaritmo

$$a^x = b \Leftrightarrow \log_a b = x$$

Sendo $b > 0$, $a > 0$ e $a \neq 1$

Na igualdade $x = \log_a b$ tem:

a = base do logaritmo

b = logaritmando ou antilogaritmo

x = logaritmo

Consequências da definição

Sendo $b > 0$, $a > 0$ e $a \neq 1$ e m um número real qualquer, em seguida, algumas consequências da definição de logaritmo:

$\log_a 1 = 0$

$\log_a a = 1$

$\log_a a^m = m$

$a^{\log_a b} = b$

$\log_a b = \log_a c \Leftrightarrow b = c$

Propriedades operatórias dos logaritmos

$\log_a (x \cdot y) = \log_a x + \log_a y$

$\log_a \left[\dfrac{x}{y}\right] = \log_a x - \log_a y$

$\log_a x^m = m \cdot \log_a x$

$\log_a \sqrt[n]{x^m} = \log_a x^{\frac{m}{n}} = \dfrac{m}{n} \cdot \log_a x$

Cologaritmo

$\operatorname{colog}_a b = \log_a \dfrac{1}{b}$

$\operatorname{colog}_a b = -\log_a b$

FUNÇÕES

Mudança de base

$$\log_a x = \frac{\log_b x}{\log_b a}$$

6.8.2 Função logarítmica

A função $f: \mathbb{R}_+ \to \mathbb{R}$, definida por $f(x) = \log_a x$, com $a \neq 1$ e $a > 0$, é chamada função logarítmica de base a. O domínio dessa função é o conjunto $\mathbb{R}_+$ (reais positivos, maiores que zero) e o contradomínio é $\mathbb{R}$ (reais).

Gráfico cartesiano da função logarítmica

Há dois casos a se considerar:

Quando a > 1:

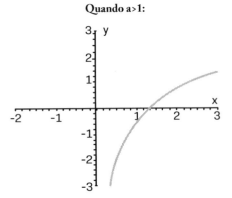

$f(x)$ é crescente e $\mathrm{Im} = \mathbb{R}$

Para quaisquer x_1 e x_2 do domínio: $x_2 > x_1 \Rightarrow y_2 < y_1$ (as desigualdades têm mesmo sentido).

Quando 0 < a < 1:

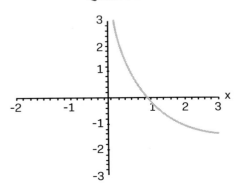

$f(x)$ é decrescente e $\mathrm{Im} = \mathbb{R}$

Para quaisquer x_1 e x_2 do domínio: $x_1 > x_2 \Rightarrow y_1 < y_2$ (as desigualdades têm sentidos diferentes).

Nas duas situações, pode-se observar que:
- O gráfico nunca intercepta o eixo vertical.
- O gráfico corta o eixo horizontal no ponto (1, 0).
- A raiz da função é $x = 1$.
- Y assume todos os valores reais, portanto, o conjunto imagem é $\mathrm{Im} = \mathbb{R}$.

6.8.3 Equações logarítmicas

Equações logarítmicas são toda equação que envolve logaritmos com a incógnita aparecendo no logaritmando, na base ou em ambos.

6.8.4 Inequações logarítmicas

Inequações logarítmicas são toda inequação que envolve logaritmos com a incógnita aparecendo no logaritmando, na base ou em ambos.

Para resolver inequações logarítmicas, devem-se realizar dois passos:
- Redução dos dois membros da inequação a logaritmos de mesma base.
- Aplicação da propriedade:

a > 1

$\log_a m > \log_a n \Rightarrow m > n > 0$

(as desigualdades têm mesmo sentido)

0 < a < 1

$\log_a m > \log_a n \Rightarrow 0 < m < n$

(as desigualdades têm sentidos diferentes)

7 TRIGONOMETRIA

Neste capítulo, estudaremos os triângulos e as relações que os envolvem.

7.1 Triângulos

O triângulo é uma das figuras mais simples e também uma das mais importantes da Geometria. O triângulo possui propriedades e definições de acordo com o tamanho de seus lados e medida dos ângulos internos.

▷ Quanto aos lados, o triângulo pode ser classificado em:
- **Equilátero**: possui todos os lados com medidas iguais.
- **Isósceles**: possui dois lados com medidas iguais.
- **Escaleno**: possui todos os lados com medidas diferentes.

▷ Quanto aos ângulos, os triângulos podem ser denominados:
- **Acutângulo**: possui os ângulos internos com medidas menores que 90°.
- **Obtusângulo**: possui um dos ângulos com medida maior que 90°.
- **Retângulo**: possui um ângulo com medida de 90°, chamado ângulo reto.

No triângulo retângulo existem importantes relações, uma delas é o **Teorema de Pitágoras**, que diz o seguinte: "A soma dos quadrados dos catetos é igual ao quadrado da hipotenusa".

$$a^2 = b^2 + c^2$$

A condição de existência de um triângulo é: um lado do triângulo ser menor do que a soma dos outros dois lados e também maior do que a diferença desses dois lados.

7.2 Trigonometria no triângulo retângulo

As razões trigonométricas básicas são relações entre as medidas dos lados do triângulo retângulo e seus ângulos. As três funções básicas da trigonometria são: seno, cosseno e tangente. O ângulo é indicado pela letra x.

Função	Notação	Definição
seno	sen(x)	medida do cateto oposto a x / medida da hipotenusa
cosseno	cos(x)	medida do cateto adjacente a x / medida da hipotenusa
tangente	tg(x)	medida do cateto oposto a x / medida do cateto adjacente a x

Relação fundamental: para todo ângulo x (medido em radianos), vale a importante relação:

$$\cos^2(x) + \text{sen}^2(x) = 1$$

7.3 Trigonometria em um triângulo qualquer

Os problemas envolvendo trigonometria são resolvidos em sua maioria por meio da comparação com triângulos retângulos. No cotidiano, algumas situações envolvem triângulos acutângulos ou triângulos obtusângulos. Nesses casos, necessitamos da Lei dos Senos ou dos Cossenos.

7.3.1 Lei dos senos

A Lei dos Senos estabelece relações entre as medidas dos lados com os senos dos ângulos opostos aos lados. Observe:

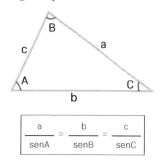

$$\frac{a}{\text{sen}A} = \frac{b}{\text{sen}B} = \frac{c}{\text{sen}C}$$

7.3.2 Lei dos cossenos

Nos casos em que não pode aplicar a Lei dos Senos, existe o recurso da Lei dos Cossenos. Ela permite trabalhar com a medida de dois segmentos e a medida de um ângulo. Dessa forma, dado um triângulo ABC de lados medindo a, b e c, temos:

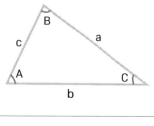

$$a^2 = b^2 + c^2 - 2 \cdot b \cdot c \cdot \cos A$$
$$b^2 = a^2 + c^2 - 2 \cdot a \cdot c \cdot \cos B$$
$$c^2 = a^2 + b^2 - 2 \cdot a \cdot b \cdot \cos C$$

7.4 Medidas dos ângulos

7.4.1 Medidas em grau

Sabe-se que uma volta completa na circunferência corresponde a 360°; se dividir em 360 arcos, haverá arcos unitários medindo 1° grau. Dessa forma, a circunferência é simplesmente um arco de 360° com o ângulo central medindo uma volta completa ou 360°.

É possível dividir o arco de 1° grau em 60 arcos de medidas unitárias iguais a 1' (arco de um minuto). Da mesma forma, podemos dividir o arco de 1' em 60 arcos de medidas unitárias iguais a 1" (arco de um segundo).

7.4.2 Medidas em radianos

Dada uma circunferência de centro O e raio R, com um arco de comprimento s e α o ângulo central do arco, vamos determinar a medida do arco em radianos de acordo com a figura a seguir:

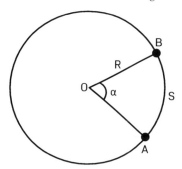

TRIGONOMETRIA

Diz-se que o arco mede um radiano se o comprimento do arco for igual à medida do raio da circunferência. Assim, para saber a medida de um arco em radianos, deve-se calcular quantos raios da circunferência são precisos para obter o comprimento do arco. Portanto:

$$\alpha = \frac{S}{R}$$

Com base nessa fórmula, podemos encontrar outra expressão para determinar o comprimento de um arco de circunferência:

$$s = \alpha \cdot R$$

De acordo com as relações entre as medidas em grau e radiano de arcos, vamos destacar uma regra de três capaz de converter as medidas dos arcos.

360° → 2π radianos (aproximadamente 6,28)
180° → π radiano (aproximadamente 3,14)
90° → π/2 radiano (aproximadamente 1,57)
45° → π/4 radiano (aproximadamente 0,785)

Medida em graus	Medida em radianos
180	π
x	a

7.5 Ciclo trigonométrico

Considerando um plano cartesiano, representados nele um círculo com centro na origem dos eixos e raios.

Divide-se o ciclo trigonométrico em quatro arcos, obtendo quatro quadrantes.

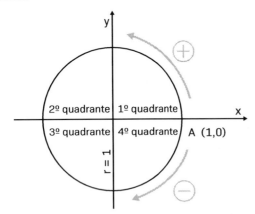

Dessa forma, obtêm-se as relações:

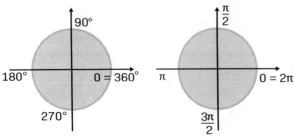

7.5.1 Razões trigonométricas

As principais razões trigonométricas são:

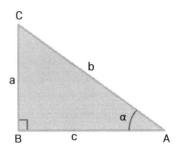

$$\text{sen } \alpha = \frac{\text{comprimento do cateto oposto}}{\text{comprimento da hitotenusa}} = \frac{a}{b}$$

$$\cos \alpha = \frac{\text{comprimento do cateto adjacente}}{\text{comprimento da hitotenusa}} = \frac{c}{b}$$

$$\text{tg } \alpha = \frac{\text{comprimento do cateto oposto}}{\text{comprimento do cateto adjacente}} = \frac{a}{b}$$

Outras razões decorrentes dessas são:

$$\text{tg } x = \frac{\text{sen } x}{\cos x}$$

$$\text{cotg } x = \frac{1}{\text{tg} x} = \frac{\cos x}{\text{sen } x}$$

$$\sec x = \frac{1}{\cos x}$$

$$\text{cossec } x = \frac{1}{\sec x}$$

A partir da relação fundamental, encontram as seguintes relações:
(sen x)² + (cos x)² = 1 = [relação fundamental da trigonometria]
1 + (cotg x)² = (cossec x)²
1 + (tg x)² = (sec x)²

7.5.2 Redução ao 1° quadrante

sen(90° − α) = cos α
cos(90° − α) = sen α
sen(90° + α) = cos α
cos(90° + α) = -sen α
sen(180° − α) = sen α
cos(180° − α) = −cos α
tg(180° − α) = −tg α
sen(180° + α) = -sen α
cos(180° + α) = −cos α
sen(270° − α) = −cos α
cos(270° − α) = -sen α
sen(270° + α) = −cos α
cos(270° + α) = sen α
sen(−α) = -sen α
cos(−α) = cos α
tg(−α) = −tg α

106

MATEMÁTICA

7.6 Funções trigonométricas

7.6.1 Função seno

Função seno é a função $f(x) = \text{sen } x$.

O domínio dessa função é R e a imagem é Im [–1,1], visto que, na circunferência trigonométrica, o raio é unitário.

Então:

- Domínio de $f(x) = \text{sen } x$; D(sen x) = R.
- Imagem de $f(x) = \text{sen } x$; Im(sen x) = [–1,1].

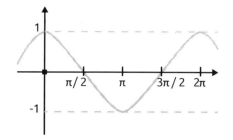

Sinal da função

$f(x) = \text{sen } x$ é positiva no 1º e 2º quadrantes (ordenada positiva).

$f(x) = \text{sen } x$ é negativa no 3º e 4º quadrantes (ordenada negativa).

- Quando $x \in \left[0, \frac{\pi}{2}\right]$: 1º quadrante, o valor de sen x cresce de 0 a 1.

- Quando $x \in \left[\frac{\pi}{2}, \pi\right]$: 2º quadrante, o valor de sen x decresce de 1 a 0.

- Quando $x \in \left[\pi, \frac{3\pi}{2}\right]$: 3º quadrante, o valor de sen x decresce de 0 a –1.

- Quando $x \in \left[\frac{3\pi}{2}, 2\pi\right]$: 4º quadrante, o valor de sen x cresce de –1 a 0.

7.6.2 Função cosseno

Função cosseno é a função $f(x) = \cos x$

O domínio dessa função também é R e a imagem é Im [–1,1]; visto que, na circunferência trigonométrica, o raio é unitário.

Então:

- Domínio de $f(x) = \cos x$; D(cos x) = R.
- Imagem de $f(x) = \cos x$; Im(cos x) = [–1,1].

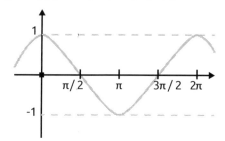

7.6.3 Sinal da função

$f(x) = \cos x$ é positiva no 1º e 4º quadrantes (abscissa positiva).

$f(x) = \cos x$ é negativa no 2º e 3º quadrantes (abscissa negativa).

- Quando $x \in \left[0, \frac{\pi}{2}\right]$: 1º quadrante, o valor de cos x cresce de 0 a 1.

- Quando $x \in \left[\frac{\pi}{2}, \pi\right]$: 2º quadrante, o valor de cos x decresce de 1 a 0.

- Quando $x \in \left[\pi, \frac{3\pi}{2}\right]$: 3º quadrante, o valor de cos x decresce de 0 a –1.

- Quando $x \in \left[\frac{3\pi}{2}, 2\pi\right]$: 4º quadrante, o valor de cos x cresce de –1 a 0.

7.6.4 Função tangente

Função tangente é a função $f(x) = \text{tg } x$.

Então:

- Domínio de $f(x)$: o domínio dessa função são todos os números reais, exceto os que zeram o cosseno, pois não existe cos x = 0
- Imagem de $f(x)$ = Im =]–∞, ∞[

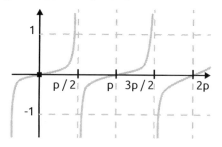

Sinal da função

$f(x) = \text{tg } x$ é positiva no 1º e 3º quadrantes (produto da ordenada pela abscissa positiva).

$f(x) = \text{tg } x$ é negativa no 2º e 4º quadrantes (produto da ordenada pela abscissa negativa).

7.6.5 Outras funções

Função secante

Denomina-se função secante a função: $f(x) = \dfrac{1}{\cos x}$

Função cossecante

Denomina-se função cossecante a função: $f(x) = \dfrac{1}{\text{sen } x}$

Função cotangente

Denomina-se função cotangente a função: $f(x) = \dfrac{1}{\text{tg } x}$

7.7 Identidades e operações trigonométricas

As mais comuns são:

$\text{sen}(a + b) = \text{sen } a \cdot \cos b + \text{sen } b \cdot \cos a$

$\text{sen}(a - b) = \text{sen } a \cdot \cos b - \text{sen } b \cdot \cos a$

$\cos(a + b) = \cos a \cdot \cos b - \text{sen } a \cdot \cos b$

$\cos(a - b) = \cos a \cdot \cos b + \text{sen } a \cdot \cos b$

$\text{tg }(a + b) = \dfrac{\text{tg}a + \text{tg}b}{1 - \text{tg}a \cdot \text{tg}b}$

$\text{tg }(a - b) = \dfrac{\text{tg}a - \text{tg}b}{1 + \text{tg}a \cdot \text{tg}b}$

$\text{sen}(2x) = 2 \cdot \text{sen}(x) \cdot \cos(x)$

$\cos(2x) = \cos^2(x) - \text{sen}^2(x)$

$\text{tg}(2x) = \left(\dfrac{2 \cdot \text{tg}(x)}{1 - \text{tg}^2(x)} \right)$

$\text{sen}(x) + \text{sen}(y) = 2 \cdot \text{sen}\left(\dfrac{x+y}{2}\right) \cdot \cos\left(\dfrac{x-y}{2}\right)$

$\text{sen}(x) - \text{sen}(y) = 2 \cdot \text{sen}\left(\dfrac{x-y}{2}\right) \cdot \cos\left(\dfrac{x+y}{2}\right)$

$\cos(x) + \cos(y) = 2 \cdot \cos\left(\dfrac{x+y}{2}\right) \cdot \cos\left(\dfrac{x-y}{2}\right)$

$\cos(x) - \cos(y) = 2 \cdot \text{sen}\left(\dfrac{x+y}{2}\right) \cdot \text{sen}\left(\dfrac{x-y}{2}\right)$

7.8 Bissecção de arcos ou arco metade

Também temos a fórmula do arco metade para senos, cossenos e tangentes:

$\sin\left(\dfrac{a}{2}\right) = \pm \sqrt{\dfrac{1 - \cos(a)}{2}}$

$\cos\left(\dfrac{a}{2}\right) = \pm \sqrt{\dfrac{1 + \cos(a)}{2}}$

$\tan\left(\dfrac{a}{2}\right) = \pm \sqrt{\dfrac{1 - \cos(a)}{1 + \cos(a)}}$

MATEMÁTICA

8 ANÁLISE COMBINATÓRIA

As primeiras atividades matemáticas estavam ligadas à contagem de objetos de um conjunto, enumerando seus elementos.

Vamos estudar algumas técnicas para a descrição e contagem de casos possíveis de um acontecimento.

8.1 Definição

A análise combinatória é utilizada para descobrir o **número de maneiras possíveis** para realizar determinado evento, sem que seja necessário demonstrar essas maneiras.

> Quantos são os pares formados pelo lançamento de dois **dados** simultaneamente?
>
> No primeiro dado, temos 6 possibilidades – do 1 ao 6 – e, no segundo dado, também temos 6 possibilidades – do 1 ao 6. Juntando todos os pares formados, temos 36 pares (6 · 6 = 36).
>
> (1,1), (1,2), (1,3), (1,4), (1,5), (1,6),
> (2,1), (2,2), (2,3), (2,4), (2,5), (2,6),
> (3,1), (3,2), (3,3), (3,4), (3,5), (3,6),
> (4,1), (4,2), (4,3), (4,4), (4,5), (4,6),
> (5,1), (5,2), (5,3), (5,4), (5,5), (5,6),
> (6,1), (6,2), (6,3), (6,4), (6,5), (6,6).
>
> Logo, temos **36 pares**.

Não há necessidade de expor todos os pares formados, basta que saibamos quantos pares existem.

Imagine se fossem 4 dados e quiséssemos saber todas as quadras possíveis, o resultado seria 1.296 quadras. Um número inviável de ser representado. Por isso utilizamos a análise combinatória.

Para resolver as questões de análise combinatória, utilizamos algumas técnicas, que veremos a seguir.

8.2 Fatorial

É comum, nos problemas de contagem, calcularmos o produto de uma multiplicação cujos fatores são números naturais consecutivos. Fatorial de um número (natural) é a multiplicação deste número por todos os seus antecessores, em ordem, até o número 1 ·

$$n! = n(n-1)(n-2)...3.2.1, \text{ sendo } n \in \mathbb{N} \text{ e } n > 1.$$

Por definição, temos:
- $0! = 1$
- $1! = 1$
- $4! = 4 \cdot 3 \cdot 2 \cdot 1 = 24$
- $6! = 6 \cdot 5 \cdot 4 \cdot 3 \cdot 2 \cdot 1 = 720$
- $8! = 8 \cdot 7 \cdot 6 \cdot 5 \cdot 4 \cdot 3 \cdot 2 \cdot 1 = 40.320$

Observe que:
- $6! = 6 \cdot 5 \cdot 4!$
- $8! = 8 \cdot 7 \cdot 6!$

Para n = 0, teremos: 0! = 1.
Para n = 1, teremos: 1! = 1.

> Qual deve ser o valor numérico de n para que a equação (n + 2)! = 20 · n! seja verdadeira?
>
> O primeiro passo na resolução deste problema consiste em escrevermos **(n + 2)!** em função de **n!**, em busca de uma equação que não mais contenha fatoriais:
>
> (n+2)(n+1) n! = 20n!, dividindo por n!, tem os:
> (n+2)(n+1) = 20, fazendo a distributiva.
> $n^2 + 3n + 2 = 20 \Rightarrow n^2 + 3n - 18 = 0$

> Conclui-se que as raízes procuradas são **-6** e **3**, mas como não existe fatorial de números negativos, já que eles não pertencem ao conjunto dos números naturais, ficamos apenas com a raiz igual a **3**.
>
> Portanto:
> O valor numérico de n, para que a equação seja verdadeira, é igual a 3.

8.3 Princípio fundamental da contagem (PFC)

O PFC é utilizado nas questões em que os elementos podem ser repetidos **ou** quando a ordem dos elementos fizer diferença no resultado.

É uma das técnicas mais importantes e uma das mais utilizadas nas questões de análise combinatória.

> **Fique ligado**
>
> Esses elementos são os dados das questões, os valores envolvidos.

Consiste de dois princípios: o **multiplicativo** e o **aditivo**. A diferença dos dois consiste nos termos utilizados durante a resolução das questões.

Multiplicativo: usado sempre que na resolução das questões utilizarmos o termo e. Como o próprio nome já diz, faremos multiplicações.

Aditivo: usado quando utilizarmos o termo **ou**. Aqui realizaremos somas.

> Quantas senhas de 3 algarismos são possíveis com os algarismos 1, 3, 5 e 7?
>
> Como nas senhas os algarismos podem ser repetidos, para formar senhas de 3 algarismos temos a seguinte possibilidade:
>
> SENHA = Algarismo E Algarismo E Algarismo
>
> Nº de SENHAS = 4 · 4 · 4 (já que são 4 os algarismos que temos na questão, e observe o princípio multiplicativo no uso do e). Nº de SENHAS = 64.

> Quantos são os números naturais de dois algarismos que são múltiplos de 5?
>
> Como o zero à esquerda de um número não é significativo, para que tenhamos um número natural com dois algarismos, ele deve começar com um dígito de 1 a 9. Temos, portanto, 9 possibilidades.
>
> Para que o número seja um múltiplo de 5, ele deve terminar em 0 ou 5, portanto, temos apenas 2 possibilidades. A multiplicação de 9 por 2 nos dará o resultado desejado. Logo: são 18 os números naturais de dois algarismos e múltiplos de 5.

8.4 Arranjo e combinação

Duas outras técnicas usadas para resolução de problemas de análise combinatória, sendo importante saber quando usa cada uma delas.

Arranjo: usado quando os elementos (envolvidos no cálculo) não podem ser repetidos E quando a ordem dos elementos faz diferença no resultado.

A fórmula do arranjo é:

$$A_{n,p} = \frac{n!}{(n \cdot p)!}$$

Sendo:
- **n** = todos os elementos do conjunto.
- **p** = os elementos utilizados.
  pódio de competição

109

ANÁLISE COMBINATÓRIA

Combinação: usado quando os elementos (envolvidos no cálculo) não podem ser repetidos E quando a ordem dos elementos não faz diferença no resultado.

A fórmula da combinação é:

$$C_{n,p} = \frac{n!}{p! \cdot (n-p)!}$$

Sendo:

n = a todos os elementos do conjunto.

p = os elementos utilizados.

| salada de fruta.

8.5 Permutação

8.5.1 Permutação simples

Seja **E** um conjunto com **n** elementos. Chama-se permutação simples dos **n** elementos, qualquer agrupamento (sequência) de **n** elementos distintos de **E** em outras palavras. Permutação é a **organização** de **todos** os elementos

Podemos, também, interpretar cada permutação de **n** elementos como um arranjo simples de **n** elementos tomados **n** a **n**, ou seja, p = n.

Nada mais é do que um caso particular de arranjo cujo p = n.

Logo:

Assim, a fórmula da permutação é:

$$P_n = n!$$

| Quantos anagramas tem a palavra prova?
| A palavra **prova** tem 5 letras, e nenhuma repetida, sendo assim
| n = 5, é:
| P5 = 5!
| P5 = 5 · 4 · 3 · 2 · 1
| P5 = 120 anagramas

Fique ligado

As permutações são muito usadas nas questões de anagramas. Anagramas são palavras formadas com todas as letras de uma palavra, desde que essas novas palavras tenham sentido ou não na linguagem comum.

8.5.2 Permutação com elementos repetidos

Na permutação com elementos repetidos, usa-se a seguinte fórmula:

$$P_n^{k,y,...,w} = \frac{n!}{k! \cdot y! \cdot ... \cdot w!}$$

Sendo:

n = o número total de elementos do conjunto.

k, y, w = as quantidades de elementos repetidos.

| Quantos anagramas tem a palavra concurso?
| Observe que na palavra **concurso** existem duas letras repetidas, C e O, e cada uma duas vezes, portanto, n = 8, k = 2 e y = 2, sendo:

$$P_8^{2,2} = \frac{8!}{2! \cdot 2!}$$

$$P_8^{2,2} = \frac{8 \cdot 7 \cdot 6 \cdot 5 \cdot 4 \cdot 3 \cdot 2!}{2 \cdot 1 \cdot 2!} \text{ (Simplificando o 2!)}$$

$$P_8^{2,2} = \frac{20.160}{2}$$

$$P_8^{2,2} = 10.080 \text{ anagramas}$$

Resumo:

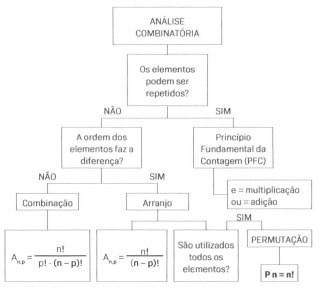

Para saber qual das técnicas utilizar, faça duas, no máximo, três perguntas para a questão, como segue:

Os elementos podem ser repetidos?

Se a resposta for sim, deve-se trabalhar com o PFC; se a resposta for não, passe para a próxima pergunta.

A ordem dos elementos faz diferença no resultado da questão?

Se a resposta for sim, trabalha-se com arranjo; se a resposta for não, trabalha-se com as combinações (todas as questões de arranjo podem ser feitas por PFC).

Vou utilizar todos os elementos para resolver a questão? (opcional)

Para fazer a 3ª pergunta, dependerá se a resposta da 1ª for não e a 2ª for sim; se a resposta da 3ª for sim, trabalha-se com as permutações.

8.5.3 Permutações circulares e combinações com repetição

Casos especiais dentro da análise combinatória

Permutação circular: usada quando houver giro horário ou anti-horário. Na permutação circular o que importa são as posições, não os lugares.

$$PC_n = (n-1)!$$

Sendo:

n = o número total de elementos do conjunto.

Pc = permutação circular.

Combinação com repetição: usada quando p > n ou quando a questão deixar subentendido que pode haver repetição.

$$A_{n,p} = C_{(n+p-1,p)} = \frac{(n+p-1)!}{p! \cdot (n-1)!}$$

Sendo:

n = o número total de elementos do conjunto.

p = o número de elementos utilizados.

Cr = combinação com repetição.

PROBABILIDADE

9 PROBABILIDADE

A que temperatura a água entra em ebulição? Ao soltar uma bola, com que velocidade ela atinge o chão? Ao conhecer certas condições, é perfeitamente possível responder a essas duas perguntas, antes mesmo da realização desses experimentos.

Esses experimentos são denominados determinísticos, pois neles os resultados podem ser previstos.

Considere agora os seguintes experimentos:
- No lançamento de uma moeda, qual a face voltada para cima?
- No lançamento de um dado, que número saiu?
- Uma carta foi retirada de um baralho completo. Que carta é essa?

Mesmo se esses experimentos forem repetidos várias vezes, nas mesmas condições, não poderemos prever o resultado.

Um experimento cujo resultado, mesmo que único, é imprevisível, é denominado experimento aleatório. E é justamente ele que nos interessa neste estudo. Um experimento ou fenômeno aleatório apresenta as seguintes características:
- Pode se repetir várias vezes nas mesmas condições.
- É conhecido o conjunto de todos os resultados possíveis.
- Não se pode prever o resultado.

A teoria da probabilidade surgiu para nos ajudar a medir a chance de ocorrer determinado resultado em um experimento aleatório.

9.1 Definições

Para o cálculo das probabilidades, temos que saber primeiro os três conceitos básicos acerca do tema:

> **Fique ligado**
> Maneiras possíveis de se realizar determinado evento (análise combinatória).
> ≠ (diferente)
> Chance de determinado evento ocorrer (probabilidade).

Experimento aleatório: é o experimento em que não é possível garantir o resultado, mesmo que esse seja feito diversas vezes nas mesmas condições.

> **Lançamento de uma moeda**: ao lançar uma moeda os resultados possíveis são cara ou coroa, mas não tem como garantir qual será o resultado desse lançamento.
> **Lançamento de um dado**: da mesma forma que a moeda, não temos como garantir qual é o resultado (1, 2, 3, 4, 5 e 6) desse lançamento.

Espaço amostral (Ω) ou (U): é o conjunto de todos os resultados possíveis para um experimento aleatório.

> **Na moeda**: o espaço amostral na moeda é Ω = 2, pois só temos dois resultados possíveis para esse experimento, que é ou cara ou coroa.
> **No dado**: o espaço amostral no dado é U = 6, pois temos do 1 ao 6, como resultados possíveis para esse experimento.

Evento: qualquer subconjunto do espaço amostral é chamado evento.

> No lançamento de um dado, por exemplo, em relação à face voltada para cima, podemos ter os eventos:
> **O número par**: {2, 4, 6}.
> **O número ímpar**: {1, 3, 5}.
> **Múltiplo de 8**: { }.

9.2 Fórmula da probabilidade

Considere um experimento aleatório em que para cada um dos n eventos simples, do espaço amostral U, a chance de ocorrência é a mesma. Nesse caso, o cálculo da probabilidade de um evento qualquer dado pela fórmula:

$$P(A) = \frac{n(A)}{n(U)}$$

Na expressão acima, **n(U)** é o número de elementos do espaço amostral **U** e **n(A)**, o número de elementos do evento **A**.

$$P = \frac{evento}{espaço\ amostral}$$

Os valores da probabilidade variam de 0 (0%) a 1 (100%).

Quando a probabilidade é de 0 (0%), diz-se que o evento é impossível.
| Chance de você não passar num concurso.

Quando a probabilidade é de 1 (100%), diz-se que o evento é certo.
| Chance de você passar num concurso.

Qualquer outro valor entre 0 e 1, caracteriza-se como a probabilidade de um evento.

Na probabilidade também se usa o PFC, ou seja, sempre que houver duas ou mais probabilidades ligadas pelo conectivo e elas serão multiplicadas, e quando for pelo ou, elas serão somadas.

9.3 Eventos complementares

Dois eventos são ditos **complementares** quando a chance do evento ocorrer somado à chance de ele não ocorrer sempre dá 1.

$$P(A) + P(\bar{A}) = 1$$

Sendo:
- **P(A)** = a probabilidade do evento ocorrer.
- **P(Ā)** = a probabilidade do evento não ocorrer.

9.4 Casos especiais de probabilidade

A partir de agora, veremos algumas situações típicas da probabilidade, que servem para não perdermos tempo na resolução das questões.

9.4.1 Eventos independentes

Dois ou mais eventos são independentes quando não dependem uns dos outros para acontecer, porém ocorrem simultaneamente. Para calcular a probabilidade de dois ou mais eventos independentes, multiplicar a probabilidade de cada um deles.

> Uma urna tem 30 bolas, sendo 10 vermelhas e 20 azuis. Se sortear 2 bolas, 1 de cada vez e repondo a sorteada na urna, qual será a probabilidade de a primeira ser vermelha e a segunda ser azul?
> Sortear uma bola vermelha da urna não depende de uma bola azul ser sorteada e vice-versa, então a probabilidade da bola ser vermelha é $\frac{10}{30}$, e para a bola ser azul a probabilidade é $\frac{20}{30}$. Dessa forma, a probabilidade de a primeira bola ser vermelha e a segunda azul é:

$$P = \frac{20}{30} \cdot \frac{10}{30}$$

$$P = \frac{200}{900}$$

$$P = \frac{2}{9}$$

9.4.2 Probabilidade condicional

É a probabilidade de um evento ocorrer, sabendo que já ocorreu outro, relacionado a esse.

A fórmula para o cálculo dessa probabilidade é:

$$P_{A/B} = \frac{P(A \cap B)}{P_B}$$

$$P = \frac{\text{probabilidade dos eventos simultâneos}}{\text{probabilidade do evento condicional}}$$

9.4.3 Probabilidade da união de dois eventos

Assim como na teoria de conjuntos, faremos a relação com a fórmula do número de elementos da união de dois conjuntos. É importante lembrar o que significa união.

A fórmula para o cálculo dessa probabilidade é:

$$P(A \cup B) = P(A) + P(B) - P(A \cap B)$$

Ao lançar um dado, qual é a probabilidade de obter um número primo ou um número ímpar?

Os números primos no dado são 2, 3 e 5, já os números ímpares no dado são 1, 3 e 5, então os números primos e ímpares são 3 e 5. Ao aplicar a fórmula para o cálculo da probabilidade fica:

$$P_{(A \cup B)} = \frac{3}{6} + \frac{3}{6} - \frac{2}{6}$$

$$P_{(A \cup B)} = \frac{4}{6}$$

$$P_{(A \cup B)} = \frac{2}{3}$$

9.4.4 Probabilidade binomial

Essa probabilidade é a chamada probabilidade estatística e será tratada aqui de forma direta e com o uso da fórmula.

A fórmula para o cálculo dessa probabilidade é:

$$P = C_{n,s} \cdot P_{sucesso}^{s} \cdot P_{fracasso}^{f}$$

Sendo:
- **C** = o combinação.
- **n** = o número de repetições do evento.
- **s** = o número de sucessos desejados.
- **f** = o número de fracassos.

SEQUÊNCIAS NUMÉRICAS

10 SEQUÊNCIAS NUMÉRICAS

Neste capítulo, conheceremos a formação de uma sequência e também do que trata a P.A. (Progressão Aritmética) e a P.G. (Progressão Geométrica).

10.1 Definições

Sequências: conjunto de elementos organizados de acordo com certo padrão, ou seguindo determinada regra. O conhecimento das sequências é fundamental para a compreensão das progressões.

Progressões: são sequências numéricas com algumas características exclusivas.

Cada elemento das sequências e/ou progressões são denominados termos.

Sequência dos números quadrados perfeitos: (1, 4, 9, 16, 25, 36, 49, 64, 81, 100...).

Sequência dos números primos: (2, 3, 5, 7, 11, 13, 17, 19, 23, 29, 31, 37, 41, 43, 47, 53...).

O que determina a formação na sequência dos números é: $a_n = n^2$.

10.2 Lei de formação de uma sequência

Para determinar uma sequência numérica é preciso uma lei de formação. A lei que define a sequência pode ser a mais variada possível.

> A sequência definida pela lei $a_n = n^2 + 1$, com $n \in \mathbb{N}$, cujo a_n é o termo que ocupa a n-ésima posição na sequência é: 0, 2, 5, 10, 17, 26... Por esse motivo, a_n é chamado de termo geral da sequência.

10.3 Progressão aritmética (P.A.)

Progressão aritmética é uma sequência numérica em que cada termo, a partir do segundo, é igual ao anterior adicionado a um número fixo, chamado razão da progressão (r).

Quando $r > 0$, a progressão aritmética é crescente; quando $r < 0$, decrescente e quando $r = 0$, constante ou estacionária.

- (2, 5, 8, 11, ...), temos r = 3. Logo, a P.A. é crescente.
- (20, 18, 16, 14, ...), temos r = -2. Logo, a P.A. é decrescente.
- (5, 5, 5, 5, ...), temos r = 0. Logo, a P.A. é constante.

A representação matemática de uma progressão aritmética é: $(a_1, a_2, a_3, ..., a_n, a_{n+1}, ...)$ na qual:

$$\begin{cases} a_2 = a_1 + r \\ a_3 = a_2 + r \\ a_4 = a_3 + r \\ \vdots \end{cases}$$

Se a razão de uma P.A. é a quantidade que acrescentamos a cada termo para obter o seguinte, podemos dizer que ela é igual à diferença entre qualquer termo, a partir do segundo, e o anterior. Assim, de modo geral, temos:

$$r = a_2 - a_1 = a_3 - a_2 = ... = a_{n+1} - a_n$$

Para encontrar um termo específico, a quantidade de termos ou até mesmo a razão de uma P.A., dispomos de uma relação chamada termo geral de uma P.A.: $a_n = a_1 + (n-1)r$, onde:

- a_n é o termo geral.
- a_1 é o primeiro termo.
- n é o número de termos.
- r é a razão da P.A.

Propriedades:

P_1. Em toda P.A. finita, a soma de dois termos equidistantes dos extremos é igual à soma dos extremos.

```
1      3      5      7      9      11
              5 + 7 = 12
       3 + 9 = 12
1 + 11 = 12
```

Dois termos são equidistantes quando a distância entre um deles para o primeiro termo da P.A. é igual a distância do outro para o último termo da P.A.

P_2. Uma sequência de três termos é P.A. se o termo médio é igual à média aritmética entre os outros dois, isto é, (a, b, c) é P.A. $\Leftrightarrow b = \dfrac{a+c}{2}$

> Seja a P.A. (2, 4, 6), então, $4 = \dfrac{2+6}{2}$

P_3. Em uma P.A. com número ímpar de termos, o termo médio é a média aritmética entre os extremos.

> (3, 6, 9, 12, 15, 18, 21, 24, 27, 30, 33, 36, 39), $21 = \dfrac{3+39}{2}$

P_4. A soma S_n dos n primeiros termos da P.A. $(a_1, a_2, a_3,...a_n)$ é dada por:

$$S_n = \dfrac{(a_1 + a_n)}{2} \cdot n$$

> Calcule a soma dos temos da P.A. (1, 4, 7, 10, 13, 16, 19, 22, 25).
> $a_1 = 1$; $a_n = 25$; $n = 9$
>
> $S_n = \dfrac{(a_1 + a^n) \cdot n}{2}$
>
> $S_n = \dfrac{(1 + 25) \cdot 9}{2}$
>
> $S_n = \dfrac{(26) \cdot 9}{2}$
>
> $S_n = \dfrac{234}{2}$
>
> $S_n = 117$

10.3.1 Interpolação aritmética

Interpolar significa inserir termos, ou seja, interpolação aritmética é a colocação de termos entre os extremos de uma P.A. Consiste basicamente em descobrir o valor da razão da P.A. e inserir esses termos.

Utiliza-se a fórmula do termo geral para a resolução das questões, em que **n** será igual a **k + 2**, cujo **k** é a quantidade de termos que se quer interpolar.

> Insira 5 termos em uma P.A. que começa com 3 e termina com 15.
> $a_1 = 3$; $a_n = 15$; $k = 5$ e
> $n = 5 + 2 = 7$
> $a_n = a_1 + (n - 1) \cdot r$
> $15 = 3 + (7 - 1) \cdot r$
> $15 = 3 + 6r$
> $6r = 15 - 3$
> $6r = 12$
> $r = \dfrac{12}{6}$
>
> $r = 2$
> Então, P.A.
> (3, 5, 7, 9, 11, 13, 15)

10.4 Progressão geométrica (P.G.)

Progressão geométrica é uma sequência de números não nulos em que cada termo, a partir do segundo, é igual ao anterior multiplicado por um número fixo, chamado razão da progressão (q).

A representação matemática de uma progressão geométrica é $(a_1, a_2, a_3, \ldots, a_{n-1}, a_n)$, na qual $a_2 = a_1 \cdot q$, $a_3 = a_2 \cdot q, \ldots$ etc. De modo geral, escrevemos: $a_{n+1} = a_n \cdot q$, $\forall\, n \in \mathbb{N}^*$ e $q \in \mathbb{R}$.

Em uma P.G., a razão q é igual ao quociente entre qualquer termo, a partir do segundo, e o anterior.

$$(4, 8, 16, 32, 64)$$
$$q = \frac{8}{4} = \frac{16}{8} = \frac{32}{16} = \frac{64}{32} = 2$$
$$(6, -18, 54, -162)$$
$$q = \frac{186}{6} = \frac{54}{-18} = \frac{-162}{54} = -3$$

Assim, podemos escrever:

$$\frac{a_2}{a_1} = \frac{a_3}{a_2} = \ldots = \frac{a_{n+1}}{a_n} = q, \text{ sendo q a razão da P.G.}$$

Podemos classificar uma P.G. como:

Crescente:

Quando $a_1 > 0$ e $q > 1$

| $(2, 6, 18, 54, \ldots)$ é uma P.G. crescente com $a_1 = 2$ e $q = 3$

Quando $a_1 < 0$ e $0 < q < 1$

| $(-40, -20, -10, \ldots)$ é uma P.G. crescente com $a_1 = -40$ e $q = 1/2$

Decrescente:

Quando $a_1 > 0$ e $0 < q < 1$

| $(256, 64, 16, \ldots)$ é uma P.G. decrescente com $a_1 = 256$ e $q = 1/4$

Quando $a_1 < 0$ e $q > 1$

| $(-2, -10, -50, \ldots)$ é uma P.G. decrescente com $a_1 = -2$ e $q = 5$

Constante:

Quando $q = 1$

| $(3, 3, 3, 3, \ldots)$ é uma P.G. constante com $a_1 = 3$ e $q = 1$

Alternada:

Quando $q < 0$

| $(2, -6, 18, -54)$ é uma P.G. alternada com $a_1 = 2$ e $q = -3$

A fórmula do termo geral de uma P.G. nos permite encontrar qualquer termo da progressão.

$$a_n = a_1 \cdot q^{n-1}$$

Propriedades:

P_1. Em toda P.G. finita, o produto de dois termos equidistantes dos extremos é igual ao produto dos extremos.

```
1    3    9    27    81    243
          |_____|
            9 · 27 = 243
     |_____|
          3 · 81 = 243
|_____|
          1 · 243 = 243
```

Dois termos são equidistantes quando a distância de um deles para o primeiro termo P.G. é igual a distância do outro para o último termo da P.G.

P_2. Uma sequência de três termos, em que o primeiro é diferente de zero, é uma P.G., e sendo o quadrado do termo médio igual ao produto dos outros dois, isto é, $a \neq 0$.

| (a, b, c) é P.G. $\Leftrightarrow b^2 = ac$
| $(2, 4, 8) \Leftrightarrow 4^2 = 2 \cdot 8 = 16$

P_3. Em uma P.G. com número ímpar de termos, o quadrado do termo médio é igual ao produto dos extremos.

| $(2, 4, 8, 16, 32, 64, 128, 256, 512)$, temos que $32^2 = 2 \cdot 512 = 1.024$.

P_4. Soma dos n primeiros termos de uma P.G.: $S_n = \dfrac{a_1(q^n - 1)}{q - 1}$

P_5. Soma dos termos de uma P.G. infinita:

$$\left| \begin{array}{l} S_\infty = \dfrac{a_1}{q - 1}, \text{ se } -1 < q < 1 \\ 1 - q \end{array} \right.$$

- $S_\infty = +\infty$, se $q > 1$ e $a_1 > 0$
- $S_\infty = -\infty$, se $q > 1$ e $a_1 < 0$

10.4.1 Interpolação geométrica

Interpolar significa inserir termos, ou seja, interpolação geométrica é a colocação de termos entre os extremos de uma P.G. Consiste basicamente em descobrir o valor da razão da P.G. e inserir esses termos.

Utiliza-se a fórmula do termo geral para a resolução das questões, em que **n** será igual a **p + 2**, cujo **p** é a quantidade de termos que se quer interpolar.

Insira 4 termos em uma P.G. que começa com 2 e termina com 2.048.

$a_1 = 2$; $a_n = 2.048$; $p = 4$ e $n = 4 + 2 = 6$
$a_n = a_1 \cdot q^{(n-1)}$
$2.048 = 2 \cdot q^{(6-1)}$
$2.048 = 2 \cdot q^5$
$q^5 = \dfrac{2.048}{2}$
$q^5 = 1.024$ ($1.024 = 4^5$)
$q^5 = 4^5$
$q = 4$
P.G. $(2, \mathbf{8, 32, 128, 512}, 2.048)$.

10.4.2 Produto dos termos de uma P.G.

Para o cálculo do produto dos termos de uma P.G., usar a seguinte fórmula:

$$P_n = \sqrt{(a_1 \cdot a_n)^n}$$

Qual o produto dos termos da P.G. $(5, 10, 20, 40, 80, 160)$?
$a_1 = 5$; $a_n = 160$; $n = 6$
$P_n = \sqrt{(a_1 \cdot a_n)^n}$
$P_n = \sqrt{(5 \cdot 160)^6}$
$P_n = (5 \cdot 160)^3$
$P_n = (800)^3$
$P_n = 512.000.000$

11 MATRIZES

Matriz: é uma tabela que serve para organizar dados numéricos em linhas e colunas.

Nas matrizes, cada número é chamado de elemento da matriz, as filas horizontais são chamadas **linhas** e as filas verticais são chamadas **colunas**.

$$\begin{bmatrix} 1 & 4 & 7 \\ 13 & -1 & 18 \end{bmatrix} \rightarrow \text{Linha}$$

$$\downarrow \text{Coluna}$$

No exemplo, a matriz apresenta 2 linhas e 3 colunas. Dizemos que essa matriz é do tipo 2x3 (2 linhas e 3 colunas). Lê-se dois por três.

11.1 Representação de uma matriz

Uma matriz pode ser representada por parênteses ( ) ou colchetes [ ], com seus dados numéricos inseridos dentro desses símbolos matemáticos. Cada um desses dados, ocupam uma posição definida por uma linha e coluna.

A nomenclatura da matriz se dá por uma letra maiúscula. De modo geral, uma matriz A de m linhas e n colunas (m x n) pode ser representada da seguinte forma:

$$A = \begin{bmatrix} a_{11} & a_{12} & a_{13} & ... & a_{1n} \\ a_{21} & a_{22} & a_{23} & ... & a_{2n} \\ a_{31} & a_{32} & a_{33} & ... & a_{3n} \\ .... \\ a_{m1} & a_{m2} & a_{m3} & a_{mn} \end{bmatrix}_{m \times n} \text{com m, n} \in \mathbb{N}^*$$

Abreviadamente:

$$A_{m \times n} = [a_{ij}]_{m \times n}$$

Com: $i \in \{1, 2, 3, ..., m\}$ e $j \in \{1, 2, 3, ..., n\}$

No qual, a_{ij} é o elemento da i linha com a j coluna.

$$B_{3 \times 2} = \begin{pmatrix} 4 & 7 \\ 6 & 8 \\ 18 & 10 \end{pmatrix} \text{matriz de ordem 3 x 2}$$

$$C_{2 \times 2} = \begin{pmatrix} 2 & 13 \\ 18 & 28 \end{pmatrix} \begin{array}{l} \text{matriz quadrada de ordem 2 x 2} \\ \text{ou somente 2} \end{array}$$

11.2 Lei de formação de uma matriz

As matrizes possuem uma lei de formação que define seus elementos a partir da posição (linha e coluna) de cada um deles na matriz, e podemos assim representar:

$D = (d_{ij})_{3 \times 3}$ em que $d_{ij} = 2i - j$

$$D = \begin{pmatrix} d_{11} = 2 \cdot (1) - 1 = 1 & d_{12} = 2 \cdot (1) - 2 = 0 & d_{13} = 2 \cdot (1) - 3 = -1 \\ d_{21} = 2 \cdot (2) - 1 = 3 & d_{22} = 2 \cdot (2) - 2 = 2 & d_{23} = 2 \cdot (2) - 3 = 1 \\ d_{31} = 2 \cdot (3) - 1 = 5 & d_{32} = 2 \cdot (3) - 2 = 4 & d_{33} = 2 \cdot (3) - 3 = 3 \end{pmatrix}$$

$$= \begin{pmatrix} 1 & 0 & -1 \\ 3 & 2 & 1 \\ 5 & 4 & 3 \end{pmatrix}$$

Logo: $D = \begin{pmatrix} 1 & 0 & -1 \\ 3 & 2 & 1 \\ 5 & 4 & 3 \end{pmatrix}$

11.3 Tipos de matrizes

Existem alguns tipos de matrizes mais comuns e usados nas questões de concursos são eles:

▷ **Matriz linha:** é aquela que possui somente uma linha.

$A_{1 \times 3} = \begin{bmatrix} 4 & 7 & 10 \end{bmatrix}$

▷ **Matriz coluna:** é aquela que possui somente uma coluna.

$$B_{3 \times 1} = \begin{bmatrix} 6 \\ 13 \\ 22 \end{bmatrix}$$

▷ **Matriz nula**: é aquela que possui todos os elementos nulos ou zero.

$$C_{2 \times 3} = \begin{bmatrix} 0 & 0 & 0 \\ 0 & 0 & 0 \end{bmatrix}$$

▷ **Matriz quadrada:** é aquela que possui o número de linhas igual ao número de colunas.

$$D_{3 \times 3} = \begin{bmatrix} 2 & 4 & 7 \\ 13 & 10 & 18 \\ 32 & 29 & 1 \end{bmatrix}$$

- **Características das matrizes quadradas:** possuem diagonal principal e secundária.

$$A_{3 \times 3} = \begin{bmatrix} \mathbf{1} & 2 & 3 \\ 2 & \mathbf{4} & 6 \\ 3 & 6 & \mathbf{9} \end{bmatrix} \textbf{diagonal principal}$$

$$A_{3 \times 3} = \begin{bmatrix} 1 & 2 & \mathbf{3} \\ 2 & \mathbf{4} & 6 \\ \mathbf{3} & 6 & 9 \end{bmatrix} \textbf{diagonal secundária}$$

▷ **Matriz identidade:** é toda a matriz quadrada que os elementos da diagonal principal são iguais a um e os demais são zeros.

$$A_{3 \times 3} = \begin{bmatrix} \mathbf{1} & 0 & 0 \\ 0 & \mathbf{1} & 0 \\ 0 & 0 & \mathbf{1} \end{bmatrix}$$

▷ **Matriz diagonal:** é toda a matriz quadrada que os elementos da diagonal principal são diferentes de zero e os demais são zeros.

$$A_{3 \times 3} = \begin{bmatrix} \mathbf{1} & 0 & 0 \\ 0 & \mathbf{4} & 0 \\ 0 & 0 & \mathbf{7} \end{bmatrix}$$

▷ **Matriz triangular**: é aquela cujos elementos de um dos triângulos formados pela diagonal principal são zeros.

$$A_{3 \times 3} = \begin{bmatrix} 2 & 5 & 8 \\ \mathbf{0} & 6 & 3 \\ \mathbf{0} & \mathbf{0} & 9 \end{bmatrix}$$

▷ **Matriz transposta (aᵗ):** é aquela em que ocorre a troca ordenada das linhas por colunas.

$$A = [a_{ij}]_{m \times n} = A^t = [a_{ji}^t]_{n \times m}$$

$$A_{2\times3} = \begin{bmatrix} 1 & 4 & 7 \\ 6 & 8 & 9 \end{bmatrix} \to A'_{3\times2} = \begin{bmatrix} 1 & 6 \\ 4 & 8 \\ 7 & 9 \end{bmatrix}$$

Perceba que a linha 1 de A corresponde à coluna 1 de A' e a coluna 2 de A corresponde à coluna 2 de A'.

▷ **Matriz oposta:** é toda matriz obtida trocando o sinal de cada um dos elementos de uma matriz dada.

$$A_{2\times2} = \begin{bmatrix} 4 & -1 \\ -6 & 7 \end{bmatrix} \to -A_{2\times2} = \begin{bmatrix} -4 & 1 \\ 6 & -7 \end{bmatrix}$$

▷ **Matriz simétrica:** é toda matriz cuja matriz transposta é igual à própria matriz, ou seja, $A = A'$.

$$\left.\begin{array}{l} A = \begin{bmatrix} 1 & 3 \\ 3 & 2 \end{bmatrix} \\ A_t = \begin{bmatrix} 1 & 3 \\ 3 & 2 \end{bmatrix} \end{array}\right\} A = A'$$

11.4 Operações com matrizes

Vamos estudar as principais operações com as matrizes. Atente-se para a multiplicação de duas matrizes.

▷ **Igualdade de matrizes:** duas matrizes são iguais quando possuem o mesmo número de linhas e colunas (mesma ordem) e os elementos correspondentes são iguais.

$$X = Y \to X_{2\times2} = \begin{bmatrix} 1 & 0 \\ 3 & 2 \end{bmatrix} e\ Y_{2\times2} = \begin{bmatrix} 1 & 0 \\ 3 & 2 \end{bmatrix}$$

▷ **Soma de matrizes:** só é possível somar matrizes de mesma ordem. Para fazer o cálculo, somar os elementos correspondentes.

$S = X + Y$ (S = matriz soma de X e Y)

$$X_{2\times3} = \begin{bmatrix} 6 & 8 & 9 \\ 10 & 13 & 4 \end{bmatrix} e\ Y_{2\times3} = \begin{bmatrix} 18 & 22 & 30 \\ 9 & 14 & 28 \end{bmatrix}$$

$$S = \begin{bmatrix} 6+18 & 8+22 & 9+30 \\ 10+9 & 13+14 & 4+28 \end{bmatrix}$$

$$S_{2\times3} = \begin{bmatrix} 24 & 30 & 39 \\ 19 & 27 & 32 \end{bmatrix}$$

▷ **Produto de uma constante por uma matriz:** multiplicar a constante por todos os elementos da matriz.

$P = 2Y$

$$Y_{2\times2} = \begin{bmatrix} 7 & 4 \\ 13 & 25 \end{bmatrix}$$

$$P = \begin{bmatrix} 2\cdot7 & 2\cdot4 \\ 2\cdot13 & 2\cdot25 \end{bmatrix}$$

$$P_{2\times2} = \begin{bmatrix} 14 & 8 \\ 26 & 50 \end{bmatrix}$$

11.5 Multiplicação de matrizes

Para multiplicar matrizes, devemos multiplicar linhas por colunas, ou seja, multiplica o 1º número da linha pelo 1º número da coluna, o 2º número da linha pelo 2º número da coluna e, assim sucessivamente, para todos os elementos das linhas e colunas.

Esse procedimento de cálculo só poderá ser feito se o número de colunas da 1ª matriz for igual ao número de linhas da 2ª matriz.

$$(A_{m\times n}) \cdot (B_{n\times p}) = C_{m\times p}$$

$M = A_{2\times3} \cdot B_{3\times2}$

$$A_{2\times3} = \begin{bmatrix} \mathbf{1} & \mathbf{2} & \mathbf{4} \\ 5 & 7 & 6 \end{bmatrix} e\ B_{3\times2} = \begin{bmatrix} \mathbf{2} & 3 \\ \mathbf{8} & 1 \\ \mathbf{4} & 9 \end{bmatrix}$$

$$M_{2\times3} = \begin{bmatrix} m_{11} & m_{12} \\ m_{21} & m_{22} \end{bmatrix}$$

$$M_{2\times2} = \begin{bmatrix} m_{11} = (1\cdot2 + 2\cdot8 + 4\cdot4) & m_{12} = (1\cdot3 + 2\cdot1 + 4\cdot9) \\ m_{21} = (5\cdot2 + 7\cdot8 + 6\cdot4) & m_{22} = (5\cdot3 + 7\cdot1 + 6\cdot9) \end{bmatrix}$$

$$M_{2\times2} = \begin{bmatrix} m_{11} = 34 & m_{12} = 41 \\ m_{21} = 90 & m_{22} = 76 \end{bmatrix}$$

$$M_{2\times2} = \begin{bmatrix} 34 & 41 \\ 90 & 76 \end{bmatrix}$$

11.5.1 Matriz inversa (a^{-1})

Se existe uma matriz B, quadrada de ordem n, tal que $A \cdot B = B \cdot A = I_n$, dizemos que a matriz B é a inversa de A. Costumamos indicar a matriz inversa por A^{-1}. Assim $B = A^{-1}$.

Logo: $A \cdot A^{-1} = A^{-1} \cdot A = I_n$

$A \cdot A^{-1} = I_n$

$$A_{2\times2} = \begin{bmatrix} 1 & -2 \\ 3 & 1 \end{bmatrix} e\ A^{-1}_{2\times2} = \begin{bmatrix} a & b \\ c & d \end{bmatrix}$$

$$\begin{bmatrix} 1 & -2 \\ 3 & 1 \end{bmatrix} \cdot \begin{bmatrix} a & b \\ c & d \end{bmatrix} = \begin{bmatrix} 1 & 0 \\ 0 & 1 \end{bmatrix}$$

$$\begin{bmatrix} 1a - 2c & 1b - 2d \\ 3a + 1c & 3b + 1d \end{bmatrix} = \begin{bmatrix} 1 & 0 \\ 0 & 1 \end{bmatrix}$$

$$\begin{cases} 1a - 2c = 1 \\ 1b - 2d = 0 \\ 3a + 1c = 0 \\ 3b + 1d = 1 \end{cases} \quad I \begin{cases} 1a - 2c = 1 \\ 3a + 1c = 0 \end{cases} \\ II \begin{cases} 1b - 2d = 0 \\ 3b + 1d = 1 \end{cases}$$

Resolvendo o sistema I:

$$I \begin{cases} 1a - 2c = 1 \\ 3a + 1c = 0\ (\cdot2) \end{cases}$$

$$I \begin{cases} 1a - 2c = 1 \\ 6a + 2c = 0 \end{cases} + \text{(somando as equações)}$$

$7a = 1$
$a = \dfrac{1}{7}$

Substituindo-se a em uma das duas equações, temos:

$3\left(\dfrac{1}{7}\right) + 1c = 0$

$\dfrac{3}{7} + 1c = 0$

MATRIZES

$c = \dfrac{-3}{7}$

Resolvendo o sistema II:

$\text{II} \begin{cases} 1b - 2d = 0 \; (\cdot -3) \\ 3b + 1d = 1 \end{cases}$

$\text{II} \begin{cases} -3 + 6d = 0 \\ 3b + 1d = 1 \end{cases}$ + (somando as equações)

$7d = 1$
$d = \dfrac{1}{7}$

Substituindo-se d em uma das duas equações, temos:

$1b - 2\left(\dfrac{1}{7}\right) = 0$

$b - \dfrac{2}{7} = 0$

$b = \dfrac{2}{7}$

$a = \dfrac{1}{7}; b = \dfrac{2}{7}; c = \dfrac{-3}{7}; d = \dfrac{1}{7}$

Logo:

$A^{-1}_{2 \times 2} = \begin{bmatrix} \dfrac{1}{7} & \dfrac{2}{7} \\ \dfrac{-3}{7} & \dfrac{1}{7} \end{bmatrix}$

MATEMÁTICA

12 DETERMINANTES

Determinante é um número real associado à matriz.

Só há determinante de matriz quadrada. Cada matriz apresenta um único determinante.

12.1 Cálculo dos determinantes

▷ **Determinante de uma matriz de ordem 1 ou de 1ª ordem:** se a matriz é de 1ª ordem, significa que ela tem apenas uma linha e uma coluna, portanto, só um elemento, que é o próprio determinante da matriz.

$A_{1 \times 1} = [13]$
Det A = 13
$B_{1 \times 1} = [-7]$
Det B = -7

▷ **Determinante de uma matriz de ordem 2 ou de 2ª ordem:** será calculado pela **subtração** do produto dos elementos da diagonal principal pelo produto dos elementos da diagonal secundária.

$A_{2 \times 2} = \begin{bmatrix} 2 & 4 \\ 3 & 7 \end{bmatrix}$
Det A = (2 · 7) − (4 · 3)
Det A = (14) − (12)
Det A = 2
$B_{2 \times 2} = \begin{bmatrix} 6 & -4 \\ 8 & 9 \end{bmatrix}$
Det B = (6 · 9) − (−1 · 8)
Det B = (54) − (−8)
Det B = 54 + 8
Det B = 62

▷ **Determinante de uma matriz de ordem 3 ou de 3ª ordem:** será calculado pela **Regra de Sarrus**, que consiste em:

1º passo: repetir as duas primeiras colunas ao lado da matriz.

2º passo: multiplicar os elementos da diagonal principal e das outras duas diagonais que seguem a mesma direção, e somá-los.

3º passo: multiplicar os elementos da diagonal secundária e das outras duas diagonais que seguem a mesma direção, e somá-los.

4º passo: o valor do determinante será dado pela subtração do resultado do 2º com o 3º passo.

$A_{3 \times 3} = \begin{bmatrix} 2 & 4 & 7 \\ 3 & 5 & 8 \\ 1 & 9 & 6 \end{bmatrix} \begin{matrix} 2 & 4 \\ 3 & 5 \\ 1 & 9 \end{matrix}$ $A_{3 \times 3} = \begin{bmatrix} 2 & 4 & 7 \\ 3 & 5 & 8 \\ 1 & 9 & 6 \end{bmatrix} \begin{matrix} 2 & 4 \\ 3 & 5 \\ 1 & 9 \end{matrix}$

Det A = (2 · 5 · 6 + 4 · 8 · 1 + 7 · 3 · 9) − (7 · 5 · 1 + 2 · 8 · 9 + 4 · 3 · 6)
Det A = (60 + 32 + 189) − (35 + 144 + 72)
Det A = (281) − (251)
Det A = 30

Se estiver diante de uma matriz triangular ou matriz diagonal, o seu determinante será calculado pelo produto dos elementos da diagonal principal.

▷ **Matriz triangular**

$A_{3 \times 3} = \begin{bmatrix} 2 & 4 & 7 \\ 0 & 5 & 8 \\ 0 & 0 & 6 \end{bmatrix} \begin{matrix} 2 & 4 \\ 0 & 5 \\ 0 & 0 \end{matrix}$ $A_{3 \times 3} = \begin{bmatrix} 2 & 4 & 7 \\ 0 & 5 & 8 \\ 0 & 0 & 6 \end{bmatrix} \begin{matrix} 2 & 4 \\ 0 & 5 \\ 0 & 0 \end{matrix}$

Det A = (2 · 5 · 6 + 4 · 8 · 0 + 7 · 0 · 0) − (7 · 5 · 0 + 2 · 8 · 0 + 4 · 0 · 6)
Det A = (60 + 0 + 0) − (0 + 0 + 0)
Det A = 60 (produto da diagonal principal = 2 · 5 · 6)

▷ **Matriz diagonal**

$B_{3 \times 3} = \begin{bmatrix} 2 & 0 & 0 \\ 0 & 5 & 0 \\ 0 & 0 & 6 \end{bmatrix} \begin{matrix} 2 & 0 \\ 0 & 5 \\ 0 & 0 \end{matrix}$ $B_{3 \times 3} = \begin{bmatrix} 2 & 0 & 0 \\ 0 & 5 & 0 \\ 0 & 0 & 6 \end{bmatrix} \begin{matrix} 2 & 0 \\ 0 & 5 \\ 0 & 0 \end{matrix}$

Det B = (2 · 5 · 6 + 0 · 0 · 0 + 0 · 0 · 0) − (0 · 5 · 0 + 2 · 0 · 0 + 0 · 0 · 6)
Det B = (60 + 0 + 0) − (0 + 0 + 0)
Det B = 60 (produto da diagonal principal = 2 · 5 · 6)

▷ **Determinante de uma matriz de ordem superior a 3:** será calculado pela **Regra de Chió** ou pelo **Teorema de Laplace**.

• **Regra de Chió**

Escolha um elemento $a_{ij} = 1$.

Retire a linha (i) e a coluna (j) do elemento $a_{ij} = 1$, obtenha o menor complementar (D_{ij}) do referido elemento – uma nova matriz com uma ordem a menos.

Subtraia de cada elemento dessa nova matriz menor complementar (D_{ij}) o produto dos elementos que pertenciam a sua linha e coluna e que foram retirados, formando outra matriz.

Calcule o determinante dessa última matriz e multiplique por: (−1) i + j, sendo que i e j pertencem ao elemento $a_{ij} = 1$.

$A_{3 \times 3} = \begin{bmatrix} 2 & 4 & 7 \\ 3 & 5 & 8 \\ 1 & 9 & 6 \end{bmatrix}$ (I)

Det. $A_{3 \times 3} = \begin{vmatrix} 2 & 4 & 7 \\ 3 & 5 & 8 \\ 1 & 9 & 6 \end{vmatrix} = \begin{bmatrix} 4 & 7 \\ 5 & 8 \end{bmatrix}$ (II)

Det. $A_{3 \times 3} = \begin{vmatrix} 2 & 4 & 7 \\ 3 & 5 & 8 \\ 1 & 9 & 6 \end{vmatrix} = \begin{bmatrix} 4 & 7 \\ 5 & 8 \end{bmatrix}$ (II)

Det. $A_{3 \times 3} = \begin{vmatrix} 2 & 4 & 7 \\ 3 & 5 & 8 \\ 1 & 9 & 6 \end{vmatrix} = \begin{bmatrix} 4 - (2 \cdot 9) & 7 - (2 \cdot 6) \\ 5 - (3 \cdot 9) & 8 - (3 \cdot 6) \end{bmatrix}$ (III)

Det. $A_{3 \times 3} = (-1)^{3+1} \cdot \begin{bmatrix} -14 & -5 \\ -22 & -10 \end{bmatrix}$ (IV)

Det. $A_{3 \times 3} = (-1)^{3+1} \cdot (1) \cdot (140 - 110)$

Det. A = 30

• **Teorema de Laplace**

Primeiramente, precisamos saber o que é um cofator. O cofator de um elemento a_{ij} de uma matriz é: $A_{ij} = (-1)i + j \cdot D_{ij}$.

DETERMINANTES

No teorema, deve-se escolher uma linha ou coluna do determinante, calcular o cofator de cada elemento da fila e multiplicar cada elemento pelo seu respectivo cofator, sendo a soma dos produtos o determinante da matriz.

Escolha uma linha ou coluna qualquer do determinante:

$$A_{3 \times 3} = \begin{bmatrix} 2 & 4 & 7 \\ 3 & 5 & 8 \\ 1 & 9 & 6 \end{bmatrix}$$

Calcule o cofator de cada elemento dessa fila:

$a_{11} = A_{11} = (-1)^{1+1} \cdot \begin{bmatrix} 5 & 8 \\ 9 & 6 \end{bmatrix} = (1) \cdot (-42) = -42$

$a_{21} = A_{21} = (-1)^{2+1} \cdot \begin{bmatrix} 4 & 7 \\ 9 & 6 \end{bmatrix} = (1) \cdot (-39) = 39$

$a_{31} = A_{31} = (-1)^{3+1} \cdot \begin{bmatrix} 4 & 7 \\ 5 & 8 \end{bmatrix} = (1) \cdot (-3) = -3$

Multiplique cada elemento da fila selecionada pelo seu respectivo cofator. O determinante da matriz será a soma desses produtos.

Det. $A_{3 \times 3} = a_{11} \cdot A_{11} + a_{21} \cdot A_{21} + a_{31} \cdot A_{31}$
Det. $A_{3 \times 3} = 2 \cdot (-42) + 3 \cdot 39 + 1 \cdot (-3)$
Det. $A_{3 \times 3} = (-84) + 117 + (-3)$
Det. $A_{3 \times 3} = 117 - 87$
Det. $A = 30$

12.2 Propriedades dos determinantes

As propriedades dos determinantes servem para facilitar o cálculo do determinante, uma vez que, com elas, diminuímos nosso trabalho nas resoluções das questões de concursos.

▷ **Determinante de matriz transposta:** se A é uma matriz de ordem n e A^t sua transposta, então: Det. A^t = Det. A.

$$A_{2 \times 2} = \begin{bmatrix} 2 & 3 \\ 1 & 4 \end{bmatrix}$$
Det. $A = 2 \cdot 4 - 3 \cdot 1$
Det. $A = 8 - 3$
Det. $A = 5$
$$A^t_{2 \times 2} = \begin{bmatrix} 2 & 1 \\ 3 & 4 \end{bmatrix}$$
Det. $A^t = 2 \cdot 4 - 1 \cdot 3$
Det. $A^t = 8 - 3$
Det. $A^t = 5$

▷ **Determinante de uma matriz com fila nula:** se uma das filas (linha ou coluna) da matriz A for toda nula, então, Det. A = 0.

$$A_{2 \times 2} = \begin{bmatrix} 2 & 3 \\ 0 & 0 \end{bmatrix}$$
Det. $A = 2 \cdot 0 - 3 \cdot 0$
Det. $A = 0 - 0$
Det. $A = 0$

▷ **Determinante de uma matriz cuja fila foi multiplicada por uma constante:** se multiplicarmos uma fila (linha ou coluna) qualquer da matriz A por um número k, o determinante da nova matriz será k vezes o determinante de A.

Det. A' (k vezes uma fila de A) = k · Det. A

$$A_{2 \times 2} = \begin{bmatrix} 2 & 1 \\ 3 & 2 \end{bmatrix}$$
Det. $A = 2 \cdot 2 = 1 \cdot 3$
Det. $A = 4 - 3$
Det. $A = 1$
$$A'_{2 \times 2} = \begin{bmatrix} 4 & 2 \\ 3 & 2 \end{bmatrix} \cdot 2 \ (k = 2)$$
Det. $A' = 4 \cdot 2 - 2 \cdot 3$
Det. $A' = 8 - 6$
Det. $A' = 2$
Det. $A' = k \cdot$ Det. A
Det. $A' = 2 \cdot 1$
Det. $A' = 2$

▷ **Determinante de uma matriz multiplicada por uma constante:** se multiplicarmos toda uma matriz A de ordem n por um número k, o determinante da nova matriz será o produto (multiplicação) de k^n pelo determinante de A.

Det $(k \cdot A) = k^n \cdot$ Det. A

$$A_{2 \times 2} = \begin{bmatrix} 2 & 1 \\ 4 & 3 \end{bmatrix}$$
Det. $A = 2 \cdot 3 = 1 \cdot 4$
Det. $A = 6 - 4$
Det. $A = 2$
$$3 \cdot A_{2 \times 2} = \begin{bmatrix} 6 & 3 \\ 12 & 9 \end{bmatrix}$$
Det. $3A = 6 \cdot 9 - 3 \cdot 12$
Det. $3A = 54 - 36$
Det. $3A = 18$
Det $(k \cdot A) = kn \cdot$ Det. A
Det $(3 \cdot A) = 3^2 \cdot 2$
Det $(3 \cdot A) = 9 \cdot 2$
Det $(3 \cdot A) = 18$

▷ **Determinante de uma matriz com filas paralelas iguais:** se uma matriz A de ordem n ≥ 2 tem duas filas paralelas com os elementos respectivamente iguais, então: Det. A = 0.

$$A_{2 \times 2} = \begin{bmatrix} 2 & 3 \\ 2 & 3 \end{bmatrix}$$
Det. $A = 2 \cdot 3 - 3 \cdot 2$
Det. $A = 6 - 6$
Det. $A = 0$

▷ **Determinante de uma matriz com filas paralelas proporcionais:** se uma matriz A de ordem n ≥ 2 tem duas filas paralelas com os elementos respectivamente proporcionais, então, Det. A = 0.

$$A_{2 \times 2} = \begin{bmatrix} 3 & 6 \\ 4 & 8 \end{bmatrix}$$

Det. A = 3 · 8 − 6 · 4
Det. A = 24 − 24
Det. A = 0

▷ **Determinante de uma matriz com troca de filas paralelas**: se em uma matriz A de ordem n ≥ 2 trocarmos de posição duas filas paralelas, obteremos uma nova matriz B, tal que: **Det. A = − Det. B.**

$A_{2 \times 2} = \begin{bmatrix} 5 & 4 \\ 2 & 3 \end{bmatrix}$

Det. A = 5 · 3 − 2 · 4
Det. A = 15 − 8
Det. A = 7

$B_{2 \times 2} = \begin{bmatrix} 4 & 5 \\ 3 & 2 \end{bmatrix}$

Det. B = 4 · 2 − 5 · 3
Det. B = 8 − 15
Det. B = −7
Det. A = − Det. B
Det. A = − (−7)
Det. A = 7

▷ **Determinante do produto de matrizes:** se A e B são matrizes quadradas de ordem n, então: Det. (A · B) = Det. A · Det. B.

$A_{2 \times 2} = \begin{bmatrix} 1 & 2 \\ 2 & 3 \end{bmatrix}$

Det. A = 1 · 3 − 2 · 2
Det. A = 3 − 4
Det. A = −1

$A_{2 \times 2} = \begin{bmatrix} 2 & 5 \\ 3 & 4 \end{bmatrix}$

Det. B = 2 · 4 − 5 · 3
Det. B = 8 − 15
Det. B = −7

$A \cdot B_{2 \times 2} = \begin{bmatrix} 8 & 13 \\ 13 & 22 \end{bmatrix}$

Det. (A · B) = 8 · 22 − 13 · 13
Det. (A · B) = 176 − 169
Det. (A · B) = 7
Det. (A · B) = Det. A · Det. B
Det. (A · B) = (−1) · (−7)
Det. (A · B) = 7

▷ **Determinante de uma matriz triangular:** o determinante é igual ao produto dos elementos da diagonal principal.

▷ **Determinante de uma matriz inversa:** seja B a matriz inversa de A, então, a relação entre os determinantes de B e A é dado por:

$$\boxed{Det(B) = \frac{1}{Det(A)}}$$

$A_{2 \times 2} = \begin{bmatrix} 1 & -2 \\ 3 & 1 \end{bmatrix}$

Det. A = 1 · 1 − (−2 · 3)
Det. A = 1 + 6
Det. A = 7

$B = A^{-1}_{2 \times 2} = \begin{bmatrix} \dfrac{1}{7} & \dfrac{2}{7} \\ -\dfrac{3}{7} & \dfrac{1}{7} \end{bmatrix}$

Det. B = $(\dfrac{1}{7} \cdot \dfrac{1}{7}) - (\dfrac{2}{7} \cdot -\dfrac{3}{7})$

Det. B = $\dfrac{1}{49} + \dfrac{6}{49}$

Det. B = $\dfrac{7}{49}$

Det. B = $\dfrac{1}{7}$

Det. B = $\dfrac{1}{Det(A)}$

Det. B = $\dfrac{1}{7}$

13 SISTEMAS LINEARES

Equação linear: é toda equação do 1º grau com uma ou mais incógnitas.

Sistema linear: é o conjunto de equações lineares.

Equação: $2x + 3y = 7$

Sistema: $\begin{cases} 2x + 3y = 7 \\ 4x - 5y = 3 \end{cases}$

Equação: $x + 2y + z = 8$

Sistema: $\begin{cases} x + y - z = 4 \\ 2x - y + z = 5 \\ x + 2y + z = 8 \end{cases}$

13.1 Representação de um sistema linear em forma de matriz

Todo sistema linear pode ser escrito na forma de uma matriz.

Esse conteúdo será importante mais adiante para a resolução dos sistemas.

$\begin{cases} 2x + 3y = 7 \\ 4x - 5y = 3 \end{cases}$

Forma de matriz

$\begin{bmatrix} 2 \text{ (coeficiente de x)} & 3 \text{ (coeficiente de y)} \\ 4 \text{ (coeficiente de x)} & -5 \text{ (coeficiente de y)} \end{bmatrix} \cdot \begin{bmatrix} x \\ y \end{bmatrix} = \begin{bmatrix} 7 \\ 3 \end{bmatrix}$

↓ Termos independentes

Matriz incompleta

$\begin{bmatrix} 2 & 3 \\ 4 & -5 \end{bmatrix}$

Matriz de x

$\begin{bmatrix} 7 & 3 \\ 3 & -5 \end{bmatrix}$

Substituem-se os coeficientes de x pelos termos independentes.

Matriz de y

$\begin{bmatrix} 2 & 7 \\ 4 & 3 \end{bmatrix}$

Substituem-se os coeficientes de y pelos termos independentes.

13.2 Resolução de um sistema linear

Resolvem-se os sistemas pelo método dos determinantes, também conhecido como **Regra de Cramer.**

> **Fique ligado**
> A Regra de Cramer só é possível quando o número de variáveis for igual ao número de equações.

Na regra, o valor das variáveis será calculado dividindo o **determinante da matriz da variável** pelo **determinante da matriz incompleta**, do sistema.

Então:

O valor de x é dado por:

$x = \dfrac{\text{determinante de matriz de x}}{\text{determinante da matriz incompleta}}$

O valor de y é dado por:

$y = \dfrac{\text{determinante de matriz de y}}{\text{determinante da matriz incompleta}}$

O valor de z é dado por:

$z = \dfrac{\text{determinante de matriz de z}}{\text{determinante da matriz incompleta}}$

Se o determinante da matriz incompleta for diferente de zero (Det. In. ≠ 0), teremos sempre um sistema possível e determinado.

Se o determinante da matriz incompleta for igual a zero (Det. In. = 0), temos duas situações:

- 1ª: se os determinantes de todas as matrizes das variáveis também forem iguais a zero (Det. X = 0 e Det. Y = 0 e Det. Z = 0), teremos um sistema possível e indeterminado.
- 2ª: se o determinante de, pelo menos, uma das matrizes das variáveis for diferente de zero (Det. · ≠ 0 ou Det. Y ≠ 0 ou Det. Z ≠ 0), teremos um sistema impossível.

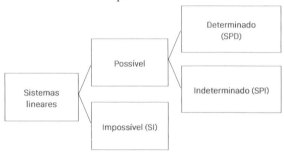

- **SPD:** sistema possível e determinado (quando Det. In. ≠ 0).
- **SPI:** sistema possível e indeterminado (quando Det. In. = 0, e Det. X = 0 e Det. Y = 0 e Det. Z = 0).
- **SI:** sistema impossível (quando Det. In. = 0, e Det. X ≠ 0 ou Det. Y ≠ 0 ou Det. Z ≠ 0).

$\begin{cases} x + y - z = 4 \\ 2x - y + z = 5 \\ x + 2y + z = 8 \end{cases}$

Matriz incompleta: $\begin{bmatrix} 1 & 1 & -1 \\ 2 & -1 & 1 \\ 1 & 2 & 1 \end{bmatrix}$ det. In. = -9

Matriz de X: $\begin{bmatrix} 4 & 1 & -1 \\ 5 & -1 & 1 \\ 8 & 2 & 1 \end{bmatrix}$ det. X = -27

Matriz de Y: $\begin{bmatrix} 1 & 4 & -1 \\ 2 & 5 & 1 \\ 1 & 8 & 1 \end{bmatrix}$ det. Y = -18

Matriz de Z: $\begin{bmatrix} 1 & 1 & 4 \\ 2 & -1 & 5 \\ 1 & 2 & 8 \end{bmatrix}$ det. Z = -9

Valor de x é: $x = \dfrac{-27}{-9} = 3$

Valor de y é: $y = \dfrac{-18}{-9} = 2$

Valor de z é: $z = \dfrac{-9}{-9} = 1$

Solução: x = 3, y = 2 e z = 1

MATEMÁTICA

14 GEOMETRIA PLANA

▷ **Ceviana:** são segmentos de reta que partem do vértice do triângulo para o lado oposto.

▷ **Mediana:** é o segmento de reta que liga um vértice deste triângulo ao ponto médio do lado oposto a este vértice. As medianas se encontram em um ponto chamado de baricentro.

▷ **Altura:** altura de um triângulo é um segmento de reta perpendicular a um lado do triângulo ou ao seu prolongamento, traçado pelo vértice oposto. As alturas se encontram em um ponto chamado ortocentro.

▷ **Bissetriz:** é o lugar geométrico dos pontos que equidistam de duas retas concorrentes e, por consequência, divide um ângulo em dois ângulos congruentes. As bissetrizes se encontram em um ponto chamado incentro.

▷ **Mediatrizes:** são retas perpendiculares a cada um dos lados de um triângulo. As mediatrizes se encontram em um ponto chamado circuncentro.

14.1 Semelhanças de figuras

Duas figuras (formas geométricas) são semelhantes quando satisfazem a duas condições: os seus ângulos têm o mesmo tamanho e os lados correspondentes são proporcionais.

Nos triângulos existem alguns casos de semelhanças bem conhecidos:

▷ **1º caso**: LAL (lado, ângulo, lado): dois lados congruentes e o ângulo entre esses lados também congruentes.

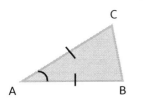
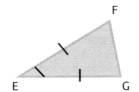

▷ **2º caso**: LLL (lado, lado, lado): os três lados congruentes.

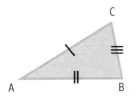
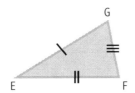

▷ **3º caso**: ALA (ângulo, lado, ângulo): dois ângulos congruentes e o lado entre esses ângulos também congruentes.

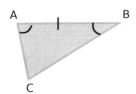
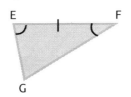

▷ **4º caso:** LAAo (lado, ângulo, ângulo oposto): congruência do ângulo adjacente ao lado, e congruência do ângulo oposto ao lado.

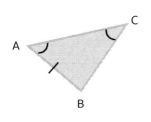
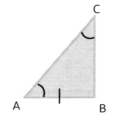

14.2 Relações métricas nos triângulos

14.2.1 Triângulo retângulo e suas relações métricas

Denomina-se triângulo retângulo o triângulo que tem um de seus ângulos retos, ou seja, um de seus ângulos mede 90°. O triângulo retângulo é formado por uma hipotenusa e dois catetos, a hipotenusa é o lado maior, o lado aposto ao ângulo de 90°, e os outros dois lados são os catetos.

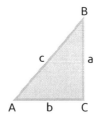

Na figura, podemos observar o triângulo retângulo de vértices A, B e C, e lados a, b e c. Como o ângulo de 90° está no vértice C, então a hipotenusa do triângulo é o lado c, e os catetos são os lados a e b.

Assim, podemos separar um triângulo em dois triângulos semelhantes:

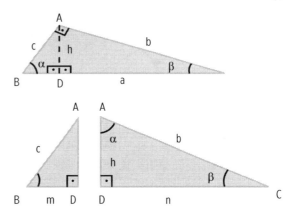

Neste segundo triângulo, podemos observar uma perpendicular à hipotenusa até o vértice A; essa é a altura h do triângulo, separando a hipotenusa em dois segmentos, o segmento m e o segmento n, separando esses dois triângulos obtemos dois triângulos retângulos, o triângulo $\triangle ABD$ e $\triangle ADC$. Como os ângulos dos três triângulos são congruentes, então podemos dizer que os triângulos são semelhantes.

Com essa semelhança, ganhamos algumas relações métricas entre os triângulos:

$$\frac{c}{a} = \frac{m}{c} \Rightarrow c^2 = am$$

$$\frac{c}{a} = \frac{h}{b} \Rightarrow cb = ah$$

$$\frac{b}{a} = \frac{n}{b} \Rightarrow b^2 = an$$

$$\frac{h}{m} = \frac{n}{h} \Rightarrow h^2 = mn$$

Da primeira e da terceira equação, obtemos:
$c^2 + b^2 = am + an = a(m + n)$.

Como vimos na figura que m+n=a, então temos:
$c^2 + b^2 = aa = a^2$

ou seja, trata-se do Teorema de Pitágoras.

GEOMETRIA PLANA

14.2.2 Lei dos cossenos

Para um triângulo qualquer demonstra-se que:

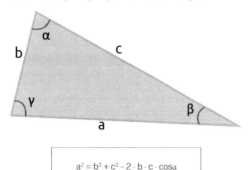

$$a^2 = b^2 + c^2 - 2 \cdot b \cdot c \cdot \cos\alpha$$

Note que o lado a do triângulo é oposto ao cosseno do ângulo α.

14.2.3 Lei dos senos

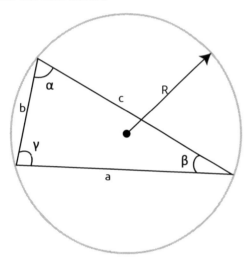

R é o raio da circunferência circunscrita a esse triângulo.

Neste caso, valem as seguintes relações, conforme a lei dos senos:

$$\frac{a}{\operatorname{sen}\alpha} = \frac{b}{\operatorname{sen}\beta} = \frac{c}{\operatorname{sen}\gamma} = 2R$$

14.3 Quadriláteros

Quadrilátero é um polígono de quatro lados. Eles possuem os seguintes elementos:

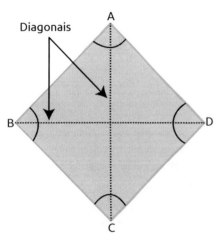

Vértices: A, B, C, e D.
Lados: AB, BC, CD, DA.
Diagonais: AC e BD.
Ângulos internos ou ângulos do quadrilátero ABCD: $\hat{A}, \hat{B}, \hat{C}, \hat{D}$.
Todo quadrilátero tem duas diagonais.

O perímetro de um quadrilátero ABCD é a soma das medidas de seus lados, ou seja, AB + BC + CD + DA.

14.3.1 Quadriláteros importantes

▷ **Paralelogramo:** é o quadrilátero que tem os lados opostos paralelos.

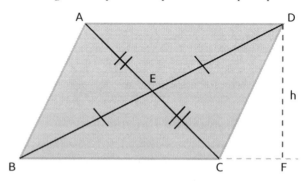

h é a altura do paralelogramo.
Em um paralelogramo:
- Os lados opostos são congruentes.
- Cada diagonal o divide em dois triângulos congruentes.
- Os ângulos opostos são congruentes.
- As diagonais interceptam-se em seu ponto médio.

▷ **Retângulo:** é o paralelogramo em que os quatro ângulos são congruentes (retos).

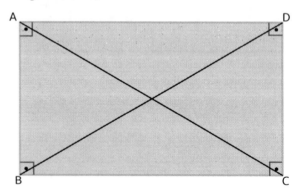

▷ **Losango:** é o paralelogramo em que os quatro lados são congruentes.

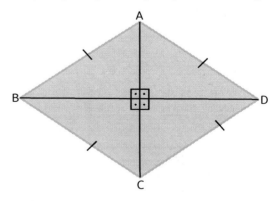

MATEMÁTICA

▷ **Quadrado**: é o paralelogramo em que os quatro lados e os quatro ângulos são congruentes.

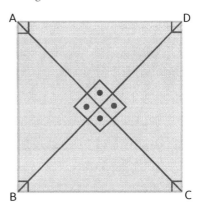

▷ **Trapézio**: é o quadrilátero que apresenta somente dois lados paralelos chamados bases.

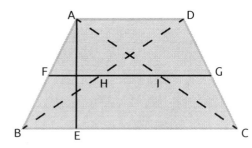

- **Trapézio retângulo:** é aquele que apresenta dois ângulos retos.

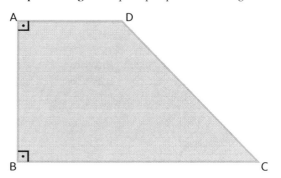

- **Trapézio isósceles:** é aquele em que os lados não paralelos são congruentes.

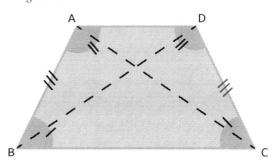

14.4 Polígonos regulares

Um polígono é regular se todos os seus lados e todos os seus ângulos forem congruentes.

Os nomes dos polígonos dependem do critério que se utiliza para classificá-los. Usando **o número de ângulos** ou o **número de lados**, tem-se a seguinte nomenclatura:

Número de lados (ou ângulos)	Nome do Polígono Em função do número de ângulos	Em função do número de lados
3	triângulo	trilátero
4	quadrângulo	quadrilátero
5	pentágono	pentalátero
6	hexágono	hexalátero
7	heptágono	heptalátero
8	octógono	octolátero
9	eneágono	enealátero
10	decágono	decalátero
11	undecágono	undecalátero
12	dodecágono	dodecalátero
15	pentadecágono	pentadecalátero
20	icoságono	icosalátero

Nos polígonos regulares cada ângulo externo é dado por:

$$e = \frac{360°}{n}$$

A soma dos ângulos internos é dada por:

$$S_i = 180 \cdot (n-2)$$

E cada ângulo interno é dado por:

$$i = \frac{180(n-2)}{n}$$

14.4.1 Diagonais de um polígono

O segmento que liga dois vértices não consecutivos de polígono é chamado de diagonal.

O número de diagonais de um polígono é dado pela fórmula:

$$d = \frac{n \cdot (n-3)}{2}$$

GEOMETRIA PLANA

14.5 Círculos e circunferências

14.5.1 Círculo

É a área interna a uma circunferência.

14.5.2 Circunferência

É o contorno do círculo. Por definição, é o lugar geométrico dos pontos equidistantes ao centro.

A distância entre o centro e o lado é o raio.

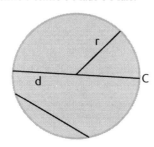

Corda

É o seguimento que liga dois pontos da circunferência.

A maior corda, ou corda maior de uma circunferência, é o diâmetro. Também dizemos que a corda que passa pelo centro é o diâmetro.

Posição relativa entre reta e circunferência

Secante   Tangente   Externa

Uma reta é:
- **Secante:** distância entre a reta e o centro da circunferência é menor que o raio.
- **Tangente:** a distância entre a reta e o centro da circunferência é igual ao raio.
- **Externa:** a distância entre a reta e o centro da circunferência é maior que o raio.

Posição relativa entre circunferência

As posições relativas entre circunferência são basicamente 5:

▷ **Circunferência secante:** a distância entre os centros é menor que a soma dos raios das duas, porém, é maior que o raio de cada uma.

▷ **Externo:** a distância entre os centros é maior que a soma do raio.

▷ **Tangente:** distância entre os centros é igual à soma dos raios.

▷ **Interna:** distância entre os centros mais o raio da menor é igual ao raio da maior.

▷ **Interior:** distância entre os centros menos o raio da menor é menor que o raio da maior.

Ângulo central e ângulo inscrito

Central   Inscrito

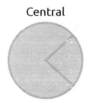 

Um ângulo central sempre é o dobro do ângulo inscrito de um mesmo arco.

As áreas de círculos e partes do círculo são:

Área do círculo = $\pi \cdot r^2 = \dfrac{1}{4} \pi \cdot D^2$

Área do setor circular = $\pi \cdot r^2 = \dfrac{\alpha}{360°} = \dfrac{1}{2} \alpha \cdot r^2$

Área da coroa = área do círculo maior − área do círculo menor

Fique ligado

Os ângulos podem ser expressos em graus (360° = 1 volta) ou em radianos (2π = 1 volta)

14.6 Polígonos regulares inscritos e circunscritos

As principais relações entre a circunferência e os polígonos são:
- Qualquer polígono regular é inscritível em uma circunferência.

- Qualquer polígono regular e circunscritível a uma circunferência.

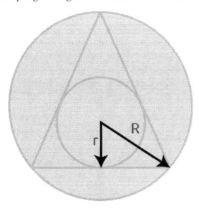

Polígono circunscrito a uma circunferência é o que possui seus lados tangentes à circunferência. Ao mesmo tempo, dizemos que esta circunferência está inscrita no polígono.

Um polígono é inscrito em uma circunferência se cada vértice do polígono for um ponto da circunferência, e neste caso dizemos que a circunferência é circunscrita ao polígono.

Da inscrição e circunscrição dos polígonos nas circunferências podem-se ter as seguintes relações:

Apótema de um polígono regular é a distância do centro a qualquer lado. Ele é sempre perpendicular ao lado.

Nos polígonos inscritos:

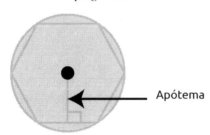

14.6.1 No quadrado

Cálculo da medida do lado (L):

Cálculo da medida do apótema (a):

$$L = R\sqrt{2}$$

$$a = \frac{R\sqrt{2}}{2}$$

14.6.2 No hexágono

Cálculo da medida do lado (L):

Cálculo da medida do apótema (a):

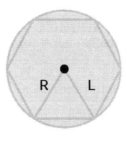
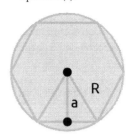

$$L = R$$

$$a = \frac{R\sqrt{3}}{2}$$

14.6.3 No triângulo equilátero

Nos polígonos circunscritos:

Cálculo da medida do lado (L):

Cálculo da medida do apótema (a):

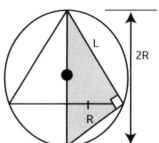
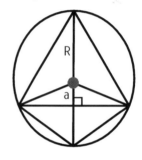

$$L = R\sqrt{3}$$

$$a = \frac{R}{2}$$

14.6.4 No quadrado

Cálculo da medida do lado (L):

Cálculo da medida do apótema (a):

$$L = 2R$$

$$a = R$$

14.6.5 No hexágono

Cálculo da medida do lado (L):

Cálculo da medida do apótema (a):

$$L = \frac{2R\sqrt{3}}{3}$$

$$a = R$$

14.6.6 No triângulo equilátero

Cálculo da medida do lado (L):

Cálculo da medida do apótema (a):

$$L = 2R\sqrt{3}$$

$$a = R$$

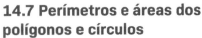

14.7 Perímetros e áreas dos polígonos e círculos

14.7.1 Perímetro

É o contorno da figura, ou seja, a soma dos lados da figura.

Para calcular o perímetro do círculo utilize: $P = 2\pi \cdot r$

14.7.2 Área

É o espaço interno, ou seja, a extensão que ela ocupa dentro do perímetro.

Principais áreas (S) de polígonos

Retângulo
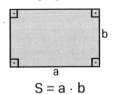
$S = a \cdot b$

Quadrado
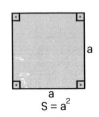
$S = a^2$

Paralelogramo
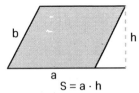
$S = a \cdot h$

Losango
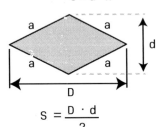
$S = \dfrac{D \cdot d}{2}$

Trapézio
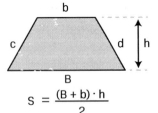
$S = \dfrac{(B + b) \cdot h}{2}$

Triângulo
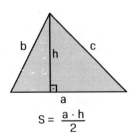
$S = \dfrac{a \cdot h}{2}$

Triângulo equilátero
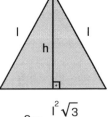
$S = \dfrac{l^2 \sqrt{3}}{4}$

Círculo
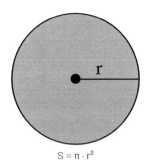
$S = \pi \cdot r^2$

15 GEOMETRIA ESPACIAL

Neste capítulo, serão abordados os principais conceitos de geometria espacial e suas aplicações.

15.1 Retas e planos

A reta é infinita, ou seja, contém infinitos pontos.

Por um ponto, podem ser traçadas infinitas retas.

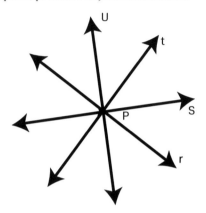

Por dois pontos distintos, passa uma única reta.

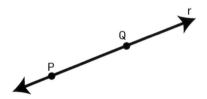

Um ponto qualquer de uma reta divide-a em duas semirretas.

Por três pontos não colineares, passa um único plano.

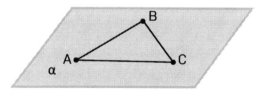

Por uma reta, pode ser traçada uma infinidade de planos.

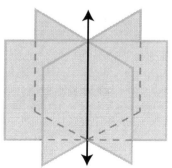

15.1.1 Posições relativas de duas retas

No espaço, duas retas distintas podem ser concorrentes, paralelas ou reversas:

Concorrentes

$r \cap s = \{P\}$
$r \subset \alpha$
$s \subset \alpha$

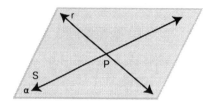

Paralelas

$r \cap s = \{\ \}$
$r \subset \alpha$
$s \subset \alpha$

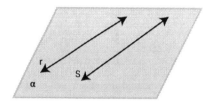

Concorrentes

$r \cap s = \{\ \}$

Não existe plano que contenha r e s simultaneamente

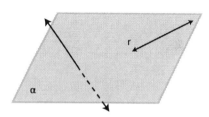

Em particular nas retas concorrentes, há aquelas que são perpendiculares.

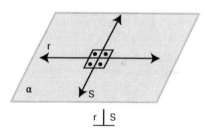

15.1.2 Posições relativas entre reta e plano

Reta contida no plano

Se uma reta r tem dois pontos distintos num plano α, então, r está contida nesse plano:

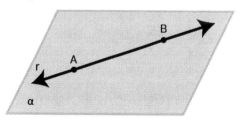

$$\begin{array}{l} A \in \alpha \text{ e } B \in \alpha \\ A \in r \text{ e } B \in r \end{array} \Rightarrow r \subset \alpha$$

GEOMETRIA ESPACIAL

Reta concorrente ou incidente ao plano

Dizemos que a reta r fura o plano α ou que r e α são concorrentes em P quando r ∩ α = { P }.

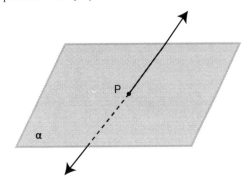

Reta paralela ao plano

Se uma reta r e um plano α não tem ponto em comum, então, a reta r é paralela a uma reta t contida no plano α; portanto, r || α, || t e t ⊂ α ⇒ r || α

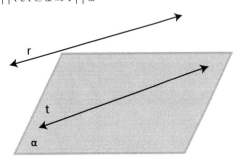

Se dois planos distintos têm um ponto em comum, então, a sua interseção é dada por uma única reta que passa por esse ponto.

15.1.3 Perpendicularismo entre reta e plano

Uma reta r é perpendicular a um plano α se, e somente se, r for perpendicular a todas as retas de α que passam pelo ponto de interseção de r e α.

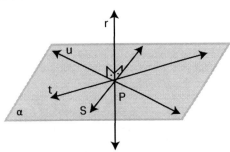

15.1.4 Posições relativas de dois planos

Planos coincidentes ou iguais

Planos concorrentes ou secantes

Dois planos, α e β, são concorrentes quando sua interseção é uma única reta:

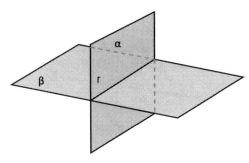

Planos paralelos

Dois planos, α e β, são paralelos quando sua interseção é vazia:

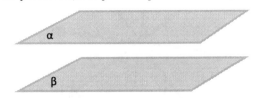

Perpendicularismo entre planos

Dois planos, α e β, são perpendiculares se existir uma reta de um deles que seja perpendicular ao outro:

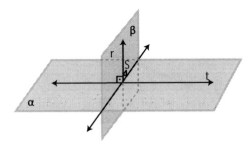

15.2 Prismas

Na figura a seguir, temos dois planos paralelos e distintos, α e β, um polígono convexo R contido em α e uma reta r que intercepta α e β, mas não R:

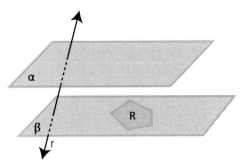

130

Para cada ponto P da região R, vamos considerar o segmento $\overline{P'P}$, paralelo à reta r (P linha, pertence a Beta).

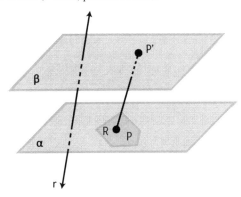

Assim, temos:

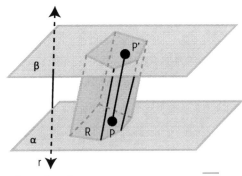

O conjunto de todos os segmentos congruentes $\overline{P'P}$ paralelos a r, é conhecido por prisma ou prisma limitado.

15.2.1 Elementos do prisma

Dado o prisma a seguir, considere os seguintes elementos:

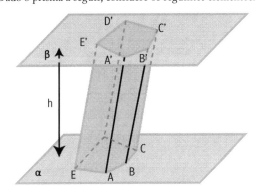

Bases: as regiões poligonais R e S

Altura: a distância h entre os planos α e β

Arestas das bases:

Lados AB, BC, CD, DE, EA, A'B', B'C', D'E', E'A' (dos polígonos)

Arestas laterais:

Os segmentos AA', BB', CC', DD', EE'

Faces laterais: os paralelogramos AA'BB', BB'C'C, CC'D'D, DD'E'E, EE'A'A

15.2.2 Classificação

Um prisma pode ser:

Reto: quando as arestas laterais são perpendiculares aos planos das bases.

Oblíquo: quando as arestas laterais são oblíquas aos planos das bases.

Prisma reto

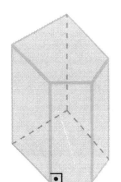

Prisma oblíquo

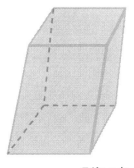

Prisma regular triangular

Chama-se de prisma regular todo prisma reto, cujas bases são polígonos regulares.

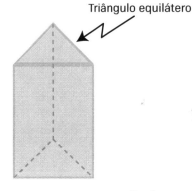

Triângulo equilátero

Prisma regular hexagonal

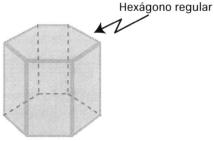

Hexágono regular

Fique ligado

As faces de um prisma regular são retângulos congruentes.

15.2.3 Áreas

Em um prisma distinguimos dois tipos de superfície: as faces e as bases. Assim, temos de considerar as seguintes áreas:

$AL = n \cdot AF$ (n = número de lados do polígono da base).

- **Área de uma face (AF):** área de um dos paralelogramos que constituem as faces.
- **Área lateral (AL):** soma das áreas dos paralelogramos que formam as faces do prisma.

- **Área da base (AB):** área de um dos polígonos das bases.
- **Área total (AT):** soma da área lateral com a área das bases:

$$A_T = A_L + 2A_B$$

15.2.4 Paralelepípedo

Todo prisma cujas bases são paralelogramos recebe o nome de paralelepípedo.

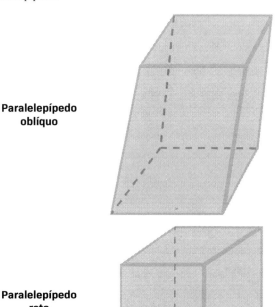

Paralelepípedo oblíquo

Paralelepípedo reto

Se o paralelepípedo reto tem bases retangulares, ele é chamado de paralelepípedo reto-retângulo, ortoedro ou paralelepípedo retângulo.

Paralelepípedo retângulo

Diagonais da base e do paralelepípedo

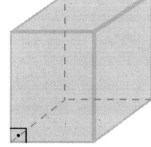

db = diagonal da base
dp = diagonal do paralelepípedo

Na base, ABFE, tem-se:

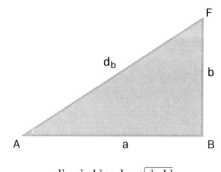

$$d_b^2 = a^2 + b^2 \Rightarrow d_b = \sqrt{a^2 + b^2}$$

No triângulo AFD, tem-se:

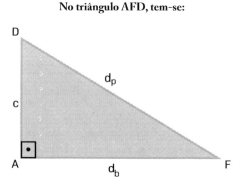

$$d_p^2 = d_b^2 + c^2 = a^2 + b^2 + c^2 \Rightarrow d_p = \sqrt{a^2 + b^2 + c^2}$$

Área lateral

Sendo AL a área lateral de um paralelepípedo retângulo, tem-se:

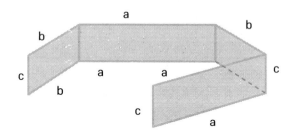

$$A_L = ac + bc + ac + bc = 2ac + 2bc = A_L = 2(ac + bc)$$

Área total

Planificando o paralelepípedo, verificamos que a área total é a soma das áreas de cada par de faces opostas:

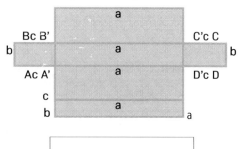

$$A_T = 2(ab + ac + bc)$$

Volume

O volume de um paralelepípedo retângulo de dimensões a, b e c é dado por:

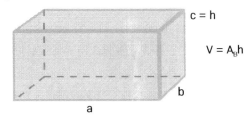

15.2.5 Cubo

Um paralelepípedo retângulo com todas as arestas congruentes (a = b = c) recebe o nome de cubo. Dessa forma, cada face é um quadrado.

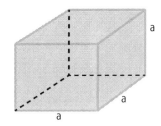

Diagonais da base e do cubo

Considere a figura a seguir:

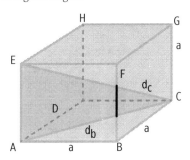

dc = diagonal do cubo
db = diagonal da base

Na base ABCD, tem-se:

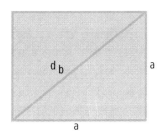

$d_c^2 = a^2 + a^2 = 2a^2 \Rightarrow d_b = a\sqrt{2}$

No triângulo ACE, tem-se:

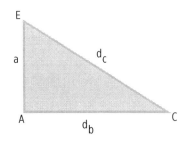

$d_c^2 = a^2 + d_b^2 = a^2 + 2a^2 = 3a^2 \Rightarrow d_b = a\sqrt{3}$

Área lateral

A área lateral AL é dada pela área dos quadrados de lado a:

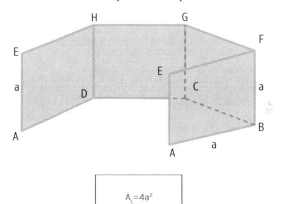

$A_L = 4a^2$

Área total

A área total AT é dada pela área dos seis quadrados de lado a:

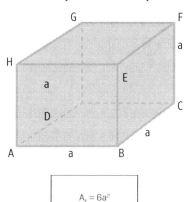

$A_T = 6a^2$

Volume

De forma semelhante ao paralelepípedo retângulo, o volume de um cubo de aresta a é dado por:

$V = a \cdot a \cdot a = a^3$

Generalização do volume de um prisma:
Vprisma = AB · h

15.3 Cilindro

15.3.1 Elementos do cilindro

Dado o cilindro a seguir, considere os seguintes elementos:

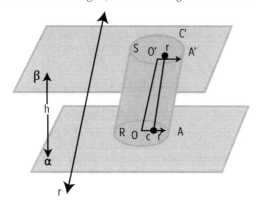

Bases: os círculos de centro O e O' e raios r.
Altura: a distância h entre os planos α e β.
Geratriz: qualquer segmento de extremidades nos pontos das circunferências das bases (por exemplo, $\overline{AA'}$) e paralelo à reta r.

15.3.2 Classificação do cilindro

Um cilindro pode ser:
- **Circular oblíquo:** quando as geratrizes são oblíquas às bases.
- **Circular reto:** quando as geratrizes são perpendiculares às bases.

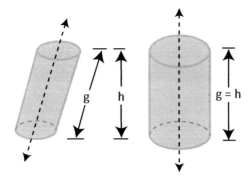

O cilindro circular reto é também chamado de cilindro de revolução, por ser gerado pela rotação completa de um retângulo por um de seus lados. Assim, a rotação do retângulo ABCD pelo lado $\overline{BC}$ gera o cilindro a seguir:

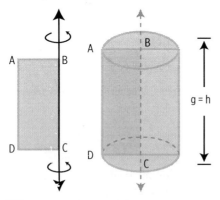

A reta $\overline{BC}$ contém os centros das bases e é o eixo do cilindro.

15.3.3 Seção

Seção transversal é a região determinada pela interseção do cilindro com um plano paralelo às bases. Todas as seções transversais são congruentes.

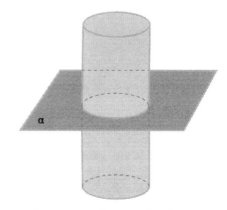

Seção meridiana é a região determinada pela interseção do cilindro com um plano que contém o eixo.

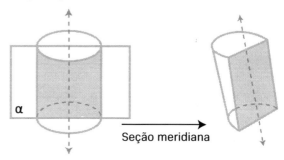

15.3.4 Áreas

Num cilindro, consideramos as seguintes áreas:

Área Lateral (AL)

Pode-se observar a área lateral de um cilindro fazendo a sua planificação:

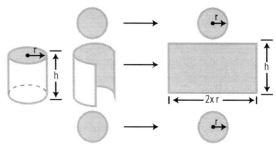

Assim, a área lateral do cilindro reto cuja altura é h e cujos raios dos círculos das bases são r é um retângulo de dimensões $2\pi r$ e h:

$$A_L = 2\pi r h$$

Área da base (AB): área do círculo de raio r:

$$A_B = 2\pi r^2$$

Área total (AT): soma da área lateral com as áreas das bases:

$$A_T = A_L + 2A_{AB} = 2\pi r h + 2\pi r^2 = 2\pi r (h + r)$$

15.3.5 Volume

O volume de todo paralelepípedo retângulo e de todo cilindro é o produto da área da base pela medida de sua altura:

$$V_{cilindro} = A_B \cdot h$$

No caso do cilindro circular reto, a área da base é a área do círculo de raio r, $AB = \pi r^1 h$; portanto, seu volume é:

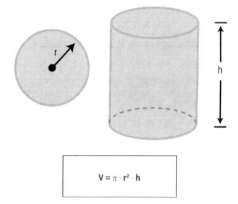

$$V = \pi \cdot r^2 \cdot h$$

15.3.6 Cilindro equilátero

Todo cilindro cuja seção meridiana é um quadrado (altura igual ao diâmetro da base) é chamado cilindro equilátero.

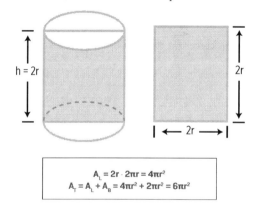

$$A_L = 2r \cdot 2\pi r = 4\pi r^2$$
$$A_T = A_L + A_B = 4\pi r^2 + 2\pi r^2 = 6\pi r^2$$

15.4 Cone circular

Dado um círculo C, contido num plano α, e um ponto V (vértice) fora de α, chamamos de cone circular o conjunto de todos os segmentos $\overline{VP}, P \in C$.

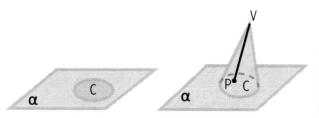

15.4.1 Elementos do cone circular

Dado o cone a seguir, consideramos os seguintes elementos:

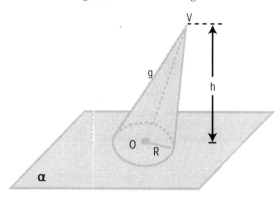

Altura: distância h do vértice V ao plano α.
Geratriz (g): segmento com uma extremidade no ponto V e outra em um ponto da circunferência.
Raio da base: raio R do círculo.
Eixo de rotação: reta $\overline{VO}$ determinada pelo centro do círculo e pelo vértice do cone.

15.4.2 Cone reto

Todo cone cujo eixo de rotação é perpendicular à base é chamado cone reto, também denominado cone de revolução. Ele pode ser gerado pela rotação completa de um triângulo retângulo em torno de um de seus catetos.

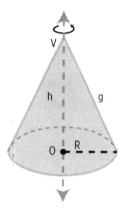

Da figura, e pelo Teorema de Pitágoras, temos a seguinte relação:

$$g^2 = h^2 + R^2$$

15.4.3 Seção meridiana

A seção determinada, em um cone de revolução, por um plano que contém o eixo de rotação é chamada seção meridiana.

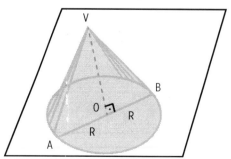

GEOMETRIA ESPACIAL

Se o triângulo AVB for equilátero, o cone também será equilátero:

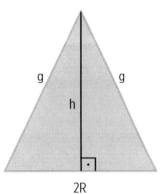

$$g = 2R$$
$$h = R\sqrt{3}$$

15.4.4 Áreas

Desenvolvendo a superfície lateral de um cone circular reto, obtemos um setor circular de raio g e comprimento $L = 2\pi R$.

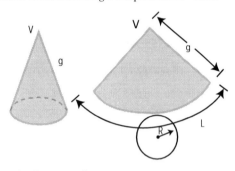

▷ **Assim, há de se considerar as seguintes áreas:**

Área lateral (AL): área do setor circular:

$$A_L = \frac{gl}{2} = \frac{g \cdot 2\pi R}{2} \Rightarrow A_L = \pi Rg$$

Área da base (AB): área do círculo do raio R:
$$A_B = \pi R^2$$

Área total (AT): soma da área lateral com a área da base:
$$A_T = A_L + A_B = \pi Rg + \pi R^2 \rightarrow A_T \pi R(g + R)$$

15.4.5 Volume

$$V_{cone} = 2\pi dS = 2\pi \cdot \frac{r}{3} \cdot \frac{rh}{2} \Rightarrow V_{cone} \frac{1}{3} \cdot \pi r^2 h$$

15.5 Pirâmides

Dado um polígono convexo R, contido em um plano α, e um ponto V (vértice) fora de α, chamamos de pirâmide o conjunto de todos os segmentos $\overline{VP}$, $P \in R$.

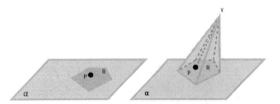

15.5.1 Elementos da pirâmide

Dada a pirâmide a seguir, tem-se os seguintes elementos:

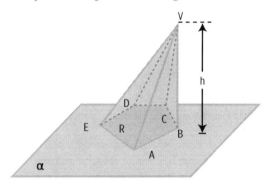

Base: o polígono convexo R.
Arestas da base: os lados AB, BC, CD, DE, EA do polígono.
Arestas laterais: os segmentos VA, VB, VC, VD, VE.
Faces laterais: os triângulos VAB, VBC, VCD, VDE, VEA.
Altura: distância h do ponto V ao plano.

15.5.2 Classificação

Uma pirâmide é reta quando a projeção ortogonal do vértice coincide com o centro do polígono da base.

Toda pirâmide reta, cujo polígono da base é regular, recebe o nome de pirâmide regular. Ela pode ser triangular, quadrangular, pentagonal etc., conforme sua base, seja, respectivamente, um triângulo, um quadrilátero, um pentágono etc.

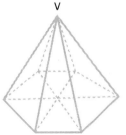

Pirâmide regular hexagonal   Pirâmide regular quadrangular

15.5.3 Áreas

Em uma pirâmide, temos as seguintes áreas:
Área lateral (AL): reunião das áreas das faces laterais.
Área da base (AB): área do polígono convexo (base da pirâmide).
Área total (AT): união da área lateral com a área da base.

$$A_T = A_L + A_B$$

Para uma pirâmide regular, temos:

$$V_L = n \cdot \frac{bg}{2} \quad A_b = pa$$

Em que:
- **b** é a aresta;
- **g** é o apótema;
- **n** é o número de arestas laterais;
- **p** é o semiperímetro da base;
- **a** é o apótema do polígono da base.

136

MATEMÁTICA

15.5.4 Volume

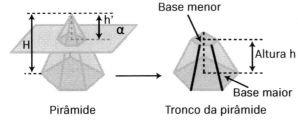

15.6 Troncos

Se um plano interceptar todas as arestas de uma pirâmide ou de um cone, paralelamente às suas bases, o plano dividirá cada um desses sólidos em dois outros: uma nova pirâmide e um tronco de pirâmide; e um novo cone e um tronco de cone.

15.6.1 Tronco da pirâmide

Dado o tronco de pirâmide regular a seguir, tem-se:

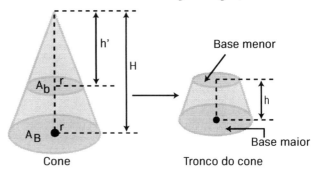

As bases são polígonos regulares paralelos e semelhantes.

As faces laterais são trapézios isósceles congruentes.

Áreas

Área lateral (AL): soma das áreas dos trapézios isósceles congruentes que formam as faces laterais.

Área total (AT): soma da área lateral com a soma das áreas da base menor (Ab) e maior (AB).

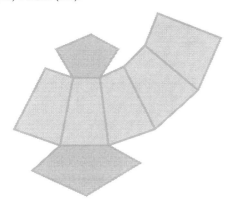

$$A_T = A_L + A_B + A_b$$

Volume

O volume de um tronco de pirâmide regular é dado por:

$$V_r = \frac{h}{3}(A_B + A_b + \sqrt{A_B A_b})$$

Sendo V o volume da pirâmide e V' o volume da pirâmide obtido pela seção, é válida a relação:

$$\frac{V'}{V} = \left(\frac{h'}{H}\right)^3$$

15.6.2 Tronco do cone

Sendo o tronco do cone circular regular a seguir, tem-se:

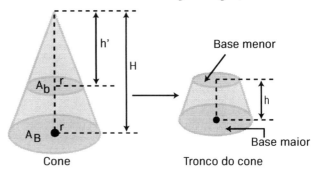

As bases maior e menor são paralelas.

A altura do tronco é dada pela distância entre os planos que contêm as bases.

Áreas

Área lateral

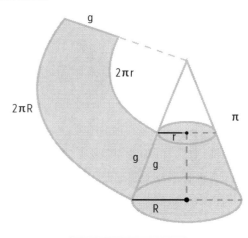

$$A_L = \pi(R + r)g$$

Área total

$$A_T = A_L + A_B + A_b = \pi(R + r)g + \pi R^2 + \pi r^2$$

$$\downarrow$$

$$A_T = [(R + r)g + R^2 + r^2]$$

Volume

$$V_r = \frac{h}{3}(A_B + A_b + \sqrt{A_B A_b}) \frac{h}{3}(\pi R^2 + \pi r^2 + \sqrt{\pi R^2 \cdot \pi r^2})$$

$$\downarrow$$

$$V = \frac{\pi h}{3}(R^2 + r^2 + Rr)$$

137

GEOMETRIA ESPACIAL

Sendo V o volume do cone e V' o volume do cone obtido pela seção, são válidas as relações:

$$\frac{r}{r'} = \frac{H'}{h'}$$

$$\frac{A_B}{A_b} = \left(\frac{H'}{h'}\right)^2$$

$$\frac{V}{V'} = \left(\frac{H'}{h'}\right)^3$$

15.7 Esfera

Chama-se de esfera de centro O e raio R, o conjunto de pontos do espaço cuja distância ao centro é menor ou igual ao raio R.

Considerando a rotação completa de um semicírculo em torno de um eixo, a esfera é o sólido gerado por essa rotação. Assim, ela é limitada por uma superfície esférica e formada por todos os pontos pertencentes a essa superfície e ao seu interior.

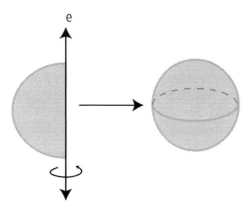

15.7.1 Volume

O volume da esfera de raio R é dado por:

$$V_e = \frac{4}{3} \cdot \pi R^3$$

15.7.2 Partes da esfera

Superfície esférica

A superfície esférica de centro O e raio R é o conjunto de pontos do espaço cuja distância ao ponto O é igual ao raio R.

Se considerar a rotação completa de uma semicircunferência em torno de seu diâmetro, a superfície esférica é o resultado dessa rotação.

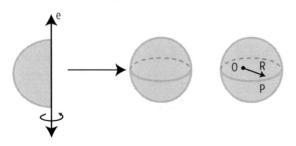

A área da superfície esférica é dada por:

$$A_s = 4\pi R^2$$

Zona esférica

É a parte da esfera gerada do seguinte modo:

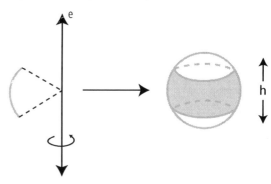

A área da zona esférica é dada por:

$$S = 2\pi Rh$$

Calota esférica

É a parte da esfera gerada do seguinte modo:

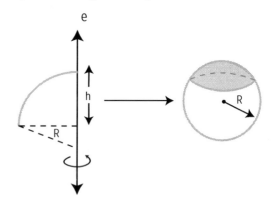

A área da calota esférica é dada por:

$$S = 2\pi Rh$$

Fuso esférico

O fuso esférico é uma parte da superfície esférica que se obtém ao girar uma semicircunferência de um ângulo $\alpha(0 < \alpha < 2\pi)$ em torno de seu eixo:

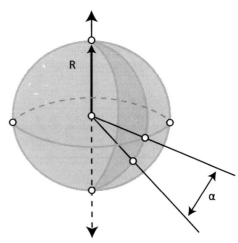

138

A área do fuso esférico pode ser obtida por uma regra de três simples:

$A_S - 2\pi \quad A_F = \dfrac{4\pi R^2 \alpha}{2\pi} \Rightarrow A_F = 2R^2\alpha$ (α em radianos)
$A_F - \alpha$

$A_S - 360° \quad A_F = \dfrac{4\pi R^2 \alpha}{360°} \Rightarrow A_F \quad \dfrac{\pi R^2 \alpha}{90°}$ (α em graus)
$A_F - \alpha$

Cunha esférica

Parte da esfera que se obtém ao girar um semicírculo em torno de seu eixo de um ângulo $\alpha (0 < \alpha < 2\pi)$:

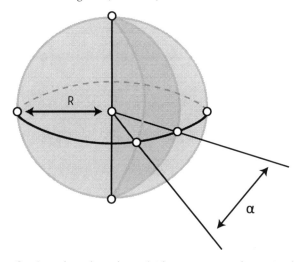

O volume da cunha pode ser obtido por uma regra de três simples:

$\left.\begin{array}{l} V_c - 2\pi \\ V_c - \alpha \end{array}\right] V_c = \dfrac{\dfrac{4}{3}\pi R^3 \alpha}{2\pi} \quad V_c = \dfrac{2}{3} R^3 \alpha$ (α em radianos)

$\left.\begin{array}{l} V_c - 360° \\ V_c - \alpha \end{array}\right] V_c = \dfrac{\dfrac{4}{3}\pi R^3 \alpha}{360°} \quad V_c = \dfrac{\pi R^3 \alpha}{270°}$ (α em graus)

GEOMETRIA ANALÍTICA

16 GEOMETRIA ANALÍTICA

Neste capítulo, serão abordados os principais conceitos de geometria analítica e suas aplicações.

16.1 Ponto

16.1.1 Plano cartesiano

A geometria analítica teve como principal idealizador o filósofo René Descartes (1596–1650). Com o auxílio de um sistema de eixos associados a um plano, ele faz corresponder a cada ponto do plano um par ordenado e vice-versa.

Quando os eixos desse sistema são perpendiculares na origem, essa correspondência determina um sistema cartesiano ortogonal (ou plano cartesiano). Assim, há uma reciprocidade entre o estudo da geometria (ponto, reta, circunferência) e da Álgebra (relações, equações etc.), podendo-se representar graficamente relações algébricas e expressar algebricamente representações gráficas.

Observe o plano cartesiano nos quadros quadrantes:

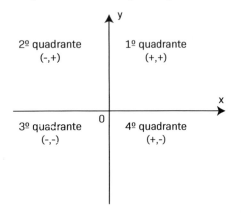

- 1º quadrante: $x > 0$ e $y > 0$
- 2º quadrante: $x < 0$ e $y > 0$
- 3º quadrante: $x < 0$ e $y < 0$
- 4º quadrante: $x > 0$ e $y < 0$

Fique ligado

Por convenção, os pontos localizados sobre os eixos não estão em nenhum quadrante.

- $A(4, 7)$ pertence ao 1º quadrante ($x_A > 0$ e $y_A > 0$)
- $B(-2, 8)$ pertence ao 2º quadrante ($x_B < 0$ e $y_B > 0$)

16.1.2 Distância entre dois pontos

Dados os pontos $A(x_A, y_A)$ e $B(x_B, y_B)$ e sendo d_{AB} a distância entre eles, tem-se:

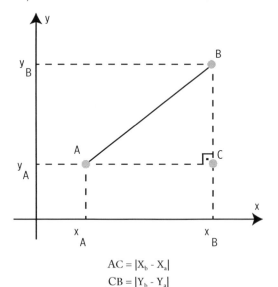

$$AC = |X_b - X_a|$$
$$CB = |Y_b - Y_a|$$

Aplicando o teorema de Pitágoras ao triângulo retângulo ABC, temos:

$$(d_{AB})^2 = (AC)^2 + (CB)^2 = (x_B - x_A)^2 + (y_B - y_A)^2$$
$$\downarrow$$
$$d_{AB} = \sqrt{(x_B - x_A)^2 + (y_B - y_A)^2}$$

Razão de secção

Dados os pontos $A(x_A, y_A)$, $B(x_B, y_B)$, $C(x_C, y_C)$ de uma mesma reta ($A \ne B \ne C$), o ponto C divide $\overline{AB}$ numa determinada razão, denominada razão de secção e indicada por:

$$r_c = \frac{AX}{CB}$$

Observe a representação a seguir:

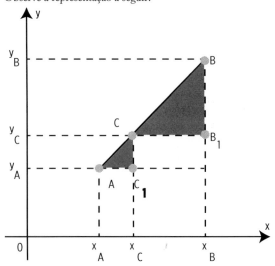

MATEMÁTICA

Como o $\triangle ACC \cong \triangle CBB$, podemos escrever:

$$r_c = \frac{AC}{CB} = \frac{X_C - X_A}{X_B - X_C} = \frac{Y_C - Y_A}{Y_B - Y_C}$$

Ponto médio

Dados os pontos $A(x_A, y_A)$, $B(x_B, y_B)$ e P, que divide $\overline{AB}$ ao meio, temos:

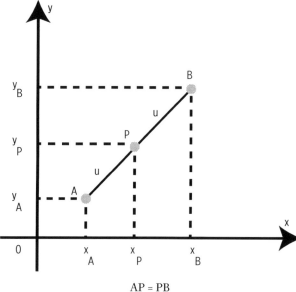

$AP = PB$

$$r_p = \frac{AP}{PB} = 1$$

Assim:

$$X_P - X_A = X_B - X_P$$
$$\downarrow$$
$$2X_P = X_A + X_B$$
$$\downarrow$$
$$\frac{X_A + X_B}{2} \text{ (média aritmética de } X_A \text{ e } X_B)$$
$$\downarrow$$
$$Y_P - Y_A = Y_B - Y_P$$
$$\downarrow$$
$$2Y_P = Y_A + Y_B$$
$$\downarrow$$
$$2Y_P = Y_A + Y_B$$

$$Y_P = \frac{Y_A + A_B}{2} \text{ (média aritmética de } Y_A \text{ e } Y_B)$$

Logo, as coordenadas do ponto médio são dadas por:

$$\boxed{P\left(\frac{X_A + X_B}{2}, \frac{Y_A + Y_B}{2}\right)}$$

Condições de alinhamento de três pontos: se três pontos, $A(x_A, y_A)$, $B(x_B, y_B)$ e $C(x_C, y_C)$, estão alinhados, então:

$$\begin{vmatrix} x_A & y_A & 1 \\ X_B & y_B & 1 \\ X_C & y_C & 1 \end{vmatrix} = 0$$

16.2 Reta

16.2.1 Equação da reta

Equação geral

Pode-se estabelecer a equação geral de uma reta a partir da condição de alinhamento de três pontos.

Dada uma reta r, sendo $A(x_A, y_A)$ e $B(x_B, y_B)$ pontos conhecidos e distintos de r e $P_{(x,y)}$ um ponto genérico, também de r, estando A, B e P alinhados, podemos escrever:

$$\begin{vmatrix} x & y & 1 \\ X_A & y_A & 1 \\ X_B & y_B & 1 \end{vmatrix} = 0 \rightarrow -x_B y_A - xy_B - yx_A + xy_A + yx_B + x_A y_B = 0$$

$$(y_A - y_B)x + (x_B - x_A)y + (x_A y_B - x_B y_A) = 0$$

Fazendo $y_A - y_B = a$, $x_B - x_A = b$ e $x_A y_B - x_B y_A = c$, como a e b não são simultaneamente nulos $(A \neq B)$, tem-se:

$$\boxed{ax + by + c = 0}$$

Equação geral da reta r

Essa equação relaciona x e y para qualquer ponto P genérico da reta. Assim, dado o ponto P(m, n):
- Se $am + bn + c = 0$, P é o ponto da reta.
- Se $am + bn + c \neq 0$, P não é ponto da reta.

Equação reduzida

Considere uma reta r não paralela ao eixo Oy:

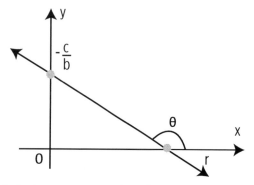

Isolando y na equação geral $ax + by + c = 0$, temos:

$$by = -ax - c \rightarrow -\frac{a}{b} \cdot x - \frac{c}{b}$$

Fazendo $-\frac{a}{b} = m$ e $-\frac{c}{b} = q$, temos:

$$\boxed{y = mx + q}$$

GEOMETRIA ANALÍTICA

Chamada equação reduzida da reta, em que $m = -\dfrac{a}{b}$ fornece a inclinação da reta em relação ao eixo Ox.

Quando a reta for paralela ao eixo Oy, não existe a equação na forma reduzida.

Coeficiente angular

Chama-se de coeficiente angular da reta r o número real m tal que:

$$m = \text{tg } \theta \ (\theta \neq 90°)$$

O ângulo θ é orientado no sentido anti-horário e obtido a partir do semieixo positivo Ox até a reta r. Desse modo, temos sempre $0 \leq \theta < \pi$.

Determinação do coeficiente angular: quando as coordenadas de dois pontos distintos da reta são conhecidas: $A(x_A, y_A)$ e $B(x_B, y_B)$

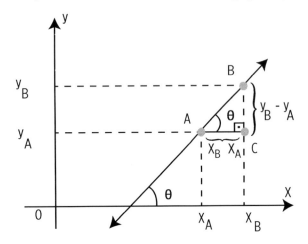

$$m = \dfrac{y_B - y_A}{x_B - x_A}$$

Quando a equação geral da reta é conhecida

$$m = -\dfrac{a}{b}$$

Equação de uma reta r, conhecidos o coeficiente angular e um ponto de r: se r em uma reta de coeficiente angular m, sendo P(X0, Y0), P ≠ r, e Q(x,y) um ponto qualquer de r(Q ≠ P), pode-se escrever:

$$m = \dfrac{y - y_0}{X - X_0} \rightarrow y - y_0 = m(x - x_0)$$

16.2.2 Posições relativas das retas

Coordenadas do ponto de intersecção de retas

A intersecção das retas **r** e **s**, quando existir, é o ponto P(x, y), comum a elas, que é a solução do sistema formado pelas equações das duas retas.

Paralelismo: duas retas, r e s, distintas e não verticais são paralelas e tiverem coeficientes angulares iguais.

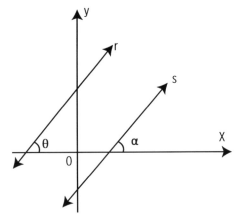

Concorrência: dadas as retas r: $a_1x + b_1y + c_1 = 0$ e s: $a_2x + b_2y + c_2 = 0$, elas serão concorrentes se tiverem coeficientes angulares diferentes:

$$r \text{ e } s \text{ são concorrentes} \rightarrow m_r \neq m_s \rightarrow -\dfrac{a_1}{b_1} \neq -\dfrac{a_2}{b_2}$$

Perpendicularismo: se **r** e **s** são duas retas não verticais, então r é perpendicular a s e o produto de seus coeficientes angulares for igual a –1. Lê-se $r \perp s$. Acompanhe a seguir o desenho:

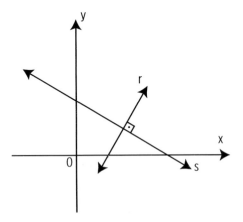

16.2.3 Distância entre um ponto e uma reta

Dado um ponto P(x1, y1) e uma reta r: ax + by + c = 0, a distância entre eles (d_{pr}) é dada por:

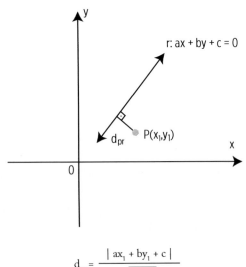

$$d_{pr} = \dfrac{|ax_1 + by_1 + c|}{\sqrt{a^2 + b^2}}$$

16.2.4 Área de um triângulo

Dado um ponto (x_1, y_1) localizado fora de uma reta que passa pelos pontos (x_2, y_2) e (x_3, y_3), pode-se calcular a área do triângulo cujos vértices são esses três pontos.

A área do triângulo é dada pela metade do valor absoluto do determinante da matriz, indicada pela expressão:

$$A = \frac{1}{2} \left| \det \begin{pmatrix} x_A & y_A & 1 \\ X_B & y_B & 1 \\ X_C & y_C & 1 \end{pmatrix} \right| = 0$$

16.3 Circunferência

16.3.1 Equações da circunferência

Equação reduzida

Circunferência é o conjunto de todos os pontos de um plano equidistantes de um ponto fixo, desse mesmo plano, denominado centro da circunferência:

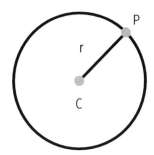

Assim, sendo $C(a, b)$ o centro e $P(x, y)$ um ponto qualquer da circunferência, a distância de C a $P(d_{CP})$ é o raio dessa circunferência. Então:

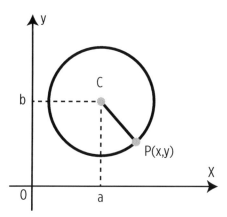

$$d_{cp} = \sqrt{(X_p - X_c)^2 + (Y_p - Y_c)^2}$$
$$\downarrow$$
$$\sqrt{(x-a)^2 + (y-b)^2} = r$$
$$\downarrow$$
$$\boxed{(x-a)^2 + (y-b)^2 = r^2}$$

Portanto, $(x - a)^2 + (y - b)^2 = r^2$ é a equação reduzida da circunferência e permite determinar os elementos essenciais para a construção da circunferência: as coordenadas do centro e o raio.

Quando o centro da circunferência estiver na origem ($C(0,0)$), a equação da circunferência será $x^2 + y^2 = r^2$.

Equação geral

Desenvolvendo a equação reduzida, obtemos a equação geral da circunferência:

$(x - a)^2 + (y - b)^2 = r^2$
$x^2 - 2ax + a^2 + y^2 - 2by + b^2 = r^2$
$x^2 + y^2 - 2ax - 2by + a^2 + b^2 - r^2 = 0$

Determinação do centro e do raio da circunferência, dada a equação geral: dada a equação geral de uma circunferência, utilizamos o processo de fatoração de trinômio quadrado perfeito para transformá-la na equação reduzida, assim determinamos o centro e o raio da circunferência.

Para tanto, a equação geral deve obedecer a duas condições:
- Os coeficientes dos termos x^2 e y^2 devem ser iguais a 1.
- Não deve existir o termo xy.

16.3.2 Posição de um ponto em relação a uma circunferência

Em relação à circunferência de equação $(x - a)^2 + (y - b)^2 = r^2$, o ponto $P(m, n)$ pode ocupar as seguintes posições:

P é exterior à circunferência

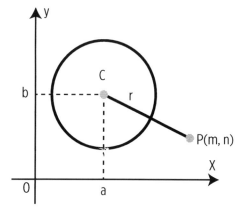

$CP > r$
$\sqrt{(X_p - X_c)^2 + (Y_p - Y_c)^2} > r$
$\sqrt{(m - a)^2 + (n - b)^2} > r$
$(m - a)^2 + (n - b)^2 > r^2$
$(m - a)^2 + (n - b)^2 - r^2 > 0$

P pertence à circunferência

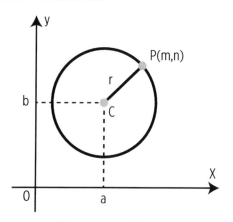

GEOMETRIA ANALÍTICA

$CP = r$

$(m - a)^2 + (n - b)^2 = r^2$

$(m - a)^2 + (n - b)^2 - r^2 = 0$

P é interior à circunferência

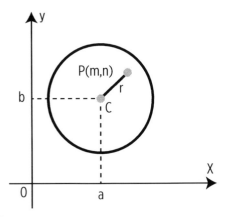

$CP < r$

$(m - a)^2 + (n - b)^2 < r^2$

$(m - a)^2 + (n - b)^2 - r^2 < 0$

Para determinar a posição de um ponto P (m, n) em relação a uma circunferência, substituir as coordenadas de P na expressão $(x - a)^2 + (y - b)^2 - r^2$:

- se $(m - a)^2 + (n - b)^2 - r^2 > 0$, então, P é exterior à circunferência.
- se $(m - a)^2 + (n - b)^2 - r^2 = 0$, então, P pertence à circunferência.
- se $(m - a)^2 + (n - b)^2 - r^2 < 0$, então, P é interior à circunferência.

16.3.3 Posição de uma reta em relação a uma circunferência

Dado uma reta s: $Ax + Bx + C = 0$ e uma circunferência α de equação $(x - a)^2 + (y - b)^2 = r^2$, vamos examinar as posições relativas entre s e α:

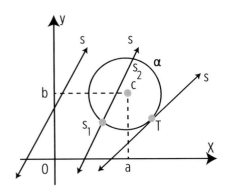

$s \cap \alpha = \emptyset \rightarrow$ s é exterior à α

$s \cap \alpha = \{T\} \rightarrow$ s é tangente à α

$s \cap \alpha = \{s_1, s_2\} \rightarrow$ s é tangente à α

Também se pode determinar a posição de uma reta em relação à circunferência, calculando a distância da reta ao centro da circunferência. Assim, dado a reta s: $Ax + By + C = 0$ e a circunferência α: $(x - a)^2 + (y - b)^2 = r^2$, tem-se:

$$d_{c3} = \frac{|Aa + Bb + C|}{\sqrt{A^2 + B^2}}$$

Assim:

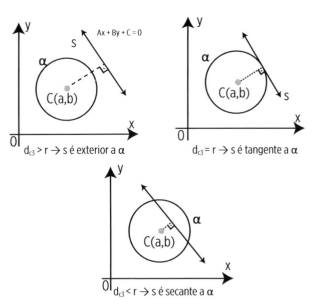

$d_{c3} > r \rightarrow$ s é exterior a α

$d_{c3} = r \rightarrow$ s é tangente a α

$d_{c3} < r \rightarrow$ s é secante a α

16.3.4 Posição relativa de duas circunferências

Circunferências tangentes

Tangentes externas: duas circunferências são tangentes externas quando possuem somente um ponto em comum e uma exterior à outra. A condição para que isso ocorra é que a distância entre os centros das duas circunferências seja equivalente à soma das medidas de seus raios.

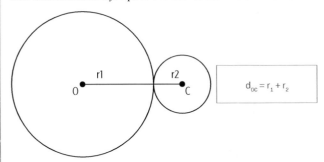

Tangentes internas: duas circunferências são tangentes internas quando possuem apenas um ponto em comum e uma esteja no interior da outra. A condição para que isso ocorra é que a distância entre os dois centros seja igual à diferença entre os dois raios.

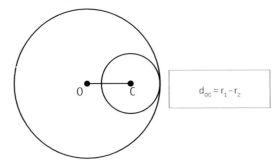

Circunferências externas

Duas circunferências são consideradas externas quando não possuem pontos em comum. A condição para que isso ocorra é que a distância entre os centros das circunferências deve ser maior que a soma das medidas de seus raios.

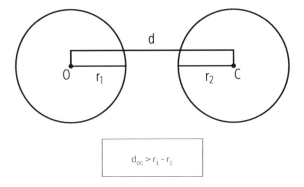

$$d_{OC} > r_1 - r_2$$

Circunferências secantes

Duas circunferências são consideradas secantes quando possuem dois pontos em comum. A condição para que isso aconteça é que a distância entre os centros das circunferências deve ser menor que a soma das medidas de seus raios.

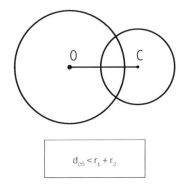

$$d_{CO} < r_1 + r_2$$

Circunferências internas

Duas circunferências são consideradas internas quando não possuem pontos em comum e uma está localizada no interior da outra. A condição para que isso ocorra é que a distância entre os centros das circunferências deve ser equivalente à diferença entre as medidas de seus raios.

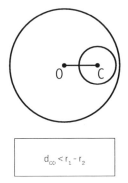

$$d_{CO} < r_1 - r_2$$

Circunferências concêntricas

Duas circunferências são consideradas concêntricas quando possuem o centro em comum. Nesse caso, a distância entre os centros é nula.

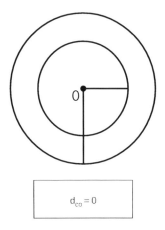

$$d_{CO} = 0$$

17 POLINÔMIOS

Neste capítulo, será abordado um assunto que é próximo ao das equações, mas existem algumas características que são próprias dos polinômios.

17.1 Definições

Monômio: é um número ou uma letra (incógnita), ou o produto dos números com as letras, ou somente das letras.

$2x$;
$3y$;
z^4;
7;
$-a$;
a^3b^5

Os monômios são constituídos de coeficiente (número), parte literal (incógnita) e grau (soma dos expoentes das incógnitas).

$7 \to$ coeficiente = 7; parte literal = não tem; grau = 0
$3y \to$ coeficiente = 3; parte literal = y; grau = 1
$a^3b^5 \to$ coeficiente = 1 parte literal = a^3b^5; grau = 8

Polinômio: é a soma algébrica (adição e/ou subtração) de monômios.

$2x + 3y$;
$z^4 - 7$;
$-a + a^3b^5$

Monômios semelhantes: são aqueles que possuem a mesma parte literal.

Polinômios com uma só variável: são aqueles que possuem, nas suas partes literais, a mesma incógnita (mudando apenas o grau).

17.2 Função polinomial

Uma função polinomial, ou simplesmente polinômio, é toda função definida pela relação:

$P(x) = a_n x^n + a_{n-1} \cdot x^{n-1} + a_{n-2} \cdot x^{n-2} + ... + a_2 x^2 + a_1 x + a_0$

Em que:

a_n, a_{n-1}, a_{n-2}, ..., a_2, a_1, a_0 são números reais chamados coeficientes.
$n \in$ IN
$x \in C$, é a variável.

17.3 Polinômio nulo

Diz-se que um polinômio é nulo quando todos os seus coeficientes forem iguais a zero: $P(x) = 0$.

17.4 Grau de um polinômio

O grau de um polinômio é dado pelo maior expoente de x com coeficiente não nulo.

$P(x) = 4x^2 + 5x$ 7 é um polinômio do segundo grau.
$P(x) = 3x^5 + 2x^2 + 2$ é um polinômio de quinto grau.

17.5 Identidade entre polinômios

Dois polinômios são idênticos quando todos os seus coeficientes, de termos semelhantes (variável com o mesmo grau), são números iguais.

17.6 Valor numérico de um polinômio

O valor numérico de um polinômio $P(x)$ para $x = a$ é o número que se obtém substituindo x por a e efetuando todas as operações indicadas pela relação que define o polinômio.

Se $P(x) = x^3 + 2x^2 + x - 4$, o valor numérico de $P(x)$, para $x = 2$, é:
$P(x) = x^3 + 2x^2 + x - 4$
$P(2) = 2^3 + 2 \cdot 2^2 + 2 - 4$
$P(2) = 14$
Se $P(a) = 0$, o número a é chamado raiz ou zero de $P(x)$.
$P(x) = x^2 - 3x + 2$, temos $P(1) = 0$
logo, 1 é raiz ou zero desse polinômio.

17.7 Operações com polinômios

17.7.1 Soma e subtração

Adição: somam-se os coeficientes dos diversos monômios de mesmo grau.

Subtração: subtraem-se os coeficientes dos diversos monômios de mesmo grau.

17.7.2 Multiplicação

Para multiplicar os polinômios, basta usar a propriedade distributiva da multiplicação.

Produtos notáveis são exemplos das multiplicações de polinômios e ajudam nos cálculos da questão.

$(a + b)^2 = a^2 + 2ab + b^2$
$(a - b)^2 = a^2 - 2ab + b^2$
$(a + b) \cdot (a - b) = a^2 - b^2$
$(x + a) \cdot (x + b) = x^2 + (a + b) \cdot x + ab$
$(a + b)^3 = a^3 + 3a^2b + 3ab^2 + b^3$
$(a - b)^3 = a^3 - 3a^2b + 3ab^2 - b^3$
$(a + b) \cdot (a^2 - ab + b^2) = a^3 + b^3$
$(a - b) \cdot (a^2 + ab + b^2) = a^3 - b^3$

17.8 Divisões com polinômios

Dado dois polinômios $P(x)$ e $D(x)$, com $D(x)$ não nulo. Efetuar a divisão de P por D é determinar dois polinômios $Q(x)$ e $R(x)$, que satisfaçam as duas condições abaixo:

$Q(x) \cdot D(x) + R(x) = P(x)$
grau $(R) <$ grau (D) ou $R(x) = 0$

$$\begin{array}{c|c} P(x) & D(x) \\ \hline R(x) & Q(x) \end{array}$$

Nesta divisão:
$P(x)$ é o dividendo.
$D(x)$ é o divisor.
$Q(x)$ é o quociente.
$R(x)$ é o resto da divisão.

Quando temos $R(x) = 0$, dizemos que a divisão é exata, ou seja, $P(x)$ é divisível por $D(x)$ ou $D(x)$ é divisor de $P(x)$.

17.8.1 Teorema do resto

O resto da divisão de um polinômio $P(x)$ pelo binômio $ax + b$ é igual a $P(-b/a)$.

17.8.2 Teorema de D'Alembert

Um polinômio $P(x)$ é divisível pelo binômio $ax + b$ se $P(-b/a) = 0$.

▷ **Propriedades importantes:**

- Toda equação algébrica de grau n possui exatamente n raízes.
- Se b for raiz de $P(x) = 0$, então, $P(x)$ é divisível por $x - b$.

MATEMÁTICA

- Se o número complexo a + bi for raiz de P(x) = 0, então o conjugado a − bi também será raiz.
- Se a equação P(x) = 0 possuir k raízes iguais a m, então dizemos que m é uma raiz de grau de multiplicidade k.
- Se a soma dos coeficientes de uma equação algébrica P(x) = 0 for nula, então, a unidade é raiz da equação (1 é raiz).
- Toda equação de termo independente nulo admite um número de raízes nulas igual ao menor expoente da variável.

Se $x_1, x_2, x_3, \ldots, x_n$ são raízes da equação:

$$a_0 x^n + a_1 x^{n-1} + a_2 x^{n-2} + \ldots + a_n = 0$$

Então ela pode ser escrita na forma fatorada:

$$a_0 (x - x_1) \cdot (x - x_2) \cdot (x - x_3) \ldots (x - x_n) = 0$$

17.8.3 Dispositivo de Briot-Ruffini

Serve para efetuar a divisão de um polinômio P(x) por um binômio da forma (ax + b). Seguem algumas regras para realizar esse procedimento:

- Coloca-se a raiz do divisor e os coeficientes do dividendo ordenadamente na parte de cima da "cerquinha".
- O primeiro coeficiente do dividendo é repetido abaixo.
- Multiplica-se a raiz do divisor por esse coeficiente repetido abaixo e soma-se o produto com o 2º coeficiente do dividendo, colocando-se o resultado abaixo deste.
- Multiplica-se a raiz do divisor pelo número colocado abaixo do 2º coeficiente e soma-se o produto com o 3º coeficiente, colocando-se o resultado abaixo deste, e assim sucessivamente.
- Separa-se o último número formado, que é igual ao resto da divisão, e os números que ficam à esquerda deste serão os coeficientes do quociente.

Determinar o quociente e o resto da divisão do polinômio P(x) = 3 x 3 − 5 x 2 + x−2 por (x−2).

Aplicando o dispositivo:

Nesse caso, o Q(x) = 3x2 + x + 3 e o resto é 4.

17.9 Equações polinomiais

Equação polinomial ou algébrica é toda equação da forma p(x) = 0, em que p(x) é um polinômio.

$x^4 + 9x^2 - 10x + 3 = 0$
$x^8 - x^6 - 6x + 2 = 0$

17.9.1 Raízes dos polinômios

As raízes de uma equação polinomial constituem o conjunto solução da equação.

Para as equações em que o grau é 1 ou 2, o método de resolução é simples. Nos casos em que o grau dos polinômios é maior que 2, existem expressões para a obtenção da solução.

17.9.2 Raízes múltiplas

Pode ocorrer que uma ou mais raízes sejam iguais, nesse caso essas raízes são definidas como múltiplas.

P(x) = 4(x − 1) (x − 1) (x − 2) (x − 2) (x − 2) (x − 8)
Observe a multiplicidade da raiz 1 (2 vezes) e da raiz 2 (3 vezes).
Denomina-se que a equação polinomial P(x) possui a raiz 1 com multiplicidade 2, a raiz 2 de multiplicidade 3 e a raiz 8 de multiplicidade 1.

Raízes complexas

Qualquer equação polinomial, de grau n, com n ≥ 1, possui pelo menos 1 raiz complexa (real ou imaginária).

As equações polinomiais que possuam uma raiz imaginária terão também o conjugado dessa raiz como raiz. Assim, se z = a + bi é raiz de uma equação polinomial z = a − bi, também será raiz. Sendo a, b ∈ R e i^2 = −1.

> **Fique ligado**
> Os números complexos contêm os números reais, ou seja, um número real é também um número complexo

17.9.3 Teorema fundamental da álgebra

Toda equação polinomial p(x) = 0, de grau n cujo n ≥ 1, admite pelo menos uma raiz complexa.

O teorema fundamental da álgebra apenas garante a existência de pelo menos uma raiz, ele não demonstra qual o número de raízes de uma equação nem como achar essas raízes.

O teorema somente tem valor para C; para R, esse teorema não é válido.

A equação $x^2 + 1 = 0$ não possui raiz real, porém aceita, no campo complexo, os números i e −i como raízes.

17.9.4 Teorema da decomposição

Todo o polinômio de grau n tem exatamente n raízes reais e complexas.

Compor o polinômio, sabendo que suas raízes são 1, 2 e 4.
Como existem 3 raízes, n = 3, então o polinômio é:
$P(x) = a_n \cdot (x - r_1) \cdot (x - r_2) \cdot (x - r_3)$
Fazendo an = 1, temos que:
$P(x) = 1 \cdot (x - 1) \cdot (x - 2) \cdot (x - 4)$
$P(x) = x^3 - 7x^2 + 14x - 8$

17.9.5 Relação entre coeficientes e raízes

Relações de Girard

São as relações existentes entre os coeficientes e as raízes de uma equação algébrica.

Para uma equação do 2º grau, $ax^2 + bx + c = 0$, já se conhecem as seguintes relações entre os coeficientes e as raízes x_1 e x_2:

$x_1 + x_2 = -b/a$ e $x_1 \cdot x_2 = c/a$

Para uma equação do 3º grau, $ax^3 + bx^2 + cx + d = 0$, sendo x_1, x_2 e x_3 as raízes, temos as seguintes relações de Girard:

$x_1 + x_2 + x_3 = -b/a$; $x_1 \cdot x_2 + x_1 \cdot x_3 + x_2 \cdot x_3 = c/a$ e $x_1 \cdot x_2 \cdot x_3 = -d/a$

HISTÓRIA E GEOGRAFIA DO BRASIL

HISTÓRIA E GEOGRAFIA DO BRASIL

1 A EXPANSÃO ULTRAMARINA EUROPEIA DOS SÉCULOS XV E XVI

A sociedade europeia passou por diversas mudanças estruturais com as crises do final da Idade Média, precisava crescer economicamente, expandir-se e buscar novas soluções para seus problemas internos. A solução para atender às suas necessidades foi encontrada no sistema capitalista que se expandia.

A expansão marítima e comercial da Europa nos séculos XV e XVI contribuiu muito para o desenvolvimento do capitalismo, pois a expansão marítima resultou no descobrimento de novas rotas de comércio para o Oriente e na conquista e colonização da América. Diversos fatores – econômicos, sociais, políticos e culturais – contribuíram para a expansão marítima e comercial europeia devido à grande procura pelo comércio europeu de especiarias (cravo, canela, pimenta, noz-moscada, gengibre) e os de artigos de luxo (porcelanas, tecidos de seda, marfim, perfumes), procedência oriental (Ásia e África) chegavam à Europa após um longo e difícil trajeto por terra e mar, deixando os produtos extremamente caros.

Gênova e Veneza detinham o monopólio dessas mercadorias durante o século XV e monopolizavam esse lucrativo comércio desde a Quarta Cruzada ou Cruzada Comercial controlando o comércio dos produtos provenientes do oriente. As cidades italianas, navegando pelo mar Mediterrâneo, recebiam os produtos do Oriente, principalmente no porto de Constantinopla, e depois os revendiam por altos preços na Europa.

> **Fique ligado**
>
> Setores da burguesia europeia desvinculados dos genoveses e venezianos empenharam-se em romper o monopólio desses comerciantes. Para isso, buscaram descobrir rotas alternativas de comércio com o Oriente.

Constantinopla foi conquistada pelos turcos otomanos em 1453 e, praticamente, bloquearam o comércio de especiarias realizado pelo mar Mediterrâneo gerando um grande aumento nos preços dessas mercadorias. Assim, a burguesia europeia – genoveses e venezianos – unem-se na busca de um novo caminho até os fornecedores orientais e esses novos caminhos para o Oriente significavam, também, novos mercados consumidores para o artesanato e as manufaturas europeias. Além disso, a Europa necessitava de gêneros alimentícios e de matérias-primas. Essas necessidades só poderiam ser atendidas com a ampliação de mercados fora do continente europeu.

A compra de especiarias e de artigos de luxo levando os metais preciosos da Europa para o Oriente. Os metais preciosos europeus eram permanentemente desviados para o Oriente através da compra de especiarias de artigos de luxo. As minas de ouro e de prata da Europa já não produziam quantidade suficiente de metais para a cunhagem de moedas e para solucionar o problema da escassez de metais preciosos e os europeus precisavam descobrir novas jazidas em outras regiões.

A expansão comercial representava interesses de diversas camadas: os reis que desejavam aumentar seus poderes; aumentando a área sob sua influência. E as monarquias nacionais com objetivos mercantis, territoriais e políticos; a manutenção dos privilégios da nobreza com a obtenção de novas terras e a elevação dos lucros da burguesia; com a intensificação da atividade comercial. Assim, os Estados Nacionais deram todo apoio à expansão marítima, pois satisfazia aos interesses das elites dominantes na Europa.

É impossível deixar de lado a influência religiosa e a justificativa de conquistar e converter povos não cristãos, pois os participantes da expansão marítimo-comercial europeia, desde a Idade Média o entusiasmo cavalheiresco e o ideal das Cruzadas ao demonstrar interesse em propagar a fé cristã. O interesse nessa expansão religiosa está associado aos ideais provenientes da Contrarreforma ou Reforma Católica, pois, em virtude da Reforma Religiosa do século XVI há uma diminuição no número de fiéis na Europa portanto, junto com a expansão marítima ocorreria, ao mesmo tempo, a expansão da fé católica, ou seja, o interesse missionário católico na cristianização de povos gentios.

Os líderes envolvidos na expansão marítima eram motivados pela busca de poder que significava, também, obter mais produtos orientais e encontrar ouro, portanto, aumentar ainda mais suas riquezas. Mais riqueza significava projetar-se socialmente, elevar seu status social e possuir maior participação política e econômica.

O renascimento comercial da Baixa Idade Média criou um antagonismo entre dois modos de produção: o feudal, em decadência, e o capitalista em formação, associado ao apoio e financiamento da burguesia mercantil que apoiava o crescente fortalecimento do poder real, em detrimento da nobreza que, também, estava interessada em uma expansão territorial.

1.1 As Navegações Portuguesas

Portugal foi o primeiro país da Europa a se lançar às grandes navegações no século XV e entre os fatores que contribuíram para esse pioneirismo podem ser elencados os seguintes:

01. Centralização administrativa: a centralização administrativa de Portugal com a Dinastia de Avis permitiu que a monarquia passasse a governar em sintonia com os projetos da burguesia. Portugal é a primeira monarquia absolutista da Europa.

02. Mercantilismo: com a centralização político-administrativa, Portugal adotou como política econômica o Mercantilismo. A prática mercantilista atendia tanto aos interesses do rei, que desejava fortalecer o Estado para aumentar seus poderes, quanto aos da burguesia, que desejava aumentar seus lucros e acumular capitais.

03. Ausência de guerras: no século XV, enquanto vários países europeus estavam envolvidos em confrontos militares, Portugal era um país sem guerras. A Espanha, por exemplo, ainda lutava pela expulsão dos mouros – muçulmanos nascidos na Península Ibérica. A França e a Inglaterra encontravam-se envolvidas na Guerra dos Cem Anos. Essas guerras contribuíram para atrasar a entrada desses países nas grandes navegações.

04. Posição geográfica: a posição geográfica de Portugal, banhado em toda a sua costa oeste pelo oceano Atlântico, facilitou a expansão portuguesa por "mares nunca dantes navegados".

05. Escola de Sagres: era um centro de pesquisas náuticas portuguesas com o objetivo de empreender o ciclo oriental das navegações, ou seja, procurar encontrar um caminho alternativo para as riquezas provenientes das Índias.

> **Fique ligado**
>
> O avanço tecnológico tornou possíveis as navegações a grandes distâncias. Dentre as principais inovações ou aperfeiçoamentos desse período temos: o uso da bússola, do astrolábio e do quadrante; a invenção da caravela pelos portugueses; o aperfeiçoamento dos mapas geográficos; e a aceitação da noção de que a Terra é redonda, além de alguns avanços como a pólvora, papel e a imprensa.

As navegações portuguesas têm início com a tomada de Ceuta. Na costa da África em 1415 e prossegue no Ciclo Oriental direcionando-se

A EXPANSÃO ULTRAMARINA EUROPEIA DOS SÉCULOS XV E XVI

para o sul da África. Os descobrimentos foram graduais: Madeira, Açores, Cabo Bojador, Cabo Branco, Cabo Verde, Golfo da Guiné. Em 1488 Bartolomeu Dias ultrapassou o Cabo das Tormentas, logo chamado Cabo da Boa Esperança. Estava desvendado o caminho para o oceano Índico. Em 1498, Vasco da Gama atingiu Calicute, na Índia. Para garantir o comércio com a Índia, Pedro Álvares Cabral para lá rumou em 1500, atingindo também o Brasil na primeira etapa da viagem. Logo Portugal montou vasto império colonial que abrangia, além do Brasil, a Índia, a China, o Japão, parte da África, regiões nas quais foram fundadas várias feitorias.

Principais etapas das Navegações Portuguesas

- 1415 - Tomada de Ceuta;
- 1425 - Arquipélago da Madeira;
- 1427 - Açores;
- 1434 - Cabo Bojador;
- 1436 - Início da conquista da Guiné que se consolidaria em 1453.
- 1488 - Bartolomeu Dias chega ao Cabo das Tormentas, extremo sul do continente africano, rebatizado depois de Cabo da Boa Esperança;
- 1498 - Vasco da Gama chega a Calicute, nas Índias, e funda as primeiras feitorias portuguesas.

Em 1500, uma nova expedição foi organizada por Portugal para ir às Índias, porém, antes de atingir o destino pretendido, chegou a terras até então desconhecidas por eles: o Brasil.

1.2 As Navegações Espanholas

O "atraso" espanhol em relação às Grandes Navegações se deve, sobretudo, à presença forte dos Mouros na região e a falta de unidade política. O problema de unidade foi resolvido em 1463, com o casamento dos reis católicos Fernando de Aragão e Isabel de Castela. A reunião dos reinos permitiu a formação de um Estado centralizado que pudesse empreender uma luta contra os invasores árabes. A questão dos mouros teve praticamente um fim em 1492, quando o último reduto de presença árabe na Península, a região de Granada, foi tomado pela Espanha.

Finalmente, em 12 de outubro de 1492, o navegador genovês Cristóvão Colombo chega, sem saber, à América Central, descobrindo assim um novo continente.

Ao todo, Colombo fez quatro viagens ao novo continente, que pensou tratar-se da Índia, navegou pela região da América Central e norte da América do Sul e, aos habitantes das "índias" chamou-os de índios.

Colombo sempre foi convicto de que tinha atingido as Índias e morreu sem saber que havia descoberto um novo continente. Posteriormente, outros navegadores esclareceram o engano de Colombo. Entre eles, destaca-se Américo Vespúcio; sua homenagem, o continente recebeu o nome de América. Depois da viagem de Colombo, sucederam-se outras viagens e "descobertas" efetuadas pelos espanhóis. Entre elas, destacam-se:

Vicente Pinzón em 1500 chega até a foz do rio Amazonas, chamando-o de Mar Doce;

Vasco Nunez de Balboa em 1513 atinge o oceano Pacífico ao atravessar o istmo do Panamá.

Fernão de Magalhães em 1519 inicia a primeira viagem de circum-navegação o da terra, terminada em 1521. A expedição iniciou sob o comando de Fernão Magalhães, que faleceu nas Filipinas, e foi completada por Sebastião Del Cano.

1.2.1 Tratados entre Espanha e Portugal

Tratado de Toledo – 1480 – Assegura aos espanhóis a posse de todas as terras descobertas, ou a descobrir, ao Norte das Canárias, e aos portugueses as terras ao Sul. Com isso, as Ilhas Canárias passavam para o domínio espanhol e, na prática, concedia aos portugueses o monopólio da única rota possível, até então, para as Índias.

> **Fique ligado**
>
> Com a tomada de Constantinopla, em 1453, pelos Turcos-Otomanos, o objetivo das Grandes Navegações passou a ser a busca por uma rota alternativa para as Índias que era o centro de comércio de especiarias.

Bula Inter Coetera – 1493 – Os reis espanhóis conseguiram junto ao papa Alexandre VI a edição desta Bula, que determinava uma divisão do mundo ultramarino, tomando-se por base um limite a 100 léguas a oeste de Cabo Verde. As terras situadas a oeste desta linha imaginária caberiam à Espanha, ficando Portugal com as terras a leste desta linha. A oposição portuguesa, que não aceitou o limite proposto, levou à revogação da Bula.

Tratado de Tordesilhas – 1494 – Pelos termos do novo Tratado, o meridiano estabelecido deslocava-se para 370 léguas a oeste de Cabo Verde, possibilitando assim uma ampliação dos possíveis domínios portugueses. Tal Tratado veio para solucionar os problemas que a primeira viagem de Colombo provocou com Portugal. Eles foram resolvidos com a assinatura do Tratado de Tordesilhas que estabelecia um meridiano demarcador de áreas de influência, distante 370 léguas a oeste de Cabo Verde. As terras situadas a leste do meridiano seriam portuguesas e as terras a oeste seriam espanholas.

1.3 As Navegações Francesas, Inglesas e Holandesas

Interessados, também, em descobrir um novo caminho para as Índias, franceses, ingleses e holandeses lançaram-se ao mar, concentrando suas navegações no Atlântico Norte, pois espanhóis e portugueses já haviam se dedicado às rotas do Atlântico Sul. Com isso, supunham que poderiam encontrar uma "passagem noroeste" para a Ásia. A Inglaterra chegou ao ponto de oficializar a pirataria. Os piratas foram transformados em corsários e receberam do poder real a Carta do Corso. Por esse documento, a monarquia inglesa autorizava ataques e pilhagens contra navios de nações inimigas, desde que os lucros do saque fossem divididos com o governo inglês.

Consequências da expansão marítima

- O eixo econômico deslocou-se do Mediterrâneo para o Atlântico, perdendo as cidades italianas o monopólio do comércio das especiarias, para Lisboa e Sevilha. O comércio do Mediterrâneo não ficou estagnado; simplesmente foi suplantado em volume e valor pela ampliação das rotas comerciais a uma escala mundial.

- Mudança da dieta alimentar europeia com os produtos vegetais nativos da América (milho, mandioca, tomate, batata, cacau, fumo, etc.).
- Enorme afluxo de ouro e prata na Europa, o que acarretou uma alta geral de preços fortalecendo a burguesia e o Estado, os quais procuravam fortalecer o Absolutismo.
- As instituições financeiras aperfeiçoaram-se com o desenvolvimento de bancos, bolsas, letras de câmbio, etc. e a propagação da civilização europeia no continente americano.
- O saber científico se agitou com as novas terras, novas civilizações, nova fauna e nova flora. Novas concepções astronômicas surgiram enfraquecendo a antiga ideia geocêntrica.
- **Os espanhóis conquistaram e escravizaram as populações indígenas entre as quais duas ricas civilizações:** os astecas, no México, e os incas, que se localizavam principalmente na região andina do atual Peru. Comandou a conquista do México Fernão Cortês e a do Peru Francisco Pizarro.

Fique ligado

Embora essa passagem não tenha sido encontrada, tais navegações não foram infrutíferas. Possibilitaram a exploração e a ocupação da América do Norte, além de estimular a pirataria marítima.

O SISTEMA COLONIAL PORTUGUÊS NA AMÉRICA

2 O SISTEMA COLONIAL PORTUGUÊS NA AMÉRICA

2.1 Período Colonial

A chegada da expedição de Martim Afonso de Sousa marca o início do chamado Período Colonial.

Os portugueses passaram a povoar as terras brasileiras, tornando-as produtivas segundo os interesses europeus.

A colonização apresenta-se como um desdobramento da expansão marítima. Ao povoar, os portugueses inseriam o Brasil no projeto europeu de ampliação das áreas comerciais.

Pero Lopes de Sousa relata em seu diário a fundação das duas primeiras vilas no brasil.

Martim Afonso de Sousa organizou o primeiro engenho de açúcar na Vila de São Vicente, em 1533 – trouxe as primeiras cabeças de gado e realizou algumas expedições exploradoras que alcançaram a foz do Rio da Prata.

> **Fique ligado**
> O Estado entregou o ônus dessa tarefa a particulares, como fizera com a exploração do pau-Brasil.

O governo português resolveu adotar o sistema de Capitanias Hereditárias, sistema que já havia sido empregado, com bons resultados, na ocupação das ilhas do Atlântico.

O território brasileiro pertencente a Portugal foi dividido em 14 capitanias, correspondendo a 15 lotes de terra, entregues a 12 donatários.

Principais Documentos	
Carta de Doação	Posse da terra aos donatários
Foral	Direitos e Deveres dos donatários

Pela falta de recursos dos donatários em colonizar a terra e pelos ataques das populações nativas aos núcleos de povoamento, Dom João III criou o Governo-Geral, em 1548.

> **Fique ligado**
> Das 14 capitanias apenas duas apresentaram um crescimento: Pernambuco ou Nova Lusitânia e São Vicente.

A implantação desse governo não significou o fim das Capitanias Hereditárias, que existiram até a segunda metade do século XVIII, quando o Marquês de Pombal as transformou todas em Reais.

Durante o período colonial, a administração sofreu várias alterações. Em alguns momentos foi centralizada e, em outros, dividida em dois governos.

De 1548 a 1572 havia apenas um governador-geral, sendo a sede do governo a cidade de Salvador, fundada por ordem do primeiro governador Tomé de Sousa.

Entre 1572 e 1578 a colônia foi dividida em dois governos: a do Norte, com sede em Salvador, e a do Sul, tendo o Rio de Janeiro como sede administrativa.

Após uma breve reunificação, em 1621, ocorreu uma nova divisão, dessa vez foram criados os estados do Maranhão e do Brasil.

2.2 Estrutura Político-Administrativa

2.2.1 Administração e Tributação

Administração da região mineradora ficava sob a tutela da Intendência das Minas, órgão responsável tanto pela parte judiciária quanto pela tributária.

As riquezas do subsolo da colônia eram propriedade da Coroa. O minerador que encontrasse alguma jazida deveria comunicar às autoridades para que a área de exploração fosse dividida em datas (lotes de terra).

O rigor fiscal das autoridades portuguesas sobre a mineração foi muito maior que na exploração açucareira, pois a sonegação e o contrabando eram marcantes.

> **Fique ligado**
> A tributação mais comum era o quinto (20%) e a comercialização de ouro em pó era proibida, sendo liberado o comércio apenas de ouro em barras por meio das casas de fundição, onde o metal era derretido e quintado.

Transformações

A mineração, além de permitir a ocupação do interior, chamou a atenção da metrópole para a região centro-sul, sendo a sede administrativa da colônia transferida de Salvador para o Rio de Janeiro. Aumentou-se ao mesmo tempo a fiscalização sobre o comércio aurífero escoado pelo porto desta cidade.

Nas áreas mineradoras, houve a diversificação da economia, pois a mineração absorvia as pessoas, não permitindo que, ao mesmo tempo, o minerador atuasse em atividades de subsistência. Surgiram, assim, diversas atividades paralelas à mineração, como artesanato, comércio, agricultura de subsistência etc.

> **Fique ligado**
> Apesar das transformações, o pacto colonial ainda era mantido, e a mineração não retirou a economia portuguesa da estagnação.

O Tratado de Methueen (1703), assinado entre Inglaterra e Portugal fez com que o valor das exportações portuguesas fosse muito inferior ao das importações, criando um elevado déficit comercial. Este tinha que ser coberto pelo ouro extraído da colônia e enviado para a Inglaterra, que acumulou capital o qual foi posteriormente, foi investido na Revolução Industrial.

Pecuária bovina

O gado bovino foi introduzido no Brasil colonial por Martim Afonso de Sousa, criando uma atividade subsidiária à produção de açúcar. Com a expansão do plantio da cana no litoral, a criação de gado foi sendo empurrada para o interior e, no Nordeste, expandiu-se sobretudo ao longo do vale do rio São Francisco (Rio dos Currais), surgindo grandes fazendas de criação extensiva.

> **Fique ligado**
> A criação exigia poucos investimentos e um contingente de mão de obra bem inferior aos da agricultura comercial ou da mineração, daí predominarem trabalhadores livres nessa atividade.

No século XVIII consolidou-se a pecuária no interior do atual estado do Rio Grande do Sul. Aproveitando-se das pastagens naturais, portugueses e paulistas desenvolveram uma atividade criadora, gerando a comercialização de charque para as regiões mineradoras e a venda do couro.

HISTÓRIA E GEOGRAFIA DO BRASIL

Independente da área de criação, a pecuária bovina no Brasil Colônia destinava-se ao abastecimento interno, diferenciando-se de outras atividades como as de açúcar e mineração.

Outras explorações

Foram desenvolvidas outras atividades econômicas de importância bem menor, como o plantio de fumo e a exploração de drogas do sertão.

Fumo (tabaco) era plantado, sobretudo na Bahia, para ser usado como meio de troca na aquisição de escravos negros da África.

Drogas do sertão representadas pelas ervas aromáticas e medicinais (cacau, guaraná, salsaparrilha etc.), eram extraídas, principalmente, da região amazônica, onde jesuítas e outros colonizadores as adquiriam dos índios.

2.3 Estrutura Socioeconômica

2.3.1 Câmaras Municipais

Um dos principais órgãos administrativos no Brasil Colônia.

Integrada pelos senhores de terras e escravos, chamados de "homens bons", essas câmaras tinham poder de organizar missões de guerra ou de paz com os índios, fixar salários e impostos.

2.3.2 Economia Colonial

Consequência da expansão marítima portuguesa – "descoberta" de novas terras.

Foram instaladas colônias de exploração.
- Tratado de Tordesilhas – divisão do globo entre Portugal e Espanha.
- Brasil – colônia de exploração – fornecer riquezas para Portugal.

As atividades econômicas no Brasil colonial obedeciam a ciclos, ou seja, em determinados períodos uma atividade econômica predominava sobre as demais

> **Fique ligado**
> Pacto Colonial ou exclusivo metropolitano, segundo o qual a colônia só poderia manter relações econômicas com a sua Metrópole (país colonizador).

Pau-brasil

Durante as três primeiras décadas do século XVI, o único produto a ser explorado no Brasil era uma madeira avermelhada, que os índios chamavam de ibirapitanga ou arabutã, a qual servia para a produção de corantes.

Os portugueses a chamavam de pau-brasil (*Caesalpina echinata*).

Nessa época, o comércio com o Oriente era muito mais lucrativo.

Primeira concessão para se explorar a madeira – Fernando de Noronha, um cristão-novo (judeu convertido ao catolicismo) que comandava um grupo de comerciantes.

As Expedições Guarda-Costas eram comandadas por Cristóvão Jacques e deviam combater os piratas franceses que contrabandeavam o pau-brasil – a França não reconhecia o Tratado de Tordesilhas.

> **Fique ligado**
> A exploração do pau-brasil deu-se de forma predatória, destruindo a mata nativa e usando o trabalho indígena. Pela madeira extraída, os índios recebiam dos europeus diversos tipos de quinquilharia, troca denominada escambo.

Não contribuiu para a fixação efetiva de colonos, pois foram fundadas apenas algumas feitorias no litoral, uma espécie de fortificação para a defesa e o depósito temporário de pau-brasil.

Açúcar

Após 1530 o comércio com o Oriente não apresenta a mesma lucratividade.

Portugal temia perder suas terras na América para outros países europeus, caso não ocupasse de maneira efetiva seus domínios.

> **Fique ligado**
> Não havia metais preciosos no litoral brasileiro, e a forma que os portugueses encontraram para valorizar essas terras e iniciar a ocupação efetiva da colônia foi o plantio de cana para a produção de açúcar.

Pontos favoráveis ao plantio da cana: clima quente, solo do tipo massapê (litoral nordestino), experiência dos portugueses em suas ilhas no Atlântico (Madeira e Cabo verde), grande disponibilidade de terras, financiamento e transporte, facilitados pelas associações com comerciantes holandeses, e mercado consumidor garantido na Europa.

Devido à falta de mão de obra tentaram, no início, escravizar os índios. Depois usaram os africanos, que já eram escravizados pelos portugueses, além de que o tráfico negreiro proporcionar elevados lucros à burguesia mercantil (ricos comerciantes) metropolitana.

A empresa açucareira só seria rentável, devido aos elevados custos de sua instalação, se fosse obedecido um modelo de agricultura comercial denominado plantation, que se sustentava na exploração de um latifúndio escravista, monocultor e exportador.

Engenho

Propriedade rural onde se plantava a cana e se produzia o açúcar, cujo proprietário era chamado de Senhor de Engenho.

O primeiro chamava-se Engenho do Governador, fundado em São Vicente (litoral paulista) por Martim Afonso de Sousa.

Casa-Grande	Sede da fazenda onde moram o senhor e a família.
Senzala	Onde os escravos dormiam.
Capela	Celebração dos ofícios religiosos.
Engenho	Moenda, caldeira, casa de purgar – onde a cana era moída e se transformava a em açúcar.

Século XVI - uma parte considerável do litoral nordestino abrigava uma quantidade significativa de engenhos, cujo destino final da produção era o mercado europeu.

A produção açucareira do Brasil Colônia só iria sofrer um forte abalo a partir da segunda metade do século XVII, diante da concorrência com as colônias holandesas no Caribe.

Mineração

A maior ambição de qualquer país colonizador era encontrar metais preciosos nas novas terras.

Mercantilismo que avaliava a riqueza de uma nação de acordo com o acúmulo de ouro e prata.

Primeira metade do século XVI – espanhóis descobriram jazidas de ouro e prata em suas colônias. O mesmo não ocorreu no Brasil.

Final do século XVII – bandeirantes paulistas descobriram ouro em áreas do interior do atual estado de Minas Gerais, na Serra do Espinhaço.

O SISTEMA COLONIAL PORTUGUÊS NA AMÉRICA

> **Fique ligado**
> A efetiva ocupação lusa do território brasileiro começou com a lavoura açucareira.

O interior brasileiro começou a ser ocupado pela atividade mineradora, surgindo em consequência as primeiras estradas, vilas e cidades na região.

A população da colônia teve um crescimento extraordinário, a ponto de o governo português limitar a emigração para o Brasil.

> **Fique ligado**
> Mão de obra predominante era a escrava, mas havia uma minoria de trabalhadores livres, como os feitores, artesãos (carpinteiros, ferreiros etc.) e mestres do engenho.

2.3.3 Invasões Estrangeiras

Apesar de o governo português ter tomado posse do Brasil e ter feito desta terra sua colônia, outros países, como França e Inglaterra, contestavam tal situação por não reconhecerem o Tratado de Tordesilhas, pelo qual Portugal e Espanha dividiram a América apenas entre si. Em consequência, o Brasil passa a sofrer invasões e ataques executados por piratas ingleses e franceses.

Os piratas saqueavam cidades portuárias e carregamentos de navios. Holandeses e franceses tentaram ocupar o território, durante os séculos XVI e XVII.

2.3.4 Invasões Francesas

Nos primeiros anos do século XVI, piratas franceses já agiam no litoral brasileiro praticando o contrabando de pau-brasil, o que levou a metrópole a enviar Expedições Guarda-Costas ao Brasil com o fim de defendê-lo, impedindo a ação dos piratas, mas sem muito sucesso.

Franceses no Rio de Janeiro (1555-1567)

A Reforma Religiosa na França provocou inúmeros conflitos sangrentos dentro do País. Os franceses que optaram por seguir a doutrina calvinista foram denominados huguenotes e passaram a sofrer duras perseguições. Isso levou seu líder, Almirante Coligny, a executar a proposta de Nicolau Villegaignon, de fundar uma colônia calvinista no Brasil.

Invadiu a Baía de Guanabara, estabelecendo uma colônia com o nome de França Antártica (1555-1567), dividindo os domínios portugueses, pois separava São Vicente (litoral paulista) da região Nordeste.

A construção do Forte Coligny, na ilha de Serigipe, colocava em perigo o domínio luso na região. Os franceses possuíam língua e religião diferentes das dos portugueses.

> **Fique ligado**
> O governador Mem de Sá conseguiu frustrar os planos franceses com o envio de tropas comandadas por Estácio de Sá – venceu os franceses e derrotou os índios tamoios, aliados dos invasores.

Em 1711, após a frustrada tentativa de ataque do corsário (pirata contratado pelo governo de seu país) Duclerc ocorrida no ano anterior, a expedição do também corsário Duguay-Trouin saqueou a cidade do Rio de Janeiro. Convém notar que esse tipo de atuação não tinha por objetivo a ocupação da terra, mas apenas a pilhagem.

O Forte Coligny localizava-se na entrada da baía de Guanabara.

Franceses no Maranhão (1612-1615)

Inicialmente, os portugueses se empenharam em ocupar o litoral brasileiro entre o Cabo de São Roque, atual Rio Grande do Norte, até a atual costa paulista, permitindo uma maior atuação dos franceses no litoral norte da colônia.

> **Fique ligado**
> A primeira expedição contra os franceses, comandada por Jerônimo de Albuquerque, não obteve sucesso, só conseguindo expulsar os invasores após receber reforços da metrópole e da Bahia.

Em 1612, o governo francês enviou uma expedição militar comandada por Daniel de la Touche, senhor de Rardière, que fundou o forte de São Luís, localizado na ilha onde hoje fica a capital maranhense. Era a França Equinocial, a segunda tentativa de ocupação francesa da colônia portuguesa.

A invasão francesa na região deu origem à cidade de São Luís, considerada a única cidade do Brasil colonial que não nasceu portuguesa.

Expulsos do Brasil, os franceses ocuparam áreas mais ao norte do Grão-Pará, estabelecendo-se na região hoje com o nome de Guiana Francesa.

2.3.5 Invasões Holandesas

As relações comerciais entre portugueses e holandeses eram bastante estreitas, principalmente porque os comerciantes flamengos participavam no refino, no transporte e na distribuição do açúcar brasileiro no mercado europeu, além de vários senhores de engenho terem sido financiados por banqueiros holandeses.

Com a União Ibérica (1580-1640), Portugal e suas colônias passaram para o domínio espanhol. No ano seguinte, os holandeses proclamaram sua independência em relação à Espanha, fundando as Dezessete Províncias Unidas dos Países Baixos.

O governo espanhol fechou seus portos, incluindo os portugueses, aos navios holandeses.

Em represália os holandeses invadem o nordeste brasileiro, na tentativa de recuperar os lucros com o comércio açucareiro, buscando o controle sobre os centros produtores.

Holandeses na Bahia (1624-1625)

> **Fique ligado**
> As invasões holandesas foram organizadas e financiadas pela Companhia das Índias Ocidentais (wic).

Em 9 de maio de 1624, uma esquadra holandesa invade a Bahia e domina a cidade de Salvador.

Tendo em vista a prisão do governador pelos invasores, a resistência passou para o comando do bispo Dom Marcos Teixeira, cuja tática de guerrilha se revelou eficiente, pois o inimigo ficou encurralado em Salvador.

Os holandeses foram obrigados a se render após a chegada de uma grande esquadra luso-espanhola (52 navios e 13 mil homens) em 1º de maio de 1625, frustrando a primeira tentativa de ocupação flamenga no Brasil.

Os invasores voltaram cinco anos mais tarde, atacando Pernambuco, área de maior produção açucareira da colônia.

Holandeses em Pernambuco (1630-1654)

Apesar da derrota na Bahia, a Companhia das Índias Ocidentais conseguiu se apropriar de um grande carregamento de prata que estava a bordo de uma esquadra espanhola originária do México. Tal lucro permitiu a organização de uma nova invasão holandesa, agora em Pernambuco.

Matias Albuquerque, governador pernambucano, tentou resistir, mas foi inútil, pois os holandeses ocuparam Olinda e Recife.

A resistência se organizou e fundou o Arraial do Bom Jesus, impedindo o avanço holandês para fora de Recife, mediante a tática de guerrilha.

HISTÓRIA E GEOGRAFIA DO BRASIL

Domingos Fernandes Calabar, profundo conhecedor da região, tornou-se aliado dos invasores, indicando os pontos fracos da defesa pernambucana e os caminhos da região.

Os holandeses venceram a resistência do Arraial e passaram a dominar a Paraíba e o Rio Grande do Norte, além de Pernambuco.

Durante a guerra de ocupação holandesa, engenhos e canaviais foram destruídos e inúmeros escravos fugiram, incentivando a formação de quilombos.

Administração Nassoviana (1637-1644)

A Companhia das Índias Ocidentais enviou para Pernambuco um novo governador, o Conde João Maurício de Nassau-Siegen.

O novo governador iniciou uma política de bom relacionamento com os senhores de engenho, pois tanto estes quanto os comerciantes flamengos estavam desejosos de lucrar com a produção açucareira.

Foram concedidos créditos aos senhores de engenho a baixos juros, o que permitiu o retorno da produção de açúcar.

> **Fique ligado**
>
> Nassau garantiu a liberdade religiosa, permitiu a participação de senhores de engenho nas câmaras de escabinos (espécie de câmara municipal, nos moldes holandeses) e trouxe para Pernambuco vários cientistas, arquitetos e artistas plásticos, o que impulsionou pesquisas sobre a fauna e a flora da região e provocou um grande embelezamento urbano de Recife e Olinda.

O domínio holandês sobre o Nordeste brasileiro se estendia de Sergipe até o Maranhão.

Nassau entrou em atrito com o conselho de administração da Companhia das Índias Ocidentais, por não concordar com a elevação dos juros e a rigorosa cobrança dos empréstimos concedidos aos senhores de engenho, o que o levou a demitir-se.

Após a saída de Nassau, este foi substituído por uma junta formada por três comerciantes que não deram continuidade à administração anterior, criando um pesado clima de descontentamento entre os senhores de engenho e provocando o retorno da luta contra os invasores.

Insurreição Pernambucana

Marcou a expulsão dos holandeses do Brasil e foi o primeiro grande movimento nativista, no qual se uniram o branco, o negro e o índio numa causa comum. Seus líderes foram: o índio Felipe Camarão (Poti), o branco André Vidal de Negreiros, o negro Henrique Dias.

Diversos combates marcaram o episódio: Batalha do Monte das Tabocas (tomada de Olinda); Primeira Batalha de Guararapes (1648); Segunda Batalha de Guararapes (1649).

Reunidos no Engenho de São João os líderes insurretos de Pernambuco assinam um compromisso para lutar contra o domínio holandês na capitania em 15 de maio de 1645. A primeira vitória importante dos insurretos se deu no Monte das Tabocas, no atual município de Vitória de Santo Antão, dando ao seu líder Antônio Dias Cardoso, o apelido de Mestre das Emboscadas. Os holandeses foram novamente derrotados graças a uma aliança dos mazombos, índios nativos e escravos negros que acabaram por trazer aos holandeses sucessivas derrotas: Cabo de Santo Agostinho, Pontal de Nazaré, Sirinhaém, Rio Formoso, Porto Calvo e Forte Maurício até a recuperação de Olinda pelos rebeldes.

Os holandeses devido à falta de alimentos atacam as plantações de mandioca nas vilas de São Lourenço, Catuma e Tejucupapo.

A Batalha de Tejucupapo acontece em 24 de abril de 1646 quando mulheres camponesas armadas de utensílios agrícolas e armas leves expulsaram os invasores holandeses, fato considerado como a primeira importante participação militar da mulher na defesa do território brasileiro.

O desgaste holandês era cada vez maior, principalmente porque havia uma luta sendo travada em duas frentes, ou seja, tinham que enfrentar os colonos brasileiros no Nordeste e a marinha inglesa na Europa.

Devido à Primeira Guerra Anglo-Neerlandesa ou Anglo-Holandesa – de um total de 4 guerras que ocorreram entre os Séculos XVII e XVIII entre o Reino Unido e a República das Sete Províncias Unidas dos Países Baixos pelo controle das rotas marítimas, também conhecidas como Guerras Holandesas na Inglaterra e Guerras Inglesas nos Países Baixos. A Primeira Guerra Anglo-Neerlandesa (1652 a 1654) terminou com o Tratado de Westminster, mantendo em vigor a Lei da Navegação de 1651 – a República Holandesa não pôde auxiliar os holandeses no Brasil. No entanto, ao fim da guerra os holandeses exigem a devolução da colônia em maio de 1654 e sob ameaça Portugal se compromete a indenizar a Holanda em 4 milhões cruzados por um período de 16 anos e permitir que permanecessem no Brasil as famílias holandesas que assim desejassem. Todavia, em 6 de agosto de 1661, a República da Holanda, por meio do Tratado de Haia, cede formalmente o Nordeste brasileiro a Portugal.

Holanda se rende na Campina do Taborda e desocupa o Nordeste brasileiro em 1654.

Consequências

Presença holandesa – formação de uma sociedade mais urbanizada em Olinda e Recife; surgimento de um sentimento nativista devido à união dos diversos grupos sociais e étnicos durante a insurreição pernambucana; a retirada holandesa provocou a decadência da atividade açucareira, porque os fazendeiros ficaram apenas com recursos próprios; a introdução da cultura da cana pelos holandeses em suas colônias no Caribe (América Central) gerou uma concorrência de consequências negativas para a economia brasileira.

2.3.6 Sociedade Colonial

Sociedades da época: a açucareira, no Nordeste, e a mineradora, em determinadas regiões do interior, sempre com a participação dos três elementos étnicos = brancos, negros e índios.

Sociedade Açucareira (séculos XVI e XVII)

No litoral nordestino, apresentava as seguintes características:

Patriarcal: o senhor de engenho (latifundiário) exerce poderes absolutos sobre a família, empregados livres e escravos.

Aristocrática: formava uma elite na qual não admitiam membros de outros grupos sociais, criando, basicamente, uma sociedade de senhores e escravos.

Rural: as famílias viviam isoladas nos engenhos, mantendo pouco contato com o meio urbano.

Religiosidade: em quase todas as famílias havia um padre, além de sempre haver uma capela nos engenhos.

Sociedade Mineradora (século XVIII)

> **Fique ligado**
>
> A base da sociedade açucareira era composta pelos escravos, verdadeiras "máquinas" para o trabalho, a ponto de Antonil (jesuíta, autor de Cultura e Opulência do Brasil) compará-los "às mãos e aos pés dos senhores de engenho".

Localizada no interior brasileiro (Minas Gerais, Goiás e Mato Grosso).

As principais características são:

O SISTEMA COLONIAL PORTUGUÊS NA AMÉRICA

Urbana: a maior parte da população vivia nas vilas e cidades, pois precisava vender seu ouro e comprar os produtos para abastecer suas áreas de mineração.

Mobilidade social: ao contrário do Nordeste açucareiro, a mineração representava maiores condições de ascensão social, a ponto de possibilitar o enriquecimento de pessoas simples, por meio de um rico garimpo, e de haver expedição de cartas de alforria (documento que concedia liberdade) para alguns escravos.

Diversificação: a necessidade de abastecer as áreas de mineração permitiu o aparecimento de diversos grupos sociais, cujos representantes poderiam ser os tropeiros, artesãos diversos, comerciantes, boticários (antigos farmacêuticos), advogados, alfaiates etc. No entanto, o prestígio e o poder na região mineradora não estavam necessariamente ligados à posse da terra, mantendo-se, no entanto, certo patriarcalismo.

2.4 Expansão Territorial Brasileira

O atual território brasileiro resultou de uma conquista empreendida pelos colonizadores portugueses entre o final do século XVI e o século XVIII. O elemento motivador dessa expansão em direção oeste da América do Sul, empurrando a linha de Tordesilhas, foi o mesmo que alimentou o expansionismo europeu no século XV e motivou a colonização do brasil no início do século XVI: a busca de terras que pudessem complementar a economia metropolitana.

2.4.1 Conquista do Vale Amazônico

Os portugueses foram precedidos na conquista do vale amazônico pelos espanhóis, ingleses e franceses.

Em 1614-1615, os portugueses começaram a voltar-se para a região, com o intuito de "marcar os pontos extremos das Coroas Ibéricas, mesmo na condição de unificadas, como então ocorria".

Mas foi após a expulsão dos franceses do Maranhão, que teve início a ocupação efetiva da região, com a fundação, em 1615, por Caldeira Castelo Branco, do forte do presépio, que deu origem a Belém, hoje capital do Pará.

Os portugueses nesse empreendimento não estavam apenas delimitando as fronteiras coloniais, mas procurando assegurar o domínio dessa vasta região fornecedora das chamadas drogas do sertão, que poderia compensar as perdas que vinham sofrendo no comércio de especiarias no Oriente, em função do expansionismo de outras nações europeias.

Na obtenção das drogas do sertão (cravo-do-maranhão, canela, castanha-do-pará, cacau, urucum, tabaco silvestre, resinas, sementes oleaginosas, essências para perfume), o nativo tornava-se fundamental, uma vez que conhecia o território e as suas peculiaridades. Mas, para forçá-lo a trabalhar para o colonizador, era necessário o apoio das ordens religiosas, que, mediante a catequese, integravam-no às necessidades comerciais europeias.

Conquista do Sertão

No Nordeste açucareiro, até o final do século XVII, o gado era criado ao lado da lavoura de cana-de-açúcar, sendo empregado na alimentação e como força motriz nas atividades do engenho.

Fique ligado

O governo português, em 1701, chegou a proibir a criação de gado a menos de 10 léguas do litoral

O colono se interiorizou em busca de pastagem, o sertão nordestino foi sendo ocupado. Surgiram os currais, as fazendas de criação e as feiras em que se comercializava o gado, dando origem a vários povoados, como Feira de Santana (BA), Pastos Bons (MA), Oeiras (PI), entre outros.

Na região entre Salvador e Fortaleza, chamada de Sertões de Fora, desenvolveu-se uma criação de gado que atendia ao mercado do litoral açucareiro.

O gado também ocupou o Sertão de Dentro, ou seja, as regiões que margeiam o rio São Francisco, conhecidas como o Rio dos Currais, e os rios Canindé, Parnaíba e Itapicuru, integrando o litoral da Bahia e a região de São Luís, no Maranhão, com o interior.

No século XVIII, o gado criado nessa região abastecia, além dos engenhos no litoral, as minas do Brasil central.

A criação de gado no interior levou à formação de uma nova sociedade no Brasil Colônia. A sociedade pecuarista mostrou-se muito mais aberta do que aquela que se desenvolveu nos engenhos de açúcar. Afinal, o trabalhador da fazenda de criação de gado desfrutava de uma liberdade que não era vivida pelo trabalhador dos canaviais.

Por ser uma atividade de semi nomadismo, a pecuária pôde incorporar os descendentes das populações indígenas.

Conquista do Brasil Meridional

A incorporação do Sul do Brasil foi resultado de uma ofensiva portuguesa com o objetivo de controlar o estuário do Prata, para abastecer a região com manufaturas europeias, em especial os tecidos ingleses, e produtos brasileiros como tabaco, açúcar e algodão, além de controlar o mercado de couro e sebo na região. Para tal empreendimento, os portugueses contaram com o apoio inglês.

Em 1680, as fronteiras do Brasil meridional são estendidas até a margem esquerda do estuário platino, com a fundação da Colônia do Santíssimo Sacramento, em frente à cidade de Buenos Aires, no atual Uruguai.

Ante o avanço português, o governo espanhol atacou e ocupou no mesmo ano a colônia. Para socorrer seu posto avançado em terras espanholas, os portugueses intensificaram o povoamento do Sul. Em 1737, fundaram o forte do Rio Grande de São Pedro, na entrada da lagoa dos patos, e, em 1740, promoveram a ocupação da região mediante a fixação de 4.000 açorianos. Surgiram várias vilas, destacando-se Porto dos Casais (Porto Alegre), com uma economia baseada na pequena propriedade e na produção de trigo.

Os portugueses ocupavam a parte oriental do Rio Grande, enquanto a oeste, os jesuítas espanhóis organizavam suas reduções: Sete Povos das Missões Orientais do Uruguai.

2.5 Interiorização da Colonização

2.5.1 Bandeirantismo

Busca de metais preciosos ou no preamento de índios, os colonos portugueses avançaram além da linha de Tordesilhas, principalmente, durante a união ibérica.

Entradas, expedições de caráter militar para conhecer a terra, à procura de metais e de índios, organizadas pelo Estado;

Bandeiras, organizadas pelos vicentinos, eram expedições que ultrapassaram o meridiano de Tordesilhas.

As primeiras entradas ocorreram no período pré-colonial e com a primeira expedição colonizadora de Martim Afonso de Sousa. Outras foram organizadas pelos governos-gerais.

Os habitantes de São Vicente viram na organização das Entradas e Bandeiras a solução para seus problemas. Embrenhando-se pelo interior da colônia, procuravam riquezas que atraíssem a atenção da metrópole sobre a região.

O movimento de Entradas e Bandeiras foi dividido em ciclos, de acordo com a atividade que as motivou.

HISTÓRIA E GEOGRAFIA DO BRASIL

Ciclo do Ouro de Lavagem

No século XVI, na própria capitania de São Vicente, Luís Martins e Brás Cubas descobrem o ouro que se assentava no leito dos rios, chamado ouro de aluvião.

A busca desse ouro teve efeitos colonizadores no Paraná e em Santa Catarina, onde surgiram vilas como Paranaguá, Curitiba, São Francisco do Sul, Nossa Senhora do Desterro (atual Florianópolis), Laguna.

Ciclo da Preação de Índios

Devido à sua pobreza, os colonos de São Vicente viram-se obrigados a escravizar as populações indígenas, em substituição à mão de obra de origem africana, muito cara e destinada quase que exclusivamente ao Nordeste açucareiro.

Entre 1617 e 1641, os holandeses conquistaram as principais áreas fornecedoras de escravos africanos (São Jorge da Mina, São Tomé e São Paulo de Luanda), provocando uma escassez ainda maior dessa mão de obra na região. Isso provocou uma valorização da mão de obra nativa, impulsionando a organização de expedições contra as reduções jesuíticas, em que se encontrava grande contingente de índios já "pacificados", ou seja, acostumados ao trabalho agrícola em regime de semisservidão.

Apesar da resistência dos padres jesuítas e dos índios aldeados, os bandeirantes de São Vicente, em 1631, destruíram as missões de Ciudad Real del Guairá e Vila Rica del Espírito Santo (ambas no Paraná) e, a partir de 1632, atacaram as do Itatim, Tape e Uruguai.

Raposo Tavares saindo de São Vicente dirigiu-se para Itatim, no Sul, depois para o Vale Amazônico, retornando por via marítima. Essa viagem de 10 000 quilômetros durou três anos, sendo que dos 1200 integrantes da expedição somente 58 regressaram.

Ciclo do Sertanismo de Contrato

Com a diminuição do ouro de aluvião e a recuperação das áreas fornecedoras de mão de obra africana pelos portugueses, provocando uma desvalorização do escravo índio, os bandeirantes vicentinos passaram a dedicar-se à ação repressiva contra as populações indígenas e de negros aquilombados que ameaçavam o processo colonizador.

Ciclo do Ouro e dos Diamantes

No final do século XVII e XVIII, os bandeirantes partiram para o interior do país em busca do Eldorado em função do declínio da lavoura açucareira. Assim, em 1674, partiu a expedição de Fernão Dias Pais, marcando o início deste ciclo do bandeirantismo.

2.6 Formação das Fronteiras

2.6.1 Tratados de Limites

Uma das grandes preocupações tanto de Portugal quanto da Espanha era a demarcação dos limites do extremo sul do Brasil. Assim, foi realizada uma série de tratados com esse objetivo. Dentre os principais, temos:

- Tratado de Lisboa de 1681 – Os espanhóis devolveram a colônia do Santíssimo Sacramento aos portugueses.
- Tratados de Utrecht de 1713 e 1715 – A colônia de Sacramento foi devolvida aos portugueses e garantiu-se a posse do Amapá para Portugal.
- Tratado de Madri de 1750 – Com a utilização do princípio do "uti possidetis" (quem tem a posse da região possui a soberania sobre ela) defendido por Alexandre de Gusmão, tanto os Sete Povos das Missões quanto a Colônia de Sacramento deveriam pertencer a Portugal. O descontentamento dos Jesuítas dos Sete Povos das Missões deu origem à Guerra Guaranítica entre 1754 e 1756.
- Tratado do Pardo de 1761 – Anulou as decisões do Tratado de Madri quanto ao Sul do Brasil e devolveu Os Sete Povos das Missões para a Espanha.
- Tratado de Santo Ildefonso de 1777 – Além dos Sete Povos das Missões a Espanha também ficou com a posse de Sacramento e devolveu a Ilha de Santa Catarina para Portugal.
- Tratado de Badajós (1801) – Retornou às determinações do tratado de Madri, após o ataque dos gaúchos aos Sete Povos das Missões e a saída dos jesuítas da região.

As fronteiras do Brasil atual só foram definidas no final do século XIX e início do XX, com a anexação do Acre em 1903 e a definição dos limites com as Guianas em 1900 e 1904 e com a Argentina (1895).

Administração de Marquês de Pombal (1750-1777)

No reinado de D. José I, foi nomeado Sebastião José de Carvalho e Melo, o Marquês de Pombal, para o cargo de primeiro-ministro do governo português. Por mais de 25 anos dirigiu o destino do Reino e da Colônia.

Medidas tomadas durante a administração do Marquês de Pombal:
- Incentivos para a instalação de manufaturas.
- **1755:** criação da Capitania de São José do Rio Negro, hoje Estado do Amazonas.
- **1755:** criação da Companhia de Comércio do Estado do Grão-Pará e Maranhão, estimulando as culturas do algodão, do arroz, do cacau, etc., e tentando resolver o problema da mão de obra escrava para a região.
- **1755:** criação do Diretório Pombalino para gerir os antigos aldeamentos. Pombal proibiu a utilização de línguas gerais (uma mistura das línguas nativas com o português), tornando obrigatório o uso do idioma português em toda a Colônia.
- **1759:** criação da Companhia de Comércio de Pernambuco e Paraíba, com o objetivo de estimular o cultivo da cana-de-açúcar e do tabaco.
- **1759:** extinção do sistema de capitanias e a expulsão dos jesuítas (inacianos) da metrópole e da colônia, confiscando-lhes os bens.
- **1762:** criação da Derrama com a finalidade de obrigar os mineradores a pagar os impostos atrasados.
- **1763:** transferência da capital da colônia de Salvador para o Rio de janeiro.
- Em 1777, com a morte de D. José I, subiu ao trono Dona Maria I, que afastou Pombal do governo. O monopólio das companhias de comércio foi suspenso e um alvará proibiu a produção manufatureira da colônia (com exceção do fabrico de tecidos grosseiros para uso dos escravos).

2.7 Antecedentes da Independência do Brasil

Insere-se nos quadros das transformações do capitalismo europeu, para o qual aquela política mercantilista era um entrave ao seu desenvolvimento, no século XVIII.

> **Fique ligado**
>
> A Revolução Industrial exigia uma ampliação das fronteiras comerciais, o que significava a eliminação do pacto colonial e de todas as práticas econômicas dele decorrentes: monopólio, companhias de comércio, estancos etc.

Até que se chegasse ao rompimento dos laços entre Brasil e Portugal, em 7 de setembro de 1822, várias tentativas de emancipação ou de contestação à política colonialista foram organizadas.

O SISTEMA COLONIAL PORTUGUÊS NA AMÉRICA

2.8 Rebeliões Coloniais

Movimentos que antecederam o 7 de setembro: as revoltas nativistas que buscaram apenas a liberdade econômica, tais como a Aclamação de Amador Bueno, a Revolta dos Irmãos Beckman, a Revolta de Filipe dos Santos, a Guerra dos Emboabas e a Guerra dos Mascates.

Aclamação de Amador Bueno (1641)

No século XVII, o preamento de índios constituía-se numa atividade rentável ao fornecer mão de obra para os proprietários da capitania de São Vicente, mas os padres jesuítas reagiram contra a escravização do ameríndio e os conflitos entre colonos e padres jesuítas tornaram-se inevitáveis.

Reagindo às medidas metropolitanas contra a escravização indígena e na tentativa de expulsar os padres jesuítas, os vicentinos aclamaram Amador Bueno Rei de São Paulo, que não aceitou o título, decretando o fracasso do movimento.

Conjuração de "Nosso Pai" (1666)

O centro da revolta foi o Porto do Recife no século XVII quando a Capitania de Pernambuco lutava para reconstruir suas principais cidades – Recife e Olinda – destruídas na luta contra os holandeses.

Portugal enviou Jerônimo de Mendonça Furtado para governar a Capitania, porém, os pernambucanos se julgavam merecedores de ocupar tal função, e não um estrangeiro. O governador foi apelidado de Xumberga (ou Xumbregas) – referência ao general alemão Von Schomberg, mercenário que lutara na Guerra da Restauração, por ter um bigode semelhante ao dele.

> **Fique ligado**
>
> Os senhores de engenho de Olinda devido à sua contribuição na expulsão dos holandeses queriam reconhecimentos por parte da Coroa Portuguesa.

A presença no porto de Recife de uma esquadra francesa foi o estopim do movimento que culminou com a prisão e deposição do Governador que foi acusado de estar a serviço dos estrangeiros que se preparavam para atacar e saquear a província.

Revolta dos Beckman (1684-1685)

A falta de mão de obra no Maranhão levou os colonos a escravizarem as populações indígenas entrando em conflito com os padres jesuítas, principalmente o padre Antônio Vieira.

A Companhia não conseguia fornecer escravos em número suficiente para a região e as mercadorias para o comércio local não eram de boa qualidade.

Liderados por Manuel e Tomás Beckman, os colonos expulsaram os jesuítas da região e fizeram um levante contra o monopólio do comércio pela Companhia.

O resultado foi a extinção da Companhia de Comércio do Maranhão e em seu lugar veio a Companhia de Comércio do Grão-Pará e Maranhão, a prisão e execução de dois de seus líderes Manuel Beckman e Jorge Sampaio.

Guerra dos Emboabas (1707-1709)

Com a descoberta de ouro pelos bandeirantes paulistas, ocorreu um afluxo populacional para a região de Minas Gerais. Esses forasteiros eram chamados de emboabas – pés recobertos de penas ou plumas - pelos paulistas.

Conflitos entre paulistas e recém-chegados, pela posse e exploração das minas, levara à Guerra dos Emboabas com a derrota dos paulistas que foram expulsos da região e partiram em busca de novas minas, aumentando, assim, a área mineradora.

Guerra dos Mascates (1710-1711)

Ocorreu na, então, Capitania de Pernambuco e é considerada como um movimento nativista pela historiografia.

> **Fique ligado**
>
> A economia da região encontrava-se em crise, devido à baixa do açúcar no mercado internacional e à concorrência do açúcar produzido pelos holandeses nas Antilhas.

Muitos comerciantes vindos de Portugal logo após a invasão holandesa eram chamados, pejorativamente, de "mascates". Eles estabeleceram no Recife e fizeram com que a vila prosperasse. Olinda, por sua vez, não via com bons olhos esse crescimento baseado no comércio, pois grande parte de seus moradores era formada por senhores de engenho em dificuldades econômicas. Assim estes foram apelidados pelos recifenses de "pés-rapados" por não possuírem dinheiro. Tal situação mostra a decadência econômica de Olinda que sofria com suas dívidas financeiras em crescimento.

Os senhores de engenho de Olinda entraram em decadência pela queda dos lucros na produção açucareira e começam a se endividar para saldar suas dívidas. Os comerciantes portugueses de Recife possuíam dinheiro para emprestar aos senhores de Olinda, porém com juros altíssimos ocasionando um endividamento cada vez maior dos olindenses.

O conflito de interesses entre a oligarquia açucareira pernambucana e os comerciantes deu origem à Guerra dos Mascates, considerada como um movimento nativista.

Os Senhores de Engenho dependiam dos comerciantes portugueses devido aos empréstimos. Porém, não aceitavam a emancipação político-administrativa do Recife que estava subordina à comarca de Olinda. A emancipação foi um agravante na situação dos senhores de engenho que deviam fortunas aos burgueses do Recife que, por meio da elevação à categoria de vila passava a ter igualdade política com Olinda.

Olinda era a principal cidade de Pernambuco até o final do século XVII e lá moravam os ricos senhores de engenhos. Todavia, Recife crescia com o avanço do comércio e dos empréstimos e, conscientes de sua importância, os comerciantes pediram ao rei de Portugal que o povoado fosse elevado a condição de vila. Em 1710, quando da separação das duas cidades e da elevação do povoado à condição de vila, os comerciantes inauguraram o Pelourinho e o prédio da Câmara Municipal, separando formalmente o Recife de Olinda, a sede da capitanias. Os senhores de Olinda se revoltaram liderados por Bernardo Vieira de Melo. Os comerciantes mais ricos do Recife, sem condições de oferecer resistência, fugiram para não serem capturados. As hostilidades ocorreram em Vitória de Santo Antão, lideradas pelo seu Capitão-Mor, Pedro Ribeiro da Silva. Estas forças, em Afogados tiveram reforços vindos de São Lourenço e de Olinda, sob a liderança de Bernardo Vieira de Melo e de seu pai, o coronel Leonardo Bezerra Cavalcanti. Assim, invadiram Recife, demolindo o Pelourinho, rasgando o Foral Régio, libertando os presos e perseguindo pessoas ligadas ao governador Sebastião de Castro Caldas Barbosa (mascates) que se retirou para a Bahia, deixando o governo da capitania a cargo do bispo Manuel Álvares da Costa.

Foi nomeado como governador Felix José de Mendonça e ocorreu a intervenção de Portugal, ainda em 1711, que prendeu os líderes da rebelião e Recife tornou-se capital de Pernambuco. Com a vitória dos comerciantes, essa guerra apenas reafirmava o predomínio do capital mercantil (comércio) sobre a produção colonial.

Revolta de Filipe dos Santos ou de Vila Rica (1720)

158

Organizado pelo minerador Filipe dos Santos foi uma resposta à política de arrocho colonial empreendida pela metrópole sobre a região das minas.

> **Fique ligado**
>
> A Coroa Portuguesa aumentou o controle e a taxação sobre a exploração aurífera.

Em 1719, por exemplo, criaram-se as Casas de Fundição, com o nítido objetivo de assegurar a cobrança do quinto real, pois todo o ouro extraído deveria ser entregue a essas casas para ser fundido e selado.

A circulação de ouro em pó ou pepitas tornou-se um crime contra o Estado.

O governador Dom Pedro de Almeida Portugal, Conde de Assumar, desferiu uma ação repressiva violenta ao movimento, e seu líder, Filipe dos Santos, foi enforcado e teve seu corpo esquartejado e pendurado nos postes de Vila Rica.

Para evitar novos conflitos, o governo português adiou o funcionamento das Casas de Fundição por cinco anos e desmembrou Minas Gerais de São Paulo, em 1720.

E entre os que almejavam a Independência do Brasil, influenciados pelas Ideias Iluministas, pela Revolução Francesa e pela Independência dos Estados Unidos, temos a Inconfidência Mineira, a Conjuração Baiana e a Revolução Pernambucana de 1817.

Quilombo dos Palmares

Zumbi dos Palmares, nascido na Capitania de Pernambuco, é considerado o maior herói negro do Brasil. Após a destruição do Quilombo de Palmares, Zumbi foi decapitado e sua cabeça exposta em praça pública no Recife. A data de sua morte foi adotada como o Dia da Consciência Negra.

O Quilombo dos Palmares localizava-se na Serra da Barriga na Capitania de Pernambuco, hoje município alagoano de União dos Palmares. Os quilombos, de maneira geral, representavam uma ameaça à ordem escravocrata e à economia do açúcar, pois, nestas áreas os negros fugidos dos engenhos tentavam reviver o modo de vida africano. Há um aumento no número de quilombos que é provocado pela ocupação holandesa em Pernambuco, pois os escravos, aproveitando a desorganização produzida pela guerra, fugiam em maior quantidade. O famoso Batalhão de Negros comandados pelo negro Henrique Dias que combateu durante a Insurreição Pernambucana também combateu o Quilombo dos Palmares.

Palmares foi o maior dos quilombos do período colonial havendo relatos de sua existência desde 1602 e o envio de expedições pelo governador-geral da Capitania de Pernambuco para pôr fim ao aldeamento situado na Capitania de Pernambuco, entre os atuais estados de Alagoas e Pernambuco, numa região de palmeiras (daí o seu nome). Teve sua população estimada entre 6 mil e 20 mil pessoas e tornou-se o símbolo da rebeldia e resistência escrava. A presença holandesa na região trouxe aos escravos uma oportunidade para a fuga levando-os a instalar em Palmares um "Estado" baseado na pequena propriedade e na policultura. No entanto, após a expulsão dos holandeses, o quilombo passou a sofrer ataques dos fazendeiros e das autoridades. A resistência foi árdua e garantiu uma duração de quase um século, lideradas pelo rei Ganga Zumba e seu sucessor, Zumbi.

2.9 Movimentos e Tentativas Emancipacionistas

Inconfidência Mineira (1789)

No século XVIII, diante dos excessivos gastos da corte e para reorganizar a economia metropolitana aumentaram-se as pressões metropolitanas sobre a economia colonial.

Essa pressão coincidia com certo desenvolvimento da economia colonial, como por exemplo: integração territorial iniciada com a exploração de ouro na região das Minas; o Rio Grande do Sul no fornecimento de gado, couro e de alimentos, como cebola e trigo; na capitania de São Paulo, a produção agrícola diversificou-se, transformando-a no principal fornecedor para as regiões mineradoras de Minas Gerais, Goiás e Mato Grosso; o Rio de Janeiro tornou-se o principal núcleo urbano da colônia, sendo a porta de entrada para a região das Minas; tanto que, em 1763 foi elevado à condição de capital do Brasil.

Centros têxteis na segunda metade do século XVIII: um no Pará, que recebeu apoio do próprio governo do Marquês de Pombal, e outro em Minas Gerais, que se desenvolveu com a queda na extração do ouro, pois muitos proprietários passaram a investir na plantação de algodão e teares.

Em 1765, o governo autorizou a exploração de ferro, chumbo e estanho por Domingos Ferreira Pereira, que chegou a montar uma pequena siderúrgica. Essa atividade siderúrgica funcionou até o final do século XVIII, produzindo balas de canhão e cunhas para o governo e os mineradores.

Repressão em Minas Gerais

O novo governador, Luís da Cunha Meneses, em 1783, mandou prender e espancar todos os tecelões para fazer cumprir o Alvará de 1785 de Mona Maria I e em 1788, para completar a cota de impostos sobre o ouro, anunciou a Derrama, que consistia no confisco dos pertences dos colonos.

A rebelião foi desencadeada em um contexto marcado pela diminuição da produção aurífera e o aumento da cobrança de impostos. Essa pressão por parte da metrópole levou a elite da região de Minas Gerais, influenciada pelas ideias iluministas, a pensar na Independência do Brasil.

Os boatos sobre a Derrama produziram o elemento que faltava para a decisão e os membros da elite tornaram-se conspiradores.

> **Fique ligado**
>
> No ano de 1788 se preparava o levante contra Portugal e a Derrama deveria ser cobrada no primeiro semestre de 1789, data marcada para dar início ao movimento de libertação do Brasil.

O projeto político dos inconfidentes era o de estabelecer uma República após a Independência, criar uma capital em São João del Rey, uma universidade em Vila Rica e implantar uma nova ordem econômica mediante a instalação de indústrias e até mesmo uma bandeira, com fundo branco e um triângulo verde ao centro, tendo a sua volta, em latim, o lema "Liberdade Ainda que Tardia", que representou o ideal do movimento.

Com a denúncia de Joaquim Silvério dos Reis, o governador de Minas Gerais, dom Luís Antônio Furtado de Mendonça, Visconde de Barbacena, suspendeu a cobrança da Derrama desarticulando todo o movimento.

Após dois meses ordenou a prisão de Tiradentes e a partir de 21 de maio foram presos Tomás Antônio Gonzaga, Domingos Abreu Vieira, o Padre Lopes de Oliveira, Inácio José de Alvarenga Peixoto, o Padre Carlos Correia de Toledo, o Tenente-Coronel Freire de Andrade, Cláudio Manuel da Costa e o Padre Oliveira Rolim.

Após três anos, 35 pessoas foram condenadas por crime de lesa-majestade, ou seja, contra o Estado. Onze acusados foram condenados à morte por enforcamento. Desses, somente um foi executado, em 21 de abril de 1792: o Alferes Joaquim José da Silva Xavier, o Tiradentes. Os demais receberam o perdão real da rainha Dona Maria I, a louca, que os condenou ao degredo perpétuo, com mais cinco réus.

O SISTEMA COLONIAL PORTUGUÊS NA AMÉRICA

Inconfidência Baiana (1798)

Também chamada de Conjuração dos Alfaiates ocorreu na Bahia e diferentemente do movimento ocorrido em Minas Gerais este apresentava uma composição mais popular. Dos 34 inconfidentes indiciados, 23 eram mulatos ou negros escravos ou alforriados, os demais eram soldados ou artesãos.

A Inconfidência Mineira queria apenas uma ruptura política entre metrópole e colônia. Os baianos propunham o fim da escravidão e dos privilégios e o aumento da remuneração dos soldados, a igualdade de raça e cor. Inicialmente o movimento era restrito à elite, que organizou uma sociedade secreta, os Cavaleiros da Luz.

Fique ligado

Principais participantes – Cipriano Barata, Tenente Pantoja e o Padre Agostinho Gomes.

O movimento passou rapidamente à liderança dos mulatos, entre eles João de Deus Nascimento e Manuel Faustino dos Santos.

Em 12 de agosto de 1798, apareceram, em Salvador, panfletos e boletins anunciando novos tempos e propondo a independência e a implantação de uma república nos moldes da república jacobina francesa (1793-1794), a modificação do sistema tributário, a abolição da escravatura, liberdade de comércio e a representação popular.

Os líderes chegaram a enviar uma carta ao governador da capitania, convidando-o a aderir ao movimento e a resposta não poderia ser outra: a repressão. O soldado Luís Gonzaga das Virgens foi preso e submetido a torturas. Para libertá-lo, João de Deus organizou um ataque à prisão, usando os mulatos da cidade, soldados e novos adeptos de última hora. Isso acabou comprometendo o movimento. Os principais líderes, João de Deus, Manuel Faustino, Luís Gonzaga das Virgens e Lucas Dantas, foram presos e enforcados, enquanto outros 28 indiciados foram condenados ao degredo ou à prisão.

Conspiração dos Suassunas (1801)

Revolta que se registrou em Olinda no começo do século XIX e foi influenciada pelos ideais do Iluminismo e pela Revolução Francesa de 1789. Salientamos que podem ser encontradas as duas grafias: Suassunas e Suaçunas. As revoltas tornavam claras as insatisfações dos colonos contra os desmandos de Portugal e a divulgação das ideias liberais aprofundava a crise do sistema colonial. Nesse contexto, a Conspiração dos Suassunas em Pernambuco estimulou o debate político contra o sistema colonial português.

Manuel Arruda Câmara – membro da Sociedade Literária do Rio de Janeiro – está entre os fundadores em 1796, da primeira Loja Maçônica do Brasil, o Areópago de Itambé, localizada no município pernambucano de Itambé, da qual não participavam europeus. Seus membros se reuniam para discutir essas novas ideais, as quais também eram discutidas por padres e alunos do Seminário de Olinda, fundado pelo bispo Dom José Joaquim da Cunha Azeredo Coutinho em 16 de fevereiro de 1800. Esta última instituição teve, entre os seus membros, o Padre Miguel Joaquim de Almeida Castro (Padre Miguelinho), um dos futuros implicados na Revolução Pernambucana de 1817.

As discussões dos ideais filosóficos e políticos do Iluminismo despertaram uma conjuração contra o domínio português no Brasil, com o objetivo de emancipação de Pernambuco, constituindo-se uma república sob a proteção de Napoleão Bonaparte.

Entre os conspiradores, encontramos os irmãos Cavalcanti – Luís Francisco de Paula, José Francisco de Paula Cavalcanti de Albuquerque e Francisco de Paula – este proprietário do Engenho Suassuna, que daria nome ao movimento.

Em 21 de maio de 1801 ocorreu a detenção de diversos implicados que acabaram sendo absolvidos por falta de provas e em 1802 o areópago foi fechado, reabrindo depois com o nome de Academia dos Suassunas.

Revolução Pernambucana (1817)

A bandeira da Revolução Pernambucana de 1817, cujas estrelas representam Pernambuco, Paraíba e Ceará, inspirou a atual bandeira de Pernambuco.

Fique ligado

A Revolução Pernambucana foi caracterizada por um profundo sentimento antilusitano e pela participação política do clero local. Por isso, ela chegou também conhecida como "Revolução dos Padres" Teve início em 6 de março de 1817 na Província de Pernambuco.

As causas principais do movimento são a crise econômica da região em função da Grande Seca que atingiu Pernambuco em 1816, acentuando a fome e a miséria, a consequente queda na produção do açúcar e do algodão, que eram a base da economia da região e, ainda, a concorrência do algodão nos Estados Unidos e do açúcar na Jamaica; a pressão dos abolicionistas na Europa criava restrições tráfico de escravos encarecendo a mão de obra; a influência das ideias iluministas que eram divulgadas pelas sociedades maçônicas; o governo absolutista de Portugal contrário a estas ideias e os enormes gastos da Família Real recém-chegada ao Brasil, já que Pernambuco devia enviar ao Rio de Janeiro dinheiro para pagar salários, comidas, roupas e festas da Corte e, ainda, para manter a iluminação pública no Eio da Janeiro, enquanto em Pernambuco vivia-se às escuras, gerando descontentamento junto à população. Esta revolução foi o único movimento separatista do período colonial que ultrapassou a fase conspiratória e atingiu o processo revolucionário de tomada do poder já que o movimento buscava a Independência de Pernambuco sob um regime republicano. Diversamente dos outros eventos que a precederam, somente ela rompeu efetivamente com a Monarquia e seus valores.

O comandante do Regimento de Artilharia Barbosa de Castro foi morto a golpes de espada pelo Capitão José de Barros Lima, o "Leão Coroado" que na companhia de outros militares rebelados ergueu trincheiras nas ruas vizinhas para impedir o avanço das tropas monarquistas. O governador Caetano Pinto de Miranda Montenegro refugiou-se no Forte do Brum, mas, cercado, acabou se rendendo.

Os principais líderes do movimento foram Domingos José Martins, Antônio Carlos de Andrada e Silva e Frei Caneca que dominaram o Governo Provincial e tomaram posse do tesouro da província e instalaram um governo provisório com a proclamação de uma República.

Foi convocada uma Assembleia Constituinte em 29 de março, com representantes eleitos em todas as comarcas. Entretanto, os principais líderes da revolta não se guiavam pelos interesses das camadas populares, mas pelas ideias liberais francesas. Apesar de o governo revolucionário ter decretado ser representante de todas as classes, a Constituição revolucionária garantia o "direito de propriedade", que na época significava inclusive "propriedade de escravos". Estabeleceu-se, assim, a separação dos três Poderes; o catolicismo foi mantido como religião oficial, porém, com liberdade de culto; majorou-se a liberdade de imprensa e foram abolidos alguns impostos. A escravidão, no entanto, foi mantida.

HISTÓRIA E GEOGRAFIA DO BRASIL

> **Fique ligado**
>
> O descontentamento da população e o aumento do sentimento patriótico puderam ser percebidos por pequenos atos de rebeldia, tais como o uso de aguardente nas missas no lugar do vinho e hóstias feitas de mandioca no lugar do trigo.

O movimento expandiu-se, então, para outras províncias, pois os revolucionários desejavam formar uma república e, até mesmo, a constituição de uma República de Lavradores. Pernambuco, no entanto, não obteve apoio das províncias vizinhas, pois na Bahia, o emissário da revolução, José Inácio Ribeiro de Abreu e Lima, o Padre Roma, foi preso ao desembarcar e fuzilado por ordem do governador, o Conde dos Arcos. No Rio Grande do Norte, André de Albuquerque Maranhão um grande proprietário de engenho, prendeu o governador, José Inácio Borges e ocupou Natal formando uma junta governativa. Todavia, não despertou o interesse da população e foi tirado do poder em poucos dias. O jornalista Hipólito José da Costa foi convidado para o cargo de ministro plenipotenciário da nova República em Londres, mas recusou.

No Ceará, Bárbara de Alencar, a primeira mulher heroína do Brasil e seu filho Tristão Araripe, cujo nome Tristão Gonçalves Pereira de Alencar, na Confederação do Equador, ele o alterou para Tristão Gonçalves de Alencar Araripe, aderiram ao movimento, mas foram detidos pelo Capitão-Mor do Crato, José Pereira Filgueiras, sendo que este também participou da luta pela Independência do Brasil no Maranhão e da Confederação do Equador, quando se uniu a Tristão Gonçalves contra o governo imperial, sendo considerado um de seus heróis.

Tropas enviadas da Bahia, chefiadas por Luís do Rego Barreto, avançaram pelo sertão pernambucano, enquanto uma força naval, despachada do Rio de Janeiro, bloqueou o porto do Recife. No interior, a batalha decisiva foi travada na localidade de Ipojuca. Derrotados, os revolucionários tiveram de recuar em direção ao Recife.

Antônio Gonçalves Cruz, o Cruz Cabugá em maio de 1817 desembarcou na Filadélfia (Estados Unidos) com 800 mil dólares (atualizado ao câmbio de 2007 em aproximadamente 12 milhões de dólares) na bagagem, com três missões: comprar armas para combater as tropas de D. João VI; convencer o governo americano a apoiar a criação de uma república independente no Nordeste brasileiro; recrutar revolucionários franceses exilados nos Estados Unidos e libertar Napoleão Bonaparte exilado na Ilha de Santa Helena e levá-lo ao Recife para comandar a Revolução Pernambucana. Nesse momento, no entanto, os revolucionários pernambucanos já estavam próximos da rendição.

Em 19 de maio as tropas portuguesas enviadas por terra e mar, entraram no Recife e encontraram a cidade abandonada e sem defesa. O governo provisório, isolado, rendeu-se no dia seguinte em função a forte repressão que se iniciou. Seus líderes seriam sumariamente executados, todavia, apesar de sentenças severas, um ano depois todos os revoltosos foram anistiados, e apenas quatro haviam sido executados.

Apesar de menos de três meses no poder o movimento abalou a confiança de D. João VI em construir um império americano.

A repercussão da Revolução Pernambucana contribuiu para facilitar o processo de emancipação de Alagoas, que obtém sua autonomia pelo Decreto de 16 de setembro de 1817. O desmembramento da Comarca de Alagoas da jurisdição de Pernambuco foi sancionado por D. João VI, pois seus proprietários rurais haviam se mantido fiéis à Coroa, e como recompensa, puderam formar uma província independente.

3 O PERÍODO JOANINO E A INDEPENDÊNCIA

3.1 Família Real no Brasil

Dom João, acompanhado de 15 mil pessoas, em novembro de 1807, deixou Portugal em navios ingleses.

Em 22 de janeiro de 1808, A Família Real e sua comitiva chegaram à Bahia, deslocando-se para o Rio de Janeiro, a capital do Brasil, em março de 1808.

> **Fique ligado**
> A presença da corte portuguesa alterou profundamente a vida político-econômica e o cotidiano do Brasil Colônia.

O Brasil passa a ser sede do governo português e em 28 de janeiro, aconselhado por José da Silva Lisboa, Dom João proclamou a Abertura dos Portos a todas as nações amigas. Findava-se dessa forma o pacto colonial.

Para a Inglaterra esse ato representava uma saída para o Bloqueio Continental.

Outras medidas: revogação do Alvará de 1785, que proibia a instalação de manufaturas no Brasil e a assinatura de Acordos de Aliança e Amizade e de Comércio e Navegação com a Inglaterra, além da criação do Banco do Brasil.

3.1.1 Tratados

> **Fique ligado**
> Os acordos assinados em 1810 concediam aos ingleses tarifas alfandegárias preferenciais.

Para os produtos ingleses pagava-se uma taxa de importação de 15%, enquanto para os produtos oriundos de Portugal essa taxa elevava-se a 16% e para os de outras nações pulava para 24%, o que contribuiu para sufocar o surto industrial brasileiro iniciado com a revogação do Alvará de 1785. Outra cláusula firmada entre as duas nações, era a da abolição do tráfico de escravos africanos por Portugal, o que afetava a economia brasileira, cuja produção estava assentada na mão de obra escrava.

As Principais Medidas de D. João VI no Brasil e a Modernização do Brasil

A inversão brasileira, consistiu na implantação de todos os órgãos do Estado português no Brasil.

Foram criados a Biblioteca Real, a Academia de Belas-Artes, a Imprensa Régia, o Teatro Real de São João, a Academia Militar, o Jardim Botânico.

Política Joanina

Política externa de dom João no Brasil – a anexação ao Brasil da Guiana Francesa, em 1809, como resposta à invasão de Portugal, e a invasão em 1816 e incorporação em 1821 do Uruguai, como Província da Cisplatina.

As artes plásticas brasileiras moldadas segundo os modelos europeus, principalmente franceses, devido à vinda de uma missão artística francesa, em 1816, a convite de dom João.

Arte no Brasil no Século XIX

Com a chegada da "Missão Francesa" em 1816, liderada por Lebreton, inicia-se, no Brasil, o período neoclássico. Temos entre os principais artistas os pintores Debret e Taunay e o arquiteto Gradjean de Montigny, responsável por projetar a Academia Imperial de Belas Artes em 1826.

> **Fique ligado**
> Debret foi um dos mais importantes "retratistas" do cotidiano e dos costumes dos índios, dos escravos, das pessoas do Rio de Janeiro e vários retratos da Família Real.

Johann-Moritz Rugendas esteve no Brasil entre 1821 e 1825, contratado como desenhista da expedição Langsdorff, da sua estada no Brasil resultou o livro Viagem Pitoresca através do Brasil, que expõe a natureza mais documental de suas obras, em particular dos desenhos que produziu.

Revolução do Porto (1820)

O rei estava na colônia, que se tornara sede do governo, e o reino era governado por uma junta governativa inglesa.

Influenciada por ideias iluministas, em 1820, na cidade do Porto, em Portugal, estourou uma revolução de caráter liberal, convocando as cortes gerais extraordinárias constituintes da nação portuguesa, que exigiam imediato retorno do rei e estabelecimento de uma monarquia constitucional.

Em relação ao Brasil, exigiam o restabelecimento do pacto colonial.

Como regente do reino do Brasil, o rei deixou seu filho Pedro, a quem teria dito, segundo a tradição, "Pedro, se o Brasil se separar de Portugal, antes seja para ti, que me hás de respeitar, do que para algum desses aventureiros"

3.2 Processo de Independência do Brasil

> **Fique ligado**
> O rei Dom João VI decidiu pela sua permanência no Brasil, com o poder de aprovar ou vetar a Constituição que estava sendo elaborada e do retorno de seu filho Pedro. Ante a presença das forças militares portuguesas estacionadas no Rio de Janeiro, o rei foi obrigado a jurar antecipadamente a Constituição, modificar seu ministério e retornar com sua corte a Portugal.

3.2.1 Regência de Dom Pedro (1821-1822)

Entre abril de 1821 e setembro de 1822, as forças recolonizadoras encontraram resistência das elites brasileiras que, pouco a pouco, foram fechando o cerco em torno do príncipe, obrigando-o a romper com as cortes gerais.

Em março, suas relações com as cortes gerais tornaram-se mais acirradas, pois baixou o decreto do Cumpra-se, estabelecendo que as ordens vindas de Portugal só entrariam em vigor com a aprovação do príncipe.

Em agosto, outro decreto estabeleceu que todas as tropas portuguesas que chegassem ao Brasil deveriam ser consideradas inimigas.

Em 7 de setembro de 1822, Dom Pedro oficializou a Independência do brasil. Em dezembro foi aclamado Imperador do Brasil como Pedro I.

HISTÓRIA E GEOGRAFIA DO BRASIL

4 BRASIL IMPERIAL

Pernambuco permaneceu como principal exportador brasileiro durante o Período Imperial graças à cana-de-açúcar.

Até a metade do século XVIII o mais importante núcleo econômico do Brasil era a Capitania de Pernambuco que ainda era uma das mais importantes no século XIX durante o Império, superando as províncias vizinhas do Ceará, Alagoas, Rio Grande do Norte, Paraíba e Sergipe. Sua capital, Recife, só perdia em importância política e econômica para o Rio de Janeiro, porém, sua economia fortemente abalada pela decadência do açúcar e do algodão, já que sua estrutura agrária, ainda com base no período colonial, é embasada no latifúndio em um reduzido número de proprietários que controlam a maior parte das terras. Vale destacar o que afirmava Nabuco de Araújo: "Enumerai os engenhos da província e vos damos fiança de que um terço deles pertencem aos Cavalcanti."

4.1 Primeiro Reinado (1822-1831)

O período que seguiu o 7 de setembro foi marcado por lutas entre forças que buscavam assegurar a Independência contra as que se mantinham fiéis a Portugal e pela disputa do poder entre o "partido" português e o "partido" brasileiro.

> **Fique ligado**
> A independência do Brasil não representou nenhuma alteração para a grande massa da população brasileira, que ficou à margem de todo o movimento.

Na verdade, a Independência foi um arranjo político das elites para garantir a manutenção do modelo agrário-exportador e escravista.
Primeira Constituição do Brasil

A Assembleia Constituinte de 1823, convocada por dom Pedro I, foi o palco de conflito entre três projetos políticos:

O "partido" português desejava a implantação de uma monarquia absolutista; o "partido" brasileiro dividia-se em duas correntes: a dos "aristocratas" almejava uma Constituição que mantivesse as conquistas do período Joanino e a dos "democratas" que defendia uma maior autonomia das províncias, com a diminuição do Poder Executivo central.

> **Fique ligado**
> Fechamento da Assembleia Constituinte em 12 de novembro de 1823 por ordem do imperador - "Noite da Agonia" terminou com a prisão e o desterro de vários deputados.

A Constituição, outorgada pelo imperador em março de 1824 considerou o imperador inviolável e sagrado (artigo 99), não podendo ser responsabilizado por seus atos; concedeu a cidadania aos portugueses que lutaram pela Independência (artigo 6); estabeleceu o voto censitário, em que votavam somente homens livres com mais de 21 anos; direito de voto aos analfabetos desde que tendo a renda mínima; catolicismo como a religião oficial; criou o Poder Moderador, de atribuição exclusiva do imperador.

Delegava ao Imperador direitos sobre a igreja, tais como: Padroado – permitia ao imperador nomear membros do clero e Beneplácito – aceitar ou não as decisões do Vaticano no Brasil.

Os poderes do imperador eram: nomear os senadores, que eram vitalícios; nomear ministros de Estado; suspender magistrados; dissolver a câmara; amenizar ou perdoar condenações; criar um Conselho de Estado com funções apenas consultivas (e não de veto).

4.1.1 Confederação do Equador (1824)

Trata-se de um movimento revolucionário de caráter emancipacionista e republicano ocorrido em Pernambuco, que foi a principal reação contra as ideias absolutistas e a política centralizadora de D. Pedro I (1822-1831) que ficou demonstrada na outorga da Constituição em 1824, a primeira Constituição do Brasil. Os revolucionários queriam formar uma república baseada na Constituição da Colômbia, ou seja, uma República Representativa e Federativa, facilitando a descentralização política e o fim do autoritarismo.

Pode-se dizer que este conflito tem raízes em outros movimentos ocorridos na região, tais como a Guerra dos Mascates e a Revolução Pernambucana, esta com ideais republicanos. É considerada, por muitos, uma continuação da Revolução Pernambucana de 1817.

> **Fique ligado**
> A dissolução da Assembleia Constituinte por D. Pedro I não foi bem recebida em Pernambuco e os dois representantes liberais na província eram Manuel de Carvalho Pais de Andrade e Frei Caneca que consideravam os Bonifácios como culpados pela dissolução. Criticavam, portanto, a Constituição de 1824 e a consideravam centralizadora.

Os jornais, notadamente o Typhis Pernambucano, dirigido por Frei Caneca que também era seu redator, criticavam dura e abertamente o governo imperial e absolutista do Imperador D. Pedro I e incitavam a população à rebelião. Em 1822 foi fundada pelo padre Venâncio Henriques de Resende uma Sociedade Patriótica Pernambucana durante o governo de Gervásio Pires que reunia figuras importantes da política local, inclusive Frei Caneca.

A Província de Pernambuco foi o centro irradiador e o líder da revolta. Já havia se rebelado em 1817 passava por dificuldades econômicas e encontrava problemas para pagar as elevadas taxas para o Império que tentava controlar as guerras provinciais pós-independência, pois algumas províncias resistiam à separação de Portugal.

Pernambuco desejava maior autonomia para as províncias resolverem suas questões internas, o que não ocorreu com a Constituição do Império de 1824.

A Província de Pernambuco estava dividida entre duas facções políticas: monarquistas liderados por Francisco Pais Barreto, e liberais e republicanos liderados por Pais de Andrade. O governador da província era Pais Barreto, Presidente indicado por D. Pedro I. Ante a pressão dos liberais, Pais Barreto renunciou em 13 de dezembro de 1823 e os liberais elegeram, ilegalmente, Pais de Andrade. O imperador Pedro I requisitou a recondução de Pais Barreto ao cargo e dois navios de guerra – Niterói e Piranga – foram enviados ao Recife sob comando do britânico John Taylor. Os Liberais não acataram a ordem de reempossar Pais Barreto e alardearam: "morramos todos, arrase-se Pernambuco, arda à guerra". Os intelectuais do movimento Frei Caneca, José da Natividade Saldanha e João Soares Lisboa queriam preservar os interesses da aristocracia. D. Pedro I tentou evitar um conflito nomeando um novo presidente para a província, José Carlos Mayrink da Silva Ferrão, ligado aos Liberais que não o aceitaram.

Manuel Carvalho Paes de Andrade proclamou a independência da Província de Pernambuco e enviou convites às demais províncias do Norte e Nordeste do Brasil para que se unissem a Pernambuco e formassem a Confederação do Equador. O novo Estado republicano seria formado pelas províncias do Piauí, Ceará, Rio Grande do Norte, Alagoas, Sergipe, Paraíba e Pernambuco. Porém, não houve adesão ao

BRASIL IMPERIAL

movimento separatista com exceção de algumas vilas da Paraíba e do Ceará, sendo estas comandadas por Gonçalo Inácio de Loyola Albuquerque e Mello, mais conhecido por Padre Mororó. Fortaleza reafirmou a sua lealdade ao Império. Em Pernambuco, Pais de Andrade pode contar somente com a colaboração de Olinda, enquanto o restante da província não aderiu à revolta. O líder confederado organizou suas tropas, inclusive alistando à força velhos e crianças, sabendo que o governo central enviaria soldados para atacar os confederados, formando brigadas populares para radicalizar a luta.

> **Fique ligado**
>
> O Brasil era independente, mas seus administradores eram todos portugueses, desde o imperador até os ministros e senadores.

A adesão popular amedrontou as elites agrárias que iniciaram o movimento, pois os interesses dessas camadas sociais eram opostos: a elite desejava construir um Estado que lhe assegurasse a propriedade, enquanto as massas populares, ao integrarem as forças militares desse novo Estado, viram a possibilidade de se expressarem politicamente.

Surgiram algumas dissidências internas no movimento, devido às disparidades sociais entre os grupos participantes do movimento e a proposta de Pais de Andrade para libertar os escravos; havia, ainda o exemplo do Haiti que se libertara da França por meio de uma revolta popular não tranquilizava as elites que passaram a colaborar com o governo imperial.

Enfraquecidas e enfrentando duas forças de oposição, a da elite local e a do imperador, as massas populares resistiram até novembro de 1824, quando seus últimos líderes foram presos, entre eles, frei Joaquim do Amor Divino Rabelo e Caneca.

Frei Caneca e vários rebeldes foram condenados por um tribunal militar à forca. Comenta-se que houve uma recusa dos carrascos em executar o Frei Caneca, sendo ele então fuzilado em 13 de janeiro de 1825, diante dos muros do Forte de São Tiago das Cinco Pontas localizado na cidade do Recife. Fato semelhante ocorreu com o Padre Mororó condenado à forca em Fortaleza e fuzilado em 30 de abril de 1825.

D. Pedro I, como punição a Pernambuco, determinou por meio de decreto de 07/07/1825, o desligamento do extenso território da Comarca do Rio São Francisco (atual Oeste Baiano), passando-o, a princípio, para Minas Gerais e, depois, para a Bahia.

Abdicação de Dom Pedro I

Em consequência do aumento de sua impopularidade, ocorreu impopularidade, ocorreu a abdicação do imperador. Essa impopularidade pode ser atribuída a uma série de fatores: favorecimento dos portugueses; autoritarismo imposto mediante a criação do poder moderador; massacre dos revoltosos da Confederação do Equador em 1824; o reconhecimento da Independência por Portugal em 1825, que custou ao Brasil 2 milhões de libras esterlinas; a perda da Cisplatina em 1825; renovação dos acordos de 1810 com a Inglaterra em 1827; sucessão do trono português; a falência do Banco do Brasil e a Noite das Garrafadas em março de 1831.

Registra-se ainda o medo da elite brasileira de que a união das duas coroas provocasse uma recolonização do Brasil, o que os leva pressionar d. Pedro a abdicar ao trono português, o que ele fez em favor de sua filha dona Maria da Glória.

O irmão do imperador, dom Miguel, tentou dar um golpe de estado e para defender os interesses da filha, Dom Pedro I acabou envolvendo-se nas questões portuguesas.

4.2 Período Regencial

Entre 1831 e 1840 o poder político foi exercido por regentes em função da menoridade do príncipe herdeiro do trono brasileiro.

Essa fase caracterizou-se por inúmeros conflitos político-partidários, que abriram espaços para os movimentos populares, que ao desejar reformas mais radicais, como a libertação dos escravos e a reforma agrária, contestaram a ordem aristocrática.

Período Regencial de 1831 a 1840	
Fases	**Época**
Trina Provisória	1831
Trina Permanente	1831 a 1835
Una de Padre Feijó	1835 a 1837
Una de Araújo Lima	1937 a 1840

4.2.1 Conflitos Político-Partidários

Os diferentes setores da elite brasileira passaram a disputar o poder entre si.

Os Moderados, formaram a sociedade defensora da liberdade e da independência nacional. Seus líderes eram padre Diogo Antônio Feijó, Evaristo da Veiga e Bernardo Pereira Vasconcelos, conhecidos popularmente como Chimangos.

Os Exaltados, que integravam a sociedade federal, desejavam reformas mais radicais, como a abolição da escravidão e uma maior autonomia para os poderes locais.

Os Restauradores ou Caramurus, em torno de José Bonifácio, tutor do príncipe herdeiro, eram representados formado por nobres, altos funcionários e comerciantes portugueses, que desejavam o retorno de Pedro I e, em último caso, a recolonização do brasil.

Foram essas as facções que passaram a disputar o poder após 1831.

Com a morte de Dom Pedro I, em setembro de 1834, essa disputa ficou restrita aos moderados e exaltados, o que permitiu às camadas populares expressarem suas reivindicações e trazer à tona as contradições da sociedade brasileira.

Situação Social e Econômica no Norte e Nordeste

As disputas entre as facções da elite brasileira e o predomínio do latifúndio e da escravidão favorecem o aparecimento de movimentos que buscavam mais autonomia provincial e propunham a implantação de uma república e o fim do trabalho escravo.

O comércio de importação e exportação, bem como o varejo, estava sob o controle de ingleses e portugueses.

Os artesãos e as pequenas manufaturas brasileiras ressentiam-se da concorrência dos produtos europeus.

Verifica-se o aumento no preço dos escravos pressionado pela Inglaterra que desejava extinguir o tráfico de escravos, bem como o agravamento da condição de vida destes.

As populações sertanejas andavam pelos sertões ou se dirigiam aos centros urbanos da região.

Essa era a situação social e econômica reinante nas províncias do Norte e Nordeste, que proporcionou a eclosão de movimentos populares.

Dentre eles, podem-se citar a Cabanagem (1833-1836), a Guerra dos Farrapos (1835-1845), a Sabinada (1837-1838) e a Balaiada (1838-1841).

A elite conseguiu manter o controle sobre a guerra dos farrapos.

HISTÓRIA E GEOGRAFIA DO BRASIL

4.2.2 Regências Trinas

Formada pelo Senador Campos Vergueiro, o Brigadeiro Francisco de Lima e Silva e o Marquês de Caravelas, representando os moderados e os restauradores.

Algumas medidas liberais foram tomadas: reintegração do ministério dos brasileiros; diminuição do poder dos regentes – proibidos de dissolver a assembleia, conceder títulos de nobreza e de assinar tratados com o estrangeiro; anistia a presos políticos.

Em 17 de junho de 1831, Bráulio Muniz, representante do Norte, e Costa Carvalho, do Sul, permanecendo o Brigadeiro Francisco de Lima e Silva.

Para ocupar a pasta da Justiça, foi nomeado o Padre Feijó, que organizou a Guarda Nacional criada em agosto de 1831 composta, inclusive por fazendeiros, que recebiam o título de Coronel. Essas milícias reforçaram o poder local.

Em 1832, foi aprovado o Código de Processo Penal.

Entre 1831 e 1834, o país sofreu inúmeros levantes e assistiu a tentativas de golpes.

Em 1834 foi aprovada uma reforma na Constituição, que ficou conhecida como Ato Adicional que suprimia o Conselho de Estado, mas mantinha o poder moderador, a vitaliciedade do senado e os conselhos gerais das províncias foram transformados em assembleias.

A regência Trina passou a ser Una, sendo o regente eleito por sufrágio direto, por um período de quatro anos.

4.2.3 Regências Unas

Em junho de 1835, foi eleito o Padre Feijó que, incapaz de conter as revoltas que se intensificaram a partir da aprovação do ato adicional de 1834, renunciou em 1837. Interinamente, assumiu o cargo Araújo Lima.

Tem início a Política do Regresso, em que medidas são tomadas no sentido de restabelecer a centralização política que predominou no Primeiro Império (1822-1831), com nítido objetivo de conter as revoltas populares que pontilhavam o território nacional e garantir a hegemonia político-econômica da elite brasileira.

A cisão da facção Moderada, em 1837, e o fato de os Exaltados e Restauradores terem sido alijados do poder redefiniram o quadro partidário.

Organizaram-se dois partidos – Liberal e Conservador –, conhecidos respectivamente como Progressista e Regressista, que se alternam no poder durante o reinado de Pedro II (1840-1889).

4.3 Revoltas Regenciais

4.3.1 Cabanagem (1833-1836)

Ocorreu no Pará e contou com a participação de camadas populares que organizam movimentos de oposição ao poder central. Estas camadas eram compostas por escravos e por uma massa de homens livres – índios e mestiços – que viviam em cabanas à beira dos rios.

Daí o motivo de se denominar o movimento de cabanagem e mesmo a repressão empreendida pelo governador Lobo de Sousa, em dezembro de 1833, não impediu novos levantes.

Novos líderes apareceram: Eduardo Angelim, os irmãos Francisco e Antônio Vinagre, Félix Antônio Malcher.

As forças legalistas dominaram apenas a capital. No interior, Angelim e Antônio Vinagre tentaram organizar uma resistência . Porém devido à falta de um projeto político e uma unidade em decorrência da heterogeneidade do grupo e por interesses opostos, o movimento acabou fracassando em 1836.

Outro fator que colaborou para seu fracasso foi o desembarque, na região, de uma nova expedição militar.

Em 1839, ao findar o movimento, a população da província de 100 000 habitantes estava reduzida a 40.000 e de todos os movimentos populares do período regencial, a cabanagem foi o único no qual as camadas populares conseguiram ocupar o poder, embora desorganizada.

4.3.2 Sabinada (1837-1838)

O movimento foi liderado pelo cirurgião Francisco Sabino Álvares da Rocha Vieira que comandou um novo levante contra o poder regencial que pretendia tornar a província da Bahia independente, sob um governo republicano, até a maioridade do imperador.

Ocorrido em Salvador, esse movimento foi um protesto contra a Lei Interpretativa e a prisão do líder farroupilha Bento Gonçalves em Salvador.

Por ter sido realizado por elementos das classes médias, não foi capaz de mobilizar os setores mais pobres e tampouco ganhar a simpatia da elite local.

Mesmo tendo recebido o apoio de parte das tropas do governo, a sabinada, como ficou conhecido o movimento, foi reprimida por tropas do governo com o apoio dos proprietários do Recôncavo Baiano em 1838.

4.3.3 Balaiada (1838-1841)

Ocorreu no maranhão e atingiu parte do Piauí e seu nome é uma referência a um de seus líderes: Manuel dos Anjos Ferreira, conhecido como "balaio" e foi um movimento em que as massas populares puderam se rebelar contra a sociedade latifundiária e escravocrata.

A província do Maranhão estava conturbada por disputas políticas entre Bem-te-vis e Cabanos, desde a abdicação de Pedro I, pois durante o governo de Feijó (1835-1837), os liberais, popularmente chamados de Bem-te-vis, exerceram completa autoridade sobre a província, relegando seus inimigos políticos, os cabanos, ao ostracismo. Com a regência de Araújo Lima, a situação inverteu-se.

Enquanto os setores políticos se enfrentavam o vaqueiro Raimundo Gomes inicia uma marcha pelo interior do Maranhão arregimentando desertores da guarda nacional, escravos fugidos, pequenos artesãos sem residência fixa, vaqueiros sem trabalho, assaltantes de estradas e agricultores espoliados de suas terras.

Em janeiro de 1839, Manuel dos Anjos Ferreira, o "balaio", integrou o movimento, tendo seu grupo ocupado a vila de Caxias em julho do mesmo ano.

A repressão foi comandada pelo Coronel Luís Alves Lima, que fora nomeado governador do Maranhão em 1840. Dessa forma, o futuro Barão e, depois, Duque de Caxias, pacificou a província.

4.3.4 Farroupilha (1835-1845)

Foi o único movimento popular do período regencial ocorrido no Sul do país com a participação da elite da região que manteve o controle do início ao fim do movimento impedindo que as camadas populares pudessem apresentar suas reivindicações, além de ter sido o mais longo.

A produção de charque no sul não conseguia concorrer com a produção platina, pois o governo mantinha baixos impostos sobre o charque, couros e gado muar vindos dessa região, além de elevar os impostos nos portos nacionais.

BRASIL IMPERIAL

O interesse dos fazendeiros gaúchos em escolher seu presidente de província até então nomeado pelo poder central, provocara a eclosão dessa revolta, que ficou conhecida por Farroupilha ou Guerra dos Farrapos.

A elite gaúcha rompeu com o Império dando início ao movimento em 1835 e no ano seguinte foi proclamada a República Rio-Grandense.

Comandados por Davi Canabarro e Giuseppe Garibaldi, em 1839, o movimento avançou sobre as terras catarinenses onde foi proclamada a República Juliana.

Embora os farrapos proclamassem "repúblicas", não era seu desejo separar-se do Brasil. O que queriam era uma maior autonomia para a província, ou seja, federalismo.

A nomeação do Barão Caxias para presidente da província em 1842 marcou o início da pacificação, e a revolta dos farrapos findou com a anistia aos revoltosos, o fortalecimento da assembleia local e a diminuição dos impostos.

4.4 Política do Regresso

Diante da ameaça da fragmentação territorial do Império e da perda do poder frente aos levantes populares, os conservadores procuraram minimizar os conflitos internos mediante a aprovação da Lei Interpretativa do Ato Adicional de 1837 que, na regência de Araújo Lima, revogava alguns aspectos do Ato Adicional de 1834, tais como: diminuía a autonomia das províncias e submetia a Guarda Nacional ao poder do Estado. A Lei Interpretativa foi um dos principais motivos das revoltas que surgiram de 1840 a 1848, pois deu início ao descontentamento do povo e de alguns políticos, devido à diminuição da autonomia das províncias.

Os liberais a fim de impedir a aprovação dessa lei, desencadearam um movimento em favor da antecipação da maioridade e José Martiniano de Alencar, em abril de 1840, organizou o Clube da Maioridade, cujo presidente era o deputado Antônio Carlos de Andrada.

A coroação do príncipe como imperador representava o retorno do poder moderador, que viria resolver a crise de autoridade.

4.5 Segundo Reinado (1840-1889)

O jovem imperador nomeou um Ministério Liberal, cujos integrantes eram os irmãos Antônio Carlos e Martim Francisco de Andrada, os irmãos Cavalcanti da Província de Pernambuco, Aureliano Coutinho, mas eles não se mantiveram no poder por longo tempo.

Em 1841, devido à não solução das guerras no sul, pressão inglesa para que se decretasse o fim do tráfico de escravos negros e à realização das Eleições do Cacete dom Pedro II substituiu esse gabinete liberal por um conservador.

Em novembro de 1841 restabeleceram o Conselho de Estado extinto pelo Ato Adicional em 1834. No mesmo ano, foi decretada a reforma do Código Criminal. Os conservadores dissolveram a Câmara dos Deputados, de maioria liberal, escolhida nas eleições do cacete. Essa medida deflagrou as revoltas liberais de 1842, em Barbacena (MG) e em Sorocaba (SP) que foram sufocadas pelo barão de Caxias.

Os liberais governaram de 1844 a 1848. Em 1844, aprovaram a tarifa Alves Branco que aumentava as tarifas sobre produtos importados.

Foi feita uma Reforma Eleitoral, em 1846 que elevou a renda para dar direito ao voto e, no ano seguinte, foi criado o cargo de Presidente do Conselho de Ministros, formalizando a implantação do sistema parlamentarista no Brasil, embora às avessas. Em 1848 o ministério liberal foi substituído pelos conservadores.

Ficaram no poder até 1853, quando foram substituídos por um ministério liderado pelo Marquês do Paraná, que procurou formar um gabinete composto por conservadores e liberais. Iniciou-se, dessa forma, o Período da Conciliação.

4.5.1 Lei de Terras de 1850

Durante o século XIX, a economia mundial passou por uma série de transformações abrindo espaço para o capitalismo industrial. As grandes potências da época pressionavam as nações mais pobres para que se adequassem aos novos caminhos do capitalismo, como por exemplo, os ingleses que pressionavam pelo fim do tráfico negreiro para atender a seus interesses econômicos.

O uso da terra e sua posse eram símbolo de distinção social e com o avanço do capitalismo mercantil a terra deveria ter um uso integrado ao comércio, assim, passou-se a discutir as funções e os direitos sobre a terra.

No Brasil, os sesmeiros e posseiros realizavam a apropriação de terras e tomavam a posse das terras, de modo que após a Independência, alguns projetos de lei tentaram regulamentar essa questão. Porém, somente em 1850, a chamada Lei 601 ou Lei de Terras de 1850 apresentou novos critérios com relação aos direitos e deveres dos proprietários de terra.

O tráfico negreiro estava proibido em terras brasileiras e a atividade, que representava uma grande fonte de riqueza, teria de ser substituída por uma economia que melhor explorasse o potencial produtivo da agricultura. Inicia-se um projeto de incentivo à imigração que deveria ser financiado com a dinamização da economia agrícola e regularizaria o acesso à terra. Com a Lei, ex-escravos e imigrantes teriam grandes restrições para se tornarem pequenos ou médios proprietários e nenhuma nova sesmaria poderia ser concedida a um proprietário de terras ou seria reconhecida a ocupação por meio da ocupação das terras. As chamadas terras devolutas, que não tinham dono e não estavam sob os cuidados do Estado, poderiam ser obtidas somente por meio da compra junto ao Governo.

Uma série de documentos falsos garantia e ampliava a posse de terras dos grandes fazendeiros e aquele que se tivesse interesse em possuir terras deveria dispor de grandes quantias de dinheiro. Dessa maneira, a Lei de Terras transformou a terra em mercadoria, ao mesmo tempo em que garantiu a posse da mesma aos antigos latifundiários. Em 1850, após a promulgação da Lei de Terras, as autoridades locais pediram ao governo da Província de Pernambuco o fim do aldeamento, alegando que os índios já eram caboclos, e a Lei de Terras de 1850 regulamentou questões relacionadas à propriedade privada da terra e à mão de obra agrícola atendendo aos interesses dos grandes fazendeiros cafeicultores da região Sudeste.

4.5.2 Surto industrial

Mesmo após a Independência a economia brasileira continuou alicerçada no latifúndio, na escravidão e na monocultura.

Na segunda metade do século XIX, o trabalho escravo foi substituído pelo trabalho livre e assalariado.

A lavoura cafeeira consolidou-se como o principal setor da economia nacional. As cidades cresceram e com elas, surgem as primeiras indústrias, cuja rápida expansão ficou conhecida por surto industrial.

Entre 1850 e 1860 foram criadas 70 fábricas no Brasil, 14 bancos, 3 Caixas Econômicas, 20 companhias de navegação a vapor, 23 companhias de seguro, 8 estradas de ferro, empresas de gás, de transporte urbano, de mineração.

Um dos fatores que favoreceu esse crescimento foi o fim do tráfico de escravos, impulsionado pelos ingleses com a Bill Aberdeen (1845) e pela aprovação pela Assembleia Geral, em 1850, da Lei Eusébio de Queirós, pois o fim desse comércio liberava grandes somas de capital que poderia ser investido em outras áreas.

Outro fator foi a tarifa Alves Branco (1844), criada pelos liberais com o objetivo de solucionar o déficit público, mas que acabou se tornando uma medida protecionista, favorecendo a indústria nacional.

O governo passou a adotar uma política emissionista, o que tornava mais fácil a obtenção de empréstimos.

O crescimento da lavoura cafeeira também possibilitou esse crescimento industrial, pois, à medida que os lucros aumentavam, os cafeicultores sentiam-se motivados a investir em outros setores da economia.

Irineu Evangelista de Sousa, o Barão de Mauá em 1846, adquiriu o Estaleiro Ponta de Areia, produzindo dezenas de barcos a vapor. Ele investiu no setor de transporte, criando companhias de navegação no Rio Grande do Sul e no Amazonas. Foi o pioneiro no setor de serviços públicos, criando a companhia de gás para iluminação das ruas do Rio de Janeiro e a empresa de bondes puxados a burro e em sociedade com ingleses, Mauá construiu as primeiras ferrovias, o Banco Mauá, Mac Gregor & Cia que tinha filiais em cidades europeias e norte-americanas bem como nas principais cidades do Brasil, da Argentina e do Uruguai.

O pioneirismo de Mauá levou os historiadores a denominarem esse período de Era Mauá, uma era que encontrou seu fim na Lei Ferraz de 1860, que extinguia a tarifa Alves Branco. Era o fim do protecionismo alfandegário. Por pressão dos ingleses, as taxas de importação foram reduzidas, e o governo deu início a uma política deflacionária, que significava uma retração dos créditos governamentais.

4.6 Política Externa

O Brasil procurou impedir o fortalecimento das nações platinas, principalmente da Argentina. Isso significava garantir o livre acesso aos rios da Bacia Platina, que garantiam o acesso à província do Mato Grosso e ao oeste das províncias do Paraná e de Santa Catarina. Citam-se ainda as tensões diplomáticas entre Brasil e Inglaterra decorrentes da questão da extinção do tráfico de escravos, que culminaram na Questão Christie.

4.6.1 Revolta Praieira (1848-1850)

Foi a última manifestação do liberalismo, pois a Província de Pernambuco resistia à política centralizadora do Rio de Janeiro. Foi assim na Revolução Pernambucana de 1817 e na Confederação do Equador em 1824. O movimento de caráter liberal e separatista eclodiu na Província de Pernambuco durante o Segundo Reinado entre os anos de 1848 e 1850.

Esta revolta também ficou conhecida como "Insurreição Praieira", "Revolução Praieira" ou simplesmente "Praieira", a última das revoltas provinciais e que está ligada às lutas político-partidárias que marcaram o Período Regencial e o início do Segundo Reinado. Sua derrota representou uma demonstração de força do governo de D. Pedro II (1840-1889).

Este movimento encontra-se no contexto das revoluções liberais, socialistas e nacionalistas que se desencadearam na Europa no século XIX, incluindo a Revolução de 1848 na França, que promoveu a extinção do Absolutismo no país e ficou conhecida como Primavera dos Povos em função das repercussões na Europa. O ano de 1848, portanto, assistiu a várias revoluções na Europa como, por exemplo, na França e na Itália. O espírito "quarenta e oito", como se chamou este período,

também atingiu o Brasil e, particularmente, Pernambuco. A Revolução Praieira, assim, associa-se à concentração da propriedade fundiária e ao monopólio do comércio a retalho concentrado pelos portugueses.

> **Fique ligado**
>
> Entre 1831 e 1834 explodiram na região a Setembrada, a Novembrada, a Abrilada, a Carneirada e a Cabanada que expressaram os descontentamentos populares com a situação local e a crise por que passava o país.

No Brasil o movimento foi influenciado pelas ideias liberais dos que buscavam maior autonomia para as províncias e dos que eram favoráveis à República. Não há, portanto, como se analisar a Revolução Praieira sem se considerar a atuação do partido liberal na Província de Pernambuco. O movimento contou, ainda, com a participação das camadas menos favorecidas da Província de Pernambuco, oprimidas pela grande concentração fundiária e pela rivalidade com os portugueses, que dominavam o comércio na província. A Praieira é uma rebelião liberal, influenciada pelos movimentos sociais que se desenvolviam na Europa naquele momento. O movimento, em Pernambuco, correspondeu à última etapa das agitações políticas e sociais iniciadas com a emancipação. Em 1842, membros do Partido Liberal se rebelaram e fundaram o Partido Nacional de Pernambuco - que seria conhecido como Partido da Praia. Esses inconformados pertenciam a famílias que haviam feito fortuna em época recente, ao longo da primeira metade do século XIX, e tinham como eleitores senhores de engenho, lavradores, comerciantes e bacharéis.

A Rebelião Praieira apresenta, dentre suas principais causas: o predomínio do latifúndio; o monopólio dos comerciantes portugueses; a dependência e marginalização do pequeno agricultor; o êxodo rural e a crise econômica da Província.

A causa imediata da revolta foi a destituição do Presidente da Província, Antônio Pinto Chichorro da Gama (1800-1887), representante dos liberais, que foi substituído pelo conservador ex-regente Araújo Lima. Os rebeldes queriam alterar a Constituição Brasileira de 1824 estabelecendo a liberdade de imprensa, desejavam o voto livre e universal, garantia de trabalho, a extinção do poder moderador e do cargo vitalício de senador, além da nacionalização do comércio varejista que estava nas mãos dos portugueses.

O Partido Liberal Pernambucano possuía uma ala mais radical que, por meio do jornal Diário Novo, localizado na Rua da Praia, no Recife, (por isso conhecidos como praieiros) condenaram a destituição de Chichorro da Gama, em abril de 1848, interpretando esse gesto como mais um ato arbitrário do governo imperial. O Partido da Praia, integrado por liberais pernambucanos, tinha no jornal o Diário Novo um instrumento de veiculação de suas ideias políticas.

A revolta contra o novo governo da Província eclodiu em Olinda, a 7 de novembro de 1848, sob a liderança do General José Inácio de Abreu e Lima, do Capitão de Artilharia Pedro Ivo Veloso da Silveira, do Tenente Coronel da Guarda Nacional Bernardo José da Câmara, futuro Barão de Palmares, do deputado liberal Joaquim Nunes Machado e do militante da ala radical do Partido Liberal, Antônio Borges da Fonseca. O presidente nomeado da Província, Herculano Ferreira Pena, foi afastado e o movimento espalhou-se rapidamente pela Província.

A sua primeira batalha foi travada no povoado de Maricota, atual cidade de Abreu e Lima e, em 1º de janeiro de 1849, os revoltosos lançaram um documento chamado Manifesto ao Mundo, com conteúdo socialista utópico, supostamente escrito por Borges da Fonseca, um

BRASIL IMPERIAL

jornalista. O manifesto defendia: voto livre e universal; liberdade de imprensa; o trabalho como garantia de vida para o cidadão brasileiro; comércio a retalho só para os cidadãos brasileiros; a independência dos poderes constituídos e a extinção do Poder Moderador e do direito de agraciar. Apesar do caráter liberal da revolução, os revoltosos não cogitavam a abolição da escravidão.

O movimento expressou, na verdade, as aspirações das classes médias como pode ser constatado pelo manifesto ao mundo, publicado em 1849, em que as principais reivindicações eram: "comércio a retalho para os brasileiros", "trabalho com garantia de vida para o cidadão", "completa reforma judicial em ordem de assegurar as garantias individuais dos cidadãos" e "voto direto e universal do povo brasileiro".

Com a participação da população urbana que vivia em extrema pobreza e a era composta por pequenos arrendatários, boiadeiros, mascates e negros libertos, os praieiros marcharam sobre o Recife em fevereiro de 1849 com quase 2.500 combatentes em três Divisões, uma comandada por João Inácio de Ribeiro Roma, a segunda por Bernardo Câmara e a terceira por Pedro Ivo Veloso da Silveira, porém foram derrotados.

A província foi pacificada pelo novo presidente Manuel Vieira Tosta que foi auxiliado pelo Brigadeiro José Joaquim Coelho, novo Comandante das Armas. As forças rebeldes foram derrotadas nos combates de Água Preta e de Igaraçu.

Os líderes do movimento pertencentes à classe dominante foram julgados apenas em 28 de novembro de 1851, quando o governo imperial lhes concedeu anistia. Porém, os rebeldes das camadas sociais menos privilegiadas não tiveram direito a julgamento, sofreram recrutamento forçado ou foram anistiados por intervenção de seus superiores para retornarem ao trabalho, exceto aqueles que foram sumariamente fuzilados durante e logo após os combates.

Consequências

Com o fim da Praieira, no início de 1850, iniciou-se outra parte do Segundo Reinado, um período de tranquilidade política, fruto do parlamentarismo e da política de conciliação implantados por D. Pedro II, e da prosperidade trazida pelo café.

4.6.2 Questão Christie

Em 1861, o navio inglês Príncipe de Gales afundou nas costas do Rio Grande do Sul, sendo sua carga pilhada pelos brasileiros.

O governo inglês, representado por William Christie, exigiu uma indenização de 3200 libras e as relações entre as duas nações se tornaram mais tensas quando três oficiais ingleses, embriagados e à paisana, foram presos por promoverem desordens.

Christie exigia a soltura dos oficiais e a punição dos policiais que efetuaram as prisões. Tem início nesse momento a Questão Christie.

O imperador aceitou indenizar os ingleses pelos prejuízos no afundamento de seu navio no litoral gaúcho e soltar os oficiais. Mas, recusou-se a punir os policiais brasileiros.

Christie ordenou o aprisionamento de cinco navios brasileiros, o que gerou indignação e atitudes de hostilidade dos brasileiros em relação aos ingleses aqui radicados.

As relações entre Inglaterra e Brasil foram rompidas em 1863, sendo reatadas dois anos mais tarde, diante do fortalecimento do Paraguai na região Platina.

4.6.3 Guerras no Prata

O Brasil sempre apoiou a independência de pequenos países, como o Paraguai e o Uruguai e, dessa forma, assegurava sua hegemonia na região e o livre acesso às províncias do centro-oeste e sudeste do continente.

A ação do Brasil na região passou a ser militar a partir de 1851 e tinha por objetivo atender aos interesses dos estancieiros e produtores de charque do Rio Grande do Sul. Isso aumentaria a influência do governo central no sul do país.

As forças imperiais derrubaram Manuel Rosas, que ocupara o poder na Argentina após lutas internas. Sua política de fortalecimento do país implicava o controle de todo o estuário do Prata e a reincorporação do Paraguai, fato que ameaçava a livre navegação na região.

Para o Brasil, isso significava o fechamento do acesso ao seu interior. Na República do Uruguai, intensificou-se a disputa pelo poder entre o grupo dos Colorados, formado por comerciantes de Montevidéu e comandado por Rivera, e o dos Blancos, integrado por estancieiros e chefiado por Oribe.

O Brasil acabou por intervir no conflito interno, dando apoio a Rivera. Em contrapartida, Oribe contou com o apoio de Rosas, o que lhe permitiu criar um governo rebelde no interior e sitiar a capital uruguaia.

Esse apoio representou o fim da soberania uruguaia, pois, em 1851, os tratados assinados entre o governo de montevidéu e o do império do Brasil davam a este o direito de intervir no Uruguai.

Aproveitando-se das divergências internas da Argentina, o império brasileiro apoiou um levante de Justo José Urquiza, caudilho e governador da província de Entre-Rios, contra Rosas, o que enfraqueceria seu aliado uruguaio, e em 1851 tropas brasileiras, aliadas às do argentino Urquiza, invadiram o Uruguai e derrotaram Oribe.

Depois, nova aliança foi realizada entre o Uruguai, o Brasil e as províncias de Corrientes e Entre-Rios, dessa vez para derrubar Rosas.

Comandando o "grande exército libertador da América", Urquiza derrotou as forças de Rosas na Batalha de Monte Caseros, mas a derrota de Rosas e Oribe não trouxe a paz desejada pelo governo brasileiro.

No Uruguai, as disputas internas prosseguiram e, em 1864, os Blancos, liderados por Anastácio Aguirre, voltaram ao poder. Na ausência de seu aliado natural, o argentino Manuel Rosas, os Blancos procuraram o apoio de Solano López, presidente do Paraguai.

> **Fique ligado**
>
> Essa aliança e os conflitos internos no Uruguai levaram a Argentina a unir-se ao Brasil em apoio aos Colorados.

O Uruguai foi invadido por forças militares brasileiras e em 1864, atendendo aos interesses dos estancieiros gaúchos, o governo brasileiro enviou a Montevidéu a missão Saraiva, com o objetivo de obrigar o governo uruguaio a indenizar os proprietários brasileiros que tiveram suas propriedades violadas pelos uruguaios durante suas contendas internas. Diante da negativa de Aguirre, o governo imperial o depôs, sendo substituído pelo líder dos Colorados, Venâncio Flores, que prontamente indenizou os proprietários brasileiros.

4.6.4 Guerra do Paraguai

O desenvolvimento econômico e social do Paraguai foi completamente diferente do desenvolvimento da Argentina, do Brasil e do Uruguai.

A Inglaterra via seus interesses comerciais contrariados por não conseguir introduzir seus produtos manufaturados no país.

Para neutralizar o crescimento econômico paraguaio, praticamente impôs a formação da Tríplice Aliança.

O fornecimento de armamentos e empréstimos aos três países aliados garantiam mais lucros aos ingleses.

Até a guerra, o Paraguai esteve isolado do resto do continente e do mundo, pois em 1814 foi eleito Rodriguez de Francia, que se autointitulou "*El supremo dictador*" e que governou até 1840.

Seu sucessor foi Carlos Antônio López (1840-1862), que tratou de ocupar áreas despovoadas do Paraguai mediante o incentivo da imigração e organizou uma esquadra comprando navios ingleses.

Em 1862, Antônio López foi sucedido por seu filho Francisco Solano López, que instalou linhas de telégrafo, estradas de ferro, fábricas de material de construção, tecidos, louça, tinta e pólvora.

As exportações paraguaias equivaliam ao dobro das importações graças à política protecionista e nacionalista, sua balança comercial era favorável, sua moeda era forte e estável e não havia crianças analfabetas.

Crescer significava ter que romper o isolamento em que se encontrava e essa situação levou Solano López, em 1864, à política ofensiva com a finalidade de obter uma saída para o atlântico. Daí sua aliança com Aguirre, presidente do Uruguai.

Solano López invadiu o Mato Grosso e as províncias argentinas de Corrientes e Entre-Rios, dando início ao conflito.

Em maio de 1865, Brasil, Argentina e Uruguai assinaram um tratado secreto, formando a Tríplice Aliança. Esse acordo estabelecia que: o Paraguai perderia a soberania sobre os rios devido a uma disputa pela livre navegação na Bacia do Prata; parte do território paraguaio seria dividida entre Brasil e Argentina; nenhum país da tríplice aliança poderia firmar acordo de paz, em separado ou em conjunto, até a deposição de Solano López.

Em 1866 os aliados obtiveram as primeiras duas grandes e significativas vitórias – Passo da Pátria e Tuiuti.

Caxias reorganiza as forças brasileiras e retoma a ofensiva conquistando Humaitá em 1867. O Exército brasileiro começava a dar vitórias significativas ao Brasil, as batalhas de Itororó, Avaí, Lomas Valentinas e Angostura decidiram a guerra com os aliados invadindo assunção em 1869. Caxias passou o comando ao genro do imperador, o Conde d'Eu, que empreendeu violenta perseguição a Solano López, morto em 1870 na Batalha de Cerro Corá.

Depois da guerra, o Paraguai estava arruinado. Para o império brasileiro, esse conflito agravou a situação financeira e a dependência econômica, pois novos empréstimos foram contraídos junto à Inglaterra. As vitórias obtidas na guerra permitiram ao Exército reivindicar posições políticas mais significativas.

5 BRASIL REPÚBLICA

5.1 Crise da Monarquia e Proclamação da República

Os ideais republicanos existiam no Brasil desde a colônia, aparecendo em episódios como a Inconfidência Mineira, a Revolução Pernambucana de 1817 e a Confederação do Equador, em 1824.

Com a Guerra do Paraguai, o imperador perdeu a força política, e o movimento republicano começou a ganhar vulto.

O Manifesto Republicano, de cuja redação Quintino Bocaiúva participou ativamente, foi publicado no primeiro número do Jornal A Revolução, transformando-se no ideário básico do movimento, que ganhou a adesão de intelectuais e, a partir de 1878, dos militares descontentes com a Monarquia.

O processo da Proclamação da República pode ser assim resumido:

Conflitos Internacionais: com a Inglaterra (Questão Christie 1863-1865), Intervenção contra Oribe (Uruguai) e Rosas (Argentina) - 1851-1852. A Guerra contra Aguirre (1864-1865), presidente do Uruguai. Guerra do Paraguai (1865-1870). Brasil, Argentina e Uruguai (Tríplice Aliança) contra o Paraguai no mais longo e sangrento conflito armado já ocorrido na América do Sul.

Questão Abolicionista: Lei do Ventre Livre (1871); Lei dos Sexagenários (1885); 13 de maio de 1888: Lei Áurea promulgada pela princesa Isabel: a escravidão foi extinta no Brasil.

Questão Republicana: Partido Republicano Paulista, fazendeiros de café de São Paulo; contava com seguidores no Rio de Janeiro, em Minas Gerais e no Rio Grande do Sul.

Questão Religiosa: bispos de Olinda e de Belém contra maçons D. Pedro II, influenciado pela maçonaria, decidiu intervir na questão, solicitando aos bispos que suspendessem as punições.

Questão Militar: depois da Guerra do Paraguai, o Exército brasileiro foi adquirindo maior importância na sociedade. Os ideais republicanos contagiaram os oficiais, divulgados por homens como o Coronel Benjamin Constant, professor da Escola Militar do Rio de Janeiro.

O Fim do Segundo Império: a oposição de tantos setores da sociedade à Monarquia tornou possível o tranquilo sucesso do golpe político que instaurou a República no Brasil.

Rui Barbosa, Benjamin Constant, Aristides Lobo, Quintino Bocaiúva e Francisco Glicério, reunidos em 11 de novembro de 1889 na residência do Marechal Deodoro da Fonseca, convenceram-no a derrubar a monarquia. Assim, em 15 de novembro, Deodoro da Fonseca anunciou o fim da monarquia e proclamou a República dos Estados Unidos do Brasil

5.1.1 Proclamação da República – 15 de Novembro de 1889

"O povo assistiu bestializado à Proclamação da República" escreveu o republicano Aristides Lobo, na época do evento. De fato, muitos participantes do golpe, inclusive, demoraram a perceber que aquilo era um golpe, uma quartelada. Muitos achavam que o golpe era contra Visconde de Ouro-Preto. Poucos estavam cientes de que aquele movimento visava derrubar o Imperador, afinal o próprio Marechal Deodoro da Fonseca (responsável pela proclamação) era amigo pessoal de D. Pedro II. O "golpe" consistiu na entrada do Marechal Deodoro no gabinete do Primeiro Ministro e na entrega de um documento onde se declarava a República. Visconde de Ouro-Preto foi preso e o golpe foi dado.

> **Fique ligado**
> Logo após a Proclamação da República, o Marechal Deodoro da Fonseca assumiu a presidência do país, chefiando um governo provisório.

As medidas mais importantes foram: escolha de uma nova bandeira nacional(19 de novembro) com o lema "ordem e progresso", banimento da família imperial, grande naturalização de imigrantes, convocação de uma assembleia Constituinte, escolha de uma República Federativa como regime político e a reforma do Código Penal.

5.1.2 República da Espada (1889-1894)

O movimento Republicano iniciou-se em 1870, com a fundação do Clube Republicano, do jornal "A República" e o lançamento do Manifesto Republicano. O Partido Republicano não era coeso quanto à forma de implantação do novo regime. Havia discussões internas e isso acabou resultando em duas correntes:

Evolucionista - liderada pelos republicanos históricos, optava pela via pacífica para conseguir o poder;

Revolucionária - liderada por Silva Jardim, que pregava a revolução popular.

> **Fique ligado**
> Vale lembrar que a corrente evolucionista predominou. Entre os jovens oficiais do Exército também pairavam as ideias republicanas, influenciadas pela doutrina positivista de Auguste Comte. Esses oficiais eram liderados por Benjamin Constant.

Positivismo - Nasceu das ideias do pensador francês Auguste Comte (1798 - 1857). Em meio a uma gama de teorias, baseadas em sua filosofia da história e na sua classificação das ciências, Comte criou o que chamou de Religião da Humanidade: culto não teísta, no qual Deus deveria ser substituído por uma humanidade racional e evoluída, que atingiria esse estágio mais elevado conduzida por homens mais esclarecidos. Para Comte, a melhor forma de governo era a ditadura republicana, um governo de salvação nacional exercido no interesse do povo. O ditador comtiano, em tese, deveria ser representativo, mas poderia afastar-se do povo em nome do bem da República. Em resumo, por meio da Ordem controlada, chegar-se-ia ao Progresso.

Na tentativa de reduzir a oposição, cada vez maior, o ministro Afonso Celso de Assis Figueiredo, o Visconde de Ouro Preto, elaborou, em meados de 1889, um programa de reformas, que incluía: liberdade de culto, autonomia para as províncias, mandatos limitados (não vitalícios) no Senado, liberdade de ensino, redução das prerrogativas do Conselho de Estado, entre outras medidas. As propostas de Ouro Preto visavam preservar a Monarquia, mas foram vetadas pela maioria conservadora que constituía a Câmara dos Deputados. Foi considerado radical por alguns e liberal por outros.

5.1.3 Constituição de 1891

Foi promulgada, é a primeira da República e a segunda do país.

Entre suas principais características e determinações temos: estabeleceu-se o Presidencialismo, o Federalismo e o Regime Representativo – o Chefe de Estado seria o Presidente o federalismo correspondia às aspirações de autonomia local, transformando as Províncias em Estados (20) e a representatividade era por voto direto em todos os níveis, sendo excluídos do direito ao voto os analfabetos, as mulheres, os soldados e os menores de idade; o voto aberto foi mantido; três poderes independentes e harmônicos entre si. Executivo, Legislativo e Judiciário; o texto constitucional tirou a obrigatoriedade de o governo oferecer a instrução primária que existia durante o império e excluía também os socorros públicos. A União, por sua vez, ficou com os impostos de importação, com os direitos de criar bancos emissores de moeda e de organizar as Forças Armadas nacionais, podendo inclusive intervir nos Estados para restabelecer a ordem e para manter a forma republicana federativa. Extinguiu-se a pena de morte; Estado e Igreja se tornariam instituições separadas e os cemitérios passarão à administração municipal, além de sair da Igreja o registro civil para nascimento e morte (1893) e a instituição do casamento civil. Separar Estado de Igreja era uma das medidas para integrar imigrantes ao Brasil.

5.1.4 Encilhamento

O Ministro da Fazenda era o jurista baiano Rui Barbosa que achava que o único obstáculo para a industrialização brasileira era a falta de crédito, o que o levou a autorizar alguns bancos privados a emitirem papel-moeda, ampliando o crédito.

Mas a emissão de papel-moeda provocou a desvalorização da moeda e, consequentemente, inflação. Os aproveitadores criaram empresas-fantasmas, especulando com elas na bolsa de valores.

> **Fique ligado**
> Em 3 de novembro de 1891, Deodoro fechou o congresso nacional e decretou estado de sítio prometendo novas eleições e uma revisão constitucional.

Esse movimento de intensa especulação bolsista resultou em inflação e desorganização da economia brasileira (crise do encilhamento). Em 1891 veio uma forte crise com a queda dos preços das ações, falência de estabelecimento bancários e empresas, fato que levou à desvalorização monetária. Com isso, o custo de vida ficou cada vez mais alto.

5.1.5 Revolta da Armada

Comandada pelo almirante Custódio de Melo e inicia-se uma greve dos trabalhadores da Estrada de Ferro Central do Brasil.

Deodoro renunciou em 23 de novembro de 1891.

Assume o vice-presidente marechal Floriano Peixoto que decretou a redução de impostos e aluguéis, lançou um projeto de construção de casas populares e reabriu o congresso.

> **Fique ligado**
> No entanto, o governo de Floriano era inconstitucional, pois ele, como vice, assumiu quando seu antecessor ainda não tinha cumprido, pelo menos, metade do mandato.

Deveria ser convocada uma nova eleição. Floriano não concordava.

Manifesto dos Treze Generais, no qual exigiam o cumprimento da constituição.

Explodiu uma nova Revolta da Armada no Rio de Janeiro, liderada pelo almirante Saldanha da Gama.

O maior foco de oposição a Floriano surgiu no sul com a Revolução Federalista.

O apoio a Floriano era liderado pelo governador gaúcho Júlio de Castilhos e seus seguidores, os chamados Pica-Paus, enquanto os opositores, contrários a uma excessiva centralização de poderes, eram os Federalistas ou Maragatos, liderados por Silveira Martins.

O ponto alto da guerra foi quando os Federalistas se juntaram aos da Revolta Armada.

Apesar de os federalistas avançarem sobre Santa Catarina e parte do Paraná, chegando inclusive a Curitiba, as tropas florianistas resistiram por um longo tempo na Lapa (PR), permitindo a preparação de uma contraofensiva do governo de Floriano Peixoto.

> **Fique ligado**
> Devido à violência de seu governo, Floriano ganhou a alcunha de Marechal de Ferro.

No entanto, apesar de os militares positivistas defenderem um projeto republicano baseado na industrialização, este não vingou, pois não havia uma classe social forte e influente para lhe dar sustentáculo. Basta observar que o domínio econômico cabia aos grandes fazendeiros, principalmente os cafeicultores paulistas, além de não haver um proletariado urbano organizado. Floriano se viu obrigado a ceder e convocar eleição presidencial em 1894, quando foi eleito Prudente de Morais, hábil político e membro da elite cafeeira de São Paulo. Iniciava-se uma nova fase na vida política brasileira.

5.2 República Velha ou Oligárquica (1894-1930)

A hegemonia política durante a República Velha cabia aos grandes fazendeiros, conhecidos como coronéis.

O coronelismo se sustentava devido ao voto de cabresto, pelo qual a população pobre e carente, e até mesmo setores médios, eram obrigados a votar no candidato indicado pelo rico fazendeiro, pois ele era o "pai", o padrinho, o juiz, o compadre, enfim, o mediador e solucionador dos problemas que afligiam a população.

Os grupos de latifundiários mais poderosos se encontravam nos estados de São Paulo (cafeicultores) e Minas Gerais (pecuaristas), criando a chamada Política do Café com Leite, e lançavam o seu candidato à Presidência.

> **Fique ligado**
> O voto era aberto e as eleições manipuladas pelo chefe local (coronel), o que permitia ampla fraude eleitoral em seus domínios políticos, conhecido por "currais eleitorais".

Este sempre se sagrava vitorioso, pois o número de eleitores desses dois estados era superior a todos os eleitores do resto do país.

Durante a República Velha havia o domínio das oligarquias do café (SP) e do leite (MG). O revezamento dos fazendeiros do café com fazendeiros do leite na presidência ficou conhecido como política do café com leite.

5.2.1 Prudente de Morais (1894-1898)

Primeiro presidente civil do Brasil, que enfrentou diversos movimentos, "O Pacificador.

Encerrou a Revolução Federalista no Rio Grande do Sul e concedeu anistia política aos oficiais da Marinha rebelados.

Questão da Trindade: o Brasil ganhou a posse sobre a ilha do mesmo nome em disputa com os ingleses.

Questão de Palmas ou Missões: definiram-se as fronteiras com a Argentina graças à mediação do Barão do Rio Branco. O presidente Cleeveland dos Estados Unidos deu ganho de causa ao Brasil.

5.2.2 Guerra de Canudos

O principal fator para a explosão do movimento de Canudos, no sertão baiano, foi o descaso das autoridades com a miserável população sertaneja.

Foi liderado por Antônio Vicente Mendes Maciel, conhecido como o beato Antônio Conselheiro, que percorria os sertões fazendo

BRASIL REPÚBLICA

pregações em defesa do catolicismo, reformando cemitérios e igrejas e confortando os aflitos. O Conselheiro passou a ter muitos seguidores e, em 1893, fundou um povoado na antiga Fazenda de Canudos, junto ao Ribeirão Vaza-Barris, era o arraial do Belo Monte.

> **Fique ligado**
> Faziam-se críticas ao governo republicano. Canudos preocupava as elites da época e tanto a primeira quanto a segunda expedição militar contra Canudos fracassaram antes de chegar ao local.

A terceira expedição, comandada pelo Coronel Moreira César, mesmo com mais de 1400 homens, foi espetacularmente derrotada.

Somente a quarta expedição, com mais de 8 000 homens sob o comando do Gal. Arthur Oscar conseguiu derrotar Canudos, cuja população não se rendeu, caindo homem a homem em agosto de 1897.

Essa triste página da história do Brasil foi muito bem retratada na magnífica obra Os Sertões, de Euclides da Cunha enviado especial do jornal O Estado de São Paulo: "Canudos não se rendeu... resistiu até o esmagamento completo, quando caíram seus últimos defensores, quase todos morreram. Eram quatro apenas: um velho, dois homens feitos e uma criança."

Em 5 de novembro de 1897, Prudente foi vítima de um atentado, o qual culminou na morte do Ministro da Guerra.

Desconfiou-se de uma articulação dos florianistas, pois o autor dos disparos era um militar pertencente a esse grupo. Imediatamente, desencadeou-se uma violenta perseguição contra os inimigos do presidente, esfacelando o poder político do Exército.

5.2.3 Campos Sales (1898-1902)

Político paulista que tinha o apoio de seu antecessor.

> **Fique ligado**
> Criou a "política dos governadores", pela qual os governadores estaduais e seus deputados e senadores apoiavam o presidente em qualquer situação.

Na verdade, temia-se que o presidente usasse a Comissão de Verificação de Poderes (ou votos), órgão que poderia anular as eleições de políticos considerados fraudulentos.

Foi criado o funding loan, com o qual o Brasil renegociou suas dívidas, fazendo um acordo com o banco Rothschild & Sons. Por este acordo o Brasil receberia um empréstimo de 10 milhões de libras esterlinas para saldar os juros da dívida externa; o início do pagamento desse empréstimo dar-se-ia a partir de 1911; o governo se comprometia a estabilizar a economia e combater a inflação; os credores teriam acesso às receitas alfandegárias do porto do rio de janeiro, da Estrada de Ferro Central do Brasil e do serviço de água da capital federal.

Essa política de saneamento financeiro estruturada pelo presidente e seu ministro da fazenda Joaquim Murtinho, obteve resultados satisfatórios, mas sacrificou a classe média e os trabalhadores.

5.2.4 Rodrigues Alves (1902-1906)

O Rio de Janeiro passou por profundas transformações urbanas, nas quais se destacaram o prefeito pereira passos e o engenheiro Paulo de Frontin.

> **Fique ligado**
> Na política externa, resolveu-se a Questão do Amapá, em que foram definidas as fronteiras entre o Brasil e a Guiana Francesa.

A cidade se transformou em um campo de batalha: a Revolta da Vacina. A repressão foi extremamente violenta.

Questão do Acre: resolvida no Tratado de Petrópolis, o Brasil pagando 2 milhões de libras esterlinas por parte do território boliviano e se comprometendo a construir a ferrovia Madeira-Mamoré.

Questão do Pirara: Foram acertadas as fronteiras do Brasil com a Guiana Inglesa.

Convênio de Taubaté: Os governos dos principais estados produtores (SP, MG e RJ) se comprometiam em comprar a produção cafeeira e criar estoques reguladores para depois exportá-los quando tivessem um bom preço. Estabeleceu a primeira política de valorização do café.

Porém, essa política de valorização do café naufragou devido à concorrência de outros países, cuja produção fez aumentar a quantidade do produto no mercado.

> **Fique ligado**
> Foi iniciado o saneamento do Rio de Janeiro, cidade marcada pela febre amarela e pela varíola, em que teve destaque a atuação do médico Osvaldo Cruz.

5.2.5 Afonso Pena (1906-1909)

Pela primeira vez, um mineiro assumia a Presidência do país, mas com o devido apoio dos cafeicultores paulistas.

Adotou como lema "Governar é povoar", com um estímulo à entrada de imigrantes, o que possibilitou a entrada de um milhão de estrangeiros no Brasil durante o seu governo. O setor ferroviário foi ampliado ligando São Paulo ao Rio Grande do Sul e o Rio de Janeiro ao Espírito Santo, além de iniciar a construção da Estrada de Ferro Noroeste do Brasil, a qual ligaria o interior de São Paulo à fronteira com a Bolívia, criando condições de ocupação de parte do oeste do país.

A maior parte das ferrovias era construída e administrada por ingleses. Foi fundado o instituto Soroterápico de Manguinhos (atual Osvaldo Cruz).

5.2.6 Nilo Peçanha (1909-1910)

Como Afonso Pena havia falecido após ter governado além da metade de seu mandato, assumiu o Vice-Presidente Nilo Peçanha.

> **Fique ligado**
> Foi criado o Serviço de Proteção ao Índio, cujo incentivador e primeiro diretor foi o Marechal Cândido Mariano Rondon, grande indigenista e patrono das comunicações do Exército.

No final do mandato, ocorreu a ruptura na Política do Café com Leite, pois o presidente e os políticos mineiros aliados dos gaúchos, apoiavam a candidatura do Marechal Hermes da Fonseca. Já os paulistas, ficaram isolados e apoiaram Rui Barbosa, o qual encabeçou a chamada Campanha Civilista, em que tentou atrair o voto da classe média urbana, defendendo os princípios democráticos e o voto secreto. Sua campanha se apresentou como a luta da inteligência pelas liberdades públicas, pela cultura, pelas tradições liberais, contra o Brasil inculto, oligárquico e autoritário.

O isolamento de São Paulo permitiu a vitória de Hermes da Fonseca, cuja articulação política se deu graças aos acordos acertados pelo senador gaúcho Pinheiro Machado, o qual conseguiu apoio à candidatura hermista em diversos estados.

Borracha Amazônica

Entre 1898 e 1910, a borracha representou mais de 25% das exportações brasileiras. Isso se deveu, em parte, ao desenvolvimento da bicicleta e do automóvel. A expansão da borracha foi responsável por uma significativa migração para a Amazônia. Calcula-se que entre 1890 e 1900 a migração líquida para a região foi de mais de cem mil pessoas. Belém e Manaus cresceram significativamente, porém, a vida dos seringueiros continuou miserável. Na produção de borracha atuaram com grandes investimentos os grupos Ford e Belterra. A crise veio avassaladora a partir de 1910 com uma forte queda de preços, cuja razão básica era a concorrência internacional.

5.2.7 Hermes da Fonseca (1910-1914)

Em novembro de 1908, após regressar de uma viagem à Europa, onde assistira a manobras militares foi indicado para a sucessão presidencial. E nas eleições de 1910 contou com o apoio do presidente Nilo Peçanha, que assumiu após a morte de Afonso Pena, e das representações estaduais no Congresso Nacional, à exceção das bancadas de São Paulo e Bahia que apoiavam o nome do senador Rui Barbosa. Deu-se início, assim, à Campanha Civilista e pela primeira vez no governo republicano instalou um clima de disputa eleitoral entre civilistas e hermistas.

Política de Salvações

O Governo Federal pretendia intervir nos governos estaduais, combatendo, preferencialmente, as oligarquias que tinham apoiado a candidatura de Rui Barbosa. No entanto, temendo o crescimento de Pinheiro Machado, Hermes da Fonseca começou a combater oligarquias que também estivessem ligadas ao senador gaúcho. Essa atuação criou um pesado clima de violência em determinados estados, principalmente na região Nordeste.

Revolta da Chibata

Em novembro de 1910, as tripulações de quatro encouraçados que serviam a Marinha Brasileira no Rio de Janeiro se rebelaram. O líder da revolta, João Cândido, o Almirante Negro, e seus comandados, ameaçavam bombardear a capital federal, o que levou o governo a prometer que iria eliminar as punições violentas e conceder anistia aos rebeldes. No entanto, após o desembarque dos revoltosos, todos foram presos, alguns executados na cadeia, enquanto outros foram transferidos para a Amazônia. João Cândido foi julgado, mas acabou sendo absolvido.

Sedição de Juazeiro

Após as terríveis consequências da Guerra de Canudos, os coronéis da política nordestina passaram a ter os beatos, ou qualquer tipo de líder religioso, ao seu lado; daí o prestígio do Padre Cícero Romão Batista. Ele era considerado autor de milagres pelos sertanejos na região de Juazeiro do Norte, no Ceará. Seu poder era tamanho que, em 1911, ele presidiu o pacto dos coronéis, em que chefes políticos locais aceitavam o comando da família Acioli, a mais poderosa oligarquia cearense.

Entretanto, a Política das Salvações do Governo Federal decidiu perseguir os Acioli, pois estes eram ligados a Pinheiro Machado. Explodiu uma violenta oposição, em que jagunços eram comandados pelo deputado Floro Bartolomeu e pelo Padre Cícero.

Cangaço

Banditismo social que ocorreu no interior do nordeste entre 1870 e 1940.

Geralmente, o cangaceiro era originário da sociedade rural, tendo a condição de excluído, fosse pela seca ou por não ter direito à herança por não ser o primogênito.

O grande proprietário rural, procurando impor sua autoridade a qualquer preço, recrutava os "serviços" de um cangaceiro, uma espécie de "bandido social", fosse para expulsar posseiros de suas terras, eliminar algum inimigo político ou proteger suas propriedades de invasões de flagelados da seca.

Os cangaceiros andavam em bandos pelo Sertão nordestino, sempre protegidos por um coronel da política, também chamado popularmente de coiteiro.

O mais famoso dos cangaceiros foi Virgulino Ferreira da Silva, o Lampião, morto por uma Volante (polícia anticangaço) em 1938, enquanto o último dos cangaceiros foi Corisco, morto em 1940.

O Cangaço foi um dos instrumentos usados pelo coronelismo nordestino durante a República Velha.

Guerra do Contestado (1912-1916)

Ocorreu em uma área disputada por Santa Catarina e pelo Paraná. A região abrigava uma população pobre, em sua maioria composta por agregados de coronéis da política local. Porém, a construção de uma ferrovia na área, ligando São Paulo ao Rio Grande do Sul.

O Governo Federal concedeu o direito à construtora da ferrovia de explorar 15 quilômetros de cada margem da estrada, o que provocou a expulsão de diversas famílias.

Os trabalhadores que atuaram durante a construção da ferrovia ficaram desempregados e abandonados após o término da obra, formando uma massa de desocupados. Soma-se a toda essa situação, o fanatismo religioso, pois surgiram monges, semelhantes aos beatos do Nordeste, os quais agregaram diversos seguidores na região de Taquaruçu, prometendo a ressurreição para aqueles que morressem na luta. Os rebeldes acabaram sendo massacrados por tropas federais, garantindo os interesses dos coronéis e da empresa que construiu a ferrovia e que, posteriormente, passou a extrair a madeira da região.

5.2.8 Venceslau Brás (1914-1918)

Paulistas e mineiros se uniram novamente e conseguiram eleger um novo presidente, originário da oligarquia de Minas Gerais. Seu governo ocorreu durante a Primeira Guerra Mundial, situação que estimulou um pouco a industrialização brasileira. A participação do Brasil no conflito foi bastante discreta. Foi promulgado o Código Civil Brasileiro elaborado por Clóvis Bevilácqua. A Guerra do Contestado chegou ao fim; a Gripe Espanhola fez inúmeras vítimas; o crescimento industrial, apesar de ser insignificante se comparado com a economia cafeeira, já permitia o aparecimento de uma Classe Operária, a qual, devido à presença de imigrantes europeus, começava a ser influenciada por ideias sindicalistas.

Em 1917, explodiu uma grande greve em Santos, São Paulo, (onde predominou o anarquismo, ou seja, o anarco-sindicalismo que acreditava que seus ideais seriam atingidos com a derrubada da burguesia do poder, isso só seria alcançado por meio da greve geral revolucionária) e Rio de Janeiro, (onde o movimento operário buscava alcançar reivindicações imediatas, como aumento de salário, limitações da jornada de trabalho, reconhecimento dos sindicatos pelos patrões e pelo Estado). A capital paulista foi dominada pelos operários grevistas, o comércio fechou e os transportes ficaram muito restritos.

Entre 1917 e 1920, um ciclo de greves aconteceu. Este ciclo foi resultado da carestia e da especulação sobre gêneros alimentícios. Verificou-se ainda, nesse momento, uma forte influência da Revolução Russa de 1917, pois no ano de 1918 quase 20 mil pessoas estavam filiadas a sindicatos. Os trabalhadores não pretendiam revolucionar a sociedade, mas melhorar sua condição de vida e conquistar um mínimo de direitos. O Comitê de Defesa Proletária, que se formou em São Paulo durante a greve de 1917, tinha como pontos principais: aumento de salários; proibição do trabalho de menores de 14 anos; abolição do trabalho noturno de mulheres e menores de 18; jornada de 08 horas, com acréscimo de 50% nas horas extras; fim de trabalho nos sábados à tarde; garantia de emprego; respeito ao direito de associação; 50%

BRASIL REPÚBLICA

de redução nos aluguéis. A onda grevista arrefeceu a partir de 1920, seja pela dificuldade de alcançar êxitos, seja pela repressão. Leis foram criadas em 1921 para acabar com os movimentos grevistas.

Para a sucessão de Venceslau Brás, foi eleito Rodrigues Alves, mas este faleceu por causa da gripe espanhola pouco antes de sua posse. Coube ao Vice-Presidente Delfim Moreira assumir temporariamente até a posse do novo Presidente eleito, o paraibano Epitácio Pessoa.

5.2.9 Epitácio Pessoa (1919-1922)

Por ser da região Nordeste, destacou-se em empreendimentos contra a seca. Foram criados diversos quartéis, principalmente nas áreas de fronteira na região Centro-Oeste.

Em 1921, as finanças públicas sofreram um forte abalo, pois o café estava com o preço em queda no mercado internacional, o que levava o governo a comprar o excedente da safra, conforme os termos do Convênio de Taubaté e os movimentos operários passaram a ser controlados pela polícia. Além disso, a Lei da Imprensa estabeleceu uma forte censura.

O governo defendia os interesses das oligarquias agrárias, principalmente dos cafeicultores, deixando de lado os aumentos salariais e o controle sobre o custo de vida e da inflação. Quem mais sofria com essa situação eram os trabalhadores. Nestas circunstâncias, as greves trabalhistas eclodiram paralisando várias indústrias.

Lei de Repressão ao Anarquismo

A fim de conter a ascensão do movimento operário e a onda de greves e revoltas dos trabalhadores, o Presidente Epitácio Pessoa promulgou, em 1921, a Lei de Repressão ao Anarquismo. A nova lei foi uma ação do governo visando eliminar a influência das ideias anarquistas no movimento sindical.

18 do Forte de Copacabana

Levante do Forte de Copacabana, levou jovens oficiais a se rebelarem contra o presidente Epitácio Pessoa e contra a candidatura de Artur Bernardes, em 5 de julho de 1922, onde durante a revolta, apenas os tenentes Eduardo Gomes e Siqueira Campos sobreviveram. Era o início do Tenentismo, movimento que rompeu com a estabilidade da República Velha na década de 20.

Semana de Arte Moderna

O Movimento Modernista de 1922 pode ser dividido em fases: em um primeiro momento temos influência dos experimentalismos de vanguarda que chegavam com as obras de Di Cavalcanti, Vicente R. Monteiro, Osvaldo Goeldi, Ismael Nery, Victor Brecheret e Tarsila do Amaral.

Fique ligado
Semana de Arte Moderna – São Paulo nos dias 13, 15 e 17 de fevereiro de 1922.

Destaca-se a percepção da miscigenação cultural observada por Oswald de Andrade e defendida na criação do Manifesto Antropofágico de 1928. A Antropofagia tornou-se teoria entre os modernistas, expressando a tentativa do grupo de combinar as particularidades nacionais e as tendências artísticas mundiais, a herança cultural e os impulsos da modernização.

Em seguida, as obras de Cândido Portinari retratam as diversidades culturais brasileiras, as festas, as brincadeiras infantis, os negros e seus costumes, a música. Ele também se destaca, ao lado de Tarsila do Amaral por integrar a corrente politicamente engajada na pintura social.

Desenvolve-se, ainda, em São Paulo um tipo de pintura simples e paisagista realizada no ateliê do "Grupo Santa Helena" ligada aos nomes de Francisco Rebolo, Clóvis Graciano, Mário Zanini e Alfredo Volpi.

5.2.10 Artur Bernardes (1922-1926)

A gestão de Artur Bernardes à frente do Governo Federal foi marcada por uma permanente instabilidade política, derivada da crise econômica e dos conflitos políticos e revoltas armadas que se intensificaram neste período. Nessa situação só pode governar valendo-se do dispositivo constitucional denominado estado de sítio, que ampliou os poderes do Executivo federal em detrimento dos direitos e das liberdades individuais.

Profundas revoltas internas, lideradas por jovens oficiais do Exército, fizeram surgir o Tenentismo – que tinha suas bases na classe média urbana, da qual vinha a maioria dos jovens oficiais agora muito mais profissionalizados devido à Academia Militar de Realengo (RJ). Pregavam a moralização da estrutura política, o voto secreto e a reforma no ensino, defendendo a ideia de que o governo deveria ser exercido por pessoas cultas. O movimento tenentista não queria apenas purificar a sociedade, mas também sua própria instituição, pois pretendia a formação de um poder centralizado, com o objetivo de educar o povo e seguir uma política nacionalista. O maior problema, segundo os tenentistas, era a fragmentação do poder no Brasil devido ao grande poder das oligarquias. Queriam, pois, uma moralização eleitoral. O Partido Comunista Brasileiro, o PCB, surgiu em 1922 como uma crítica aos anarquistas, apesar de seus líderes serem ex-partidários do anarquismo. Na América Latina, com exceção do Brasil, os comunistas vieram de divisões de partidos socialistas.

Em 1923, explodiu no Rio Grande do Sul uma revolta de políticos liderados por Assis Brasil, contrários à quarta reeleição de Borges de Medeiros. O conflito só chegou ao fim com a assinatura do Pacto das Pedras Altas, pelo qual estavam proibidas as reeleições dos governadores.

No ano seguinte, a capital paulista foi tomada por tenentes rebeldes durante 23 dias, sob a liderança do General Isidoro Dias Lopes.

Coluna Prestes

Os rebeldes percorreram cerca de 25.000 quilômetros entre 1924 e 1927; foram duramente perseguidos por tropas legais e jagunços. Embora não tendo sofrido uma derrota militar durante os combates, seu objetivo de derrubar as oligarquias não foi atingido, daí os líderes da coluna, Luís Carlos Prestes, Miguel Costa e Siqueira Campos, optarem pelo exílio na Bolívia.

Ao final de um governo em que atuou em constante estado de sítio, Artur Bernardes se comparou a um chefe de polícia e não a um presidente.

5.2.11 Washington Luís (1926-1930)

O "paulista falsificado", pois, embora tivesse sido governador de São Paulo, era nascido em Macaé, no Rio de Janeiro, iniciou seu governo anunciando a construção de estradas com o lema:"Governar é construir estradas". E apesar do fim do estado de sítio, não anistiou militares que estavam presos ou exilados. Ainda decretou a Lei Celerada em 1927 cortando liberdades políticas e ideológicas e censurando a imprensa alegando combater o comunismo.

Em 1929, a Quebra da Bolsa de Valores de Nova York desencadeou uma terrível crise econômica mundial, levando o café brasileiro à bancarrota, pois a maior parte da safra era vendida aos Estados Unidos, país que deixou de consumir nosso produto. A base de sustentação política do presidente foi duramente abalada pela crise, o que deixou o governo Washington Luís em uma situação extremamente frágil, a ponto de ter sido deposto pela Revolução de 1930.

6 REVOLUÇÃO DE 1930

Durante a década de 1920, as estruturas políticas da República Velha, baseadas no voto de cabresto, no poder das oligarquias rurais e no coronelismo que fraudava as eleições, estavam bastante desgastadas, a ponto de ter surgido o Tenentismo, um movimento que pretendia moralizar a vida pública brasileira, com apoio, modesto, da classe média urbana que, na realidade, era de onde vinham os jovens oficiais.

O crescimento das atividades industriais permitiu um pequeno fortalecimento da burguesia industrial que ambicionava o poder político e uma política econômica que favorece esse setor da economia, já que, o poder do Estado apoiava o setor rural. Esse descontentamento fazia com que as fileiras de descontentes aumentassem, pois o proletariado urbano desejava a implantação de leis trabalhistas.

A classe média urbana, mais esclarecida, pregava a moralização da vida pública, pondo fim às fraudes eleitorais e ao poder das oligarquias rurais.

Com a crise econômica de 1929, a partir da quebra da Bolsa de Valores de Nova York, os cafeicultores paulistas foram à falência, o que desestabilizou o poder político de São Paulo.

O Presidente da República era o paulista Washington Luís que deveria indicar como sucessor o governador de Minas Gerais, Antônio Carlos de Andrada, dando continuidade à Política do Café com Leite.

Os desentendimentos começaram quando, de forma surpreendente, Washington Luís insistiu na candidatura de um paulista à sua sucessão fechando acordo em torno do governador de São Paulo, Júlio Prestes para dar continuidade à política de valorização do café. A atitude de Washington Luís empurrou mineiros e gaúchos para um acordo, a Aliança Liberal em oposição aos paulistas e que reunia Minas Gerais, Rio Grande do Sul e Paraíba.

A Aliança Liberal era uma união de oligarquias estaduais contrárias aos paulistas que funcionava dentro do seguinte raciocínio político: a proposta vinha do governador de Minas Gerais lançando o governador gaúcho Getúlio Vargas, representante do Sul, à Presidência, enquanto o cargo de Vice seria do governador da Paraíba, João Pessoa, representante do Nordeste. Esta Aliança reunia três forças políticas regionais contrárias a São Paulo e refletia um forte sentimento regionalista dos estados que sempre foram marginalizados da vida política durante a República Velha, exceto Minas Gerais.

A Aliança Liberal defendia a necessidade de se incentivar a produção nacional em outros setores e não apenas o café, combatia, ainda, os esquemas de valorização do produto. Propunha algumas medidas de proteção aos trabalhadores, já que o proletariado urbano exigia leis trabalhistas, como a extensão do direito à aposentadoria a setores ainda não beneficiados por ela, a regulamentação do trabalho dos menores e das mulheres e aplicação da lei de férias, defesa das liberdades individuais, da anistia e da reforma política.

Em 1929 com a quebra da Bolsa de Nova York e com a crise mundial os preços internacionais caíram devido à retração do consumo. Tornou-se impossível compensar a queda de preços com a ampliação do volume de vendas. Os fazendeiros que haviam contraído dívidas, contando com a realização de lucros futuros, ficaram sem saída e muitos acabaram falindo.

Surgiu então o desentendimento entre o setor cafeeiro e o Governo Federal, este preocupado em manter o plano de estabilidade cambial recusou-se a defender o café. Uma onda de descontentamento iniciou-se em São Paulo.

Os tenentes desejavam moralizar a vida pública brasileira com apoio da classe média urbana e esta queria por fim às fraudes eleitorais.

As estruturas políticas da República Velha, representadas pelo voto de cabresto, pelo poder das oligarquias rurais e pelo coronelismo, e que garantiam a posição e os lucros das oligarquias, estavam abaladas.

Houve ainda, um crescimento das atividades industriais fato que fortalecia o proletariado urbano.

Júlio Prestes venceu as eleições de 1930, pois as "máquinas eleitorais" produziram votos em todos os Estados e a vitória indicava fraude.

Houve, então, a união de políticos e jovens militares rebeldes iniciando-se articulações políticas para tentar impedir a posse do presidente eleito.

O governador eleito de Pernambuco, João Pessoa, tentou submeter ao seu comando os "coronéis" do interior. Suas iniciativas se chocaram com os interesses dos produtores do interior – sobretudo de algodão. Foi assassinado em Recife por razões passionais, mas sua morte foi divulgada como se fosse crime político. A morte de João Pessoa teve grande ressonância e foi explorada politicamente. Seu enterro na capital da República, para onde o corpo foi transladado, reuniu uma grande massa. Os oposicionistas recebiam de presente um motivo para a revolução. Daí em diante, tornou-se mais fácil desenvolver a articulação revolucionária.

Em 3 de outubro, iniciou-se o levante contra o governo de Washington Luís e a revolução iniciou-se a partir de Minas Gerais e Rio Grande do Sul em outubro de 1930. São Paulo ficou, praticamente, à margem das articulações revolucionárias e a situação não se alterou. No Nordeste o movimento inicia-se em 4 de outubro, sob o comando de Juarez Távora, tendo a Paraíba como centro de operações. Para garantir o êxito da revolução em Pernambuco, Juarez Távora contou com o apoio da população recifense.

As forças do Sul se articulavam para atacar São Paulo e os revolucionários estacionaram em Ponta Grossa, no Paraná, onde Góis Monteiro montou seu quartel general e Getúlio Vargas, com suas comitivas, instalou-se em um vagão de trem. Aí foi planejado um ataque geral às forças militares que apoiavam Washington Luís, a partir de Itararé, já em território paulista.

Antes do confronto decisivo, a 24 de outubro, o presidente foi deposto no Distrito Federal (Rio de Janeiro), e foi constituída uma junta provisória de governo. A junta tentou permanecer no poder, mas recuou, diante das manifestações populares e da pressão dos revolucionários vindos do Sul. Getúlio deslocou-se de trem a São Paulo e daí seguiu para o Rio de Janeiro, aonde chegou precedido de 3 mil soldados gaúchos. A posse de Getúlio Vargas na Presidência, a 3 de novembro de 1930, marcou o fim da Primeira República e deu início a um novo período da história política brasileira.

O candidato "natural" à sucessão de Washington Luís, o representante da oligarquia mineira Antônio Carlos de Andrada, com suas palavras expressa, e muito bem, caráter oportunista e elitista da revolução de 1930: "Façamos a revolução antes que o povo a faça."

6.1 Era Vargas (1930-1945)

Um novo tipo de Estado nasceu após 1930, distinguindo-se do Estado Oligárquico, não apenas pela centralização como também pela atuação econômica, voltada para o objetivo de promover a industrialização; a atuação social, com o intuito de dar proteção aos trabalhadores urbanos; e o papel central atribuído às Forças Armadas como suporte da criação de uma indústria de base, e sobretudo; como fator de garantia da ordem interna.

O Estado Getulista promoveu o capitalismo nacional, tendo como base o aparelho do Estado e as Forças Armadas e contando na sociedade com uma aliança entre burguesia industrial e setores da classe trabalhadora urbana.

REVOLUÇÃO DE 1930

6.1.1 Governo Provisório (1930-1934)

Pela urgência em estruturar esta nova realidade política foram nomeados novos governadores denominados interventores, geralmente políticos ligados ao Estado ou tenentes rebeldes. Esse último grupo representava um setor provido de visões nacionalistas e desejosas de modernização, mas desprovido de clareza ideológica.

O governo era exercido por Decretos-Leis, não havia uma Constituição e o congresso Nacional, as Assembleias Legislativas e as Câmaras Municipais estavam fechados.

A partir de 1932, Vargas começou a se aproximar dos políticos afastando-se cada vez mais dos tenentes, pelo fato destes demorarem para tomar um posicionamento político.

Foi iniciada uma política de valorização do café, e o Governo Federal passava a cobrar impostos sobre o café exportado e comprava o excedente da produção cafeeira para depois queimá-lo. Reduzindo a quantidade do produto no mercado, a tendência era ter seu preço aumentado.

6.1.2 Revolução Constitucionalista (São Paulo - 1932)

A Revolução de 1930 excluiu a velha elite cafeeira de São Paulo do poder e a valorização do café foi uma tentativa de se aproximar dos políticos paulistas. Vargas se aproximou dos industriais paulistas, mas os anúncios de que seriam criadas leis trabalhistas no país fizeram com que os industriais de São Paulo se afastassem do governo.

O Governo Federal nomeou um militar pernambucano como interventor de São Paulo.

Foi fundada a Frente Única Paulista que exigia a redemocratização do país e o retorno de uma Constituição. Estudantes realizaram uma manifestação contrária ao governo, mas foram dispersos a tiros pela polícia, ocasionando a morte de manifestantes.

Em 9 de julho de 1932, explodiu a Revolução Constitucionalista, cujo símbolo era a bandeira paulista com as letras MMDC, iniciais dos nomes dos estudantes mortos pela polícia – Martins, Miragaia, Dráusio e Camargo.

Desprovido de treinamento e de armas adequadas, o exército paulista foi derrotado e seus principais líderes acabaram sendo exilados.

Em 1933 foi convocada uma Assembleia Constituinte, cujos trabalhos culminaram na promulgação da Constituição de 1934.

Constituição de 1934

Inspirada nas Constituições Alemã, de 1919, e Espanhola, de 1931, foi concebida em um momento de lutas sociais. A Constituição promulgada em 1934 introduziu novos direitos, sobretudo na área social, como o direito de voto para as mulheres, bem como instaurado o voto secreto.

As mulheres já votavam desde 1932, porém, somente as solteiras e viúvas e que possuíssem renda própria e as casadas desde que tivessem autorização dos maridos, de acordo com o Código Eleitoral de 32. O Código Eleitoral de 1934 eliminou estas restrições, porém, permaneceu facultativo e só se tornou obrigatório, como o masculino, em 1946.

Dois terços da população – os analfabetos, soldados e religiosos – ainda foram excluídos do direito do voto.

Essa carta também aumentou a intervenção do Estado na economia e na política, estabelecendo monopólios e a compra (nacionalização) de empresas estrangeiras no Brasil.

Ela incorporou as leis trabalhistas decretadas por Getúlio desde 1930. A aprovação de direitos trabalhistas envolvia a regulamentação da jornada de trabalho de 8 horas, trabalho de mulheres e crianças, férias anuais remuneradas e previdência social.

Foi instituída a carteira profissional obrigatória para registro do empregado. A Carteira de Trabalho serviu como instrumento de controle do operário pelo governo.

Associação sindical única por categoria foi instaurada. Aumentou a proteção ao trabalhador, assim como o controle, pois os sindicatos tinham que ser autorizados pelo Ministério do Trabalho.

Garantia total liberdade de crença, de reunião, de associação política e de imprensa.

Foram criadas, ainda, a Justiça Eleitoral, a Justiça do Trabalho e a Militar.

Previa a mudança da capital para uma área central do Brasil, porém, o Distrito Federal, isto é, a sede do governo, continuava sendo a cidade do Rio de Janeiro.

6.1.3 Governo Constitucional (1934-1937)

Foi promulgada uma Nova Constituição, uma série de conquistas políticas foi concretizadas e ocorreram eleições em todos os níveis, exceto para presidente, pois foi estabelecido que esta última ocorreria em 1938.

Foi criada a Justiça Eleitoral para organizar as eleições e combater as fraudes. Foram estabelecidas leis de amparo à classe trabalhadora, fato que acaba levando Vargas a ser conhecido pela alcunha de – pai dos pobres.

Nos anos de 1930 ocorreu uma bipolarização ideológica entre o fascismo e o socialismo.

A crise de 1929 favoreceu os regimes ditatoriais de direita que culpam a democracia pela tragédia financeira.

Ação Integralista Brasileira

Foi fundada a Ação Integralista Brasileira, liderada por Plínio Salgado que defendia ideais fascistas; como: regime de partido único, nacionalismo exaltado, organização hierárquica e uma férrea disciplina de seus membros.

O lema utilizado era: "Deus, Pátria e Família", com o apoio da classe média urbana, militares, latifundiários, líderes religiosos e alguns industriais. Usavam uniforme verde-oliva e preto, usando a letra Σ como símbolo e saudavam-se com a expressão Anauê.

Aliança Nacional Libertadora

Em 1935 foi fundada a Aliança Nacional Libertadora, formada por opositores ao Fascismo, e contendo as seguintes propostas: suspensão do pagamento da dívida externa, nacionalização das empresas estrangeiras instaladas no Brasil, reforma agrária, instalação de um governo popular e combate ao Fascismo.

Luís Carlos Prestes lançou um manifesto em 5 de julho de 1935, em que as palavras de ordem culminavam em "todo poder à ANL".

Alegando se tratar de uma base política ligada ao Comunismo internacional, Vargas decretou a ilegalidade da Aliança.

Luís Carlos Prestes havia convencido o governo soviético de que seria possível criar uma revolução socialista no país e o governo soviético dispunha do komintern que era encarregado de apoiar movimentos revolucionários em qualquer parte do planeta.

Intentona Comunista

Apesar da grande falta de estrutura e de comunicação em novembro de 1935, teve início a Intentona Comunista. O movimento, envolvendo somente quartéis, redundou em um grande fracasso, levando os envolvidos à prisão.

> **Fique ligado**
>
> Propaganda Anticomunista tinha por objetivo colocar a classe média e os integralistas ao lado do governo, tendo em vista que a política sindicalista de Vargas com suas leis trabalhistas já garantia o apoio da massa trabalhadora.

HISTÓRIA E GEOGRAFIA DO BRASIL

Vargas passou a governar em estado de sítio até 1937 e criou o Tribunal de Segurança Nacional e a Comissão Nacional de Repressão ao Comunismo.

O número de presos políticos aumentou consideravelmente, levando para as prisões qualquer tipo de opositor, independentemente de ser ou não defensor do Comunismo.

6.2 Plano Cohen

Para concretizar um autogolpe, foi arquitetado o Plano Cohen, com grande participação do próprio Presidente e de seu Ministro da Justiça, Francisco Campos. Tratou-se de um documento apócrifo, em que se colocava um suposto Plano de Implantação do Comunismo no País, o qual teria sido encontrado pelo Capitão Olímpio Mourão Filho em 30 de outubro de 1937.

O plano serviu como argumento para que as eleições fossem suspensas, o Congresso Nacional fosse fechado, os partidos políticos colocados fora da lei e uma nova Constituição outorgada, instalando-se a ditadura do Estado Novo.

Getúlio Vargas continuava no comando político do país.

6.3 Estado Novo

6.3.1 Golpe de Estado (1937)

Vargas deu o autogolpe do Estado Novo em novembro de 1937, fechando o Congresso Nacional, outorgando a Constituição de 1937 e estabelecendo uma ditadura pessoal, cuja duração se estendeu até 1945.

Não houve resistência ao golpe, pois a classe média e a massa trabalhadora o apoiavam.

Os governadores estaduais apoiaram a instalação do Estado Novo, excetuando-se o baiano Juraci Magalhães, pois dessa forma, poderiam se eternizar no poder.

A única oposição contra o Estado Novo veio em 1938, articulada pelos Integralistas.

Os seguidores de Plínio Salgado haviam apoiado a ditadura varguista devido à sua postura anticomunista.

Não sendo nomeado Ministro da Educação, Plínio Salgado comandou uma tentativa de golpe contra Getúlio Vargas em 11 de maio de 1938.

Foram vencidos pelas tropas do exército, levando seus participantes para a prisão, alguns foram fuzilados, e Plínio Salgado acabou sendo exilado.

6.3.2 Constituição de 1937

Foi outorgada por Vargas e deveria ser realizado um plebiscito para aprová-la, o que nunca aconteceu.

Essa Constituição ficou conhecida como polaca, pelo fato de seu elaborador, Francisco Campos – um dos colaboradores pessoais de Vargas – ter-se inspirado na Constituição autoritária da Polônia. Estabeleceu-se uma grande concentração do poder nas mãos do Executivo com a anulação do Poder Legislativo. A iniciativa de elaborar as leis ficou com o "Presidente", permitindo-lhe governar por Decretos-Leis.

> **Fique ligado**
>
> O sistema federativo foi abolido, limitando-se a autonomia dos Estados em favor do poder central podendo o Executivo intervir nos Estados, nomeando interventores.

Amplos poderes eram concedidos ao Presidente da República e o houve a extinção do cargo de Vice Presidente.

> Artigo 1.º - "(...) O Governo Federal intervirá nos estados, mediante a nomeação, pelo presidente, de um interventor, que assumirá no Estado as funções que, pela sua Constituição, competirem ao Poder Executivo (...)".

Os direitos trabalhistas da Carta de 1934 foram mantidos; foi promulgada a CLT (1943); criada a Previdência Social; maior intervencionismo do Estado Novo, que passou a tomar medidas de diversificação da agricultura e incentivos à industrialização.

Proibiu-se o direito de greve e só se admitiam sindicatos reconhecidos pelo Ministério do Trabalho, uma forma de controle do operariado.

Na Carta de 1937, as garantias individuais foram reduzidas e houve um aumento da censura e da restrição à liberdade do indivíduo.

6.4 Estrutura Política do Estado Novo

Departamento de Imprensa e Propaganda (DIP)

Responsável pela censura à imprensa e pela propaganda em favor do governo, procurando sempre exaltar a figura do presidente.

Departamento Administrativo do Serviço Público (DASP)

Com a função era melhorar os serviços públicos, dando-lhe um caráter mais eficiente e profissional, sem perder a postura centralizadora do governo.

Para reprimir qualquer movimento contrário ao governo, foi criada a Polícia Especial, cujo chefe era Filinto Müller.

Uma das mais famosas vítimas da repressão do Estado Novo foi Olga Benário, primeira esposa de Prestes. Nascida na Alemanha foi presa e deportada, mesmo estando grávida, e foi confinada em um campo de concentração em Ravensbrück, vindo a ser executada em uma câmara de gás.

> **Fique ligado**
>
> Legislação trabalhista inspirada no modelo fascista de Mussolini (carta del Lavoro).

Controle da classe trabalhadora por meio de sindicatos oficiais.

Foram introduzidos o salário mínimo, as férias remuneradas, carteira de trabalho, jornada semanal de 48 horas.

Essa postura criou as bases para o populismo no Brasil, isto é, um chefe político carismático e manipulador das massas urbanas.

Criou-se o ministério da aeronáutica e Clóvis Salgado foi o primeiro titular desta pasta.

> **Fique ligado**
>
> Foi iniciado o saneamento do Rio de Janeiro, cidade marcada pela febre amarela e pela varíola, em que teve destaque a atuação do médico Osvaldo Cruz.

6.5 Economia no Estado Novo

Avanço no Setor Industrial

Foram criados órgãos públicos de assistência econômica, como os institutos do açúcar e do álcool, do chá, do mate, do cacau, do sal e do café.

O Estado instalou grandes indústrias para dar apoio à nacional, entre elas: Companhia Siderúrgica Nacional, Companhia Vale do Rio Doce, Fábrica Nacional de Motores, Fábrica Nacional de Álcalis e Companhia Hidrelétrica do Vale do São Francisco; Fábrica de Aviões, Usina Hidrelétrica em Paulo Afonso, estradas de ferro e de rodagem.

Política econômica nacionalista e estatizante.

6.6 Brasil e a Segunda Guerra Mundial

Em 1939 Vargas demonstrava grande indefinição, pois vários importantes membros de seu governo eram simpatizantes do Nazismo,

REVOLUÇÃO DE 1930

como Filinto Müller (Chefe da Polícia Especial), Francisco Campos (Ministro da Justiça), Lourival Fontes (Chefe do DIP) e o General Dutra (Chefe do Estado Maior).

Diante de vitórias alemãs na Europa, Vargas proferiu um discurso em 11 de junho de 1940 saudando o sucesso alemão diante da rendição francesa.

O Ministro das Relações Exteriores, Osvaldo Aranha, defendia o alinhamento brasileiro com os Estados Unidos, fato este que foi concretizado em 22 de agosto de 1942, diante do torpedeamento de navios brasileiros por submarinos hipoteticamente alemães.

O governo brasileiro rompeu relações com as nações do eixo (Alemanha, Itália e Japão). Os Estados Unidos emprestaram ao Brasil 20 milhões de dólares, os quais foram usados na implantação da Companhia Siderúrgica Nacional, em Volta Redonda.

Houve a instalação de uma base americana de suprimentos em Natal, no Rio Grande do Norte, para apoiar as tropas norte-americanas no norte da África e o envio de mais soldados na luta contra as tropas alemãs e a marinha de Guerra brasileira cooperou no patrulhamento do Atlântico.

Foi criada a Força Expedicionária Brasileira (FEB) – lutou contra o Exército Alemão na Itália, ao lado do 5.º Exército Norte-Americano. Isso fez com que o Brasil fosse a única nação latino-americana a enviar tropas à Segunda Guerra Mundial.

Os pracinhas da FEB conseguiram obter importantes vitórias em Monte Castelo, Fornovo e Montese.

6.6.1 Fim do Estado Novo e Redemocratização

A participação vitoriosa do Brasil na Segunda Guerra Mundial criou uma situação bastante constrangedora para o governo Vargas, pois tropas brasileiras lutaram contra as ditaduras Nazifascistas na Europa, enquanto havia um ditador governando o Brasil.

Em 1943 circulou clandestinamente o Manifesto dos Mineiros, documento elaborado por alguns intelectuais que reivindicava a redemocratização do país.

Em 28 de fevereiro de 1945 – permissão para a fundação de partidos políticos, o fim da censura, a libertação dos presos políticos e a convocação de eleições gerais para o final de 1945.

Entre os partidos políticos recém-fundados:

Partido Trabalhista Brasileiro (PTB), criado para que Vargas pudesse controlar os sindicatos;

Partido Social Democrata (PSD), composto por políticos que sempre estiveram ligados a Vargas durante o Estado Novo;

A oposição se organizou na União Democrática Nacional (UDN), a qual defendia um governo liberal, estando ligada às forças políticas tradicionalmente contrárias a Vargas, como multinacionais, latifundiários e determinados setores das Forças Armadas, além de setores da classe média urbana.

O Partido Comunista Brasileiro conquistou sua legalidade e tinha em Luís Carlos Prestes seu principal comandante.

6.6.2 Queremismo

Vargas estava organizando o Queremismo, movimento que realizava grandes manifestações de operários e pregava a redemocratização do país, mas mantendo Getúlio no poder. Até mesmo alguns militantes comunistas aderiram ao movimento queremista.

Com a queda pacífica de Vargas em outubro de 1945, a Presidência do país passou a ser exercida por José Linhares, ministro que presidia o Supremo Tribunal Federal.

Vargas retirou-se para sua fazenda em São Borja, no Rio Grande do Sul, e as eleições de 2 de dezembro de 1945 deram a vitória ao Marechal Dutra, candidato da coligação PSD-PTB e ex-ministro da guerra durante o Estado Novo.

Renúncia ou Golpe?

Nem todos apoiavam Vargas e muitos escreviam na lapela do paletó um "R", de renúncia.

A nomeação de Benjamin (irmão de Vargas) para a chefatura de polícia no Rio de Janeiro, provocou a reação imediata dos militares que, mediante o cerco ao Catete, deram o golpe, forçando a renúncia de Vargas em 1945.

6.7 Governo Eurico Gaspar Dutra (1946-1950)

A força do PSD (fundado por Getúlio) apareceu com a conquista da maioria das cadeiras: 201 deputados eleitos. A aliança com o PTB durante as eleições garantiu a vitória do General Eurico Gaspar Dutra, ex-ministro de Vargas.

O apoio de Vargas à candidatura de Dutra reuniu a maioria das forças políticas e derrotou outro militar: o Brigadeiro Eduardo Gomes, da UDN. As eleições de 1945 eram constituintes, ou seja, os senadores e deputados eleitos elaboraram a Constituição brasileira de 1946.

6.7.1 Constituição de 1946

A participação do Brasil na Segunda Guerra Mundial levou o Estado Novo (governo ditatorial de Vargas) a uma contradição: lutar contra regimes totalitários enquanto internamente um regime de exceção tolhia a liberdade e censurava a sociedade. Os militares foram os principais agentes do fim do Estado Novo. Em 1945, Getúlio renunciou ao cargo pressionado pelos militares. As eleições seguintes foram constituintes, ou seja, a população brasileira elegeu deputados e senadores para uma Assembleia Constituinte que elaborou e promulgou a Constituição de 1946.

Apesar de promulgada em nome da democracia, essa Carta manteve as regras de controle dos sindicatos pelo Ministério do Trabalho, inclusive a concessão de verbas para os sindicatos que mantinham a obediência dos líderes sindicais, os pelegos.

A intervenção na economia foi mantida na nova Carta: os Institutos e órgãos oficiais (Café, Cacau e Açúcar) criados durante os 15 anos de poder de Getúlio.

Instituiu o voto direto para todos os cargos eletivos e o mandato presidencial de 5 anos.

Acabou com a intervenção nos Estados, tendo o país novamente governadores eleitos.

Restaurou as liberdades democráticas, pondo fim à censura e ao controle da imprensa.

Vigorou até o Golpe de Estado de 1964, deflagrado pelos militares. Em seguida, o governo militar elaborou uma nova Carta Constitucional. Após a guerra, os EUA surgiram como hegemônicos na Europa ocidental, enquanto a URSS estabeleceu a hegemonia no leste europeu fato que ficou conhecido como Guerra Fria.

O Partido Comunista Brasileiro (PCB) foi cassado em 1947 e houve o rompimento de relações diplomáticas com a URSS. Dutra manifestava sua ligação com o capitalismo e com o imperialismo norte-americano.

Durante o ano de 1947, Dutra iniciou o Plano Salte – saúde, alimentação, transportes e energia – áreas prioritárias de ação. Os recursos vieram de investimentos externos, porém não foram aplicados onde a população mais precisava e o plano fracassou.

6.8 Getúlio Vargas (1951-1954)

O governo Dutra representou o liberalismo (distanciamento do governo dos assuntos econômicos e abertura aos investimentos estrangeiros).

HISTÓRIA E GEOGRAFIA DO BRASIL

A instabilidade política e econômica favoreceu o candidato nacionalista, Getúlio Vargas. Em janeiro de 1951, ele ganhou as eleições e recebeu a faixa presidencial das mãos de Dutra.

Os Estados Unidos pediram a participação do Brasil na Guerra da Coreia, o que Getúlio recusou. A criação da Petrobras (1953), constituída como empresa estatal de monopólio rígido.

Os problemas se agravaram constantemente, marcando o final do governo Vargas. Getúlio Vargas ainda tentou contornar a crise nomeando João Goulart Ministro do Trabalho e aumentando em 100% o salário mínimo.

Os ataques mais fortes a Vargas vinham da Tribuna da Imprensa, jornal de Carlos Lacerda, que se pronunciava nos microfones da Rádio Globo, de Roberto Marinho, e nas telas da TV Tupi, de Assis Chateaubriand. Lacerda lançava constantes apelos às Forças Armadas para que interviessem com um golpe de Estado.

6.8.1 Atentado da Rua Toneleros: Fim da Era Vargas

O estopim da crise que desestabilizou politicamente Vargas foi o Atentado da Rua Toneleros, quando pistoleiros em tocaia aguardavam Carlos Lacerda na frente de sua residência. Lacerda saiu ferido, e seu guarda-costas, Major Aviador Rubem Florentino Vaz, morreu.

Em apenas 29 horas, a Aeronáutica encontrava o culpado, um membro da guarda pessoal do presidente Vargas, Climério Eurides de Almeida, que denunciou Gregório Fortunato, chefe da guarda presidencial de Vargas.

O clima ficou insustentável.

O suicídio foi a saída encontrada por Vargas. Logo após a reunião com seus ministros, Getúlio cumpria sua promessa: "Só morto sairei do Catete".

O suicídio de Vargas enfraqueceu a oposição. A população ao receber a notícia atacou os Udenistas, quebrou jornais, e Carlos Lacerda teve que se refugiar.

Com o suicídio de Vargas o povo saiu às ruas e o Vice, Café Filho, assumiu a Presidência e formou um ministério com maioria udenista e garantiu a realização de eleições em 1955. Juscelino Kubitschek político do PSD de Minas Gerais e ex-governador conseguiu o apoio do PTB garantindo sua vitória frente a Juarez Távora, da UDN. Em sua campanha, JK insistia na necessidade de avançar no rumo do desenvolvimento econômico apoiando-se no capital público e privado, Juarez, por sua vez, insistia na moralização dos costumes políticos e era contrário à - excessiva - intervenção do Estado na economia.

Houve uma tentativa de desmoralizar o Vice Jango, atribuindo a ele a comprometedora Carta Brandi publicada no jornal Tribuna da Imprensa de Carlos Lacerda, que mostrava a articulações entre Jango e Peron para deflagrar no Brasil um movimento armado, que instalaria a República Sindicalista. Por motivo de doença, Café Filho se afasta da Presidência, sendo substituído por Carlos Luz, Presidente da Câmara dos Deputados, que permaneceu no poder apenas 48 horas.

Após a vitória de JK e Jango, desencadeou-se uma campanha contra a posse levando a um golpe preventivo, ou seja, uma intervenção militar para garantir a posse do presidente eleito. O executor foi o General Lott, que mobilizou tropas do Rio de Janeiro que ocuparam edifícios governamentais, estações de rádio e jornais. Os comandos do Exército se colocaram ao lado de Lott, enquanto os Ministros da Marinha e da Aeronáutica denunciavam a ação como "ilegal e subversiva". Carlos Luz, Presidente interino, bem como Lacerda, fugiram no cruzador Tamandaré. Carlos luz foi impedido pelo Congresso e assumiu o Presidente do Senado, Nereu Ramos que assumiu a chefia do Executivo, decretou estado de sítio por 60 dias e garantiu a posse do novo Presidente.

O movimento operário e a organização sindical estabeleceram em1955, em São Paulo, o Pacto de Unidade Intersindical, ou seja, a união dos sindicatos, pacto este que foi dissolvido em 1957. No Rio de Janeiro foi criado o Pacto de Unidade e Ação, uma frente de ferroviários, marítimos e portuários que articulava o processo para a organização do Comando Geral dos Trabalhadores – CGT, com uma participação importante no governo de João Goulart.

O sindicalismo não se firmou nas indústrias automobilísticas, devido, entre outros fatores, à forte presença de comunistas no movimento sindical e pela desorientação dos dirigentes sindicais diante das novas relações de trabalho implantadas pelas empresas multinacionais, atraindo os trabalhadores com benefícios e esperança de promoções.

Os sindicatos aos poucos foram se politizando. Isso significava que eles deveriam apoiar a corrente nacionalista e as propostas de reformas sociais – as chamadas reformas de base –, entre as quais se incluía a reforma agrária. Em 1960, ocorreu a greve pela paridade de vencimentos, os "pelegos" se voltaram contra o movimento. Por fim, as reivindicações dos grevistas foram atendidas.

6.9 Juscelino Kubitschek (1956-1960)

A vitória de Kubitschek levou a oposição, sobretudo a UDN, ao desespero. O governo JK foi marcante pela estabilidade social e política. O grande lema do governo era o desenvolvimentismo: 50 anos em 5, com abertura aos capitais estrangeiros e construção de grandes obras.

6.9.1 Plano de Metas

Estava dividido em cinco setores básicos: energia, transportes, alimentos, indústrias de base e educação.

O capital estrangeiro foi a forma mais eficaz para sustentar o plano. Financiamentos e investimentos na indústria automobilística, na energia elétrica, na construção de estradas, nos transportes aéreos e na fabricação de aço.

Juscelino viajou ao Nordeste em 1958, durante uma grande seca, e criou a SUDENE (Superintendência do Desenvolvimento do Nordeste), mas não interveio na questão da distribuição da terra e nas relações de poder no campo.

A construção de Brasília – projeto de Lúcio Costa e Oscar Niemeyer – foi o símbolo concreto da euforia desenvolvimentista. A quantidade de investimentos gerou sérios problemas, que foram herdados pelo governo seguinte. No final do governo de Juscelino, greves estouravam em São Paulo, a carestia aumentava. Assim, o PSD passou a aproximar-se da UDN, e Juscelino terminou seu mandato em séria dificuldade, crise que favoreceu o aparecimento de políticos demagogos como Jânio Quadros.

6.10 Jânio Quadros (1961)

> **Fique ligado**
>
> Com o costume de mandar bilhetes, que tinham o valor de leis informais, tomou algumas decisões: regulamentou o maiô das misses, proibiu o biquíni, as rinhas (brigas) de galo e as corridas de cavalo em dias úteis e lança-perfume no Carnaval.

Jânio usava a vassoura como símbolo de sua campanha, prometendo varrer a sujeira e a corrupção. A UDN resolveu apoiar Jânio Quadros para presidente; os operários de São Paulo apoiaram uma combinação de candidatos: nascendo Jan/Jan – Jânio (para Presidente) e Jango (para Vice). Jânio teve uma das mais expressivas votações da história do Brasil.

Personalista e autoritário, Jânio, depois da posse, exigia cada vez mais poderes.

REVOLUÇÃO DE 1930

Os Estados Unidos pediram ajuda ao governo brasileiro para invadir Cuba em 1961. Jânio negou-se a ajudar na invasão, e, mais, promoveu a condecoração de Che Guevara, ministro de Fidel Castro após a Revolução Cubana, e do astronauta soviético Yuri Gagárin.

Representantes brasileiros foram até a China, Cuba, e Alemanha oriental para reatar relações diplomáticas.

Para obter o apoio popular, Jânio renunciou, esperando voltar com maiores poderes. Contudo, a renúncia soou para o povo como uma traição, e a opinião pública voltou seus olhos para o Vice, João Goulart, que estava na China.

Aceita a renúncia de Jânio, os militares não apoiavam a posse do Vice, João Goulart por razões de segurança nacional. Argumentavam que Jango, enquanto Ministro do trabalho de Vargas, estava envolvido com greves e não escondia suas simpatias pelo Comunismo.

Outros militares e Leonel Brizola iniciaram a batalha pela Legalidade e o Congresso adotou uma solução de compromisso. O sistema de governo passou de presidencialista a parlamentarista, e João Goulart tomou posse, como poderes diminuídos, em 7 de setembro de 1961. Utilizado como simples expediente para resolver uma crise, o parlamentarismo não poderia durar muito.

6.11 João Goulart (1961-1964)

A solução chegou no início de setembro de 1961: o Parlamentarismo, com a presença de Tancredo Neves como Primeiro-Ministro. Jango foi empossado Presidente. Tancredo Neves não ficou muito tempo no poder, por concorrer às eleições em Minas, sendo substituído por Brochado da Rocha.

A renúncia de Brochado fez com que um plebiscito fosse marcado para consultar o povo sobre a manutenção ou não do regime parlamentarista. Assim, voltou, em 1963, o presidencialismo.

Jango lançou o Plano Trienal, que tinha como característica a contenção de salários e do orçamento, que gerou revoltas. A inflação beirava os 70% ao ano. Greves agravaram mais a situação. Os próprios militares se revoltaram, demonstrando a falta de seu apoio a Jango, que se aproximou dos partidos de esquerda, nos quais a questão da reforma agrária estava em pauta.

Em comício na Cinelândia pelas Reformas de Base (reforma eleitoral, agrária), Jango decretou a encampação (desapropriação) das empresas multinacionais no Brasil e das terras às margens das ferrovias e rodovias.

A crise política se agravou, sucederam-se manifestações públicas, com o apoio da UDN (ex.: Marcha da Família com Deus pela Liberdade), gerando a intervenção militar, com movimentação das tropas de Minas em direção ao Rio de Janeiro. Em 1.º de abril de 1964, uma junta militar tomou o poder, iniciando um período de governos militares.

As Ligas Camponesas competiam em importância com o grande crescimento urbano e a industrialização. Dos movimentos rurais da época, o mais importante era a Liga de Francisco Julião. As Ligas defendiam os camponeses contra a expulsão da terra e os altos preços dos arrendamentos. Em novembro de 1961, realizou-se em Belo Horizonte o I Congresso Nacional dos Trabalhadores Agrícolas e em 1963 foi adotado o Estatuto do Trabalhador Rural que instituiu a carteira profissional para o trabalhador do campo, regulou a duração do trabalho e a observância do salário mínimo e previu direitos como o repouso semanal e férias remuneradas.

7 BRASIL POLÍTICO: NAÇÃO E TERRITÓRIO

Em conjunto, o Brasil se apresenta em compacta massa territorial, limitada a leste por uma linha costeira extremamente regular, sem sinuosidades acentuadas nem endentações e, por isso, em geral, desfavorável à aproximação humana e à utilização nas comunicações marítimas; e a oeste, por territórios agrestes, de penetração e ocupação difíceis (e por isso, até hoje ainda, muito pouco habitado), estendidos ao longo das fraldas da Cordilheira dos Andes, e barrando assim as ligações com o litoral Pacífico do continente. O Brasil, embora ocupe longitudinalmente a maior parte do território sul-americano, volta-se inteiramente para o Atlântico.

Caio Prado Júnior. História Econômica do Brasil. Ed. Brasiliense, 2008.

O processo de formação do território brasileiro, lento e irregular, é fruto de uma longa história de encontros de povos que aqui viviam e de outros que vieram a ocupá-lo ao longo dos anos. O Brasil foi assim uma construção, na qual os colonizadores portugueses se apropriaram de certas áreas, geralmente expulsando, às vezes escravizando, ou exterminando os índios que as ocupavam, e com o tempo expandiram o seu território e criaram neste novo mundo uma sociedade diferente, que um dia se tornou um Estado-Nação "independente".

A gênese do Estado brasileiro encontra-se na colonização portuguesa da América. A expansão oficial, realizada por expedições militares a serviço de Portugal (desde o final do século XVI e, principalmente, no século XVII), foi responsável pela conquista de uma vasta porção do atual território brasileiro. Entretanto, o território não é apenas uma continuação da América Portuguesa: a delimitação das fronteiras atuais, concluída apenas no início do século XX, envolveu diversos conflitos, negociações econômicas e acordos diplomáticos. Nos primeiros séculos de colonização, a ocupação portuguesa limitou-se ao litoral. A economia voltava-se para o mercado externo, com a produção de açúcar nas áreas próximas ao litoral. No interior, a presença europeia praticamente limitava-se à vila de São Paulo e a um punhado de núcleos vizinhos. Inicialmente, os portugueses ampliaram suas terras incorporando áreas de domínio espanhol, ainda no período colonial. Diversos fatores contribuíram para o processo expansionista, que acabou por ultrapassar a linha de Tordesilhas.

7.1 Estrutura Política e Administrativa

Nos séculos XVII e XVIII, expedições militares portuguesas avançaram ainda mais, instalando fortificações no alto curso do rio Amazonas e de seus afluentes, ao longo do Rio Guaporé e na margem esquerda do estuário platino.

As iniciativas da Coroa Portuguesa obedeciam a interesses estratégicos, na medida em que procuravam estabelecer limites à expansão espanhola na América.

O PAPEL DA ESPANHA

A história do Brasil está ligada de duas maneiras à do Império Espanhol na América: 1. Madrid exerce, apoiada no direito, a sua soberania sobre tudo o que se encontra a Oeste do meridiano de Tordesilhas; 2. A união das duas coroas, que resulta da extinção da dinastia de Avis, reduz, consideravelmente, a liberdade de manobra de Portugal entre 1580 e 1640.

A penetração espanhola na América do Sul faz-se por Este: O império Inca, que se estendia do Equador ao Chile, passando pelo Peru, pela Bolívia e noroeste da Argentina, foi conquistado entre 1531 e 1544. É preciso esperar por 1580 para que uma rota permanente seja aberta entre Potosí e o Rio da Prata, e que Buenos Aires seja definitivamente fundada. [...]

[...] A União das duas coroas foi realizada em 1580. A Espanha não tem inveja da presença portuguesa no Brasil e tolera bem o contrabando que se exerce pela Prata em benefício dos portugueses. A ocupação do Recife pelos holandeses desagrada Madrid, mas não ameaça os eixos vitais da construção imperial - lembra apenas que seria loucura abrir ainda mais o continente para o Sul, por Buenos Aires. Em 1625, os espanhóis enviam uma frota para libertar Salvador, depois deixam os portugueses praticamente sós face à empresa holandesa.

CLAVAL, Paul. A Construção do Brasil: uma grande potência em emergência. Lisboa: Piaget, 2010.

A fundação da Vila de São Vicente no litoral Paulista, em 1532, assinalou o início da colonização dos domínios portugueses na América, com a distribuição das primeiras sesmarias, inspiradas na legislação fundiária portuguesa do século XIV.

No território colonial, os sesmeiros eram homens da pequena nobreza, militares ou navegantes, que recebiam as suas glebas como recompensa por serviços prestados à Coroa. Ao tomarem posse das terras, ficavam obrigados apenas a fazê-las produzir em alguns anos (em geral cinco) e pagar o dízimo à Ordem de Cristo.

A extensão das sesmarias brasileiras girava em torno de 10 mil a 13 mil hectares. Assim, as sesmarias foram o embrião do modelo concentrador que ainda hoje permanece na estrutura agrária brasileira.

Entre 1534-1536, a Coroa Portuguesa implantou o sistema político-administrativo das capitanias hereditárias. O território foi dividido em capitanias, lotes doados a quem tivesse capital para colonizá-los. Os detentores desses lotes, transmitidos de pai para filho, eram os capitães-donatários. Esse regime fragmentou a América Portuguesa em unidades autônomas e desarticuladas entre si.

ANTIGO MAPA DAS CAPITANIAS HEREDITÁRIAS

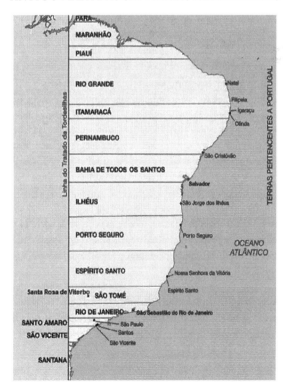

Em 2014, Jorge Cintra, do Instituto Histórico e Geográfico de São Paulo, divulgou um novo mapa das capitanias hereditárias, baseando-se em novas pesquisas que mostraram que os mapas anteriores das capitanias foram elaborados com base nos paralelos e não nos meridianos, o que muda a disposição das capitanias do extremo-norte da América Portuguesa.

BRASIL POLÍTICO: NAÇÃO E TERRITÓRIO

NOVO MAPA DAS CAPITANIAS HEREDITÁRIAS

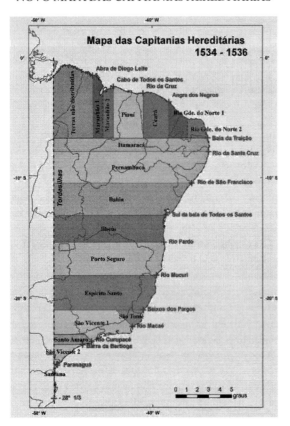

Em 1549, em uma tentativa de reforçar sua presença e coordenar os esforços dos capitães-donatários, a Coroa instalou um Governo Geral na recém-fundada cidade de Salvador. Mas, na verdade, Portugal sempre temeu a formação de um centro de poder unificado em suas colônias do Novo Mundo.

Em 1621, a América Portuguesa foi dividida em Estado do Brasil e Estado do Maranhão. Este segundo, subordinado apenas à Coroa, destinava-se a garantir a defesa do litoral setentrional sujeito a ataques de franceses corsários. Em 1737, afastadas as ameaças francesas, a atenção da Coroa concentrou-se na consolidação da soberania sobre a bacia amazônica, alterando-se o nome da entidade para Estado do Grão-Pará e Maranhão e transferindo-se a sede de São Luiz para Belém.

As fortificações erguidas pela Coroa confirmaram seu valor estratégico durante as negociações entre Portugal e a Espanha que levaram à assinatura do Tratado de Madri. Após muitas disputas entre Portugal e Espanha, os governantes decidiram aceitar o uti possidetis, um princípio do Direito Romano pelo qual é considerado dono da terra aquele que realmente a ocupa.

Fortificações na região amazônica.

Em 1750 foi assinado o Tratado de Madri, pelo qual foi reconhecida a posse portuguesa da Amazônia e de outras regiões situadas além dos limites de Tordesilhas.

ÁREA INCORPORADA PELO TRATADO DE MADRI

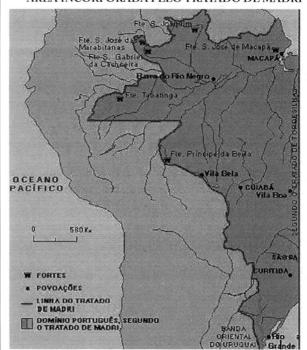

O território passou a ter aproximadamente 6.900.000 km².

Em 1759, foram organizadas as Capitanias da Coroa, governadas por funcionários nomeados pelo rei. Com a independência do Brasil, essas áreas transformaram-se em províncias de um Império Unitário.

Após a independência, ocorrida em 1822, outras áreas se incorporaram ao território do Brasil. Essas áreas foram anexadas de países fronteiriços (como Bolívia, Paraguai e Peru), por meio de tratados bilaterais ou por arbitramento internacional1.

O Império foi responsável pela fixação de mais da metade da formação das fronteiras terrestres brasileiras. Os limites com o Uruguai, anexados por D. João VI em 1821, foram frutos de acordos de 1828, que reconheceram a independência do país.

7.2 Formação das Fronteiras ao Longo da História

1 **Arbitramento Internacional:** situação em que outros países são escolhidos para resolver as questões de fronteira.

182

As fronteiras com o Paraguai formaram-se a partir do conflito entre a Tríplice Aliança e o Paraguai, no fim da Guerra do Paraguai em 1870.

Duque de Caxias e o ditador paraguaio Francisco Solano Lopes

A geração daqueles que lutaram na guerra, quer nos países aliados, quer no Paraguai, não registrava de forma positiva o papel histórico de Solano López. Havia certeza da sua responsabilidade, quer no desencadear da guerra, ao invadir o Mato Grosso, quer na destruição de seu país, pelos erros na condução das operações militares e na decisão de sacrificar os paraguaios, mesmo quando caracterizada a derrota, em lugar de pôr fim ao conflito. Dessa geração nasceu a historiografia tradicional sobre a guerra, que simplificou a explicação do conflito ao ater-se às características pessoais de Solano López, classificado como ambicioso, tirânico e, mesmo, quase desequilibrado.

DORATIOTO, Francisco. Maldita Guerra: Nova História Da Guerra Do Paraguai.

7.3 A independência e a identidade nacional

Com a Independência, nasceu um imenso império nos trópicos, comandado por D. Pedro I. A Constituição de 1824, imposta pelo imperador, consolidou o caráter hereditário e escravista desse império cuja capital era o Rio de Janeiro.

Proclamação da República, Pedro Américo.

Desde o início, a elite imperial dedicou-se à obra de produção e de uma identidade nacional. O IHGB (Instituto Histórico e Geográfico Brasileiro), organizado em 1838 e presidido a partir de 1849 por D. Pedro II, reuniu arquitetos dessa obra. Escritores como Gonçalves Dias e José de Alencar elaboraram a mitologia romântica do índio. Naturalistas como o alemão Carl Von Martius dedicaram-se a descrever a flora brasileira. Intelectuais como Francisco de Varnhagen e Capistrano de Abreu começaram a gerar uma narrativa da história colonial, na qual a natureza ocupava lugar privilegiado.

Ao mesmo tempo, expedições científicas e artísticas percorreriam o país produzindo um paisagismo brasileiro. Os viajantes descreviam, desenhavam, gravavam e pintavam a paisagem tropical, os animais e as plantas, assim como os índios.

7.4 O Período Republicano

Desde a proclamação da República, em 1889, as províncias foram transformadas em estados. A Constituição Republicana de 1891 organizou o país como Estado federal. Com isso, os estados, unidades da Federação, ganharam autonomia.

Ao longo da República, as mudanças nos limites político-administrativos das unidades da federação decorreram dos processos de criação de territórios federais e de desmembramentos de estados.

O Acre foi o primeiro território federal, criado em 1903. A política externa do início do período republicano foi marcada pela figura do Barão do Rio Branco, responsável pela delimitação de quase um terço da extensão das fronteiras terrestres. O principal feito do Barão do Rio Branco foi a solução para a Questão do Acre. Após inúmeras revoltas de seringueiros contra a empresa Bolivian Syndicate, um cartel estadunidense, Rio Branco iniciou negociações que culminaram na assinatura do Tratado de Petrópolis no ano de 1903.

Aos poucos, os territórios federais foram elevados a estados, outros foram extintos com a promulgação da Constituição de 1946, como é o caso de Ponta Porã, incorporado ao Mato Grosso (hoje Mato Grosso do Sul). Outros permaneceram até a Constituição de 1988, quando foram extintos e se transformaram em estados.

As sucessivas expansões territoriais fizeram do Brasil o maior país da América Latina, seguido pela Argentina (2.776.889 km²), o Peru (1.285.216 km²), a Colômbia (1.138.9145 km²) e a Bolívia (1.098.518 km²).

7.5 Extensão, Localização e Limites

Com 8.514.876,5 Km² de superfície, o Brasil é o quinto país do mundo em extensão territorial, sendo superado pela Rússia, Canadá, China e Estados Unidos. O território brasileiro corresponde a 1,6% de toda a superfície terrestre, 5,7% das terras emersas, 20,8% da América e 47,3% da América do Sul. O território brasileiro atual tem 7.367 km de contorno marítimo e 15.719 km de fronteiras terrestres limitando-se com 10 países sul-americanos com exceção de Chile e Equador. A maior fronteira é com a Bolívia (3.126 km) e a menor com o Suriname (593 km). As últimas mudanças com relação às fronteiras do país aconteceram no fim do século XIX e no início do século XX, como as questões que envolviam os territórios do Acre, Palmas, Amapá e Pirara.

BRASIL POLÍTICO: NAÇÃO E TERRITÓRIO

FRONTEIRAS ATUAIS

Fonte: IBGE. Disponível em http://www.ibge.com.br; THÉRY, Hervé.

Esse processo de sucessivas expansões territoriais transformou o Brasil no maior país da América do Sul. Sua posição astronômica é determinada pela passagem de dois dos principais paralelos: a linha do Equador (0°) e o Trópico de Capricórnio (23°27´S).

A linha do Equador deixa 7% das terras brasileiras no hemisfério norte e o restante no hemisfério sul, cortando os estados do Pará, Amazonas, Amapá e Roraima; o Trópico de Capricórnio coloca 8% da superfície do país na zona subtropical e 92% das terras na zona intertropical, cortando os estados do Mato Grosso do Sul, São Paulo e Paraná. Sua posição geográfica é amplamente favorável impedindo que haja áreas anecumênicas como altas montanhas, desertos e áreas predominantemente geladas.

Invasões Holandesas - Batalha dos Guararapes. Vitor Meirelles de Lima.

7.6 Pontos Extremos - o Brasil vai do Oiapoque ao Chuí?

A extensão latitudinal considerável tem como consequência principal a grande diversidade climato-botânica e a possibilidade de grande diversidade agrícola em nosso país.

Por muito tempo acreditou-se que o ponto mais extremo ao norte do nosso território era o Oiapoque, no Amapá. Na realidade, o Monte Caburaí é a borda de um imenso planalto, com mais de 2000 m de altitude, que se estende ao longo da fronteira, com 5º 16' 20" norte, sendo o ponto mais setentrional do Brasil (Norte). Então o ditado correto seria: "O Brasil vai do Caburaí ao Chuí"

O Monte Caburaí localiza-se 84,5 km mais ao norte que o Oiapoque.

7.7 Equidistância

O Brasil é considerado um país equidistante, pois as distâncias entre o norte/sul (4.394,7km) e leste/oeste (4.319,4km) são praticamente as mesmas.

Fonte: IBGE

8 ESTRUTURA GEOLÓGICA E RELEVO DO BRASIL

8.1 Estrutura Geológica

O entendimento da estrutura geológica do território brasileiro é de fundamental importância, não só para se compreender melhor o modelado da superfície do país – o seu relevo – mas também para se atuar sobre esse modelado, tanto para a exploração racional de seus recursos minerais, energéticos e da agricultura quanto para observá-los, evitando processos erosivos tão prejudiciais à economia e ao meio ambiente.

PARA MELHOR ENTENDER O RELEVO BRASILEIRO

Para melhor entender o relevo brasileiro, é preciso conhecer um pouco mais do continente sul-americano, estudando sua evolução e dinamismo com auxílio das novas concepções relativas à dinâmica da litosfera e à tectônica de placas [...].

[...] De modo simples, pode-se descrever o relevo do continente sul-americano como tendo em toda a sua borda oeste a cadeia orogênica dos Andes, cuja formação iniciou-se no Mesozoico e estendeu-se ao Cenozoico. A parte central e leste do continente é marcada por estruturas e formações litológicas antigas que remontam ao Pré-Cambriano.

ROSS, Jurandyr. L. S. Geografia do Brasil. São Paulo: EDUSP, 1996. p. 44-45.

No contexto geológico do planeta, a América do Sul é formada por terrenos muito antigos. A América do Sul abrangia três unidades geológicas:

- Plataforma Sul-Americana;
- Plataforma Patagônica;
- Sistema de Dobramentos Modernos da Cordilheira dos Andes.

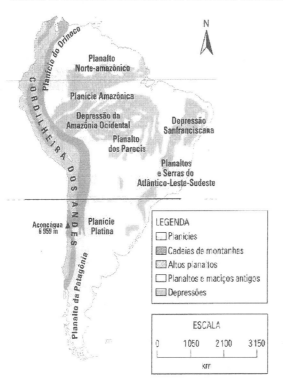

Fonte: La Géographie du monde. Paris, Nathan, 2000. p.11 (adaptado).

A estrutura geológica do Brasil pode ser classificada em:

- **Áreas Cratônicas:** São os terrenos antigos e desgastados por inúmeras fases de erosão, compostos por rochas cristalinas e metamórficas do Pré-Cambriano. Esses terrenos correspondem **às plataformas:** das Guianas, Sul-Americana e do São Francisco.

ESBOÇO GEOLÓGICO

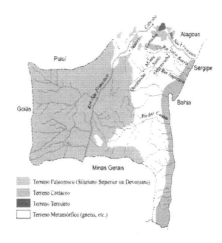

Fonte: Euclides da Cunha, 1866 – 1909. Os Sertões, cópia de Alfredo Aquino, 1979. Adaptado.

- **Áreas de Dobramentos Antigos:** áreas muito antigas que se formaram ao longo do Pré-Cambriano. São os cinturões orogênicos do Atlântico, de Brasília e do Paraguai-Araguaia. Essas três antigas cadeias de elevações encontram-se muito desgastadas por várias fases erosivas, mas ainda mantêm, em vastas áreas, aspectos de serras. Como exemplo do Cinturão Atlântico podem ser citadas as serras do Mar, do Espinhaço e da Mantiqueira, caracterizadas por dobramentos e falhas. No Cinturão de Brasília destacam-se: a serra da Canastra, Negra, da Mesa e as chapadas dos Veadeiros e Cristalina, desgastadas por longos processos erosivos.

CATÁSTROFES NATURAIS OU SOCIAIS?

A sequência de fortes chuvas na Região Serrana do Rio de Janeiro causou o que está se tornando uma das maiores tragédias brasileiras: três cidades praticamente em total destruição e outras três fortemente afetadas por deslizamentos de terra, desabamento de encostas, soterramento de bairros e alagamentos. Milhares de pessoas perderam as casas, centenas perderam a vida e várias outras continuam desaparecidas. Centenas de homens das forças de resgate do governo trabalham, muitas vezes com a ajuda de moradores, incansavelmente na busca de corpos e sobreviventes nas cidades de Nova Friburgo, Teresópolis, Petrópolis, Areal, Sumidouro e São José do Vale do Rio Preto. A tragédia é tamanha que hospitais e necrotérios não dão conta de fazer todos os atendimentos e

ESTRUTURA GEOLÓGICA E RELEVO DO BRASIL

estão lotados. Por outro lado, os governos federal, estadual e municipal trabalham juntos para pensar em como reconstruir a localidade, ajudar a população atingida e, principalmente, remover esses moradores das áreas de risco – um dos principais motivos dessa grande perda.

Fonte: www.blogs.estadao.com.br

Homem buscando documentos perdidos na destruição.

Resgate de vítimas da destruição.

- **Áreas de Bacias Sedimentares:** correspondem a uma extensa depressão preenchida com sedimentos carregados de áreas vizinhas. No Brasil, existem três bacias sedimentares: a Amazônica, a do Parnaíba ou Maranhão e a do Paraná, formadas nos últimos 600 milhões de anos. Na Bacia do Paraná, durante a Era Mesozoica (Jurássico), ocorreu um extenso derrame de lavas vulcânicas sobre camadas de sedimentos. Durante o Cenozoico, com o soerguimento orogênico dos Andes, associado à tectônica de placas, ocorreu o soerguimento dos crátons, dos dobramentos recentes, das bacias sedimentares e o surgimento das falhas, que formaram as escarpas das serras do Mar e da Mantiqueira.

FALHAS GEOLÓGICAS NO BRASIL

Pesquisadores identificaram uma faixa de terras com extensão de 2.700 quilômetros desde o litoral do Ceará ao extremo sudoeste do Mato Grosso do Sul, formada por estruturas e feições de falhas tectônicas. Essa estrutura de maior instabilidade, na qual se concentram os registros sísmicos de maior magnitude no Brasil, e com extensões tanto no Paraguai e Argentina como no noroeste da África, é denominada Lineamento Transbrasiliano.

Fonte: UNB.

SISMICIDADE NO BRASIL

Ocupando grande parte da estável Plataforma Sul-americana, o Brasil era considerado, até pouco tempo, como assísmico, por não se conhecer a ocorrência de sismos destrutivos. A grande quantidade de epicentros nas regiões Sudeste e Nordeste reflete, em parte, o processo histórico de ocupação e distribuição populacional, pelo fato de muitos eventos terem sido estudados a partir de documentos antigos. Mesmo assim, sismos de destaque têm sido registrados nestas regiões como, por exemplo, o sismo de Mogi-Guaçu, de 1922, com magnitude 5,1 Mb. O maior sismo registrado no Brasil ocorreu em 1955, com magnitude Richter 6,2 Mb e epicentro localizado 370 km ao norte de Cuiabá, MT.

Fonte: TEIXEIRA, Wilson; TOLEDO, M. Cristina Motta de; FAIRCHILD, Thomas Rich; TAIOLI, Fábio. Decifrando a Terra. Companhia Editora Nacional. São Paulo: 2008. p.56.

ESTRUTURA GEOLÓGICA BRASILEIRA

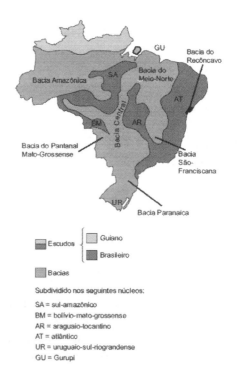

Fonte: Aziz Nacib Ab'Saber.

ESCUDOS CRISTALINOS

Correspondem aos terrenos antigos, de formação pré-cambriana, que afloram em cerca de 36% do país. Nos terrenos de ocupação Arqueozoica, que ocupam 32% do território nacional, encontramos rochas como o granito e elevações como a Serra do Mar e o Planalto das Guianas. Nos terrenos Proterozoicos, que ocupam apenas 4% do país, encontramos rochas metamórficas que formam jazidas minerais, principalmente de ferro e manganês, como no Quadrilátero Ferrífero em Minas Gerais e na Serra de Carajás no Pará.

Serra de Imeri – Roraima.

BACIAS SEDIMENTARES

Correspondem às formações recentes, recobrindo cerca de 64% do território nacional. Nas áreas de formação Paleozoica, o destaque econômico resume-se nas jazidas carboníferas no sul do país. Nas áreas de formação Mesozoica, tivemos a ocorrência dos depósitos petrolíferos da Bahia (Recôncavo Baiano) e no litoral fluminense (Bacia de Campos). Nos terrenos Cenozoicos, predominam as superfícies planas, em fase atual de sedimentação, ou seja, as planícies e terras baixas.

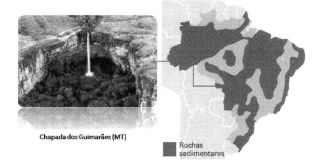

"O terceiro tipo de estrutura que ocorre no território brasileiro é o das três grandes bacias sedimentares: Amazônica, do Parnaíba ou Maranhão e do Paraná. Essas bacias formaram-se ao longo do Fanerozoico[1], ou seja, nos últimos 600 milhões de anos."

ROSS, Jurandyr. L.S. Geografia do Brasil. São Paulo: EDUSP, 1996. p. 50.

TERRENOS VULCÂNICOS

Correspondem às áreas que durante a Era Mesozoica sofreram a ação dos intensos derrames vulcânicos, sobretudo na Bacia do Paraná. Aí as lavas esparramaram-se por cerca de um milhão de quilômetros quadrados e originaram uma grande sedimentação de rochas, como o basalto. No interior dessa porção, encontra-se um dos solos mais férteis do país: a Terra Roxa, formada pela decomposição do basalto. As últimas atividades vulcânicas no Brasil datam da Era Cenozoica,

quando as ilhas oceânicas, como Fernando de Noronha (PE) e a Ilha de Trindade (ES) se formaram.

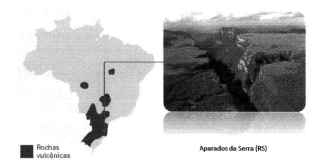

Aparados da Serra (RS)

Ilha de Trindade, Espírito Santo. Situada a 1.200 km da cidade de Vitória.

Quando associamos a idade geológica dos terrenos à inexistência de dobramentos modernos cenozoicos (Andes, Himalaia etc.), à diversidade climática e a uma outra certa estabilidade tectônica, entendemos as altitudes modestas do nosso relevo, onde apenas o Pico da Neblina (Amazônia Ocidental) se aproxima dos 3000m de altitude.

Os elementos mais importantes para as transformações atuais das formas de relevo brasileiro, excetuando-se o homem, são os rios, as chuvas e a temperatura, ou seja, intemperismo e erosão. Notamos, assim, a predominância dos agentes externos sobre os agentes internos, dando ao relevo uma certa estabilidade.

O relevo brasileiro apresenta-se em diferentes formas, como consequência da ação de diversos elementos, tanto na formação quanto na transformação do modelado de sua superfície. Nosso relevo é, portanto, resultado da estrutura geológica do território, da ação de agentes internos e externos.

As principais características do relevo brasileiro são:

- **Estrutura Geológica:** caracterizada pelo predomínio de formações sedimentares recentes, que se sobrepõem aos terrenos pré-cambrianos. Esses formam o embasamento de nosso relevo, de origem cristalina muito antiga. As bacias sedimentares abarcam 64% do território nacional enquanto os outros 36% são escudos cristalinos;

- **Quanto à Forma: o relevo brasileiro caracteriza-se pelo domínio de duas grandes formas:** os planaltos e as planícies. Os planaltos e as depressões representam cerca de 75% do território e podem ser de origem cristalina ou sedimentar. Em alguns pontos, sobretudo nas margens, apresentam-se muito acidentados, com a presença de serras e escarpas. As planícies representam os 25% restantes do território brasileiro e são exclusivamente de origem sedimentar.

- **Altimetria:** caracteriza-se pelas baixas e médias altitudes;

---

[1] **Fanerozoico**: denominação dada ao período geológico que compreende as eras paleozoica, mesozoica e cenozoica, quando a vida começa a aparecer e se expressa em suas várias formas.

ESTRUTURA GEOLÓGICA E RELEVO DO BRASIL

HIPSOMETRIA

Fonte: SIMIELLI, M.E. Geoatlas. São Paulo: Ática, 2008.

IBGE REVÊ ALTITUDE DE PICOS BRASILEIROS

O Instituto Brasileiro de Geografia e Estatística (IBGE) revisou a altitude dos sete maiores pontos culminantes do país. Os dois pontos mais altos, os picos da Neblina e o 31 de Março, ficaram oficialmente 1,52 metro mais elevados. Segundo as medições feitas no final de 2015, o Pico da Neblina passou a ter 2.995,30 metros. De acordo com a medição anterior, feita em 2004 e 2005, o principal ponto culminante do Brasil, localizado na Serra do Imeri, no Amazonas, tinha 2.993,78 metros. O segundo mais alto pico brasileiro, o 31 de Março, situado na mesma serra, a menos de um quilômetro de distância do Pico da Neblina, passou de 2.972,66 na medição de 2004/2005 para 2.974,18 metros na medição atual.

Além dos dois maiores picos, o IBGE revisou as altitudes dos outros cinco principais pontos culminantes. Em todos eles, as altitudes foram revistas para baixo: Pico da Bandeira (passou de 2.891,98 para 2.891,32 metros), Pedra da Mina (de 2.798,39 para 2.798,06), Agulhas Negras (de 2.791,55 para 2.790,94), Cristal (de 2.769,76 para 2.769,05) e Monte Roraima (de 2.734,06 para 2.734,05).

<http://agenciabrasil.ebc.com.br/geral/noticia/2016-02/ibge-reve-altitudes-de-sete-picos-brasileiros-pico-da-neblina-fica-mais->

PLANALTOS CRISTALINOS

Correspondem às áreas de formação mais antigas do Pré-Cambriano (Arqueozoico e Proterozoico).

PLANALTO DAS GUIANAS: localizado na porção setentrional do território, apresenta-se bastante erodido, subdividindo-se em Região Serrana – que é uma linha de escarpas que delimita as fronteiras do Brasil ao norte. Seu maior destaque é a presença dos pontos mais elevados do território brasileiro, o Pico da Neblina e o Pico 31 de Março, ambos na Serra do Imeri, na fronteira com a Venezuela e Planalto Norte-Amazônico, porção mais meridional do Planalto das Guianas. Aplainado, suas altitudes diminuem gradativamente em direção à calha do Rio Amazonas. Nele localizam-se importantes depósitos minerais, como o manganês na Serra do Navio, no Amapá.

PLANALTO ATLÂNTICO: que ocupa a porção oriental do país, estendendo-se do Ceará à Bahia, Planalto Nordestino e daí até o Rio Grande do Sul, Serras e Planaltos do Leste e Sudeste. Sofreu intensa erosão, apresentando formas bem diferenciadas. Na sua porção nordeste, predominam as formas tabulares – as chapadas –, tanto cristalinas (Diamantina e Borborema) quanto as sedimentares (Araripe e Apodi).

Na porção sudeste predominam os relevos acidentados com serras ou escarpas, que aparecem na forma de "mares de morros", característicos das serras do Mar e da Mantiqueira. É a parte do Brasil de mais elevada média altimétrica, sendo denominada de região das terras altas.

Mares de Morros. Domínios da Natureza do Brasil. Aziz Nacib Ab'Saber.

Na divisa entre os estados de Minas Gerais e do Espírito Santo, localiza-se o Pico da Bandeira (2.891m), o terceiro mais alto do Brasil. Na Serra do Espinhaço, em Minas Gerais, encontramos diversos depósitos minerais formados durante a era Proterozoica, como o Quadrilátero Ferrífero.

PLANALTOS SEDIMENTARES

PLANALTO CENTRAL: o maior em extensão territorial do país, abrange terras das regiões centro-oeste, norte, nordeste e sudeste. Sua base é de origem cristalina, que foi intensamente recoberto por sedimentos do Paleozoico e, em menor escala, do Mesozoico.

Caracteriza-se pela modéstia de sua altitude e pelo domínio das formas tabulares – as chapadas. Dentre elas destacam-se a dos Guimarães e a dos Veadeiros. Vale apenas destacar, ainda, os afloramentos cristalinos, onde rochas proterozoicas originam importantes reservas de minerais, como a Serra de Carajás – e na porção sul do país.

Chapada dos Guimarães.

PLANALTO MERIDIONAL: ocupa quase toda a porção centro-sul do país, estendendo-se do sul de Goiás até o interior do Rio Grande do Sul. O Planalto Meridional apresenta-se dividido em duas porções: a Depressão Periférica – uma faixa estreita de terras que se alonga de Minas Gerais até o Rio Grande do Sul, onde ocorreu a deposição dos arenitos paleozoicos; e o Planalto Arenito Basáltico – que ocupa a porção ocidental, onde sobre os arenitos, ocorreu a sedimentação basáltica. A decomposição do basalto deu origem às manchas de terra roxa, solo extremamente fértil. Os limites entre o Planalto Arenito-Basáltico e a Depressão Periférica são definidos por uma linha de escarpas chamadas cuestas. Estas aparecem principalmente na serra de Botucatu (SP) e na serra Geral (PR).

PERFIL DO PLANALTO MERIDIONAL

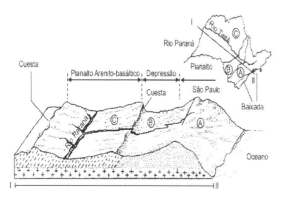

"O planalto Sul-rio-grandense, com litologias diferenciadas em idades e gêneses diversas ao longo do Pré-Cambriano, apresenta modelado com formas ligeiramente convexas. Os níveis altimétricos mais elevados não ultrapassam os 450 metros."

ROSS, Jurandyr. L. S. Geografia do Brasil. São Paulo: EDUSP, 1996. p. 57.

PLANÍCIES

Ocupando uma vasta porção do território, encontramos áreas de pequena altitude que não estão, necessariamente, sendo sedimentadas na atualidade. Por isso, são classificadas como terras baixas e não simplesmente planícies, onde a deposição de sedimentos é maior do que a erosão.

A região das **PLANÍCIES E TERRAS BAIXAS DA AMAZÔNIA** era considerada uma das maiores planícies do planeta, mas atualmente recebe outra classificação. Se considerássemos apenas a origem, seus 1,6 milhões de quilômetros quadrados formariam uma grande planície, pois é de origem sedimentar, e se levássemos em conta a altimetria, também seria uma planície, pois não ultrapassa 150m. Considerando, no entanto, o processo erosivo-deposicional, percebemos que 95% da antiga Planície Amazônica é, na verdade, um planalto de baixa altitude, onde o processo erosivo se sobrepõe ao da sedimentação. O relevo dominante é um baixo planalto de origem sedimentar, restando à planície verdadeira uma estreita faixa de terras próxima às margens dos rios da região.

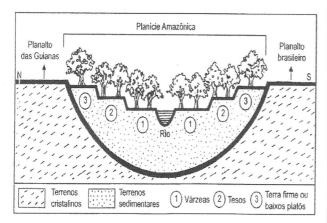

A **PLANÍCIE DO PANTANAL** corresponde a uma grande área que ocupa a porção mais ocidental do Brasil Central. É de formação sedimentar recente, apresenta altitudes muito modestas, em torno de 100m acima do nível do mar. É considerada a mais típica planície, pois está em constante processo de sedimentação.

A **PLANÍCIE COSTEIRA** acompanha o litoral brasileiro do Maranhão até o Rio Grande do Sul. É constituída principalmente por sedimentos recentes de origem marinha e fluvial. Os terrenos quaternários formam praias, mangues e lagunas.

Planície Costeira, litoral cearense.

DEPRESSÕES

Nos limites das bacias com os maciços antigos, processos erosivos formaram áreas rebaixadas, principalmente na Era Cenozoica. São as depressões, onze no total, que recebem nomes diferentes, conforme suas características e localização.

- **Depressões periféricas:** nas regiões de contato entre estruturas sedimentares e cristalinas, como, por exemplo, a Depressão Periférica Sul-Rio-Grandense;
- **Depressões marginais:** margeiam as bordas de bacias sedimentares, esculpidas em estruturas cristalinas, como a Depressão Marginal Sul-Amazônica.
- **Depressões interplanálticas:** são áreas mais baixas em relação aos planaltos que as circundam, como a Depressão Sertaneja e do São Francisco.

8.2 Classificações de Relevo do Brasil

Atualmente, existem várias classificações do relevo brasileiro, feitas a partir de diversos critérios. Podem ser agrupadas com classificações didáticas (produzidas antes do projeto RADAM Brasil) e as classificações detalhistas (produzidas depois do projeto RADAM Brasil).

AROLDO DE AZEVEDO (1940)

Foi a primeira classificação feita do território brasileiro. Esta classificação tomou como referência científica os conceitos da geomorfologia estrutural (explica o relevo e seu modelado, tendo por base à estrutura do terreno), naquele momento havia uma preocupação grande com a altimetria. Com essa divisão o Brasil ficou com 4 unidades de planaltos e de planícies, porém os planaltos predominam na área.

AZIZ NACIB AB'SABER (1958)

Com a evolução dos estudos de geomorfologia no Brasil, baseados na geomorfologia climática que se desenvolveu aqui em meados da década de 50, Ab´Saber classificou planaltos e planícies com base nas noções de erosão e sedimentação. Os planaltos seriam superfícies sempre em destruição, enquanto que as planícies passariam a ser estruturas em construção. Nesta classificação nosso país ficou dividido em dez unidades de relevo, entre planícies e planaltos, onde os planaltos continuavam predominando.

JURANDYR L. SANCHES ROSS (1989)

Apoiando-se nos estudos anteriores, principalmente os do professor Aziz Nacib Ab´Saber, e nos relatórios e mapas elaborados pelo Projeto Radam Brasil, do qual fez parte como pesquisador, o professor Jurandyr L. S. Ross, da Universidade de São Paulo, propôs em 1989 uma nova divisão do relevo brasileiro. Baseado nas noções de morfoestrutura, morfoclimática e morfoescultura.

PLANALTOS: 1- Planalto da Amazônia Oriental; 2- Planaltos e Chapadas da Bacia do Parnaíba; 3- Planaltos e Chapadas da Bacia do Paraná; 4- Planaltos e Chapada dos Parecis; 5- Planaltos Residuais Norte-Amazônicos; 6- Planaltos Residuais Sul-Amazônicos; 7- Planaltos e Serra do Atlântico-Leste-Sudeste; 8- Planaltos e Serras de Goiás-Minas; 9- Serras Residuais do Alto Paraguai; 10- Planalto da Borborema; 11- Planalto Sul-Rio-Grandense. **DEPRESSÕES:** 12- Depressão da Amazônia Ocidental; 13- Depressão Marginal Norte-Amazônica; 14- Depressão Marginal Sul-Americana; 15- Depressão do Araguaia; 16- Depressão Cuiabana; 17- Depressão do Alto Paraguai-Guaporé; 18- Depressão do Miranda; 19- Depressão Sertaneja e do São Francisco; 20- Depressão do Tocantins; 21- Depressão Periférica da Borda Leste do Paraná; 22- Depressão Periférica Sul-Rio-Grandense. **PLANÍCIES**: 23- Planície do rio Amazonas; 24- Planície do rio Araguaia; 25- Planície e pantanal do rio Guaporé; 26- Planície e pantanal Mato-Grossense; 27- Planície dos lagos dos Patos e Mirim; 28- Planície e tabuleiro litorâneos.

Jurandyr Ross, com base nesses critérios, definiu planalto como uma superfície de topografia irregular, com altitudes superiores a 300 m, em que predominam os processos erosivos. A planície é uma superfície de topografia suave, em que predominam os processos de sedimentação. Nessas áreas, as altitudes são inferiores a 100 m. E a depressão é definida como uma superfície de topografia suave em que predominam os processos erosivos. Nessas áreas, as altitudes estão entre 100 e 500 m. Alguns exemplos:

IMPORTANTE

- **MORFOESTRUTURA:** peso ou influência que a estrutura exerce na gênese das formas de relevo.
- **MORFOCLIMÁTICA:** explica a influência dos tipos climáticos atuais no perfil do relevo.

- **MORFOESCULTURA:** refere-se tanto a ação dos climas atuais quanto a ação dos paleoclimas (climas que atuaram no passado e estão presentes nas chamadas manchas da paisagem, na definição do modelado do relevo.

O Brasil não possui depressões absolutas, somente relativas. As maiores alterações do mapa do Brasil propostas por Jurandyr Ross, com relação às anteriores, são:

- Contou com as imagens de aerofotogrametria produzidas no projeto RADAM-BRASIL (1970-1985);
- Surgimento de depressões, como a maior unidade em área e equiparada em número aos planaltos, 11 unidades;
- Redução da Planície Amazônica (reduzida 5% de sua área anterior);
- A maior planície passou a ser a do Pantanal;
- **Desaparecem os planaltos:** Central, Meridional e das Guianas.

PERFIS DO RELEVO BRASILEIRO

Região Norte – Este corte tem cerca de 2 000 km de comprimento. Vai das altíssimas serras do norte de Roraima até o norte do Estado do Mato Grosso. Unidades observadas no sentido noroeste-sudeste: Planaltos Residuais Norte-Amazônicos, Depressão Marginal Norte-Amazônica, Planalto da Amazônia Oriental, Planície Amazônica, Depressão Marginal Sul-Amazônica, Planaltos Residuais Sul-Amazônicos.

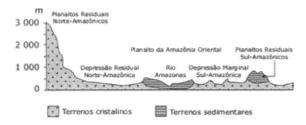

Região Nordeste – Este corte tem cerca de 1 500 km de extensão. Vai do interior do Maranhão até o litoral de Pernambuco. As regiões altas são cobertas por mata, e as baixas por Caatinga. Unidades observadas no sentido noroeste–sudeste: Rio Parnaíba, Planaltos e Chapadas da Bacia do Rio Parnaíba, Escarpa (ex-Serra) do Ibiapaba, Depressão Sertaneja, Planalto da Borborema, Tabuleiros Litorâneos.

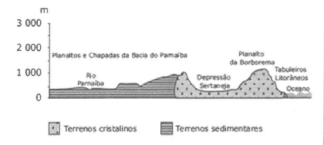

Regiões Centro-Oeste e Sudeste – Este corte tem cerca de 1 500 km de comprimento, indo do estado do Mato Grosso do Sul até o litoral de São Paulo. Unidades observadas no sentido noroeste-sudeste: Planície do Pantanal Mato-grossense, Planalto e Chapadas da Bacia do Paraná, Depressão Periférica da Borda Leste da Bacia do Paraná, Planaltos e Serras do Atlântico Leste e Sudeste.

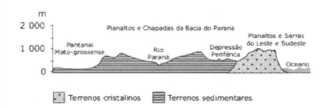

REVISTA NOVA ESCOLA. Ed. Abril, 2000. Baseado nos resultados do Projeto RADAM.

CLIMAS DO BRASIL

9 CLIMAS DO BRASIL

9.1 Caracterização Geral

O território brasileiro estende-se de 5°16' de latitude norte a 33°45' de latitude sul, situando-se, portanto, em quase sua totalidade em baixas latitudes (0° - 30°). A extensão e a configuração do território brasileiro explicam a existência de grande diversidade climática. A posição latitudinal do país, marcada pelo Equador (ao norte) e pelo Trópico de Capricórnio (ao sul), confere a ele temperaturas altas, e a atuação das massas de ar úmidas garante ao Brasil grande umidade. Outros fatores explicam a variação de temperaturas: a altitude nas regiões serranas do Sudeste, que amenizam as temperaturas tropicais; a maritimidade, que ameniza as temperaturas no Brasil Meridional; e a continentalidade, que acentua as temperaturas e as amplitudes térmicas altas no Brasil Central.

A dinâmica atmosférica brasileira é dominada pelos núcleos de pressão atmosférica de baixa pressão na região do Equador, que fazem parte da ZCIT (Zona de Convergência Intertropical).

O clima no Brasil é influenciado por grande número de fatores climáticos em virtudes da dimensão continental do país. Destacam-se entre esses fatores, pela influência direta no nosso clima, a latitude, a altitude e as massas de ar.

LATITUDE

O caso brasileiro é um ótimo exemplo dessa interferência das latitudes na determinação das médias térmicas, pois devido à posição geográfica, o Brasil não possui latitudes elevadas (de 5°N a 33°S).

CIDADE	LATITUDE	TEMPERATURA
Macapá	0º 02´ N	26,9º C
Teresina	5º 05´ S	27,4º C
Aracaju	10º 54´ S	26,1º C
Cuiabá	15º 35´ S	26,9º C

Fonte: IBGE

ALTITUDE

No Brasil, o clima não é significativamente influenciado pela altitude, pois a maior parte do território apresenta baixas e médias altitudes, o que favorece o predomínio dos climas quentes.

No Brasil, a temperatura máxima foi registrada na cidade do Bom Jesus, no Piauí, em 21 de Novembro de 2005, chegando a 44,7° C. De acordo com o Instituto Nacional de Meteorologia (Inmet), a menor temperatura já registrada no Brasil foi de -11,6°C, em Xanxerê, no Oeste de Santa Catarina, a 500 km da capital. O termômetro chegou a este número por lá há 74 anos, em 1945.

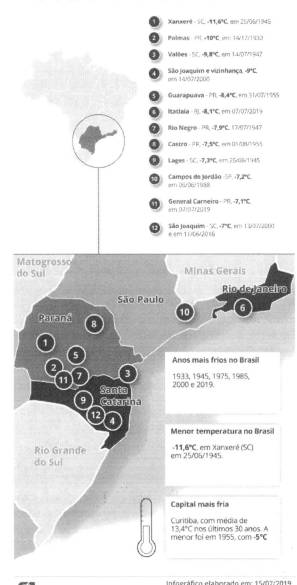

O menor índice de umidade relativa do ar registrada no Brasil foi de 10%, nas cidades de Uberaba-MG, em setembro de 1994 e em Brasília-DF, em 07 de agosto de 2002.

9.2 Massas Atmosféricas

As massas de ar constituem o principal elemento determinante dos climas brasileiros, porque podem mudar bruscamente o tempo nas áreas onde atuam.

Em virtude de sua posição geográfica tropical, o território brasileiro está sob a influência da ZCIT, com exceção da parte localizada ao sul do trópico de Capricórnio, onde a massa polar atlântica tem papel de destaque nos meses mais frios.

O Brasil sofre a influência de praticamente todas as massas de ar que atuam na América do Sul, exceto as que têm origem no Pacífico (oeste), cuja influência é limitada pela cordilheira dos Andes, que barra a passagem para o interior do continente.

HISTÓRIA E GEOGRAFIA DO BRASIL

MASSAS DE AR NA AMÉRICA DO SUL

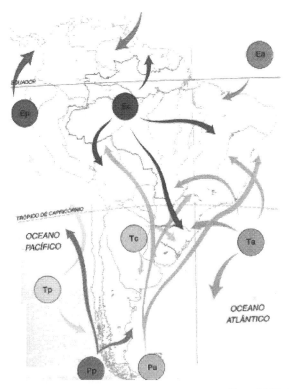

Fonte: SIMIELLI

O Brasil é influenciado predominantemente pelas massas de ar quente e úmida. As principais massas que atuam no Brasil são:

- **MASSA EQUATORIAL CONTINENTAL (mEc):** influencia todo o território brasileiro, deslocando calor e umidade e provocando instabilidade. Vinda do oeste da Amazônia, onde provoca chuvas diárias no verão e outono, pode atingir as outras regiões brasileiras, trazendo chuvas no verão;
- **MASSA EQUATORIAL ATLÂNTICA (mEa):** atua no litoral norte e nordeste do país, principalmente na primavera e no verão. É quente e úmida, e quando chega ao interior, geralmente já está seca. Origina-se no Atlântico norte e forma os ventos alísios de nordeste;
- **MASSA TROPICAL CONTINETAL (mTc):** atua nas áreas do interior das regiões Sudeste e Sul e na Região Centro-Oeste. Originária da Planície do Chaco ocasiona períodos quentes e secos;
- **MASSA TROPICAL ATLÂNTICA (mTa):** ou massa tropical marítima atua no litoral desde o nordeste até o sul do país. Originária do sul do Oceano Atlântico, é quente e úmida e forma os ventos alísios de Sudeste. Atua quase o ano todo, podendo provocar chuva;
- **MASSA POLAR ATLÂNTICA (mPa):** exerce influência em todas as regiões brasileiras. Por originar-se em altas latitudes, no sul do Atlântico, é fria e úmida. Com forte atuação no inverno, provoca chuvas frontais (frentes frias) em todo o litoral, até a Região Nordeste. É responsável pela queda acentuada de temperatura, podendo ocasionar geadas no Sudeste, neve na Região Sul e o fenômeno da Friagem na região Norte e na Planície do Pantanal.

ATUAÇÃO DAS MASSAS DE AR NO BRASIL

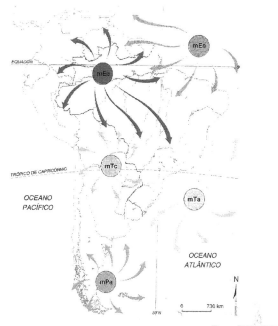

Fonte: SIMIELLI

9.3 Classificação Climática

CLIMAS DO BRASIL

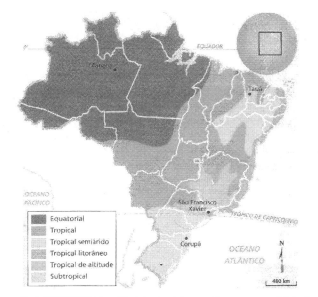

Fonte: FERREIRA, Graça Maria Lemos. Atlas geográfico: espaço mundial. 2. ed. São Paulo: Moderna, 2003. p.13.

EQUATORIAL

Em toda a região Norte e parte da Centro-Oeste aparecem os climas equatorial úmido e equatorial subsumido, que são controlados, basicamente, pela oscilação da ZCIT (Zona de Convergência Intertropical) e pela ação dos ventos alísios e das baixas pressões equatoriais.

Apresenta temperaturas elevadas e chuvas abundantes e bem distribuídas durante o ano. As médias térmicas mensais variam de 24°C a 28°C, ocorrendo apenas um leve resfriamento no inverno (julho). O índice pluviométrico ultrapassa 2.500 mm anuais e a amplitude térmica anual é baixa (inferior a 3°C). A principal massa de ar que atua na região é a equatorial continental (Ec).

CLIMAS DO BRASIL

São Gabriel da Cachoeira - AM

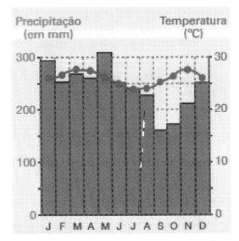

Fonte: SEMIELLI, Maria Elena. Geoatlas. 34. ed. São Paulo: Ática, 2013. p.118.

A influência da massa polar atlântica, embora rara, ocorre no trecho mais interiorizado, favorecido pelo "corredor" de terras baixas do interior do continente (Depressão do Paraguai), que canaliza o ar frio de procedência meridional. Pode-se citar como exemplo dessa canalização o que ocorreu no dia 12.08.1936, quando se registrou em Sena Madureira, no Acre, a temperatura de 7,9°C, episódio conhecido na região como "friagem".

CONTI, José Bueno & FURLAN, Sueli Angelo. Geoecologia – O Clima, os solos e a biota. In: Geografia do Brasil. ROSS, Jurandyr. L. S. São Paulo: EDUSP. p. 104.

TROPICAL

Predomina na maior parte do país, em grande parte das regiões Centro-Oeste, Sudeste e Nordeste e no estado do Tocantins. É caracterizado por temperaturas altas (média anual por volta de 20°C), o clima tropical apresenta uma estação seca no inverno e outra bem chuvosa no verão. As massas de ar que provocam as chuvas do verão são a equatorial continental (Ec) e a tropical atlântica (Ta). Esta última chega a atingir parte do Sertão Nordestino. No inverno, a massa polar atlântica (Pa) provoca queda de temperatura no Sul, Sudeste e Centro-Oeste do país.

Cuiabá - MT

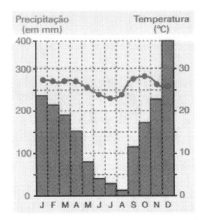

Fonte: SEMIELLI, Maria Elena. Geoatlas. 34. ed. São Paulo: Ática, 2013. p.118.

TROPICAL DE ALTITUDE

Abrange as terras altas do Sudeste, nas regiões serranas do Rio de Janeiro, São Paulo, Espírito Santo e Minas Gerais. Esse tipo de clima se caracteriza por invernos mais rigorosos sob influência da massa polar atlântica (Pa). Com temperaturas variando entre 15°C e 22°C.

Dentro do domínio tropical, outra área que aparece com marcante individualidade são os planaltos e as serras do Sudeste. Abrangem o sul de Minas Gerais e Espírito Santo e partes dos Estados de São Paulo e Rio de Janeiro, onde as altitudes acima de 1000 m determinam condições especiais de clima. É o chamado clima tropical de altitude, no qual as temperaturas médias anuais caem para 18° C e a pluviosidade se acentua, sobretudo nas encostas litorâneas em posição de barlavento.

CONTI, José Bueno & FURLAN, Sueli Angelo. Geoecologia – O Clima, os solos e a biota. In: Geografia do Brasil. ROSS, Jurandyr. L. S. São Paulo: EDUSP. p.107.

Poços de Caldas - MG

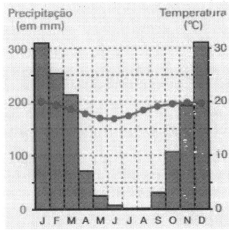

Fonte: SEMIELLI, Maria Elena. Geoatlas. 34. ed. São Paulo: Ática, 2013. p.118.

HISTÓRIA E GEOGRAFIA DO BRASIL

TROPICAL ÚMIDO OU LITORÂNEO

Abrange parte do território brasileiro próximo ao litoral, com médias térmicas e índices pluviométricos elevados. A massa de ar que exerce maior influência nesse clima é a Tropical atlântica (mTa). Característica marcante desse tipo climático é a mais alta umidade, se comparada ao clima Tropical típico.

Maceió - AL

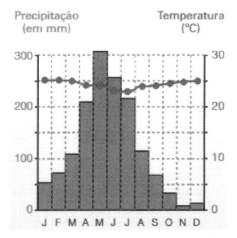

Fonte: SEMIELLI, Maria Elena. Geoatlas. 34. ed. São Paulo: Ática, 2013. p.118.

TROPICAL SEMIÁRIDO

Trata-se de um enclave de escassa pluviosidade (inferior a 600 mm anuais) dentro do domínio tropical, abrangendo quase 1 milhão de km², desde os litorais dos Estados do Ceará e Rio Grande do Norte até o médio São Francisco.

CONTI, José Bueno & FURLAN, Sueli Angelo. Geoecologia – O Clima, os solos e a biota. In: Geografia do Brasil. ROSS, Jurandyr. L. S. São Paulo: EDUSP. p.105.

Predomina em grande parte do Nordeste brasileiro, no Sertão e no norte de Minas Gerais. Pouca quantidade de chuvas (média anual inferior a 1000 mm) e temperaturas altas (média térmica anual de 28°C) são as principais características do clima tropical semiárido.

Cabaçeiras - PB

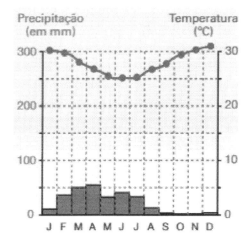

Fonte: SEMIELLI, Maria Elena. Geoatlas. 34. ed. São Paulo: Ática, 2013. p.118.

SUBTROPICAL

Típico da Região Sul do país, apresenta chuvas que se distribuem pelo ano todo, embora haja uma maior concentração no verão. Apresenta índices pluviométricos superiores a 1.250 mm anuais e as maiores amplitudes térmicas do país. A temperatura anual fica em torno de 18°C.

Porto Alegre - RS

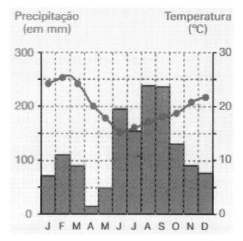

Fonte: SEMIELLI, Maria Elena. Geoatlas. 34. ed. São Paulo: Ática, 2013. p.118.

São Joaquim - SC

Na planície do Rio Grande do Sul verifica-se ocasionalmente a ocorrência de "tornados" – violentos movimentos turbilhonares com alguns metros de diâmetro, havendo convergência do ar seguida de ascensão em forma de funil. Verificam-se, preferencialmente, nos meses de primavera e resultam de súbitas e acentuadas baixas pressão.

Manifestam-se por ventos com velocidade acima de 100 km/h, causando grandes estragos.

CONTI, José Bueno & FURLAN, Sueli Angelo. Geoecologia – O Clima, os solos e a biota. In: Geografia do Brasil. ROSS, Jurandyr. L. S. São Paulo: EDUSP. p.110.

EL NIÑO E LA NIÑA

El Niño é o nome dado ao fenômeno caracterizado pelo aquecimento anormal das águas das porções central e leste do Oceano Pacífico, nas imediações da América do Sul, atingindo principalmente a costa peruana. Esse fenômeno dura de 12 a 18 meses, em média, com intervalos de 2 a 7 anos, com diferentes intensidades. Quando o El Niño atua, ocorrem diversas mudanças no clima, que se manifestam de diversas maneiras pelo mundo, tais como secas no Sudeste Asiático, invernos mais quentes na América do Norte e temperaturas elevadas na costa oeste da América do Sul. Em condições normais, a temperatura da superfície do Oceano Pacífico, na costa oeste da América do Sul, é regida pela corrente fria de Humboldt. Os ventos alísios empurram as águas superficiais em direção ao Sudeste Asiático, favorecendo o fenômeno da ressurgência ou subida das águas frias na costa peruana, vindas de grandes profundidades oceânicas, aumentando o resfriamento produzido pela corrente fria de Humboldt.

A diminuição da temperatura da superfície provoca a elevação da pressão atmosférica na costa Sul-Americana, e o aquecimento da água, ao longo do Pacífico permite que se forme um núcleo de baixa pressão, que controla as precipitações no Sudeste Asiático. Porém, em anos de El Niño a ressurgência é dificultada, o que diminui a piscosidade na região, já que águas frias oriundas do fundo oceânico e da corrente marítima de Humboldt são interceptadas por águas quentes provenientes do norte e do oeste do Oceano. O El Niño ocasiona a elevação e o deslocamento dos núcleos tropicais de baixa pressão no Oceano Pacífico, acarretando uma mudança drástica de direção e de velocidade dos ventos em nível global, fazendo com que as massas de ar mudem de comportamento em várias regiões do planeta. Como consequência, há alteração na distribuição de chuva, nebulosidade, mudanças na temperatura de países como Peru e Equador, além de secas na Amazônia Oriental e no Nordeste do Brasil. O fenômeno La Niña, ou Anti-El Niño, corresponde ao resfriamento anormal das águas do Oceano Pacífico Equatorial Central e Oriental. Quando La Niña se instala, os ventos alísios ficam mais intensos que a média climatológica, o que contribui para a ocorrência de diversas alterações climáticas ao redor do mundo.

Principais efeitos do La Niña no Brasil

- **Região Sul** – Passagens rápidas de frentes frias sobre a região, com tendência de diminuição da precipitação nos meses de setembro a fevereiro, principalmente no Rio Grande do Sul, além do centro-nordeste da Argentina e do Uruguai;
- **Região Sudeste** – Temperaturas próximas da média climatológica ou ligeiramente abaixo da média, durante o inverno;
- **Região Nordeste** – Chegada de frentes frias, principalmente no litoral da Bahia, Sergipe e Alagoas;
- **Região Norte** – Tendência a chuvas abundantes no norte e no leste da Amazônia, somada à possibilidade de chuvas acima da média sobre a região semiárida do Nordeste do Brasil.

O El Niño vem influenciando o clima global desde o inverno de 2015 interferindo na chuva, nos ventos e na temperatura do planeta neste fim de verão, porém com menor intensidade. O ciclo de vida normal de um El Niño se estende, em geral, por 9 a 12 meses. O El Niño 2015/2016 já enfraqueceu e vai continuar perdendo força no decorrer de 2016, mas entra para a história climática do planeta Terra como um três El Niño mais fortes já monitorados pelos meteorologistas.

HISTÓRIA E GEOGRAFIA DO BRASIL

10 HIDROGRAFIA DO BRASIL

A hidrografia brasileira é, sem dúvidas, uma das mais ricas do mundo, tanto pela enorme quantidade de cursos d'água que correm sobre o seu território quanto pela incrível diversidade que eles apresentam. Pelo território brasileiro ocorre o escoamento de aproximadamente 15% da água superficial do planeta.

De acordo com o CNRH (Conselho Nacional de Recursos Hídricos) dividido em 12 bacias hidrográficas.

10.1 Bacias Hidrográficas Brasileiras – CNRH (Conselho Nacional de Recursos Hídricos)

Fonte: Plano Nacional de Recursos Hídricos.

A maior parte dos rios brasileiros desloca-se em superfícies planálticas, que são predominantes na geomorfologia nacional (ocupam cerca de ¾ do território).

Essa característica da hidrografia brasileira traz uma consequência extremamente importante do ponto de vista econômico. O percurso dos rios pelos planaltos faz-se por meio dos diversos tipos de quedas d'águas, e quase todas essas quedas podem ser aproveitadas para a geração de energia, mediante a implantação de usinas hidrelétricas.

Apesar de envolverem altos custos de implantação e de transporte, as hidrelétricas são fontes vantajosas de energia elétrica no Brasil.

Na maior parte dos rios de planalto, existem trechos navegáveis localizados nas porções relativamente planas entre dois saltos, como no Rio Paraná ou no Rio São Francisco. Embora sejam grandes produtores de energia, esses rios são também utilizados para navegação.

Os rios brasileiros que se localizam em planícies, cerca de ¼ da superfície do país, são utilizados para navegação. Em alguns casos, os rios são a única opção de transporte, como em trechos do Rio Amazonas ou do Rio Paraguai, onde estão localizados os dois principais portos fluviais brasileiros, o de Manaus, no Rio Negro (afluente do Amazonas) e o de Corumbá, no Rio Paraguai, que serve o Pantanal Mato-Grossense. O relevo ainda exerce um papel importante como elemento de separação e de abastecimento das bacias hidrográficas por meio dos **centros dispersores de águas**. No Brasil, há pelo menos dois desses dispersores, que atendem às maiores bacias hidrográficas: o Planalto das Guianas e o Planalto Brasileiro, particularmente o Planalto Central.

BACIA AMAZÔNICA

É a maior bacia hidrográfica do mundo, estendendo-se por terras da Bolívia, Peru, Colômbia, Venezuela, Guiana, Suriname, Guiana Francesa e Brasil. Ocupa uma área de 6.892.475km², sendo 3.984.467km² no Brasil (46,8% do território nacional) e tendo 65% de sua área em território brasileiro, abrangendo toda a região Norte e trechos da porção setentrional dos estados de Mato Grosso e Goiás.

A Bacia Amazônica recebe ação direta do clima equatorial, cujas precipitações são elevadas todos os meses, gerando um total anual de pluviosidade da ordem de 2.000 a 2.500 mm/ano. Isso faz com que o Rio Amazonas, eixo dessa bacia, tenha o maior débito do mundo, descarregando no Atlântico cerca de 108.000m³/s de água, o que significa cerca de 20% da água que todos os rios do mundo despejam em conjunto nos oceanos.

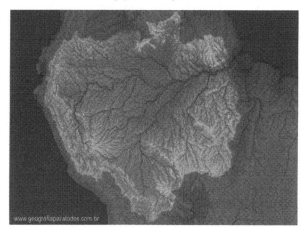

Imagem de Satélite da Bacia Amazônica. Fonte: www.geografiaparatodos.com.br

O Rio Amazonas, junto com o baixo curso de seus afluentes, forma um complexo hidroviário de 25.450 km de percurso navegável, que é, às vezes, a única opção real de transporte no interior da Amazônia.

O RIO AMAZONAS

"Foram necessários seis dias e cinco noites em meio a um clima inóspito, a 5,6 mil metros de altitude, para que a primeira expedição científica brasileira consolidasse a localização da nascente do rio Amazonas na cordilheira de Chila, nos Andes do sul do Peru. Os dados coletados indicam que a principal vertente começa no Nevado Mismi a partir da Quebrada (córrego) Apacheta. Entre a nascente e o oceano Atlântico, o curso d'água ganha nomes de Lloqueta, Apurimac, Ene, Tambo, Ucayali, Solimões e Amazonas.

Segundo os pesquisadores, com esta localização o rio pode chegar a 6.850 km de extensão, embora seu comprimento possa variar ano a ano com os meandros da planície amazônica. [...] Os trabalhos desenvolvidos pelo pesquisador no local incluíram estudos com imagens de satélite e modelos de elevação digital do terreno gerados com radar orbital. [...] A localização da nascente, a cerca de 1 mil km no sentido sul da cabeceira do Rio Marañon, faz com que o Rio Amazonas supere o Nilo, com 6.695 km, também em extensão.

PEDROSO, Marcelo. Pesquisadores mapeiam nascentes do Rio Amazonas. Notícias Terra. www.terra.com.br

PROBLEMAS AMBIENTAIS NA BACIA AMAZÔNICA

Um dos problemas ligados à Bacia Amazônica está na ocupação humana dessa região. A mineração potencializou o assoreamento dos rios e a contaminação das águas. A construção da usina hidrelétrica de Balbina (a principal usina da região), localizada no Rio Uatumã, no

HIDROGRAFIA DO BRASIL

município de Presidente Figueiredo, no Amazonas, foi considerada o maior desastre ecológico da região.

Construída para fornecer energia elétrica para a cidade de Manaus, a usina de Balbina é apontada por cientistas como emissora de dez vezes mais metano (CH_4) e gás carbônico (CO_2) do que uma termelétrica movida a carvão mineral com o mesmo potencial energético. Isso se explica pelo fato de a usina de Balbina ter sido construída em área florestada, o que provocou uma intensa decomposição do material orgânico no fundo do lago (milhões de árvores que tiveram suas raízes submersas não foram retiradas e apodreceram, emitindo assim uma grande quantidade de gases estufa). O lago tem cerca de 30 metros de profundidade, não havendo oxigênio no fundo, o que favorece o aumento da atividade de bactérias anaeróbias (processo denominado eutrofização).

A usina de Balbina é considerada um erro histórico em razão da baixa geração de energia em relação à área alagada, uma vez que a energia produzida pela usina, além de ter um custo altíssimo, é insuficiente para abastecer a própria cidade de Manaus, além de ter inundado uma grande área florestal. Além disso, os habitantes das margens do rio não mais puderam usar a água, que ficou poluída e ácida. A maioria dos municípios do Amazonas ainda se abastece por geradores movidos a petróleo.

NOTÍCIAS DA AMAZÔNIA

Agosto de 2011, cidade do Rio de Janeiro. Aquele que era para ter sido tão somente mais um Congresso Internacional da Sociedade Brasileira de Geofísica, aliás, o 12º, transformou-se numa importante vitrine para uma equipe de pesquisadores de Geofísica do Observatório Nacional, sediado no Rio de Janeiro. No evento, a equipe anunciou uma descoberta que percorreu o mundo prontamente: um rio subterrâneo que se movimenta 4 quilômetros abaixo do Rio Amazonas. Por que tal acontecimento despertou tamanho interesse? Afinal, as águas subterrâneas são um fenômeno conhecido desde longa data. Os poços artesianos, as fontes, os aquíferos atestam. Além disso, a infiltração das águas em rochas calcárias possibilita a formação de cavernas e grutas, e nessas cavidades as águas escoam como riachos subterrâneos. A ilustração ao lado pode fornecer uma ideia da dimensão da descoberta, justificando tamanha repercussão na mídia e no meio científico.

Observe que o curso d'água em cena, batizado de Rio Hamza, em homenagem ao pesquisador de origem indiana e coordenador das pesquisas, Valiya Hamza, possui cerca de 6 mil quilômetros de extensão. Mas não somente a distância percorrida impressiona: em determinados pontos, sua largura pode chegar a 400 quilômetros e sua vazão média é de 3.090 m. Para efeitos de comparação, o Rio Amazonas apresenta até 100 quilômetros de largura no local pesquisado, e o Rio São Francisco uma vazão média de 2.700 m.

Dentre os integrantes da equipe de pesquisadores da Coordenação de Geofísica do Observatório Nacional está a doutoranda Elizabeth Tavares Pimentel, da Universidade Federal do Amazonas. A descoberta faz parte de suas pesquisas envolvendo estudos sobre geotermia, ramo da Geologia que estuda a temperatura do planeta em diferentes profundidades.

Para os estudos de geotermia profunda, a pesquisadora valeu-se dos dados de temperatura de 241 poços perfurados pela Petrobras ao longo das décadas de 1970 e 1980, na Amazônia. Tais perfurações aconteceram em bacias sedimentares da região. Como se sabe, esse tipo de estrutura geológica pode estar associado à ocorrência de petróleo – razão pela qual foram realizadas as perfurações.

Por outro lado, os terrenos sedimentares apresentam porosidade e permeabilidade tal que permitem não só o escoamento e a circulação da água, como também o seu armazenamento.

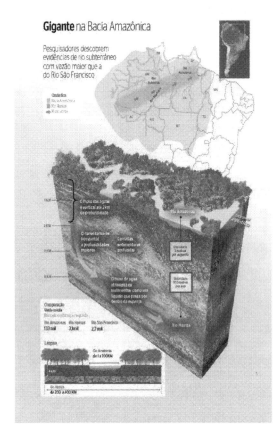

Essas características auxiliam no entendimento do fenômeno. Na altura do estado do Acre, a circulação da água é vertical até cerca de 2 quilômetros de profundidade, onde muda de direção para, em profundidades maiores, ao redor dos 4 quilômetros, tornar-se quase horizontal. Nesse aspecto, o Rio Hamza mais uma vez se distingue do Amazonas: enquanto neste as águas se deslocam a uma velocidade de 0,1 a 2 metros por segundo, naquele o fluxo se dá na ordem de 10 a 100 metros por ano. De fato, as rochas sedimentares se assemelham a uma esponja, ou melhor, o atrito causado pela rocha sedimentar impede o deslocamento mais rápido das águas.

A essa altura, duas breves conclusões podem ser tiradas. Em primeiro lugar, que um fenômeno dessas dimensões não pode acontecer em qualquer ponto da Terra.

Além das condições climáticas, próprias da região equatorial, das particularidades geológicas e geomorfológicas da Amazônia, não se pode desprezar a extensão, a superfície onde o evento está se dando. Por exemplo: na África Equatorial há uma semelhança do ponto de vista climático na chamada Bacia do Congo. Contudo os terrenos sedimentares africanos não se encontram orientados como no caso amazônico, tampouco atingem a faixa litorânea.

Em segundo lugar, um trabalho com o alcance do realizado pela Petrobras na Amazônia brasileira também não se verifica em território africano. Até porque, naquele continente, a região da Bacia do Congo se encontra compartilhada por diversos países. Feitas essas considerações, não pode ficar de fora dessa breve reflexão o entendimento que se tenha de rio. Será o Hamza, de fato, um rio mesmo que subterrâneo? Nos debates que se seguiram à exposição da equipe do Observatório Nacional, houve quem questionasse se tal corpo d'água pode ser enquadrado enquanto um rio ou se não seria tão somente um aquífero. Dentre os argumentos foi citada a velocidade do fluxo das águas subterrâneas, tida como muito inferior àquela própria de um rio.

Contudo qual velocidade deve ser tomada como referência? A isso se pode incluir outra observação, de caráter escalar: aquilo que no Sul do País pode ser tomado como um "verdadeiro" rio, na Amazônia não passaria de um igarapé. Ou seja, no atual estágio da pesquisa a respeito do Hamza parece prematura a necessidade de se levantarem critérios que possam ou não justificá-lo enquanto rio.

Por fim, e buscando apontar para a relevância do achado, o volume de água que chega ao Oceano Atlântico pode ser associado à ocorrência de verdadeiros bolsões de baixa salinidade na margem continental, isto é, nas bordas laterais do continente junto à foz do Rio Amazonas. Na medida em que o entendimento sobre o processo de formação do Rio Hamza e sua relação com o ambiente da Região Amazônica avançam, certamente algumas lacunas serão preenchidas e verdades tomadas como definitivas revistas.

Importa destacar que os limites acerca da exploração dos recursos amazônicos, ou das relações sociedade/natureza, ficarão mais claros. Considerando-se as dimensões amazônicas e o alcance dos processos que se desenrolam na região, é de se esperar que os cuidados ambientais sejam redobrados. Nesse sentido, a descoberta do Rio Hamza é bem-vinda ao campo das lutas pela manutenção do equilíbrio dinâmico da biosfera.

Roberto Filizola. Carta Capital, 05.11.2011.

BACIA DO PARANÁ

Integrante da Bacia Platina, juntamente com a dos rios do Paraguai e Uruguai ocupa uma área de cerca de 1,4 milhões de quilômetros quadrados.

A Bacia do Paraná drena a porção oeste do Planalto Meridional, abrangendo terras dos estados de Goiás, Mato Grosso do Sul, Minas Gerais, São Paulo, Paraná e Santa Catarina. Tem como eixo principal o Rio Paraná e ocupa uma área de 891.309km², ou seja, 10,4% do território brasileiro. O Rio Paraná é o décimo sétimo do mundo em extensão, com seus 2.940km. Nasce na confluência de dois outros rios importantes: o Rio Paranaíba, que separa Minas Gerais de Goiás e o Rio Grande, que separa Minas Gerais de São Paulo, definindo-se aí a região conhecida como Triângulo Mineiro.

A partir daí o Rio Paraná toma a direção e separa São Paulo de Mato Grosso do Sul e, mais adiante, faz a fronteira do Brasil com o Paraguai. Daí em diante, penetra em território argentino e vai desembocar no Rio da Prata..O Rio Paraná tem como principais afluentes os rios Verde, Pardo e Ivinheima, na margem direita e os rios Tietê, Paranapanema e Iguaçu, na margem esquerda.

Tanto o Rio Paraná quanto os seus afluentes da margem esquerda estão descendo planaltos por meio de inúmeras quedas d'água, o que dá à bacia um alto potencial hidrelétrico disponível para o aproveitamento, cerca de 45 milhões de quilowatts por hora – o segundo do Brasil.

Sua localização, próxima ao grande parque industrial do Sudeste lhe garante o primeiro lugar em produção efetiva do país, com um total de 34 milhões de quilowatts por hora. No Rio Paraná estão as usinas de Ilha Solteira e Jupiá (complexo Urubupungá), Engenheiro Sérgio Motta (Porta Primavera) e Itaipu (Usina binacional brasileira e paraguaia).

Na Bacia do Paraná situa-se um vasto reservatório de água subterrânea, conhecido como Aquífero Guarani.

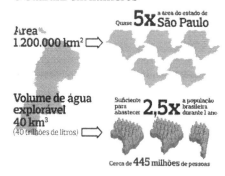

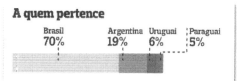

Fonte: DAEE / Embrapa Meio Ambiente

Com área de aproximadamente 1.200.000 km², é o maior manancial de água doce subterrânea transfronteiriço do mundo. Está localizado na região centro-leste da América do Sul, entre 12° e 35° de latitude sul e entre 47° e 65° de longitude oeste. Sua maior ocorrência se dá em território brasileiro (2/3 da área total), abrangendo os Estados de Goiás, Mato Grosso do Sul, Mato Grosso, Minas Gerais, São Paulo, Paraná, Santa Catarina e Rio Grande do Sul. É constituído pelos sedimentos arenosos da Formação Pirambóia na Base (Formação Buena Vista na Argentina e Uruguai) e arenitos Botucatu no topo (Missiones no Paraguai, Tacuarembó no Uruguai e na Argentina).

ALTER DO CHÃO OU GUARANÍ?

Um grupo de pesquisadores da Universidade Federal do Pará (UFPA) apresentou um estudo, na sexta-feira (16), que aponta o Aquífero Alter do Chão como o de maior volume de água potável do mundo. A reserva subterrânea está localizada sob os estados do Amazonas, Pará e Amapá e tem volume de 86 mil km³ de água doce,

HIDROGRAFIA DO BRASIL

o que seria suficiente para abastecer a população mundial em cerca de 100 vezes, ainda de acordo com a pesquisa. Um novo levantamento de campo deve ser feito na região para avaliar a possibilidade de o aquífero ser ainda maior do que o calculado inicialmente pelos geólogos.

Em termos comparativos, a reserva Alter do Chão tem quase o dobro do volume de água potável do que o Aquífero Guarani – com 45 mil km³ de volume –, até então considerado o maior do país e que passa pela Argentina, Paraguai e Uruguai. "Os estudos que temos são preliminares, mas há indicativos suficientes para dizer que se trata do maior aquífero do mundo, já que está sob a maior bacia hidrográfica do mundo, que é a do Amazonas/Solimões. O que nos resta agora é convencer toda a cadeia científica do que estamos falando", disse Milton Matta, geólogo da UFPA.

O Aquífero Alter do Chão deve ter o nome mudado por ser homônimo de um dos principais pontos turísticos do Pará, o que costuma provocar enganos sobre a localização da reserva de água. "Estamos propondo que passe a se chamar Aquífero Grande Amazônia e, assim, teria uma visibilidade comercial mais interessante", disse Matta, que coordenou a pesquisa e agora busca investimento para concluir a segunda etapa do estudo no Banco Mundial e outros patrocinadores científicos.

O geólogo informou que a segunda etapa de pesquisa será a visita aos poços já existentes na região do aquífero. "Pretendemos avaliar o potencial de vazão. Dessa maneira teremos como mensurar a capacidade de abastecimento da reserva e calcular a melhor forma de exploração da água, de maneira que o meio ambiente não seja comprometido", disse. Para Marco Antonio Oliveira, superintendente do Serviço Geológico do Brasil, em Manaus, a revelação de que o Aquífero Alter do Chão é o maior do mundo comprova que esse tipo de reserva segue a proporção de tamanho da Bacia Hidrográfica que fica acima dela. "Cerca de 40% do abastecimento de água de Manaus é originário do Aquífero Alter do Chão. As demais cidades do Amazonas têm 100% do abastecimento tirado da reserva subterrânea. São Paulo, por exemplo, tem seu abastecimento em torno de 30% vindo do Aquífero Guarani." Oliveira disse que a reserva, na área que corresponde a Manaus, já está muito contaminada. "É onde o aquífero aflora e também onde a coleta de esgoto é insuficiente. Ainda é alto o volume de emissão de esgoto 'in natura' nos igarapés da região."

Fonte: www.g1.com.br

BACIA DO PARAGUAI

A área da Bacia do Paraguai é de 345.701 km² (4% do território nacional). A Bacia do Paraguai é típica de planície. Sua maior extensão no Brasil está situada no complexo do pantanal, destacando-se pelo seu aproveitamento como hidrovia interligada a outras bacias (essencialmente a do Paraná), por meio dos rios Pardo e Coxim. A navegação nessa bacia é internacional, pois o rio Paraguai banha terras do Brasil, Bolívia, Paraguai e Argentina. Destaca-se a importância do porto fluvial de Corumbá (MS).

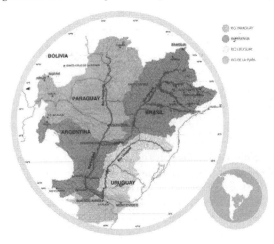

BACIA DO URUGUAI

Ocupando uma área de 178.235km² (2,1% do território nacional) a bacia do Uruguai abrange grande trecho de relevo planáltico. O rio Uruguai, que nasce da confluência dos rios Canoas e Pelotas, é utilizado como limite em boa parte da divisa entre os estados do Rio Grande do Sul e de Santa Catarina, bem como em parte do trecho da fronteira entre o Brasil e a Argentina e em toda a fronteira entre a Argentina e o Uruguai.

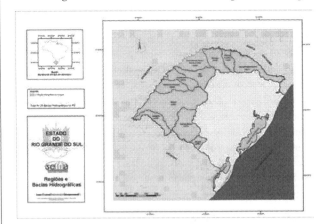

É muito pouco utilizado, seja para geração de energia, seja para o transporte fluvial. O percurso navegável dessa bacia é de apenas 625 km. A maior parte dessa extensão é localizada entre os portos de São Borja e Uruguaiana, no próprio Uruguai.

BACIA DO SÃO FRANCISCO

O rio São Francisco, eixo principal da bacia, é o maior rio totalmente brasileiro, com 2.700 km de extensão. Por essa razão, é denominado rio genuinamente brasileiro. Sua bacia ocupa 631.133 km² (7,4% do território nacional) unindo as terras do Sudeste e do Nordeste do país, daí a denominação de rio da unidade nacional.

O **velho Chico**, como é conhecido, não é nordestino, ainda que ele percorra grandes extensões nessa região de secas. Ele nasce na Serra da Canastra, em Minas Gerais, e deságua no Atlântico, na divisa entre Alagoas e Sergipe, depois de percorrer longo trecho do sertão nordestino. Corre no sentido geral norte-sul. Possui declives acentuados em trechos próximos à nascente ou à foz, o que confere a posição de segunda bacia em produção hidrelétrica do Brasil. Abastece tanto a região Sudeste, com a usina de Três Marias (MG), quanto a Nordeste, com suas usinas de Sobradinho (PE/BA), Paulo Afonso (AL/BA), Xingo (AL/SE), usina Luiz Gonzaga – também conhecida por Itaparica –, (PE/BA) e Moxotó (AL/BA). O São Francisco também apresenta longo trecho navegável em seu curso médio.

ROTA DA TRANSPOSIÇÃO

Em agosto de 2020 a obra de integração das bacias hidrográficas nordestinas, a partir do desvio de água do rio São Francisco, completa quinze anos. Estão previstos dois eixos principais: o eixo norte que levará água de Cabrobó (PE) para os sertões pernambucano, cearense e potiguar. Já o eixo leste colherá água em Petrolândia (PE) para as áreas mais próximas do litoral nos estados da Paraíba e de Pernambuco. O governo pretendia terminar o trecho norte em 2010 e a obra terminaria de acordo com o Estado em 2017.

TRANSPOSIÇÃO OU INTEGRAÇÃO?
AS ÁGUAS DO RIO NÃO SÃO A PANACÉIA PARA OS PROBLEMAS DO SEMIÁRIDO?

"Nas discussões, que ora se travam sobre a questão da transposição das águas do Rio São Francisco para o setor norte do Nordeste seco, existem alguns argumentos tão fantasiosos e mentirosos que merecem ser corrigidos em primeiro lugar. Referimo-nos ao fato de que a transposição das águas resolveria os grandes problemas sociais existentes na região semiárida do Brasil.

Trata-se de um argumento completamente infeliz. O Nordeste seco, delimitado pelo espaço até onde se estendem as caatingas e os rios intermitentes, sazonários e exorréicos (que chegam ao mar), abrange um espaço fisiográfico socioambiental da ordem de 750 mil quilômetros quadrados, enquanto a área que pretensamente receberá grandes benefícios abrange dois projetos lineares que somam apenas alguns milhares de quilômetros nas bacias dos rios Jaguaribe [Ceará] e Piranhas/Açu, no Rio Grande do Norte.

Um problema essencial na discussão das questões envolvidas no projeto de transposição de águas do São Francisco para os rios do Ceará e Rio Grande do Norte diz respeito ao equilíbrio que deveria ser mantido entre as águas que seriam obrigatórias para as importantíssimas hidrelétricas já implantadas no médio/baixo vale do rio – Paulo Afonso, Itaparica, Xingó. Devendo ser registrado que as barragens ali implantadas são fatos pontuais, mas a energia ali produzida, e transmitida para todo o Nordeste, constitui um tipo planejamento da mais alta relevância para o espaço total da região.

De forma que o novo projeto não pode, em hipótese alguma, prejudicar o mais antigo, que reconhecidamente é de uma importância areolar. Mas parece que ninguém no Brasil se preocupa em saber nada de planejamentos pontuais, lineares e areolares.

A quem vai servir a transposição das águas? Os "vazanteiros", que fazem horticultura no leito dos rios que perdem fluxo durante o ano, serão os primeiros prejudicados. A eles se deve conceder a prioridade em relação aos espaços irrigáveis que viessem a ser identificados e implantados.

De imediato, porém, serão os pecuaristas da beira alta e colinas sertanejas que terão água disponível para o gado nos meses em que os rios da região não correm. Sobre a viabilidade ambiental pouca coisa se pode adiantar, a não ser a falta de conhecimentos sobre a dinâmica climática e periodicidade do rio que vai perder água e dos rios inter-mitentes-sazonários que vão receber filetes das águas transpostas.

Um projeto inteligente e viável sobre a transposição de águas, captação e utilização de águas das estações chuvosas e multiplicação de poços ou cisternas têm de envolver obrigatoriamente conhecimento sobre a dinâmica climática regional do Nordeste. No caso de projetos de transposição de águas, há de se ter consciência de que o período de maior necessidade será aquele em que os rios sertanejos intermitentes perdem a correnteza por cinco a sete meses. Trata-se, porém, do mesmo período em que o São Francisco se torna menos volumoso.

Entretanto é nessa época do ano que haverá maior necessidade de reservas de água para hidrelétricas regionais. Trata-se de um impasse paradoxal, do qual, até agora, não se falou. Por outro lado, se essa água tiver que ser elevada ao chegar à região final do seu uso, para desde um ponto mais alto descer e promover alguma irrigação por gravidade, o processo todo aumentará ainda mais a demanda regional por energia. E, ainda noutra direção, como se evitará uma grande evaporação dessa água que atravessará o domínio da caatinga, onde o índice de evaporação é o maior de todos? Eis outro ponto obscuro, não tratado pelos arautos da transposição.

AZIZ NACIB AB'SABER, professor emérito da FFLCH/USP e professor honorário do Instituto de Estudos Avançados/USP.

Trecho da Obra de Integração do São Francisco.

Cisternas Superficiais implementadas do semiárido.

ASPECTOS POSITIVOS

- Aumento da água disponível e diminuição da perda em razão dos reservatórios;
- Aumento a renda e comércio das regiões atingidas;

HIDROGRAFIA DO BRASIL

- Redução de problemas trazidos pela seca;
- Irrigação de áreas abandonadas e criação de novas fronteiras agrícolas;
- Redução de doenças e óbitos gerados pelo consumo de água contaminada ou pela falta de água;
- Obras de revitalização do rio etc.

ASPECTOS NEGATIVOS

- Benefícios – grande empresário (carcinicultor, flores, frutas) e outras atividades agrícolas;
- Não haverá a socialização da água; Canalizações indevidas;
- Incorporação de terra pelos latifundiários;
- Impacto na produção de energia (diminuição da vazão do rio);
- Água de má qualidade (80% da população não possuem saneamento básico e despejam todo seu esgoto na água do rio);
- Dúvidas custo benefícios;
- Impactos Ambientais dos mais diversos.

MAPA DA INTEGRAÇÃO DE BACIAS DO SEMIÁRIDO

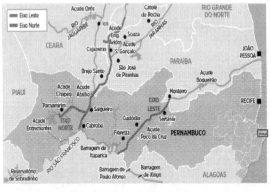

Fonte: www.estado.com.br

BACIA TOCANTINS-ARAGUAIA

A Bacia do Tocantins-Araguaia ocupa uma área de 803.250 Km² (9,5% da área total do país). Deste espaço, metade pertence ao Rio Tocantins e a outra metade ao Rio Araguaia, daí a denominação da bacia. Essa bacia deve ser desmembrada da Bacia Amazônica, já que o Rio Tocantins, seu eixo principal, embora desemboque ao sul da Ilha de Marajó junto à foz do Rio Amazonas, não é um afluente desse, e, portanto, compõe uma bacia autônoma. O Rio Tocantins nasce à cerca de 250 km de Brasília, sendo formado pela junção dos rios Alma e Maranhão, cujas cabeceiras estão no Planalto Central, em Goiás. A partir daí, o rio percorre 2640 km até chegar ao Golfão Amazônico. O Rio Araguaia circunda uma área que é a maior ilha fluvial do mundo – a Ilha do Bananal. Nela está situada a usina hidrelétrica de Tucuruí, no Rio Tocantins, no Pará, preparada para gerar 8 milhões de quilowatts por hora.

Imagem aérea da Usina de Tucuruí - PA.

BACIAS SECUNDÁRIAS

Reúnem um conjunto de bacias localizadas nas proximidades do litoral e apresentam rios de pequena extensão, geralmente com poucos afluentes. São consideradas bacias secundárias:

BACIA DO NORDESTE – Destacam-se os rios permanentes Mearim, Turiaçu e Itapecuru (no Maranhão); Parnaíba (Maranhão/Piauí) e Beberibe e Capibaribe (Pernambuco). Contudo a maior parte dos rios situa-se no sertão; eles são temporários, como o Jaguaribe (Ceará), considerado o maior rio temporário do mundo.

BACIA DO LESTE – Destaca-se o rio Jequitinhonha, que corta uma região extremamente pobre do nordeste de Minas Gerais; o Doce, que abrange tradicional área de mineração nesse estado; o Paraíba do Sul, que atravessa importante região industrial do Brasil e de grande concentração urbana (São Paulo e Rio de Janeiro).

BACIA DO SUDESTE-SUL – São importantes rios dessa bacia o Ribeira de Iguape, o Itajaí e o Tubarão. No Rio Grande do Sul, destacam-se os rios Guaíba e Jacuí além das lagoas dos Patos, Mirim e Mangueira.

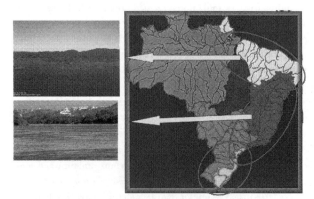

GESTÃO DAS ÁGUAS

No Brasil, as bacias hidrográficas têm sido utilizadas como unidades territoriais de planejamento e gestão dos recursos hídricos. As atividades que buscam promover o uso racional, o controle e a proteção dos recursos hídricos, resolver os problemas de escassez e recuperação da água são consideradas gestão de recursos hídricos. A Política Nacional de Recursos Hídricos prevê a gestão integrada, descentralizada e participativa dos recursos hídricos.

No Brasil, a primeira tentativa de se organizar uma gestão voltada para as águas surge na década de 1930, com a decretação do Código de Águas, que tomou o nº 24.643 e foi publicado em 10 de julho de 1934. Esse dispositivo era tão avançado para sua época que não conseguiu ter seus dispositivos completamente implementados, caso do princípio usuário-pagador. Em janeiro de 1997 foi criada a Lei 9.433, que institui a Política Nacional de Recursos Hídricos, prevendo processos participativos e instrumentos econômicos que promovam uma utilização mais eficiente deste bem. Em 2000 foi criada a ANA (Agência Nacional de Águas), responsável por implementar a nova lei, assim como os Comitês de Bacias, que contam com a participação dos usuários, da sociedade civil organizada e do governo, promovendo uma discussão e a viabilidade de soluções.

10.2 O Mar Territorial Brasileiro e a Degradação dos Recursos – Amazônia Azul

Há quem diga que o futuro da humanidade dependerá das riquezas do mar. Neste sentido, torna-se inexorável o destino brasileiro de praticar sua mentalidade marítima para que o mar brasileiro seja protegido da degradação ambiental e de interesses alheios. Na tentativa de voltar os olhos do Brasil para o mar sob sua jurisdição, por ser fonte infindável de recursos, pelos seus incalculáveis bens naturais e pela sua biodiversidade, a Marinha do Brasil criou o termo "Amazônia Azul", para, em analogia com os recursos daquela vasta região terrestre, representar sua equivalência com a área marítima.

Fonte: <http://www2.camara.leg.br/camaranoticias/imagens/imgNoticiaUpload1493846523886.jpg>.

A Convenção das Nações Unidas sobre o Direito do Mar (CNUDM) tem origem em sua 3ª Conferência, encerrada em 10 de dezembro de 1982, em Montego Bay, na Jamaica. O Brasil assinou a convenção naquela mesma data, juntamente com outros 118 países, mas só a ratificou em 1993; a CNUDM só entrou em vigor em 16 de novembro de 1994. Nela foram definidos os espaços marítimos: o Mar Territorial, que não deve ultrapassar o limite de 12 milhas náuticas (MN); a Zona Contígua, adjacente ao mar territorial, cujo limite máximo é de 24 MN e é medida a partir das linhas de base do mar territorial; a Zona Econômica Exclusiva (ZEE), medida a partir das linhas de base do mar territorial e que não deve exceder a distância de 200 MN; e a Plataforma Continental, que compreende o solo e o subsolo das áreas submarinas, além do mar territorial, podendo estender-se além das 200 milhas até o bordo exterior da margem continental. A distância máxima está limitada a 350 milhas, a contar da linha de base a partir da qual se mede a largura do mar territorial.

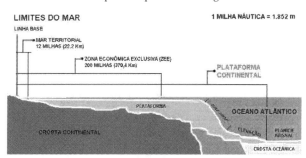

Foram definidos, ainda, conceitos complementares, como as Águas Interiores: situadas no interior das linhas de base do mar territorial e que fazem parte das águas interiores de um país. Como exemplo, as águas do Rio Amazonas, do São Francisco e da Lagoa dos Patos; as Águas Arquipelágicas, circunjacentes aos arquipélagos como os de Martim Vaz e Trindade, Fernando de Noronha e o Atol das Roças; Alto Mar, como se configuram as partes não incluídas na zona econômica exclusiva, no mar territorial ou nas águas interiores, nem nas águas arquipelágicas de um Estado. Regime das Ilhas: o Mar Territorial, a Zona Contígua, a Zona Econômica Exclusiva e a Plataforma Continental de uma ilha são determinados de acordo com a convenção citada. Os rochedos, porém, não se prestam à habitação humana ou à vida econômica, não tendo zona econômica exclusiva ou plataforma continental. Assim, no final dos anos 1990, o Brasil adotou providências com relação aos rochedos São Pedro e São Paulo, situados a cerca de 520 MN do Estado do Rio Grande do Norte: mudou-lhes o nome de "rochedos" para "arquipélago"; construiu e instalou lá um farol, para substituir o que fora destruído por um sismo, em 1930, e construiu uma estação científica permanentemente guarnecida por um pequeno grupo de pesquisadores.

O Alto-Mar, segundo os acordos internacionais, é franqueado a todos os Estados, sejam eles costeiros ou não, desde que utilizado para fins pacíficos. Porém os Estados devem estabelecer os requisitos necessários à atribuição da sua nacionalidade a navios, para o registro deles em seu território e para o direito de mostrar sua bandeira, impedir o transporte ilegal de material e pessoal, reprimir a pirataria e cooperar para a repressão do tráfico ilícito de drogas. A pirataria tem crescido em determinadas áreas do mundo e deve ser combatida. Devemos estar prontos para combater tal ilícito.

Uma breve observação do mapa anterior permite esclarecer a importância da Amazônia Azul para o Brasil: com a ampliação da nossa Plataforma Continental e mais as áreas marítimas dos Arquipélagos de Fernando de Noronha e São Pedro e São Paulo, somadas à área marítima das ilhas Oceânicas de Trindade e Martim Vaz, a área disponível para a exploração de riquezas e exploração científica (fundamental para o

HIDROGRAFIA DO BRASIL

futuro da humanidade) se assemelha à atual superfície amazônica. Não são necessárias maiores explicações para justificar as razões da necessidade de O "Dia Nacional da Amazônia Azul" é celebrado no dia 16 de novembro. Sancionada pela Lei n° 13.187, de 11 de novembro de 2015, a data foi escolhida em homenagem à entrada em vigor da Convenção das Nações Unidas sobre Direito do Mar, em 16 de novembro de 1994.

POLÍTICA NACIONAL PARA OS RECURSOS DO MAR

A Política Nacional para os Recursos do Mar (PNRM) entrou em vigor no dia 23 de fevereiro de 2005. Sua gênese, porém, é bem anterior a essa data. O interesse do governo federal por esse assunto foi materializado, primeiramente, em dois decretos. O primeiro, n° 62.232, 6 de fevereiro de 1968, foi assinado pelo então Presidente da República, General Costa e Silva, e criou a Comissão Interministerial sobre a Exploração e Utilização do Fundo dos Mares e Oceanos (CIEFMAR).

Dois aspectos relacionados a essa comissão merecem destaque: a sua presidência cabia ao Secretário-Geral Adjunto para Organismos Internacionais do Ministério das Relações Exteriores (MRE) e a ela competia tratar de todos os aspectos da questão da exploração e utilização dos fundos dos mares e oceanos, além dos limites da Plataforma Continental brasileira. É também interessante notar que já naquela época, o Brasil considerava a Plataforma Continental parte integrante do território nacional, apesar de não haver estabelecido seus limites. Somente os limites do mar territorial e da zona contígua do Brasil haviam sido fixados pelo Decreto-lei n° 44, de 18 de novembro de 1966, em 6 e 12 milhas náuticas, respectivamente.

Para orientar o desenvolvimento das atividades afetas à utilização, exploração e aproveitamento desses recursos, de forma sustentável, foi elaborada a Política Nacional para os Recursos do Mar (PNRM), que possui como um dos instrumentos para o atingimento dessa finalidade o Plano Setorial para os Recursos do Mar (PSRM).

A proposta deste trabalho acadêmico é estudar em que medida o Plano Setorial para os Recursos do Mar tem contribuído para atingir a finalidade e os objetivos da Política Nacional para os Recursos do Mar. Para o cumprimento desse propósito, buscar-se-á a caracterização da PNRM e seu principal instrumento: a Comissão Interministerial para os Recursos do Mar (CIRM), no contexto do marco teórico relativo a Políticas Públicas, a partir de 1980; a verificação da correlação entre os objetivos da PNRM e as principais ações constantes do PSRM; e a identificação de óbices e oportunidades para a implementação das ações propostas no PSRM.

O estudo ficará restrito às ações do PSRM. Não serão abordadas questões relativas aos outros planos e programas derivados da PNRM, assim como outros elaborados ou gerenciados pela CIRM, quais sejam: o Plano Nacional de Gerenciamento Costeiro (PNGC), o Plano de Levantamento da Plataforma Continental Brasileira (LEPLAC) e o Programa Antártico Brasileiro (PROANTAR). No que concerne ao período da pesquisa, tomou-se por base o ano da publicação do primeiro documento relevante ao assunto, as Diretrizes Gerais da Política Nacional para os Recursos do Mar, em 1980.

Exemplares da biodiversidade da Amazônia Azul.

SISTEMA DE PROTEÇÃO DA AMAZÔNIA AZUL

11 DOMÍNIOS MORFOCLIMÁTICOS

11.1 Domínios da Natureza do Brasil

"O Meio, ou Paisagem, natural de uma área é formada de elementos da natureza que mais interessam aos seres humanos e que interagem naquele lugar, ou seja, que são independentes. A humanidade, ao ocupar esse espaço, relaciona-se com estes elementos: clima, estrutura geológica e relevo, solo, vegetação e fauna originais e hidrografia."

Vesentini, J. William. Sociedade e Espaço, 44. ed. São Paulo: Ática. 2005. p.335.

DOMÍNIOS MORFOCLIMÁTICOS

A respeito dos diversos tipos de clima e relevo existentes no Brasil, observamos que eles mantêm grandes relações, sejam elas de espaço, de vegetação, de solo, dentre outros. Caracterizando vários ambientes ao longo de todo território nacional. Para entendê-los, é necessário distinguir um dos outros. Pois a sua compreensão deve ser feita isoladamente. Nesse sentido, o geógrafo brasileiro Aziz Nacib Ab'Saber, faz uma classificação desses ambientes chamados de Domínios Morfoclimáticos. Este nome, morfoclimático, é em razão das características morfológicas e climáticas encontradas nos diferentes domínios, que são 6 (seis) ao todo e mais as faixas de transição. Em cada um desses sistemas, são encontrados aspectos, histórias, culturas e economias diferentes, desenvolvendo particulares condições, como de conservação do ambiente natural e processos erosivos gerados pela ação do homem.

11.2 Domínio Amazônico e Terras Baixas Florestadas Equatoriais

Situado, em sua maior parte, na região Norte do país, o domínio amazônico compõe planaltos, depressões e uma faixa latitudinal de planície e apresenta vegetação perenifólia, latifoliada (de folhas largas), rica em madeira de lei e densa, o que impede a penetração de cerca de 95% da luz solar no solo e, portanto, o desenvolvimento de herbáceas. No verão, quando a Zona de Convergência Intertropical se estabelece no sul do país, os ventos formados no anticiclone dos Açores são levados pelo movimento dos alísios ao continente e, ao penetrá-lo, assimila a umidade proveniente da evapotranspiração da Floresta Amazônica.

Essa massa de ar úmida é chamada de massa equatorial continental, sendo responsável pelo alto índice pluviométrico da região. Além de úmida, a Floresta Amazônica também é quente, apresentando, em função de sua abrangência latitudinal, clima equatorial. No inverno, quando a Zona de convergência intertropical se estabelece no norte do país, a massa polar atlântica, oriunda da Patagônia, após percorrer o longo corredor entre a Cordilheira dos Andes e o Planalto Central, chega à Amazônia seca, porém ainda fria, o que ocasiona friagem na região e, com isso, diminuição das chuvas. A vegetação da Amazônia, além de latifoliada e densa, possui solo do tipo latossolo pobre em minerais e uma grande variedade de espécies, geralmente autofágicas, em virtude da grande presença de húmus nas folhas. Observa-se a presença de três subtipos: a mata de terra firme, onde nota-se a presença de árvores altas, como o guaraná, o caucho (do qual se extrai o látex) e a castanheira-do-pará, que, em geral, atinge 60 metros de altura, a mata de igapó, localizada em terras mais baixas, zonas alagadas pelos rios e onde vivem plantas como a vitória-régia, e a mata de várzea, onde se encontram palmeiras, seringueiras e jatobás.

11.3 Domínio da Caatinga e Depressões Intermontanas e Interplanálticas Semiáridas

Ocorre no oeste do Nordeste e norte de Minas Gerais e a cobertura vegetal é composta por espécies da flora resistentes à falta de água. O clima é semiárido, possui como principal característica a longa estiagem e chuvas irregulares no decorrer do ano. As altitudes variam de 200 a 800 metros acima do nível do mar, compostos por duas unidades de relevo: depressões e planaltos.

11.4 Domínio do Cerrado e Chapadões Tropicais Interiores com Cerrados e Florestas-Galeria

Predomina no centro-oeste do Brasil no qual encontra os estados de Goiás, Mato Grosso e Mato Grosso do Sul, a vegetação é composta por árvores tortuosas de pequeno porte, raízes profundas, cascas e folhas grossas, apesar disso, o cerrado demonstra outras variações ou classificações denominadas de subsistemas (cerrado comum, cerradão, campo limpo, campo sujo, subsistema de matas, de veredas e ambientes alagadiços). O clima é o tropical subúmido com duas estações bem

DOMÍNIOS MORFOCLIMÁTICOS

definidas, uma seca e uma chuvosa. O relevo desse domínio é composto por planaltos e chapadas.

11.5 Domínio das Araucárias e Planaltos Subtropicais com Araucária

Restringe-se aos estados da Região Sul do Brasil e é uma vegetação encontrada principalmente em planaltos mais elevados. A cobertura vegetal é formada por pinheiro-do-paraná, além da erva-mate e o cedro. O clima predominante é o subtropical, ou seja, uma transição entre o clima tropical e o temperado, com verões quentes e invernos rigorosos, apresenta as menores temperaturas do país e, em determinadas localidades, ocorre precipitação de neve.

11.6 Domínio dos Mares de Morros e Áreas Mamelonares Tropical-Atlântica Florestadas

A paisagem é formada por relevo acidentado, ou seja, há uma grande incidência de planaltos, serras e morros que sofreram desgastes erosivos, esse relevo abrange a floresta tropical (Floresta Atlântica), essa, em seu estágio natural, se apresentava desde o Rio Grande do Sul ao Rio Grande do Norte. Quanto ao clima, é o tropical úmido, as chuvas são regulares e bem distribuídas no decorrer do ano.

11.7 Domínio das Pradarias e Coxilhas Subtropicais com Prada Mistas

Também conhecido por Pampa, Campanha Gaúcha ou Coxilhas, esse domínio é na verdade um prolongamento do pampa argentino e uruguaio no sul do Brasil. Trata-se de uma extensa área com predomínio de terras baixas e vegetação herbácea, onde sobressaem colinas ou ondulações do terreno denominadas coxilhas. A pecuária extensiva é a principal atividade econômica da região.

11.8 Faixas Transicionais

Faixas de transição são áreas intermediárias entre as regiões naturais, muitas vezes agrupam características de dois ou mais domínios morfoclimáticos. Um exemplo de faixa de transição é a região do Pantanal, que ocupa partes do sudoeste do Mato Grosso e oeste do Mato Grosso do Sul. O Pantanal possui uma vegetação bastante diversificada, composta por florestas, cerrados e até mesmo espécies típicas da caatinga. O relevo do Pantanal é formado por uma vasta planície, com rios volumosos. O clima é quente, com uma estação chuvosa (de novembro a abril) e outra de seca (de maio a outubro). Na estação chuvosa os leitos dos rios transbordam e as águas inundam grande parte da planície.

11.9 Principais Ameaças aos Domínios Morfoclimáticos

Desde os anos 70, com os elevados investimentos em projetos de agropecuária, extrativismo vegetal e mineral, a Floresta Amazônica tem sofrido intensa devastação.

O chamado arco do desmatamento é uma região em que a diversidade de ocupação e de atividades vem acarretando um intenso processo de queimadas e desflorestamentos.

As principais atividades degradadoras são o extrativismo, a pecuária e mais recentemente o cultivo de soja. Também conhecido como arco de fogo, ou mais recentemente chamado de arco de povoamento adensado, essa área estende-se desde a desembocadura do Amazonas até o oeste do Maranhão, leste e sudeste do Pará, Tocantins, Mato Grosso e Rondônia.

Esses estados apresentam, ainda, outro grande problema brasileiro que é o trabalho escravo, estes estados apresentam o maior número de casos registrados pelo Ministério do Trabalho.

OS DOMÍNIOS DE NATUREZA NO BRASIL

A paisagem é sempre uma herança. Na verdade, ela é uma herança em todo o sentido da palavra: herança de processos fisiográficos e biológicos, e patrimônio coletivo dos povos que historicamente a herdaram como território de atuação de suas comunidades [...]. Mais que simples espaços territoriais, os povos herdaram paisagens e ecologias, pelas quais certamente são ou deveriam ser responsáveis.

Desde os mais altos escalões do governo e da administração até o mais simples cidadão, todos têm parcela de responsabilidade permanente, no sentido da utilização não predatória dessa herança única, que é a paisagem terrestre. Para tanto, há que conhecer melhor as limitações de uso, específicas de cada tipo de espaço e paisagens [...]. Diga-se de passagem que, a despeito de a maior parte dessas paisagens do país estar sob a complexa situação de duas organizações e opostas e interferentes – ou seja, a natureza e a dos homens –, ainda existem possibilidades razoáveis para uma caracterização dos espaços naturais, em uma tentativa mais objetiva de reconstrução espacial primária delas. De modo geral, o homem pré-histórico brasileiro pouca coisa parece ter feito como elemento perturbador da estrutura primária das paisagens naturais do país [...].

Ab´Saber, Aziz N. Potencialidades paisagísticas brasileiras. São Paulo, IG-USP, 1977(Série Geomorfologia, n.55); Domínios de Natureza no Brasil).

12 A QUESTÃO AMBIENTAL NO BRASIL

12.1 A Questão Ambiental

O nosso planeta vem sofrendo mudanças climáticas profundas há milhões de anos. Essas transformações são naturais, uma vez que a própria dinâmica do planeta as exige. Entretanto, a história da sociedade humana sempre esteve ligada à apropriação da natureza, a princípio, de maneira moderada, com o objetivo de obter recursos para a sua sobrevivência. Contudo, com a evolução da ciência, essa relação do homem com a natureza é transformada quando ele se coloca como o centro de todas as coisas – **antropocentrismo**.

Com a evolução das atividades econômicas, o processo produtivo passa a ter o domínio da sociedade, o capital e o trabalho passam a ser peças fundamentais na dinâmica da sociedade humana, e a natureza passa a ter o papel de provedora inesgotável de fonte de energia para a sociedade industrial, ou seja, as modificações empreendidas pelo homem na natureza se tornam cada vez mais intensas.

Os impactos ambientais que acompanham a sociedade humana tiveram início no planeta, de forma mais intensa, a partir do século XIX, provocados, principalmente, pela Revolução Industrial, que levou à urbanização da população mundial, agravando e acelerando a degradação do ambiente, o que ocorre até os dias atuais.

A consciência ecológica e o reconhecimento da esgotabilidade dos recursos naturais começaram a despertar mais atenção na década de 1960. As profundas transformações sociais e culturais dessa década deram início a mudanças no pensamento ecológico, o que motivou o surgimento das primeiras organizações não governamentais (ONGs), que tinham como objetivo a luta pela preservação ambiental. Suas posições e suas críticas marcaram a mídia da época, levando-a, pelo menos, a uma reflexão sobre a questão ambiental.

Na década de 1970, a tomada de consciência ecológica foi consolidada. A ONU divulgou um alerta sobre a questão ambiental no ano de 1972 durante uma conferência realizada em Estocolmo, Suécia. Dessa conferência, resultou a Declaração sobre o Ambiente Humano, na qual, pela primeira vez, a comunidade internacional alerta sobre a preservação do meio ambiente e a responsabilidade dos países em preservá-lo. Além disso, foi instituído o Programa das Nações Unidas para o Meio Ambiente (PNUMA). Nesse mesmo ano, o Clube de Roma – entidade formada por importantes empresários – também alertou o mundo para os problemas ambientais, divulgando um relatório que ficou conhecido como "Os limites do crescimento", elaborado pelo Massachusetts Institute of Tecnology (MIT). Neste relatório, alertava-se sobre os problemas ambientais globais provocados, principalmente, pela sociedade urbano-industrial. Nesse relatório, foi proposto o congelamento do crescimento econômico como única saída para evitar o aumento da degradação ambiental. Por motivos óbvios, a proposta desagradou a todos, dando destaque para os países subdesenvolvidos que, na época, necessitavam do crescimento econômico a qualquer custo.

As discussões a respeito do relatório acabaram por afastar a possibilidade de uma posição mundial aceitável naquele momento. Em 1978, ocorreu a primeira Conferência do Clima em Genebra, Suíça. A partir disso, houve uma intensificação de pesquisas científicas sobre as mudanças climáticas, o que levou à formação do Painel Intergovernamental para Mudanças Climáticas (IPCC), em 1988, organizado pelo Programa das Nações Unidas para o Meio Ambiente e pela Organização Meteorológica Mundial (OMM), que teve por objetivo melhorar o entendimento científico sobre o tema por meio da cooperação dos países-membros da ONU. O IPCC constitui a mais importante referência científica no mundo sobre o aquecimento global e é o principal responsável pelas previsões a respeito do assunto.

Na década de 1980, a Conferência de Nairóbi (1982) teve como objetivo avaliar o desenvolvimento de programas ambientais e estabelecer prioridades para a preservação ambiental, tais como a criação de unidades de conservação e a recuperação das áreas degradadas.

Em 1983, com a criação, pela ONU, da Comissão Mundial sobre o Meio Ambiente e Desenvolvimento (CMMAD), encomendou-se a Gro Harlem Brundtland, presidente da Comissão e primeira-ministra da Noruega, um estudo sobre o tema degradação ambiental mundial, que foi publicado em 1987, sob o título "Nosso futuro comum". O que marca esse estudo é a busca do equilíbrio entre as posições antagônicas surgidas em Estocolmo, lançando, em âmbito mundial, a noção de desenvolvimento sustentável e apresentando orientação para políticas que o buscam. Esse estudo ficou conhecido como Relatório Brundtland e foi o marco para a busca do desenvolvimento sustentável, mostrando ser possível o crescimento econômico e o desenvolvimento humano.

Gro Harlem Brutland

O Brasil é considerado um dos 12 países com **megadiversidade**, ou seja, possui em seu território proporção relativamente grande da biodiversidade global. Fato esse que advém não só da grande extensão territorial do país, como da sua localização na zona tropical, com grandes áreas de floresta tropical úmida, bioma[1] que abriga proporção extremamente grande do total de espécies que ocorrem no planeta.

A história da flora brasileira resultou numa grande diversidade de associações ou distribuição espacial das associações vegetais. Há diferentes critérios de classificação da vegetação brasileira e sua distribuição. Cada autor seleciona, conforme o seu enfoque, critérios que podem ser fisionômicos, ecológicos, bioclimáticos etc.

De forma genérica, existem no Brasil, a Floresta Amazônica, a Mata Atlântica, a Mata de Araucária ou Mata dos Pinheiros, a Mata dos Cocais e as Matas Ciliares constituem as **formações florestais arbóreas**. Dentre as **formações arbustivas**, destacam-se: a Caatinga, o Cerrado e os Campos. Aparecem ainda em nosso território o Complexo do Pantanal e a Vegetação Litorânea.

---

1 **Bioma**: Termo que designa grandes ecossistemas de aspecto mais ou menos homogêneo e com condições climáticas semelhantes. São os ecossistemas maiores e mais complexos, como os mares, oceanos e florestas tropicais, as responsáveis pela unidade global de todos os seres vivos da Terra. O Brasil apresenta vários tipos diferentes de biomas: O Pantanal, a Floresta Amazônica etc.

HISTÓRIA E GEOGRAFIA DO BRASIL

DEGRADAÇÃO NA AMAZÔNIA

O avanço da fronteira econômica brasileira tem provocado profundos impactos ambientais na Amazônia, principalmente associados ao desmatamento.

CAUSAS DO DESMATAMENTO NA AMAZÔNIA

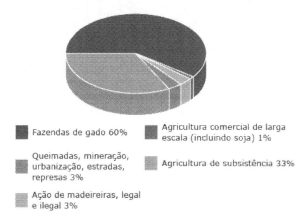

- Fazendas de gado 60%
- Agricultura comercial de larga escala (incluindo soja) 1%
- Queimadas, mineração, urbanização, estradas, represas 3%
- Agricultura de subsistência 33%
- Ação de madeireiras, legal e ilegal 3%

Disponível em: <mangabay.com>. Acesso em: 05 abr. 2016.

A pecuária, as queimadas como forma de atender ao avanço da agricultura e o desmatamento para atender às demandas por madeira são as principais causas da destruição da floresta, que também sofre devastação em razão da atividade mineradora. A porção sul/sudeste da Amazônia é a área mais atingida, como pode ser observado na imagem a seguir, sendo, por isso, denominada **arco do desmatamento**. Segundo o Instituto Nacional de Pesquisas Espaciais (INPE), o desmatamento acelerou na década de 1990, e a devastação da Amazônia já atingiu uma área maior que a França.

ARCO DO DESMATAMENTO

O chamado **Arco do Desmatamento** é uma região em que a grande diversidade de ocupação e de atividade vem acarretando intenso processo de queimadas e desflorestamentos. As finalidades são a extração de madeira, a abertura de área para a pecuária ou para a agricultura (soja) etc. Trata-se de um grande cinturão que contorna a floresta, principalmente no limite com o Cerrado. Também conhecido como **Arco do Fogo** ou, mais recentemente, como **Arco de Povoamento Adensado**, estende-se desde a desembocadura do Rio Amazonas até o oeste do Maranhão, leste e sudeste do Pará, Tocantins, Mato Grosso e Rondônia.

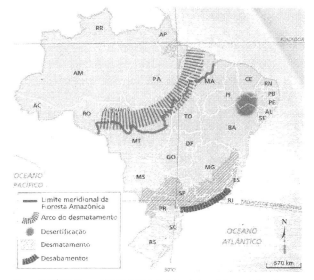

Fonte: THÉRY, Hervé; MELLO, Neli A. Atlas do Brasil: disparidades e dinâmicas do território. São Paulo: Edusp, 2005. p.70.

AMAZÔNIA LEGAL: QUEIMADAS E DESMATAMENTO 2019

Amazônia Legal é o nome atribuído pelo governo brasileiro a uma determinada área da Floresta Amazônica, pertencente ao Brasil, e que abrange nove estados: Acre, Amapá, Amazonas, Pará, Rondônia, Roraima e parte de Mato Grosso, Tocantins e Maranhão.

A área corresponde a aproximadamente 5.217.423 km2, o que representa cerca de 61% do território brasileiro. Mais da metade da população indígena do país – aproximadamente 55% – vive na região da Amazônia Legal. A determinação da área não ocorreu em razão de suas características geográficas, mas sim pelos aspectos políticos, sociais e econômicos que as zonas têm em comum.

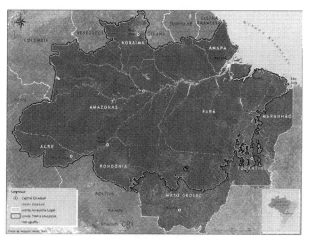

A Amazônia Legal foi com a finalidade de melhor planejamento e execução de projetos econômicos na região delimitada, que por meio da Lei nº 1806/53, o governo do presidente Getúlio Vargas decretou a criação da Amazônia Legal (antes denominada Hileia Amazônica). O surgimento da lei ocorre para atender a determinação da criação do Plano de Valorização Econômica da Amazônia, previsto na Constituição Federal de 1988.

O objetivo foi reunir regiões que apresentavam problemas semelhantes para encontrar soluções eficientes para dificuldades políticas, econômicas e sociais que atingem essas áreas. O desenvolvimento sustentável dos estados da região é, atualmente, uma das principais metas.

A lei prevê que podem ser adotadas medidas, serviços ou empreendimentos que facilitem as atividades extrativistas, agropecuárias, minerais e industriais locais. A realização de obras necessárias também é permitida.

Em 1966 foi criada uma organização responsável pelas iniciativas de promoção dessa região, designada Superintendência de Desenvolvimento da Amazônia (SUDAM). A SUDAM funcionou até 2001, quando foi extinta e substituída pela Agência de Desenvolvimento da Amazônia (ADA). Posteriormente, em 2007, a ADA é extinta e a SUDAM é criada novamente.

Em 1977, o estado do Mato Grosso passa a fazer parte da Amazônia Legal. Já o Tocantins, após sua criação, passa a integrar o grupo no ano de 1988.

Objetivos previstos na lei:

- Incentivo ao desenvolvimento agrícola;
- Promoção do desenvolvimento animal;
- Criação de um programa de proteção contra as inundações;
- Incentivo ao aproveitamento de recursos minerais;
- Criação de um plano de transportes e comunicação regional;
- Proteção da população da região, com políticas de saúde, educação e saneamento básico;
- Manutenção de programas de pesquisas tecnológicas, naturais e sociais.

A QUESTÃO AMBIENTAL NO BRASIL

AMAZÔNIA LEGAL E EXTRATIVISMO

O extrativismo vegetal é uma das principais atividades econômicas da Amazônia Legal. Grandes empresas, nacionais e internacionais, utilizam as matérias-primas provenientes dessa região, na fabricação dos seus produtos. O Estado do Pará, por exemplo, destaca-se por ser o maior produtor mundial do açaí, fruto nativo da região amazônica.

AMAZÔNIA INTERNACIONAL

Amazônia Internacional é o nome dado à região da Amazônia que está localizada ao norte da América do Sul. A área possui cerca de 7 milhões de quilômetros quadrados. Mais da metade da área – aproximadamente 60% – localiza-se no Brasil. O restante estende-se por outros países: Peru, Equador, Bolívia, Venezuela, Colômbia, Guiana Francesa, Guiana e Suriname.

RIOS VOADORES

Os rios voadores são "cursos de água atmosféricos", formados por massas de ar carregadas de vapor de água, muitas vezes acompanhados por nuvens, e são propelidos pelos ventos. Essas correntes de ar invisíveis passam em cima das nossas cabeças carregando umidade da Bacia Amazônica para o Centro-Oeste, Sudeste e Sul do Brasil.

Essa umidade, nas condições meteorológicas propícias como uma frente fria vinda do sul, por exemplo, se transforma em chuva. É essa ação de transporte de enormes quantidades de vapor de água pelas correntes aéreas que recebe o nome de rios voadores – um termo que descreve perfeitamente, mas em termos poéticos, um fenômeno real que tem um impacto significante em nossas vidas.

A floresta amazônica funciona como uma bomba d'água. Ela puxa para dentro do continente a umidade evaporada pelo oceano Atlântico e carregada pelos ventos alísios. Ao seguir terra adentro, a umidade cai como chuva sobre a floresta. Pela ação da evapotranspiração da árvores sob o sol tropical, a floresta devolve a água da chuva para a atmosfera na forma de vapor de água. Dessa forma, o ar é sempre recarregado com mais umidade, que continua sendo transportada rumo ao oeste para cair novamente como chuva mais adiante.

Propelidos em direção ao oeste, os rios voadores (massas de ar) recarregados de umidade – boa parte dela proveniente da evapotranspiração da floresta – encontram a barreira natural formada pela Cordilheira dos Andes. Eles se precipitam parcialmente nas encostas leste da cadeia de montanhas, formando as cabeceiras dos rios amazônicos. Porém, barrados pelo paredão de 4.000 metros de altura, os rios voadores, ainda transportando vapor de água, fazem a curva e partem em direção ao sul, rumo às regiões do Centro-Oeste, Sudeste e Sul do Brasil e aos países vizinhos.

É assim que o regime de chuva e o clima do Brasil se deve muito a um acidente geográfico localizado fora do país! A chuva, claro, é de suma importância para nossa vida, nosso bem-estar e para a economia do país. Ela irriga as lavouras, enche os rios terrestres e as represas que fornecem nossa energia.

Por incrível que pareça, a quantidade de vapor de água evaporada pelas árvores da floresta amazônica pode ter a mesma ordem de grandeza, ou mais, que a vazão do rio Amazonas (200.000 m3/s), tudo isso graças aos serviços prestados da floresta.

Estudos promovidos pelo INPA já mostraram que uma árvore com copa de 10 metros de diâmetro é capaz de bombear para a atmosfera mais de 300 litros de água, em forma de vapor, em um único dia – ou seja, mais que o dobro da água que um brasileiro usa diariamente! Uma árvore maior, com copa de 20 metros de diâmetro, por exemplo, pode evapotranspirar bem mais de 1.000 litros por dia. Estima-se que haja 600 bilhões de árvores na Amazônia: imagine, então, quanta água a floresta toda está bombeando a cada 24 horas!

Todas as previsões indicam alterações importantes no clima da América do Sul em decorrência da substituição de florestas por agricultura ou pastos. Ao avançar cada vez mais por dentro da floresta, o agronegócio pode dar um tiro no próprio pé com a eventual perda de chuva imprescindível para as plantações.

O Brasil tem uma posição privilegiada no que diz respeito aos recursos hídricos. Porém, com o aquecimento global e as mudanças climáticas que ameaçam alterar regimes de chuva em escala mundial, é hora de analisarmos melhor os serviços ambientais prestados pela floresta amazônica antes que seja tarde demais.

PARA ALÉM DO ARCO DO FOGO

A constatação de que a natureza da expansão das atividades agropecuárias desenvolvidas na Amazônia, aí incluído o crescimento da área de pastagens, obedece, atualmente, a uma lógica diversa daquela que ocorreu na abertura da fronteira, tendendo claramente à intensificação

HISTÓRIA E GEOGRAFIA DO BRASIL

do processo produtivo tanto na pecuária quanto na agricultura, principalmente no cerrado mato-grossense, permite afirmar que a designação "Arco do Fogo", ou "Arco do Desmatamento", ou "Arco de Terras Degradadas" é ultrapassada ou constitui uma maneira reducionista de captar a realidade do uso da terra na região amazônica, onde é justo neste arco que ocorrem as inovações. Tal designação parece estar fortemente ancorada na intepretação de satélite captada à distância, isto é, do alto, sem o embasamento necessário e imprescindível dos processos históricos que moldaram as formas de ocupação e uso do território amazônico, ao longo do tempo. BECKER, Bertha Koiffmann. Amazônia: geopolítica na virada no III milênio. Rio de Janeiro: Garamond, 2009.

VIGILÂNCIA NA AMAZÔNIA

O Sistema de Vigilância da Amazônia ou SIVAM é um projeto elaborado pelos órgãos de defesa do Brasil, com a finalidade de monitorar o espaço aéreo da Amazônia. Conta com uma parte civil, o Sistema de Proteção da Amazônia, ou SIPAM. Este projeto vinha a atender um antigo anseio das forças armadas que desejavam garantir a presença das forças armadas brasileira na Amazônia, com a finalidade de fazer frente a manifestações de líderes internacionais contra os direitos do povo brasileiro sobre esta região. Os sucessivos projetos de internacionalização da Amazônia fortaleceram esta percepção de ameaça sobre a soberania territorial da Amazônia Brasileira. Para fazer frente a este tipo de ameaça, as Forças Armadas, juntamente com pesquisadores civis da região Amazônica propuseram a construção de uma ampla infraestrutura de apoio à vigilância aérea e comunicação na região amazônica. Como parte do projeto SIVAM foi construída a infraestrutura necessária para suportar a fixação de enormes antenas de radar, sistemas de comunicação, bem como de modernas aparelhagens eletrônicas. Também faz parte desta infraestrutura a integração com o satélite brasileiro de sensoriamento remoto, que permite fiscalizar o desmatamento na Amazônia.

ESQUEMA TERRITORIAL DO SIVAM

DESTRUIÇÃO NO CERRADO

Até meados do século XX, o Cerrado foi considerado uma área improdutiva. Porém, a partir da década de 1970, estudos feitos pela Embrapa permitiram o desenvolvimento de um processo de adubação química denominada calagem. Essa técnica permitiu a correção dos solos do Cerrado e tornou viável a produção agrícola na região. A partir disso, verificou-se a intensificação dos desmatamentos para dar lugar às novas áreas destinadas à agropecuária.

Desse modo, as queimadas, as atividades agrícolas, o garimpo e a construção de rodovias e de cidades, intensificadas com a transferência da capital federal para o Distrito Federal, foram responsáveis pela grande devastação vivenciada por esse ecossistema, que foi reduzido dos 2 milhões de km² originais para menos de 800 mil km² atuais.

As figuras a seguir retratam justamente a grande discrepância existente entre a área original do Cerrado e os remanescentes identificados em 2002. A boa adaptação da soja a esse bioma e a consequente expansão desses cultivos têm sido responsáveis pelo avanço da degradação.

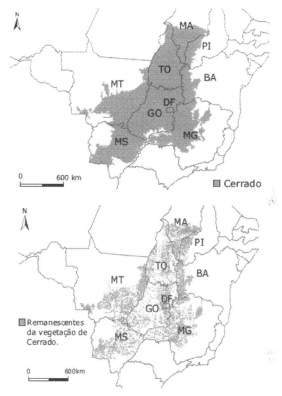

Fonte: IBGE.

DEGRADAÇÃO NO PANTANAL

A agropecuária, o garimpo e a construção de rodovias e de hidrovias são responsáveis pela enorme degradação do Pantanal. Além disso, essa área sofre também com os impactos ambientais das regiões situadas em seu entorno, uma vez que o Pantanal é drenado pelos rios que percorrem a área conhecida como "planalto central brasileiro" (partes mais elevadas adjacentes que compreendem trechos dos estados de Mato Grosso, Mato Grosso do Sul e Goiás, principalmente), região bastante impactada pela expansão da fronteira agrícola do país.

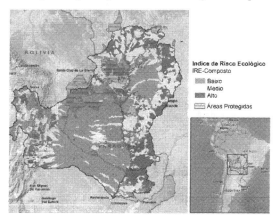

A QUESTÃO AMBIENTAL NO BRASIL

DEGRADAÇÃO NA CAATINGA

A Caatinga possui hoje metade da cobertura vegetal original. Esse ecossistema tem sido atingido pela agricultura irrigada e pelo pastoreio, que contribuem para o processo de desertificação. A destruição da Caatinga já atingiu 27% de sua área, cerca de 201 768 km2, para dar espaço à agricultura e à agropecuária.

DEGRADAÇÃO NA MATA ATLÂNTICA

A área originalmente ocupada pela Mata Atlântica coincide com a área de maior adensamento populacional no território brasileiro, como consequência, esse é o ecossistema mais degradado e ameaçado do país. A industrialização, a grande urbanização, a agricultura comercial, a criação de gado e a exploração da madeira são as atividades econômicas que mais impactaram essa região. Atualmente, a Mata Atlântica possui apenas 5% de sua cobertura original, está, portanto, praticamente extinta em várias das regiões anteriormente ocupadas.

As figuras a seguir mostram a devastação sofrida pela Mata Atlântica ao longo do processo de ocupação do território.

ÁREA DE DISTRIBUIÇÃO ORIGINAL DA MATA ATLÂNTICA

REMANESCENTES DA MATA ATLÂNTICA

O QUE É A MATA ATLÂNTICA?

O primeiro nome dado pelos portugueses à extensa muralha verde que separava o mar das terras interiores foi: Mata Atlântica. Hoje esse é um nome genérico pelo qual popularmente é conhecida uma grande variedade de matas tropicais úmidas que ocorrem de forma azonal nas regiões costeiras do Brasil, acompanhando a distribuição da umidade trazida pelos ventos alísios do sudeste.

O mecanismo de distribuição da umidade da Massa Polar Atlântica é o responsável pelam exuberância e diversidade dessas florestas. Os ventos carregados de umidade são barrados por diversos acidentes orográficos na zona costeira, descarregando grandes volumes de água. As regiões de maior pluviosidade do Brasil encontram-se em sua região Sudeste.

A floresta atlântica é fisionomicamente semelhante às matas amazônicas. São igualmente densas, com árvores altas em setores mais baixos do relevo, apesar de as árvores amazônicas apresentarem, em média, desenvolvimento maior. Os troncos são cobertos por grande diversidade de epífitas, um aspecto típico dessas florestas.

A existência de grupos semelhantes de espécies entre a Amazônia e a Mata Atlântica sugere que essas florestas se comunicaram em alguma fase de sua história. A história desse parentesco é muito antiga, e as semelhanças taxonômicas se dão entre famílias e gêneros.

As florestas atlânticas guardam, apesar de séculos de destruição, a maior biodiversidade por hectare entre as florestas tropicais. Como se poderia explicar essa característica, hoje objeto central de movimentos sociais em prol da proteção dessa floresta?

Ecologicamente, a distribuição azonal e em altitudes variáveis favorece a diversificação de espécies, que estão adaptadas às diferentes condições topográficas, de solo e de umidade. Além disso, durante as glaciações essas florestas mudaram de área nos ciclos climáticos secos e úmidos. Essas mudanças ou pulsações da floresta influenciaram a formação dos padrões atuais.

A grande quantidade de matéria orgânica em decomposição sobre o solo dá à Mata Atlântica fertilidade suficiente para suprir toda a rica vegetação. Este fato também é notado em toda a floresta amazônica, onde um solo pobre mantém uma floresta riquíssima em espécies, gralhas à rápida reciclagem da enorme quantidade de matéria orgânica que se acumula no húmus. A reciclagem dos nutrientes é um dos aspectos

HISTÓRIA E GEOGRAFIA DO BRASIL

mais importantes para a revivescência da floresta. As plantas arbóreas, que formam um grupo significativo, estão representadas principalmente por canelas, capuívas, paus-de-santa-rita, figueiras, jequitibás, cedros, quaresmeiras, ipês, cássias, palmeiras e embaúbas. As florestas pluviais costeiras, apesar de sua grande heterogeneidade de formações, podem ser divididas em duas grandes regiões: o trecho norte do Brasil e o trecho sul. Esses dois setores se separam por uma faixa de climas mais secos na região de Cabo Frio (RJ). O trecho norte dessas florestas compreende as florestas costeiras propriamente ditas e as matas dos tabuleiros que se estendiam originalmente de Natal até o baixo do rio Doce (MG-ES). No Estado da Bahia as florestas pluviais se expandiram, acompanhando as drenagens, quilômetros para o interior.

CONTI, José Bueno & FURLAN, Sueli Angelo. Geoecologia – O Clima, os solos e a biota. In: Geografia do Brasil. ROSS, Jurandyr. L. S. São Paulo: EDUSP. p.171-172.

OS BIOMAS E A CONSERVAÇÃO NO BRASIL

As **Unidades de Conservação (UC's)**[2] são espaços territoriais com características naturais relevantes, legalmente instituídos pelo Poder Público, com objetivos de conservação e de limites definidos, sob regime especial de administração.

As unidades de conservação integrantes do S.N.U.C (Sistema Nacional de Unidades de Conservação) dividem-se em dois grupos, com as seguintes categorias de manejo:

UNIDADES DE PROTEÇÃO INTEGRAL	UNIDADES DE USO SUSTENTÁVEL
Estação Ecológica	Área de Proteção Ambiental
Reserva Biológica	Área de Proteção Estadual
Parque Nacional	Área de Relevante Interesse Ecológico
Parque Estadual	Floresta Nacional
Monumento Natural	Floresta Estadual
Refúgio de Vida Silvestre	Reserva Extrativista
———	Reserva de Fauna
———	Reserva de Desenvolvimento Sustentável
———	Reserva Particular do Patrimônio Natural

Fonte: www.ambientebrasil.com.br

No Brasil existem aproximadamente 800 Uc's que estavam sob a responsabilidade do IBAMA (Instituto Brasileiro do Meio Ambiente e dos Recursos Naturais Renováveis). A partir de 2007, as Uc's passaram a ser administradas pelo Instituto Chico Mendes de Conservação da Biodiversidade, uma autarquia ligada ao MMA e ao SISNAMA (Sistema Nacional do Meio Ambiente).

Além das unidades sob gestão do Instituto Chico Mendes, existem ainda cerca de 600 Uc's criadas e mantidas pelos governos estaduais.

[2] **Unidades de Conservação da Natureza**: As unidades de conservação ambiental são espaços geralmente formados por áreas contínuas, estabelecidas com a finalidade de preservar ou conservar a flora, fauna, os recursos hídricos, as características geológicas e geomorfológicas, as belezas naturais, enfim, a integridade do ambiente.

UNIDADES DE CONSERVAÇÃO FEDERAL

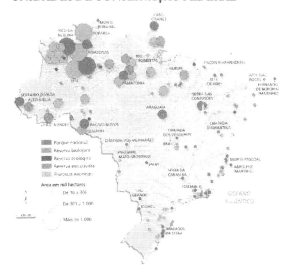

Fonte: MMA (Ministério do Meio Ambiente) 2008.

PERCENTUAL DE ÁREA OCUPADA POR UC'S FEDERAIS POR BIOMA

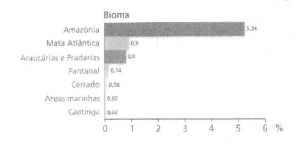

Na região Amazônica existem mais de 260 áreas sob proteção legal, que somam cerca de 676 mil km², ou 13% da Amazônia brasileira. No Cerrado aparecem mais de 60 unidades de conservação que atingem cerca de 160 mil km², ou 8% do território do Cerrado. A Mata Atlântica é o bioma no país que conta com o maior número de áreas de conservação, são aproximadamente 800. O Pantanal é a área que apresenta o menor número de unidades de conservação, são apenas 2 áreas, o Parque Nacional do Pantanal e a Estação Ecológica Taiamã.

UNIDADE DE PROTEÇÃO INTEGRAL

São unidades que têm como objetivo básico a preservação da natureza, não sendo permitida a exploração dos seus recursos naturais de forma direta. As únicas atividades humanas permitidas são de cunho científico, cultural ou recreativo, assim mesmo de forma controlada. Fazem parte desse grupo:
- Monumentos Naturais.
- Refúgios de Vida Silvestre.

A QUESTÃO AMBIENTAL NO BRASIL

- Estações Ecológicas.
- Reservas Biológicas.
- Parques Nacionais.

UNIDADES DE USO SUSTENTÁVEL

São unidades cujo objetivo principal é compatibilizar a conservação da natureza com o uso sustentável. Nelas são permitidos determinados tipos de atividades e de exploração, desde que sejam utilizadas técnicas de manejo adequadas de forma a garantir a sustentabilidade dos seus recursos naturais. Compõem esse grupo:

- Florestas Nacionais.
- Reservas extrativistas.
- Áreas de Proteção Ambiental.
- Reservas Particulares do patrimônio natural.
- Áreas de relevantes interesses ecológicos.
- Reservas de fauna.
- Reservas de desenvolvimento sustentável.

POLÍTICAS AMBIENTAIS NO BRASIL

No Brasil, para a aprovação de qualquer projeto agrícola ou industrial e obras de engenharia é obrigatório, desde 1986, o EIA (Estudo de Impacto Ambiental) para a elaboração do RIMA (Relatório de Impacto Ambiental). Desse modo, a destruição de uma nascente de rio ou a caça ilegal de animais silvestres, por exemplo, mesmo que praticadas nos limites da propriedade de um dono de fazenda, por ferirem esse direito fundamental, tornaram-se infrações graves, possíveis de punição.

Apesar desse avanço, o Brasil ainda está longe de resolver os problemas ambientais gerados pelo crescimento econômico desordenado, como podemos observar nas imagens a seguir:

Área do estádio do Castelão no ano de 1973, com destaque para as áreas verdes ao fundo.

Imagem de satélite mostrando a área do entorno do estádio nos dias atuais e a redução da área verde de seu entorno.

Fonte: Google Maps.

A exploração de madeira das florestas, cerrados e caatingas pode ser considerada um subproduto desse intenso processo de transformação do Brasil. Em algumas cadeias produtivas, a madeira foi utilizada como recurso energético para alimentar fornos industriais, como no caso das siderúrgicas. A exploração madeireira também interessou aos circuitos econômicos da construção civil, que ergueu enormes arranha-céus nos centros urbanos espalhados pelo país. A produção de soja e a abertura de rodovias, em razão do processo de urbanização, também contribuem para essa destruição.

Nunca se desmatou tanto no Brasil como nos últimos 40 anos, oito vezes mais do que todo o desflorestamento provocado no período colonial e imperial. Somente nos anos 90 foi destruída uma área da Floresta Amazônica equivalente a cinco vezes o território do estado do Rio de Janeiro.

HISTÓRICO DA PRESERVAÇÃO NO BRASIL

A Conservação da natureza faz parte da agenda da América Portuguesa desde o século XVI. Ainda que a capacidade de controle e aplicação das leis por parte da Corte fosse extremamente reduzida, Portugal era um reino que possuía um corpus legal sistematizado sobre essa matéria.

Até a vinda da família real ao Brasil, em 1808, as Ordenações Manuelinas, organizadas por ordem de Dom Manuel I, foram sucessivamente adaptadas à realidade ambiental do continente, para proteger os recursos considerados de maior valor. A expressão "madeira de lei", por exemplo, tem sua origem na lista de árvores nobres, proibidas de corte sem autorização, devido ao grande valor da madeira, como o jacarandá e a peroba.

Em 1605, foi criado o Regimento Pau-Brasil, que refletia sobre a preocupação estatal referente à preservação dos estoques de pau-brasil.

Com a chegada da família real ao Rio de Janeiro, o Brasil recebeu uma série de investimentos no campo cultural e científico. Dentre eles destacam-se a criação do Real Horto, que deu origem ao Jardim Botânico, que cumpre um importante papel de educação ambiental no Brasil.

Em 1876 foi apresentada a primeira proposta oficial de criação de parques nacionais no Brasil, pelo engenheiro André Rebouças, que se baseou no modelo no **Parque Yellowstone**.[3]

Rebouças defendia a criação de um parque nacional na ilha do Bananal e um parque no Paraná, pois acreditava que no sul do Império, região alguma pode competir com a do Guaíra em belezas naturais.

Apesar dos esforços, somente nos anos 30, o poder público passou a ter uma atuação mais significativa. Em 1934 foi criado o Código Nacional de Águas e o Código Florestal.

De acordo com o Código Florestal, os proprietários não podiam desmatar mais do que ¾ das florestas presentes em suas terras, e eram obrigados a preservar integralmente as matas galerias e as espécies consideradas raras.

Em 1937 foi criado o Parque Nacional do Itatiaia, na divisa entre os estados de Minas Gerais, Rio de Janeiro e São Paulo. Em 1939 foram criadas duas novas áreas: o Parque Nacional da Serra dos Órgãos e o Parque Nacional de Iguaçu.

Em 1965, o Código Florestal foi reformulado pelo regime militar. Nesse momento já existiam 15 parques nacionais no Brasil, muitos deles implantados em áreas do Centro-Oeste recém atingidas pela fronteira agrícola. O novo código manteve muitos dos vícios da legislação anterior, mas, pela primeira vez, as unidades de conservação foram separadas em duas grandes categorias: **uso direto** e **uso indireto**.

---

[3] Esse parque foi uma resposta do incipiente movimento preservacionista estadunidense, cuja ideia era manter praticamente intocados os ecossistemas naturais, protegendo-os do rápido avanço da colonização sobre as terras virgens do oeste do país. Desde então os milhões de hectares ocupados pelo parque passaram a ser regulados por uma legislação especial, que vetava sua ocupação e venda e os transformava em espaço público de lazer e recreação.

HISTÓRIA E GEOGRAFIA DO BRASIL

Em 1967 o governo brasileiro criou o Instituto Brasileiro de Desenvolvimento Florestal (IBDF), ligado ao Ministério da Agricultura, e em 1974 criou a Secretaria Especial do Meio Ambiente (SEMA), vinculada ao Ministério do Interior. O ano de 1981 marca a criação da Política Nacional do Meio Ambiente que integrou as esferas federal, estadual e municipal em um Sistema Nacional do Meio Ambiente (SISNAMA). Em 1989 foi criado o Instituto Brasileiro do Meio Ambiente e dos Recursos Naturais Renováveis (IBAMA), que englobou o SEMA e o IBDF.

O ano de 1992 marca a criação do MMA (Ministério do Meio Ambiente), que foi escolhido para sediar a Conferência da ONU sobre Meio Ambiente e Desenvolvimento.

Abertura da Conferência das Nações Unidas sobre Meio Ambiente e Desenvolvimento. Rio de Janeiro, 1992.

CORREDORES ECOLÓGICOS

Os Corredores Ecológicos são áreas que possuem ecossistemas florestais biologicamente prioritários e viáveis para a conservação da biodiversidade na Amazônia e na Mata Atlântica, compostos por conjuntos de unidades de conservação, terras indígenas e áreas de interstício. Sua função é a efetiva proteção da natureza, reduzindo ou prevenindo a fragmentação de florestas existentes, por meio da conexão entre diferentes modalidades de áreas protegidas e outros espaços com diferentes usos do solo.

A implementação de reservas e parques não tem garantido a sustentabilidade dos sistemas naturais, seja pela descontinuidade na manutenção de sua infraestrutura e de seu pessoal, seja por sua concepção em ilhas ou, ainda, pelo pequeno envolvimento dos atores residentes no seu interior ou no seu entorno.

Integrante do Programa Piloto para a Proteção das Florestas Tropicais do Brasil, o Projeto atua em dois corredores: o Corredor Central da Mata Atlântica (CCMA) e o Corredor Central da Amazônia (CCA).

A implementação desses Corredores foi priorizada com o propósito de testar e abordar diferentes condições nos dois principais biomas e, com base nas lições aprendidas, preparar e apoiar a criação e a implementação de demais corredores.

A participação das populações locais, o comprometimento e a conectividade são elementos importantes para a formação e manutenção dos corredores na Mata Atlântica e na Amazônia.

Dentre os principais objetivos do projeto, destacamos:
- Reduzir a fragmentação mantendo ou restaurando a conectividade da paisagem e facilitando o fluxo genético entre as populações;
- Planejar a paisagem, integrando unidades de conservação, buscando conectá-las e, assim, promovendo a construção de corredores ecológicos na Mata Atlântica e a conservação daqueles já existentes na Amazônia;
- Demonstrar a efetiva viabilidade dos corredores ecológicos como uma ferramenta para a conservação da biodiversidade na Amazônia e Mata Atlântica;
- Promover a mudança de comportamento dos atores envolvidos, criar oportunidades de negócios e incentivos a atividades que promovam a conservação ambiental e o uso sustentável, agregando o viés ambiental aos projetos de desenvolvimento.

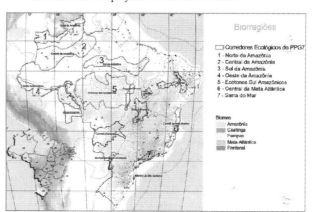

BRASIL: LOCALIZAÇÃO GEOGRÁFICA

13 BRASIL: LOCALIZAÇÃO GEOGRÁFICA

13.1 Pontos Extremos

Com 8.514.876,5 Km² de superfície, o Brasil é o quinto país do mundo em extensão territorial, sendo superado pela Rússia, Canadá, China e Estados Unidos. O território brasileiro corresponde a 1,6% de toda a superfície terrestre, 5,7% das terras emersas, 20,8% da América e 47,3% da América do Sul. O território brasileiro atual tem 7.367 km de contorno marítimo e 15.719 km de fronteiras terrestres limitando-se com 10 países sul-americanos com exceção de Chile e Equador. A maior fronteira é com a Bolívia (3.126 km) e a menor com o Suriname (593 km). As últimas mudanças com relação às fronteiras do país aconteceram no fim do século XIX e no início do século XX, como as questões que envolviam os territórios do Acre, Palmas, Amapá e Pirara.

FRONTEIRAS ATUAIS

Fonte: IBGE. Disponível em http://www.ibge.com.br; THÉRY, Hervé.

Esse processo de sucessivas expansões territoriais transformou o Brasil no maior país da América do Sul. Sua posição astronômica é determinada pela passagem de dois dos principais paralelos: a linha do Equador (0°) e o Trópico de Capricórnio (23°27'S).

A linha do Equador deixa 7% das terras brasileiras no hemisfério norte e o restante no hemisfério sul, cortando os estados do Pará, Amazonas, Amapá e Roraima; o Trópico de Capricórnio coloca 8% da superfície do país na zona subtropical e 92% das terras na zona intertropical, cortando os estados do Mato Grosso do Sul, São Paulo e Paraná. Sua posição geográfica é amplamente favorável, impedindo que haja áreas anecumênicas como altas montanhas, desertos e áreas predominantemente geladas.

Invasões Holandesas – Batalha dos Guararapes. Vitor Meirelles de Lima.

PONTOS EXTREMOS – O BRASIL VAI DO OIAPOQUE AO CHUÍ?

A extensão latitudinal considerável tem como consequência principal a grande diversidade climato-botânica e possibilidade de grande diversidade agrícola em nosso país.

Por muito tempo acreditou-se que o ponto mais extremo ao norte do nosso território era o Oiapoque, no Amapá. Na realidade, o Monte Caburaí é a borda de um imenso planalto, com mais de 2000 m de altitude, que se estende ao longo da fronteira, com 5° 16' 20" norte, sendo o ponto mais setentrional do Brasil (Norte). Então o ditado correto seria: "O Brasil vai do Caburaí ao Chuí"!

O Monte Caburaí localiza-se 84,5 km mais ao norte que o Oiapoque.

HISTÓRIA E GEOGRAFIA DO BRASIL

EQUIDISTÂNCIA

O Brasil é considerado um país equidistante, pois as distâncias entre o norte/sul (4.394,7km) e leste/oeste (4.319,4km) são praticamente as mesmas.

Fonte: IBGE

13.2 Divisão Oficial do IBGE

Atualmente, a República Federativa do Brasil é formada por 26 estados, 1 Distrito Estadual e pelo Distrito Federal. Os estados, por sua vez, dividem-se em municípios. Em 2017, existiam no país 5570 municípios, sendo Minas Gerais, com 853 municípios, o estado com maior divisão e Roraima, com 15 municípios o estado com menor fragmentação.

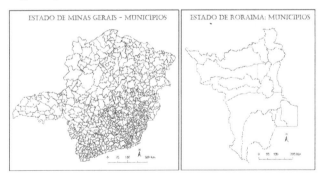

Os estados são as unidades de maior hierarquia na organização político-administrativa do país; a localidade que abriga a sede do governo é chamada da capital.

Os municípios são as menores unidades políticas autônomas na federação brasileira – na maioria dos casos apresentam áreas rurais e urbanas. Porém existem municípios 100% urbanizados.

O Distrito Federal é uma unidade federativa autônoma que sedia o governo federal, Brasília é a capital federal do Brasil. O Distrito Federal não se divide em municípios, mas sim em regiões administrativas (RAs)

Existe também o caso sui generis do Distrito Estadual de Fernando de Noronha, em Pernambuco. Este distrito possui natureza autárquica e vinculação ao Poder Executivo do estado, que acumula as atribuições e responsabilidades estaduais e municipais. É o único caso de distrito estadual existente em solo brasileiro.

FERNANDO DE NORONHA

Segue exatamente sua descrição legal, segundo a Constituição Estadual de Pernambuco:

Seção II – Do Distrito Estadual de Fernando de Noronha

Art. 96. O Arquipélago de Fernando de Noronha constitui região geoeconômica, social e cultural do Estado de Pernambuco, sob a forma de Distrito Estadual, dotado de estatuto próprio, com autonomia administrativa e financeira.

§1.º O Distrito Estadual de Fernando de Noronha será dirigido por um Administrador-Geral, nomeado pelo Governador do Estado, com prévia aprovação da Assembleia Legislativa.

§2.º Os cidadãos residentes no Arquipélago elegerão pelo voto direto e secreto, concomitantemente com as eleições de Governador do Estado, sete conselheiros, com mandato de quatro anos, para formação do Conselho Distrital, órgão que terá funções consultivas e de fiscalização, na forma da lei.

§3.º O Distrito Estadual de Fernando de Noronha deverá ser transformado em Município quando alcançar os requisitos e exigências mínimas, previstos em lei complementar estadual.

BRASIL: LOCALIZAÇÃO GEOGRÁFICA

ÁREA TOTAL DAS UNIDADES TERRITORIAIS DO BRASIL

O Brasil é uma República federativa presidencialista. A República, proclamada em nosso país em 1889, é uma forma de governo na qual representantes são eleitos pelo governo por tempo determinado. O presidencialismo é um regime político chefiado por um presidente da República, que acumula as funções de chefe de Estado e chefe de governo. O termo federativa indica que os estados estão unidos numa federação, mas mantêm relativa autonomia. No Brasil, o presidente da República é eleito por voto direto para um período de quatro anos, podendo ser reeleito para mais quatro anos. O mesmo acontece com os governadores dos estados e os prefeitos dos municípios.

A Constituição é a Lei Maior que rege a vida de um país, determinado, dentre outros aspectos, a organização do Estado. De acordo com a Constituição Federal de 1988, existem três poderes da União, independentes e harmônicos entre si: o Executivo, o Legislativo e o Judiciário.

O primeiro encarrega-se da administração e do encaminhamento das políticas públicas; o Legislativo, constituído pelo Senado Federal e pela Câmara dos Deputados, elabora as leis do país; e o Judiciário, responsável pelo julgamento e pela solução de conflitos, é exercido em suas instâncias mais altas pelo Supremo Tribunal Federal e pelo Superior Tribunal de Justiça. Dos três poderes, é o único cujos titulares não são eleitos pela população.

Posse de Dias Tóffoli, atual Presidente do Supremo Tribunal Federal (STF), Brasília, 13/09/2018.

O sistema político brasileiro é a democracia caracterizada, dentre outros aspectos, pela garantia do direito de voto e pelo respeito aos direitos individuais e coletivos e às decisões dos cidadãos expressas nas eleições. Mas o país já conheceu períodos de autoritarismo, como ocorreu durante o Estado Novo (1937-1945) e a Ditadura Civil-Militar (1964-1985).

O voto no Brasil é obrigatório para os indivíduos de 18 até 70 anos, e opcional para os analfabetos, os que têm mais de 70 anos ou estão na faixa dos 16 aos 18 anos.

Segundo os levantamentos do Tribunal Superior Eleitoral, o número de eleitores superou 147 milhões de eleitores no final de 2018, o que faz do Brasil uma das maiores democracias do mundo. Mas nem sempre foi assim. Durante o Império, existiu o chamado voto censitário, em que pessoas com baixa renda não tinham direito a eleger seus representantes. As mulheres só adquiriram o direito de votar em 1932, e os analfabetos em 1985.

Primeira mulher a votar no Brasil, a mossoroense, Celina Guimarães Viana, em 1927, ação promovida pelo governador que autorizou o voto feminino mesmo sendo proibido.

Dentre os fatores que reforçam a democracia brasileira no início do século XXI estão: o aumento do número de ONGs (Organização Não Governamentais), de conselhos estaduais e municipais, movimentos sociais e outros órgãos que constituem importantes instrumentos e espaços de interação entre governo e a sociedade civil e da participação popular na vida política do país.

Apesar disso, alguns fatores ainda dificultam o pleno exercício da cidadania dos brasileiros. Dentre eles, destacam-se as desigualdades econômicas, os obstáculos à representação parlamentar de algumas minorias étnicas e socioculturais, a dificuldade de acesso da população mais pobre aos meios de comunicação e a exclusão de parte da população dos canais de participação e dos movimentos promovidos pela sociedade civil.

REGIONALIZAÇÕES

Regionalizar significa estabelecer regiões com base em critérios que considerem características históricas, culturais e socioeconômicas, que se inter-relacionem e, portanto, dão um caráter de individualidade à região, distinguindo-se das demais. É preciso ressaltar, no entanto, que as regiões não são imutáveis. Em função do dinamismo na transformação das paisagens e, portanto, das características do território, os seus limites – e mesmo suas particularidades – podem se alterar, conforme os processos históricos, as modificações nos padrões tecnológicos, os usos do território e os interesses do Estado e do poder econômico e, até mesmo, o deslocamento de contingentes populacionais.

13.3 A Divisão do IBGE (Macrorregiões)

O IBGE é o órgão responsável pela elaboração da divisão regional ou regionalização oficial do território brasileiro, que é uma ordenação ou classificação que agrupa unidades com características semelhantes, a partir de determinados critérios. A primeira proposta de regionalização foi apresentada em 1913 e depois dela outras propostas surgiram tentando adaptar a divisão regional às novas condições econômicas, sociais e políticas do país. A atual regionalização é dos anos 70, com algumas adaptações na Constituição de 1988.

No caso do IBGE, nascido nos anos 1940, sua primeira proposta foi elaborada em 1942. Nessa divisão, as unidades federadas foram agrupadas em macrorregiões.

Em 1969, o IBGE considerou os novos conhecimentos adquiridos sobre o país e também as transformações ocorridas em função de desenvolvimento urbano e industrial. Foi elaborada uma nova proposta com base no conceito de regiões homogêneas, combinando aspectos naturais, sociais e econômicos e respeitando os limites dos estados. Por ela, o país está dividido em 5 macrorregiões. A atual regionalização é dos anos 70 com algumas adaptações na Constituição de 1988.

REGIONALIZAÇÃO ATUAL

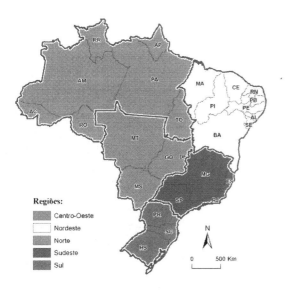

Fonte: IBGE, Anuário estatístico do Brasil, 1999, p. 1-43.

A região Sudeste agrupa os três estados mais populosos do país – São Paulo, Rio de Janeiro e Minas Gerais, além do Espírito Santo, que juntos apresentam uma população de 86.933.724 de habitantes. No Sudeste encontra-se a maior metrópole do país – São Paulo – e a capital mais antiga do país que também ocupa a posição de 2ª metrópole nacional – Rio de Janeiro.

A região Nordeste compreende 57.368.137 milhões de habitantes e nove estados, onde temos entre eles a primeira capital colonial, Salvador, e onde podemos destacar ainda a presença de Fortaleza e Recife como Metrópoles Nacionais.

A região Sul é a menor região do país em extensão territorial, abriga 29.654.815 de habitantes, e é onde temos nossas fronteiras com Argentina, Uruguai e Paraguai.

A região Norte, com 17.925.678 de habitantes é a maior região em extensão territorial do país, abarcando territórios de 7 estados.

A região Centro-Oeste com 15.850.340 de habitantes, abarca os estados de Goiás, Mato Grosso, Mato Grosso do Sul e o Distrito Federal, onde temos a capital do país – Brasília.

13.4 Pedro Pinchas Geiger

Há outra divisão regional do território brasileiro que não acompanha os limites estaduais, havendo estados que possuem parte do território em uma região e parte em outra. Trata-se da divisão elaborada em 1967 pelo geógrafo Pedro Pinchas Geiger. É uma classificação que considera a formação histórico-econômica do Brasil e a recente modernização econômica, que se manifestou nos espaços urbano e rural, estabelecendo novas formas de relacionamento entre os lugares do território brasileiro e criando uma nova dinâmica no relacionamento entre a sociedade e a natureza. Assim, o oeste do Maranhão integra a Amazônia e o restante o Nordeste, com atuação, respectivamente, da SUDAM e da SUDENE. O Norte de Minas Gerais (Vale do Jequitinhonha) integra o Nordeste, com atuação da SUDENE e do BNB e o restante o Centro-Sul. O Norte do Mato Grosso e o Tocantins são amazônicos e o restante dos territórios integra a região Centro-Sul.

AMAZÔNIA

A Amazônia, imensa região que abrange o Norte e uma parte do centro do país, ainda é a região menos povoada do Brasil, embora nas últimas décadas venha passando por um intenso processo de povoamento. Durante vários séculos, permaneceu esquecida porque os colonizadores não encontraram na região quase nada de importante para explorar.

Até hoje, a Amazônia apresenta grandes vazios demográficos, áreas com baixíssimas densidades demográficas – às vezes, até menos de um habitante por quilômetro quadrado. Nela, encontramos os mais numerosos grupos indígenas, os habitantes originais de nosso país. Em todo caso, o povoamento vem avançando: em 1970, a densidade demográfica regional era de 0,9 hab/km² e, em 2018, já era de quase 5 hab/km².

BRASIL: LOCALIZAÇÃO GEOGRÁFICA

AMAZÔNIA TRANSNACIONAL: UMA NOVA ESCALA DE AÇÃO

O novo valor estratégico atribuído à natureza amazônica tornou patente que ela não se restringe à Amazônia Brasileira, mas envolve a extensa Amazônia sul-americana. Os ecossistemas florestais não obedecem os limites políticos dos países, e muitas nascentes dos rios amazônicos localizam-se fora do território nacional. Esta situação, que em outras partes do planeta gera conflitos geopolíticos entre nações, no caso da Amazônia pode e deve ser fundamento para uso conjunto e complementar dos recursos em prol do desenvolvimento regional, tal como ocorre com a formação de blocos supranacionais no mundo contemporâneo.

BECKER, Bertha K. Amazônia: geopolítica na virada do III milênio. Rio de Janeiro: Garamond, 2003. p. 53.

AMAZÔNIA LEGAL

CENTRO-SUL

O Centro-Sul do país, que se desenvolveu economicamente depois do Nordeste, é uma região mais industrializada, onde se destacam cidades como Brasília, Belo Horizonte, Porto Alegre, Curitiba, Rio e Janeiro e São Paulo. Tem como características relevantes:
- Maior densidade rodoferroviária;
- Melhores e maiores universidades;
- Maiores cidades.

Vista aérea de parte da cidade de São Paulo.

NORDESTE

- Graves problemas sociais (pobreza, fome etc.);
- Piores indicadores sociais do país;
- Sub-Regiões com características diferentes.

SUB-REGIÕES NORDESTINAS

Zona da Mata: Ocupa a parte oriental da região Nordeste, área dominada pelo clima tropical úmido (quente e chuvoso). O índice pluviométrico é de aproximadamente 2.000 mm/ano e as médias térmicas variam entre 24ºC e 26º C. O ambiente quente e úmido favoreceu o desenvolvimento da floresta Tropical, mata exuberante e com grande diversidade de espécies. Originalmente a floresta ocupava grande parte dessa sub-região. A Zona da Mata apresenta-se como a região mais importante do Nordeste, do ponto de vista econômico. Nela concentram-se dois segmentos industriais: indústrias têxtil e alimentícia, agroindustriais (sobretudo usinas de açúcar e álcool) e indústrias extrativistas minerais.

Além das atividades industriais, na Zona da Mata desenvolvem-se importantes atividades econômicas ligadas ao meio rural, predominando os latifúndios monocultores de cana-de-açúcar, fumo e cacau, que atendem ao consumo industrial e ao comércio exterior.

Usina sucroalcooleira na Zona da Mata Alagoana.

A IMPORTÂNCIA HISTÓRICA DA CANA

A palavra "nordeste" é hoje uma palavra desfigurada pela expressão "obras do Nordeste" que quer dizer "obras contra as secas". E quase não sugere senão as secas. Os sertões de areia seca rangendo debaixo dos pés. Os sertões de paisagens duras doendo nos olhos. Os mandacarus. Os bois e os cavalos angulosos. As sombras leves como umas almas do outro mundo com medo do sol. Mas esse Nordeste de figuras de homens e de bichos se alongando quase em figuras de El Greco é apenas um lado do Nordeste. O outro Nordeste. Mais velho que ele é o Nordeste de árvores gordas, de sombras profundas, de bois pachorrentos, de gente vagarosa e às vezes arredondada quase em sanchos-panças pelo mel de engenho, pelo peixe cozido com pirão, pelo trabalho parado e sempre o mesmo, pela opilação, pela aguardente, pela garapa de cana, pelo feijão de coco, pelos vermes, pela erisipela, pelo ócio, pelas doenças que fazem a pessoa inchar, pelo próprio mal de comer terra. Um Nordeste onde nunca deixa de haver uma mancha de água: um avanço de mar, um rio, um riacho, o esverdeado de uma lagoa. Onde a água faz da terra mais mole o que quer: inventa ilhas, desmancha istmos e cabos, altera a seu gosto a geografia convencional dos compêndios. Um Nordeste com a cal das casas de telha tirada das pedras do mar, com uma população numerosa vivendo de peixe, de marisco, de caranguejo, com as mulheres dos mucambos lavando as panelas e os meninos na água dos rios, com alguns caturras ainda iluminando as casas de azeite de peixe. Um Nordeste oleoso onde noite de lua parece escorrer um óleo gordo das coisas e das pessoas. Da terra. Do cabelo preto das mulatas e das caboclas. Das árvores lambuzadas de resinas. Das águas. Do corpo pardo dos homens que trabalham dentro do mar e dos rios, na bagaceira dos engenhos, no cais do Apolo, nos trapiches de Maceió. Esse Nordeste da terra gorda e de ar oleoso é o Nordeste da cana-de-açúcar.

FREYRE, Gilberto. Nordeste: aspectos da influência da cana sobre a vida e a paisagem do Nordeste do Brasil. 7. ed. São Paulo: Global, 2004.

Agreste: Apresenta características naturais tanto da Zona da Mata como do Sertão, pois nos seus trechos mais úmidos desenvolve-se a floresta Tropical, enquanto nas áreas mais secas predomina a Caatinga.

Nessa sub-região destacam-se as pequenas e médias propriedades rurais policultoras, que produzem principalmente mandioca, feijão, milho e hortaliças, além de criar gado para o fornecimento de leite e seus derivados. O desenvolvimento das atividades agropecuárias no Agreste contribuiu para o crescimento de cidades como Campina Grande (PB), Caruaru e Garanhuns (PE) Arapiraca (AL) e Feira de Santana (BA).

Sertão: Compreende as áreas dominadas pelo clima semiárido, que apresenta temperaturas elevadas (acima de 26ºC) e duas estações bem definidas: uma seca e a outra chuvosa. O Sertão é a maior sub-região nordestina e ocupa mais de 50% do território nordestino, chegando até o litoral, nos estados do Rio Grande do Norte e do Ceará. A economia sertaneja baseia-se na agropecuária, atividade que sofre diretamente os impactos das condições climáticas, sobretudo na época das estiagens. Pecuária bovina e agricultura de subsistência são as principais atividades econômicas da área.

A TRISTE PARTIDA

Setembro passou com outubro e novembro

Já tamo em dezembro

Meu Deus que é de nós

Assim fala o pobre do sêco Nordeste

Com medo da peste

Da fome feroz

Patativa do Assaré

O Polígono das Secas compreende a área do Nordeste brasileiro reconhecida pela legislação como sujeita a repetidas crises de prolongamento das estiagens e, consequentemente, objeto de especiais providências do setor público. Constitui-se o Polígono das Secas de diferentes zonas geográficas, com distintos índices de aridez. Em algumas delas o balanço hídrico é acentuadamente negativo, onde somente se desenvolve a caatinga hiperxerófila sobre solos finos. Em outras, verifica-se balanço hídrico ligeiramente negativo, desenvolvendo-se a caatinga hipoxerófila. Existem também áreas no Polígono, de balanço hídrico positivo e presença de solos bem desenvolvidos.

Contudo, na área delimitada pela poligonal, ocorrem, periodicamente, secas anômalas que se traduzem na maioria das vezes em grandes calamidades, ocasionando sérios danos à agropecuária nordestina e graves problemas sociais.

O Polígono das Secas foi criado pela lei nº. 1348 de 10-2-1951. Desde o império, o governo brasileiro adota uma postura de combate aos efeitos da seca, valendo-se da construção de açudes para represar os rios locais e, assim, conseguir reservatórios de água para tornar perenes os rios temporários. Em 1909, foi criada a Inspetoria de Obras contra as Secas (IOCS) que, mais tarde, transformou-se em DNOCS (Departamento Nacional de Obras Contra a Seca).

POLÍGONO DAS SECAS

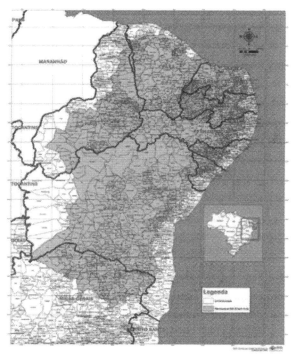

Fonte: INPE/Centro de Pesquisas da Universidade de São Paulo.

Meio Norte: Formada pelos estados do Piauí e Maranhão, é uma área de transição entre o Sertão e a Amazônia. Os índices de pluviosidade são elevados na porção oeste e diminuem em direção ao leste e sul. Encerra a Zona dos Cocais, área de vegetação peculiar, caracterizada por extensos babaçuais.

BRASIL: LOCALIZAÇÃO GEOGRÁFICA

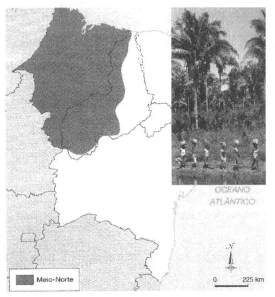

Trabalho feminino da colheita de babaçu.

O PRECONCEITO CONTRA O NORDESTINO

"O Nordeste, como recorte espacial, como uma identidade regional à parte, nem sempre existiu, como faz crer quase toda a produção artística, literária e acadêmica contemporâneas, que normalmente se referem ao Nordeste como este tendo existido desde o período colonial; os portugueses já teriam desembarcado no Nordeste e teria sido esta a área onde primeiro se efetivou a implantação da colonização portuguesa, com o sucesso da produção açucareira. Esta designação Nordeste para nomear uma região específica do país, tendo pretensamente uma história particular, só vai surgir, no entanto, muito recentemente, na década de 10 do século XX. Antes, a divisão regional do Brasil se fazia apenas entre o Norte, que abrangia todo o atual Nordeste e toda a atual Amazônia e o Sul que abarcava toda a parte do Brasil que ficava abaixo do estado da Bahia. Por isso, ainda hoje, os nordestinos são comumente chamados de nortistas em São Paulo ou em outros estados do Sul e do Sudeste e os moradores destas regiões dizem que vão passar férias no Norte, para se referirem ao Nordeste. Isto indica, também, que a criação da ideia de Nordeste e, consequentemente, da ideia de ser nordestino, surgiram nesta própria área, foram produzidas pelas elites políticas e pelos letrados deste próprio espaço, não foi uma criação feita de fora, por membros das elites de outras regiões. O sentimento, as práticas e os discursos regionalistas que irão dar origem à região que conhecemos, hoje, como Nordeste, emergiram entre as elites ligadas às atividades agrícolas e agrárias tradicionais, como à produção do açúcar, do algodão ou ligadas à pecuária, mesmo que muitos destes vivessem nas cidades, exercessem profissões liberais ou fossem comerciantes, de parte do então chamado Norte do país, no final do século XIX. Este regionalismo, como vimos, é fruto da própria forma como se constituiu o Estado Nacional brasileiro, caracterizando, por um lado, pela centralização das decisões, e por outro, por sua presença episódica e sua incapacidade de dar soluções para os problemas que afetam os interesses das elites de certas áreas do país, notadamente daquelas que representavam áreas que eram ou se tornaram periféricas do ponto de vista econômico ou que ficavam distantes do centro das decisões políticas."

JÚNIOR, Durval Muniz de Albuquerque. Preconceito contra a origem geográfica e de lugar: as fronteiras da discórdia. São Paulo: Cortez, 2007, p. 90.

HISTÓRIA E GEOGRAFIA DO BRASIL

14 BRASIL: ASPECTOS DEMOGRÁFICOS

14.1 A Distribuição da População

Cerca de 82% da população brasileira está concentrada na região litorânea do Brasil, que raramente ultrapassa os 50 Km. Segundo dados do Instituto Brasileiro de Geografia e Estatística (IBGE), em 2010 a densidade demográfica no Brasil era de aproximadamente 24 hab/Km².

DENSIDADE DEMOGRÁFICA GERAL E POR REGIÃO (2010)

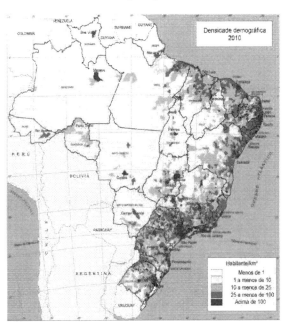

A observação do mapa sobre a distribuição geográfica da população permite-nos observar uma discrepância entre o litoral e as porções central e oeste do país. As causas dessa distribuição variam desde o processo de colonização que tem por base a região litorânea (zona da mata) e o desenvolvimento do cultivo da cana-de-açúcar até a formação dos grandes centros urbanos nessa faixa de terra do nosso território.

ÁREAS DENSAMENTE POVOADAS E FRACAMENTE POVOADAS

Além das grandes regiões e dos estados, existem algumas áreas que se destacam por serem densamente povoadas (litoral do Nordeste, Recôncavo Baiano, Baixada Santista, Vale do Itajaí, as regiões metropolitanas etc.) e outras por serem fracamente povoadas (Sertão Nordestino, porções central e ocidental das regiões Centro-Oeste e Norte).

14.2 O Crescimento da População

No Brasil, nas últimas décadas, o declínio das taxas, o crescimento vegetativo e o aumento da expectativa de vida têm promovido mudanças aceleradas na composição etária da população: vem aumentando a participação percentual de pessoas em idade produtiva (15 a 59 anos) e dos idosos (60 anos ou mais) e diminuindo a participação percentual dos jovens (0 a 14 anos).

De acordo com o último censo realizado pelo Instituto Brasileiro de Geografia e Estatística (IBGE), em 2010 o total de habitantes no Brasil era de 190.732.694, distribuídos da seguinte forma pelas macrorregiões brasileiras:

REGIÃO	POPULAÇÃO
Norte	15.865.678
Nordeste	53.078.137
Sudeste	80.353.724
Sul	27.384.815
Centro-Oeste	14.050.340

Fonte: IBGE, 2010.

EXPECTATIVA DE VIDA NO BRASIL

A esperança média de vida dos brasileiros nascidos em 2010 é de 73 anos, 2 meses e 1 dia, de acordo com Instituto Brasileiro de Geografia e Estatística. A estimativa representa um aumento de mais de 18 anos na expectativa de vida desde 1960, quando a pesquisa foi feita pela primeira vez.

Em nosso país, as taxas médias de fecundidade (número de filhos por mulher) vêm declinando de forma acentuada: de 6,28 filhos em 1960 para 2,38 em 2000, e em projeções de 2005 para 2,3 filhos. Essas mudanças no comportamento demográfico permitem que os governos – federal, estadual e municipal – estabeleçam planos de investimentos em educação e saúde muito mais favoráveis do que na década de 1970, quando o ritmo de crescimento da população beirava os 3%, ou seja, cerca de 5 milhões de habitantes por década. O investimento hoje pode se concentrar na melhoria da qualidade do serviço prestado e não mais na expansão da rede, quando era necessário construir cada vez mais escolas. A redução do número de jovens na população total favorece a criação de oportunidades no sistema público de educação e no mercado de trabalho.

14.3 Pirâmides Etárias

No Brasil, temos verificado uma mudança na pirâmide etária, que tem alargado o topo e estreitado a base. Essas mudanças decorrem em especial da urbanização do país, que mudou significativamente o modo de vida de grande parte dos brasileiros, principalmente com relação aos filhos, e também garantiu avanços fundamentais a nível médico-sanitário, a participação da mulher no mercado de trabalho etc.

PIRÂMIDES ETÁRIAS NO BRASIL (2015)

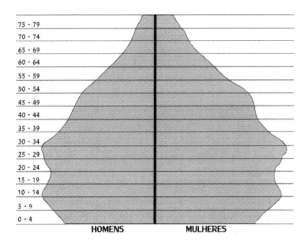

A população brasileira está em transição para a fase adulta, ou madura, fato que coloca a pirâmide etária do país em uma situação intermediária: a base é mais estreita que o corpo, porque a taxa de

BRASIL: ASPECTOS DEMOGRÁFICOS

natalidade está reduzida e o número de adultos já compõe a maior parte da população do país; o topo é mais estreito que a base. No entanto com o passar do tempo e o aumento da expectativa de vida, o número de idosos será cada vez maior, aumentando, assim, o ápice da pirâmide.

PIRÂMIDES ETÁRIAS NO BRASIL (2050)

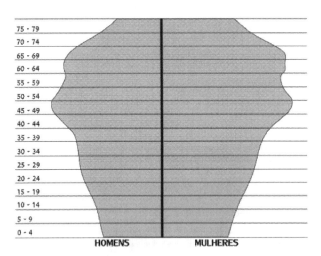

Fonte: Disponível em: <http://mundoeducacao.bol.uol.com.br/geografia/piramide-etaria-populacao-brasileira.htm>.

14.4 Setores de Atividades

No Brasil, o **setor primário** (agricultura, pecuária, exploração animal e vegetal) ainda é muito importante. O agronegócio ganha cada vez mais força no cenário nacional. O **setor secundário** (indústria e extrativismo mineral) é o setor da economia que transforma produtos naturais produzidos pelo setor primário em produtos de consumo, ou em máquinas industriais (produtos a serem utilizados por outros estabelecimentos do setor secundário). Geralmente apresenta porcentagens bastante relevantes nas sociedades desenvolvidas. É nesse setor que podemos dizer que a matéria-prima é transformada em um produto manufaturado. A indústria e a construção civil são, portanto, atividades desse setor. O **setor terciário** (no Brasil), no contexto da economia, envolve a comercialização de produtos em geral, e o oferecimento de serviços comerciais, pessoais ou comunitários, a terceiros. Nesse setor há grande ocorrência de problemas, assim como a hipertrofia e a macrocefalia, que nada mais são do que o crescimento desordenado, e consequente excesso de mão de obra. O setor terciário é, geralmente, a principal fonte de renda dos países desenvolvidos. O **setor quaternário** é o setor ligado à alta tecnologia, pesquisa, biotecnologia, informática etc. O **setor quinquinário** é trazido à tona pelo professor Milton Santos no livro "O Brasil". Território e sociedade no início do século XXI, onde ele trata o indivíduo que trabalha no setor de finanças, como as bolsas de valores como integrantes desse setor.

*Obs.: Hoje muitos autores falam em Setor Quinário, que seriam os serviços sem fins lucrativos, como organizações não governamentais.

O povo: formação étnica

A nação brasileira é resultado de um projeto político esboçado no Império, que consolidou a integridade territorial e alimentou o sentimento de identidade entre os brasileiros. A nação surge quando existe um sentimento de identidade e pertencimento entre seus integrantes. No caso dos brasileiros, apesar das diferentes matrizes étnicas formadoras e da diversidade cultural, existe um forte sentimento de identidade, que se manifesta no compartilhamento de tradições, da língua falada e de uma história em comum. Nesse sentido poderíamos falar em povo brasileiro, palavra que assume o mesmo significado de nação.

Quando é que, no Brasil, se pode falar de uma etnia nova, operativa? Quando é que surgem brasileiros, conscientes de si, se não orgulhosos de seu próprio ser, ao menos resignados com ele? Isso se dá quando milhões de pessoas passam a se ver não como oriundos de índios de certa tribo, nem africanos tribais ou genéricos, porque daquilo haviam saído, e muito menos como portugueses metropolitanos ou crioulos, e a se sentir soltas e desafiadas a construir-se, a partir das rejeições que sofriam, com nova identidade étnico-cultural, a de brasileiros.

RIBEIRO, Darcy. O povo brasileiro. A formação e o sentido do Brasil. São Paulo: Companhia de Bolso, 2008. p. 119.

A população brasileira formou-se a partir de três grupos étnicos: o índio, o europeu e o negro. Os cruzamentos ocorridos entre esses grupos deram origem aos seguintes tipos de mestiços: mulatos (branco + negro); caboclos ou mamelucos (branco + nativo) e cafuzos (nativo + negro). Participaram também da formação étnica dos brasileiros diversos elementos (imigrantes), tais como o italiano, o português, o espanhol, o japonês, o alemão etc.

Festejos para Iemanjá, na Bahia.

Festa do Círio de Nazaré, Belém.

NATIVOS, VULGO ÍNDIO!

Os termos índio e indígena são extremamente questionáveis, pois essas populações nativas sempre se identificaram pelos nomes de suas tribos. Os Karajás, Tapebas, Suyás, Xavantes etc. A classificação como indígena foi imposta pelo colonizador.

MATRIZ TUPI

Os grupos indígenas encontrados no litoral pelo português eram principalmente tribos de tronco tupi que, havendo se instalado uns séculos antes, ainda estavam desalojando antigos ocupantes oriundos de outras matrizes culturais. Somavam, talvez, 1 milhão de índios, divididos em dezenas de grupos tribais, cada um deles compreendendo um conglomerado de várias aldeias de trezentos a 2 mil habitantes (Fernandes, 1949). Não era pouca gente, porque Portugal àquela época teria a mesma população ou pouco mais.

RIBEIRO, Darcy. O povo brasileiro. A formação e o sentido do Brasil. São Paulo: Companhia de Bolso, 1995. p. 28.

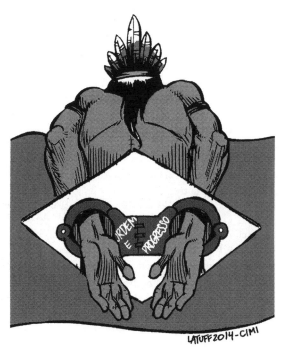

O extermínio das populações indígenas começou com a empresa colonizadora. Já no primeiro século da colonização, os indígenas do tronco tupi, que habitavam as áreas litorâneas começaram a desaparecer. Segundo dados do CIMI (Conselho Indígena Missionário), até 2000 já haviam sido extintos mais de 1.470 povos indígenas nativos das terras que hoje formam o Brasil

Entre o século XVI e o final do século XX, a população indígena sofreu drástica redução, caracterizando um processo de etnocídio desses povos, iniciado com a colonização, movida por interesses mercantis, pela busca de riqueza e do lucro. Existem hoje aproximadamente 700 mil índios no Brasil, o que representa 0,4% da população brasileira. A maior parte dessa população se concentra ainda na Amazônia, cerca de 40% do total.

POLÍTICAS INDIGENISTAS

O Serviço de Proteção ao Índio (SPI) foi criado em 1910, em meio a um contexto de violência contra os indígenas. Esse órgão foi criado com o objetivo de proteger os indígenas dos atos de violência. O SPI implementou políticas de pacificação dos indígenas hostis, que precisavam ser convencidos da boa intenção do governo para com eles. O lema da instituição no seu início era: "Morrer se preciso for: matar, nunca".

Apesar da legislação, as tribos perderam a maior parte dos seus territórios. Somente em 1973, seis anos depois da substituição do SPI pela FUNAI, foi criado o Estatuto do Índio, que se comprometeu a demarcar terras indígenas. Apesar desse compromisso, a demarcação definitiva das Terras Indígenas ainda é alvo de muita polêmica. Nos anos 90, a demarcação das terras Ianomâmis, por exemplo, gerou críticas por parte dos militares, por estar essa área em faixa de fronteira.

Mais recentemente, o debate girou em torno do cumprimento da lei que demarcou definitivamente a Terra Indígena Raposa-Serra do Sol, uma área contínua de 1,6 milhão de hectares no estado de Roraima. O governo do estado e as forças armadas querem que a reserva seja fracionada.

Fonte: Disponível em: <www.quimicosunificados.com.br>.

RESERVAS INDÍGENAS NO BRASIL

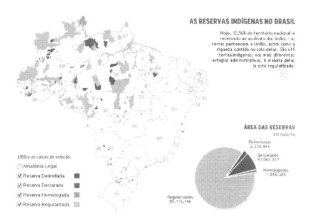

Fonte: Disponível em: <www.pre-vestibular.arteblog.com.br>.

ESTATUTO DO ÍNDIO

(DOS PRINCÍPIOS E DEFINIÇÕES)

Art.1º Esta Lei regula a situação jurídica dos índios ou silvícolas e das comunidades indígenas, com o propósito de preservar a sua cultura e integrá-los, progressiva e harmonicamente, à comunhão nacional.

Parágrafo único. Aos índios e às comunidades indígenas se estende a proteção das leis do País, nos mesmos termos em que se aplicam os demais brasileiros, resguardados os usos, costumes e tradições indígenas, bem como as condições peculiares reconhecidas nesta Lei.

Art.2º Cumpre à União, aos Estados e aos Municípios, bem como aos órgãos das respectivas administrações indiretas, nos limites de sua comparência, para a proteção das comunidades indígenas e a preservação dos seus direitos;

BRASIL: ASPECTOS DEMOGRÁFICOS

Art.3º Para os efeitos de lei, ficam estabelecidas as definições a seguir discriminadas:

I - Índio ou Silvícola - É todo indivíduo de origem e ascendência pré-colombiana que se identifica e é intensificado como pertencente a um grupo étnico cujas características culturais o distinguem da sociedade nacional;

Fonte: Disponível em: <www.funai.gov.br>.

Fazendo parte não só do passado, mas também do presente da sociedade brasileira, os indígenas que chegaram ao século XXI, enfrentam inúmeros problemas para manter seus recursos ambientais, sua cultura e seu modo de vida. De acordo com entidades indigenistas, existem atualmente no Brasil 241 povos indígenas, que, ao todo, falam 180 línguas diferentes. Seja morando em aldeias, seja em agrupamentos mistos ou em reservas indígenas, esses povos vivem em constante disputa por terras com fazendeiros, construtores de estradas, madeireiras, empresas mineradoras e grileiros. Em algumas tribos, detectou-se um elevado nível de desnutrição infantil. É o caso, por exemplo, dos indígenas Guarani-Kaiowás, em Dourados, MS.

BRANCO, VULGO CIVILIZADO!

Ao contrário dos povos que aqui encontraram, todos eles estruturados em tribos autônomas, autárquicas e não estratificadas em classes, o enxame de invasores era a presença local avançada de uma vasta e vetusta civilização urbana e classicista. Seu centro de decisão estava nas longuras de Lisboa, dotada sua Corte de muitos serviços, sobretudo do poderoso Conselho Ultramarino, que tudo previa, planificava, ordenava, provia. Outro coordenador poderosíssimo era a Igreja Católica, com seu braço repressivo, o Santo Ofício. Ouvindo denúncias e calúnias na busca de heresias e bestialidades, julgava, condenava, encarcerava e até queimava vivo os mais ousados. Nem aí, na vastidão desses imensos poderios, terminava a estrutura civilizatória que se impunha sobre o Brasil nascente. Ela era um conglomerado interativo de entidades equivalentes em ativa competição, às vezes cruentas umas contra as outras.

RIBEIRO, Darcy. O povo brasileiro. A formação e o sentido do Brasil. São Paulo: Companhia de Bolso, 1995. p. 34.

Dentre os indivíduos brancos que compõem a população brasileira, predominam os de origem europeia, principalmente os atlanto-mediterrâneos (portugueses, espanhóis e italianos), germanos (alemães, holandeses), eslavos (poloneses, russos) e asiáticos do Oriente Médio (turcos, árabes, judeus e libaneses), asiáticos (japoneses).

Quando o português veio para o Brasil, o mouro fora expulso do Algarve duzentos e cinquenta anos antes. Na Espanha foi preciso esperar o final do século XV para que o reino de Granada fosse castelhano, justamente em janeiro do ano em que Cristóvão Colombo largaria de Palos para a jornada deslumbrante. O mouro viajou para o Brasil na memória do colonizador. E ficou. Até hoje sentimos sua presença na cultura popular brasileira.

CASCUDO, Câmara. Mouros, Franceses e Judeus: três presenças no Brasil. São Paulo: Global, 2001.

Até a abertura dos portos, em 1808, o povoamento da América portuguesa permaneceu quase exclusivamente lusitano. Estima-se que 465 mil portugueses se deslocaram para as colônias luso-americanas entre 1500 e 1808. Em 1818 o governo colonial financia a vinda de inúmeros colonos suíços e alemães, pois o peso das populações negras e mestiças assustavam a Corte e os governantes que deram início, a partir daí, a uma política de branqueamento da população brasileira.

Outro momento importante da história dos brancos no Brasil iniciou-se na segunda metade do século XIX. Cerca de 70 milhões de imigrantes europeus tiveram como destino inicial as fazendas de café principalmente de italianos e espanhóis que desembarcaram no Brasil. A maior concentração ocorre nas regiões Sudeste e Sul e os maiores percentuais de brancos no total da população estão nos estados do Sul.

NEGRO, VULGO ESCRAVO!

A categoria negro foi criada assim como a categoria índio pelo colonizador. Ela foi elaborada pelos colonizadores no processo de escravização dos africanos e em seu uso como mão de obra no continente americano.

O negro no Brasil, nas suas relações com a cultura e com o tipo de sociedade que aqui se vem desenvolvendo, deve ser considerado principalmente sob o critério da história social e econômica. Da antropologia cultural. Daí ser impossível – insistamos nesse ponto – separá-lo da condição degradante de escravo, dentro da qual abafaram-se nele muitas das suas melhores tendências criadoras e normais para acentuarem-se outras, artificiais e até mórbidas. Tornou-se, assim, o africano um decidido agente patogênico no seio da sociedade brasileira. Por "inferioridade de raça", gritam então os sociólogos arianistas. Mas contra os seus gritos se levantam as evidências históricas – e as circunstâncias de cultura e principalmente econômicas – dentro das quais se deu o contato do negro com o branco no Brasil. O negro foi patogênico, mas a serviço do branco; como parte irresponsável de um sistema articulado por outros.

FREYRE, Gilberto. Casa Grande e Senzala: formação da família brasileira sob o regime da economia patriarcal. São Paulo: Global, 2006. p. 404.

Desde o ciclo da cana-de-açúcar (séculos XVI e XVII) até o início do café (século XIX), passando pelo ciclo da mineração (XVIII) o negro representou a principal força de trabalho do país.

O Brasil recebeu cerca de 4 milhões de negros, sendo a maior parte representada pelos sudaneses, provenientes da África Ocidental (Guiné, Costa do Marfim, Nigéria etc.) e pelos bantos, provenientes de Angola, Congo e Moçambique. As péssimas condições de transporte dos africanos em navios negreiros, a exploração intensa do seu trabalho, os castigos impostos e as precárias condições de vida faziam os índices de mortalidade superar os nascimentos desse grupo. Além do impacto demográfico causado na África, esse quadro acabava alimentando ainda mais o tráfico, em razão da baixa expectativa de vida dos negros.

O tráfico de escravizados se tornou um negócio extremamente lucrativo, mantendo-se ativo por séculos. Apenas em 1850, com a promulgação da Lei Eusébio de Queirós, essa atividade foi proibida. No entanto o escravismo perdurou até 1888, quando a Lei Áurea foi promulgada.

NAVIO NEGREIRO

Era um sonho dantesco... o tombadilho
Que das luzernas avermelha o brilho.
Em sangue a se banhar.
Tinir de ferros... estalar de açoite...
Legiões de homens negros como a noite,
Horrendos a dançar...
Negras mulheres, suspendendo às tetas
Magras crianças, cujas bocas pretas
Rega o sangue das mães:
Outras moças, mas nuas e espantadas,
No turbilhão de espectros arrastadas,
Em ânsia e mágoa vãs!
E ri-se a orquestra irônica, estridente...

E da ronda fantástica a serpente
Faz doudas espirais...
Se o velho arqueja, se no chão resvala,
Ouvem-se gritos... o chicote estala.
E voam mais e mais...
Trecho de O Navio Negreiro, Castro Alves.

Para evitar insurgências e rebeliões, os senhores de escravos adotavam a política da dispersão, ou seja, espalhavam o máximo possível os grupos étnicos; assim, eles não podiam se comunicar, instalando ainda um clima de hostilidade entre essas diversas etnias.

No entanto o anseio pela liberdade estava e se manifesta das mais variadas formas. Os movimentos de resistência à escravidão se revelam das mais variadas formas no cotidiano, na forma de trabalho, brigas e desobediências, em fugas e na organização de irmandades religiosas. Muito escravizados escapavam e buscavam os quilombos, geralmente estabelecidos em regiões de difícil acesso, onde a população se refugiava do trabalho escravo e dos maus-tratos, a fim de viver a liberdade.

A abolição da escravatura não significou a integração dos ex-escravizados ao conjunto da sociedade. A falta de políticas capazes de assegurar direitos e oportunidades para os afro-brasileiros acabou por impelir uma multidão de ex-escravizados, sem qualificação para o trabalho, a ocupar postos menos valorizados e habitar áreas degradadas nas cidades ou no meio rural.

Para uns poucos fazendeiros, a abolição significou a ruína e a perda de status: "um golpe terribilíssimo", na opinião de um deles. "O assalto mais inclemente que até hoje se perpetrou no Brasil contra a propriedade privada", no dizer de um descendente de senhores de escravos. Os que esperavam ser indenizados pela perda de seus escravos viram seus sonhos frustrados. Desiludidos, voltaram-se contra o governo que os levara à ruína. Mas seu ressentimento e protesto perderam-se entre as exclamações de júbilo dos escravos e de todos aqueles que se haviam identificado com a causa da abolição.

COSTA, Emília Viotti da. A Abolição. São Paulo: UNESP, 2008. p.11.

Desde a época colonial, a situação de exclusão e de preconceito vivida pelos afro-brasileiros, pelos indígenas e pelos pardos funcionam como uma barreira que impede a ascensão social e econômica da grande maioria.

Embora o Brasil tenha a segunda maior população negra do mundo, a população afrodescendente atualmente ainda se encontra sub-representada, desempenhando, por exemplo, poucas funções de destaque no legislativo e no judiciário.

Posse do ex-presidente do STF (Supremo Tribunal Federal) Joaquim Barbosa, um dos poucos negros a ocuparem cargos de destaque no cenário nacional.

Quanto à distribuição geográfica por regiões, as principais concentrações negras no Brasil estão no Nordeste e Sudeste e, por estados, destacam-se a Bahia, o Rio de Janeiro e Minas Gerais. Do ponto de vista econômico, profissional e social verifica-se grande marginalização dos negros, apesar de suas contribuições e influências em diversos setores e atividades, tais como: economia, música popular, alimentação, religião, vestuário etc.

MOVIMENTOS AFRO-BRASILEIROS E A QUESTÃO DAS COTAS

Ao longo dos séculos os afro-brasileiros têm organizado movimentos de resistência contra o preconceito racial, pela defesa dos seus direitos civis e políticos e pela falsa ideia de democracia racial presente no Brasil. Atualmente existem centenas de entidades negras no Brasil que se mobilizam em defesa e ampliação das conquistas obtidas.

RAÇA COMO RETÓRICA: A CONSTRUÇÃO DA DIFERENÇA

Em 1950 a UNESCO promoveu um programa de estudos sobre as relações raciais no Brasil fortemente marcado pela impressão de harmonia nas relações entre negros e brancos que o país oferecia aos estrangeiros. A motivação original para a realização do programa era tomar o Brasil como uma possível saída diante do terror europeu do pós-guerra em face do holocausto. O projeto da UNESCO teve como mentores brasileiros o antropólogo Artur Ramos e, depois de sua morte, o sociólogo Luiz Aguiar Costa Pinto. Esse projeto gerou grande quantidade de estudos sobre as relações raciais que tinham como cenário a comparação com os Estados Unidos e, de certa forma, fundou a sociologia brasileira contemporânea. Roger Bastide (1959), Florestan Fernandes (1959), Oracy Nogueira (1985 e 1988), Thales de Azevedo (1951) Luiz Aguiar Costa Pinto (1998) e Charles Wagley (1952) foram alguns dos que trabalharam o tema no âmbito daquele projeto e buscaram entender as relações entre negros e brancos no Brasil.

A maioria desses estudos, no decorrer das décadas de 1950 e 1960, provou o contrário da imagem inicial de harmonia racial. Mesmo relativizando o racismo brasileiro em contraste com outros países, esses estudos acabaram formulando um "problema racial brasileiro" que explicitava a desigualdade nas relações entre brancos e negros. Os estudos descreveram uma sociedade em que a classe era mais importante que a raça nas relações sociais. Falaram de um preconceito que tinha origem na sociedade escravista e se constituía em uma sobrevivência desse passado. E, ao discutirem o sistema brasileiro de classificação racial, apontaram para sua estrutura ambígua e indefinida.

MAGGIE, Yvonne e REZENDE, Claudia Barcellos. Raça como retórica: a construção da diferença. Rio de Janeiro: Civilização Brasileira, 2001. p.11.

Na Constituição de 1988 foi tipificado o crime de racismo, entendido como ato ofensivo à dignidade de uma classe. Desde então têm crescido as denúncias de discriminação racial. No entanto, apesar das leis e das medidas de punição ao racismo, ele persiste na sociedade e abrange muitas vezes não só a cor da pessoa, mas também a condição social.

STF DECIDE POR UNANIMIDADE QUE SISTEMA DE COTAS É CONSTITUCIONAL

O STF (Supremo Tribunal Federal) decidiu do dia 26 de abril de 2012, por unanimidade, que o sistema de cotas raciais em universidades é constitucional. O presidente do STF, Carlos Ayres Britto, iniciou seu

BRASIL: ASPECTOS DEMOGRÁFICOS

voto – o último dos ministros – por volta das 19h30, antecipando que acompanha o voto do relator Ricardo Lewandowski. O julgamento, que terminou por volta das 20h, tratou de uma ação **proposta** pelo DEM contra o sistema de cotas da UnB (Universidade de Brasília), que reserva 20% das vagas para autodeclarados negros e pardos. Ayres Britto disse durante o voto que os erros de uma geração podem ser revistos pela geração seguinte, e é isto que está sendo feito. Em um voto de quase duas horas, o ministro Ricardo Lewandowski afirmou ontem (25) que o sistema de cotas em universidades cria um tratamento desigual com o objetivo de promover, no futuro, a igualdade. Para ele, a UnB cumpre os requisitos, pois definiu, em 2004, quando o sistema foi implantado, que ele seria revisto em dez anos. "A política de ação afirmativa deve durar o tempo necessário para corrigir as distorções." Luiz Fux foi o segundo voto a favor das cotas raciais. Segundo Fux, não se trata de discriminação reservar algumas vagas para determinado grupo de pessoas. "É uma classificação racial benigna, que não se compara com a discriminação, pois visa fins sociais louváveis", disse.

A ministra Rosa Weber também seguiu o voto do relator. Para ela, o sistema de cotas visa dar aos negros o acesso à universidade brasileira e, assim, equilibrar as oportunidades sociais. O quarto voto favorável foi da Ministra Cármen Lúcia, que citou duas histórias pessoais sobre marcas deixadas pela desigualdade na infância.

Em seu voto, o ministro Joaquim Barbosa citou julgamento da Suprema Corte americana que validou o sistema de cotas para negros nos Estados Unidos, ao dizer que o principal argumento que levou àquela decisão foi o seguinte: "Os EUA eram e continuam a ser um país líder no mundo livre, mas seria insustentável manter-se como livre, mantendo uma situação interna como aquela". Peluso criticou argumentos de que a reserva de vagas fere o princípio da meritocracia. "O mérito é sim um critério justo, mas é justo apenas em relação aos candidatos que tiveram oportunidades idênticas ou pelo menos assemelhadas", disse. "O que as pessoas são e o que elas fazem depende das oportunidades e das experiências que ela teve para se constituir como pessoa."

O ministro Gilmar Mendes também votou pela constitucionalidade das cotas em universidades, mas fez críticas ao modelo adotado pela UnB. Ele argumentou que tal sistema, que reserva 20% das vagas para autodeclarados negros e pardos, pode gerar "distorções e perversões". Celso de Mello disse, durante seu voto, que ações afirmativas estão em conformidade com a Constituição e com Declarações Internacionais subscritas pelo Brasil. Marco Aurélio Mello também seguiu o relator e votou pela constitucionalidade do sistema de cotas. Dias Toffoli não participou do julgamento por ter dado um parecer no processo quando era da Advocacia-Geral da União.

"A regra da igualdade não consiste senão em quinhoar desigualmente os desiguais, na medida em que se desigualam. Nesta desigualdade social, proporcionada à desigualdade natural, é que se acha a verdadeira lei da igualdade... Tratar com desigualdade a iguais, ou a desiguais com igualdade, seria desigualmente flagrante, e não igualdade real."

Rui Barbosa, famoso jurista e escritor brasileiro.

14.5 Migrações Externas no Brasil

A imigração propriamente dita verificou-se a partir de 1808, vésperas da independência, quando se instalou um permanente fluxo de europeus para o Brasil. Dois mil suíços e mil alemães radicaram-se no Brasil nessa época, incentivados pela abertura dos portos às nações amigas. Outras tentativas de assentar irlandeses e alemães, especialmente no Nordeste, fracassaram completamente. Apesar de autorizada a concessão de terras a estrangeiros, o latifúndio impedia a implantação da pequena propriedade rural e a escravidão obstaculizava o trabalho livre assalariado. Na caracterização do processo de imigração no Brasil encontram-se três períodos que correspondem respectivamente ao auge, ao declínio e à extinção da escravidão.

IMIGRAÇÃO P/ O BRASIL (1808-1970)

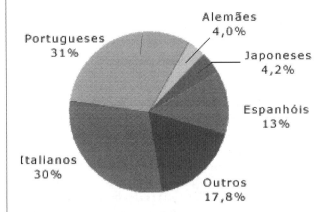

O primeiro período vai de 1808, quando era livre a importação de africanos, até 1850, quando se decretou a proibição do tráfico. De 1850 a 1888, o segundo período é marcado por medidas progressivas de extinção da escravatura (Lei do Ventre Livre, Lei dos Sexagenários, alforrias e, finalmente, a Lei Áurea), em decorrência do que as correntes migratórias passaram a se dirigir para o Brasil, sobretudo para as áreas onde era menos importante o braço escravo. O terceiro período, que durou até meados do século XX, começou em 1888, quando, extinta a escravidão, o trabalho livre ganhou expressão social e a imigração cresceu notavelmente, de preferência para o Sul, mas também em São Paulo, onde até então a lavoura cafeeira se baseava no trabalho escravo.

Após a abolição, em apenas dez anos (de 1890 a 1900) entraram no Brasil mais de 1,4 milhão de imigrantes, o dobro do número de entradas nos oitenta anos anteriores (1808-1888). Acentua-se também a diversificação por nacionalidades das correntes migratórias, fato que já ocorria nos últimos anos do período anterior. No século XX, o fluxo migratório apresentou irregularidades, em decorrência de fatores externos – as duas guerras mundiais, a recuperação europeia no pós-guerra, a crise nipônica – e, igualmente, devido a fatores internos. No começo do século XX, por exemplo, assinalou-se em São Paulo uma saída de imigrantes, sobretudo italianos, para a Argentina. Na mesma época verifica-se o início da imigração nipônica, que alcançaria, em cinquenta anos, grande significação. No recenseamento de 1950, os japoneses constituíam a quarta colônia no Brasil em número de imigrantes, com 10,6% dos estrangeiros recenseados.

ERA UMA CASA PORTUGUESA COM CERTEZA!

Os portugueses representam o maior contingente de imigrantes entrados no Brasil. Calcula-se que devam viver atualmente, no país, 213.203 portugueses, concentrados nos grandes centros urbanos, com destaque especial para o Rio de Janeiro e São Paulo. O fluxo imigratório português se acelerou a partir do ciclo do ouro, em Minas Gerais (século XVIII), e manteve-se relativamente elevado até a década de 1950; a partir daí, os portugueses passaram a emigrar para a França, Alemanha e outros países europeus, graças à recuperação econômica do continente. Na década de 1970, em razão do processo de descolonização, o Brasil recebeu uma onda de imigrantes portugueses provenientes, principalmente, das ex-colônias portuguesas na África (Angola e Moçambique).

ITALIANOS

Os primeiros italianos chegaram ao Brasil em 1875, estabelecendo-se no Rio Grande do Sul, na região serrana e também em Santa Catarina, onde o clima era mais ameno, assemelhando-se um pouco com as regiões de onde vieram, especialmente do Vêneto (norte italiano), de onde provinha a maior parte das famílias imigrantes. Logo após essa época, São Paulo se tornou o maior pólo receptor de italianos, que inicialmente se encaminharam para as zonas cafeicultoras do interior. Em pouco tempo, entretanto, acabaram por migrar para a capital, vindo a se constituir em importante mão de obra para a indústria que então se iniciava.

Família italiana no Brasil chegada em 1870.

Os italianos deixaram suas marcas em cidades e bairros, influenciando hábitos alimentares e linguísticos das regiões onde se estabeleceram.

Saudades de Nápoles (1895). Pintura de Bertha Worms.

ESPANHÓIS

Depois dos portugueses e italianos, é o terceiro maior contingente imigratório do Brasil. Fixando-se principalmente nos estados de São Paulo, Rio de Janeiro, Minas Gerais e Rio Grande do Sul, iniciaram suas atividades em fazendas, mas acabaram por migrar para as cidades. Atualmente, tal como os portugueses, os espanhóis têm migrado para países europeus, sendo restrita sua participação entre os imigrantes que chegaram após 1970.

ALEMÃES

As primeiras levas de imigrantes alemães chegaram em 1824 e, desde então, deram preferência à região Sul do Brasil, onde fundaram a colônia de São Leopoldo, no Rio Grande do Sul. A partir de 1850, foram se instalando em Santa Catarina, sobretudo no vale do Itajaí, onde surgiram Brusque, Joinville e Blumenau, cidades de marcantes características alemãs. Atualmente, a cidade de São Paulo, sobretudo o bairro de Santo Amaro, e os três estados sulinos abrigam quase a totalidade dos imigrantes alemães e seus descendentes brasileiros.

JAPONESES

A imigração japonesa teve início em 1908, quando aportou no Brasil o navio Kasato Maru, com 165 famílias a bordo. Estabeleceram-se inicialmente no estado de São Paulo e depois no Pará, onde se desenvolve importante núcleo produtor de pimenta-do-reino (Tomé-Açu). Fixaram-se principalmente em colônias rurais, onde introduziram importantes inovações na indústria de hortifrutigranjeiros. Na cidade de São Paulo, foram se concentrando num bairro — a Liberdade —, que adquiriu características de sua cultura, perceptíveis principalmente em ruas e cartazes. Além disso, instalados no cinturão verde em torno da cidade, são responsáveis pela maior parte do estabelecimento de frutas, legumes, verduras, aves e ovos para a população da metrópole paulista. Atualmente, estima-se em mais de 1 milhão e 200 mil os japoneses e seus descendentes até a quarta geração vivendo no Brasil.

BRASIL: ASPECTOS DEMOGRÁFICOS

OUTROS IMIGRANTES

Dentre os eslavos, o maior destaque numérico cabe aos poloneses e ucranianos, que se fixaram, em sua maioria, no Paraná, dedicando-se à agricultura e à pecuária. Os sírio-libaneses (árabes) distribuem-se por todo o território nacional, dedicando-se a atividades predominantemente urbanas, como o comércio e a indústria. Vieram principalmente na segunda metade do século XIX e na primeira década do século XXI, precisamente em 2006, em razão da segunda guerra do Líbano.

Os judeus, sobretudo de origem alemã e eslava, vieram para o Brasil principalmente às vésperas e durante a Segunda Guerra Mundial dirigindo-se para o Sul e o Sudeste. Passaram a dedicar-se, como os árabes, a atividades urbanas (especialmente comércio e indústria).

O Brasil passou a receber, durante os anos 70, um expressivo número de sul-americanos, principalmente paraguaios, bolivianos, uruguaios, argentinos e chilenos. Nos anos 80, o fluxo maior passou a ser de coreanos e chineses, sobretudo de Formosa, mas estes, como os latino-americanos, vivem em boa parte clandestinamente, uma vez que sua presença é impossibilitada por leis que estabelecem cotas máximas de imigrantes por nacionalidade. Dados da prefeitura de São Paulo indicam que há cerca de 100 mil coreanos e descendentes vivendo no Brasil, grande parte deles na cidade de São Paulo.

Dentre as regiões brasileiras, as que mais receberam imigrantes foram a Sul e a Sudeste, e principalmente o estado de São Paulo, que recebeu quase a metade dos imigrantes entrados no Brasil. Apenas na capital paulista, há imigrantes de mais de cem nacionalidades diferentes.

PRA ONDE VÃO OS BRASILEIROS?

A partir da década de 70, muitos brasileiros deixaram o país. Estima-se em mais de 1,5 milhão, o número de brasileiros que o fizeram, entre 1987 e 1997. A globalização e a expansão comercial contribuíram muito para isso, permitindo que especialistas e pesquisadores encontrassem trabalho dentro de países mais desenvolvidos, constituindo o que se chama de "fuga de cérebros". Mas, a maior parte dos brasileiros que emigram, entram clandestinamente nos países – ocupando funções pouco qualificadas e, geralmente, recusadas pelas populações locais.

Atualmente, o ciclo migratório têm-se invertido, e o Brasil, que sempre recebeu imigrantes, passou a partir da década de 80 do século XX por uma fase de surto emigratório. As diversas crises sócio-econômicas do país têm levado parcelas da população a procurarem saídas no exterior, especialmente nos Estados Unidos e na Europa. A melhoria econômica recente no Brasil com a moeda forte, aliada a outros fatores como a xenofobia crescente em diversos países, contribui para um processo de retorno de levas de emigrados brasileiros (especialmente dos Estados Unidos, que passam por uma crise econômica) e a redução do fluxo emigratório observado até 2003.

Dekasseguis: Chama-se "fenômeno dekassegui" tal emigração de brasileiros, que teve seu início no fim da década de 1980. Oficialmente, iniciou-se em junho de 1990, com a mudança na legislação de imigração japonesa, permitindo ao descendente de japonês (nikkei) receber um visto de trabalho no país. Entretanto o visto para descendentes de japoneses é concedido até a terceira geração (sansei), no caso da quarta geração (yonsei) quando filhos, faz-se necessário a companhia dos pais.

Brasiguaios: Os brasiguaios são brasileiros (e seus descendentes) estabelecidos em território da República do Paraguai, em áreas fronteiriças com o Brasil, principalmente nas regiões chamadas Canindeyú e Alto Paraná, no sudeste do Paraguai. Os brasilguaios são, em sua maioria, agricultores de origem alemã italiana ou eslava, falam o idioma português. Estima-se em 350 mil a população de brasilguaios ou brasiguaios, outra forma como também são chamados.

Estados Unidos: Os maiores contingentes de brasileiros no exterior, instalam-se em colônias nos Estados Unidos, principalmente em Nova Iorque, Boston e Miami.

14.6 Migrações Internas no Brasil

Nos últimos trinta anos, a Região Nordeste continuou perdendo população, mas apresentou ritmos diferentes em cada estado. No Ceará e no Rio Grande do Norte, houve redução de emigração, em consequência da expansão econômica que gerou as novas oportunidades de trabalho. Já os estados de Pernambuco, Alagoas e Bahia não conseguiram reverter a evasão populacional. Mesmo a Bahia, que teve aumento da participação do PIB nacional nesse período, não conseguiu gerar empregos suficientes para o tamanho de sua população.

As migrações internas, muito intensas no país, sofreram mudanças nas últimas décadas. Segundo o IBGE, em São Paulo as entradas de migrantes diminuíram em 12%, enquanto as saídas aumentaram em 36%, fazendo com que o saldo migratório de 744.798 migrantes registrados em 1991, declinasse para 339.926 em 2000. Já os estados de Minas Gerais e Rio de Janeiro passaram de repulsores para receptores de população, ou seja, ocorreu aumento das entradas e diminuição das saídas. Na década de 1990, com a reativação de alguns setores da economia nordestina, como o crescimento do turismo e a instalação de diversas empresas, estabeleceu-se um fluxo de retorno da população para o Nordeste.

Em 1999, segundo o IBGE, 15,5 milhões de pessoas residiam fora de suas regiões de origem. Entre 1992 e 1999, 15,9% da população da Região Nordeste e 10% da do Centro-Oeste. No entanto tendências mais recentes da mobilidade da população no Brasil apontam para o crescimento das migrações intrarregionais, dos fluxos urbano-urbano e intrametropolitanos. Ou seja, muitas pessoas têm migrado de uma cidade para outra ou no interior das áreas metropolitanas. Cidades com mais de 100 mil habitantes têm apresentado maior crescimento populacional e têm sido procuradas por migrantes.

A mobilidade interna do povo brasileiro sempre esteve ligada ao processo de povoamento de um enorme território. A sucessão dos ciclos ou períodos da economia brasileira, sempre ligados a um determinado produto ou atividade, favoreceu essa mobilidade, pois as pessoas são sempre atraídas por fatores como emprego, facilidade de obter terras ou de enriquecer rapidamente. Observe a tabela a seguir sobre os principais ciclos brasileiros migratórios:

HISTÓRICO DAS MIGRAÇÕES INTERNAS NO BRASIL

Século	Características
XVI e XVII	Saída de nordestinos da Zona da Mata, rumo ao Sertão, atraídos pela expansão da pecuária.
XVIII	Saída de nordestinos e paulistas rumo à região mineradora (Minas Gerais).
XIX	Saída de mineiros rumo ao interior paulista, atraídos pela expansão do café. Saída de nordestinos rumo à Amazônia para trabalhar na extração da borracha.
XX – Década de 1950	Saída de nordestinos rumo ao Centro-Oeste (Goiás) para trabalhar na construção de Brasília. Este período ficou conhecido como a Marcha para o Oeste, e os migrantes como candangos.
Décadas de 1950-1960	Saída de nordestinos (principalmente) rumo ao Sudeste, motivada pela industrialização. As cidades de São Paulo e do Rio de Janeiro receberam o maior fluxo de migrantes.
Décadas de 1960-1970	Saída de nordestinos que continuaram migrando para o Sudeste, o Centro-Oeste (Mato Grosso) e o Sul (Paraná). A partir de 1967, com a criação da Zona Franca de Manaus, ocorreu uma intensa migração de nordestinos rumo à Amazônia (principalmente Manaus). Esse processo em grande parte foi orientado pelo Governo Federal.
Décadas de 1970-1990	Migrações de sulista rumo ao Centro-Oeste (agropecuária) e de nordestinos rumo à Amazônia (agropecuária e garimpos). Em consequência, o Norte e o Centro-Oeste foram, respectivamente, as regiões que apresentam o maior crescimento populacional do Brasil, nas últimas décadas.

PRINCIPAIS TIPOS DE MIGRAÇÕES INTERNAS

As migrações internas no Brasil caracterizam-se por dois tipos principais: a intrarregional e a inter-regional.

A migração intrarregional é entendida como a movimentação de pessoas dentro de uma mesma região. Década de 1990, essa dinâmica tem sido caracterizada pela saída de pessoas das pequenas cidades, principalmente na região Nordeste, rumo às suas respectivas capitais, onde a possibilidade de novas perspectivas é maior. E também pela saída de pessoas das metrópoles globais localizadas no Sudeste, como São Paulo e Rio de Janeiro, rumo às cidades médias do próprio Sudeste, em busca de melhor qualidade de vida.

Neste tipo de migração, é comum trabalhadores de áreas agrícolas partirem para outras regiões, onde há necessidade de mão de obra para o cultivo de algum produto (período das safras). São movimentos sazonais, assim chamados por se realizarem conforme as estações de plantio e colheita.

Migração inter-regional é o deslocamento de pessoas entre as regiões brasileiras. Esse tipo de migração continua sendo o mais típico e, quantitativamente, o mais expressivo dentre as transferências populacionais no interior do Brasil.

Durante meio século de história, a região Nordeste, que não voltou a ter a mesma importância econômica do período colonial, caracterizou-se como uma região de expulsão populacional. Primeiro para a região Sudeste, depois, para as novas fronteiras agrícolas.

A região Sudeste, ao contrário, viveu dois momentos fundamentais para a economia brasileira – a economia cafeeira e a industrialização –, além da descoberta do ouro no período colonial. Por esses fatores e por ter abrigado a capital federal até o início dos anos 1960, o Sudeste tornou-se o centro econômico do país e, em consequência, a maior região de atração populacional do Brasil, principalmente até a década de 1980.

URBANIZAÇÃO BRASILEIRA

15 URBANIZAÇÃO BRASILEIRA

A urbanização brasileira propriamente dita começou somente em meados do século XX, por volta de 1940, tendo um crescimento acelerado nas décadas seguintes. Como reflexo da industrialização do país, a economia e a urbanização passaram a estar cada vez mais interligadas. Nessa época, a vida urbana brasileira resumia-se, na maior parte do país, às atividades administrativas, as quais tinham a finalidade de garantir a ordem e coordenar a produção agrícola.

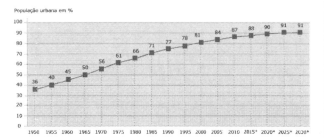

Na década de 1950, o índice de urbanização alcançava menos de 40% sobre o total da população do país. No final da década de 1960 e no início da década de 1970, o processo de urbanização se consolidou e o Brasil passou a ter mais de 50% de sua população residindo em cidades. Em 1990, a urbanização alcançou o índice de 77%. A população brasileira residente em cidades, em 1991 (115 700 000 de habitantes), se aproximava rapidamente da população absoluta do país na década de 1980 (119 099 000 habitantes).

De acordo com o Censo Demográfico de 2000, o Brasil possuía uma população urbana de 81,2%, portanto 18,8% da população ainda residiam em áreas rurais. Em 2008, de acordo com o IBGE, 83,8% da população brasileira era urbana.

Na realidade, esses números devem ser bem diferentes, uma vez que o Brasil considera urbano todo morador de sedes de municípios, independentemente da população total, da densidade demográfica do local, de aspectos estruturais (como rede de esgoto, atividades econômicas predominantes) e de outros elementos que caracterizam uma cidade. Dessa forma, é de se imaginar que a verdadeira população urbana brasileira seja menor do que aquela apresentada oficialmente pelo IBGE. Nesse caso, o governo se beneficia de maiores investimentos estrangeiros (maior mão de obra urbana, apta a trabalhar em indústrias e serviços) e maior arrecadação de impostos, já que os impostos territoriais urbanos são mais caros do que os rurais.

Após a segunda metade do século XX, constatou-se um crescimento nas taxas de urbanização em todas as regiões do Brasil. Esse fenômeno é significativo, mas apresenta diferentes índices regionais, reflexo das diferenças da divisão social e territorial do trabalho que ocorreu, ao longo do século passado e deste século, conforme se pode observar no gráfico a seguir.

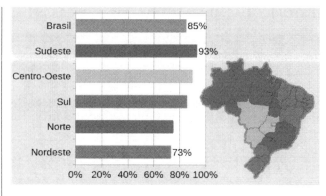

15.1 Regiões Metropolitanas

O processo de urbanização no Brasil foi muito concentrado, especialmente onde poucas cidades cresceram aceleradamente, tornando-se, em pouquíssimo tempo, verdadeiras metrópoles. Essas metrópoles, por concentrar atividades econômicas, culturais, políticas, infraestruturas e pessoas, acabam por influenciar outros territórios, pois exercem o comando por meio de seu denso meio técnico.

O crescimento horizontal das metrópoles fez com que suas áreas urbanas se interligassem a municípios vizinhos, como se fossem uma única cidade. Essa integração recebe o nome de conurbação. Os problemas de infraestrutura se tornam comuns a todos os municípios dessa mancha urbana integrada. A partir disso, em 1973, o poder público aprovou a lei que criou as regiões metropolitanas, isto é, um conjunto de municípios contíguos, integrados socioespacialmente a uma cidade central, com serviços públicos e infraestruturas comuns. Também são consideradas regiões metropolitanas as chamadas "regiões integradas de desenvolvimento" (Ride), composta por municípios de mais de um estado e, portanto, regidas por lei federal.

15.2 A Hierarquia Urbana

A hierarquia urbana é formada por diferentes tipos de cidades e abrange diversas variáveis, como tamanho e importância das cidades; variedade e qualidade de serviços oferecidos à população local e às áreas vizinhas; número de habitantes, as cidades brasileiras foram ordenadas e classificadas pelo IBGE. Observe a seguir a ordenação.

- **Metrópole mundial ou cidade global** – Rio de Janeiro e São Paulo.
- **Metrópole nacional** – Porto Alegre, Curitiba, Belo Horizonte, Brasília, Salvador, Recife e Fortaleza.
- **Metrópole regional** – Goiânia, Manaus, Belém.
- **Centro regional** – Florianópolis, Londrina, Campo Grande, Vitória, São Luís, Maceió, entre outras.

15.3 Redes Urbanas

Em razão das desigualdades existentes no país, a rede urbana brasileira, que envolve as relações entre o campo e as cidades e entre os diferentes tipos de cidades é bastante distinta em todas as regiões.

No Sul e no Sudeste, a rede urbana é bem elaborada – reflexo do dinamismo dos diversos tipos de trabalho e do maior desenvolvimento industrial, que asseguraram uma rede urbana mais intensa e complexa.

A rede urbana do Nordeste é definida pelas atividades econômicas mais concentradas na Zona da Mata, região litorânea, onde se localizam as principais cidades (como Recife e Salvador), as indústrias, as rodovias, os aeroportos, os portos e as principais atividades terciárias. Já no Norte e no Centro-Oeste, a rede urbana é mais desarticulada, com pequena malha de transportes, poucas cidades com relevância nacional e baixa concentração urbana ou industrial.

16 AGROPECUÁRIA BRASILEIRA

16.1 Engenhos de Cana-de-Açúcar

O Nordeste brasileiro é a região onde mais se percebe os traços da colonização brasileira. Em algumas capitais, como Salvador, Recife e São Luís, existem até hoje igrejas e sobrados erguidos naquele momento.

Igreja Nossa Senhora do Carmo, construída em 1580, é a primeira igreja carmelita das Américas.

A ocupação colonial, voltada somente para o enriquecimento da metrópole, deixou marcas profundas nas realidades sociais e econômicas do Nordeste brasileiro. Essa colonização foi baseada na economia canavieira. As primeiras mudas de cana chegaram ao Brasil com Martim Afonso de Sousa, em 1531. Em pouco tempo, a lavoura canavieira foi introduzida na Zona da Mata nordestina. Na segunda metade do século XVI, a região nordeste da colônia havia se firmado como o centro da empresa agrícola.

ECONOMIA COLONIAL NORDESTINA – SÉC. XVI

FAE. Atlas histórico escolar. São Paulo: 1993, p.15.

O açúcar produzido nos engenhos era transportado por rios ou em carros de boi até os portos exportadores – Recife e Salvador. A maioria dos navios era de origem portuguesa, porém os comerciantes eram holandeses que refinavam e negociavam o produto. A empresa agrícola implantada pelos colonizadores no século XVI fincou-se no litoral.

O Nordeste concentra um conjunto de mitologias políticas e sociais de bases geográficas e é, antes de tudo, uma "invenção", uma região "socialmente produzida". No século XVI, ele praticamente se resumia à cana-de-açúcar, onde se expandiam as plantations e se multiplicavam os engenhos de cana. O cultivo da cana-de-açúcar foi a primeira atividade econômica que deu origem a várias cidades e iniciou a ocupação territorial do Nordeste. Os engenhos de açúcar localizavam-se na faixa litorânea, onde as condições naturais eram mais favoráveis ao cultivo do produto. O litoral úmido do Nordeste, que se estende do Rio Grande do Norte ao sul da Bahia, foi uma das primeiras áreas brasileiras a serem colonizadas pelos portugueses.

Engenho de açúcar, de Johann Moritz Rugendas (1802-1858).

Por ter sido a primeira área de ocupação, esta área foi – por praticamente dois séculos – a área mais desenvolvida do país, e o estado de Pernambuco o mais rico. Porém o declínio da cana-de-açúcar na metade do século XIX, em razão da concorrência exercida pelas Antilhas, e o desenvolvimento da região Sudeste do país tornaram-na a mais desenvolvida do país, aliada, é claro, à estagnação do território nordestino.

A pressão europeia contra Portugal e Espanha, pela ocupação das terras americanas no hemisfério sul, fez aflorar a condição açucareira como base para efetivar tal ocupação. O massapê é um solo encontrado principalmente no litoral nordestino, constituído a partir da decomposição de rochas com características minerais de gnaisses. A condição climática da Zona da Mata garantiu os primeiros passos da agroexportação brasileira.

A sociedade açucareira era patriarcal. A maior parte dos poderes se concentrava nas mãos do senhor de engenho. Com autoridade absoluta, submetia todos ao seu poder: mulher, filhos, agregados e qualquer um que habitasse seus domínios. Cabia-lhe dar proteção à família, recebendo, em troca, lealdade e deferência.

Estrutura de produção na economia agrária colonial do sistema de plantation tinha as seguintes características principais:

- Monocultura;
- Latifúndio;
- Mão de obra escrava;
- Produção voltada para o mercado externo.

Nas principais regiões produtoras de açúcar, litoral da Bahia e de Pernambuco, foram rapidamente instaladas dezenas de unidades produtoras, os engenhos.

Inúmeros fatores contribuíram para o êxito da ocupação açucareira no Nordeste litorâneo, dentre elas destacamos:

- Posição geográfica favorável;
- Mão de obra escrava;
- Domínio da tecnologia de produção;
- Farto capital holandês;
- Mercado europeu em expansão.

Na segunda metade do século XVI, teve início o processo de decadência da economia açucareira, diretamente relacionada à concorrência da produção antilhana. Nesta área da América colonial, os holandeses, depois de terem sido expulsos do Brasil, em 1654, montaram um complexo produtor de açúcar, no qual desenvolveram técnicas modernas, possibilitando o aumento da produtividade, um custo menor de produção e, consequentemente, menor preço para o mercado.

"A monocultura da cana no Nordeste acabou separando o homem da própria água dos rios; separando-o dos próprios animais – "bichos do mato" desprezíveis ou então considerados no seu aspecto único de inimigos da cana, que era preciso conversar à distância dos engenhos (como os próprios bois que não fossem os de carro). E não falemos aqui da distância social imensa que a monocultura aprofundou, como nenhuma outra força, entre dois grupos de homens – os que trabalham no fabrico do açúcar e os que vivem mal ou voluptuosamente dele".

FREYRE, Gilberto. O Nordeste. 4. ed. São Paulo: Editora José Olímpio, 1967. Rio de Janeiro: Nova Fronteira; Brasília: INL, 1984.

Com isso, o Brasil, que até então tinha uma relação de monopólio com o mercado de açúcar, não se adaptou à nova relação de concorrência. Da condição de primeira exportadora mundial de açúcar, a colônia portuguesa passava a ocupar a quinta posição entre os principais produtores, recuperando uma posição de destaque, um século depois, ou seja, no final do século XVIII, dentro do Renascimento Agrícola.

Na metade do século XIX, uma recuperação leve alavanca novamente a economia do estado, marcada, ainda, pelo crescimento da economia açucareira, que no fim do século sofre com uma nova oscilação orquestrada pelo mercado externo, e traz novos problemas para o "açúcar" que, diante disso, volta-se ao mercado interno como forma de amenizar a crise.

Uma nova expansão da economia articulada à agroindústria açucareira criou em Pernambuco uma atividade industrial fornecedora de insumos e equipamentos para esta própria indústria (que nos dias de hoje é a agroindústria com a maior/melhor infraestrutura no Nordeste), principalmente no setor metalmecânico, bem como a têxtil com base no algodão nordestino e no mercado regional – então protegido por barreiras de custos de transporte, ao tempo em que o Brasil vai adotando o modelo de industrialização substitutiva.

O INÍCIO DO SÉCULO XX E OS "BARÕES" DO AÇÚCAR

O governo no início do século XX, de maneira indireta contribuiu, e muito, com os famosos "barões do açúcar" na região Nordeste. Na década de 1930, a agricultura canavieira paulista começou a competir com a nordestina, em razão de sua modernização e ampliação de base técnica. O governo criou nesse contexto o **IAA (Instituto do Açúcar e do Álcool)**, com o objetivo de criar cotas de produção de açúcar entre os estados brasileiros e garantir um preço mínimo para o produto. Assim, o IAA garantia uma parcela do mercado açucareiro aos produtores da Zona da Mata nordestina, com destaque para Pernambuco, além de garantir preços compatíveis com seus custos.

Durante longa data, o IAA contribuiu para a presença do açúcar nordestino no mercado nacional. Porém, com o passar dos anos, a estratégia e a instituição mostraram-se ineficientes e retrógradas. Em 1990, o IAA foi extinto e fez com que as perdas dos produtores nordestinos frente à produção paulista.

16.2 Estrutura Fundiária

A estrutura fundiária é a forma como estão organizadas as propriedades agrárias de um país ou região, isto é, a classificação dos imóveis rurais segundo o número, tamanho e distribuição social. Observe os gráficos sobre a distribuição de terras no Brasil:

NÚMERO DE ESTABELECIMENTOS RURAIS

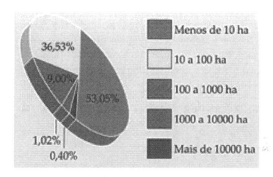

ÁREA DE ESTABELECIMENTOS

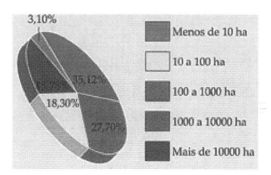

Pelos gráficos, nota-se uma enorme concentração de terras. De um total de 6 milhões de propriedades, 53,05% ocupam 3,10% da área, enquanto 1,42% dos estabelecimentos (mais de 1000 ha) ocupam 43,48% da área. Portanto, ocorre uma elevada concentração na propriedade da terra, com um reduzido número de proprietários concentrando imensa área e um grande número de pequenos proprietários, que possuem parcelas insuficientes para o sustento de suas famílias. Para complementar a renda, pequenos proprietários trabalham temporariamente nas grandes propriedades.

Nas últimas décadas, o Brasil transformou-se em um dos maiores produtores e fornecedores de alimentos e fibras para o mundo. A participação crescente no mercado mundial de produtos agrícolas é resultado de uma combinação de fatores, como o avanço das terras cultivadas sobre as áreas com cobertura vegetal natural, chamadas de **fronteiras agrícolas**, e os investimentos em tecnologia e pesquisa, o que gerou um aumento da produtividade.

AGROPECUÁRIA BRASILEIRA

Podemos dividir a área agrícola em dois tipos de lavoura: **cultura permanente** e **cultura temporária**. No primeiro caso as culturas levam mais de um ano para produzir, já as lavouras temporárias são formadas por culturas com ciclo de vida curto, que precisam ser replantadas todos os anos. No Brasil destacamos o **café**, o **cacau** e a **laranja** como culturas permanentes e a **soja**, o **milho** e a **cana-de-açúcar** como culturas temporárias.

CULTURAS PERMANENTES NO BRASIL (2010)

CULTURAS TEMPORÁRIAS NO BRASIL (2010)

Fonte: IBGE. Disponível em: <http://www.ibge.com.br>. Acesso em: THÉRY, Hervé.

TIPOS DE UNIDADES DE PRODUÇÃO

Os estabelecimentos rurais no Brasil podem ser divididos de acordo com a organização do processo de trabalho da unidade de produção. Assim, as unidades de **agricultura familiar** são aquelas nas quais os proprietários trabalham diretamente na terra, sem o uso de outra forma de mão de obra, além dos próprios membros da família. Por sua vez, as unidades de **agricultura patronal** são aquelas nas quais o trabalho contratado é superior ao familiar ou o comando da produção é exercido por quem trabalha diretamente na terra.

Esses diferentes tipos de unidade de produção participam de forma desigual da produção da riqueza gerada na agropecuária brasileira. Enquanto a agricultura patronal gera 68% do PIB agrícola brasileiro, a agropecuária familiar é responsável por apenas 32%.

Apesar de cultivar uma área menor com lavouras e pastagens, a agricultura familiar é responsável pelo fornecimento de boa parte dos alimentos que estão nas mesas das famílias brasileiras, o que reafirma sua importância.

ORIGENS DAS PROPRIEDADES RURAIS NO BRASIL

O Brasil é um país de grande extensão territorial e forte tradição agrícola. Apesar de grande variedade étnica e cultural e da efervescência político-econômica que o século XXI nos apresenta, o país não conseguiu resolver uma das mais antigas questões sociais de seu povo: a ocupação desordenada e o mau aproveitamento das terras, desde a chegada dos portugueses.

Para entendermos melhor os problemas da terra no Brasil, é necessário um resgate histórico que aponta para uma desigual distribuição de terras já no período colonial. As capitanias hereditárias e as sesmarias são responsáveis por boa parte dos latifúndios brasileiros atuais.

O REGIME DAS SESMARIAS

O rei Dom João III, em 1530, decidiu implementar o sistema de sesmarias no Brasil para ter noção da extensão territorial do território.

Porém é necessário lembrar que antes da conquista territorial Portugal passava por uma grave crise econômica, diversos conflitos entre proprietários de terras e os lavradores, que provocaram o êxodo rural e a falta de alimentos nas grandes cidades.

D.Fernando I – rei de Portugal à época – transformou em lei um costume antigo dos países ibéricos, onde o rei sorteava terras chamadas de sesmarias, para serem cultivadas pelos chamados sesmeiros, durante um período de dois anos. Assim, em junho de 1375 surgiu a Lei das Sesmarias.

No Brasil, as sesmarias não pressupunham a existência de propriedade anterior, como em Portugal e na Espanha. Lá as terras concedidas aos sesmeiros eram as que haviam sido abandonadas, enquanto aqui, eram terras virgens, desprovidas de qualquer documento jurídico, as terras aqui nunca tiveram donos.

As terras no Brasil não foram devidamente cultivadas basicamente por dois motivos: a grande extensão territorial e a falta de mão de obra, logo as terras permaneciam ociosas, e corriqueiramente eram confiscadas pelo rei.

Como o regime das sesmarias não estava dando certo no Brasil, a saída encontrada foi criar um sistema mais atraente, que transferisse a árdua tarefa de colonização à iniciativa particular – surge aí o sistema de **capitanias hereditárias**. 1

O país foi dividido em 15 lotes, entregues condicionalmente para 12 donatários. Pero Lopes de Sousa ficou com três lotes e Martim Afonso de Sousa com 2 lotes.

---

1   O sistema de capitanias hereditárias foi implantado, inicialmente, e com sucesso nas possessões portuguesas de Açores, Cabo Verde, Madeira e São Tomé. Eram chamadas de capitanias porque seus chefes tinham o título de capitão-mor. E eram hereditárias porque deveriam passar de pai para filho. Os capitães-mores ficaram conhecidos também como donatários, porque recebiam as terras do rei em caráter de doação.

HISTÓRIA E GEOGRAFIA DO BRASIL

ANTIGO MAPA DAS CAPITANIAS HEREDITÁRIAS E SEUS DONATÁRIOS

- Pará (João de Barros e Aires da Cunha)
- Maranhão (Fernão Álvares de Andrade)
- Piauí (Antonio Cardoso de Barros)
- Rio Grande (João de Barros e Aires da Cunha)
- Itamaracá (Pero Lopes de Sousa)
- Pernambuco (Duarte Coelho)
- Bahia (Francisco Pereira Coutinho)
- Ilhéus (Jorge Figueiredo Correia)
- Porto Seguro (Pero do Campo Tourinho)
- Espírito Santo (Vasco Fernandes Coutinho)
- São Tomé (Pero de Góis)
- Rio de Janeiro (Martim Afonso de Sousa)
- Santo Amaro (Pero Lopes de Sousa)
- São Vicente (Martim Afonso de Sousa)
- Sant'Anna (Pero Lopes de Sousa)

MERIDIANO DE TORDESILHAS — OCEANO ATLÂNTICO

Os donatários deveriam conceder lotes menores a outros interessados, entretanto isso não ocorreu. Os donatários não se preocuparam com essa subdivisão e nem com a função social da terra. Vaidoso e detentores de inúmeros privilégios típicos da nobreza da época, sentiam-se os donos absolutos da terra e valiam-se delas somente para fins de grande pessoal e ostentação de poder. Continuamente, instituiu-se o germe de um comportamento autoritário, que passou a História com o nome de coronelismo, que não tem suas raízes no Brasil, como podemos observar no texto a seguir:

CORONELISMO EM TODO LUGAR

O termo 'coronel' tem origem nos títulos que a Guarda Nacional – milícia de cidadãos criada pelo regente Diogo Antônio Feijó em 1831 – distribuía aos proprietários de terra e outras pessoas influentes. Em troca, a Guarda recebia ajuda para manter a ordem pública, ameaçada pelas constantes insurreições e revoltas que caracterizaram o período das regências (1931-1940), como a Abrilada, em Pernambuco, da Cabanagem, no Pará, e da Farroupilha no Rio Grande do Sul. Foi um dos meios usados pelo governo para não perder o controle sobre o país depois da abdicação de Pedro I e antes de seu filho Pedro II ter idade suficiente para assumir o poder.

Embora o termo 'coronel' tenha nascido nesse período conturbado, a origem dessa figura remonta ao Brasil colonial, quando a presença de chefes locais era essencial para organizar a vida das comunidades. A socióloga Maria Isaura Pereira de Queiroz chama esse fenômeno de 'mandonismo', que existiria também em Portugal, na Espanha e nos países de colonização ibérica.

O 'coronel' brasileiro, o 'gamonal' peruano e o 'caudilho' argentino ou uruguaio – denominações características do detentor do poder local nesses países – têm a ver com o 'cacique' espanhol, português, mexicano ou colombiano. Foi a realidade de cada país que deu a esses líderes características diferentes.

Revista de História da Biblioteca Nacional. Ano 6. Set.2010.

Frente ao fracasso das capitanias, o rei de Portugal resolveu instituir um governo-geral nomeado, no qual os donatários deveriam se submeter. Tomé de Sousa foi indicado para ser o primeiro governador-geral do Brasil.

Tomé de Sousa governou até 1553, sendo substituído por Duarte da Costa (1553-1558) e este por Mém de Sá (1558-1572). Todos tiveram a preocupação de manter os colonos ocupados em produzir gêneros agrícolas que fossem consumidos na Europa. A prioridade continuava a ser a cana-de-açúcar.

As únicas capitanias que prosperaram foram as de São Vicente e Pernambuco, onde se inicia a colonização brasileira, com a implantação de engenhos e a grande produção de açúcar. Foi em Pernambuco que se estabeleceram os primeiros e os maiores latifúndios no Brasil.

O regime das sesmarias teve seu fim no dia 17 de julho de 1822, ano da independência do país. Após a extinção das sesmarias, o Brasil ficou 28 anos sem nenhuma lei específica que regulamentasse a aquisição de terras.

Somente em 18 de setembro de 1850 surgiu a lei nº 601 – chamada Lei de Terras, que praticamente instituiu a propriedade privada da terra no Brasil, determinando que as terras públicas ou devolutas só podiam ser adquiridas por meio de compra, favorecendo os abastados proprietários rurais.

16.3 As Lutas pela Posse da Terra

ESTATUTO DA TERRA E CLASSIFICAÇÃO DOS IMÓVEIS RURAIS

O Estatuto da Terra foi criado pela lei 4.504, de 30-11-1964, sendo, portanto, uma obra do regime militar que acabava de ser instalado no país por meio do golpe militar de 31-3-1964. Sua criação estará intimamente ligada ao clima de insatisfação reinante no meio rural brasileiro e ao temor do governo e da elite conservadora pela eclosão de uma revolução camponesa. Afinal, os espectros da Revolução Cubana (1959) e da implantação de reformas agrárias em vários países da América Latina (México, Bolívia, etc.) estavam presentes e bem vivos na memória dos governantes e das elites.

As lutas camponesas no Brasil começaram a se organizar desde a década de 1950, com o surgimento de organizações e ligas camponesas, de sindicatos rurais e com atuação da Igreja Católica e do Partido Comunista Brasileiro. O movimento em prol de maior justiça social no campo e da reforma agrária generalizou-se no meio rural do país e assumiu grandes proporções no início da década de 1960.

No entanto, esse movimento foi praticamente aniquilado pelo regime militar instalado em 1964. A criação do Estatuto da Terra e a promessa de uma reforma agrária foi a estratégia utilizada pelos governantes para apaziguar os camponeses e tranquilizar os grandes proprietários de terra. As metas estabelecidas pelo Estatuto da Terra eram basicamente duas: a execução de uma reforma agrária e o desenvolvimento da agricultura. Três décadas depois, podemos constatar que a primeira meta ficou apenas no papel, enquanto a segunda recebeu grande atenção do governo, principalmente no que diz respeito ao desenvolvimento capitalista ou empresarial da agricultura.

Manifestação da Liga Camponesa, 1963, Pernambuco.

Com o Estatuto da Terra (1964), surgiu o conceito de **módulo rural**: "é o modelo ou padrão que deve corresponder à propriedade familiar".

Com base nesse conceito, posteriormente, o **INCRA**, Instituto Nacional de Colonização e Reforma Agrária, vinculado ao Ministério do Desenvolvimento Agrário, criou o conceito de **módulo fiscal**: "unidade de medida expressa em hectares, fixada para cada região, considerando vários fatores, como o tipo de exploração predominante no município e a renda obtida com a exploração predominante."

Portanto, o tamanho do módulo fiscal depende de cada região, sendo usado pelo IBGE para classificar os imóveis rurais quanto ao tamanho:

- **Minifúndio:** área inferior a um módulo fiscal.
- **Pequena propriedade:** área entre um e quatro módulos fiscais.
- **Média propriedade:** área superior a quatro e até quinze módulos fiscais.
- **Grande propriedade:** área superior a quinze módulos fiscais.
- **Empresa Rural:** imóvel explorado racionalmente, com um mínimo de 50% de sua área agricultável utilizada e que não exceda a 600 vezes o módulo rural.
- **Latifúndio por exploração:** imóvel que, não excedendo os mesmos limites da empresa rural, é mantido inexplorado com relação às possibilidades físicas, econômicas e sociais do meio.
- **Latifúndio por dimensão:** imóvel rural com área superior a 600 vezes o módulo rural médio da região.

Outro aspecto importante do Estatuto da Terra é que, teoricamente, o trabalhador rural ganhou uma proteção legal, representada pelo salário mínimo, férias remuneradas, previdência e 13o salário. Mas, na prática, os fazendeiros "fugiam" dessa mudança, passando a contratar trabalhadores temporários, surgindo à figura do boia-fria.

PERSONAGENS DO CAMPO

Boia-fria: essa denominação decorre do fato de tais trabalhadores comerem fria a refeição que levam de casa, pois no local de trabalho não existem instalações para esquentar a comida. O nome correto do trabalhador diarista é volante ou assalariado temporário; ele reside normalmente nas cidades e trabalha no campo, em geral nas colheitas. Esse tipo de trabalhador teve crescimento numérico, em razão da mecanização no cultivo de certos produtos, o que diminuiu a necessidade de mão de obra no cultivo, mas aumentou na época da colheita.

Posseiro: indivíduo que se apossa de uma terra que não lhe pertence, geralmente plantando para o sustento familiar.

Grileiro: indivíduo que falsifica títulos de propriedade, para vendê-los como se fossem autênticos, ou para explorar a terra alheia.

Parceiros: pessoas que trabalham numa parte das terras de um proprietário, pagando a este com uma parcela da produção que obtêm, ficando com metade (meeiros) ou com a terça parte (terceiros).

Arrendatários: pessoas que arrendam ou alugam a terra e pagam ao proprietário em dinheiro.

Peões: surgiram na década de 1970, com as fronteiras agrícolas em direção ao norte. São contratados fora da Amazônia, em geral no Nordeste, pelos intermediários ("gatos"), que iludem esses trabalhadores e, por causa de dívida por alimentação nos armazéns dos latifúndios, são escravizados, sendo impedidos de deixar o serviço.

Ocupante: indivíduo que ocupa e produz na terra alheia.

REFORMA AGRÁRIA

Teoricamente representa o fim da concentração fundiária brasileira, com redistribuição das terras, rompendo definitivamente com o passado colonial de exploração. Alguns intelectuais apontam que a primeira e, ao mesmo tempo, a última reforma foi no século XVI, com as capitanias hereditárias, que introduziu os latifúndios, os quais resistem até os dias atuais.

Em razão do poder político das oligarquias rurais, a reforma agrária começou a ser discutida após a Segunda Guerra Mundial, inicialmente, por meio de comissões que fracassaram.

Na década de 1960, surgiram as primeiras tentativas no governo de João Goulart, frustradas pelo golpe militar de 1964. Neste mesmo ano, surgiu o Instituto Nacional de Colonização e Reforma Agrária (INCRA) com a responsabilidade de aplicar o Estatuto da Terra, que provocou um aumento dos trabalhadores temporários, pois os fazendeiros não aceitaram as garantias trabalhistas do trabalhador do campo.

Mais tarde, em 1985, foi criado o Ministério da Reforma Agrária aplicando o Plano Nacional de Reforma Agrária (PNRA), do governo Sarney. Em 1988, a reforma agrária foi inscrita na Constituição, deixando a cargo do Ministério da Agricultura a responsabilidade de promovê-la.

REFORMA AGRÁRIA E CONSTITUIÇÃO (1988)

Art. 184. Compete à União desapropriar por interesse social, para fins de reforma agrária, o imóvel rural que não esteja cumprindo

sua função social, mediante prévia e justa indenização em títulos da dívida agrária, com cláusula de preservação do valor real, resgatáveis no prazo de até vinte anos, a partir do segundo ano de sua emissão, e cuja utilização será prevista em lei.

Portanto, a reforma é um processo no qual o governo desapropria terras não aproveitadas, cedendo-as para agricultores que desejem trabalhá-la. Mas, para obter sucesso, a reforma deve ser acompanhada por várias medidas, como: assistência técnica permanente, educação, financiamento de equipamentos, política de preços mínimos, infraestrutura de transporte, armazenagem, telefonia e eletrificação rural. Em vários casos isto não acontece, explicando-se o abandono posterior das terras distribuídas. Como o governo é lento e burocratizado, surgem os conflitos rurais, marcados pela **violência**.

CONFLITOS NO CAMPO E OS MOVIMENTOS SOCIAIS RURAIS

A violência rural brasileira evidencia a necessidade de reformas, para corrigir graves distorções como, por exemplo: a concentração fundiária, a prevalência da produção de gêneros para a exportação e a ganância dos grileiros, que contratam jagunços para invadir terras devolutas ou terras ocupadas por posseiros, expulsando-os. Até as reservas indígenas não escapam da violência, e também são vítimas do avanço do capital no campo.

A resistência à concentração de terras aumentou nas décadas de 1970 e 1980, surgindo, em 1984, o Movimento dos Trabalhadores rurais sem Terra (MST), entidade criada para se fazer uma reforma agrária rápida e justa. As invasões em terras **improdutivas** questionam a estrutura fundiária ultrapassada, mas também ocorrem invasões políticas em terras produtivas, deixando a questão polêmica. Por outro lado, os fazendeiros criaram a União Democrática Ruralista (UDR), cujo objetivo é defender o direito à propriedade privada, garantido pela Constituição. O resultado foi o aumento dos conflitos, associado ao governo omisso e incapaz de equacionar a questão agrária do país, evidenciada pelo próprio aumento dos conflitos.

Os conflitos sociais no campo brasileiro decorrem de um histórico processo de espoliação e expropriação do campesinato. A extrema concentração fundiária demonstra o desprezo do grande capital para com o camponês – e é representada pelo número reduzido de proprietários, concentrando imensa área e, por outro lado, um grande número de pequenos proprietários com terras insuficientes para o sustento de suas famílias.

Em suma, a modernização do campo foi desigual, conservadora e capitalista, mantendo a concentração de terras, com latifúndios improdutivos, provocando uma subordinação total do camponês ao grande capital. A razão dessa dependência é que no sistema capitalista a propriedade rural visa, em primeiro lugar, ao lucro e não à utilização produtiva da terra, podendo deixar a terra inexplorada, isto é, utilizá-la apenas como negócio de compra e venda.

16.4 Principais Rebanhos Brasileiros

Quanto à pecuária, destaca-se o número de cabeças de gado existentes no país, em torno de 200 milhões, o que confere ao Brasil o primeiro lugar no número de cabeças de gado comercial. No território nacional há 1 milhão de pecuaristas, que ocupam 221 milhões de hectares de terras e 740 indústrias de carne e derivados, conforme dados do Conselho Nacional de Pecuária de Corte.

A produção de frangos também é um grande sucesso do setor agropecuário no Brasil. As exportações nesse setor contam com mais de 140 clientes e representam quase metade da produção do mercado internacional. Apesar do destaque no mercado internacional, a criação de gado e o mercado de carnes no Brasil ainda são marcados por baixos índices de produtividade e eficiência logística, embora nos últimos dez anos seja evidente uma crescente melhoria nos índices de produtividade.

AGROPECUÁRIA BRASILEIRA

17 RECURSOS MINERAIS NO BRASIL

Sem os recursos minerais e energéticos a humanidade não teria como subsidiar o seu crescente desenvolvimento tecnológico. A aplicação de técnicas modernas permitiu descobrir, obter e transformar bens minerais e energéticos em bens manufaturados que tornaram a vida mais confortável. As substâncias minerais, metálicas ou não, os combustíveis fósseis e as pedras preciosas passaram a fazer parte inalienável de nossas vidas.

Os minérios são associações de minerais ou um único mineral que pode ser explorado do ponto de vista comercial pelas sociedades de diferentes maneiras. Volumes gigantescos de minérios estão sendo explorados rapidamente pelas sociedades, o que pode levar à escassez ou mesmo à exaustão desses recursos.

A conservação do recurso mineral é uma atitude necessária para garantirmos o suprimento de insumos minerais praticamente imprescindíveis à manutenção de um desenvolvimento sustentável. Essa atitude permitirá que preservemos por maior tempo os recursos minerais diminuindo, assim, o impacto ao meio ambiente.

IMPORTÂNCIA DOS MINERAIS

A grande diversidade de minerais encontrados na crosta é, sob o aspecto econômico, muito importante para a humanidade, em razão de suas diversas utilidades. Alguns exemplos de usos de minerais:

Alumínio – metalurgia e indústrias químicas.

Argila – cerâmica, indústria de papel e cimenteira.

Calcário – construção civil, siderurgia, indústria cimenteira e química.

Gnaisse – construção civil (pavimentação).

Manganês – siderurgia, metalurgia, indústria elétrica e cerâmica.

Ouro – lastro monetário, indústria química e joalheria.

Diamante – joalheria, abrasivos e materiais de corte.

Cobre – metalurgia, indústria elétrica e química.

PRODUÇÃO MUNDIAL DE MINÉRIOS

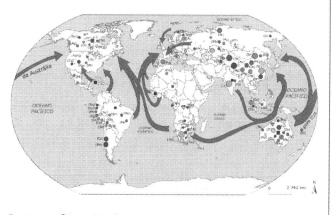

CONSERVACIONISMO X PRESERVACIONISMO

Conservar um recurso natural não significa guardá-lo, mesmo porque a humanidade não poderia sobreviver sem o seu uso. Conservação dos recursos naturais significa sua utilização de forma racional, ou seja, procurando obter o máximo de aproveitamento para satisfazer o maior número possível de pessoas. Para atingir um estágio de conservação dos recursos naturais são necessários alguns requisitos básicos, tais como: educação do homem, técnicas adequadas, proteção, reprodução e recuperação.

Preservar consiste em resguardar ou proteger os recursos naturais evitando a sua utilização. Na verdade, o preservacionismo é direcionado para os ambientes ou as espécies que estejam ameaçados de extinção. De uma forma geral a preservação está ligada à ideia de patrimônio cultural e/ou ecológico de um espaço geográfico. Trata-se de paisagens naturais ou obras de artes que possuem valores ideológicos inestimáveis.

A produção e o uso inadequado do bem mineral podem direta ou indiretamente levar a diferentes formas de degradação ambiental, outrora de efeitos locais ou regionais, agora amplos (aquecimento global, chuva ácida, deterioração da camada de ozônio, poluição dos reservatórios de água etc.). Não só a provável futura escassez dos minerais nos preocupa, mas também as consequências danosas para a humanidade.

Os minerais podem ser classificados em: Minerais metálicos: ferro, manganês, alumínio, magnésio, cobre, mercúrio, chumbo, estanho, ouro, prata e urânio. Minerais não metálicos: quartzo, feldspato, enxofre, titânio, diamante, mica, amianto etc.

CONSUMO ANUAL MÉDIO DE ALGUNS MINERAIS POR NORTE-AMERICANOS DOS ESTADOS UNIDOS.

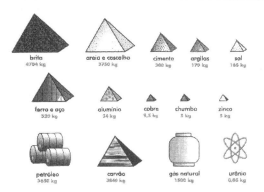

Fonte: Craig, Voughan & Skinner, 1996.

EXPECTATIVA DE DURAÇÃO DAS RESERVAS DE ALGUNS MINERAIS

MINERAL	DURAÇÃO
Sal e Magnésio	Quase infinita.
Cal e Silício	Mais de milhares de anos.
Minério de Manganês e Cobalto	Mais de 200 anos.
Minério de Ferro e Feldspato	100 a 200 anos.
Bauxita, Fosfato e Níquel	50 a 100 anos.

Fonte: CAMERON, Eugene N. At the crossroads. In.: Manual Global de Ecologia. São Paulo: Augustus, 1993. p. 180.

RECURSOS MINERAIS NO BRASIL

Para solucionar o problema da extinção de alguns recursos minerais, as sociedades terão de se preocupar em recuperar áreas degradadas e explorar mais racionalmente as áreas mineradoras, além de procurar substitutos para minerais escassos.

OS EFEITOS AMBIENTAIS DA MINERAÇÃO

A mineração e o garimpo são atividades que também exercem forte interferência no ambiente natural e contribuem para sua deterioração. Trata-se da extração de recursos naturais do solo e do subsolo, dos mais variados tipos e usos. Os recursos minerais, como o carvão e o petróleo, são usados tanto como fontes energéticas quanto como matérias-primas [...]. É praticamente impossível para a sociedade industrial privar-se do uso dos recursos minerais. Foram os múltiplos usos desses recursos que possibilitaram o grande desenvolvimento industrial.

Minerais de grande valor comercial como ouro, diamante e até cassiterita são muito explorados no Brasil por meio do garimpo.

Equipamento usado na mineração.

Esse trabalho de mineração é feito nos leitos fluviais e nos depósitos de sedimentos dos terraços e das planícies fluviais, principalmente dos rios da bacia hidrográfica amazônica e no alto rio Paraguai-Cuiabá.

[...] A operação de garimpo mecanizado movimenta um volume enorme de detritos ao destruir as margens dos leitos fluviais e na dragagem dos depósitos de fundos dos leitos fluviais. Alteram a qualidade das águas dos rios com sedimentos em suspensão e com o uso do mercúrio para aumentar o aproveitamento das partículas finas de ouro. A garimpagem, tal como tem sido praticada no Brasil, gera grande desperdício por extrair cerca de 50% dos minerais disponíveis nos sedimentos. Além disso, altera totalmente a paisagem e afeta a qualidade das águas dos rios e com isso interfere na vida da fauna [da flora] e na saúde do homem.

Fonte: ROSS, J. L. S. (Org.) Geografia do Brasil. São Paulo: Edusp, 2003.

A prospecção mineral é uma atividade importante e essencial ao homem moderno. Por ser uma atividade econômica extrativista, produz grandes transformações e impactos no espaço geográfico. Observa-se, no momento atual, um crescimento tanto no que se refere a investimentos em novas tecnologias de exploração mineral quanto na busca por novos depósitos minerais, já que o mercado mundial tem demandado mais recursos minerais como forma de atender à sociedade cada vez mais consumista. Em alguns países, a atividade extrativa mineral responde por mais de 20% do PIB, como no Chile. Já no Brasil, essa atividade responde por cerca de 5% do PIB, com boas perspectivas de crescimento para os próximos anos.

Apesar da importância do extrativismo mineral para o mundo moderno, essa atividade tem sido vista como uma das responsáveis pela degradação ambiental. Como forma de tentar amenizar ou mesmo reverter esse problema, programas de desenvolvimento sustentável aliados a leis ambientais mais rígidas têm contribuído para o desenvolvimento de tecnologias que visam a minimizar os impactos no meio ambiente.

O Brasil está entre os cinco países com maior potencial de descobertas minerais, ao lado da Austrália, do Canadá, dos EUA e da Rússia; porém é apenas o oitavo país com investimentos em exploração mineral. Desde os tempos coloniais, a atividade extrativa mineral é importante em nosso país.

A preocupação com os recursos minerais no Brasil evidencia-se a partir da evolução nacionalista de 1930, culminando com a aprovação do Código de Minas que distinguia a propriedade do solo e do subsolo (pertencente à União). Em 1934, a Constituição permitiu que "empresas constituídas no Brasil explorassem jazidas minerais", dando espaço às empresas estrangeiras para se organizarem no território brasileiro. Em 1937, a nova Constituição corrigiu essa falha na lei, e o direito exclusivo de exploração mineral voltou a ser de brasileiros. Em 1965, durante o período militar, ocorreu a aprovação do Plano Decenal de Avaliação dos Recursos Minerais, que deu início a um grande impulso na exploração dos recursos minerais brasileiros. A Carta de 1988 estabeleceu o monopólio da União para pesquisa, lavra e comércio do petróleo, do gás natural e dos minerais de uso nuclear. Apenas em 1995 o monopólio estatal foi quebrado, permitindo a penetração do capital estrangeiro nessas atividades. Na década de 1990, o Brasil aderiu ao Neoliberalismo e deu início às privatizações nos setores petroquímico e de extrativismo mineral, dentre outros.

A exploração mineral exige altos investimentos (pesquisa – em áreas de alto risco, já que nem todas geram resultados – infraestrutura de minas, transportes, energia) e também envolve grandes riscos de capital, já que os produtos oriundos do extrativismo mineral sofrem grandes variações de preços. No Brasil, a presença de grandes empresas de capital nacional privado e capital estrangeiro é uma realidade. Sete grandes empresas respondem por 94% da produção nacional de ferro: Cia. Vale do Rio Doce; Minerações Brasileiras Reunidas S.A.; Mineração da Trindade; Ferteco Mineração S.A.; Samarco Mineração S.A.; Cia. Siderúrgica Nacional; e Itaminas Comércio de Minérios S.A., Cia. Siderúrgica Nacional; e Itaminas Comércio de Minérios S.A., segundo o Departamento Nacional de Produção Mineral (DNPM).

A antiguidade de nossa estrutura geológica, associada aos diferentes tipos de rochas que a compõem, confere ao Brasil uma riqueza mineral diversificada, o que não significa que somos autossuficientes em todos os minerais essenciais ao desenvolvimento industrial.

PRINCIPAIS PROJETOS MINERAIS

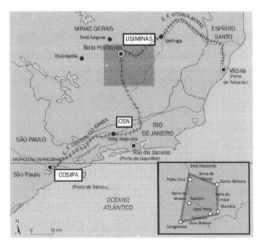

Corresponde à principal região de exploração de minério de ferro do país, porém são também identificadas na região outras jazidas, como as de manganês, de cobre, de níquel, de bauxita e de cassiterita. A produção dessa área é escoada por meio de dois corredores (a Estrada de Ferro Vitória/Minas, que liga a região do Quadrilátero aos portos de Vitória e Tubarão – ambos no ES –, e a Estrada de Ferro Central do Brasil, que liga o Quadrilátero ao Porto de Sepetiba no Rio de Janeiro). A produção mineral do Quadrilátero atende aos mercados interno e externo.

PROJETO GRANDE CARAJÁS

O Projeto faz parte do programa desenvolvimentista do Governo Federal visando à integração da Amazônia Oriental e à exploração do minério de ferro, por meio da implantação de projetos voltados para a mineração, metalurgia, agricultura, reflorestamento e pecuária. Essa exploração foi fruto da implantação de projetos de colonização e política de incentivo aos empreendimentos agrominerais na Amazônia, desde os anos 1960.

O Programa Grande Carajás foi lançado em 1979, com o objetivo de tornar viável a exploração mineral na região da Serra de Carajás, uma grande província mineralógica que contém a maior reserva mundial de minério de ferro de alto teor, além de importantes reservas de manganês, cobre, ouro, dentre outros. A prospecção de minério na Serra dos Carajás, no leste do Pará, começou em 1966 com a participação de empresas transnacionais. Em 1970, os minérios já tinham sido localizados e, então, constituiu-se a Amazônia Mineração S.A., que se associou a empresas estrangeiras e à Companhia Vale do Rio Doce.

No final dos anos 1970, a CVRD assumiu o controle total do empreendimento e lançou o Programa Grande Carajás. Na década de 1990, a Companhia Vale do Rio Doce foi privatizada, transformando-se na maior exportadora de minério de ferro do mundo, possuindo todos os direitos de exploração dos minérios da Serra de Carajás. A exploração de minérios, sobretudo o ferro, exigiu o desenvolvimento de uma infraestrutura da qual fazem parte a Estrada de Ferro Carajás – que se estende até o Porto Ponta da Madeira, no Maranhão – e a Usina Hidrelétrica de Tucuruí, no Rio Tocantins.

O Projeto Carajás atraiu grandes contingentes populacionais para o sul do Pará, e o impacto ecológico de suas atividades foi inevitável. Segundo os pesquisadores, a Província Mineral de Carajás, pela diversidade de seus recursos minerais e grandeza das jazidas, é única no planeta.

PROJETO TROMBETAS (PA)

O Projeto Carajás está articulado ao Projeto Trombetas, com a extração de bauxita na Serra de Oriximiná, junto ao Vale do Rio Trombetas, no noroeste do Pará. A empresa controladora desse segundo projeto chama-se: Mineração Rio do Norte, constituída a partir da associação da Companhia Vale do Rio Doce com um grupo de empresas nacionais e estrangeiras. A bauxita de Oriximiná é destinada ao abastecimento do complexo industrial ALBRÁS/ALUNORTE, onde a bauxita é transformada em alumínio e alumina, sendo depois exportada para o mercado japonês.

SERRA DO NAVIO (AP)

O projeto na Serra do Navio, implantado no final da década de 1950, no estado do Amapá, foi até a década de 1990 a principal mina de manganês do Brasil, com uma produção acumulada de mais de 30 milhões de toneladas. Em 1968, havia a preocupação com o crescimento da pauta de exportação, mas também com a ocupação do espaço. Buscava-se sair da economia baseada na indústria extrativa vegetal e em modestas atividades agropecuárias, para novas formas agropastoris e para a industrialização dos produtos naturais. A exaustão dessa mina foi compensada com a definição de novas reservas no sul do Pará, em especial a jazida do Igarapé do Azul.

MACIÇO DO URUCUM (MS)

Localizado próximo à cidade de Corumbá, corresponde a uma área produtora de minério de ferro e manganês. A produção oriunda dessa área abastece principalmente países como Paraguai, Argentina e Bolívia. O escoamento é realizado próximo à cidade de Corumbá.

A exploração no Maciço do Urucumi começou em 1930 e se instalou com vários privilégios, como isenções da tarifa de importação de máquinas e equipamentos, além de concessões sem critérios. Sendo este setor produtivo atrelado às fases cíclicas de depressão da economia do café, considerado o centro dinâmico acumulativo. Nos anos 50, o desenvolvimento nacional trouxe um avanço, sendo que a produção de Corumbá deslanchou e atraiu a instalação de outras indústrias, como a Companhia de Cimento Portland Itaú e a Sociedade Brasileira de Metalurgia.

Com a crise mundial dos anos 70, em razão da divisão territorial do trabalho, dificuldade de acesso pela carência estrutural de transporte local a longa distância do minério e a crise do petróleo que compromete a economia do planeta, o governo do estado de Mato Grosso criou a Mineração do Estado de Mato Grosso (Metamat) e a Urucum Mineração, que é de capital misto, tendo como acionista a própria Metamat, a estatal Companhia Vale do Rio Doce (CVRD) e mais dois grupos menores de mineradores privados.

No ano de 1980, com a finalidade de aproveitar o potencial de minério, o governo estadual, tendo o apoio do Ministério das Minas e Energia, anuncia o projeto do Pólo Mínero-Siderúrgico de Corumbá, que conta com a participação da Urucum Mineração. Do ponto de vista produtivo, a mineração participa com aproximadamente 3,5% da receita do município, tendo chegado a empregar mais de 500 pessoas nos anos 90 (seu melhor momento), das quais 200 demitidas logo depois de concretizado o acampamento, que ainda estava sob júdice da Vale do Rio Doce. Mas na perspectiva socioambiental vem apresentando alguns problemas de conflitos, pois a lavagem do minério extraído acaba provocando grande poluição nos afluentes do rio Paraguai e também em seu curso, além das imediações da localidade de Ladário e em distritos de Corumbá (Forte Coimbra e Nabileque). A empresa também tem enfrentado outras denúncias comprometedoras nos primeiros anos do século XXI, como ter desviado o curso de água do córrego Urucum, prejudicando mais de 50 famílias, na maioria das vezes produtores rurais de um projeto de assentamento do INCRA, que são vizinhos das minas de extração de minério.

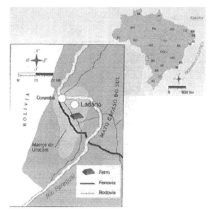

RECURSOS MINERAIS NO BRASIL

CASO SAMARCO, UM MAR DE LAMA!!

O rompimento da barragem do Fundão, na zona rural de Mariana (MG), liberou uma enxurrada de rejeitos de minério de ferro, cerca de 50.000.000 m³ desses rejeitos, de acordo com o Instituto Brasileiro do Meio Ambiente e dos Recursos Naturais Renováveis (IBAMA). A responsável pela barragem é a SAMARCO, empresa controlada por duas gigantes na mineração mundial, a VALE e a BHP – Billinton.

Além de 19 mortos e das centenas de pessoas que foram desalojadas, a tragédia deixou um rastro de danos ambientais, econômicos e sociais difíceis de serem reparadas. A maioria das comunidades presentes nas regiões atingidas dependem economicamente de pesca, agricultura, turismo, pecuária e da própria mineração, hoje impraticáveis na região.

A Samarco foi obrigada pelo Ministério Público de Minas Gerais a providenciar lar temporário para mais de 260 famílias desabrigadas e a pagar a elas uma indenização de R$ 20 mil, além de um salário mínimo, mais 20% por dependente e uma cesta básica. Também foram determinados judicialmente acertos no valor de R$ 100 mil para as famílias daqueles que morreram ou ainda estão desaparecidos. Esse montante é considerado um adiantamento, pois o total da indenização ainda será estipulado judicialmente.

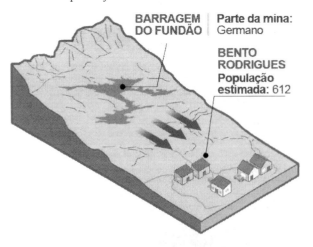

CASO BRUMADINHO – MG

O rompimento da barragem de Brumadinho, em 25 de janeiro de 2019, resultou em um dos maiores desastres com rejeitos de mineração no Brasil. A barragem de rejeitos classificada como de "baixo risco" e "alto potencial de danos", era controlada pela Vale S.A. e estava localizada no ribeirão Ferro-Carvão, na região de Córrego do Feijão, no município brasileiro de Brumadinho, a 65 km da capital mineira, Belo Horizonte.

O rompimento resultou em um desastre de grandes proporções, considerado como um desastre industrial, humanitário e ambiental, com mais de 250 mortos e 30 desaparecidos, gerando uma calamidade pública. O desastre pode, ainda, ser considerado o segundo maior desastre industrial do século e o maior acidente de trabalho do Brasil. O presidente da Vale, Fabio Schvartsman, em entrevista coletiva salientou que na tragédia de Brumadinho "o dano humano será maior", diferente do rompimento da barragem de Bento Rodrigues, em Mariana, que também era controlada pela Vale S.A. e está a menos de 200 quilômetros de Brumadinho.

A tragédia de Mariana, de 2015, é, até então, o mais grave desastre ambiental da história provocado por vazamento de minério. Nesta perspectiva, um dos autores do relatório sobre barragem de minério intitulado Mine Tailing Storage: Safety is no Accident, publicado pela Organização das Nações Unidas (ONU), o geólogo Alex Cardoso Bastos afirmou que "a tragédia em Brumadinho estará, certamente, no topo dos maiores desastres com rompimento de barragem de minério do mundo. Infelizmente, é possível que ultrapasse Stava, que foi a maior tragédia do tipo nos últimos 34 anos". O Brasil agora é destaque na lista de tragédias do gênero, por ser o país com o maior número de mortes, somando até agora três acidentes com perda humana ou grave dano ambiental desde 2014, com o rompimento da barragem da Herfculano Mineração, em Itabirito (em 2014, com três mortes).

Segundo Relatório de Segurança publicado pela Agência Nacional de Águas (ANA), 45 barragens apresentavam alto risco recentemente no país. A Mina de Córrego do Feijão, onde estão localizadas 7 barragens, produziu 8,5 milhões de toneladas de minério de ferro em 2018, que é equivalente a 2% da produção de minério de ferro da mineradora Vale. A mina faz parte do Complexo de Paraopeba, que em 2018 a produção foi equivalente a 27,3 milhões de toneladas, correspondendo à aproximadamente 7% da produção da Vale. O complexo é constituído de 13 estruturas utilizadas para disposição de rejeitos, retenção de sedimentos, regulação de vazão e captação de água. Além das barragens, a Mina Córrego do Feijão apresentava várias estruturas administrativas e de apoio, como centro administrativo, refeitório e oficinas de manutenção, além de terminal de carregamento e pequena malha ferroviária para escoamento do minério de ferro.

A barragem 1 do Córrego do Feijão foi construída em 1976 pela Ferteco Mineração (adquirida pela Vale em 2001), sendo ampliada em várias etapas e por diversos projetistas e empreiteiros. Houve, portanto, sucessivos alteamentos para montante, isto é, várias construções de degraus com os próprios rejeitos. No cadastro nacional da Agência Nacional de Mineração (ANM) e de acordo com o Instituto Mineiro de Gestão das Águas (IGAM), a barragem era avaliada como uma estrutura de pequeno porte com baixo risco, e tinha a classificação de alto dano potencial.

HISTÓRIA E GEOGRAFIA DO BRASIL

18 ENERGIA NO BRASIL

Os investimentos realizados em infraestrutura de energia são fundamentais para sustentar o crescimento socioeconômico e garantir o suprimento contínuo de energia para os diversos setores. Segundo dados da ANEEL (Agência Nacional de Energia Elétrica), o Brasil, produzindo para 61 milhões de consumidores, superou, no ano de 2019, a marca de 170 mil megawatts (MW) em potência instalada (sendo mais de 75% de fontes renováveis).

Uma rede integrada composta por linhas de transmissão e usinas operam na maior parte do território do país, formando o SIN (Sistema Integrado Nacional).

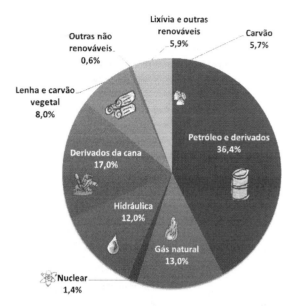

BRASIL: OFERTA INTERNA DE ENERGIA – 2017

Fonte: Ministério de Minas e Energia. Balanço energético 2007.

No Brasil, há três principais tipos de usinas geradoras de eletricidade: as hidrelétricas, que utilizam a força das quedas d'água para acionar turbinas e produzir eletricidade; as termelétricas convencionais, que utilizam os combustíveis fósseis; e as termonucleares ou atômicas, que utilizam a energia contida nos minerais atômicos.

A indústria da energia engloba desde a exploração de recursos naturais estratégicos, a distribuição desses recursos até o fornecimento aos consumidores.

Quanto à oferta interna, o Brasil apresenta relativo equilíbrio no uso de fontes renováveis e não-renováveis. Cerca de metade da matriz (52,7%) é composta de combustíveis fósseis (hidrocarbonetos e carvão mineral), sendo as fontes renováveis responsáveis pelo fornecimento de uma expressiva parcela de oferta interna de energia: 45,9%. A energia elétrica participa com 14,9% dessa energia renovável no Brasil e a energia da biomassa responde por 30,9% do total, observe a imagem a seguir:

No Brasil, os derivados do petróleo sustentaram a expansão dos transportes rodoviários. A pequena produção interna, até a década de 1970, tornava o país dependente de importações. No início dos anos 1980, após a segunda crise do petróleo, a importação desse recurso ainda representava 50% das importações totais do país. Nas últimas décadas, o crescimento populacional e econômico, o aumento do consumo de produtos industrializados e a expansão de áreas urbanas e agrícolas resultaram em um contínuo aumento da demanda de energia no Brasil e consequente expansão do parque gerador energético.

Entre 1892 e 1896, o fazendeiro Eugenio Ferreira Camargo conseguiu extrair uma pequena quantidade de óleo bruto na cidade de Bofete, São Paulo. Apesar dessa descoberta, faltavam recursos no Brasil para incrementar as pesquisas e criar um grupo de trabalhadores especializados. Ao longo do século XX, as fontes e energia modernas – carvão mineral, petróleo e eletricidade de origem hidráulica – substituíram gradativamente as fontes de energia tradicionais – lenha e carvão vegetal. No Brasil, até 1940, 75% da energia vinha da queima de lenha, o que refletia o perfil socioeconômico do país, cuja maioria da população era rural.

A dependência das exportações de petróleo levou também à busca da substituição das fontes modernas por outras alternativas locais e renováveis.

A partir dos anos 30, diante do colapso da economia cafeeira, iniciou-se efetivamente a industrialização do país. O petróleo e seus derivados sustentaram a expansão dos transportes rodoviários e a industrialização. A indústria é o grande destaque no consumo final de energia no Brasil, tendo sido responsável, em 2016, pelo consumo de 37,8% do total, seguida pelo setor de transportes, com 26,3%. Todos os outros setores, incluindo o residencial, participavam com 35,9% do total.

PETRÓLEO NO BRASIL

UM LOBATO INCOMODA MUITA GENTE

Dono de um ufanismo febril em tudo aquilo em que se envolvia, o escritor Monteiro Lobato era um dínamo a procurar continuamente novas causas, novas frentes de batalha além da literatura – que,

ENERGIA NO BRASIL

paradoxalmente, era a fonte financiadora das investidas no mundo dos negócios, e não o contrário. E o sonho de encontrar petróleo ocuparia uma década de esforços, tempo e recursos financeiros do escritor. (...) Em 1932 criaria a Cia. de Petróleo do Brasil e, nos anos seguintes, duas outras empresas. Em 1936 seu livro "O Escândalo do Petróleo" provocaria intensa polêmica em torno das teses ali defendidas – de que havia um conluio entre autoridades governamentais e empresas multinacionais de petróleo no sentido de impedir a exploração do subsolo brasileiro pelo capital nacional. Mas a escolha do governo Vargas se daria pela estatização da exploração de petróleo, em vez do formato de livre-iniciativa defendido pelo escritor.

Fonte: Companhia Editora Nacional. Carta capital na escola, maio/junho de 2006.

Segundo a Petrobras, na década de 1950, o Brasil produzia 2700 barris por dia e consumia 170.000 barris diariamente, fato que tornava o país dependente de importações. Ainda nos anos 80, a importação do petróleo chegava a 50% das importações totais do país.

O primeiro choque do petróleo, em 1973, provocou uma crise séria no Brasil, pois ocorre no mesmo período do esgotamento de poços petrolíferos continentais brasileiros. Diante desse cenário, as atenções ficaram voltadas para o mar. As primeiras perfurações feitas no subsolo marinho confirmaram a existência de petróleo. Uma das regiões escolhidas foi o litoral do Rio de Janeiro, em províncias minerais, como a de Garoupa e a de Enchova. Por consequência, a produção marítima superou nos anos 80 a continental e hoje responde por mais de 80% do total produzido no Brasil. A cidade de Macaé (RJ) tornou-se a base para a conexão dos campos petrolíferos ao continente.

Em 2007, o petróleo representava a maior oferta interna de energia no Brasil (37,4%). Dentre as atividades econômicas que mais consomem petróleo, estão os transportes (67%), a indústria (17%) e a produção de energia (7%). O ano marcou a descoberta da Camada Pré-Sal. A camada pré-sal é uma faixa que se estende ao longo de 800 quilômetros entre os Estados do Espírito Santo e Santa Catarina, abaixo do leito do mar, e engloba três bacias sedimentares (Espírito Santo, Campos e Santos). O recurso natural encontrado nesta área está a profundidades que superam os 7 mil metros, abaixo de uma extensa camada de sal que, segundo geólogos, conservam a qualidade desse recurso. Vários campos já foram descobertos no pré-sal, dentre eles o de Tupi, o principal. Há também os nomeados: Guará, Bem-Te-Vi, Carioca, Júpiter, Iara, dentre outros.

ENTENDA O PRÉ-SAL

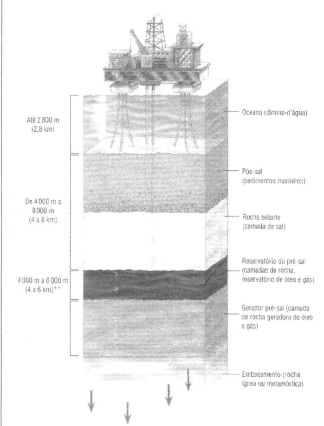

Fonte: CALDINI, Vera ÍSOLA, Leda. Atlas Geográfico Saraiva. 2009.

"Espalhados do Espírito Santo a Santa Catarina, reservas de petróleo na área chamada de Pré-Sal prometem dar novo sentido à estrofe do Hino Nacional 'deitado eternamente em berço esplêndido'."

Zero Hora, 20 abr. 2008.

CARVÃO MINERAL

No Brasil, as principais jazidas encontram-se no sul do país, destacando-se: Santa Catarina – no vale do Tubarão e arredores, nos municípios de Criciúma, Lauro Muller, Siderópolis e Urussanga; Rio Grande do Sul – vale do Jacuí, municípios de São Jerônimo e Butiá e região de Bajé; Paraná – vales dos rios Peixe e Cinzas. A produção carbonífera teve início em 1942 para abastecer a Companhia Siderúrgica Nacional de Volta Redonda (RJ). Sempre foi pequena e insuficiente para o consumo, em razão, principalmente, de o carvão brasileiro ser de baixa qualidade, o que acaba por exigir importações.

GÁS NATURAL

A participação desse combustível fóssil na geração de energia, como gás de cozinha e como combustível para veículos, vem aumentando continuamente no Brasil, chegando a próximo de 9% da oferta interna de energia do país. Após o racionamento de 2001, o governo brasileiro acelerou a construção de usinas termelétricas movidas a gás natural, sobretudo no Sudeste e no Sul. No entanto, embora o tempo de construção de uma termelétrica seja mais curto (2 a 3 anos) que o de uma usina hidrelétrica (4 a 5 anos) ou de uma usina nuclear (7 a 11 anos), critica-se essa opção energética por se tratar de um combustível fóssil não renovável e poluidor da atmosfera, apesar de poluir menos que o petróleo e o carvão. Em 2007 o país possuía 27 empresas de produção e distribuição e uma malha de mais de 6.500 km.

O país conta com importantes reservas terrestres na Bacia dos rios Solimões, Urucu, Taquaré, Jatobá e Paraná e reservas marítimas nos estados do Rio Grande do Norte e Sergipe. O país possui vários gasodutos, como o Urucu-Coari-Manaus, que abastecerá a capital do Amazonas, o Catu-Carmópolis, na região Nordeste, e o principal deles: o Brasil-Bolívia.

Até 2030, o Brasil deve mais que duplicar a produção líquida de gás natural, segundo projeção da Empresa de Pesquisa Energética (EPE), estatal vinculada ao Ministério de Minas e Energia. A estimativa prevê um salto dos atuais 59 milhões para 147 milhões de metros cúbicos (m³) ao dia.

PRODUÇÃO E MOVIMENTAÇÃO DE GÁS – 2017

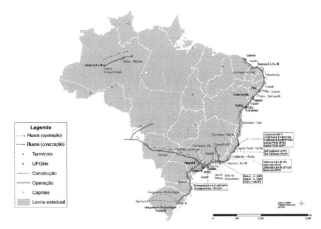

Fonte: Atlas de energia elétrica do Brasil: Brasília, 2018. p. 97.

ENERGIA HIDRELÉTRICA

O Brasil possui cerca de 800 usinas hidrelétricas em funcionamento, dentre as quais duas das maiores do mundo. Segundo a ANEEL, a hidroeletricidade responde por 85,6% da matriz de oferta de energia elétrica no Brasil.

De modo geral, as bacias dos principais rios que banham os estados do Nordeste e do Sudeste estão com seu potencial bastante aproveitado. Já as bacias do Uruguai, do Tocantins e do Amazonas oferecem, ainda, muito potencial a ser explorado. Na Amazônia, tanto as usinas em operação quanto as planejadas têm provocado muita polêmica. Embora a ELETRONORTE alegue que elas podem beneficiar todo o Brasil, a transmissão dessa energia para o Centro-Sul tem um custo muito alto, em razão das enormes distâncias.

POTENCIAL HIDRELÉTRICO POR BACIA – 2008

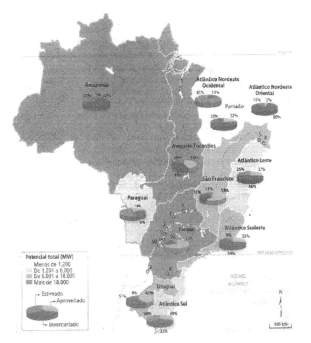

Fonte: Atlas de energia elétrica do Brasil. Brasília: Aneel, 2008. p. 57-58.

BACIA AMAZÔNICA E DO TOCANTINS ARAGUAIA

A potência hidráulica da Amazônia é estimada pela Eletrobrás em 100 milhões de kW, distribuídos ao longo dos rios da bacia Amazônica (80%) e da Tocantins-Araguaia (20%).

A evolução tecnológica alcançada nos setores de transmissão de energia vem atenuando o problema da distância entre as bacias regionais e os principais centros consumidores do país. Assim, o aproveitamento da potência hidráulica da bacia Amazônica e da Tocantins-Araguaia torna-se uma possibilidade concreta, de que é exemplo a implantação no rio Tocantins da usina de Tucuruí, que faz parte das obras projetadas pela ditadura militar no Brasil.

AS USINAS DO RIO MADEIRA

A partir de 2001, Furnas Centrais Elétricas S/A, deu início à construção das usinas hidrelétricas de Santo Antônio e Jirau no rio Madeira, entre Porto Velho e Abunã, no estado de Rondônia. Estão previstos projetos de aproveitamento múltiplo que ampliará a navegação em todo o rio Madeira.

Os defensores da instalação dessas usinas dizem que elas podem abastecer cerca de 38 milhões de pessoas e trazer investimentos para a região norte do país. Além de gerar empregos ela garantirá a navegabilidade onde havia quedas d'água e cachoeiras, uma vez que serão instaladas eclusas.

Aqueles que se opõem ao projeto afirmam que o impacto ambiental será maior do que os benefícios econômicos e sociais que as obras vão trazer. Alguns afirmam que muitas espécies de peixes desaparecerão, e que a área inundada, mesmo pequena, provocará destruição de áreas verdes importantes e até mesmo de riquezas arqueológicas ainda não estudadas.

Boa parte da obra já está em andamento e tem atraído para a região a mão de obra de milhares de trabalhadores.

ENERGIA NO BRASIL

LOCALIZAÇÃO DAS USINAS DE SANTO ANTÔNIO E JIRAU

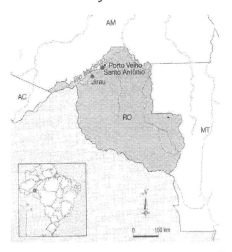

Fonte: IBGE.

BACIA DO SÃO FRANCISCO

A construção da usina de Três Marias (MG) é um exemplo típico dos prejuízos provocados pelo represamento de águas de um grande rio ao final do período de estiagem: represa-se tanta água que falta água para irrigação e navegação.

Das usinas construídas no São Francisco, destaca-se, por sua grandiosidade a de Sobradinho, que tem um potencial de 1 milhão de kW e é administrada pela CHESF (Companhia Hidrelétrica do São Francisco).

BACIA DO PARANÁ

Cerca de 70% da potência instalada no Brasil encontra-se nessa região. O grande aproveitamento hidrelétrico deve-se à potencialidade natural e à localização.

Dentre as numerosas hidrelétricas nela instaladas, destacam-se as do rio Paraná, especialmente o Conjunto Urubupungá, da CESP (Companhia Energética de São Paulo) – que abarca duas grandes usinas: Ilha Solteira e Jupiá e a usina de Itaipu, que é a maior usina hidrelétrica do mundo ainda hoje. Sua construção foi realizada a partir de um acordo binacional entre Brasil e Paraguai, ficando a Eletrobrás e a Ande (Administración Nacional de Eletricidad) responsáveis pela comissão técnica do projeto no ano de 1973.

HIDRELÉTRICAS EM FUNCIONAMENTO NO PAÍS

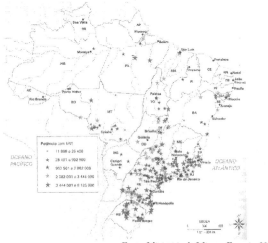

Fonte: Ministério de Minas e Energia, 2009.

PRINCIPAIS HIDRELÉTRICAS DO BRASIL

REGIÕES	LOCALIZAÇÃO	USINA
Norte	Rio Tocantins - PA	Tucuruí
Nordeste	Rio S. Francisco – MG/BA/SE/AL	Três Marias, Paulo Afonso, Sobradinho e Moxotó
Sudeste	Rio Paraná – SP/MS/PR	Jupiá, Ilha Solteira e Porto Primavera
Sul	Iguaçu - PR	Descalvado

POLÊMICA DE BELO MONTE

Do ponto de vista estritamente energético, Belo Monte pode elevar a oferta de energia para o Sistema Interligado Nacional, o que beneficia praticamente todo o país, exceto as regiões remotas com sistemas de abastecimento isolado.

Como terceira maior usina hidrelétrica do mundo (atrás da chinesa Três Gargantas e da binacional Itaipu), Belo Monte será um gigante com força limitada. Apesar de o projeto prever a capacidade instalada de 11.233 MW, a oferta média de energia não passará de 4.500 MW médios. A relação entre potência instalada e geração firme que poderá ser extraída da usina será de 40% do poder das turbinas que receberão as águas do Xingu. É uma das piores relações potência/energia firme do sistema elétrico brasileiro. Sobre isso, a Eletrobras –controladora da Eletronorte, que será a operadora de Belo Monte – diz que o baixo fator de carga (nome técnico para essa medida de eficiência do projeto) é compensado pelo fato de que a hidrelétrica poderá melhorar o aproveitamento das usinas instaladas em outras bacias hidrográficas.

Enquanto Belo Monte puder gerar a plena carga os mais de 11 mil MW, outras usinas das regiões Sudeste, Centro-Oeste, Nordeste ou Sul poderão "descansar" e recuperar o nível de água de seus reservatórios.

HISTÓRIA E GEOGRAFIA DO BRASIL

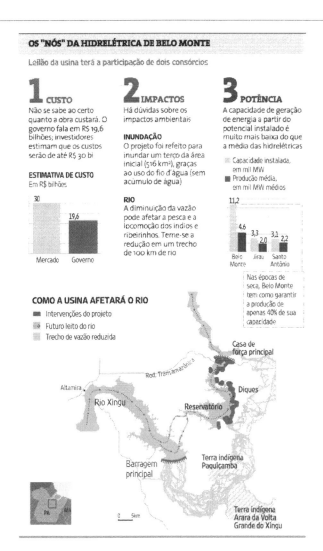

PROÁLCOOL

A utilização do álcool como combustível automobilístico no Brasil começou na segunda metade da década de 1970, quando o mundo amargava os efeitos da crise do petróleo. Então, o governo brasileiro implantou o PROÁLCOOL (Programa Nacional do Álcool), concedendo isenção fiscal e outras formas de subsídios (como empréstimos a juros abaixo das taxas de mercado) aos produtores de álcool (usineiros) e às indústrias automobilísticas, para que estas desenvolvessem tecnologia para a produção de motores a álcool. O PROÁLCOOL possibilitou a oferta de veículos e combustível mais baratos aos consumidores brasileiros. O governo acreditava numa gradativa substituição do veículo a gasolina pelo veículo a álcool. De fato, na segunda metade da década de 1980, as vendas de carros a álcool chegaram a ser responsáveis por 96% do mercado de veículos. No início da década de 1990 a queda no preço do petróleo diminuiu a diferença entre o preço do álcool e da gasolina.

Nos anos 2000, mudanças geopolíticas geraram um reordenamento internacional. Dentre os motivos, destacam-se:

- A expansão acelerada da economia de países emergentes como os BRIC (Brasil, Rússia, Índia e China), que elevou a demanda por recursos energéticos alternativos;
- A instabilidade geopolítica no Oriente Médio a partir das intervenções militares norte-americanas no Afeganistão e Iraque;
- A problemática ambiental.

Esse novo contexto geopolítico revalorizou as commodities, dentre as quais o petróleo, levando o governo brasileiro a revitalizar o Proálcool. Novos subsídios estatais passaram a ser concedidos a essa cadeia produtiva, que se estende do plantio de cana-de-açúcar às revendedoras de veículos flex, o que tem estimulado a expansão do plantio da cana pelo país afora.

BIODIESEL

O biodiesel é um combustível renovável, pois é produzido a partir de fontes vegetais (soja, mamona, dendê, girassol, dentre outros), misturado com etanol (proveniente da cana-de-açúcar) ou metanol (pode ser obtido a partir da biomassa de madeiras). Ou seja, um combustível parcialmente limpo, orgânico e renovável.

O ano de 1983 marca a inauguração do laboratório de pesquisas em biodiesel proveniente da soja na Universidade Federal do Paraná, que serviu de sustentação para a criação vinte anos depois do Programa Nacional de Produção de Biodiesel (PNPB) do Governo Federal, que tem os seguintes objetivos:

- Introduzir o biodiesel na matriz energética brasileira para que se torne sustentável;
- Gerar emprego e renda, especialmente no campo (inclusão social);
- Reduzir emissões de poluentes e gastos com importação de petróleo e derivados;
- Exigir e fiscalizar rigorosamente a qualidade;
- **Usar distintas espécies oleaginosas:** mamona, palma, girassol, algodão, soja, amendoim, etc.

VANTAGENS E DESVANTAGENS DO BIODIESEL?

- Gera emprego e renda no campo, diminuindo o êxodo rural;
- Trata-se de uma fonte de energia renovável, dependendo da plantação de grãos oleaginosos no campo;
- Deixa as economias dos países menos dependentes dos produtores de petróleo;
- Produzido em larga escala e com uso de tecnologias, o custo de produção pode ser mais baixo do que os derivados de petróleo;
- Se o consumo mundial for em larga escala, serão necessárias plantações em grandes áreas agrícolas. Em países que não fiscalizam adequadamente seus recursos florestais, poderemos ter um alto grau de desmatamento de florestas para dar espaço à plantação de grãos. Ou seja, diminuição das reservas florestais do nosso planeta;
- **Com o uso de grãos para a produção do biodiesel, poderemos ter o aumento no preço dos produtos derivados deste tipo de matéria-prima ou que utilizam eles em alguma fase de produção. Exemplos:** leite de soja, óleos, carne, rações para animais, ovos dentre outros.

Fonte: Atlas do Biodiesel.

ENERGIA NO BRASIL

ENERGIA NUCLEAR

O Programa Nuclear Brasileiro, criado pela Ditadura Militar, pretendia implantar a energia nuclear no Brasil a partir da compra de usinas e tecnologia no mercado externo. Para isso, criou-se em 1974 a Nuclebrás, com o monopólio neste setor, sobretudo nas pesquisas nucleares e minerais, como as jazidas de urânio.

A construção de usinas nucleares no Brasil faz parte de um projeto desenvolvido nos anos 1960 e 1970 pelos militares, que viam também a possibilidade de produzir armamentos nucleares. No entanto a primeira central nuclear brasileira para a geração de energia elétrica – Angra I – foi inaugurada apenas em 1982, no município de Angra dos Reis, litoral do estado do Rio de Janeiro. Em razão de problemas no funcionamento chegou a receber o apelido de usina vaga-lume, ora funciona, ora não funciona. Em julho de 2000, ao custo de 7,5 bilhões de dólares e muitos atrasos, entrou em vigor a Usina de Angra II. As duas usinas são gerenciadas pela Eletronuclear, subsidiária da Eletrobrás.

Em 2007, tendo como justificativa a necessidade de aumento da produção de energia elétrica e os grandes investimentos realizados pelo Governo Federal, este autorizou a retomada da construção de Angra III, que têm previsão de início da operação para 2013. A Comissão Nacional de Energia Nuclear (CNEN) prevê, ainda, a construção de mais 4 usinas nucleares até 2030.

Fonte: James e Mendes.

LOCALIZAÇÃO DAS JAZIDAS DE URÂNIO

Angra I e II, Rio de Janeiro.

Angra I e Angra II, tiveram suas localizações determinadas para gerar uma parte da energia dos dois grandes centros urbanos, Rio de Janeiro e São Paulo.

HISTÓRIA E GEOGRAFIA DO BRASIL

19 INDUSTRIALIZAÇÃO BRASILEIRA

Enquanto o Brasil foi colônia de Portugal (1500 a 1822) não houve desenvolvimento industrial em nosso país. A metrópole proibia o estabelecimento de fábricas em nosso território, para que os brasileiros consumissem os produtos manufaturados portugueses. Mesmo com a chegada da família real (1808) e a Abertura dos Portos às Nações Amigas, o Brasil continuou dependente do exterior, porém, a partir deste momento, dos produtos ingleses.

Inclusive por essas condições, a agricultura se tornou a principal atividade econômica do Brasil, durante o mercantilismo. Pelo pacto colonial, coube ao Brasil fornecer à metrópole produtos agrícolas tropicais e seus derivados.

No Brasil, a indústria deu seus primeiros passos ainda no século XIX. Quando nos tornamos um Império, o café se tornou o principal responsável pelas mudanças sociais e econômicas do nosso país. A economia cafeeira, dominante nesse período, dinamizou as atividades urbanas, estimulou a imigração europeia e gerou um empresariado nacional com capacidade de investir em alguns setores industriais.

Em 1850, em razão da pressão da Inglaterra, houve o fim do tráfico negreiro para o Brasil, o que atraiu vários imigrantes para as lavouras de café que andavam em alta.

Café, Cândido Portinari, 1935.

Os imigrantes trouxeram hábitos de consumo de produtos industrializados e alguma experiência com relação ao processo de produção industrial e ao trabalho como operários. Aos poucos, formou-se um mercado interno, que se ampliou, no final do século XIX, com a abolição da escravidão e a intensificação do processo de imigração. Indústrias de alimentos, calçados, tecidos, confecções, velas, fundições e bebidas se espalharam rapidamente, sobretudo no estado de São Paulo, centro da atividade cafeeira e principal porta de entrada dos imigrantes.

Apesar de todos os avanços da industrialização, a economia ainda era comandada pela produção agrícola, especialmente de café.

EXPANSÃO CAFEEIRA

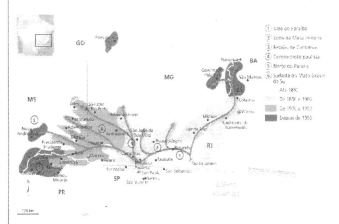

RODRIGUES, João Antônio. Atlas para estudos sociais. Rio de janeiro, 1977. p. 26.

No início do século XX, a indústria continua a crescer e a aumentar sua participação na economia brasileira. Algumas indústrias eram estrangeiras, mas predominavam as nacionais, na maioria desenvolvidas por imigrantes, muitas delas inicialmente a partir de pequenas oficinas artesanais.

A IMIGRAÇÃO

A imigração em massa foi um dos traços mais importantes das mudanças socioeconômicas ocorridas no Brasil a partir das últimas décadas do século XIX. O Brasil foi um dos países receptores de milhões de europeus e asiáticos que vieram para as Américas em busca de oportunidade de trabalho e ascensão social. Ao lado dele figuram outros: os Estados Unidos, a Argentina e o Canadá.

Cerca de 3,8 milhões de estrangeiros chegaram ao Brasil entre 1887 e 1930. O período 1887-1914 concentrou o maior número de imigrantes, com a cifra aproximada de 2,74 milhões, cerca de 72% do total. Essa concentração se explica, além de outros fatores, pela forte demanda de força de trabalho naqueles anos para a lavoura de café. A Primeira Guerra Mundial reduziu muito o fluxo de imigrantes. Após o fim do conflito constatamos uma nova corrente imigratória, que se prolonga até 1930.

A partir de 1930, a crise mundial iniciada em 1929, assim como as mudanças políticas no Brasil e na Europa, fez com que o ingresso de imigrantes como força de trabalho deixasse de ser significativo.

FAUSTO, BORIS. História Concisa do Brasil. São Paulo: EDUSP, 2009. p. 154.

CRISE DE 1929 E O DESENVOLVIMENTO INDUSTRIAL NO BRASIL – DE PAÍS AGRÁRIO A URBANO-INDUSTRIAL

Num primeiro momento, a depressão econômica teve efeito devastador no Brasil. O país tinha sua base econômica construída a partir da exportação de gêneros agrícolas. Com a crise, grande parte do volumoso estoque de café produzido no Brasil ficou sem mercado consumidor. O Brasil não conseguiu conter o desastre econômico que abalou a classe cafeicultora e, por consequência, abalou as próprias estruturas políticas da República Velha, abrindo caminho para a Revolução de 1930, que levaria Getúlio Vargas ao poder. Vargas toma o poder por meio de um golpe de Estado contra o domínio da oligarquia agrária que comandara o país na primeira fase da República (1889-1930).

Até 1920, o contexto econômico do país não estimulava significativamente o desenvolvimento industrial, mas a crise introduziu mudanças nesse quadro. O violento corte nas importações de bens de consumo criou uma conjuntura favorável ao investimento, por parte do empresariado,

INDUSTRIALIZAÇÃO BRASILEIRA

na indústria nacional. As indústrias brasileiras passaram a ocupar, então, boa parte do mercado, que antes era praticamente abastecido só por produtos importados. Foi a partir daí (dos anos 1930-1940) que a indústria se transformou num setor importante da economia, alcançando taxas de crescimento superiores às do setor agrário. Por essa razão, afirma-se que o primeiro momento da industrialização brasileira se baseou na substituição de importações. Além disso, o Estado passou a estimular os empresários industriais, que, em 1931, já haviam se organizado em São Paulo, com a criação da FIESP. Logo no primeiro ano do Governo Vargas, a economia se diversificou tanto no setor industrial quanto no setor agrário.

Propaganda do sedan Hudson, 1941, revista O Cruzeiro.

Ao lado das indústrias têxtil, alimentícia e de confecção, apareceram outros setores, como os de cimento, aço, materiais de transportes e extração mineral.

A primeira metade da década de 1940, ainda no governo Vargas, foi decisiva para a criação de uma infraestrutura industrial, com a fundação da Companhia Siderúrgica Nacional, da Companhia Vale do Rio Doce, da Companhia Nacional de Álcalis, da Fábrica Nacional de Motores e outras. No segundo governo de Vargas (1951-1954) foi criada a Petrobrás (1953). Todas as empresas tinham participação majoritária do capital estatal.

A grande e decisiva arrancada industrial ocorreu a partir da década de 1950 com o chamado Plano de Metas no governo Juscelino Kubitschek (1956-1961). A eleição de JK representou o início do rompimento com a política nacionalista de Vargas. O novo modelo nacionalista defendido por JK se concentrava no estímulo da produção local, não levando em conta a origem dos capitais investidos, esse fato marca o início da internacionalização do parque industrial brasileiro.

O Plano de Metas que tinha como objetivo "crescer cinquenta anos em cinco", além de desenvolver a indústria de base, investir na construção de estradas e de hidrelétricas e fazer crescer a extração de petróleo, tudo com o objetivo de arrancar o Brasil de seu subdesenvolvimento e transformá-lo num país industrializado. Os industriais brasileiros continuavam investindo nos setores tradicionais (tecido, móveis, alimentos, roupas e construção civil), e as multinacionais entravam no Brasil pela primeira vez, para a produção de bens de consumo.

O plano teve consequências positivas e negativas para o país. Por um lado, deu-se a modernização da indústria; por outro, o forte endividamento internacional por causa dos empréstimos, que fizeram possível a realização do plano e a dependência tecnológica. Isto sem falar no grande êxodo rural, porque à medida em que os centros urbanos se desenvolviam, as características da vida rural não progrediam e as reformas não eram implementadas. O Plano de Metas se dividiu em 31 metas que privilegiavam 4 setores da economia brasileira: energia, transporte, indústrias de base e alimentação.

A DITADURA E O MILAGRE ECONÔMICO

Durante a Ditadura Militar, a indústria doméstica continuava protegida da concorrência internacional pelas elevadas tarifas de importação. Entretanto a estrutura produtiva passou a ser dominada por três agentes: o capital estatal (que predominava nos setores de infraestrutura e de bens de produção), o capital privado nacional (dominava o setor de produção de bens de consumo não duráveis, tais como têxteis, alimentos, calçados etc) e o capital transnacional (que se destacava principalmente no setor de bens de consumo duráveis, que se tornou o mais dinâmico da economia brasileira).

A partir da segunda metade do século XX o setor automobilístico se torna o setor industrial de maior destaque no cenário nacional, acompanhado de perto pelos eletrodomésticos.

O "sucesso" deste modelo econômico teve como suporte: a visão autoritária do regime militar, a abertura do Estado às elites capitalistas, a exploração da mão de obra, a grande concentração de renda e o elevado endividamento externo. Já no fim da década de 1960, o país amplia seu parque industrial e vem à tona o chamado milagre econômico brasileiro (1968-1974), período no qual a economia brasileira crescia a taxas anuais de 9%, um crescimento comparado somente ao japonês e ao alemão do período 1950 e 1960.

A construção da ponte Rio-Niterói (RJ), 1974, foi uma das obras que mais marcaram o período do milagre econômico.

MILAGRE ECONÔMICO?

Entre 1968 e 1974, a economia brasileira sofreria uma notável expansão, refletida no crescimento acelerado do PIB. O período, que ficou conhecido como 'milagre brasileiro' em alusão aos 'milagres' alemão e japonês, seria marcado por taxas de crescimento

excepcionalmente elevadas, que foram mantidas, enquanto a inflação, 'controlada e institucionalizada', declinava, estabilizando-se em torno de 20 a 25% ano ano [...].

Em setembro de 1970, a Bolsa de Valores do Rio de Janeiro bateu o recorde de volume de transações em toda a sua história, negociando 24 milhões de cruzeiros num só dia, fato que se repetiria no ano seguinte.

Emílio Garrastazu Médici. Dicionário Histórico-Biográfico Brasileiro. FGV/CPDOC.

A partir de 1967, retomou-se o processo de desenvolvimento, graças à conjuntura favorável no plano internacional, que contava com um excesso de liquidez, ou seja, dólares à procura de aplicação. Aproveitando a situação, o ministro Delfim Netto lançou o plano de combate à inflação, assentado em duas bases: o endividamento externo para a obtenção da tecnologia estrangeira e a concentração da renda para criar um mercado consumidor. Esse plano garantiu um crescimento econômico, mas condenou o mercado a se desenvolver de uma forma distorcida, aumentando as desigualdades sociais. Outro lado negativo foi a perda da soberania nacional, em razão da dominação da nossa economia pelas multinacionais.

Delfim Neto e o General Médici, 1971.

O PÓS-1985

A década de 1980 ficou conhecida como a década perdida, e foi caracterizada pela recessão, pela inflação e pelo desemprego, gerados por uma economia estagnada após o segundo choque do petróleo de 1979. Nesse contexto, vários setores da sociedade apontavam o fim do Regime Militar como "saída" para a crise, mas os problemas continuaram (como a inflação elevada) com os governos civis no poder, fato que comprometeu a nossa industrialização.

A grave crise econômica iniciada em 1988 e a globalização da economia mundial foram os pontos de partida para o surgimento de um novo modelo econômico, que promoveu a intensificação dos fluxos internacionais de capitais nos mercados financeiros e abertura das economias nacionais ao comércio global.

Os governos de Fernando Collor de Melo (1990-1992) e Itamar Franco (1992-1994) iniciaram essa abertura. Em 1991, iniciou-se o Programa Nacional de Desestatização, com grande participação de capitais provenientes dos Estados Unidos, Espanha e Portugal.

Em junho de 1994, a moeda brasileira passou a ser o real. A mudança da moeda era parte de um plano econômico maior, que tinha como objetivo central o combate à inflação e a estabilização da economia brasileira. A ilusão da moeda forte e do consumo fácil fez com que o país entrasse às cegas na modernidade.

Fonte: SANTIAGO. FHC: Quem te viu, quem te vê! Porto Alegre: L&PM, 1999.

A verdade é que do século XX para o século XXI, o desenvolvimento industrial-tecnológico, colocou o Brasil entre as maiores economias no mundo, sendo considerado um dos mercados emergentes nesse início de século. Entretanto grande parte da população ainda se encontra excluída do mercado consumidor dos produtos industriais e o abismo entre os ricos e pobres tem se acentuado ainda mais.

INDUSTRIALIZAÇÃO BRASILEIRA

HINO NACIONAL PRIVATIZADO

DISTRIBUIÇÃO GEOGRÁFICA DAS INDÚSTRIAS NO BRASIL POR REGIÕES

Até por volta da segunda metade do século XX, o Brasil não possuía um mercado nacional consolidado – muito menos um espaço geográfico de fato integrado. Na verdade, o país mais se assemelha a um "arquipélago" com a existência de verdadeiras "ilhas" de economia primárias voltada para a exportação. A partir da década de 50, pela primeira vez na história, o Brasil deixa de ser um país essencialmente agrário e a industrialização passou a comandar a economia nacional.

DISTRIBUIÇÃO ESPACIAL DAS INDÚSTRIAS

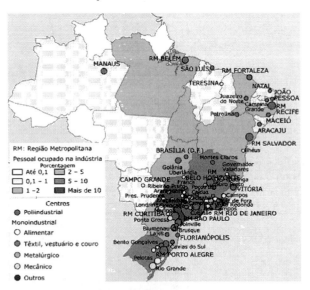

CONCENTRAÇÃO INDUSTRIAL

Quanto à distribuição espacial da indústria, o que se verifica é uma grande concentração de estabelecimentos na região Sudeste. A concentração industrial na região, sobretudo no Estado de São Paulo, deve-se a fatores históricos que já conhecemos. Esses fatores (a lavoura de café, dentre outros) orientaram o surgimento da atividade industrial nessa região. Mas um outro fator também explica essa concentração espacial – é a interdependência que se estabelece entre as várias empresas industriais. Por exemplo, a indústria automobilística está ligada às metalúrgicas, às indústrias de autopeças, de tintas, de vidros etc.

Além disso, a concentração industrial é acompanhada pela concentração das demais atividades econômicas e extraeconômicas. Assim, a indústria, o comércio e o sistema bancário e financeiro dependem uns dos outros.

Por outro lado, a concentração das atividades econômicas gera um grande número de empregos, atraindo população de outras regiões e criando grandes centros populacionais, que necessitam de serviços, incluindo-se escolas, centros culturais e profissionais. Por isso, as grandes metrópoles são também os núcleos culturais mais desenvolvidos do país.

DESCONCENTRAÇÃO INDUSTRIAL

Atualmente, seguindo uma tendência mundial, o Brasil vem passando por um processo de descentralização industrial, chamada por alguns autores de desindustrialização, que vem ocorrendo intrarregionalmente e também entre as regiões.

Dentro da Região Sudeste há uma tendência de saída do ABCD Paulista, buscando menores custos de produção do interior paulista, no Vale do Paraíba, ao longo da Rodovia Fernão Dias, que liga São Paulo à Belo Horizonte. Estas áreas oferecem, além de incentivos fiscais, menores custos de mão de obra, transportes menos congestionados e por tratarem-se de cidades-médias, melhor qualidade de vida, o que é vital quando trata-se de tecnopolos.

A desconcentração industrial entre as regiões vem determinando o crescimento de cidades-médias dotadas de boa infraestrutura e com centros formadores de mão de obra qualificada, geralmente universidades. Além disso, percebe-se um movimento de indústrias tradicionais, de uso intensivo de mão de obra, como a de calçados e vestuários para o Nordeste, atraídas, sobretudo, pela mão de obra extremamente barata.

TECNOPOLOS BRASILEIROS

Os "tecnopolos" são parques empresariais e científicos especializados no desenvolvimento da alta tecnologia e da chamada Tecnologia de Ponta (química fina, robótica, informática, eletrônica, raio laser etc.). As regiões de Campinas (favorecida pela presença da Unicamp), de São José dos Campos (onde está localizado o Instituto Tecnológico da Aeronáutica – ITA) e São Carlos (que abriga a UFSCar e um campus da USP) são alguns dos centros industriais que ostentam a tecnologia mais avançada do país.

Linha de montagem da aeronave Legacy, Embraer, em São José dos Campos - SP.

20 MODELO ECONÔMICO BRASILEIRO

20.1 O Processo de Industrialização

Na época do Brasil-Colônia, vigorando o pacto colonial, Portugal proibia a atividade industrial aqui. Produtos manufaturados tinham que ser adquiridos da metrópole. Com a vinda da Família Real, em 1808, algumas fábricas simples, como as de beneficiamento de couro, as de tecidos, de calçados, de alimentos, de bebidas e de ferramentas para a lavoura foram instaladas.

Até a década de 1930, o Brasil ainda possuía uma economia de base agrária e a população predominantemente rural. O café foi, até a crise de 1929, o principal produto e a base da economia brasileira, caracterizando nosso país como agroexportador, e proporcionou o surgimento de uma infraestrutura para atender às necessidades de transporte, comunicação e exportação, como ferrovias, telégrafos, bancos, aparelhamento dos portos, entre outros.

Com o advento da Primeira Guerra Mundial (1914-1918), surgiram dificuldades de importação e isso auxiliou o surgimento de novas indústrias de bens de consumo e, principalmente, de algumas indústrias de base, como pequenas siderúrgicas, metalúrgicas e de cimento.

Com a chegada de Getúlio Vargas ao poder em 1930, a oligarquia cafeeira foi destronada e começa uma real industrialização do país, com a política de substituição de importações, isto é, instalação de indústrias nacionais ou estrangeiras para fabricar aqui os produtos que o Brasil importava, como máquinas e equipamentos, libertando-se, parcialmente, da dependência externa.

Com a crise do café em 1929, o capital empregado nas atividades agrícolas migrou para as indústrias, e o Brasil acentuou a política de substituição das importações. A Segunda Guerra Mundial (1939-1945) contribuiu com esse processo, uma vez que havia dificuldade de importação.

Nesse período, a indústria foi auxiliada por três fatores importantes: o capital acumulado com as exportações de café que foi investido em indústrias pelos "barões do café", as ferrovias construídas para o escoamento da produção de café do interior até o porto de Santos, que se constituíam em um bom sistema de transportes e a mão de obra abundante do imigrante, liberada dos cafezais, e a brasileira, residente nas zonas rurais e nas cidades.

No início, as indústrias se concentraram principalmente em São Paulo e Rio de Janeiro devido aos fatores locacionais, especialmente matéria-prima, energia, mão de obra, mercado consumidor, transporte e comunicação. No período da Segunda Guerra Mundial até 1956, houve forte participação do Estado na implantação de indústrias de base, criando a CSN (Companhia Siderúrgica Nacional), Petrobras e CVRD (Companhia Vale do Rio Doce). O Brasil passou a exportar para os aliados, durante o período da guerra, produtos da metalurgia, derivados de borracha e minerais.

O governo de Juscelino Kubitschek, de 1956 a 1960, instituiu o Plano de Metas, objetivando um rápido crescimento econômico do país com bases industriais. O lema era "crescer 50 anos em 5" e, para isso, foram feitos grandes investimentos em infraestrutura nos setores de energia e de transportes (portos e rodovias). Devido às obras de infraestrutura, o Brasil passou a atrair, nessa época, expressivo número de empresas estrangeiras (transnacionais) nos setores de bens de consumo, como o automobilístico, o de eletrodomésticos e o químico-farmacêutico, que se instalaram na Região Sudeste, principalmente na Grande São Paulo e na Grande Rio.

O Golpe Militar de 1964 internacionalizou ainda mais a economia brasileira. Apoiou, protegeu e importou capitais e tecnologias estrangeiras no setor de bens de consumo. Dessa forma, aumentou a nossa dependência econômica e tecnológica em relação aos países ricos. O Estado passou a ocupar os setores básicos da economia como os transportes, a comunicação, a energia, a exploração mineral, entre outros, e mais empresas estatais foram criadas para atender à infraestrutura urbano-industrial, a modernização e o crescimento econômico do país. A produção industrial cresceu consolidada no que se chamou "tripé" da indústria brasileira: capital estatal, capital estrangeiro e capital privado.

A economia brasileira desenvolveu-se rapidamente entre 1967 e 1973, período que ficou conhecido como "milagre econômico", graças aos empréstimos estrangeiros, o que elevou sobremaneira a nossa dívida externa.

O "milagre econômico" terminou com o primeiro choque do petróleo, em 1973, e a recessão na economia brasileira acentuou-se ainda mais com o segundo choque do petróleo em 1979. Tal condição perdurou por toda a década de 1980 e início da década de 1990, acompanhada de uma hiperinflação. A década de 1980 é chamada até hoje de "década perdida".

A partir de 1990, com a globalização e, estando no poder o presidente Fernando Collor de Melo (1990 - 1992), tem início a abertura da economia brasileira para a importação de industrializados e o fim de barreiras alfandegárias protecionistas. Esse processo continuou com o governo de Itamar Franco (1993 - 1994), que substituiu Collor devido ao impeachment.

O governo de Fernando Henrique Cardoso (1995 - 2002) adotou o modelo neoliberal, cuja essência se resume em "fim da intervenção estatal na economia", contrapondo-se aos governos militares. O governo deixou a economia do país a cargo da iniciativa particular e, assim, iniciou-se o processo de privatizações. A globalização da economia que, entre muitas consequências, acirrou a concorrência entre os produtos industrializados importados e os nacionais, contribuiu para que muitas indústrias entrassem em crise e outras fossem à falência, agravando o índice de desemprego no país. Por outro lado, a concorrência externa contribuiu para que houvesse mais investimentos em tecnologias, melhorando, dessa forma, a qualidade dos produtos nacionais, tanto de bens duráveis como não duráveis.

A política industrial do governo de Luís Inácio Lula da Silva (2003 - 2010) foi marcada pela PITCE (Política Industrial, Tecnológica e de Comércio Exterior) e pela PDP (Política de Desenvolvimento Produtivo). Nesse período, houve grande incentivo, crescimento e produtividade dos setores automobilístico e de eletroeletrônicos.

A PITCE pode ser resumida em três objetivos principais: o aumento da eficiência da estrutura produtiva, o aumento da capacidade de inovação das empresas brasileiras e a expansão das exportações.

A PDP baseou-se em quatro aspectos fundamentais: a ampliação da capacidade de ofertar, a preservação de superávit na balança comercial, a elevação da capacidade de inovar e o fortalecimento das micro e pequenas empresas.

No governo de Dilma Rousseff (2011 - maio de 2016), a política industrial do governo anterior teve continuidade e complemento com o lançamento do Plano Brasil Maior (PBM), com a finalidade de fortalecer e expandir a base industrial brasileira, estimulando a inovação e a busca de competitividade nos mercados interno e externo, bem como ampliar o diálogo entre os setores público e privado. O rendimento

MODELO ECONÔMICO BRASILEIRO

e o crescimento do setor industrial no governo de Dilma Rousseff não surtiram os efeitos desejados, gerando crise e baixa produtividade e, como consequência, muitas empresas faliram ou entraram com o pedido de recuperação judicial, aumentando o desemprego no setor.

> **Fique ligado**
>
> Recuperação Judicial: medida jurídica para evitar a falência de uma empresa. É pedida quando a empresa perde a capacidade de pagar suas dívidas, permitindo que ela reestruture as dívidas com os credores, reorganize seus negócios e se recupere da dificuldade financeira. A empresa mantém sua produção, o emprego possível dos trabalhadores e o pagamento aos credores.

20.1.1 O Espaço Industrial Brasileiro

Região Sudeste

A região metropolitana de São Paulo é a área mais industrializada do país, com imenso parque industrial, caracterizando-se por possuir o maior número de empresas, o maior valor de produção e o maior número de pessoas empregadas nessa atividade, abrangendo todos os ramos industriais (petroquímico, siderúrgico, mecânico, metalúrgico e indústrias de bens de consumo duráveis e não duráveis em geral).

A partir da Grande São Paulo, a atividade industrial expandiu-se pelo estado seguindo principalmente quatro rodovias, como pode ser observado a seguir.

Anchieta - Imigrantes: desde São Paulo e ABCD até os centros industriais de Cubatão e Santos, na Baixada Santista. Esse complexo industrial foi beneficiado pelo Porto de Santos, pela Refinaria de Petróleo Presidente Bernardes e pela Cosipa (Companhia Siderúrgica Paulista) em Cubatão.

Via Dutra: rodovia que percorre o Vale do Paraíba (rio Paraíba do Sul), ligando as cidades de São Paulo e Rio de Janeiro. Nessa área encontram-se polos industriais como Mogi das Cruzes, Jacareí, São José dos Campos (considerada um tecnopolo, isto é, tecnologia de ponta e mão de obra especializada) e Taubaté. Esses centros industriais são beneficiados pela proximidade da CSN (Companhia Siderúrgica Nacional) em Volta Redonda (RJ) e pelos centros consumidores da Grande São Paulo e da Grande Rio. Os principais setores industriais são de indústrias bélicas, de aeronáutica, de automóveis e de pesquisas espaciais.

Anhanguera - Bandeirantes - Washington Luiz: essas rodovias fazem a integração do interior do estado de São Paulo à capital, e em seus entornos se instalaram polos industriais importantes como em Jundiaí (alimentícias), Campinas (tecnopolo), Americana (têxteis e pneus), Limeira (sucos, autopeças e semijoias), Ribeirão Preto (setor sucroalcooleiro), Franca (calçados), Araraquara (cítricos), São Carlos (tecnopolo), Itu (cerâmica) e entre outras.

Castelo Branco: nesse eixo viário, destacam-se no setor industrial as cidades de Sorocaba (têxtil) e Votorantim (cimento).

No estado do Rio de Janeiro, destaca-se a Baixada Fluminense, na região metropolitana da cidade do Rio de Janeiro, com a presença da Refinaria Duque de Caxias e diversos setores industriais como bens de consumo, de base e bens de capital.

Em Minas Gerais, as indústrias se concentram na Grande Belo Horizonte e proximidades, sobressaindo-se os setores metalúrgico, siderúrgico, petroquímico e automobilístico nos distritos industriais de Betim e Contagem, favorecidos pela presença do Quadrilátero Ferrífero e da Refinaria Gabriel Passos.

Região Sul

A maior diversidade industrial encontra-se nas regiões metropolitanas de Curitiba e Porto Alegre, com siderúrgicas, refinarias, petroquímicas, automobilísticas, eletrodomésticos, móveis, papel, celulose, entre outras. Sobressaem, ainda, nessa região o Vale do Itajaí, em Santa Catarina, com indústrias têxteis nas cidades de Blumenau e Brusque, setor metal-mecânico e elétrico, em Joinville, e material elétrico, em Jaraguá do Sul. No Rio Grande do Sul, destacam-se as cidades de Caxias do Sul, Garibaldi e Bento Gonçalves com indústrias vinícolas e as cidades de São Leopoldo e Novo Hamburgo com indústrias de calçados e vestuário de couro.

Região Nordeste

A energia gerada pelo rio São Francisco, os incentivos fiscais e a mão de obra barata atraíram indústrias principalmente do centro-sul que se instalaram, principalmente em Salvador, Recife e Fortaleza. O petróleo extraído no Recôncavo Baiano e a Refinaria Landulpho Alves favoreceram a industrialização da Grande Salvador e permitiram a instalação do polo petroquímico de Camaçari e o distrito industrial de Aratu. Na região metropolitana de Recife, a concentração industrial está nos distritos industriais de Jaboatão, Cabo e Paulista e na Grande Fortaleza as principais indústrias são as têxteis, de alimentos, bebidas e calçados.

Região Centro-Oeste

Sua principal atividade econômica é a agropecuária, porém existem centros industriais importantes no estado de Goiás como as cidades de Goiânia (indústrias diversas), Anápolis e Catalão (automobilística) e Rio Verde (alimentícia). No Mato Grosso do Sul, destacam-se as cidades de Corumbá e Campo Grande, com as indústrias extrativa e alimentícia, respectivamente.

Região Norte

Destacam-se nessa região as indústrias de extração mineral (ferro, alumínio e manganês) e de processamento de alumínio, como a Albrás/Alunorte, próximo a Belém, em Barcarena e, na Zona Franca de Manaus, as linhas de montagem, principalmente de eletroeletrônicos, comunicação e transporte.

20.1.2 A Descentralização Industrial

A partir da década de 1980, e principalmente nos dias de hoje, muitas indústrias estão fugindo dos grandes centros urbanos e escolhendo novos espaços para sua instalação. A escolha desse novo local recai sobre as cidades médias do interior dos próprios estados ou em outras regiões do país.

Entre os muitos motivos dessa descentralização ou dispersão industrial, podem ser citados: alto custo da produção, congestionamentos que dificultam e atrasam a saída das mercadorias e a chegada da matéria-prima, mão de obra mais barata, mercado consumidor expressivo, incentivos fiscais, stress urbano que afeta a produtividade do funcionário, sindicatos fortes e mais organizados nos grandes centros urbanos, entre outros.

Assim, as indústrias têm saído de áreas como a Grande São Paulo e Grande Rio e se deslocado para os estados do Sul, boa parte influenciada pelo Mercosul (destacando-se a Região Metropolitana de Curitiba e Porto Alegre) e estados do Centro-Oeste e do Nordeste. A modernização e a expansão dos meios de transporte e comunicação favorecem a descentralização, e os municípios ou estados que recebem essas novas unidades industriais, veem-se beneficiados pela geração de novos empregos, maior arrecadação fiscal e a possibilidade de atração de outras indústrias complementares.

20.2 Fontes de Energia

De acordo com a fonte geradora de energia, ela pode ser classificada em renovável e não renovável. As fontes de energia renováveis são aquelas com possibilidade de reposição ou renovação, como, por exemplo, a solar, a hidráulica, a eólica, a das marés e a da biomassa. Essas fontes são praticamente inesgotáveis e possuem um tempo indefinido de utilização. Por sua vez, as fontes de energia não renováveis, são finitas e acabam se esgotando com o tempo de uso porque elas se formaram em condições especiais, durante milhões de anos, por meio da história geológica do planeta, formações estas que dificilmente voltariam a acontecer. Entre elas destacam-se: o petróleo, o carvão mineral, o gás natural, o xisto e os minerais radioativos como urânio, tório, lítio e césio.

Vejamos, no quadro a seguir, as fontes geradoras de eletricidade no Brasil.

PRODUÇÃO DE ELETRICIDADE NO BRASIL	
Fontes de energia	%
Hidráulica	65,2
Gás Natural	13
Biomassa	7,2
Petróleo	6,8
Carvão Mineral	3,2
Nuclear	2,5
Eólica	2,0
Outras	0,1

Fonte: ANEEL - 2014.

A Eletrobras (Centrais Elétricas Brasileiras S.A.), criada em 1961, é uma empresa de economia mista, holding das concessionárias de geração e transmissão de energia elétrica de propriedade do governo federal, com atuação em todo o território nacional por meio de suas subsidiárias CHESF (Companhia Hidrelétrica do São Francisco), CGTEE (Companhia de Geração Termelétrica de Energia), Eletronorte (Centrais Elétricas do Norte do Brasil S/a), Eletronuclear, Eletrosul (Centrais Elétricas do Sul do Brasil S/A) e Furnas. Essa empresa tem como objetivo promover estudos e projetos de construção e operação de usinas geradoras, linhas de transmissão e subestações, destinadas ao suprimento do país. A Aneel (Agência Nacional de Energia Elétrica), criada em 1996, é o órgão responsável por regularizar e fiscalizar a parte técnica, econômica e administrativa das empresas do setor de geração e fornecimento de energia.

Hidroeletricidade: é uma forma limpa e renovável de produzir energia. Mas a implantação de uma usina hidrelétrica é relativamente dispendiosa financeiramente e provoca grande impacto ambiental, devido ao alagamento, além de ser dependente das condições climáticas e do relevo. Apresenta algumas vantagens em relação às usinas térmicas, porque não polui a atmosfera, o tempo de vida das usinas é longo e a manutenção é relativamente barata.

A seguir, a relação das principais usinas hidrelétricas do Brasil, segundo a sua capacidade produtiva de energia:

- Usina Binacional de Itaipu – localizada no rio Paraná.
- Usina de Tucuruí – localizada no rio Tocantins.
- Usina de Ilha Solteira - localizada no rio Paraná.
- Usina de Xingó - localizada no rio São Francisco.
- Usina de Paulo Afonso – localizada no rio São Francisco.
- Usina de Jirau – localizada no rio Madeira.
- Usina de Belo Monte - localizada no rio Xingu.

O setor industrial é o que mais consome energia elétrica no Brasil, seguido do setor residencial.

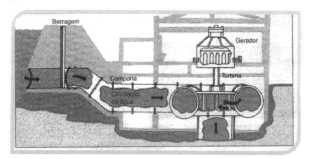

Esquema de funcionamento de uma usina hidrelétrica.

Petróleo: é um hidrocarboneto fóssil, de origem orgânica, formado pela deposição, soterramento e decomposição do plâncton (microrganismos em suspensão nas águas) em bacias sedimentares dos mares e lagos. Sob pressão e calor, esse material orgânico transformou-se, pela combinação de carbono e hidrogênio, em substância oleosa de cor escura e inflamável. Sua formação data, principalmente, do período Terciário, da era Cenozoica, há 70 milhões de anos.

Em 1939 foi perfurado o primeiro poço de petróleo no Brasil, no Recôncavo Baiano, o qual foi batizado de Poço Lobato. Com a criação da Petrobras, em 1953, empresa que surgiu em meio a um forte nacionalismo em relação petróleo, exercendo o monopólio de pesquisa, exploração, importação, exportação, refino e transporte do produto até 1995, a produção comercial começou a ser efetivada.

Até o final da década de 1970, a produção petrolífera brasileira era realizada em bacias sedimentares terrestres, principalmente no Recôncavo Baiano. Com as sucessivas crises do petróleo nessa década, a Petrobras intensificou as pesquisas na plataforma continental, transformando a Bacia de Campos, no Rio de Janeiro, na maior área produtora de petróleo do país a partir da década de 1980. Assim, o Brasil, no início do século XXI, tornou-se autossuficiente nessa matéria-prima e, com a descoberta do Pré-Sal, é um dos países com as maiores reservas de petróleo do mundo.

As maiores reservas encontram-se na Bacia de Campos, no Rio de Janeiro, Espírito Santo, Bahia, Amazonas, Paraná e Rio Grande do Norte.

As principais áreas produtoras são: Bacia de Campos (RJ), Sergipe, Alagoas, Rio Grande do Norte, Espírito Santo, Recôncavo Baiano e Bacia Amazônica.

REFINARIAS DA PETROBRAS	
NOME	LOCALIZAÇÃO
REMAN – Refinaria Isaac Sabbá	Manaus - AM
LUBNOR – Lubrificantes e Derivados de Petróleo do Nordeste	Fortaleza – CE
RLAM – Refinaria Landulpho Alves	Mataripe – BA
REGAP – Refinaria Gabriel Passos	Betim - MG
REDUC – Refinaria Duque de Caxias	Duque de Caxias - RJ

MODELO ECONÔMICO BRASILEIRO

REVAP – Refinaria Henrique Lage	São José dos Campos - SP
RECAP – Refinaria de Capuava	Capuava - SP
RPBC – Refinaria Presidente Bernardes	Cubatão - SP
REPLAN – Refinaria do Planalto	Paulínia - SP
REPAR – Refinaria Presidente Getúlio Vargas	Araucária - PR
SIX – Unidade de Negócio da Industrialização do Xisto	São Mateus do Sul - PR
REFAP – Refinaria Alberto Pasqualini	Canoas - RS
RNEST – Refinaria do Nordeste ou Abreu e Lima	Ipojuca - PE
RPCC – Refinaria Potiguar Clara Camarão	Guamaré - RN
COMPERJ – Complexo Petroquímico do Rio de Janeiro	Itaboraí - RJ

Carvão Mineral: sua formação está ligada, principalmente, ao período Carbonífero da era Paleozoica, devido ao soterramento de florestas em áreas sedimentares de pântanos e lagos, em condições de baixa quantidade de oxigênio, elevada temperatura e alta pressão.

A maior parte do carvão brasileiro é do tipo hulha, e as maiores reservas estão nos estados do Rio Grande do Sul, Santa Catarina, Paraná e São Paulo. É utilizado nas siderúrgicas para a produção de aço e nas termoelétricas para a produção de energia.

Mais de 60% do carvão mineral utilizado pelo Brasil é importado. Porém, a produção nacional do carvão energético tem aumentado nos últimos anos devido à maior demanda em usinas termoelétricas.

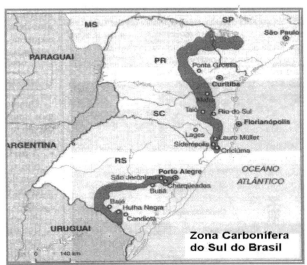

Gás natural: a maior parte do gás natural produzido no Brasil é retirada da plataforma continental, sendo a Bacia de Campos, no Rio de Janeiro, a área de maior reserva e produção nacional. O restante provém da Bahia, Rio Grande do Norte, Alagoas, Sergipe, Amazonas, São Paulo, Espírito Santo, Ceará e Paraná.

No final da década de 1990, o Brasil começou a importar gás natural proveniente da Bolívia por meio do gasoduto Brasil-Bolívia, com 3.150 quilômetros de extensão, ligando, inicialmente, os municípios de Santa Cruz de La Sierra, na Bolívia, a Guararema, no estado de São Paulo e Canoas, no Rio Grande do Sul. Hoje está conectado a outros gasodutos, como, por exemplo, o Gasene (Gasoduto Sudeste-Nordeste), chegando, dessa forma, até a cidade de Fortaleza (CE), passando pelos estados do Nordeste (menos Maranhão e Piauí).

O gás natural é utilizado nas indústrias químicas, siderúrgicas, petroquímicas e de fertilizantes; nas termoelétricas e como combustível para os meios de transporte, com vantagem sobre o carvão e o petróleo por ser menos poluente.

Gasoduto Brasil-Bolívia

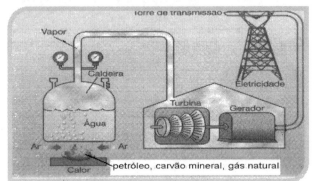

Esquema de funcionamento de uma termoelétrica.

Energia Nuclear: o aquecimento do vapor d'água é feito pela fissão nuclear dos átomos de urânio. É uma fonte de energia altamente concentrada, de alto rendimento e perigosa, com custo de instalação muito elevado e que exige alta tecnologia.

O projeto de produzir energia nuclear no Brasil surgiu no final da década de 1960 e, foi em 1973, que o governo brasileiro, por meio da Eletrobrás, elaborou um plano de construir oito usinas nucleares importando equipamentos dos Estados Unidos e da Alemanha. Devido às manifestações e críticas da população e de organizações ambientalistas o projeto inicial foi abandonado e o programa brasileiro de geração de eletricidade por meio da energia nuclear, administrado pela Eletronuclear, atualmente está restrito a Angra I, Angra II e Angra III, essa última ainda em construção. Essas três usinas formam a Central Nuclear Almirante Álvaro Alberto (CNAA).

Esse programa foi e continua sendo alvo de muitas críticas em virtude de nosso país apresentar outras possibilidades energéticas, dos altos custos da tecnologia e dos equipamentos, que acabam elevando o preço da energia produzida, além de ser uma fonte perigosa, com riscos de contaminação, caso ocorra vazamento de radioatividade.

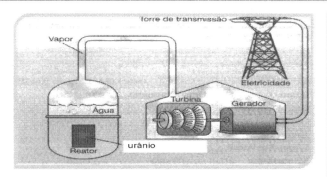

Esquema de funcionamento de uma usina nuclear

Biomassa: é a geração de energia por meio de produtos orgânicos que podem ser queimados diretamente ou produzir combustíveis como o etanol (álcool), o óleo (biodiesel) e o gás metano (biogás) gerado pela decomposição de plantas, excrementos e lixo.

No Brasil são cultivadas grandes variedades de plantas como a cana-de-açúcar, a soja, o dendê, a mamona, a mandioca e o babaçu, das quais derivam produtos combustíveis, além de utilizar a celulose (bagaço) de algumas para a queima.

O etanol, produto derivado em sua maior parte da cana-de-açúcar, é um combustível produzido e utilizado em grande escala em nosso país. Logo após o primeiro "choque" do petróleo em 1973, o governo brasileiro criou o Proálcool (1975), com a finalidade de reduzir a importação de petróleo. Sua produção concentrou-se nas antigas áreas produtoras de cana-de-açúcar como a Zona da Mata Nordestina e o estado de São Paulo. Esse combustível também pode ser obtido por meio do milho, beterraba, mandioca, batata, entre outros.

Apesar das vantagens do etanol diante dos derivados do petróleo em relação ao meio ambiente, o Proálcool, de acordo com os críticos, apresentou alguns aspectos socioeconômicos negativos. As principais críticas se referiam ao seu preço que, sem os subsídios patrocinados pelos cofres públicos, era muito maior do que o da gasolina, a expansão da monocultura da cana-de-açúcar em grandes propriedades, ocupando terras que antes produziam gêneros alimentícios, e a redução do número de pequenas propriedades que foram reaglutinadas pelas usinas ou grandes proprietários.

Xisto Pirobetuminoso: é uma rocha sedimentar (folhelho) contendo betume que, quando refinado, produz os mesmos derivados do petróleo. As reservas estão situadas na formação Irati, uma área que vai de São Paulo ao Rio Grande do Sul e no Vale do Paraíba.

A retirada do óleo dessa rocha é um processo bastante dispendioso e a única usina de processamento de xisto no país é mantida pela Petrobras (Petrosix) em São Mateus do Sul, no Paraná, cuja produção é insignificante quando comparada à produção e ao consumo diário de petróleo pelo Brasil.

Energia Eólica: a geração de energia a partir dos ventos ainda é incipiente no território brasileiro. Apesar disso, nota-se a evolução do setor ao longo dos últimos anos, colocando o Brasil na lista de maiores produtores de energia eólica do mundo, atrás apenas da China, da Alemanha e dos Estados Unidos.

A expansão das fontes eólicas é necessária por gerar menores impactos ambientais quando comparados àqueles proporcionados pela ativação das termoelétricas. Além disso, essa fonte de energia está em harmonia com o desenvolvimento sustentável.

Os estados que mais produzem energia eólica são: Rio Grande do Norte, Ceará, Bahia, Rio Grande do Sul e Santa Catarina.

Energia Solar: seu aproveitamento pode ser feito de maneira direta por meio de célula fotovoltaica, que converte a luz solar diretamente em eletricidade. Apesar de ser um processo bastante caro, ele é viável em comunidades rurais distantes das linhas de transmissão das fontes convencionais. Outra maneira de aproveitar a energia solar para convertê-la em eletricidade, de forma indireta, é a instalação de usinas, em áreas de muita insolação, com espelhos coletores que convergem a luz solar para um recipiente fazendo a água virar vapor e, assim, a pressão movimenta as turbinas (ao invés de água pode ser óleo e ar).

Apesar do grande potencial apresentado pelo Brasil pela incidência dos raios solares durante o ano todo na maior parte do seu território e pelas vantagens ambientais, a produção de energia solar é insignificante.

20.2.1 Energia e Meio Ambiente

O petróleo, o carvão mineral e o gás natural são as fontes de energia mais utilizadas no mundo contemporâneo e as mais poluentes. A queima desses combustíveis fósseis e de outros como a lenha e o carvão vegetal, libera para a atmosfera grande quantidade de monóxido de carbono, dióxido de carbono e dióxido de enxofre, além de partículas sólidas (fuligem). As consequências imediatas são a poluição atmosférica que causa dano à saúde, chuvas ácidas que destroem florestas, poluem os rios, os lagos e os solos, a inversão térmica e o efeito estufa que provoca o aquecimento global e com o aumento da temperatura no planeta, ocorre o derretimento das geleiras e o consequente aumento do nível dos oceanos.

Mas não é só a queima desses combustíveis que afeta o meio ambiente. Durante a extração e o transporte do petróleo, pode ocorrer derramamento do produto por acidente nas tubulações, naufrágio de navios petroleiros, explosão do poço petrolífero, causando contaminação das águas do mar, dos rios e do solo, com grandes prejuízos para o meio ambiente.

As usinas hidrelétricas, apesar de serem fontes limpas de obtenção de energia, provocam grandes impactos ambientais e sociais devido à inundação de áreas agricultáveis, de sítios arqueológicos, de enormes reservas florestais, de cidades, vilas e povoados e, se não forem minuciosamente pensadas, podem interromper a piracema, interferindo na reprodução dos peixes. O tamanho do lago dependerá sempre da declividade do terreno, por isso, as usinas hidrelétricas projetadas para a Região Amazônica são objetos de muita polêmica, além de estarem longe dos centros consumidores.

As usinas nucleares, por sua vez, apesar de produzirem energia de forma concentrada, apresentam dois grandes problemas: o destino do lixo atômico, que permanece com radioatividade por milhares de anos, e os acidentes nos quais ocorre vazamento de radioatividade dos reatores, contaminando todo o meio ambiente, provocando mortes e problemas de saúde, como câncer, leucemia, doenças congênitas, entre outras. Esses danos não se limitam apenas às proximidades da usina porque a circulação atmosférica carrega a radioatividade para locais distantes do ponto de origem.

Os acidentes mais conhecidos com usinas nucleares foram o de Three Mile Island, na Pensilvânia, nos Estados Unidos, em 1979, o de Chernobyl, na Ucrânia, em 1986 e o de Fukushima, no Japão, em 2011.

Os países que aderiram ao Protocolo de Kyoto (1997), comprometeram-se a reduzir os níveis de emissões de gases estufa. O IPCC (Painel Intergovernamental sobre Mudanças Climáticas), órgão ligado à ONU, tem monitorado as temperaturas em vários pontos do planeta e, em suas constantes assembleias, tem divulgado o seu aumento gradual. Em consequência desse fato, tem proposto aos países que,

MODELO ECONÔMICO BRASILEIRO

gradativamente, deixem de utilizar as energias convencionais como os combustíveis fósseis e passem a pesquisar e utilizar, cada vez mais, as fontes de energia limpa, evitando, assim, o agravamento do aquecimento global.

20.3 Complexos Agroindustriais

Até a década de 1950, o Brasil baseava sua economia no modelo agrário exportador e a prática da agropecuária utilizava as técnicas e os avanços disponíveis para a época. A partir da década de 1960, esse setor econômico passou a ser fortemente integrado com a indústria e com o setor financeiro e, como consequência, ocorreram grandes mudanças na organização da produção e nas relações de trabalho, dando origem aos complexos agroindustriais.

Complexo Agroindustrial é a integração da cadeia produtiva entre a agropecuária, as indústrias que produzem para a agricultura e as agroindústrias.

Agroindústria: aquela que transforma as matérias-primas produzidas pela agropecuária em produtos industrializados ou semi-industrializados.

Na mesma década, incentivado e liderado pelos Estados Unidos, foi implantado em muitos países e também no Brasil, um projeto chamado Revolução Verde, que tinha como objetivo principal aumentar a produtividade da agropecuária e acabar com a fome no mundo. Para realização desse intento, era necessário o uso de máquinas, fertilizantes, defensivos agrícolas, sementes selecionadas, irrigação, entre outras técnicas, e essas mercadorias foram importadas ou adquiridas das multinacionais norte-americanas e europeias do setor que aqui se instalaram.

A partir desse momento o campo tornou-se subordinado à cidade, pois adquiria esses insumos agrícolas das indústrias e, nesse processo de modernização, tornou-se dependente da indústria para a agricultura. Dessa forma, estabeleceram-se uma integração e uma interdependência entre esses dois setores, transformando a agricultura em consumidora de bens industriais e fornecedora de matérias-primas para as indústrias.

Os complexos agroindustriais no Brasil deram origem ao agronegócio, ou seja, ao conjunto das atividades envolvidas nos complexos agroindustriais como insumos agropecuários, produção, armazenamento, processamento e distribuição dos produtos e derivados. O agronegócio é um setor da economia brasileira que tem grande lucratividade e gera milhares de empregos de forma direta ou indireta.

> **Fique ligado**
>
> Commodity: mercadoria ou produto in natura (matéria-prima) proveniente da agropecuária e do extrativismo mineral e vegetal.

A agricultura atualmente encontra-se totalmente subordinada à agroindústria e ao agronegócio, pois a produtividade e o que deve ser plantado são determinados pela indústria e pelo mercado externo.

Deve-se estabelecer uma distinção nos complexos agroindustriais quanto à forma de produção: a empresarial e a familiar. As grandes empresas rurais produzem geralmente em grandes propriedades, emprega trabalhadores assalariados, tem financiamentos e acesso às tecnologias com mais rapidez e facilidade, e os produtos são, na maioria das vezes, para exportação. O empresário do ramo familiar mais moderno emprega, em alguns casos, mão de obra assalariada, mas frequentemente ela é praticada pelos próprios familiares. Ele está integrado aos complexos agroindustriais, por meio da cooperativa à qual está filiado e esta, por sua vez, está associada às agroindústrias

e, por esse viés, consegue financiamentos, tecnologias e mercados consumidores.

Os complexos agroindustriais estão concentrados no Centro-Sul do país, especialmente nos estados de São Paulo, Paraná, Rio Grande do Sul, Santa Catarina, Minas Gerais, Mato Grosso e Mato Grosso do Sul, e os principais produtos agropecuários dessa cadeia produtiva são: açúcar, biocombustíveis, laranja, soja, carne, café, fumo, uva, aves e frutas. Muitas dessas commodities estão entre as principais exportadas pelo Brasil.

20.3.1 Os Eixos de Circulação e os Custos de Deslocamento

Eixo Ferroviário

As estradas de ferro surgiram no Brasil a partir do século XIX, tendo em vista a necessidade de proporcionar infraestrutura à exportação de produtos agrícolas, especialmente o café, e seus traçados ligavam as áreas produtoras aos portos de exportação. Esse meio de transporte foi fundamental no processo de desenvolvimento econômico do país, mas perdeu parte de sua importância a partir da opção do Brasil pelo rodoviarismo, que se iniciou nas décadas de 1950 e 1960, com a chegada das multinacionais automobilísticas.

A prioridade dada ao transporte rodoviário fez com que a malha ferroviária existente, daquele momento em diante, não ganhasse a devida atenção e, com a falta de conservação, aos poucos foi-se deteriorando. Mesmo assim, novas ferrovias com traçados mais modernos e retilíneos, com composições que dispõem de mais tecnologias, surgiram a partir da década de 1970, com relevante importância econômica e de grande utilidade para a integração do território nacional, principalmente nas regiões Norte e Centro-Oeste. Este é o caso, por exemplo, da Estrada de Ferro Carajás, construída pela Companhia Vale do Rio Doce (CVRD), atual Vale, para escoar minério de ferro da Serra dos Carajás até os portos de Itaqui e Ponta da Madeira, no Maranhão.

Outros exemplos são: a Ferronorte, cujo projeto é a conexão entre Cuiabá (MT), Porto Velho (RO), Santarém (PA) e as ferrovias paulistas, atingindo os portos da região Sudeste e as hidrovias da Bacia Amazônica (dos rios Madeira, Tapajós e Amazonas); Ferrovia Norte-Sul atualmente ligando Açailândia (MA), Anápolis (GO) e Estrela d'Oeste (SP), tendo conexão com a Estrada de Ferro Carajás (PA/MA). (O trecho Anápolis - Estrela d'Oeste ainda em construção). O projeto completo dessa ferrovia prevê a ligação do Brasil de Norte a Sul, iniciando em Barcarena (PA) e terminando em porto de Rio Grande (RS), passando pelos estados do Pará, Maranhão, Tocantins, Goiás, Minas Gerais, São Paulo, Mato Grosso do Sul, Paraná, Santa Catarina e Rio Grande do Sul.

PEQUENA CRONOLOGIA DO TRANSPORTE FERROVIÁRIO NO BRASIL	
PERÍODOS	**CARACTERÍSTICAS**
1854 - 1940	O país vivia o chamado "ciclo do café", economia que favoreceu a expansão ferroviária, especialmente no estado de São Paulo. Período denominado de "era das ferrovias", devido à grande ampliação da rede e intensa utilização para o transporte de carga e passageiros.

1940-1960	Pouca ampliação e decadência da malha ferroviária devido à construção de rodovias. As ferrovias federais foram integradas formando uma Rede Ferroviária Federal S/A (RFFSA), e as do estado de São Paulo formaram a Fepasa (Ferrovias Paulistas S/A)
1960-1995	Período de maior decadência em virtude da preferência dada ao transporte rodoviário, ocorrendo o sucateamento e a desativação de ferrovias e ramais. Como consequência, houve a diminuição da malha ferroviária, acidentes e deficiência tanto no transporte de carga como de passageiros.
1995 - hoje	Privatização das ferrovias estatais sob o sistema de concessão temporária objetivando incrementar, modernizar e recuperar as ferrovias e composições para intensificar o volume de cargas.

Principais características do atual transporte ferroviário brasileiro:

- Prioridade ao transporte de cargas, e não de passageiros.
- Ferrovias especializadas em transporte de minérios, grãos e combustíveis para regiões mais industrializadas do país e para os portos de exportação.
- Transporte de passageiros em algumas regiões metropolitanas (trens suburbanos e metrôs).
- Aumento no transporte de cargas nos últimos anos.
- Construção de novas ferrovias, demonstrando maior valorização nesse tipo de transporte.
- Revitalização e modernização de algumas linhas férreas.
- Integração econômica entre as regiões brasileiras.
- Maior concentração no centro-sul do país.
- Integração com outros meios de transporte (intermodal).
- Multiplicidade de bitolas.
- Traçados sinuosos, tornando alguns percursos longos, lentos e antieconômicos.
- Pouca integração entre as ferrovias, devido à falta de ramais de ligação ou bitolas desconexas.
- Material utilizado na antiga malha, considerado ultrapassado e mal conservado.

Eixo Rodoviário

Foi com o presidente Washington Luís (1926-30), que tinha como lema de seu governo "governar é abrir estradas", que se iniciou a construção de rodovias em nosso país. Porém, foi a partir do governo de Juscelino Kubistchek (1956-1960) que passaram a ser prioridade em todos os planos de governo, pois o Brasil fez do transporte rodoviário a sua opção principal tanto para cargas como de passageiros e, por ser caro, muitas vezes é a causa do elevado custo de vida da população brasileira.

Assim, foram construídas as rodovias de integração, como a BR 116, ligando as regiões Nordeste, Sudeste e Sul, a Belém-Brasília, a Cuiabá-Santarém, a Brasília--Acre, fazendo a conexão entre as regiões Centro-Oeste, Norte e Sudeste. Na década de 1970, estando o Brasil sob o governo militar de Emílio Garrastazu Médici, construiu-se a rodovia Transamazônica, cuja extensão inicial era de mais de quatro mil quilômetros e ligava a cidade-porto de Cabedelo, na Paraíba a Lábrea, no Amazonas. Atualmente, somente 2,5 mil quilômetros da estrada estão abertos e muitos trechos apresentam grandes dificuldades de locomoção.

Apesar de todas essas grandes obras rodoviárias tentando interligar o país de norte a sul e de leste a oeste, observa-se uma irregularidade na distribuição da malha rodoviária com grande concentração no Sudeste e Sul e menor densidade no Norte, Centro-Oeste e Nordeste, refletindo as desigualdades econômicas entre as diferentes regiões do país.

O transporte rodoviário entrou em uma grave crise na década de 1980 em função da degradação excessiva das rodovias, como a má conservação e a saturação quanto ao escoamento de veículos, como, por exemplo, a Via Dutra que liga São Paulo ao Rio de Janeiro e a Rodovia Regis Bittencourt, no trecho São Paulo a Curitiba. Esse problema foi parcialmente resolvido com privatização de boa parte das rodovias federais e estaduais sob o regime de concessão por prazo determinado. As concessionárias devem administrar as rodovias, restaurando-as, realizando melhorias como o aumento de faixas de rodagem e de acostamentos para dar maior fluidez e segurança aos veículos e aos usuários, além de prestar assistência em caso de acidentes, problemas mecânicos, informações, entre outros serviços. Em contrapartida, têm o direito de cobrar pedágio pelos serviços prestados.

As rodovias apresentam diferentes nomenclaturas, numeração e trajetos, seguindo o padrão adotado pelo Plano Nacional Rodoviário. As rodovias federais possuem a sigla BR e as rodovias estaduais utilizam a sigla do estado. A sigla é acompanhada de números de três dígitos para indicar o seu trajeto no território nacional e, assim, as rodovias brasileiras foram classificadas em cinco:

- **Rodovias Radiais: iniciam em Brasília (DF) e têm o prefixo 000.** Ex.: BR-010 – de Brasília (DF) a Belém (PA).
- **Rodovias Longitudinais: atravessam o Brasil no sentido geral Norte-Sul e têm o prefixo 100.** Ex.: BR-116 – de Fortaleza (CE) a Jaguarão (RS).
- **Rodovias Transversais: atravessam o Brasil no sentido Leste--Oeste e têm o prefixo 200.** Ex.: BR-277 – de Paranaguá (PR) a Foz do Iguaçu (PR).
- **Rodovias Diagonais: atravessam o país no sentido Nordeste-Sudoeste e Noroeste-Sudeste e têm o prefixo 300.** Ex.: BR-376 – de Dourados (MS) a Garuva (SC).
- **Rodovias de Ligação: ligam duas outras e têm o prefixo 400.** Ex.: BR-470 – de Navegantes (SC) a Camaquã (RS).

Eixos Aquáticos

Fluvial e lacustre (hidroviário): a Bacia Amazônica é a de maior destaque no transporte fluvial, tanto no deslocamento de cargas como de passageiros residentes ou turistas e, na maioria das vezes, esse tipo de transporte é a única opção de deslocamento para as populações ribeirinhas.

O rio Paraguai é outra via importante e por ele transporta-se gado, minérios de ferro e manganês do Maciço de Urucum. Também é muito comum o transporte de passageiros das cidades e vilarejos ribeirinhos em embarcações chamadas chalanas.

Outros rios ainda merecem destaque pela navegação, como São Francisco, Parnaíba, o Tocantins, Araguaia, Paraná, Uruguai e Jacuí.

O transporte lacustre é feito quase que exclusivamente na Lagoa dos Patos (RS), proporcionando contato com o porto de Porto Alegre e Pelotas (RS).

A implantação de hidrovias, além do forte impacto ambiental, é um processo dispendioso e envolve obras de engenharia de grande vulto como aprofundamento do leito e correção do curso dos rios, canais de ligação, construção de eclusas, construção de portos ou aparelhamento dos já existentes, entre outras obras.

MODELO ECONÔMICO BRASILEIRO

As maiores e mais utilizadas hidrovias do país atualmente são a Tietê-Paraná, que interliga o estado de São Paulo à Argentina, sendo via de escoamento de produtos agropecuários, combustíveis, manufaturados e minérios, e a do rio Madeira, que faz a conexão de Porto Velho (RO) ao rio Amazonas, escoando parte da produção de soja da região Centro-Oeste.

Marítimo: utilizado majoritariamente para deslocamento de cargas intercontinentais, caracterizando-o como um transporte de longa distância. Os portos marítimos são as ligações mais importantes do nosso país com a economia mundial. A navegação de cabotagem também exerce relevante papel na economia brasileira transportando produtos entre as regiões e, até a metade do século XX, foi o único meio de transporte utilizado para cargas e passageiros entre o Sul, Sudeste e Nordeste.

> **Fique ligado**
>
> Cabotagem é a navegação entre portos marítimos de um mesmo país, sem perder a costa de vista. A cabotagem contrapõe-se à navegação de longo curso, ou seja, aquela realizada entre portos de diferentes nações.

Principais portos e suas especialidades:
- **Tubarão e Vitória (ES), Itaqui e Ponta da Madeira (MA) Itaguaí (RJ):** minério de ferro e produtos siderúrgicos.
- **Barcarena (PA):** alumínio.
- **Santos (SP):** produtos manufaturados e café.
- **São Sebastião (SP):** petróleo.
- **Paranaguá (PR) e São Francisco do Sul (SC):** produtos agrícolas e manufaturados.
- **Macau (RN):** sal.
- **Recife:** açúcar.
- **Manaus (AM), Itajaí e Imbituba (SC):** manufaturados.
- **Rio Grande (RS):** carne, grãos, trigo e manufaturados.
- **Aratu (BA):** petróleo e manufaturados.

Uma série de dificuldades de ordem natural ou político-econômica e administrativa ainda persiste no transporte aquático brasileiro, tais como: baixa eficiência técnica, morosidade na carga e descarga, deficiência de armazenamento de mercadorias, portos mal equipados, burocracia na liberação de cargas, taxas portuárias muito elevadas, falta de investimentos em projetos de construção de eclusas e canais de navegação, corporativismo de entidades ligadas ao setor de transporte rodoviário, rios de planalto, costa retilínea e aberta, rios de planície distantes das áreas econômicas mais desenvolvidas, entre outros.

Recentemente, o governo federal colocou em concessão por tempo determinado boa parte dos portos sob sua responsabilidade, na tentativa de revitalizá-los e melhorar as suas operações.

Eixo Aeroviário

É um meio de transporte destinado mais a passageiros, tanto em voos domésticos como em internacionais. Porém, nos últimos anos, tem aumentado também o volume de cargas por aviões, principalmente cargas perecíveis e aquelas que exigem rapidez.

É um meio de transporte caro, sendo por isso utilizado por uma parcela ainda restrita da população brasileira, porém o seu uso vem crescendo gradativamente.

A Infraero (Empresa Brasileira de Infraestrutura Aeroportuária) é a entidade federal ligada ao Ministério da Aeronáutica encarregada da administração dos aeroportos brasileiros. Nos últimos anos, devido a eventos esportivos no país (Copa do Mundo e Olimpíadas), alguns aeroportos ganharam obras de infraestrutura tanto para ampliação como para melhoria do atendimento aos usuários. Também muito recentemente o governo federal colocou sob concessão por tempo determinado outros aeroportos, visando melhorar a eficiência de suas operações.

Podem ser citados como principais aeroportos do Brasil, tanto pelo movimento de passageiros como pela infraestrutura de operação os seguintes: Antônio Carlos Jobim (Galeão-RJ), Guarulhos (Cumbica-SP), Congonhas (São Paulo-SP), Viracopos (Campinas-SP), Brasília (DF); Eduardo Gomes (Manaus-AM), Val de Cans (Belém-PA), Pinto Martins (Fortaleza-CE), Guararapes (Recife-PE), Dois de Julho (Salvador-BA); Pampulha (Belo Horizonte-MG) e Afonso Pena (São José dos Pinhais-PR),

Intermodal ou multimodal é o termo utilizado para se referir à articulação entre os vários meios de transporte, com o objetivo de tornar mais rápido e eficiente o deslocamento de cargas.

21 POLÍTICAS TERRITORIAIS E REGIONAIS

O isolamento e os grandes desníveis econômicos das regiões Norte, Centro-Oeste e Nordeste, quando comparadas com a Sudeste e a Sul, foram evidenciados a partir da década de 1930, época em que o Brasil deixa de ser um país agroexportador e passa a ser urbano e industrial. Isso obrigou o governo federal a criar mecanismos que pudessem amenizar as diferenças e integrar tais regiões à economia. As ações foram direcionadas principalmente para áreas do Nordeste e da Amazônia, por meio de políticas de desenvolvimento regional, com o objetivo de expandir o desenvolvimento para essas regiões mediante a atração de investimentos. Dessa forma, objetivava-se a criação de oportunidades de emprego e a promoção da ocupação mais efetiva dos grandes vazios demográficos situados nessas regiões.

Para atender aos objetivos dos planos estabelecidos pelo governo, obras de infraestrutura seriam realizadas, além de incentivos fiscais e, para conceber, gerenciar os projetos e colocá-los em prática, foram criados grandes órgãos federais, como a Sudene (Superintendência do Desenvolvimento do Nordeste), em 1959, e a Sudam (Superintendência de Desenvolvimento da Amazônia), em 1966.

21.1 Amazônia

O governo de Getúlio Vargas, ainda na década de 1940, promoveu alguns incentivos naquele território, como, por exemplo, a exploração da borracha, cuja finalidade era a exportação. Porém, foi somente na década de 1950 que as políticas de desenvolvimento na região começaram a ser realmente efetivadas. Primeiramente, verificou-se a criação em 1953 da Superintendência do Plano de Valorização Econômica da Amazônia (SPVEA), que tinha como objetivo, como o próprio nome propõe, valorizar a economia da região e integrá-la aos outros centros mais dinâmicos do país. Na época, a construção de Brasília e da Rodovia Belém-Brasília e pouco mais tarde a Brasília-Acre tornava realidade a integração tanto da Região Centro-Oeste como da Amazônia ao restante do país e incentivava o povoamento do interior que se constituía em um imenso vazio demográfico.

Com o governo militar a partir de 1964, a política de desenvolvimento da Amazônia ganha maior incentivo e, em 1966, foi criada a Sudam, substituindo a SPVEA e sua área de atuação, daquele momento em diante, passou a ser a Amazônia Legal, que além dos estados da Região Norte, inclui também o estado de Mato Grosso e o oeste do Maranhão.

O governo militar via a Amazônia como uma área vazia e estagnada, mas com uma imensa riqueza, que poderia ajudar o desenvolvimento do país e, sob o lema "integrar para não entregar", muitos projetos minerais, industriais e agropecuários começaram a ser executados. Também deveriam ser elaboradas pela Sudam ações que pudessem atrair migrantes para a região, que além de promover a ocupação do território, formaria uma mão de obra local e, assim, colocaria em prática uma frase dita repetidamente pelo governo da época: "levar homens sem terra para uma terra sem homens".

Em 1967 foi criada a Superintendência da Zona Franca de Manaus (Suframa). Ela transformou a cidade de Manaus em zona franca, isto é, com isenção de taxas para importação de máquinas e matérias-primas e também de impostos para a exportação dos produtos industrializados. Em consequência disso, Manaus se tornou, nos dias de hoje, um grande polo industrial de bens de consumo duráveis nos setores da informática, eletroeletrônicos e de transporte.

No ano de 1970, o presidente Emílio Garrastazu Médici lança o Programa de Integração Nacional (PIN). A ação mais urgente desse plano, e de início imediato, era a construção das rodovias Transamazônica e Cuiabá-Santarém e de portos fluviais na região Amazônica. O programa incluía também a colonização e a reforma agrária, que para serem executadas, demandavam estudos e a implantação de projetos agropecuários e agroindustriais.

A rodovia Transamazônica, inaugurada em 1972, construída no sentido longitudinal, de Cabedelo (PB) a Lábrea (AM), foi uma das rotas dos imigrantes, principalmente do Nordeste e dos novos investimentos que ocupariam as agrovilas implantadas às margens da rodovia, mas, ao contrário do que se previu, em pouco tempo foram abandonadas pela falta de infraestrutura para produzir, comercializar e sobreviver. Seus moradores acabaram por se fixar nas periferias das cidades amazônicas que tiveram um crescimento anômalo na década de 1970.

O governo federal, por intermédio do Incra (Instituto Nacional de Colonização e Reforma Agrária), promoveu, na década de 1970, uma expressiva migração para a ocupação do estado de Rondônia, principalmente de sulistas (paranaenses, catarinenses e gaúchos) e de nordestinos, atraídos pela distribuição de lotes terras de 100 hectares para cada família. O governo abria as estradas e demarcava os lotes, e todo o restante do trabalho era por conta do assentado. Na década de 1980, os estados da Região Centro-Oeste receberam boa quantidade de sulistas, que venderam suas pequenas propriedades, as quais eram mais valorizadas, e compraram propriedades maiores devido ao baixo valor das terras daquela região àquela época.

Em 1974, o governo federal criou o Programa de Polos Agropecuários e Agrominerais da Amazônia (Polamazônia) com a intenção de atrair grandes projetos empresariais para a região. A maior parte desses projetos foi implantada ao longo da rodovia Belém-Brasília, como o Projeto Grande Carajás, com a finalidade de explorar vários minerais, principalmente, ferro, manganês, alumínio e cobre. Esse projeto abrange um complexo de grande infraestrutura formado pela Estrada de Ferro Carajás, a Usina Hidrelétrica de Tucuruí, os portos de Itaqui e Ponta da Madeira, no Maranhão, e Barcarena, no Pará. A principal extração é a de minério de ferro, realizada desde a década de 1970 pela Companhia Vale, destinada principalmente à exportação. Na região de Belém (PA), siderúrgicas fazem o processamento de ferro e alumínio, entre elas a Albrás (Alumínio Brasileiro S/A) e a Alunorte (Alumina do Norte do Brasil S/A).

Na década de 1980, entrou em vigor o Projeto Calha Norte, com a finalidade de proteger as fronteiras dos estados da Região Norte com os países vizinhos, implantando, em uma faixa de 150 quilômetros de largura, obras de infraestrutura viária, de energia, de comunicação, de saúde, de educação, assistência às comunidades e instalação de postos e bases do Exército e da Aeronáutica. Atualmente, a área de atuação foi ampliada e abrange a superfície total dos estados da Região Norte, com exceção do sul do Pará e todo o estado de Tocantins.

Outros dois projetos lançados na década de 1990 foram o Sipam (Sistema de Proteção da Amazônia) e o Sivam (Sistema de Vigilância da Amazônia). O primeiro tem como objetivo controlar o espaço aéreo sobre a Amazônia e, o segundo, a fiscalização das fronteiras, a monitoração das queimadas e dos desmatamentos, coibir as áreas de garimpos ilegais e identificar e mapear os recursos naturais existentes na região. Ambos se integram por uma rede de telecomunicações e sensoriamento remoto, alimentada pelas imagens e dados obtidos por satélites, radares e sensores.

POLÍTICAS TERRITORIAIS E REGIONAIS

Mais recentemente, com a aprovação da Lei de Gestão de Florestas Nacionais (Flonas), na qual as florestas podem ser entregues às empresas particulares para exploração, fazendo uso do manejo florestal, e com o lançamento do Plano Amazônia Sustentável, as atividades econômicas da região, tentam seguir um planejamento baseado no desenvolvimento sustentável, isto é, a conciliação do desenvolvimento econômico com a preservação ambiental. Diante dessa concepção, muitas polêmicas surgiram em torno da construção das hidrelétricas de Jirau e Santo Antônio, no rio Madeira, em Rondônia, e Belo Monte, no rio Xingu, no Pará, essa última com implicações também nas comunidades indígenas.

Fonte: Socioambiental. Disponível em: http://img.socioambiental.org/v/publico/pibmirim/onde-vivem/amazonia_legal2.jpg.html. > Acesso em: Jul. 2016.

No ano de 2001 a Sudam foi extinta pelo presidente Fernando Henrique Cardoso devido a denúncias de desvio de recursos públicos que seriam destinados aos projetos de desenvolvimento. Foi substituída no mesmo ano pela Agência de Desenvolvimento da Amazônia (ADA). O presidente Luís Inácio Lula da Silva, quando assumiu em 2003, extinguiu a ADA e recriou a Sudam.

21.2 Nordeste

Região composta por nove estados e geralmente associada à seca, à migração e a problemas socioeconômicos. Na realidade, aspectos negativos existem, como em todas as outras regiões, mas é preciso observar também os positivos, como, por exemplo, o avanço econômico e social alcançado nas últimas décadas em virtude de obras de infraestrutura e investimentos sociais realizados pelos governos federal e estadual. O Nordeste, apenas da cana-de-açúcar, do algodão, da pecuária extensiva, da agricultura de subsistência e do extrativismo vegetal, está ficando no passado e a modernização das atividades econômicas apresenta hoje uma nova feição à região, embora ainda perdure em muitas áreas uma estrutura arcaica e situações graves de seca e pobreza.

A Região Nordeste, em seu aspecto econômico e climático, tradicionalmente está dividida em quatro sub-regiões e cada uma delas apresenta suas características naturais e socioeconômicas bem distintas. As sub-regiões, suas principais características climáticas e economia predominante são:

- **Zona da Mata:** clima quente e úmido, economia diversificada com destaque para cana-de-açúcar, cacau e indústrias.
- **Agreste:** clima de transição entre o litoral chuvoso e o sertão semiárido, agricultura de produtos alimentares e pecuária leiteira.
- **Sertão:** clima semiárido, pecuária extensiva, agricultura de subsistência, de algodão e de frutas nas áreas irrigadas.
- **Meio Norte:** clima de transição entre o Sertão e a Amazônia, agricultura de produtos alimentares e extrativismo vegetal de babaçu e carnaúba.

A área mais problemática por apresentar regularmente situações de secas prolongadas e pobreza é o Sertão, o que fez o governo tomar algumas medidas para tentar solucionar essas situações. As políticas públicas para tentar reverter essa realidade começaram em 1884 quando, após uma grande seca, entre 1877-1979, que dizimou muitos nordestinos, o imperador D. Pedro II mandou construir um açude em Quixadá, no Ceará, para prevenir futuras catástrofes. A partir de então, o governo federal institucionalizou as políticas públicas para a região, dedicando parte do PIB ao combate às secas e para a melhoria das condições de vida dos habitantes da região.

Assim, em 1909, foi criada a Inspetoria Federal de Obras Contra as Secas (IFOCS), com o intuito de construir açudes, barragens e estradas para dar vazão à produção sertaneja. No ano de 1945, o IFOCS transformou-se em Departamento Nacional de Obras Contra as Secas (DNOCS) para atuar na área que foi denominada de Polígono das Secas e ampliou seus objetivos criando um paliativo para os habitantes mais carentes, as frentes de trabalho. Em épocas de seca, os habitantes pobres eram recrutados para trabalhar em obras federais e, dessa maneira, recebiam um pagamento para sua sobrevivência.

Fique ligado

O que era chamado de "Polígono das Secas", até 1989, teve sua área ampliada tomando por base a precipitação anual igual ou inferior a 800 mm e agora é chamado de Semiárido Nordestino.

Na década de 1930, para proteger e garantir a presença do açúcar dos usineiros da Zona da Mata no mercado brasileiro e do exterior, que sofria forte concorrência da produção do estado de São Paulo, o governo federal criou o Instituto do Açúcar e do Álcool (IAA), com o objetivo de estabelecer cotas de produção entre os estados brasileiros e garantir um preço mínimo para o produto. Em 1990 o IAA foi extinto e o açúcar nordestino vem perdendo continuamente parcelas do mercado para a produção paulista.

HISTÓRIA E GEOGRAFIA DO BRASIL

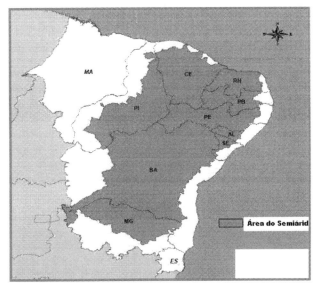

As políticas públicas destinadas ao combate às secas abriu a oportunidade para desvio dos objetivos das verbas recebidas, favorecendo, na maioria das vezes, os mandatários da região, em uma situação conhecida como indústria da seca.

No ano de 1948, foi criada a Comissão do Vale do São Francisco (CVSF), com a finalidade de promover obras na Bacia do Rio São Francisco, como irrigação, estradas, escolas e hospitais. Na década de 1970 foi instituída a Companhia de Desenvolvimento do Vale do São Francisco (Codevasf), com prioridade para a irrigação de grandes áreas do Semiárido. O vale do rio São Francisco se constitui hoje em uma área grande produtora de frutas destinadas principalmente à exportação e aos mercados do Centro-Sul. Outro exemplo é o oeste da Bahia, sul do Maranhão e do Piauí que, devido aos projetos de irrigação e modernização da agricultura no Semiárido e entorno, transformaram-se em áreas grandes produtores de grãos, como soja, feijão e arroz.

No ano de 2007, foram iniciadas as obras de transposição do rio São Francisco com o objetivo de abastecer os açudes e rios temporários da região do Semiárido. Muitas críticas são feitas a esse projeto, pois, além das questões ambientais, segundo os críticos a água não chegará ao sertanejo realmente necessitado, e sim beneficiará os grandes empreendimentos agroindustriais da região.

O problema da região Nordeste não era apenas a seca, mas também a falta de indústrias que pudessem dar dinamismo à sua economia, e a Sudene seria o órgão encarregado de implementar a industrialização. Quando de sua criação, em 1959, a Sudene tinha como área de atuação todos os estados do nordeste integralmente e mais o extremo norte de Minas Gerais. A partir de 1998, foram incluídos também em sua área de atuação o vale do rio Jequitinhonha em Minas Gerais e o norte do estado do Espírito Santo.

Para conseguir o intento de industrializar o Nordeste, era preciso criar uma infraestrutura que pudesse atender às necessidades do projeto, como, por exemplo, disponibilidade de energia, incumbência essa assumida pelas Centrais Hidrelétricas do Rio São Francisco (CHESF). Os investimentos industriais concentraram-se nas proximidades de Salvador, em Camaçari (BA), nas proximidades de Recife e em São Luís (MA). Os financiamentos do Banco do Nordeste, por meio do Finor (Fundo de Investimentos do Nordeste), atraíram para a região empresas nacionais e estrangeiras, nos ramos de bens de consumo (alimentos, vestuário, automóveis) e bens intermediários (químicos, metalúrgicos, cimento), que contavam com o suporte das refinarias de petróleo Landulpho Alves (RLAM), localizada em Mataripe (BA) e Abreu Lima, localizada em Ipojuca (PE), ambas da Petrobras, e com os complexos portuários de Suape (PE) e Pecem (CE). Também muitos fortes na região são as empresas de turismo que atraem visitantes de todas as partes do Brasil e do mundo.

No ano de 2001, a Sudene foi extinta pelo presidente Fernando Henrique Cardoso também por denúncias de desvios de recursos públicos e substituída pela Adene (Agência de Desenvolvimento do Nordeste) e, por seu intermédio, o governo federal, em parceria com os governos estaduais, procurou colocar a economia da Região Nordeste em sintonia com o mercado interno, especialmente do Centro-Sul e com o mercado mundial.

21.3 O Mercosul e a América do Sul

O Mercado Comum do Sul (Mercosul) surgiu em virtude das iniciativas do Brasil e da Argentina que, após se libertarem das ditaduras militares e restabelecerem a democracia, fizeram a aproximação geopolítica deixando de lado as tradições de rivalidade que sempre marcaram os dois países. A decisão de formar o bloco foi impulsionada devido ao avanço do liberalismo econômico e da globalização que, naquele momento, ganhava força e acirrava a concorrência internacional, posto que algumas fortes economias do mundo já vislumbravam a formação de associações ou blocos regionais, com o objetivo de fortalecer os laços comerciais, atrair investimentos e ampliar a área de consumo de seus produtos. A solução era se unir para garantir mercado e se fortalecer para fazer frente à concorrência.

O Mercosul foi instituído em 1991 pelo Tratado de Assunção e reuniu, inicialmente, o Brasil, a Argentina, o Paraguai e o Uruguai. Nos anos seguintes outros países integraram o grupo, cumprindo o compromisso de expansão do bloco para outros países, especialmente os da América do Sul. Os países que posteriormente fizeram adesão ao bloco foram:

- **Venezuela:** ingressou como membro oficial em 2012.
- **Chile, Bolívia, Peru, Equador e Colômbia:** como países associados.
- **México e Nova Zelândia:** como estados observadores.

O Mercosul tem por objetivo consolidar a integração política, econômica e social entre os países-membros, fortalecer os vínculos entre os cidadãos do bloco e contribuir para melhorar sua qualidade de vida.

Suas metas se resumem em:

- Eliminação das barreiras tarifárias e não tarifárias no comércio entre os países-membros.
- Adoção de uma Tarifa Externa Comum (TEC).
- Coordenação de políticas macroeconômicas.
- Livre comércio de serviços.
- Livre circulação de mão de obra.
- Livre circulação de capitais.

Para se tornar um mercado comum, ele deve abrir as fronteiras dos países para a livre circulação de bens, serviços e capitais, além do trânsito de pessoas para trabalho e turismo. Até agora cumpriu apenas as duas primeiras metas, o que o coloca ainda na condição de União Aduaneira.

Sua presidência é rotativa (a cada seis meses) e o principal órgão de decisão é o Conselho do Mercado Comum (CMC), órgão superior, responsável pela condução política do processo de integração, composto pelos Ministros das Relações Exteriores e de Economia dos cinco países que se reúnem duas vezes por ano; o órgão se manifesta por meio de decisões. Ao Conselho do Mercado Comum estão subordinados:

POLÍTICAS TERRITORIAIS E REGIONAIS

- **Grupo Mercado Comum (GMC):** órgão executivo, integrado por representantes dos Ministérios das Relações Exteriores, de Economia e dos Bancos Centrais dos cinco países que se reúnem geralmente quatro vezes por ano; o órgão se manifesta por meio de resoluções.
- **Foro de Consulta e Concertação Política (FCCP):** órgão auxiliar do CMC, com o objetivo de ampliar e sistematizar a cooperação política entre os Estados-Partes.
- Reuniões de Ministros de todos os setores governamentais dos países-membros.

A prioridade do Mercosul sempre foi a integração econômica, apoiada no intercâmbio comercial entre os membros signatários e os países associados. Porém, alguns acordos têm lançado as bases para uma integração também política entre os países da América do Sul, como pode ser comprovado pelo Protocolo de Ushuaia, de 1998, que inclui uma cláusula estabelecendo a obrigação dos países de respeitarem a democracia em sua representatividade, liberdade política e direitos humanos. Em 2011, outra cláusula política foi adicionada aos compromissos dos países pelo Protocolo Ushuaia II, na qual se prevê a intervenção externa em um país onde possa haver ameaça à democracia.

A criação da Unasul (União de Nações Sul-Americanas), em 2007, composta pelos doze países independentes da América do Sul, foi a manifestação do viés político dos acordos comerciais entre os países sul-americanos. Com o objetivo de cooperação e integração econômica, política e social entre os países-membros, está comprometida com o fortalecimento da democracia nos países do bloco e atua como mediadora em caso de instabilidade política que possa ocorrer em um de seus participantes.

A integração física da América do Sul ficou definida na reunião dos doze chefes de Estado, em Brasília, no ano 2000, com a criação da IIRSA (Iniciativa para a Integração da Infraestrutura Regional Sul-Americana). Esse órgão tem como objetivo, mediante ações conjuntas, coordenar o planejamento para a modernização da infraestrutura de transporte, energia e telecomunicações, com a intenção de estimular o desenvolvimento por meio de uma maior integração política, econômica e sociocultural da América do Sul.

O Mercosul é o destino principal do comércio exterior brasileiro, e a Argentina é o seu maior parceiro. Porém, entre esses dois países, ainda existem muitas divergências, intrigas, boicotes, protecionismos e retaliações em relação às trocas comerciais. Essa situação expõe o Mercosul a críticas de economistas e políticos por apresentar certa estagnação, dificuldades nas trocas comerciais e divergências nos acordos bilaterais com países fora do bloco, haja vista que a negociação deve ser feita em conjunto e, se houver a discordância de um dos membros, não se conclui o acordo.

O processo de integração regional entre os países do Mercosul e os países da América do Sul, embora já tenha percorrido um longo caminho, ainda esbarra em muitos fatos, decisões e problemas de ordem política e econômica que dificultam uma maior aproximação dos países e, consequentemente, o alcance das metas propostas. Exemplos dessas dificuldades são as crises e as oscilações das economias nacionais, as instabilidades políticas que revelam a fragilidade democrática, as tensões nas fronteiras como ocorre nos limites envolvendo o Brasil, o Peru, a Bolívia e a Colômbia, devido ao narcotráfico e às migrações ilegais, entre outras.

INGLÊS

NUMBERS, PRONOUNS AND DEFINITE AND INDEFINITE ARTICLES

1 NUMBERS, PRONOUNS AND DEFINITE AND INDEFINITE ARTICLES

1.1 Cardinal numbers

Os numerais cardinais são usados no nosso dia a dia para expressar diversas funções, dentre elas: informar o número de telefone, expressar endereços e falar sobre preços. Segue abaixo uma lista dos principais numerais cardinais:

0	zero
1	one
2	two
3	three
4	four
5	five
6	six
7	seven
8	eight
9	nine
10	ten
11	eleven
12	twelve
13	thirteen
14	fourteen
15	fifteen
16	sixteen
17	seventeen
18	eighteen
19	nineteen
20	twenty
30	thirty
40	forty
50	fifty
60	sixty
70	seventy
80	eighty
90	ninety
99	ninety nine
100	one hundred/a hundred
200	two hundred
300	three hundred
400	four hundred
500	fifty hundred
600	six hundred
700	seven hundred
800	eight hundred
900	nine hundred
1000	one thousand /a thousand
100000	one hundred thousand
1000000000	one million

Where do you live?
I live in that building, apartment 214.

1.2 Ordinal numbers

Os números ordinais são utilizados para indicar ordem ou hierarquia relativa a uma sequência.

Na Língua Inglesa, a formação dos números ordinais é diferente da formação dos ordinais em Português: apenas o último número é escrito sob a forma ordinal.

Todos os outros números são utilizados sob a forma de números cardinais em Inglês.

| 1st – First
| 2nd – Second
| 3rd – Third
| 4th- Fourth
| 23rd - twenty-third
| 135th - a/one hundred thirty-fifth
| 1.234th - a/one thousand two hundred thirty-four

1.3 Articles

Artigo é a classe de palavras que se antepõe ao substantivo para definir, limitar ou modificar seu uso. Os artigos dividem-se em **definidos** e **indefinidos**.

A seguir, estudaremos cada um deles.

1.3.1 Definite article

"The" é o artigo definido na Língua Inglesa, e significa *o, a, os, as* e pode ser usado com substantivos contáveis no singular ou plural e com substantivos incontáveis. É utilizado quando queremos sinalizar especificamente a que elemento(s) estamos nos referindo especificamente, ou seja, que se trata de um elemento único. A seguir serão apresentadas situações típicas de seu uso:

▷ **Antes de substantivos com sentido específico:**
| **The** water in the world.

▷ **Antes de numerais ordinais:**
| **The** 4th of July.

▷ **Antes de nomes de países no plural ou de países que são união de estados, ilhas etc.:**
| **The** United States of America
| **The** Falklands

▷ **Antes de adjetivos e advérbios no grau superlativo:**
| Mary is **the** most intelligent person of this class.

▷ **Antes de nomes de ilhas, desertos, montanhas, rios, mares etc.:**
| **The** Pacific Ocean
| **The** Saara Desert

▷ **Antes de nomes de navios, modelos de carros e aviões:**
| **The** Titanic was enourmous.

▷ **Antes de nomes de famílias no plural:**
| **The** Smiths

▷ **Antes de nomes de instrumentos musicais:**
| He plays **the** guitar very well.

Quando NÃO USAR o artigo definido?

▷ **Antes de substantivos tomados em sentido genérico:**
| **Grape** juice is good for you.

▷ **Antes de nomes próprios no singular (pessoas, cidades etc.):**
| **São Paulo** is a big city.
| Mike loves coffee.

INGLÊS

▷ **Antes de possessive adjectives:**
  | **His** car is over there.
▷ **Antes de nomes de profissões (se o nome do profissional for citado):**
  | **Judge** Louis will talk to you later.
▷ **Antes de palavras que se referem a idiomas, desde que não sejam seguidas do termo "language":**
  | **Portuguese** is interesting.

1.4 Indefinite articles

Os artigos indefinidos em Língua Inglesa na forma do singular são dois: *a* e *an*. Ambos só podem ser empregados com substantivos contáveis.

A é usado antes de palavras que iniciam com som de consoante e **AN** antes das que iniciam com som de vogal.

| She has **a** doll.
| Look! That's **an** apple tree!

Existem casos em que a pronúncia determina o uso de artigos indefinidos. Observe as seguintes regras:

1.4.1 Usa "A"

▷ **Antes de palavras que iniciam com H aspirado:**
  | a house, a horse, a homerun
▷ **Antes de palavras que começam com os sons de eu, ew e u:**
  | **a** European trip, **a** unicorn, **a** useful skill.

1.4.2 Usa "AN"

▷ **Antes de palavras que iniciam com H não pronunciado (mudo):**
  | **an** hour, **an** heir, **an** honest man.

1.5 Pronouns

São palavras que acompanham os substantivos, podendo substituí-los (direta ou indiretamente), retomá-los ou se referir a eles. Os pronomes são divididos em várias categorias. Neste módulo falaremos dos pronomes pessoais:

1.5.1 Personal pronouns

Os pronomes são termos utilizados para substituir nomes completos ou substantivos em frases. Eles são divididos de acordo com quatro classificações:

- **Quanto ao número:** singular ou plural;
- **Quanto à pessoa:** primeira, segunda ou terceira;
- **Quanto ao gênero:** masculino, feminino ou neutro;
- **Quanto à função que cumprem nas sentenças:** sujeito ou objeto.

Vejamos quais são os pronomes pessoais de acordo com as classificações a seguir:

Pronomes pessoais		Subjet pronouns	Object pronouns
1ª Pessoa do singular		Eu	I	Me
2ª Pessoa do singular		Tu/Você	You	You
3ª Pessoa do singular		Ele / Ela / Ele/Ela (Neutro)	He / She / It	Him / Her / It
1ª Pessoa do plural		Nós	We	Us
2ª Pessoa do plural		Vós/Vocês	You	You
3ª Pessoa do plural		Eles/Elas	They	Them

- **O elemento neutro representa vocábulos sem gênero na Língua Inglesa, tais como:** objetos, animais, fenômenos da natureza.

- A 2ª pessoa, tanto do singular quanto do plural, possui a mesma forma. Sendo assim, dependemos do contexto para identificá-la.
- A 3ª pessoa do plural é a mesma para o gênero masculino, feminino ou ainda para os elementos neutros.

Agora veremos o uso dos pronomes pessoais em frases. Os verbos (ações) estão sublinhados para que ajudem a identificar a posição do pronome, seja antes (subject pronouns) ou depois (object pronouns).

| **I** live in New York.
| **He** bought a gift for **you**.
| **They** didn't like **it**.
| **He** saw **her** yesterday.
| Boys, **you** don't have to wake up early tomorrow.

1.5.2 Pronomes Pessoais (Reto e Oblíquo)

Os pronomes podem também ser utilizados para criar uma referência a um determinado ser ou objeto, relacionando-o assim com outras pessoas ou objetos no discurso.

Desta maneira, discutiremos a partir de agora estas categorias, tentando entendê-las de maneira mais apropriada como elas funcionam e o que podemos usar para fazermos uma boa interpretação textual considerando o seu domínio.

VERBS	
Subject pronoun	**Object Pronoun**
I (Eu)	Me (me, mim)
You (você, tu)	You (-lhe, -o, -a, -lo, -la, -no, -na, ti a você)
He (Ele)	Him (-lhe, -a, -lo, -no, a ele)
She (Ela)	Her (-lhe, -a, -la,-na, a ela)
It (ele, ela, isto)	It (-lhe, -o, -a , -lo, -no, -la, -na a ele, a ela.)
We (Nós)	Us (-nos, nós)
You (vocês)	You(-lhes, -os, -as, -los, -las, -nos, -nas, a vocês)
They (eles, elas)	Them (-lhes, -os, -as , -los, -nos, -las, -nas a eles, a elas.)

O pronome **it** é específico para animais e seres inanimados. É um pronome neutro, equivale a ele/ela.

Os pronomes **he, she** e **it**, ou seja, os pronomes da terceira pessoa, são que falam sujeitos que não estão presentes no momento da fala.

Note que normalmente o "subject pronoun" antecede o verbo, portanto, na maioria dos casos, ele é um sujeito, enquanto o "object pronoun" é um complemento e surge após ao verbo.

| I love that **big house**.
(Note como "big house" equivale, em termos de pronome, a "it".)
| I love **her**.
(Perceba que neste exemplo simples nós temos dois sujeitos completamente diferentes, EU e a seguir ELA.)

> **Fique ligado**
> O "you" é o pronome equivalente tanto para "você" como para "vocês". O verbo e o contexto é que determinarão se é singular ou plural.

NUMBERS, PRONOUNS AND DEFINITE AND INDEFINITE ARTICLES

1.5.3 Possessivos (pronomes e adjetivos)

SUBSTANTIVO	
Adjetivo possessivo (Adjective possessive, pedem substantivo)	**Pronome possessivo** (possessive pronouns, seguem a um substantivo)
My (meu(s), minha(s))	Mine (meu(s), minha(s))
Your (seu, sua, teu, tua)	YourS (seu, sua, teu, tua)
His (seu, dele)	His (seu, dele)
Her (sua, dela)	HerS (sua, dela)
Its (seu, sua, disto, deste, desta)	itS (seu, sua, disto, deste, desta)
Our (nosso(s), nossa(s))	OurS(nosso(s), nossa(s))
Your (seus, suas)	YourS (seus, suas)
Their (seus, suas, deles, delas)	TheirS (seus, suas, deles, delas)

O adjetivo possessivo antecede um substantivo, de maneira que este serve de complemento. Já o pronome possessivo não exige complemento, mas irá se referir a um substantivo já mencionado e, portanto, promove uma ligação entre os elementos da sentença analisada, esta ligação será conhecida como relação pronominal.

Perceba que traço distintivo dos pronomes possessivos, que por acaso é um "S", o que sob aspecto algum é um traço de pluralidade, mas sim um indicativo de que o pronome segue ao substantivo. Desta forma, temos uma maneira de distinguir ambos os casos, o que para todos os efeitos, são os mesmos.

> *My house is very big!_How about YourS?* (Minha casa é muito grande! E a sua?)

Note que, no primeiro caso, My refere-se a casa, que ainda não foi apresentada, e, no segundo, yours, refere-se ao mesmo objeto, casa, mas nesse caso, ela, a casa, já foi apresentada.

My: adjetivo possessivo referente a minha casa.

Yours: pronome possessivo referente à casa de quem o sujeito está perguntando. (sua)

1.5.4 Pronomes reflexivos

Myself	I	Me	**My**	Mine
Yourself	You	You	**Your**	Yours
Himself	He	**Him**	His	His
Herself	She	**Her**	Her	Hers
Itself	It	**It**	Its	Its
Ourselves	We	Us	**Our**	Ours
Yourselves	You	You	**Your**	Yours
Themselves	They	**Them**	Their	Theirs

Os pronomes reflexivos são responsáveis por apresentarem sujeitos os quais são objetos de suas próprias ações, ou seja, enquanto os pronomes reto e objeto mostram dois sujeitos completamente diferentes, os pronomes reflexivos mostram o mesmo sujeito sofrendo uma determinada ação realizada por si mesmo.

Os sufixos que formam os pronomes reflexivos podem ser –self ou –selves, sendo que –self é um sufixo que indica singularidade e –selves é um sufixo que indica pluralidade, uma das poucas ocasiões em que a segunda pessoa do singular e a segunda pessoa do plural possuem uma diferença clara.

Yourself – singular

Yourselves - plural

> *I hurt **myself** preparing the food.* (Eu machuquei a mim mesmo preparando a comida.)
> *They saw **themselves** on the mirror and didn't like it.* (Eles viram eles mesmos no espelho e não gostaram disso.)

O pronome reflexivo em ambos os casos mostra sujeitos os quais sofrem suas próprias ações, neste caso "Hurt" e "Saw".

Fique ligado
Sempre faça a pergunta: quem é? para o substantivo para conhecer o pronome utilizado. Billy loves old cars. Quem é Billy? ELE. A sua resposta indica o pronome buscado.

1.5.5 Pronomes Interrogativos, pronomes relativos e relações pronominais

Anteriormente, falamos sobre os pronomes, sua natureza, quais suas funções em relação ao sujeito ou verbo. Agora, vamos estudar uma classe de pronomes que além de exercer o papel de pronomes interrogativos, desempenham variadas funções no uso da língua. Eles se encontram na tabela a seguir:

WHAT	O quê / Qual? (De forma abrangente)
WHICH	O quê / Qual? (De forma específica)
WHERE	Onde?
WHEN	Quando
WHY	Porque? Por que?
WHO WHOSE WHOM	Quem? De quem? A quem?
HOW	Quanto / Como?

Cada pronome interrogativo gera um sentido distintivo dentro da sentença analisada, possibilitando um determinado raciocínio para a mesma. Eles são mais fortes que os auxiliares, por exemplo, e devem, quando necessário, iniciar a sentença.

> *Do you like to study?* (Você gosta de estudar?)

Perceba que a pergunta é direta e temos duas respostas possíveis: "Sim" ou "Não".

Agora vejamos o próximo exemplo:

> *When do you like to study?* (Quando você gosta de estudar?)

Repare que, neste caso, temos uma referência temporal inserida na sentença, o **"quando"** muda o valor da questão e propõe um raciocínio que agora já não permite mais um "Sim" ou "Não" como respostas, mas uma construção que guarde relação de tempo.

Which e What são pronomes muito semelhantes em sentido, porém são usados em casos diferentes.

> *Which is you favorite color? Blue or Yellow?*

Nesse caso, "Which" foi utilizado para delimitar um número possível de cores.

What is your favorite color? Já neste exemplo, o universo de cores possíveis não foi delimitado, o que torna possível o uso de "WHAT".

Entretanto, tais pronomes podem não ser usados apenas para construir perguntas, mas para propor conexões em sentenças e/ou construir relações com elementos já apresentados no texto.

A essas conexões damos o nome de relações pronominais e elas podem se construir sob diversas formas:

| *I have recently bought a new house.* **It** *is big, comfortable and safe.*

O pronome "it" negritado após o ponto se refere a quem? Caso você tenha respondido casa, resposta certa. De fato, o pronome "it" foi usado para resgatar a palavra "house" já mencionada anteriormente. Portanto este pronome promove coesão para a sentença. Isso já foi visto anteriormente, e quanto aos outros pronomes? Bem, aqui encontramos os pronomes relativos.

Eles são os mesmos pronomes interrogativos e são usados de forma a conectar também frases de sentidos distintos.

| *Shirley has a new boyfriend. He is a handsome doctor.*

No exemplo acima, já existe uma relação pronominal, sendo que "He" resgata a palavra boyfriend, mas ainda podemos construir essa sentença de uma outra forma eliminando o ponto final da frase.

| *Shirley has a boyfriend WHO is a handsome doctor.*

Nesse caso, o ponto deixou a sentença dando lugar ao "who", o qual conecta a duas frases, promovendo um novo tipo de conexão. Agora o pronome "who" é o elo que conecta ambas as frases e também serve para referência de um elemento mencionado. Assim, Shirley's boyfriend, ou seja ainda, "he".

Normalmente, os pronomes "Who" e "which" são mais utilizados para construir tais relações, e correspondem geralmente a "O qual" "A qual" ou mesmo "cujo", sendo que nesses casos podemos também utilizar o pronome "that" que é um substituto válido para ambos.

WHAT	This is WHAT we saw in the fridge.
WHICH	This is the restaurant WHICH I mentioned.
WHERE	This is WHERE I live.
WHEN	Yesterday was WHEN I saw her at the bank.
WHY	This is WHY I love English.
WHO WHOSE WHOM	This is the person WHO I love ou This is the person THAT I love. This is the man WHOSE car was stolen. This is the girl to WHOM I was talking yesterday.
HOW	If you knew HOW far I went.

Portanto, percebemos que estes pronomes "amarram" ou mesmo "atam" as orações possibilitando referências, e criando sentidos mais amplos e, por fim, evitando redundância.

"Who" e "which" são equivalentes a "that" e muitas vezes, este pode substituí-los.

Este conteúdo é bastante importante para provas de concurso e afins, pois são essenciais à interpretação textual.

2 SIMPLE PRESENT, POSSESSIVE ADJECTIVES, POSSESSIVE PRONOUNS, GENITIVE CASE

2.1 Simple Present

Utilizamos a forma do presente simples para tratar de ações relacionadas à rotina, a fatos/opiniões ou verdades naturais.

> John has English classes on Mondays.
> Sara loves pizza.
> The moon is our natural satellite.

2.1.1 Forma afirmativa

Na forma afirmativa, é necessário prestar atenção na 3ª pessoa do singular(he/she/it), pois nesse caso os verbos recebem o acréscimo de s/es/ies. Entretanto, quando o sujeito da sentença for I/you/we/they, o verbo principal permanece na forma do infinitivo.

> Tony cooks very well.
> I have an important meeting tomorrow.

Atenção especial para alguns casos:

▷ Acrescentamos ES aos verbos terminados em ss,sh,ch,x,o e z.
> Miss → Miss**es**

▷ Acrescentamos IES aos verbos terminados em y antecedidos de consoante.
> Study → Stud**ies**

▷ Acrescentamos S às demais formações, por isso podemos chamar esta forma de regra geral.
> Take → tak**es**
> Play → play**s**

O verbo **have** é uma exceção. Sua conjugação na 3ª pessoa do singular é **has**.

2.1.2 Forma negativa

Na forma negativa do presente simples, temos a presença de dois auxiliares: do e does. Ambos acompanhados da partícula de negação "not" e seguidos por um verbo na forma do infinitivo. Contudo, é necessário estar atento ao sujeito da frase, pois utilizaremos a forma "Does" com he/she/it, e a forma "Do" com I/you/we/they.

> Jessica does not work on Sundays.
> They do not live in New York.

Lembrando que podemos contrair ambas as formas: *does not (doesn't)* e *do not (don't)*.

2.1.3 Forma interrogativa

Ao estabelecermos perguntas devemos posicionar o verbo auxiliar na frente do sujeito da frase. Vale lembrar que o verbo principal permanece na forma do infinitivo, vejamos:

> Does Jessica work on Sundays?
> Do they live in New York?

3 POSSESSIVE ADJECTIVES X POSSESSIVE PRONOUNS

Os pronomes possessivos adjetivos modificam o substantivo, por isso sempre o antecedem. A concordância nesse caso é sempre feita com o "possuidor" (ao contrário do Português, que se dá com a "coisa possuída").

| **My** name is Peter.
| **Juliet** sent **her** father a letter.

Os pronomes possessivos nunca são usados antes dos substantivos, pois têm como função substituí-los. Esse recurso na maioria dos casos é empregado a fim de evitar repetições.

| This brand new car is **yours**.

Possessive adjectives	Possessive pronouns
my (meu, minha)	**mine** [(o) meu, (a) minha]
your (teu, tua, seu, sua)	**yours** [(o) teu, (a) tua, (o) seu, (a) sua]
his (dele)	**his** [(o)/(a) dele]
her (dela)	**hers** [(o)/(a) dela]
its [dele, dela (neutro)]	**its** [(o)/(a) dele, (o)/(a) dela (neutro)]
our (nosso, nossa)	**ours** [(o) nosso, (a) nossa]
your (vosso, vossa, seu, sua, de vocês)	**yours** [(o) vosso, (a) vossa, (o) seu, (a) sua]
their [deles, delas (neutro)]	**theirs** [(o)/(a) deles, (o)/(a) delas (neutro)]

Os *possessive adjectives* acompanham os substantivos aos quais se referem, enquanto que os possessive pronouns substituem os substantivos aos quais se referem.

| This is my book. That one is yours.

3.1 Genitive case

Consiste no uso da forma do caso genitivo para indicar que algo pertence ou está associado a alguém ou a algum elemento, por meio de acréscimo de 's (apóstrofo + s) ou simplesmente '(apóstrofo). A ordem estrutural é estabelecida da seguinte forma:

Possuidor 's	
ou	+ "objeto possuído"
Possuidor '	

| Jane's sister is very smart.
| The boy's room is a mess.

A forma com **'s** é somente usada quando o possuidor é um ser animado, o que abrange: pessoas e animais, além de nomes próprios, parentes em todos os graus, títulos, cargos, funções, profissões, e outros substantivos que só podem se referir a pessoas: criança, menino(a), amigo(a), vizinho(a), colega de escola ou trabalho, etc. No entanto, há algumas exceções para a aplicação de 's em seres inanimados. É o caso de tempo, medidas, lugares com nomes de pessoas, países, corpos celestes.

▷ **Usamos 'S:** Substantivos no singular não terminados em "S".
| The boy's toy.
| St. Peter's park is near our house.

▷ Substantivos no plural não terminados em "S".
| The children's toys

▷ **Usamos ' :** Substantivos no plural terminados em "S".
| The boys' room.

PRESENT CONTINUOUS, ADJECTIVES AND ADVERBS

4 PRESENT CONTINUOUS, ADJECTIVES AND ADVERBS

4.1 Present continuous

4.1.1 Uso

O presente contínuo é um tempo verbal usado para indicar ações que estão em progresso no presente; no momento da fala. Ele é empregado para falar sobre situações temporárias, ações contínuas que estão acontecendo ou ainda para indicar futuro.

| Jane is watching TV now.

4.1.2 Forma afirmativa

O present continuous é composto por um verbo principal e um verbo auxiliar.

Utiliza-se o verbo to be na forma do presente (is/am/are) como auxiliar e ao verbo principal, é acrescida a terminação –ing(gerúndio).

Ou seja, na construção frasal esse tempo verbal segue o seguinte padrão de formação:

SUJEITO + VERBO TO BE + VERBO COM -ING + COMPLEMENTO

| He is playing soccer.
| I am talking to Jane now.
| They are watching TV.

4.1.3 Forma negativa

Na forma negativa, acrescenta-se o not depois do verbo to be, ou seja, a construção das frases negativas é feita da seguinte forma:

SUJEITO + VERBO TO BE + NOY + VERBO COM -ING + COMPLEMENTO

| He is not playing soccer.
| I am not Talking to Jane now.
| They are not watching TV.

4.1.4 Forma interrogativa

Na forma interrogativa, o verbo auxiliar to be aparece no início da frase. O padrão da estrutura das frases interrogativas é o seguinte:

VERBO TO BE + SUJEITO + VERBO COM -ING + COMPLEMENTO

| Is he playing soccer?
| Am I sleeping on the couch?
| Are they watching TV?

4.1.5 Formação dos verbos no gerúndio (-ing)

| Na maioria dos casos, basta acrescentar a forma do -ing ao final do verbo (play- playing). Entretanto existem alguns casos que exigem atenção:

Quando o verbo principal termina em –e e é precedido de consoante, retira-se a vogal e acrescenta-se o –ing.

| Dance → Dancing

Quando o verbo termina com –ie, troca-se essa terminação por –y e acrescenta-se –ing. (Die – Dying).

Quando o verbo é monossílabo ou dissílabo e segue o padrão de consoante+vogal+consoante (CVC), duplica-se a última consoante.

| Cut → cutting

4.2 Adjetivos

Os adjetivos são a classe gramatical responsável por caracterizar um substantivo. Diferentemente da Língua Portuguesa, em Inglês os adjetivos não flexionam em relação a número ou gênero e sempre são posicionados antes dos substantivos.

| Alice has a yellow dress.
| Marcos bought an expensive car.

4.2.1 Ordem

Quando em uma sentença utilizamos mais de um adjetivo para descrever algo, é necessário seguir uma ordem em relação à disposição das qualidades citadas, vejamos:

4.2.2 Formação

Muitos adjetivos têm como origem de formação os verbos. Neste caso eles recebem o sufixo -ED ou -ING. Mas o que isso significa?

Nós usamos o particípio presente (que termina com -ing) como um adjetivo para descrever como o sujeito causa o efeito e usamos o particípio passado (terminando com -ed) como um adjetivo para descrever como o sujeito experimenta o efeito.

Verbo "surpreender":
David is **surprising**." (David causes surprise.)
David is **surprised**." (David experiences surprise.)

Vejamos alguns outros exemplos:

Verbo Original	Adjetivo "-ing"	Adjetivo "-ed"
bore	boring	bored
disappoint	disappointing	disappointed
disgust	disgusting	disgusted
embarrass	embarrassing	embarrassed
exhaust	exhausting	exhausted
excite	exciting	excited
interest	interesting	interested
satisfy	satisfying	satisfied
shock	shocking	shocked
surprise	surprising	surprised
tire	tiring	tired

4.3 Advérbios

Os advérbios em Inglês (adverbs) são palavras que modificam o verbo, o adjetivo ou o advérbio.

De acordo com o sentido que apresentam na frase, eles são classificados em: advérbios de tempo.

Modo: actively (ativamente); amiss (erroneamente); badly (mal); boldly (audaciosamente); faithfully (fielmente); fast (rapidamente); fiercely (ferozmente); gladly (alegremente); ill (mal); quickly (rapidamente); purposely (propositadamente); simply (simplesmente).

| She did it so quickly.

Lugar: above (em cima); anywhere (em qualquer parte); around (em redor); bellow (abaixo); everywhere (em toda a parte); far (longe); here (aqui); hither (para cá); near (perto); nowhere (em parte alguma); there (lá); thither (para lá); where (onde); yonder (além).

| There is a gas station near here.

Afirmação: certainly (certamente); evidently (evidentemente); indeed (sem dúvida); obviously (obviamente); surely (certamente); yes (sim).

| He is obviously disappointed with you.

Dúvida: maybe (possivelmente); perchance (porventura); perhaps (talvez); possibly (possivelmente).

| Perhaps he won't come.

Intensidade: completely (completamente); enough (bastante); entirely (inteiramente); equally (igualmente); exactly (exatamente); greatly (grandemente); largely (grandemente); little (pouco); merely (meramente); much (muito); nearly (quase); pretty (bastante); quite (completamente); rather (bastante); slightly (ligeiramente); sufficiently (suficientemente); throughly (completamente); too (demasiadamente); utterly (totalmente); very (muito); wholly (inteiramente).

| I love her so much.

Frequência: daily (diariamente); monthly (mensalmente); occassionally (ocasionalmente); often (frequentemente); yearly (anualmente); rarely (raramente); always (sempre); weekly (semanalmente); never (nunca);.

| I always go out on Fridays.

Tempo: already (já); early (cedo); formerly (outrora); hereafter (doravante); immediately (imediatamente); late (tarde); lately (ultimamente); now (agora); presently (dentro em pouco); shortly (em breve); soon (brevemente); still (ainda); then (então); today (hoje); tomorrow (amanhã); when (quando); yesterday (ontem).

| I have already done the paper.

4.3.1 Formação

Geralmente, as palavras terminadas com o sufixo –ly são advérbios. No entanto, existem exceções, como, por exemplo, os adjetivos: lovely (amável), friendly (amigável), lonely (sozinho) etc.

Alguns advérbios apresentam a forma irregular, ou seja, não mantêm nenhuma relação de proximidade ortográfica com o adjetivo correspondente. É o caso, por exemplo, do adjetivo good (bom) e do advérbio well (bem).

4.3.2 Posição

O posicionamento de um advérbio em uma frase, por norma, segue duas ordens básicas:

ADVERB + VERB + OBJECT (ADVÉRBIO + VERBO + OBJETO)

| He Always comes to class on time.

VERB + OBJECT + ADVERB. (VERBO + OBJETO + ADVÉRBIO)

| He sings very well.

Alguns adjetivos e advérbios possuem a mesma grafia, logo só é possível identificar sua classe gramatical e sentido pela posição ocupada por ele na frase. Vejamos alguns exemplos:

Adjective	Adverb	Adjetivo - Advérbio
Daily	Daily	Diário - Diariamente
Far	Far	Distante - Distantemente
Fast	Fast	Rápido - Rapidamente
Free	Fre	Livre - Livremente
Long	Long	Longo - Longamente
Right	Right	Certo - Certamente

I've always interested in fast cars. (Adjective)
You are driving too fast. (Adverb)

5 SIMPLE PAST, PAST CONTINUOUS, THERE TO BE

5.1 Simple past

O passado simples é usado para indicar ações passadas já concluídas, ou seja, para falar de fatos que já aconteceram; que começaram e terminaram no passado.

Para reforçar o uso desse tempo verbal, muitas expressões temporais são utilizadas nas frases, como, por exemplo: yesterday (ontem), the day before yesterday (anteontem), last night (ontem à noite), last year (ano passado) etc.

| Mike visited Maria yesterday.

5.1.1 Forma afirmativa

A forma afirmativa tem como particularidade a presença de um verbo na forma do passado. Sua organização fica estabelecida da seguinte forma:

SUJEITO + VERBO NO PASSADO + COMPLEMENTO

| Mike traveled to Curitiba.
| Jonathan bought a TV last week.

Os verbos na forma do passado são divididos em dois grupos, os verbos regulares e os irregulares.

5.1.2 Regulares

Acrescentamos os sufixos D/ED/IED aos verbos considerados regulares seguindo os seguintes parâmetros:

Aos verbos regulares terminados em –e, acrescenta-se somente o –d no final do verbo. (Dance→ danced)

Aos verbos terminados em –y precedido de consoante, retira-se o y e acrescenta-se o –ied. (Study → studied)

As terminações restantes são caracterizadas como uma espécie de regra geral, logo acrescentaremos -ed (Watch → watched).

5.1.3 Irregulares

Os verbos irregulares não seguem as regras estabelecidas pela gramática, logo cada um deles possui sua própria forma. Na sequência encontraremos alguns exemplos:

Forma no infinitivo	Forma no passado
Go	Went
Make	Made
Buy	Bought
Have	Had
Put	Put
Send	Sent
Come	Came

5.1.4 Forma Negativa

Para a construção de frases negativas no simple past, o verbo do, flexionado passado, é empregado como verbo auxiliar. O verbo principal não é conjugado no passado, uma vez que o auxiliar já indica o tempo verbal. A construção das frases negativas é feita da seguinte forma:

SUJEITO + DID NOT/ DIDN'T + VERBO NO INFINITIVO + COMPLEMENTO

| Jonas did not come to class yesterday.

5.1.5 Forma interrogativa

Para a construção de perguntas, colocaremos o verbo -do, flexionado no passado, antes do sujeito. A construção das frases é feita da seguinte forma:

DID + SUJEITO + VERBO NO INFINITIVO + COMPLEMENTO

| Did you take the garbage out yesterday?

5.2 Past continuous

5.2.1 Uso

O passado contínuo, basicamente, descreve uma ação que estava ocorrendo em certo período no passado.

| Fred was dancing with his girlfriend.

Podemos tomar como exemplo a forma do present continuous. A diferença entre esses dois tempos está nos auxiliares, pois o presente continuous utiliza a forma do verbo "to be" no presente(is/am/are), enquanto que o past continuous usará a forma do passado do verbo "to be"(was/were).

Forma afirmativa

Para as frases afirmativas no past continuous, organizaremos as sentenças da seguinte forma:

SUJEITO + VERBO TO BE NO SIMPLE PAST + VERBO COM –ING + COMPLEMENTO

| She was going to my house.
| The kids were playing together.

5.2.2 Forma negativa

Para as frases negativas, a única diferença será a presença da partícula de negação "not" após o verbo "to be" na forma do passado. Sua construção será feita da seguinte forma:

SUJEITO + VERBO TO BE NO SIMPLE PAST +NOT + VERBO COM –ING + COMPLEMENTO

| She was not going to my house.
| The kids were not playing together.

Podemos contrair as formas negativas: was not (wasn't), were not (weren't)

5.2.3 Forma interrogativa

Para a construção de perguntas, colocaremos o verbo "to be" na forma do passado antes do sujeito. A construção das frases é feita da seguinte forma:

VERBO "TO BE" NO SIMPLE PAST + SUJEITO + VERBO COM – ING + COMPLEMENTO

| Was she going to my house?
| Were the kids playing together?

5.3 There To Be

5.3.1 Uso

Usamos o "there to be" para indicar a existência de pessoas, situações e objetos. A expressão tem o mesmo significado que o verbo "haver" (ou "ter" no sentido de existir), em Português. Podemos construir sentenças nas formas do presente, passado e futuro.

> There is a book on the table.
> There was a car in front of your house.
> There will be a party here tomorrow.

5.3.2

Mesmo podendo ser organizado no presente, passado ou futuro, a parte que realmente sofre alterações é o verbo "to be". A construção frasal será basicamente a mesma para todas as formas, o que será diferente são as flexões da forma do verbo "to be", bem como das expressões temporais que podem aparecer.

5.3.3 Afirmações

THERE + VERBO "TO BE" +COMPLEMENTO

> There are some children in the backyard.
> There were some children in the backyard.
> There will be an event tonight.

5.3.4 Negações

THERE + VERBO "TO BE" + COMPLEMENTO

> There is not milk in the fridge.
> There was not a bag inside the locker last night.
> There will not be available seats for you tonight.

5.3.5 Perguntas

Verbo "to be" + sujeito + complemento

> Are there bottles of wine on the table?
> Was there a car in front of your house last night?
> Will there be a person to help me?

Presente: is/am/are.

Passado: was/were.

Futuro: will be.

IMPERATIVO, SUBJUNTIVO, QUESTION WORDS, DEMONSTRATIVE PRONOUNS

6 IMPERATIVO, SUBJUNTIVO, QUESTION WORDS, DEMONSTRATIVE PRONOUNS

6.1 Imperativo

6.1.1 Uso

O imperativo é usado pelo falante para dar uma sugestão, uma ordem, um conselho ou uma instrução para que uma determinada ação aconteça.

| Call me now!
| Do your job, Doug.

6.1.2 Estrutura

Em Inglês, utiliza-se o verbo sem a partícula "to" para montar uma sentença no imperativo, além de não ser necessário informar o sujeito, pois se subentende que este receberá a ordem, a sugestão ou o conselho implicitamente.

6.1.3 Afirmações

VERBO NO INFINITIVO SEM A PARTÍCULA "TO" + COMPLEMENTO

| Come with me.
| Please, help me!

6.1.4 Negações

DO NOT (DON'T) + VERBO NO INFINITIVO SEM A PARTÍCULA "TO" = COMPLEMENTO

| Don't eat this cake.
| Do not hit that button!

6.2 Forma do subjuntivo

6.2.1 Uso

O uso do subjuntivo não é muito comum na linguagem coloquial em Inglês. Entretanto, devido aos verbos e às expressões com os quais ocorre, trata-se de um tempo verbal bastante frequente na linguagem formal.

O subjuntivo é usado para expressar a **importância de algo ou a opinião, o desejo ou a ordem de alguém.**

A forma do subjuntivo é caracterizada pelo uso de verbos no infinitivo. Além disso, ao contrário do subjuntivo em Português, o subjuntivo em Inglês possui a mesma forma tanto no presente como no passado e no futuro.

Alguns verbos que tipicamente ocorrem com o subjuntivo:

- to advise (that) – recomendar
- to agree (that) – concordar, obrigar-se
- to ask (that) – pedir
- to beg (that) – implorar
- to command (that) – determinar
- to decree (that) – decretar, determinar
- to demand (that) – exigir

6.2.2 Estrutura

Presente: The Chairman insists that they keep to schedule.
Passado: The Chairman insisted that they keep to schedule.
Futuro: The Chairman will insist that they keep to schedule.

Deve-se notar que após as expressões em itálico, os verbos sempre permanecem na sua forma original.

6.3 Question Words

6.3.1 Uso

As question words são palavras utilizadas no começo das sentenças com o intuito de realizarmos perguntas específicas, nas quais a resposta esperada vai além de "sim" ou "não". Cada uma delas possui um sentido/uso diferente e pode ser utilizada com qualquer tempo verbal.

Question word	Tradução	Exemplo
What?	Qual/ O quê?	What's your name? What are you doing?
Which?	Qual (opções)?	Which do you prefer? Dark chocolate or white?
Who?	Quem?	Who is Peter?
Whom?	Quem?	Whom did you call?
Whose?	De quem?	Whose car is that?
Why?	Por quê?	Why are you crying
Where?	Onde/ Aonde?	Where does Mark live?
When?	Quando?	When did you come back from England?
How?	Como?	How did you do that?

A forma HOW combinada com outros vocábulos pode ter outros sentidos, vejamos alguns:

▷ **How much (Quanto custa)**
  | How much is that dress?
▷ **How many (Quantos)**
  | How many dogs do you have?
▷ **How old (Quantos anos)**
  | How old are you?
▷ **How long (Quanto tempo)**
  | How long will it take?
▷ **How often (Com que frequência)**
  | How often do you go to the movies?

6.4 Demonstrative Pronouns

Os pronomes demonstrativos em Inglês são utilizados para indicar algo (pessoa, lugar ou objeto) e mostrar sua posição no espaço. Isso porque alguns deles são utilizados quando o falante está perto, e outros, quando está longe.

Diferentemente do que ocorre com o Português, os pronomes demonstrativos não variam de gênero. No entanto, há variação de número (singular e plural).

Demonstrative pronoun	Exemplo
This (singular/perto)	This is my sister.
That (singular/longe)	That is my brother
These (plural/perto)	These are my dogs
Those (plural/longe)	Those are my bags

Existem duas classificações existentes levando em consideração os pronomes demonstrativos: quando eles fazem função de substantivo e quando fazem função de adjetivo.

Sujeito: tem a função de substituir o substantivo na frase. Ele surge antes do verbo, ou sozinho na frase, e sua formação é: ***demonstrative pronoun + verb.***

| This is my car.

Adjetivo: tem a função de atribuir qualidade ao substantivo, descrevendo-o. Ele surge antes do nome e sua formação é: ***demonstrative adjective + noun.***

| This car is old.

COMPARATIVE ADJECTIVES, SUPERLATIVE ADJECTIVES

7 COMPARATIVE ADJECTIVES, SUPERLATIVE ADJECTIVES

7.1 Comparative Adjectives

As comparações em Língua Inglesa podem ser estabelecidas em 3 níveis: igualdade, inferioridade e superioridade. Podemos comparar características envolvendo pessoas, animais, lugares ou experiências.

7.1.1 Comparativo de igualdade

Como o próprio nome sugere, é utilizado para estabelecermos comparações entre substantivos em um parâmetro de equivalência.

A estrutura básica pode ser caracterizada da seguinte forma:

> **P1 + VERB TO BE + AS + ADJETIVO + P2**

| Derick is as tal as Bob.
| Denis and Maria are as intelligent as Doug.

7.1.2 Comparativo de inferioridade

É utilizado para estabelecermos comparações entre substantivos em um parâmetro no qual um dos lados é "inferior" ao outro em relação a uma determinada característica.

A estrutura básica pode ser determinada da seguinte forma:

> **P1 + VERBO TO BE + LESS + ADJETIVO + THAN + P2**

| Jane is less emotional than Patricia.

7.1.3 Comparativo de superioridade

É utilizado para estabelecermos comparações entre substantivos em um parâmetro no qual um dos lados é "superior" ao outro em relação a uma determinada característica

Ao estabelecermos comparações neste nível, é necessário estar atento ao fato de que o "tamanho" (número de sílabas) do adjetivo/característica influencia diretamente na construção da frase.

7.1.4 Adjetivos longos

Os adjetivos longos são caracterizados desta forma por possuírem 3 sílabas ou mais. A estrutura básica da sentença com estes vocábulos é:

> **P1 + VERBO TO BE + MORE + ADJETIVO + THAN + P2**

| Marta is more beautiful than Teresa.

7.1.5 Adjetivos curtos

Os adjetivos curtos são caracterizados dessa forma por possuírem até 2 sílabas. Ao elaborarmos as sentenças, deveremos, ao invés de utilizar a palavra more (mais) para destacar superioridade, acrescentar os sufixos R/ER/IER ao final dos adjetivos. Vejamos:

> **P1 + VERBO TO BE + ADJETIVO COM -ER + THAN + P2**

| Maria is older than me.
| Derick is funnier than Tomas.
| Brazil is larger than Argentina.

Vejamos o padrão de formação dos adjetivos curtos:

Para a maior parte dos adjetivos, acrescentamos o sufixo -ER:
| tall → taller

Para adjetivos terminados em "e", acrescentamos -R:
| nice → nicer

Para adjetivos terminados em "y", acrescentamos -IER:
| funny → funnier

Para adjetivos monossílabos terminados em consoante-vogal-consoante (CVC), dobramos a última consoante e acrescentamos –ER:
| big → bigger

7.1.6 Exceções

Existem alguns adjetivos que não seguem o padrão de formação. Eles são chamados de irregulares e possuem sua própria forma. São eles:

Adjetivo	Forma no comparativo de superioridade
Good	Better
Bad	Worse
Far	Farther/Further

7.2 Superlative of superiority

7.2.1 Uso

Usamos o superlativo toda vez que queremos expressar a qualidade de um adjetivo no seu mais alto grau. Não há comparações com outros seres, uma vez que a intenção é intensificar uma determinada característica.

7.2.2 Estrutura

Assim como no comparativo de superioridade, na forma do superlativo de superioridade é necessário diferenciar os adjetivos de acordo com o seu número de sílabas.

7.2.3 Adjetivos longos

Os adjetivos com três ou mais sílabas seguem a seguinte estrutura:

> **SUJEITO + TO BE + THE MOST + ADJETIVO + COMPLEMENTO**

| Sandra is the most beautiful girl of our school.

7.2.4 Adjetivos curtos

Os adjetivos curtos possuem até 2 sílabas e para formarmos o superlativo de superioridade é necessário acrescentarmos os sufixos -est/st/iest a eles.

A estrutura básica segue a seguinte ordem:

> **SUJEITO + TO BE + THE + ADJETIVO COM –EST + COMPLEMENTO**

| My grandfather is the oldest person in my family.

Para a maior parte dos adjetivos acrescentamos o sufixo -EST
| Tall → tallest

Para adjetivos terminados em "e" acrescentamos o sufixo -ST
| Nice → nicest

Para adjetivos terminados em "y" acrescentamos -IEST:
| Funny → funniest

Para adjetivos monossílabos terminados em consoante-vogal-consoante (CVC), dobra-se a última consoante e acrescentamos -EST
| Big → biggest

7.2.5 Exceções

Existem alguns adjetivos que não seguem o padrão de formação. Eles são chamados de irregulares e possuem sua própria forma. São eles:

Adjetivo	Forma no comparativo de superioridade
Good	Best
Bad	Wort
Far	Farthes/Furthest

QUESTION TAGS, PREPOSIÇÕES DE LUGAR E TEMPO

8 QUESTION TAGS, PREPOSIÇÕES DE LUGAR E TEMPO

8.1 Question tags

Question tags são perguntas de confirmação, antecedidas por uma vírgula, posicionadas ao final de sentenças afirmativas ou negativas.

| Today is a beautiful day, isn't it?
| She doesn't like coffee, does she?

A *question tag* "discordará" obrigatoriamente da primeira declaração da frase. Quando a primeira for afirmativa, a *question tag* será negativa, e vice-versaserá. Para isso devemos levar em consideração o sujeito da frase principal, bem como o tempo verbal, com o intuito de utilizar o auxiliar correto.

Portanto, a estrutura será:

> Frase afirmativa, **AUXILIAR COM NEGAÇÃO CONTRAÍDO + SUJEITO**

| She loves pizza, **DOESN'T SHE?**
| He is sick, **ISN'T HE?**

Frase negativa, **AUXILIAR + SUJEITO?**

| Tommy didn't help Marie, **DID HE?**
| Monica will not come tomorrow, **WILL SHE?**

Casos de exceção:

Quando a frase começar com a expressão LET'S, o tag será SHALL WE.

| Let's dance, shall we?

Quando a frase estiver na forma do IMPERATIVO, o tag será WILL YOU.

| Close the door, will you?

Quando a frase, na forma afirmativa, for iniciada com I AM, o tag será AREN'T I.

| I am crazy, aren't I?

8.2 Preposições

8.2.1 Preposições de tempo

As preposições de tempo são termos utilizados para indicar alguns momentos relativos ao tempo em que ocorrem. Observe a tabela na sequência e conheça algumas delas:

Preposição	Uso	Exemplo
In	Ano Mês (sozinho) Estações do ano Períodos do dia (exeto noite)	In 1945, the World War II ended. My birthday is in October. We will travel again in the summer. I will see you in the morning.
On	Dias da semana Datas (mês e dia) Feriados (dia)	I have Math classes on Mondays. I was born on March 15 th. Sue will come on Christmas.
At	Horas Feriados (períodos) Noite	I wake up at 7:00 A.M. every day. Juliet will be here at Easter. I'll see you at night.
For	Durante um determinado período de tempo até agora	I have studied French for 2 years.
Before	Antes de um período de tempo passado	I have never visited Chicago before.
Since	Marca o início de uma ação no passado que se estende até o presente	My father has worked here since 2000.
By	No sentido de mais tardar Até um certo tempo	I'll be back by 6 o'clock. By 11 o'clock, i will have read five pages.
Till/Untill	No sentido de quanto tempo algo irá durar	He will not be in Curitiba until Friday.
From	Indica um determinado período de tempo	From now on, we'll be friends.

8.3 Preposições de lugar

As preposições de lugar (ou posição) são utilizadas para indicar o local de determinadas pessoas e/ou objetos no espaço. Observe a tabela na sequência e conheça algumas delas:

Preposição	Uso	Exemplo
On	Sobre alguma superfície Indicar endereços	The book is on the table. I live on the 5th street avenue.
In	Dentro de algo/algum lugar Países Cidades	Get in the car. She lives in Brazil. She lives in São Paulo.
At	Indica um ponto em algum lugar ou endereço específico	She is at Harvard's Universaty.
Behind	Atrás	The dog is behind the couch.
Between	Entre	The wallet is between the couch and the arm chair.
In front of	Em frente	There is a car in front of your house.
Beside	Ao lado	Your t-shirt is beside the bed.
Among	Entre um grupo	Our house is among the trees.
Over	Acima/sobre	The cat jumped over the dog.
Next to	Próximo	She is next to her brother.
From	Indica origem	She came out of the jungle.
From/to	Indica abrangência de um lugar	She is walking from one side to another.

INGLÊS

9 SIMPLE FUTURE, FUTURE WITH BE GOING TO

9.1 Simple future

Simple future (futuro simples) é um tempo verbal usado para expressar ações futuras que irão ocorrer, ou seja, que ainda não aconteceram.

Ele pode indicar uma decisão que está sendo tomada no ato da fala. Além disso, pode expressar um pedido, uma promessa, um aviso, um convite e uma oferta.

| She will travel to New York next year.

Na presença de todas as formas, encontraremos o auxiliar "will" e também um verbo na forma do infinitivo.

9.1.1 Forma afirmativa

Para a formação de frases afirmativas, o simple future apresenta a seguinte construção:

SUJEITO + WILL + VERBO NO INFINITIVO + COMPLEMENTO

| Bob will help me next time.

9.1.2 Forma negativa

Para a formação de frases negativas, a única diferença será a presença do verbo auxiliar "WILL" seguido da partícula de negação "not", vejamos:

SUJEITO + WILL NOT/ WON'T + VERBO NO INFINITIVO + COMPLEMENTO

| I will not come tomorrow.

9.1.3 Forma interrogativa

Na forma interrogativa ocorre a inversão da posição entre sujeito e auxiliar, vejamos:

WILL + SUJEITO + VERBO NO INFINITIVO + COMPLEMENTO

| Will you marry me?

9.2 Future with be going to

Usamos o "be going to" para indicar uma ação futura que já está planejada e tem grande chance de acontecer num futuro próximo.

| I'm going to marry Susan next weekend.

O futuro com going to utiliza a forma do verbo "to be" (is/am/are) no presente como auxiliar e o verbo principal fica na forma do infinitivo.

9.2.1 Forma afirmativa

Para construirmos afirmações, encontramos a seguinte estrutura:

SUJEITO + VERBO 'TO BE" + GOING TO + VERBO NO INFINITIVO + COMPLEMENTO

| She is going to visit us tomorrow.
| I am going to help you tonight.
| They are going to the movies on the weekend.

9.2.2 Forma negativa

A única diferença no caso das negações é a presença da partícula de negação "not" após o auxiliar, vejamos:

SUJEITO + VERBO "TO BE" + NOT + VERBO NO INFINITIVO + COMPLEMENTO

| She is not going to visit us tomorrow.
| I am not going to help you tonight.
| They are not going to the movies tomorrow.

9.2.3 Forma interrogativa

Ao elaboramos perguntas, devemos inverter a ordem entre sujeito e auxiliar, vejamos:

VERBO "TO BE" + SUJEITO + GOING TO + VERBO NO INFINITIVO + COMPLEMENTO

| Is she going to visit us tomorrow?
| Am I going to see her again?
| Are they going to the movies next weekend?

Em ambos os casos, tanto no simple future, quanto no future with be going to, será comum encontrarmos expressões que remetem ao futuro. Aqui estão as mais utilizadas a título de conhecimento:

Expressão	Significado
Tomorrow	Amanhã
Soon	Em breve
The day after tomorrow	Depois de amanhã
Next week	Próxima semana
Next Month	Próximo mês
Next Weekend	Próximo final de semana
Next Year	Próximo ano
In a few days	Em poucos/alguns dias
In a short time	Em um curto período de tempo

MODAL VERBS, NOUNS, QUANTIFIERS, INDEFINETE PRONOUNS

10 MODAL VERBS, NOUNS, QUANTIFIERS, INDEFINETE PRONOUNS

10.1 Modal Verbs

É uma classe especial de auxiliares que possuem características próprias e não seguem algumas regras de gramática comuns para outros verbos.

Can: é utilizado para falarmos de capacidade/habilidade, pedidos de maneira geral ou para tratarmos de permissão de maneira informal.

| I can speak French very well.

Could: é utilizado para falarmos, assim como o can, de capacidade/habilidade. Entretanto, a diferença consiste no fato de esse verbo modal trabalhar com ações passadas. Além disso, podemos fazer pedidos de maneira mais educada ou ainda fazer deduções.

| My cousin could play the guitar when he was younger.

Should/ ought to: ambos modais têm em comum o fato de lidar com conselhos/sugestões. A diferença entre eles está no quesito formalidade. Apesar de ser pouco utilizada atualmente, a forma ought to é mais rebuscada.

| Jane shouldn't work so much.
| Jane ought to help her family.

May: é utilizado para falar de permissão de maneira formal ou ainda em relação à possibilidade/probabilidade de algo acontecer (chance de mais de 50%).

| May I take your order sir?

Might: é utilizado também para indicar possibilidade/ probabilidade, entretanto apesar da semelhança de uso em relação ao verbo modal may, a chance de algo acontecer é pequena.

| I'm not sure but Denis might not come tonight.

Must: é utilizado para falarmos de obrigações, na forma afirmativa e de proibições na forma negativa. Podemos ainda estabelecer deduções em ambas as formas.

| A judge must be fair on a trial.

Would: é utilizado para fazermos pedidos, oferecermos algo de maneira educada ou ainda para tratarmos de situações hipotéticas.

| Would you like some tea?
| I would love to buy a boat.

Shall: esse verbo modal é mais comum em perguntas ou quando se oferece algo, sugere alguma coisa ou fazemos convites; é considerado bastante formal. Shall só é usado na primeira pessoa do singular (I) e do plural (We).

| Shall I open the window?

Cada um dos verbos modais possui suas próprias funções semânticas. Entretanto, ao organizarmos as frases, a forma de construí-las é a mesma para todos.

10.1.1 Forma afirmativa

SUJEITO + VERBO MODAL + VERBO NO INFINITIVO + COMPLEMENTO

| Jane can sing very well.

10.1.2 Forma negativa

SUJEITO + VERBO MODAL COM NEGAÇÃO + VERBO NO INFINITIVO + COMPLEMENTO

| Jack should not walk alone in the park at night.

10.1.3 Forma interrogativa

VERBO MODAL + SUJEITO + VERBO NO INFINITIVO + COMPLEMENTO

| May I ask you a question?

10.2 Nouns

Os substantivos são as palavras responsáveis por nomear as coisas, pessoas, emoções, etc. Suas classificações e subdivisões são inúmeras, entretanto, focalizaremos dois aspectos em especial: a formação do plural e também a divisão existente entre substantivos contáveis e incontáveis.

10.2.1 Countable and uncountable nouns

Os substantivos são divididos em duas categorias: contáveis e incontáveis. Os contáveis, como o próprio nome sugere, podem ser contados, pois têm forma tanto no singular quanto no plural.

| Cat → cats
| dog dogs
| car → cars
| person → people
| day → days

- Os substantivos incontáveis são aqueles que para serem quantificados exigem uma unidade de medida.
  | coffee, bread, music, water, wine, milk, sugar, money etc.
- Para podermos "contá-los", necessitamos de uma "unidade de medida".
  | I want a glass of water. (Eu quero um copo d'agua)
- Josh drank a bottle of wine. (Josh bebeu uma garrafa de vinho)
  | I will grab a cup of coffee for you. (Eu pegarei uma xícara de café para você)

10.2.2 Plural of nouns

A construção da forma do plural em Língua Inglesa se parece em alguns aspectos com a Língua Portuguesa, entretanto temos regras bem específicas, que veremos a seguir.

Como em Português, a forma geral de se colocar uma palavra no plural consiste em acrescentar o –s:

| Boy → boys
| Book → books

Quando o substantivo terminar em –s, –ss, –ch, –sh, –x, –z e a maioria dos substantivos que terminam em –o, receberá –ES no final:

| Box → boxes
| Hero → heroes

Entretanto, nos substantivos a seguir, acrescenta-se somente –s: photo (foto), radio (rádio), piano (piano), kilo (quilo), video (vídeo), avocado (abacate). Já alguns possuem as duas formas, como mosquito (mosquito) e volcano (vulcão).

Ao terminar em –y precedido por consoante, substitui-se o y por –ies:

| Body → bodies
| City → cities

Alguns substantivos que terminam com –f ou –fe têm esse final trocado por -ves:

| Life → lives
| Wolf →wolves

Alguns substantivos advindos de outro idioma conservam o plural de origem:

| Medium → media

Alguns plurais irregulares:
- Man → men
- Woman → women
- Tooth → teeth
- Person → people
- Mouse → mice
- Child → Children
- Goose → geese

Substantivos com a mesma forma no plural e no singular:
- Fish
- Species

Apesar de terminarem com –s, há alguns substantivos que estão no singular:
- News
- Politics

Outras só existem no plural e concordam com verbos também no plural:
- Clothes
- Savings

10.3 Quantifiers

Quantifiers são palavras usadas quando nos referimos à quantidade de alguma coisa, mas sem especificar essa quantia. Eles podem ser usados com substantivos contáveis e incontáveis.

- Much (muito / incontáveis)
  - There isn't much milk left in the fridge.
- Many (muito/ contáveis)
  - There are many things I want to tell you.
- A lot of/ lots of

É utilizado para falar de uma grande quantidade, independentemente se o substantivo que está à sua frente é contável ou incontável.
- Jessica told a lot of things about her.
- He has lots of money.

- Few (pequena quantidade/ contáveis)
  - I have few friends.
- Little (pequena quantidade/ incontáveis)
  - We have little food.

10.4 Indefinite pronouns

Some e any são adjetivos indefinidos utilizados quando não se pode usar a/an, isto é, com os incontáveis e com substantivos no plural.

Some: algum, alguns, alguma, algumas; um pouco de.

Any: algum, alguns, alguma, algumas; qualquer; nenhum, nenhuma.

A possibilidade de uso e o sentido serão afetados dependendo do tipo de frase em que eles forem utilizados.

10.4.1 Some

Tipo de frase	Sentido	Exemplo
Afirmativa	Algum/alguns/ alguma/algumas/ um pouco	I have some friends. I have some money.
Interrogativa (oferecimento/ pedido)		Do you want some?

- Não podemos utilizar essa forma em sentenças negativas.

10.4.2 Any

Tipo de frase	Sentido	Exemplo
Afirmativa	Qualquer	Any person would remind me of her.
Negativa	Nenhum/nenhuma	I don't have any friends.
Interrogativa	Algum/alguma Alguns/algumas	Do you have any idea? Are there any books here?

10.4.3 No

Usa-se no (= adjetivo; nenhum, nenhuma) com verbos na forma afirmativa para dar um sentido negativo à frase. Isso mesmo! O significado da frase indica negação, entretanto a estrutura dela será de afirmação.

- I have no friends.
- There is no butter left.

As formas: some, any e no podem ainda dar origem a outras palavras recebendo os sufixos one/body, thing, where. Essas novas palavras são chamadas pronomes indefinidos. Elas são utilizadas para representar de maneira genérica e indefinida pessoas, coisas ou lugares. Vale frisar que as regras para sua utilização continuam sendo as mesmas de some/any/no.

10.4.4 Some

Someone/ somebody	Alguém	I know someone who can help us. Someone stole my bike.
Something	Alguma coisa	I have something for you. Would you like something to drink?
Somewhere	Algum lugar	There must be a restaurant somewhere near you house.

10.4.5 Any

Anyone / anybody	Qualquer um/Alguém/ ninguém	Anyone could do this. I didn't see anyone here. Did you see anyone here?
Anything	Qualquer coisa/alguma coisa/nada	Anything is possible. I don't want anything. Did you see anything strange?
Anywhere	Qualquer lugar/algum lugar/nenhum lugar	Where are we going to sleep? Anywhere. I can't find my shoes anywhere. Is there anywhere nice to go in theis city

10.4.6 No

No one/nobody	Ninguém	Nobody wants to see me.
Nothing	Nada	There's nothing we can do.
Nowhere	Nenhum lugar	There's nowhere nice to go in this city

11 PRESENT PERFECT, PRESENT PERFECT CONTINUOUS

11.1 Present Perfect

O present perfect é um tempo verbal utilizado para falar sobre eventos que ocorreram em um tempo indefinido do passado e que podem perdurar até hoje ou já terem sido concluídos. Em Português, não temos um tempo correspondente a esse.

| I have lived there for a long time.

As frases no present perfect, independentemente da forma, contarão com a presença dos auxiliares HAVE ou HAS e de um verbo na forma do particípio passado.

O que são verbos no particípio passado ou também chamados de verbos na 3ª coluna?

Os verbos na forma do particípio passado seguem uma lógica parecida com as dos utilizados no simple past, ou seja, verbos regulares recebem o acréscimo de d/ed/ied e verbos irregulares apresentam uma flexão única, que pode ou não ser a mesma do passado simples.

Os verbos regulares continuam os mesmos seguindo as mesmas regras, o que realmente acaba dificultando são os irregulares que em sua maioria ganham uma nova conjugação, vejamos alguns exemplos:

Verbo no infinitivo	Verbo no simple past	Verbo no particípio passado
Go	Went	Gone
Do	Did	Done
Come	Came	Come
Drink	Drank	Drunk
Buy	Bought	Bought
See	Saw	Seen
Get	Got	Gotten/got

11.1.1 Forma afirmativa

Na forma afirmativa do presente perfeito encontraremos dois auxiliares: have e has seguidos por um verbo na forma do particípio passado. Os auxiliares têm seu uso diferenciado pelo sujeito da frase. Utilizaremos has com a 3ª pessoa do singular (he/she/it). Em contrapartida, quando o sujeito da sentença for I/you/we/they, utilizaremos a forma have.

SUJEITO + AUXILIAR + VERBO NO PARTICÍPIO PASSADO + COMPLEMENTO

| Jonathan has worked here for years.
| I have worked here for years.

Podemos utilizar as formas contraídas 's(has) e 've(have).

11.1.2 Forma negativa

Na forma negativa do presente perfeito teremos os auxiliares have ou has acompanhados da partícula de negação not, seguidos de um verbo no particípio passado.

SUJEITO + AUXILIAR COM NEGAÇÃO + VERBO NO PARTICÍPIO PASSADO + COMPLEMENTO

| I have not lived there for a long time.
| Sara has not arrived on time.

Podemos contrair ambos os auxiliares: have not (haven't) e has not (hasn't).

11.1.3 Forma interrogativa

Ao estabelecermos perguntas no presente perfeito, devemos posicionar os auxiliares à frente do sujeito, que é seguido de um verbo na forma do particípio passado.

AUXILIAR + SUJEITO + VERBO NO PARTICÍPIO PASSADO + COMPLEMENTO

| Have you seen Patrick lately?
| Has Doug visited Peter?

11.2 Present perfect continuous

O present perfect continuous é usado, basicamente, para enfatizar a continuidade de uma ação que começou no passado e que se prolonga até o presente.

| Jane has been watching TV for 2 hours.
| Peter and Mike have been playing tennis for 1 hour.

O present perfect continuous utiliza os mesmos auxiliares do present perfect (have e has). O verbo principal aparece na forma do gerúndio (-ing). A seguir veremos as classificações.

11.2.1 Forma afirmativa

SUJEITO + AUXILIAR + BEEN + VERBO COM -ING + COMPLEMENTO

| Jessica has been studying for 2 hours.
| They have been playing video game for 2 hours.

11.2.2 Forma negativa

Na forma negativa teremos o acréscimo da partícula de negação "not" ao auxiliar.

SUJEITO + AUXILIAR COM NEGAÇÃO + BEEN + VERBO COM -ING + COMPLEMENTO

| Jessica has not been studying all day long.
| They have not been playing video game for 2 hours.

11.2.3 Forma interrogativa

Na forma interrogativa não podemos nos esquecer de inverter a ordem entre sujeito e auxiliar.

AUXILIAR + SUJEITO + BEEN + VERBO COM -ING + COMPLEMENTO

| Has Jessica been studying all day long?
| Have they been playing video game for 2 hours?

INGLÊS

12 PAST PERFECT, PAST PERFECT CONTINUOUS

12.1 Past perfect

O past perfect é usado para descrever uma ação que ocorreu no passado, antes de outra ação também passada. Ou seja, de maneira simplista, podemos considerá-lo o "passado do passado".

| The film had already started when we got to the cinema.

Convém observar que ambas as ações estão no passado, entretanto, a que está representada pelo past perfect (filme ter começado) acontece antes do que aquela representada pelo simple past (nós temos chegado ao cinema).

O past perfect possui apenas um auxiliar (had), que é acompanhado por um verbo na forma do particípio passado. Vejamos:

12.1.1 Forma afirmativa

SUJEITO + HAD + VERBO NO PARTICÍPIO PASSADO + COMPLEMENTO

| She had done her job before the dead line.

Podemos contrair a forma had ('d).

12.1.2 Forma negativa

Na forma negativa o auxiliar vem acompanhado da partícula de negação "not".

SUJEITO + HAD NOT/HADN'T + VERBO NO PARTICÍPIO PASSADO + COMPLEMENTO

| Denis hadn't realized that the place was so dangerous.

12.1.3 Forma interrogativa

Na forma interrogativa não podemos nos esquecer de inverter a ordem entre sujeito e auxiliar.

HAD + SUJEITO + VERBO NO PARTICÍPIO PASSADO + COMPLEMENTO

| Had she read the book before seeing the movie?

12.2 Past perfect continuous

O past perfect continuous é usado para enfatizar a repetição ou a duração de uma ação no passado anterior à outra ação também no passado.

| He had been studying for seven hours so he was tired to go out.

Assim como o past perfect, o past perfect continuous também utiliza como auxiliar a forma do passado do verbo "to have" (*had*). O verbo principal aparece na forma do gerúndio (*-ing*). Vejamos:

12.2.1 Forma afirmativa

SUJEITO + HAD + BEEN + VERBO COM -ING + COMPLEMENTO

| I had been saving my money to buy this house.

12.2.2 Forma negativa

Na forma negativa, o auxiliar, vem acompanhado da partícula de negação "not".

SUJEITO + HAD NOT/HADN'T + BEEN + VERBO COM -ING + COMPLEMENTO

| I had not been running for more than fifteen minutes when I felt tired.

12.2.3 Forma interrogativa

Na forma interrogativa não podemos nos esquecer de inverter a posição entre sujeito e auxiliar

HAD + SUJEITO + BEEN + VERBO COM -ING + COMPLEMENTO

| Had he been waiting for her for a long time?

13 PASSIVE VOICE

13.2.1 Uso

Diferentemente da voz ativa, em que a ênfase está em quem praticou a ação, A voz passiva se preocupa em enfatizar o objeto, ou seja, aquele que sofre a ação expressa pelo verbo. Para entender isso vamos comparar sentenças:

Gina wrote this letter. (Gina escreveu esta carta)

This letter was written by Gina. (Esta carta foi escrita por Gina)

Repare que no primeiro exemplo, que está na voz ativa, quem faz o papel de sujeito é a pessoa responsável por desempenhar a ação. Em contrapartida no segundo caso o sujeito é a "pessoa" que sofre a ação.

A voz passiva é utilizada como recurso para mudarmos o foco do discurso. É um recurso bastante útil presente em vários gêneros textuais.

As construções na forma da voz passiva são variadas, pois para organizá-las, além de invertermos a posição entre agente e paciente, é necessário estarmos atentos ao tempo verbal da frase.

Cada tempo verbal sofrerá alterações pontuais em sua construção, vejamos:

Tempo na voz ativa	Voz Passiva	Exemplos
Presente simples	are/is + verbo no particípio passado	Voz ativa: Daniel fixies cars. Voz passiva: Cars are fixed by Daniel.
Presente contínuo	is/are + being + verbo no particípio passado	Voz ativa: Daniel is fixing my car. Voz passiva: My car is being fixed by Daniel.
Passado simples	was/were + verbo no particípio passado	Voz ativa: Daniel fixed my car. Voz passiva: My car was fixed by Daniel.
Passado contínuo	was/were + being + verbo no particípio passado	Voz ativa: Daniel was fixing my car. Voz passiva: My car was being fixed by Daniel.
Futuro simples	will be + verbo no particípio passado	Voz ativa: Daniel will fix my car. Voz passiva: My car will be fixed by Daniel.
Presente perfeito	has/have + been + verbo no particípio passado	Voz ativa: Daniel has fixed my car. Voz passiva: My car has been fixed by Daniel
Passado perfeito	had been + verbo no particípio passado	Voz ativa: Daniel had fixed my car. Voz passiva: My car had been fixed by Daniel.
Futuro com o "going to"	am/is/are + going to be + verbo n particípio passado	Voz ativa: Daniel is going to fix my car. Voz passiva: My car is going to be fixed by Daniel.
Verbos modais	Verbo modal + be + verbo no particípio passado	Voz ativa: Daniel must write this paper. Voz passiva: This papper must be written by Daniel

---

Fique ligado

Quando o sujeito da voz ativa for indeterminado (someone – alguém, people – pessoas), não se coloca o agente da passiva (aquele que sofreu a ação pelo verbo), nem by.

Voz ativa: Someone opened the gate.

Voz passiva: The gate was opened.

Quando o sujeito da voz ativa não for "importante" podemos omiti-lo na forma da voz passiva.

Voz ativa: He called the police officer.

Voz passiva: The police officer was called.

INGLÊS

14 GERUND AND INFINITIVE, CONJUNCTIONS

14.1 Gerund X Infinitive

Nesta unidade, falaremos acerca dos usos das formas do gerúndio e do infinitivo.

Primeiramente, vamos lembrar como reconhecer essas formas.

Gerúndio: o gerúndio é representado na Língua Inglesa pelo sufixo -ING acrescentado ao final dos verbos.

| working, watching, swimming, etc.

Infinitivo: a forma do presente é o estado básico/original do verbo. Podemos e apresenta-lo utilizando a proposição "to" ou não antes do verbo.

| To work / work.

Vejamos as diferenças de uso.

▷ Quando devemos utilizar a forma do gerúndio? Além dos tempos verbais caracterizados como "continuous", podemos encontrar a forma do gerúndio nas seguintes situações.

- **Como um substantivo:**
  | Swimming is my favorite sport.
  | Painting is her favorite hobby.

- **Após preposições:** segundo a gramática, faz-se necessário a forma do gerúndio após preposições (about, against, at, in, of, for, on, after, before etc.) As preposições podem formar unidades após adjetivos, substantivos ou ainda verbos.
  | After watching this episode, I'll do the dishes.
  | Before opening the letter, she took a deep breath.
  | You can save 10% by booking on the internet.
  | They are afraid of losing the match.
  | I'm worried about making mistakes.
  | What are the chances of finding a taxi?
  | I thought about asking her on a date.

- **Após os verbos:** admit - appreciate - avoid - carry on - consider - contemplate - delay - deny - detest - endure - enjoy - escape - excuse - face - fancy - feel like - finish - forgive - give up - imagine - include - involve - keep - mention - mind - miss - postpone - practice - put off - recommend - resent - resist - risk - suggest - understand – quit
  | He admitted being guilty.
  | They avoid talking to her.
  | I enjoy going out with my friends.

- **Após determinadas expressões como:** can't stand - can't help - be worth - feel like - it is no good - it is good - it is no use - look forward to
  | I can't stand watching soap operas.
  | I can't help falling in love with you.
  | It was worth listening to her.

Quando devemos utilizar a forma do infinitivo sem o "to"? Além dos casos envolvendo os verbos modais e os auxiliares do e will encontramos a forma do infinitivo sem o "to" nas seguintes situações:

- **Após as expressões had better e would rather:**
  | You had better find a job urgently.
  | I would rather go home on foot.

- **Após os verbos let e make na seguinte estrutura:** let/make someone do something.
  | She makes me feel good.
  | Let me stay here with you.

- **Após verbos de percepção (feel, hear, notice, watch, observe, see) que seguem a estrutura:** verb + object + infinitive without to.
  | I didn't see you come in.

Quando utilizar o infinitivo com o "to":

- **Como sujeito de uma frase (é uma maneira formal e pouco utilizada):**
  | To be or not to be that's the question.

- **Após the first, the second, the third, the last, the only, the next, etc.:**
  | I was the first to arrive this morning.

- **Após adjetivos, quando não forem seguidos por preposição e quando um adjetivo ou advérbio estiver acompanhado de too e enough:**
  | It is easy to learn any language
  | I think my daughter is too young to get married.

- **Após alguns verbos; os mais comuns são:** afford - agree - appear - arrange - ask - attempt - be able - beg - begin - care - choose - consent - continue - dare - decide - expect - fail - forget - go on - happen - hate - have - help - hesitate - hope - intend - invite - learn - like - love - manage - mean - neglect - offer - plan - prefer - prepare - pretend - propose - promise - refuse - regret - remember - seek - seem - start - swear - trouble - try - want - wish
  | I want to break free.
  | She asked to talk to me.

- **Após expressões derivadas de would:** (would like, would love, would prefer, would hate)
  | I would love to go out with my friends.

14.2 Conjunctions

Conjunções são palavras que ligam duas orações ou termos semelhantes, dentro de uma mesma oração. Estudaremos na sequência alguns tipos:

14.2.1 Contrast

Conjunction	Tradução	Exemplo
But	Mas	She works hard, but she doesn't earn much money.
However	Entretanto	This trip is going to be expensive, however, It's going to be fun.
Although/even though/though	Apesar de	Although it was raining, we had fun.
Despite/in spite of	Apesar de	Despite the rain, we went to the beach.
Nevertheless/nonetheless	Todavia	There are serious problems in our country. Nevertheless, it is a good place to live.
While/whereas	Enquanto	He must be about 60, whereas his wife looks about 30.

GERUND AND INFINITIVE, CONJUNCTIONS

14.2.2 Addition

And	e	She is intelligent and beautiful.
Also/too/as well	Também	She is hardworking, as well, he is.
Besides/moreover/futhermore/in addition to	Além do mais, além disso	She is smart. Besides, she is very Humble

14.2.3 Reason

Because	Porque	We can't stop working because we haven't finished the job yet.
Because of	Por causa de	There were so many people at the shop because of the sale.
Due to	Devido a	She had five days off the work due to illness.
Since/as	Visto que	They are expensive, since is hard to find them.

14.2.4 Result

Therefore/consequently	Portanto	Jack didn't buy the cake. Therefore, his mother yelled at him.
So	Por isso	We were tired, so we went to bed early.

INGLÊS

15 CONDITIONAL SENTENCES, REPORTED SPEECH

15.1 Conditional sentences

As orações condicionais são sentenças que expressam uma condição. Ou seja, quando conversamos com alguém ou escrevemos algo, nós podemos falar/ escrever sobre condições. Elas são divididas em quatro tipos: zero conditional, first conditional, second conditional e third conditional. Vejamos agora cada um desses casos separadamente:

15.1.1 Zero conditional

De modo geral, usamos o zero conditional em Inglês quando estamos nos referindo a fatos que são sempre verdadeiros. Esses fatos podem ser verdades científicas/ naturais ou ainda pode expressar um fato verdadeiro sobre uma pessoa.

| If you heat ice, it melts.
| If I don't eat well, I get sick.

Observe que tanto o lado que representa a condição (parte com if), quanto o lado do resultado estão no mesmo tempo verbal. Logo, temos a seguinte estrutura:

If you heat ice,	It melts.
Condição	Resultado
Simple present	Simple present

15.1.2 First Conditional

First conditional sentences em Inglês são orações condicionais que indicam possibilidades ou prováveis ações futuras. Ou seja, desde que a condição seja satisfeita, a ação (resultado) acontecerá.

| If I go to Paris, I will buy a French guidebook.
| If you tell her anything, we will say it's a lie.

Observe que, diferentemente de zero conditional, em first conditional combinamos dois tempos verbais distintos para formarmos a conditional sentence:

If I go to Paris,	I will buy a French guidebook.
Condição	Resultado
Simple Present	Simple Future

15.1.3 Second conditional

Second conditional sentences são usadas para expressar ações ou situações improváveis, hipotéticas ou imaginárias no presente ou no futuro. Podemos dizer que são ações que dificilmente acontecerão.

| If I won the lottery, I would buy a castle.
| If I lived on a lonely island, I would become a savage.

Observe que a estrutura do second conditional também é composta de dois tempos verbais diferentes:

If I won the lottery,	I would buy a castle.
Condição	Resultado
Simple past	Would + verbo no infinitivo

Caso utilize o verbo "to be" na parte referente à condição, ele deverá ser conjugado no simple past. Entretanto, independentemente do sujeito, você deverá utilizar a forma "were", excepcionalmente neste caso.

| If I were you, I would tell her the truth.

15.1.4 Third Conditional

Third conditional representa ações impossíveis de acontecer. Utilizamos essa formação para imaginar um resultado diferente para algo que já aconteceu.

| If I had studied for the test, I would have got a better grade.
| If I had seen her, I would have talked with her.

Sua estrutura é composta de dois tempos verbais distintos:

15.2 Reported speech

O reported speech representa o discurso indireto em Inglês.

Utilizamos essa forma quando vamos reproduzir a fala de outra pessoa, ou seja, quando vamos reportar o que já foi dito por alguém. Portanto, é muito empregada para narrar histórias e fatos que já aconteceram. Vejamos:

| Direct Speech (Discurso Direto): I am not feeling well.
| Reported Speech (Discurso Indireto): He said that he wasn't feeling well.

15.2.1

Para que o discurso indireto siga as regras de formação corretas, é importante estar atento aos tempos verbais. Isso porque eles irão mudar, dependendo da utilização feita pelo falante.

Veja a seguir a tabela de formação do reported speech:

Direct Speech	Reported Speech
Present Simple → Bob said "I like your new car". (Eu gosto do seu carro novo.)	Past Simple → He said (that) he liked my new car (Ele disse que gostou do meu carro novo.)
Present Continuous → Sara said "I am getting married". (Eu vou me casar)	Past Continuous → She said (that) she was getting married. (Ela disse que vai se casar.)
Present Perfect → John said "We have bought the tickets." (Nós temos comprado os ingressos.)	Past Perfect → He said (that) they had bought the tickets. (Ele disse que eles tinham comprado os bilhetes.)
Simple Past → Derick said "I missed the train." (Eu perdi o trem.)	Past Perfect → He said (that) he had missed the train. (Ele disse que ele tinha perdido o trem.)
Will → Bob said "I will see you later." (Eu verei você mais tarde.)	Would → He said (that) he would see me later. (Ele disse que ele me veria mais tarde.)
Am/I/Are Going to → Derick said "I am going to join the class." (Eu estou indo me juntar à turma.)	Was/Were Going to → He said he was going to a class. (Ele disse que ele estava inde se juntar à turma.)
Can → John said "I can help Lisa" (Eu posso ajudar Lisa)	Could → He said (that) He could help Lisa (Ele disse que podia ajudar Lisa.)

Além dos tempos verbais, devemos ficar atentos também aos pronomes e às expressões de tempo. Lembre-se: você está adotando o ponto de vista de quem está observando a ação acontecer.

I (eu) → He/She (ele/ela)

We (nós) → They (eles, elas)

Me (mim) → Him/Her (ele/ela)

This (este) → That (aquele)

These (estes) → Those (aqueles)

Here (aqui) → There (lá)

Today (hoje) → Last day (aquele dia) / Yesterday (ontem)

Toninght (hoje à noite) → Last night (noite passada)

CONDITIONAL SENTENCES, REPORTED SPEECH

Tomorrow (amanhã) → The next day / The following day (o próximo dia/o dia seguinte)

A year ago (um ano atrás) → The year before (no ano anterior)

15.2.2 Estrutura perguntas

Ao transformarmos frases na forma interrogativa, as alterações nos tempos verbais, pronomes e expressões continuam as mesmas. Entretanto, no discurso indireto, as perguntas passam a ser afirmações ou negações. Vejamos:

> **Direct speech:** Bob asked me "Are you going to school tomorrow?"
> **Reported Speech:** Bob asked me if I was going to school the next day.

Outro fator importante é lembrar que existem 2 tipos de perguntas: as perguntas classificadas de "yes or no questions" e aquelas que utilizam pronomes interrogativos. Cada uma delas possui uma forma específica de ser construída.

- Perguntas de sim ou não

SUJEITO + ASKED + (OBJETO) + IF/WHETER + INFORMAÇÃO PERGUNTADA

> Bob asked me "Are you going to school tomorrow?" → Bob asked me if I was going to school the next day.

- Perguntas que utilizam pronomes interrogativos

SUJEITO + ASKED + (OBJETO) + PRONOME INTERROGATIVO + INFORMAÇÃO PERGUNTADA

> Bob asked me "Where are you going?"
> Bob asked me where I was going.

15.2.3 Frases no Imperativo

As frases no imperativo também merecem destaque, pois apesar de não haver mudança de tempo verbal, sua construção também é feita de maneira peculiar.

15.2.4 Forma afirmativa

SUJEITO + TOLD/ORDERED/ASKED + TO + VERBO NO INFINITIVO + COMPLEMENTO

> Bob "Call me at home!"
> Bob told me to call him at home.

15.2.5 Forma negative

SUJEITO + TOLD/ORDERED/ASKED + NOT TO + VERBO NO INFINITIVO + COMPLEMENTO

> Bob "Don't do this!"
> Bob ordered not to do that.

16 RELATIVE PRONOUNS AND ADVERBS, PHRASAL VERBS

16.1 Relative Pronouns

Os pronomes relativos são utilizados para introduzirem uma oração dependente ou relativa. Os pronomes relativos podem exercer a função de sujeito ou objeto do verbo principal. Lembre-se de que quando o pronome relativo for seguido por um verbo, ele exerce função de sujeito. Caso o pronome relativo for seguido por um substantivo ou pronome, ele exerce função de objeto.

> Josh is the boy who I met last party.
> Susan is the girl whose car was stolen.

Pronome relativo	Faz referência a	Exemplo
Who	Pessoas	Mike is the boy who is sick at the hospital.
Whom (objeto)	Pessoas	The girl whom I saw was tired.
Which	Objetos/animais	This is the book which was on the table yesterday.
Whose	Posse	Mike, whose car was stolen, is sad.
That	Pessoas/objetos/animais	Mike is the boy that is sick at the hospital.

O pronome relativo that pode substituir os pronomes who ou which. Entretanto, não podemos realizar essa substituição quando o pronome relativo estiver entre vírgulas.

> My bike, which is new, is very expensive.

Em Inglês podemos omitir os pronomes relativos (who, which, that) das frases:

> Jack is the boy who I met yesterday.
> Jack is the boy I met yesterday.

Isso só pode acontecer quando o termo que sucede o pronome relativo fizer função de sujeito.

- O pronome relativo whose é sempre seguido de um substantivo e nunca pode ser omitido.
- O pronome relativo também não pode ser omitido quando estiver entre vírgulas.

> Mike, who is my friend, traveled to Europe last month.

16.2 Relative adverbs

Os advérbios relativos são palavras utilizadas para introduzir uma oração subordinada.

Relative adverbs	Faz referência a	Exemplo
When	Tempo	I will Always remember when I saw you for the first time.
Where	Lugar	The hotel where we spent our last vacation is very expensive.
Why	Razão	I don't have to tell you the reason why I came back.

16.3 Phrasal Verbs

Phrasal verbs (verbos frasais) são verbos que vêm acompanhados por preposições ou advérbios. Essa junção acaba resultando em um novo sentido para o verbo, que em muitos casos, não tem nenhuma relação com o sentido original do verbo. Vejamos:

> Call (chamar)
> Call + in = convidar.
> Call + off = cancelar.

Phrasal verbs não podem ser traduzidos literalmente, ou seja, ao pé da letra. Portanto, a melhor forma de aprendê-los é treinando. Eles são tão importantes e constituem uma quantidade de informação semântica enorme, a ponto de existirem muitos dicionários de phrasal verbs.

16.3.1 Classificação

Os phrasal verbs podem ser divididos em dois grupos: aqueles considerados separáveis e os inseparáveis. Vejamos:

Separáveis: representam os verbos que acompanham complementos (objetos). Nesse caso, os verbos exigem a colocação do objeto entre o verbo e a preposição sempre que o objeto for um pronome.

> They called up the women.
> They called the women up.
> They called her up.

Inseparáveis: nesse caso, os verbos são chamados de prepositional verbs (verbos preposicionados) e geralmente não aceitam complemento (objetos). Ou seja, eles não permitem a colocação do objeto entre o verbo e a preposição.

> They called on the women.
> They called on her.

Os phrasal verbs são muitos, logo seria impossível colocarmos todos nesta unidade. A seguir, disponibilizamos os mais comuns:

Phrasal verb	Tradução	Phrasal verb	Tradução
Blow up	Explodir	Look foward to	Esperar ansiosamente
Call for	Exigir requerer	Look after	Cuidar
Call out	Gritar para	Look for	Procurar
Call back	Retornar a ligação	Look over	Revisar
Get in	Entrar	Make up	Criar, inventar
Get out	Sair	Make into	Transformar
Get up	Levantar-se	Put aside	Guardar, economizar
Get away with	Safar-se	Put on	Vestir
Get over	Superar	Put off	Adiar
Get home	Chegar em casa	Take apart	Desmontar
Give up	Desistir	Take off	Decolar, tirar
Give away	Doar	Take on	Contratar
Give back	Devolver	Take out	Levar para fora
Go after	Ir atrás, perseguir	Take over	Assumir o controle
Go back	Retonar	Turn on	Ligar, acender
Go off	Explodir	Turn off	Desligar, apagar
Go out	Sair	Take down	Derrotar, destruir

LINKING WORDS

17 LINKING WORDS

Linking words são palavras de ligação, em português, nós as estudamos como locuções, advérbios e conjunções. Chamamo-las de CONECTIVAS, servem para ligar uma ideia a uma frase. Esse é um vocabulário especial e único, vamos estudá-lo nesse capítulo para que você possa se sair bem resolvendo os textos propostos.

Estão presentes em quase tudo na língua Inglesa, conhecendo esse vocabulário você estará à frente de muita gente na hora de executar os textos no concurso!

> *Either ... or* - ou ... ou
> *Either ... or* - nem ... nem

São iguais, mas teremos duas traduções diferentes, por quê?

Quando tivermos uma sentença positiva, por exemplo, teremos que *either ... or* se apresentará como ou ... ou:

> **Either** *you play soccer* **or** *chess*. (Ou você joga futebol ou xadrez.)

Se a sentença for negativa, o mesmo aparecerá como nem... nem:

> *Jane doesn't sweep* **either** *the room* **or** *the bathroom*. (Jane não varre nem a sala nem o banheiro.)

Neither ... nor - nem ... nem. Esse só pode ser usado quando a sentença for positiva, pois ele já é negativo.

> **Neither** *you drink beer* **nor** *wine*. (Você não bebe nem cerveja nem vinho.)

Both ... and - tanto ... quanto. Cuidado com esse *Linking*, ele pode enganar, sabemos que BOTH é ambos, e AND significa e, mas quando usados juntos, teremos a tradução acima, tanto ... quanto.

> **Both** *josh* **and** *you are working hard*. (Tanto Josh quanto você estão trabalhando arduamente.)

Vamos lembrar de alguns outros *Linkings*, começando pelas explicativas:

As - como- assim

> *As the wind started blowing harder, the launch was postponed*. (Como o vento começou a soprar mais forte, o lançamento foi adiado.)

For - pois, por causa de,

> *You had to start the work, for it was late*. (Você tinha que começar o trabalho, pois estava atrasado.)

Since - já que

> *Since he hasn't had more time he couldn't finish his work*. (Já que ele não teve mais tempo, não pôde terminar seu serviço.)

Because - porque

> *I am working because I need Money*. (Eu estou trabalhando porque eu preciso de dinheiro.)

Alguns *Linkings* de acréscimo:

> *Apart from* - além de, exceto, fora
> *Besides* - além de, além disso
> *Moreover* - além de
> *Furthermore* - além disso
> *In addition* - além de, além disso
> *What's more* - além de, além disso
> **Besides Math, I love English.**
> **In addition to Math I love English.**
> **Apart from Math, I love English.**

Alguns concessivos:

> *Although/ Though* - embora
> *Even though* - mesmo embora
> *In spite of* - despite - apesar de, a despeito de
> *Regardless of* - apesar de, independentemente de
> **Although / though** *he is sick, he works hard*.(Embora ele esteja doente, ele trabalha arduamente.)

Alguns *Linkings* conclusivos:

> *Hence* - por isso, logo, daí
> *Thus* - por isso
> *Therefore* - portanto
> *Consequently* - consequentemente
> *Then* - então
> *So* - por isso, assim
> *Thereby* - assim, desse modo
> **They were late, so/consequently/therefore/thus/hence** *We went home*. (Eles estavam atrasados, então / por isso, fomos para casa.)

Alguns *Linkings* adversativos. (contraste)

> *But* - mas, porém
> *However* - contudo, entretanto
> *(and)Yet* - (e)contudo, (e)no entanto
> *Nevertheless* - contudo, não obstante, mesmo assim
> *Nonetheless* - contudo, não obstante, mesmo assim
> *He was not polite*, **however/but/and yet/nevertheless**, *he was a good teacher*.

(Ele não era educado, porém/contudo/no entanto, mas ele era um bom professor.)

O próprio termo, LINKING WORDS, já traz na tradução, to link= ligar, este tipo de vocabulário é muito importante, vamos ver agora uma lista bem ampla de outros Linking Words para você poder estudar e pesquisar quando estiver estudando e resolvendo as atividades propostas, a técnica mais eficaz consiste em você fazer uma leitura diária, a cada dia de leitura você, vai construir o seu banco de dados, o seu dicionário próprio. A partir disso, você vai começar a entender mais e mais a Língua Inglesa.

List of Linking Words

Em primeiro lugar - *first of all*
Antes de tudo - *in the first place*
Para começar - *to begin with*
Para início de conversa - *to begin with*
Com relação a - *regarding*
No que diz respeito a - *with regard to*
No que tange a - *concerning - considering*
A propósito - *by the way*
Por falar nisso - *speaking of that*
Por sinal - *as a matter of fact - in fact*
Aliás - *by the way - besides*
Pelo contrário - *on the contrary*
Na verdade - *actually*
De acordo com - *according to*
Conforme - *in accordance with*
Segundo - *in accordance with*
Principalmente - *mainly - specially*
Sobretudo - *specially*
Especialmente - *specially*
Porque - *because*
Por causa de - *because - since*
Uma vez que - *since*
Já que - *since - because*
Visto que - *since*
Pois - *because - since*
Em função de - *as a result of - due to*
Em razão de - *as a result of - due to*
Por motivos de - *as a result of - due to*
Em virtude de - *as a result of - due to*
Devido a - *as a result of - due to*
Levando isto em consideração - *taking this into consideration - with this in mind - for this reason*
Por este motivo - *for this reason - that's why*
Por esta razão - *for this reason - that's why*
Por isso - *for this reason - that's why*
Desta forma - *this way*

294

INGLÊS

Assim sendo (sendo assim) - *this way* - *in doing so*
Nesse sentido - *this way* - *in doing so*
De maneira (forma) (modo) que - *so that*
Como consequência - *as a result*
Diante do exposto - *in face of*
Frente a - *in view of* - *in face of*
Tanto é (assim) que - *so much* - *so that*
A ponto de - *so much* - *so that*
Com o objetivo de - *in order to (that)* - *so that*
A fim de - *in order to* - *so that* - *in na effort to*
Para que - *in order to* - *so that* - *in na effort to*
Para - *in order to* - *so that* - *in na effort to*
A partir de agora - *from now on* - *hence forth*
De agora em diante - *from now on* - *hence forth*
Daqui para a frente - *form now on* - *hence forth*
Até agora - *so far* - *up till now*
Até hoje - *so far* - *up till now*
Até o momento - *so far* - *up till now*
Ainda - *Still* - *... not ... yet.*
Por enquanto - *For the time being* - *for some time.*
Nesse meio tempo -i*n the meantime*
Enquanto isso - *meanwhile* Enquanto (durante o tempo em que) - *While (during the time)*
Em meio a - *in the midst of*
Em geral - *in general*
Via de regra - *as a rule*
Sempre que - *whenever*
À medida que (o tempo passa) - as (*time goes by*)
Com o passar (decorrer) do tempo - as (*time goes by*)
A quem interessar possa - *to whom it may concern*
Para sua informação - *for your information*
Que eu saiba - *as far as I know* - *as far as I can tell*
Pelo que eu sei - *as far as I know* - *as far as I can tell*
Pelo que me consta - *to my knowledge* - *as far as I know*
Se não me engano - *if I am not wrong* - *if I remember well*
Se eu não estiver enganado - *if I am not wrong* - *if I remember well*
Se não me falha a memória - *if I am not wrong* - *if I remember well*
Na minha opinião - *in my opinion* - *in my view*
No que se refere a mim - *as far as I'm concerned* - *as for me*
Quanto a mim - *as far as I'm concerned*
De minha parte - *as for me* - *as far as I'm concerned*
Do ponto de vista de - *from the standpoint of* - *from my point of view* - *based on the assumption that*
Partindo do pressuposto (de) que - *Based on the assumption that*
Sem dúvida - *of course* - *for sure* - *definetely* - *certainly* - *without a doubt*
Certamente - *of course* - *for sure* - *definetely* - *certainly* - *without a doubt*
Com certeza - *of course* - *for sure* - *definetely* - *certainly* - *without a doubt*
Evidentemente - *of course* - *for sure* - *definetely* - *certainly* - *without a doubt*
Da mesma forma que - *in the same way that* - *likewise*
Assim como - *in the same way that* - *likewise*
Tal como - *in the same way that* - *likewise*
Através de - *through* - *by means of* - *hereby*
Por meio de - *through* - *by means of* - *hereby*
Mediante - *hereby* - *through* - *hereby*
Por intermédio de - *through* - *by means of* - *by way of* - *hereby*
Se - *if*
Desde que - *as long as* - *On condition that* - *Provided (that)*
Enquanto - *while* - *On condition that* - *Provided (that)*

Contanto que - *On condition that* - *Provided (that)*
Mesmo que - *even if*
(Por um lado, ...) Por outro lado - *on (the) one hand, on the other hand*
Em compensação - *Conversely* Ao contrário de - *unlike* Em outras palavras - *In other words*
O que eu quero dizer - *What I'm trying to say*
Quer dizer - *I mean*
Ou seja - *that is*
Por exemplo - *for example* - *for instance*
Tal (tais) como - *such as*
Por assim dizer - *so to speak* - *if you will*
Por sua vez - *in his/her/its turn*
Em último caso - *as a last resort*
Na pior das hipóteses - *if worst comes to worst* - *at worst* - *in a worst case scenario*
Se acontecer o pior - *if worst comes to worst* - *at worst* - *in a worst case scenario*
Na melhor das hipóteses - *at best*
Pelo (ao) menos - *at least* - *if nothing else*
No mínimo - *at least* - *if nothing else*
Para não dizer - *if not*
Isso se não for - *if not*
A não ser por (isso) - *apart from (that)* - *otherwise*
Com exceção de - *except for* - *aside from (that)*
Afora (isso) - *aside from (that)*
Senão - *if not*
A não ser que - *unless*
A menos que - *unless* Em vez de - *instead of*
Em lugar de - *in place of*
Ao invés de - *instead of*
De preferência - *rather (than)*
De qualquer modo (forma) (maneira) - *anyway*
Seja como for - *in any case*
Seja qual for o motivo - *Whatever the case may be*

Get going. Move forward. Aim High. Plan a takeoff. Don't just sit on the runway and hope someone will come along and push the airplane. It simply won't happen. Change your attitude and gain some altitude. Believe me, you'll love it up here."

Glossary
Get going - continue
Move - mova-se
Forward - para frente
Aim - almeje, mire
High - alto
Plan - planeje
Takeoff - decolagem
Just - só, somente
Sit - sente, sentar
Runway - pista de decolagem
Hope - espere, ter esperança
Someone - alguém
Will come along - aparecerá
Push - empurrar
Airplane - avião
Change - mude
Attitude - atitude
Gain - ganhe
Altitude - altitude
Believe - acredite
Love - amar
Up here - aqui em cima

18 INTERPRETAÇÃO DE TEXTOS

Falar, ler e escrever outra língua requer um pouco de estudo e atenção. A Língua Inglesa, como qualquer outra, é composta por estruturas gramaticais, interpretações de textos e conhecimento de vocabulários. Ao estudar você percebe o quão fácil e interessante ela é, podendo compreender textos, filmes, músicas e conversações.

Aqui, vamos interpretar textos realizados em alguns concursos com o intuito de revisar vocabulário e interpretação assim como algumas perspectivas gramaticais.

Sempre é bom lembrar: toda vez que pegar um texto, faça uma leitura total, procure os rodapés, eles também podem conter informações importantes para você. Leia o texto integralmente.

Para treinar um pouco mais a leitura e a interpretação, serão disponibilizados os textos de forma integral, em inglês, seguido de um glossário. Concentre-se e leia atentamente. Esse vocabulário vai ajudar você a ler e entender melhor o texto. Grife as palavras do vocabulário no texto. Assim, você começa a ter uma ideia de como está sendo usado, fornecendo uma visão ampla e uma interpretação mais aprofundada. Essa técnica deve ser usada para a resolução de textos e exercícios sempre que necessário.

Agora que você sublinhou os vocábulos no texto e conseguiu uma visão geral, colocaremos a tradução do texto, para que você consiga identificar se leu conforme o esperado.

Text 1 – English

A Coup in Paraguay

On June 22, 2012, the Paraguayan Senate invoked a clause in the constitution which authorized it to impeach the president for "poor performance in his duties." The President was Fernando Lugo, who had been elected some three years earlier and whose term was about to end in April 2013. Under the rules, Lugo was limited to a single term of office.

Lugo charged that this was a coup, and if not technically illegal, certainly illegitimate. Almost every Latin American government agreed with this analysis, denouncing the destitution, and cutting relations in various ways with Paraguay.

The removal of Lugo had the negative consequence for those who made the coup of making possible the one thing the Paraguayan Senate had been blocking for years.

Paraguay is a member of the common market Mercosur, along with Brazil, Argentina and Uruguay. Venezuela had applied to join. This required ratification by the legislatures of all five member states. All had long since given their assent except the Paraguayan Senate. After the coup, Mercosur suspended Paraguay, and immediately welcomed Venezuela as a member.

[From: International Herald Tribune 18-7-12] - ESAF - Escola de Administração Fazendária

GLOSSARY

Coup - golpe

To invoke - invocar

Clause - cláusula, artigo

Performance - atuação, execução, cumprimento

Duties - obrigações, deveres

Had been elected - tinha sido eleito

Whose - cujo - pronome relativo

Term - período, prazo, mandato

Illegitimate - ilegítimo

Almost - quase

Removal - remoção, retirada

Blocking - bloqueado, fechado

To apply - candidatar, solicitar, requerer

To join - juntar-se

Assent - consentimento, aprovação

To welcome - acolher, receber, dar as boas-vindas

Texto I - Translation

Um golpe no Paraguai

Em 22 de Junho de 2012, o senado Paraguaio invocou uma cláusula da constituição que autorizou o impeachment do Presidente por uma performance fraca de suas obrigações. O Presidente era Fernando Lugo, que havia sido eleito três anos antes e cujo mandato terminaria em Abril de 2013.

Lugo afirmou que era um golpe de estado e que, se não fosse tecnicamente ilegal, era no mínimo ilegítimo. Quase todos os governos Latino Americanos concordaram com a destituição e cortaram relações de várias maneiras com o Paraguai.

A retirada de Lugo teve consequências negativas para aqueles do senado Paraguaio que durante anos têm feito bloqueios.

Paraguai é um membro do mercado comum MERCOSUL (MERCOSUR- espanhol), junto com Brasil, Argentina, e Uruguai. Venezuela se candidatou a participar. Isto requeria uma modificação na legislatura dos cinco países membros, todos haviam concordado exceto o Senado Paraguaio.

Após o golpe, o Mercosul suspendeu Paraguai, e, imediatamente deu as boas-vindas à Venezuela como membro do mesmo.

No texto vamos perceber o uso do passado simples (a segunda conjugação da lista de verbos), presente perfeito, que tem sua formação a partir de um verbo auxiliar e o particípio do verbo a ser usado, Have + PP1 (indica que uma ação teve seu início mas não mostre seu término), passado perfeito, Had + PP (é usado para descrever uma ação que ocorreu no passado, antes de outra ação também passada).

Text 2 - English

Armenia: prisoner of history

ARMENIA tends to feature in the news because of its problems (history, geography, demography and economics to name but a few). But a new report says not all is doom and gloom. The parliamentary elections in May showed significant improvement. Media coverage was more balanced, and the authorities permitted greater freedom of assembly, expression and movement than in previous years. That bodes well for the future.

The economy is still recovering from the global financial crisis, which saw GDP contract by 14.2% in 2009. In the same period, the construction sector contracted by more than 40%. Remittances from the diaspora dropped by 30%.

That led Forbes magazine to label Armenia the world's second worst performing economy in 2011. Over one-third of the country lives below the poverty line. Complaints of corruption are widespread, and inflation is high.

Low rates of tax collection - 19.3% of GDP, compared with a 40% average in EU countries-limit the government's reach.

---

1 PP = Particípio

INGLÊS

Cracking down on tax evasion could increase government revenue by over $400 million, says the World Bank. A few, high-profile businessmen dominate the economy.

Their monopolies and oligopolies put a significant brake on business development. Their influence also weakens political will for the kind of reforms that the country sorely needs.

[From The Economist print edition June 24, 012]

Glossary

To tend - tender, inclinar-se

Feature - esboçar, delinear, dar destaque a

Report - relatório

To name but a few - para citar apenas alguns

To say - dizer

Doom and gloom - tristeza e melancolia

The parliamentary elections - as eleições do Parlamento

To show - mostrar

Improvement - melhora

Midia coverage - cobertura da mídia

Balanced - equilibrado

Greater - maior

Freedom - liberdade

Assembly - assembleia, reunião, comício

Expression - expressão, manifestação

Moviment - movimento

Previous - prévio, anterior

Bodes well - ser bom sinal para o futuro

To recover - recuperar

GDP - Gross domestic product - produto interno bruto

To contract - contrair, cair (de acordo com o texto)

In the same period - no mesmo período

Remittances - remessas, dinheiro ou mercadoria enviados

Diaspora - deslocamento, normalmente forçado ou incentivado, de grandes massas populacionais originárias de uma zona determinada para várias áreas de acolhimento distintas.

To label - rotular

Complaints - reclamações

Widespread - espalhada(s)

Crack down - cair, quebrar

Evasion - fuga

Could - poderia

To increase - aumentar

To weaken - enfraquecer

Political will - força política

Sorely - muito, altamente, expressamente, pessimamente, violentamente

Texto 2 – Translation

Armênia: prisioneira da História

A Armênia tende a ser notícia por causa de seus problemas (histórico, geográfico, demográfico, econômico, só para citar alguns deles). Mas um novo relatório diz que nem tudo é tristeza e melancolia. As eleições Parlamentares em maio mostraram uma melhora significante. A cobertura da mídia foi equilibrada e as autoridades deram mais liberdade de expressão e movimento do que nos anos anteriores. Isto foi um bom sinal para o futuro. A economia ainda está se recuperando da crise global e viu seu produto interno bruto cair para 14,2 em 2009. O envio de mercadorias e recursos financeiros caiu 30%.

Isto levou a revista Forbes a rotular a Armenia como a segunda pior economia do mundo em 2011. Mais de um terço do país vive abaixo da linha da pobreza. Denúncias e reclamações de corrupção assolam o país e a inflação é alta.

Baixa taxa de arrecadação de impostos 19,3% comparada com 40% dos países da União Europeia, limita o poder do governo. Se Armênios que moram fora do país do país pagassem impostos, poderiam aumentar em $400 milhões, diz o Banco Central, poucos empresários com muito poder dominam a economia.

O monopólio e oligopólio (um sistema que faz parte da economia política que caracteriza um mercado em que existem poucos vendedores para muitos compradores), freia significantemente o desenvolvimento do país.

Sua influência também enfraquece o poder político que poderia fazer as reformas que o país precisa.

Nesse texto, podemos perceber o uso do tempo presente, vários verbos sofreram a flexão da Terceira pessoa, recebendo "S" para indicar que é presente e é terceira pessoa do singular.

Text 3 - English

Brazil's exports

Trade barriers imposed by Argentina on imports in general have resulted in a drop of 16% in Brazil's exports to its neighbor in the first half of this year. Between January and June last year, Brazil sold goods worth US$ 10.43 billion to Argentina. This year, during the same period, the value of goods sold to Argentina is US$ 1.6 billion less.

In spite of the trade barriers, the executive secretary at the Ministry of Development, Industry and Foreign Trade, Alessandro Teixeira, blames the international crisis for the situation. "The cause of these problems is the international crisis. It affects Argentina and it affects us, too," he declared. Teixeira noted that negotiations have improved the relationship with Argentina, that there has been a more positive dialogue.

Brazil's exports to Eastern Europe are down 38% and down 8% to the European Union in the first half. On the other hand, they have risen by over US$ 2 billion to China during the same period.

From: Brazzil Magazine July 2012 [adapted] ESAF

GLOSSARY

Trade - comércio

Barriers - barreiras

To impose - impor

Imports - importações

General - em geral

Have resulted - resultou

Drop - queda

Exports - exportações

Neighbor - vizinho

First - primeiro(a)

Half - metade, meio

Between - entre (preposição)

Last year - ano passado

To sell-sold-sold - vender

Goods - mercadorias, bens

Worth - no valor (de acordo com o texto)

Value - valor

INTERPRETAÇÃO DE TEXTOS

Less - menos
Secretary - secretário(a)
Ministry of Development, Industry and Foreign Trade - Ministério do Desenvolvimento, Indústria e Comércio Exterior
To blame - culpar
Crisis - crise (crises - plural)
To affect - afetar
To declare - declarar
To note - observar
Negotiations - negociações
Have improved - melhoraram
Relationship - relacionamento
There has been - houve
Dialogue - diálogo
Are down - caíram (de acordo com o texto)
On the other hand - por outro lado
To rise - rose - risen - aumentar, subir
During - durante
Same - mesmo
Period – período

Text 3 - Translation

Exportações do Brasil

As barreiras impostas pela Argentina para importações em geral, resultaram numa queda de 16% no que o Brasil exporta para seu vizinho na primeira metade deste ano. Entre janeiro e junho do ano passado, o Brasil vendeu mercadorias no valor de $10.43 bilhões para a Argentina. Este ano, durante o mesmo período, o valor de mercadorias vendidas é de $1,6 bilhões a menos.

Apesar das barreiras o secretário executivo do Ministério do Desenvolvimento, Indústria e Comércio Exterior, Alessandro Teixeira, culpa a crise internacional por essa situação. "A causa desses problemas é a crise internacional. Ela afeta a Argentina e a nós também." Ele declarou. Teixeira observou que as negociações tem melhorado o relacionamento com a Argentina, tem havido um diálogo mais positivo.

Exportações do Brasil para a Europa Oriental estão em baixa de 38% e em 8% para a União Européia na primeira metade do ano. Por outro lado, as exportações aumentaram em mais de $2 bilhões para a China durante o mesmo período.

Dica: Você pode perceber o uso de alguns LINKING WORDS no texto, isso contribui para a interpretação.

Text 4 - English

A thankful of sugar . Has Brazil found the answer to high petrol prices.

While motorists elsewhere fret about high fuel prices, new-car buyers in Brazil can feel smug. They can fill up with petrol, ethanol (alcohol) or any combination of the two. And right now, ethanol is 55% cheaper at the pump in Brazil than regular gasoline.

Brazilians are the beneficiares of an automotive revolution: "Flex-fuel" cars that run readily on ethanol as on regular petrol were introduced in 2003, and have since grabbed nearly two-thirds of the market. In America some 4.5m vehicles can run on blends of up to 85% ethanol, but that fuel is available only in Minnesota. In Brazil ethanol is everywhere, thanks to a thirty-year-old policy of promoting fuel derived from home-grown sugar cane.

Eager for energy independence or lower emissions of greenhouse gasses, other countries are now starting to promote "biofuels". But America and Europe favor their own farmers, who produce fuel-based corn or rapeseed that is mainly used as an additive to conventional petrol and is dirtier and more expensive than Brazil's sugar-based ethanol.

So biofuelled cars may take years to catch on in other markets. Excerpt from The economist. Sep. 25th 2005

GLOSSARY

While - enquanto
Motorist - motorista
Elsewhere - em outra parte
Fret - lamentar, lamúria
High - alto(s)
Fuel - combustível
Price - preço
New-cars buyers - compradores de carros novos
Can - poder
To feel - sentir
Smug - presunçoso, convencido, satisfeito
To fill up - encher o tanque, abastecer
Petrol - gasolina
Etanol - álcool
Cheaper - mais barato
Pump - bomba de gasolina
Beneficiares - beneficiários
Automotive - automotiva
Revolution - revolução
To run - funcionar, correr
Readily - facilmente, sem problemas
To grab - grabbed - grabbed - agarrar, pegar, roubar
Nearly - quase
To introduce - apresentar
Blends - mistura
Available - disponível
Everywhere - todo lugar
Policy - política
Promoting - promoção
Derived - derivado
Home-grown sugar cane - cana de açúcar doméstica
Eager - ávido por, ansioso
Energy - energia
Independence - independência
Lower - mais baixos
Emissions - emissões
Greenhouse - efeito estufa
Countries - países
To start - começar
Biofuel - biocombustível
To favor - favorecer, beneficiar, proteger
Farmers - fazendeiros
Own - próprios
Fuel-based corn - combustível à base de milho

Rapeseed - colza - uma planta da família da Brassicaceae, em seu estado natural é usada na produção de biodísel e outros fins industriais.

Mainly - principalmente

Used as - usado como

Additive - aditivo

Dirtier - mais sujo

More expensive - mais caro

Biofueled cars - carros movidos à biocombustível

May - poder

To take - levar, pegar, tomar

Years - anos

To catch on - popularizar, compreender

Other - outro

Market - mercado

Except - extraído, tirado

Text 4 – Translation

Um agradecimento ao açúcar. O Brasil encontrou a resposta para o alto preço da gasolina

Enquanto motoristas de outras partes do mundo reclamam sobre o alto preço de combustíveis, proprietários de carros novos no Brasil podem se sentir tranquilos. Eles podem encher o tanque com gasolina, etanol ou qualquer mistura dos dois. E agora, etanol está 55% mais barato na bomba de gasolina do que a gasolina.

Brasileiros são os beneficiários de uma revolução automotiva: "flex" (bi-combustível), carros que funcionam tão bem com etanol como gasolina regular, foram apresentados em 2003 e desde então pego quase dois terços do Mercado.

Na América cerca 4.5 milhões de carros funcionam com uma mistura com 85% de etanol, mas esse combustível só está disponível em Minessota. No Brasil, etanol está em todos os lugares, graças a uma política de trinta anos promovendo a cana de açúcar de casa (doméstica)

Ansiosos pela independência de energia ou baixar emissões de gases, outros países estão começando a promover o biocombustível. América e Europa favorecem seus fazendeiros que produzem combustível à base de milho e colza (ver glossário), que é principalmente como aditivo para gasolina convencional e é mais sujo e mais caro que o etanol de cana de açúcar do Brasil.

Então, carros movidos a biocombustível podem levar anos até se popularizarem em outros mercados.

Text 5 - English

Rio+20: reasons to be cheerful

Read the commentaries from Rio+20, and you'd think a global disaster had taken place. The UN multilateral system is said to be in crisis. Pundits and NGOs complain that it was "the greatest failure of collective leadership since the first world war", "a bleak day, a disastrous meeting" and "a massive waste of time and money".

Perspective, please. Reaction after the 1992 Rio summit was uncannily similar. Countries passed then what now seem far-sighted treaties and embedded a slew of aspirations and commitments into international documents – but NGOs and journalists were still distraught. In short, just like Rio 2012, the meeting was said to be a dismal failure of governments to co-operate.

I was pretty downhearted then, too. So when I returned I went to see Richard Sandbrook, a legendary environmental activist who co-founded Friends of the Earth, and profoundly influenced a generation of governments, business leaders and NGOs before he died in 2005. Sandbrook made the point that NGOs always scream blue murder because it is their job to push governments and that UN conferences must disappoint because all views have to be accommodated. Change, he said, does not happen in a few days' intense negotiation. It is a long, muddled, cultural process that cannot come from a UN meeting.. Real change comes from stronger institutions, better public information, promises being kept, the exchange of views, pressure from below, and events that make people see the world differently.

Vast growth in global environmental awareness has taken place in the past 20 years, and is bound to grow in the next 20.

[From The Guardian Poverty Matters blog- adapted]

GLOSSARY

Reason - razão

Cheerful - alegre, animado

To read - ler

Commentaries - comentários

You'd think (you would think) - você pensaria

Global disaster - catástrofe global

Had taken palce - tinha acontecido

Is said to be in crisis - diz estar em crise

Pundits - especialistas, pessoas eruditas

NGO - Non-Governmental Organization - ONG

To complain - reclamar

The greatest - o(a) maior

Failure - falha, erro

Collective - coletivo

Leadership - liderança

Since - desde

First world war - primeira guerra mundial

A bleak day - um dia sombrio, desolador, desanimador

Disastrous - desastroso

Meeting - reunião

Massive waste of time - grande perda de tempo

Perspective - perspectiva, panorama

Reaction - reação

After - após

Summit - reunião, conferencia de cúpula

Uncannily - inexplicável, sinistramente, estranhamente

Countries - países

Passed - passaram

Then - então

To seem - parecer

Far-sighted - prudente

Treaties - tratado

Embedded - embutido

A slew of - uma grande quantidade de

Aspirations - aspirações, ambições

Commitments - compromissos

Distraught - distraído, perturbado

In short - em resumo

Downhearted - desanimado, abatido

Just like - assim como

Dismal - sombrio, escuro, triste, sinistro, total(de acordo com o texto)

Legendary - legendário

INTERPRETAÇÃO DE TEXTOS

Environmental activist - ativista ambiental
Co-founded - co-fundou
Profoundly - profundamente
Influenced - influenciou, influenciado
Leaders - líderes
Before - antes
To die-died - morrer, morreu
Scream- gritar, chorar
Blue - triste, melancólico, deprimido, azul
Murder - assassinato
Job - trabalho
To push - empurrar, pressionar
Must - dever
Disappoint - decepcionar
All - todo(a)(s)
Views - visões, pontos de vista
Accommodated - acomodar, hospedar, prover, fornecer, suprir
Change - mudar, mudança
Happen - acontecer
Few days - poucos dias
Muddled - confuso, atrapalhado
Cultural process - processo cultural
Cannot - não pode
To come - vir
From - de(origem)
Promises being kept - promessas sendo cumpridas
Exchanges - trocas
Pressure - pressão
Bellow - debaixo, em baixo
Growth - crescimento, educação, criação
Awareness - consciência
To take place - acontecer
To be(is) boud to - estar prestes a
To grow - crescer

Text 5 - Translation

Rio + 20 - razões para estar alegre

Leia os comentários do Rio +20, e você pensaria que um desastre global aconteceu. O Sistema multilateral das Nações Unidas diz estar em crise. Experts e ONGs reclamam que aquilo foi o maior desastre de liderança coletiva desde a Primeira Guerra Mundial, um dia sombrio, uma reunião desastrosa e um grande desperdício de tempo e dinheiro.

Reação após o encontro de 1992 foi estranhamente parecida. Países passaram então a tratados mais prudentes e uma série de aspirações e compromissos com documentos internacionais, em resumo, assim como Rio 2012, o encontro foi considerado um fracasso total dos governos cooperarem entre si. Eu fiquei bem desapontado também.

Eu fui ver Richard Sandbrook, um legendário ativista ambiental que co-fundou os Amigos da Terra (Friends of the Earth), e influenciou profundamente governos, empresários e ONGs antes de morrer em 2005.

Sandbrook mostrou o que as ONGs sempre acusam, pois é dever das mesmas fiscalizar governos e que os encontros das Nações Unidas sempre são enganadoras pois a visão é sempre acomodada. Mudança, ele disse, não acontece em poucos dias de negociação intensa. É um processo confuso, cultural e longo que não pode vir de um encontro das Nações Unidas. Mudanças reais vêm de instituições fortes, uma boa informação pública, promessas que são cumpridas, trocas de ideias, pressão que vem do povo e eventos que façam as pessoas verem o mundo diferentemente.

Um grande crescimento da consciência global e ambiental aconteceu nos últimos vinte anos e ainda vai crescer mais nos próximos 20.

Text 6 - English

RIO DE JANEIRO — In a quick and decisive military operation, Brazilian security forces took control of this city's most notorious slum on Sunday, celebrating victory over drug gangs after a weeklong battle.

In the afternoon, the military police raised the flags of Brazil and Rio de Janeiro atop a building on the highest hill in the Alemão shantytown complex, providing a rare moment of happiness and celebration in a decades-long battle to rid this city's violent slums of drug gangs.

An air of calm and relief swept through the neighborhood, as residents opened their windows and began walking the streets. Dozens of children ran from their houses in shorts and bikinis to jump into a swimming pool that used to belong to a gang leader. Residents congregated around televisions in bars and restaurants, cheering for the police as if they were cheering for their favorite soccer teams.

"Now the community is ours," Jovelino Ferreira, a 60-year-old pastor, said, his eyes filling with tears. "This time it will be different. We have to have faith. Many people who didn't deserve have suffered here"

ESAF. Brazilian Forces Claim Victory in Gang Haven

Glossary

To claim - reclamar, reivindicar
Haven - abrigo, refúgio
Quick - rápido
Decisive - decisivo
Military - militar
Operation - operação
Security - segurança
To take control - tomar o controle
Notorious - notória
Slum - favela
Weeklong - durante a semana
Battle - batalha
Raised - levantou, ergueu
Atop - alto, superior, de cima
The highest - o mais alto
Shantytown - favela
Complex - complex
To provide - prover
Rare - raro
Moment - momento
Happiness - felicidade
Decade - década
Relief - alívio
To sweep - swept - swept - varrer
Neighborhood - vizinhança
To open - opened - opened -abrir
To begin - began, begun - começar
To walk - walked - walked - caminhar
Streets - ruas
To run - ran - run - corer

300

Swimming pool - piscine
Used to belong - costumava pertencer
Gang leader - chefe do tráfico (de acordo com o texto)
Congregated - congregado
Cheering - aplaudindo, torcendo
Soccer - futebol
Eyes - olhos
Filling with tears - cheios de lágrimas
Faith - fé
To deserve - merecer
To suffer - suffered - suffered - sofrer
Here - aqui

Text 6 – Translation

Tropas Brasileiras comemoram vitória na tomada de morro (abrigo das gangues)

Em uma rápida e decisiva operação militar tropas do exército tomaram o controle da maior favela do Rio de Janeiro no Domingo, celebrando vitória após uma semana inteira de batalhas.

Na mesma tarde o exército hasteou as bandeiras do Brasil e do Rio de Janeiro no topo de um prédio no morro mais alto do complexo do Alemão, proporcionando um raro momento de felicidade e celebração em décadas de batalha para livrar a favela das gangues de drogas.

Um ar de calma e alívio soprou pela vizinhança quando os moradores puderam abrir suas janelas e caminhar pelas ruas. Dezenas de crianças sairam de suas casas com shorts e bikinis para pular na piscina que era de um chefe do tráfico, os moradores ficaram em frente de aparelhos de televisões em bares e restaurantes, torcendo para a polícia como se o estivessem fazendo pelo seu time de coração.

"Agora a comunidade é nossa" disse Jovelino Ferreira, um pastor de 60 anos de idade com seus olhos cheios de lágrimas. "Desta vez será diferente, temos que ter fé, muitas pessoas que não mereciam, sofreram aqui."

Text 7 - English

Life and the Movies Joey Potter looked at her friend Dawson Leery and she smiled sadly. "Life isn't like a movie", Dawson, she said. "We can't write happy endings to all our relationships."

Joey was a pretty girl with a long brown hair.

Both Joey and Dawson were nearly sixteen years old. The two teenagers had problems. All teenagers have the same problems – life, love, school work, and parents. It isn't easy to become an adult.

Dawson loved movies himself. Dawson wanted to be a film director. His favorite director was Steve Spielberg. Dawson spent a lot of his free time filming with his video camera. He loved watching videos of great movies from the past.

Most evenings he watched movies with Joey.

"These days, Dawson always wants us to behave like people in movies," Joey thought. And life in the little seaside town of Capeside wasn't like the movies.

Joey looked at the handsome, blond boy who was sitting next to her. She thought about the years of their long friendship. They were best friends...

Glossary

Life - vida
Pretty - bonita
Brown hair - cabelos castanhos
Teenagers - tens - adolescentes
Movie - filme, cinema
To look at - olhar para
To smile - smiled - smiled - sorrir
Sadly - tristemente
To say - said - said - dizer
Can´t - no pode (podemos)
To write - wrote - written - escrever
Happy - feliz
Endings - finais
Relationships - relacionamentos
Both ... and ... - tanto quanto (linking words)
Nearly - quase
To become - tornar-se
To behave - comportar
To think - thought - thought - pensar
Handsome - bonito - adjetivo para dizer que um homem é bonito.
To sit - sat-sat - sentar
Next - próximo
Friendship - amizade
Best-friends - melhores amigos

Text 7 – Translation

Vida e cinema, Joey Potter olhou para seu amigo Dawson Lerry e ela sorriu tristemente.

"A vida não é como o cinema", Dawson, ela disse. "Nós podemos escrever finais felizes para todos os nossos relacionamentos".

Joey era uma menina bonita com longos cabelos castanhos.

Tanto Joey quanto Dawson tinham quase 16 anos. Os dois adolescentes tinham problemas - vida - amor - trabalho de escola e pais. Não é fácil se tornar adulto.

Dawson adorava cinema. Queria ser diretor de cinema, seu diretor preferido era Steve Spilberg. Dawson passava a maior parte do seu tempo livre filmando com sua câmera. Ele adorava assistir a vídeos de filmes antigos (do passado). Na maioria das noites ele assistia a filmes com Joey.

"Nesses dias Dawson sempre queria que nos comportássemos como pessoas em um cinema," Joey pensava. E a vida na pequena cidade praiana de Capeside (se traduzíssemos nomes, cape - cabo ; seide lado), não era como os filmes de cinema.

Joey olhou para o menino loiro e bonitoque estava sentado próximo a ela. Ela lembrou (pensou) nos anos de sua longa amizade. Eles eram melhores amigos ...

Este é, um fragmento de um texto em que não encontramos.

19 APÊNDICE

Lista de verbos irregulares em Inglês

Infinitive	Simple past	Past participle	Translation
abide	abode	abode	permanecer, sobreviver
arise	arose	arisen	erguer-se, surgir
awake	awoke	awoken	despertar, acordar
be	was/were	been	ser, estar
bear	bore	born	nascer, produzir
beat	beat	beaten	bater
become	became	become	tornar-se, transformar-se
begin	began	begun	começar
bet	bet	bet	apostar
break	broke	broken	quebrar, romper
bid	bid	bid	fazer uma oferta (apostar)
bind	bound	bound	unir, ligar
bite	bit	bitten	morder
bleed	bled	bled	sangrar
break	broke	broken	quebrar
bring	brought	brought	trazer, executar
build	built	built	construir, fabricar
buy	bought	bought	comprar
catch	caught	caught	pegar
choose	chose	chosen	escolher, preferir
come	came	come	vir, chegar
cost	cost	cost	custar
cut	cut	cut	cortar
do	did	done	fazer, cuidar, funcionar
draw	drew	drawn	desenhar, traçar
drink	drank	drunk	beber
drive	drove	driven	dirigir, guiar
eat	ate	eaten	comer, mastigar
fall	fell	fallen	cair, descer
feed	fed	fed	alimentar, nutrir
feel	felt	felt	sentir, perceber
fight	fought	fought	brigar, lutar
find	found	found	encontrar, descobrir
fly	flew	flown	voar
forbid	forbade	forbidden	proibir, impedir
forget	forgot	forgotten	esquecer
forgive	forgave	forgiven	perdoar, desculpar
freeze	froze	frozen	congelar
get	got	gotten	receber, conseguir, pegar
give	gave	given	dar, entregar
go	went	gone	ir, partir
grow	grew	grown	crescer
have	had	had	ter, possuir
hear	heard	heard	ouvir, escutar
hide	hid	hidden	ocultar, esconder
hit	hit	hit	bater
hold	held	held	segurar
hurt	hurt	hurt	machucar, magoar
keep	kept	kept	manter, guardar
know	knew	known	saber, conhecer
lead	led	led	comandar. guiar
learn	learnt	learnt	aprender, estudar
leave	left	left	sair, deixar, partir
lend	lent	lent	emprestar
lie	lay	lain	deitar
lose	lost	lost	perder, desperdiçar
make	made	made	fazer, criar
mean	meant	meant	pensar, significar
meet	met	met	conhecer, encontrar
pay	paid	paid	pagar, saldar
put	put	put	pôr, colocar

INGLÊS

read	read	read	ler, aprender
ride	rode	ridden	andar, passear
ring	rang	rung	tocar (campainha, telefone)
run	ran	run	correr
say	said	said	dizer, contar
see	saw	seen	ver, observar
sell	sold	sold	vender, negociar
send	sent	sent	enviar, mandar
set	set	set	definir, configurar, marcar, ajustar
shake	shook	shaken	sacudir, balançar, tremer
shine	shone	shone	brilhar
shoot	shot	shot	atirar, disparar, fotografar, filmar
show	showed	shown	mostrar
shut	shut	shut	fechar
sing	sang	sung	cantar
sit	sat	sat	sentar
sleep	slept	slept	dormir, descansar
slide	slid	slid	escorregar, deslizar
speak	spoke	spoken	falar, dizer
spend	spent	spent	gastar, passar (férias, feriado)
stand	stood	stood	ficar/estar em pé
steal	stole	stolen	roubar
swear	swore	sworn	jurar
swim	swam	swum	nadar
take	took	taken	pegar, tirar
teach	taught	taught	ensinar
tell	told	told	contar, saber
think	thought	thought	pensar, acreditar
throw	threw	thrown	jogar, arremessar
understand	understood	understood	entender

wake	woke	waked	acordar, despertar
wear	wore	worn	usar, vestir
win	won	won	ganhar, conseguir
write	wrote	written	escrever, anotar

01. **(EXÉRCITO – 2021 – ESA – SARGENTO)** Observe a tira do Calvin a seguir.

A função da linguagem predominante na fala de Calvin, por testar o canal de contato com outra pessoa, é a:

a) conativa (apelativa).
b) metalinguística.
c) poética.
d) denotativa.
e) fática.

02. **(EXÉRCITO – 2021 – ESA – SARGENTO)** Text: Rio de Janeiro

"Rio de Janeiro is Brazil's heart, its cultural capital and emotional nerve-center [...]. It's wise to remember that the romantic sparking lights that glimmer in the hillsides illuminate the city's notorious shanty towns. Crime, especially in the tourist-filled Copacabana district, is common. Most visitors are easy targets, if only because they usually lack a tan. Don't wear expensive watches or jewelry and carry as little cash as possible, especially when going to the beach. [...] The subway system (Metro) is clean, fast and efficient, but only goes as far as Botafogo. It does not extend to Copacabana. Buses are plentiful but are uncomfortable and can be dangerous. [...] Business visitors should not be surprised when meetings start late or executives are informally dressed. This relaxed attitude is counterbalanced by the 'carioca's' quickness and creativity. 'Cafezinhos' (literally little coffees), usually highly sugared, and mineral water are staple of nearly every business meeting in this city. In meetings between men and women (and between women), kisses on both cheeks are common. Men shake hands enthusiastically. Cariocas are easy going and slow to take offence. [...]"

Source: 1998 Business Travel Guide. Adaptado de Inglês Instrumental de Rosângela Munhoz.

Quais destas características, de acordo com o texto, se referem ao transporte público feito pelos ônibus do Rio de Janeiro?

a) Clean and comfortable.
b) Fast and dangerous.
c) Efficient and plentiful.
d) Uncomfortable and plentiful.
e) Clean and dangerous.

03. **(EXÉRCITO – 2021 – ESA – SARGENTO)** Marque a única alternativa correta de acordo com o texto abaixo.

The Ovambo people in Namibia traditionally build a house for their children, using wooden poles standing closely together to form circular walls. However, as the region where they live is running short of trees, this enterprising ethnic group is turning to a more abundant building material: the empty beer bottles that litter the roadsides and are cheaply available at local stores.

a) Como são um grupo étnico empreendedor, os Ovambos estão se voltando para os investimentos no ramo da construção.
b) Na Namíbia, encontra-se o litro da cerveja à venda a preços baixos nas lojas de beira de estrada.
c) Em função da escassez de madeira, os Ovambos estão construindo casas com garrafas de cerveja vazias.
d) As casas são construídas próximas umas das outras no interior de uma muralha circular feita de madeira.
e) O povo Ovambo tem a tradição de construir casas para as crianças utilizando madeira e tijolos.

04. **(EXÉRCITO – 2021 – ESA – SARGENTO)** Observe the extract below: "Everybody's going on holiday", Bill said. He laughed. "It's going to be wonderful. No work for two weeks."

Choose the option in which you can observe the same verb tense as in the underlined words.

a) They are travel until Saturday.
b) We can playing basketball really well.
c) I am eating. Can you call me later?
d) She is going home every weekend.
e) I studying Japanese. It is fantastic!

05. **(EXÉRCITO – 2021 – ESA – SARGENTO)** Read the comic strip and mark the best option about the attitude of the soldier who is giving food to the squirrel.

a) The soldier intends to kill the squirrel.
b) The soldier is suspicious of the quality of the food.
c) The soldier wants to know the squirrel's opinion about the food.

d) The soldier loves animals and cares about them.
e) The soldier is sure that the food is healthy and delicious.

06. (EXÉRCITO – 2021 – ESA – SARGENTO) In the sentence "Jackson wasn't really angry, he was only **pretending**.", the verb in bold means that:
a) Jackson acted like he was angry.
b) Jackson will be angry.
c) Jackson tried not be angry.
d) Jackson wants to be angry.
e) Jackson becomes angry easily.

07. (EXÉRCITO – 2021 – ESA – SARGENTO) Which option has one word out of context?
a) shorts – sneakers – swimsuit – cap – T-shirt – skirt.
b) short – tall – good-looking – pretty – heavy – thin.
c) friendly – serious – funny – nice – smart – shy.
d) Brazilian – Russian – New Yorker – France – Spanish – English.
e) China – Mexico – Germany – Turkey – India – United Kingdom.

08. (EXÉRCITO – 2021 – ESA – SARGENTO) Mark the correct alternative.
"Don't speak so loud! The baby _____ now."
a) sleeps.
b) are sleeping.
c) sleep.
d) to sleep.
e) is sleeping.

09. (EXÉRCITO – 2021 – ESA – SARGENTO) Complete the sentence below using the appropriate pronoun: "Sometimes, you want a search engine to find pages that have one word on _____ but not another word".
a) They.
b) Them.
c) Their.
d) These.
e) There.

10. (EXÉRCITO – 2021 – ESA – SARGENTO) Complete the blanks with the right articles when necessary.
Attention: the blank space (_____) in the options means no article.
"In my cottage there are _____ tables in the dining room and there is _____ armchair in _____ living room.
a) a, an, _____.
b) _____, a, the.
c) a, ____ , _____.
d) _____ , an, the.
e) a, an, an.

11. (EXÉRCITO – 2021 – ESA – SARGENTO) Todas as palavras abaixo formam o plural em inglês como a palavra *photo*, exceto:
a) video.
b) piano.
c) radio.
d) hero.
e) kilo.

12. (EXÉRCITO – 2021 – ESA – SARGENTO) Marcado por diferentes características físicas, o Nordeste brasileiro é comumente dividido em quatro sub-regiões: Meio-norte, Sertão, Agreste e Zona da Mata. Das características abaixo, a única que não se encontra diretamente relacionada às peculiaridades da Zona da Mata nordestina é:
a) Presença de latifúndios.
b) Clima tropical úmido.
c) Solo de massapé.
d) Vegetação de Caatinga.
e) Planícies e tabuleiros litorâneos.

13. (EXÉRCITO – 2021 – ESA – SARGENTO) Leia o texto da campanha do Ministério da Saúde em favor da amamentação publicado em 2008: "NADA MAIS NATURAL QUE AMAMENTAR. NADA MAIS IMPORTANTE QUE APOIAR. AMAMENTAÇÃO: PARTICIPE E APOIE A MULHER". O uso deste tipo de campanha pelo Governo Federal do Brasil está diretamente relacionado:
a) à redução da expectativa de vida ao nascer verificada no país no último decênio.
b) à difusão da ideologia de gênero.
c) às altas taxas de mortalidade infantil que ainda persistem no país.
d) à necessidade de fragilizar a ação de multinacionais que monopolizam o comércio de laticínios.
e) às elevadas taxas de fecundidade verificadas no país nas últimas décadas.

14. (EXÉRCITO – 2021 – ESA – SARGENTO) Em relação à dinâmica recente e às características do agronegócio praticado no Brasil, a única afirmação que condiz com a realidade é:
a) A produção de frango nunca teve uma participação expressiva no cenário brasileiro.
b) Entre 1996 e 2006, o aumento das áreas destinadas às pastagens superou o aumento das áreas de lavouras.
c) Considerando-se o aumento das áreas de lavouras entre 1996 e 2006, os melhores resultados vieram da região Sul.
d) Estudos recentes apontam uma tendência de diminuição do número de estabelecimentos rurais especializados.
e) No que diz respeito à pecuária bovina, percebeu-se uma tendência de interiorização nas últimas décadas.

15. (EXÉRCITO – 2021 – ESA – SARGENTO) O Sistema Nacional de Unidades de Conservação (SNUC) foi criado pela lei 9.985, de 18 de julho de 2000 e tem como um dos objetivos proteger os recursos naturais necessários à subsistência de populações tradicionais, respeitando e valorizando seu conhecimento, sua cultura, promovendo-as social e economicamente, sendo denominadas Unidades de Proteção Integral e Unidades de Uso Sustentável, conforme a restrição ao uso. Entende-se por Unidades de Conservação de Uso Sustentável as (os):
a) Parques Nacionais.
b) Monumentos Naturais.
c) Parques Biológicos.
d) Estações Ecológicas.
e) Reservas Extrativistas.

16. **(EXÉRCITO – 2021 – ESA – SARGENTO)** O Brasil tem um território de dimensões continentais. Suas terras se estendem pela Zona Climática Intertropical e seu litoral é igualmente extenso. Essas e outras características, imprimiram no clima nacional, forte influência das massas de ar oceânicas. Observe as massas de ar que atuam no território brasileiro e analise as afirmativas abaixo:

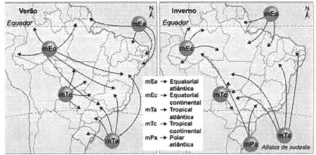

I. As massas de ar equatoriais e tropicais têm sua atuação atenuada no inverno, em função do avanço da Massa Polar Atlântica (mPa).

II. Em grande parte da Amazônia, o clima é quente e úmido o ano inteiro porque permanecem atuando massas quentes e úmidas – Massa Equatorial Continental (mEc) e Massa Equatorial Atlântica (mEa).

III. Na área central do país, por consequência do encontro da Massa Tropical Atlântica (mTa) e a Massa Polar Atlântica (mPa), forma-se uma frente fria e há ocorrência de fortes chuvas no inverno.

IV. No clima subtropical ocorrem verões amenos e invernos rigorosos, com chuvas mal distribuídas ao longo do ano, consequência da ação dominante da Massa Polar Atlântica (mPa).

Estão corretas as afirmativas:
a) I e IV
b) II e III
c) I e III
d) I e II
e) III e IV

17. **(EXÉRCITO – 2021 – ESA – SARGENTO)** No contexto da Expansão Ultramarina Europeia dos séculos XV e XVI, pode-se afirmar que:
a) os cristãos novos não puderam participar da expansão portuguesa porque esta era uma atividade desenvolvida somente por quem tinha posse de terras.
b) os espanhóis, ao chegarem à América, perderam o interesse de continuar buscando uma rota para a China.
c) ao longo do século XV, a exploração do litoral africano rendeu poucos lucros aos mercadores portugueses.
d) os nobres portugueses, associados aos cristãos novos, desenvolveram uma mentalidade burguesa e capitalista ao longo do século XVI.
e) em finais do século XIV, a atividade comercial passou a ser importante fonte de renda em Portugal.

18. **(EXÉRCITO – 2021 – ESA – SARGENTO)** Bem mais que um limite, a fronteira é, sobretudo, uma zona de interações. A Constituição Brasileira de 1988 considera, nas fronteiras terrestres, faixa de fronteira uma largura de:
a) 150 km.
b) 10 km.
c) 200 km.
d) 50 km.
e) 100 km.

19. **(EXÉRCITO – 2021 – ESA – SARGENTO)** Durante o início da colonização do Brasil por Portugal, teve-se a figura política dos governadores-gerais. O primeiro governador-geral, que governou de 1549 a 1553, foi:
a) Tomé de Sousa.
b) Lourenço da Veiga.
c) D. Luís Fernandes de Vasconcelos.
d) Mem de Sá.
e) Duarte da Costa.

20. **(EXÉRCITO – 2021 – ESA – SARGENTO)** Pode-se destacar como primeiras providências do governo republicano no Brasil (1889-1891), a:
a) separação entre Igreja e Estado, criando os registros civis e extinguindo o padroado.
b) primeira Constituição republicana, que estabeleceu o voto universal e secreto.
c) promulgação da grande naturalização, com o objetivo de amenizar o xenofobismo contra os ingleses pobres.
d) reforma financeira, com o objetivo de estimular o desenvolvimento da agricultura.
e) instituição do centralismo e a transformação das províncias em estados membros da federação.

21. **(EXÉRCITO – 2021 – ESA – SARGENTO)** No final do século XIX a monarquia Brasileira estava desgastada politicamente, o que resultou numa crise. Sobre os fatos ocorridos durante a crise da monarquia brasileira e Proclamação da República, pode-se afirmar que:
a) a Igreja Católica foi a única instituição que apoiou o imperador até a sua queda.
b) o Manifesto Republicano já havia sido lançado no final do século XVIII, pela Conjuração Carioca.
c) a proclamação da República foi efetivada sem a participação de militares do Exército.
d) com a abolição da escravidão, muitos senhores de escravos passaram a apoiar a causa republicana.
e) o governo monárquico não reagiu à situação difícil que se encontrava.

22. **(EXÉRCITO – 2021 – ESA – SARGENTO)** O primeiro passo da expansão ultramarina portuguesa foi a conquista de:
a) Moçambique.
b) Senegal.
c) Guiné.
d) Ceuta.
e) Angola.

23. **(EXÉRCITO – 2021 – ESA – SARGENTO)** Entre os diversos movimentos, organizados por particulares, de interiorização do Brasil, a partir do século XVII, tivemos um que se notabilizou para busca de índios para torná-los escravos. Este movimento ficou conhecido como:
a) bandeirismo de preação.
b) escravismo de conquista.
c) sertanismo de contrato.
d) extrativismo sertanejo.
e) entradas.

24. **(EXÉRCITO – 2021 – ESA – SARGENTO)** "D. Carolina é o prazer em ebulição; se é inquieta e buliçosa, está em sê-lo a sua maior graça; aquele rosto moreno, vivo e delicado, aquele corpinho, ligeiro como a abelha, perderia metade do que vale, se não estivesse em contínua agitação. O beija-flor nunca se mostra tão belo como quando se pendura na mais tênue flor e voeja nos ares. D. Carolina é um beija-flor completo."

MACEDO, J. M. de. **A moreninha**. Rio de Janeiro: Tecnoprint, s/d. p. 77.

A moreninha, de Joaquim Manuel de Macedo, é o primeiro romance do Romantismo brasileiro. Nessa passagem, evidenciam-se as seguintes características desse movimento:

a) Sentimentalismo exacerbado e linguagem próxima ao coloquial.
b) Aproximação da leitora e ambientação no contexto burguês.
c) Narrador em primeira pessoa e predomínio do sonho.
d) Idealização feminina e metaforização da natureza.
e) Eu lírico introspectivo e representações vagas.

25. **(EXÉRCITO – 2021 – ESA – SARGENTO)** Marque a alternativa que classifica as palavras abaixo quanto à acentuação, respectivamente:
Tábua / Céu / Tórax

a) Paroxítona / Paroxítona / Paroxítona.
b) Oxítona / Monossílabo átono / Paroxítona.
c) Paroxítona / Monossílabo tônico / Paroxítona.
d) Monossílabo átono / Paroxítona / Oxítona.
e) Proparoxítona / Paroxítona / Oxítona.

26. **(EXÉRCITO – 2021 – ESA – SARGENTO)** Assinale a alternativa em que os vocábulos obedecem às mesmas regras de acentuação gráfica das palavras "temática" e "saúde", respectivamente:

a) hífen, ótimo.
b) parabéns, mágico.
c) médico, conteúdo.
d) robótica, café.
e) revólver, faísca.

27. **(EXÉRCITO – 2021 – ESA – SARGENTO)** São exemplos de verbos irregulares, exceto:

a) Restrinjo a passagem de alunos por aqui a partir de hoje.
b) Quando tinha três anos, já media um metro.
c) Todos os anos, ela me dava um presente.
d) Minha mãe faz bolos deliciosos.
e) Nós pedimos uma pizza.

28. **(EXÉRCITO – 2021 – ESA – SARGENTO)** Leia um fragmento da Carta de Pero Vaz de Caminha, a seguir. (A imagem é meramente ilustrativa)

Fonte: https://www.culturagenial.com/carta-pero-vaz-de-caminha/

"Nela, até agora, não pudemos saber que haja ouro, nem prata, nem coisa alguma de metal ou ferro; nem lho vimos. Porém a terra em si é de muito bons ares [...]. Porém o melhor fruto que dela se pode tirar me parece que será salvar esta gente."

(Carta de Pero Vaz de Caminha. *In*: MARQUES, A.; BERUTTI, F.; FARIA, R. **História moderna através de textos**. São Paulo: Contexto, 2001.)

Nesse trecho, o relato de Caminha alinha-se ao projeto colonizador da Coroa Portuguesa para a nova terra, pois, essencialmente,

a) demarca a superioridade europeia, para enfatizar a miséria dos indígenas.
b) descreve a exuberância das terras, para impressionar a Coroa Portuguesa.
c) evidencia a ausência de trabalho dos povos autóctones (povos nativos).
d) informa sobre o potencial econômico e a oportunidade de conversão católica.
e) realça somente a possibilidade da catequese para os povos nativos.

29. **(EXÉRCITO – 2021 – ESA – SARGENTO)** Observe o enunciado abaixo:

De acordo com o texto, analise as afirmações abaixo:

I. "O" é um artigo definido e seu valor semântico é de notoriedade.
II. "O" é um artigo indefinido e seu valor semântico é de generalização.
III. "Ele" é um pronome e o termo "é" é um verbo não nocional.
IV. A expressão "cara" é característica da linguagem informal.

Quais estão corretas?

a) Apenas I, III e IV.
b) Apenas III e IV.
c) I, II, III e IV.
d) Apenas II e III.
e) Apenas I e IV.

30. **(EXÉRCITO – 2021 – ESA – SARGENTO)** Dentre as palavras destacadas, é um advérbio:

a) Desculpe-me...mas sente-se mal?
b) Da família, só elas duas estão vivas.
c) Afinal, não tenho culpa do ocorrido.
d) Por que você não veio à festa?
e) Até Maria chegou atrasada.

31. (EXÉRCITO – 2021 – ESA – SARGENTO) Observe:

"O bom escritor sabe que elementos como a coerência e a coesão são indispensáveis para a inteligibilidade dos textos escritos, bem como o respeito às normas gramaticais."

Se o termo **escritor** fosse colocado no plural, quantas outras alterações seriam necessárias para manter a correção da frase?

a) Duas.
b) Três.
c) Quatro.
d) Uma.
e) Cinco.

32. (EXÉRCITO – 2021 – ESA – SARGENTO) "Escreve! Molha a pena, o leve estilo enrista!

Pinta um canto de céu, uma nuvem de gaze

Solta, brilhante ao sol; e que a alma se te vaze

Na cópia dessa luz que nos deslumbra a vista."

Esses versos pertencem à 2ª estrofe de um soneto. Analisando seus aspectos formais, conclui-se que o poema:

a) tem doze versos de dez sílabas e rimas alternadas.
b) tem quatro versos de dez sílabas e ausência de rimas.
c) tem quatorze versos de doze sílabas e rimas ricas.
d) tem versos brancos e livres e quatro quartetos.
e) não tem número fixo de estrofes nem de sílabas métricas.

33. (EXÉRCITO – 2021 – ESA – SARGENTO) Leia a seguir os versos de João Cabral Melo Neto.

"Está apenas em que a terra

é por aqui mais macia;

está apenas no pavio,

ou melhor, na lamparina:"

O valor semântico correto para a expressão destacada (sublinhada) é de:

a) retificação.
b) valoração.
c) condição.
d) comparação.
e) contradição.

34. (EXÉRCITO – 2021 – ESA – SARGENTO) "Algum tempo hesitei se devia abrir estas memórias pelo princípio ou pelo fim, isto é, se poria em primeiro lugar o meu nascimento ou a minha morte. Suposto o uso vulgar seja começar pelo nascimento, duas considerações me levaram a adotar diferente método: a primeira é que eu não sou propriamente um autor defunto, mas um defunto autor, para quem a campa foi outro berço; a segunda é que o escrito ficaria assim mais galante e mais novo. Moisés, que também contou a sua morte, não a pôs no intróito, mas no cabo: diferença radical entre este livro e o Pentateuco."

(Trecho do livro **Memórias Póstumas de Brás Cubas**, de Machado de Assis)

Neste trecho do livro **Memórias Póstumas de Brás Cubas**, de Machado de Assis, o autor-personagem faz uma comparação com Moisés. Essa comparação é baseada em ambos:

a) serem amigos.
b) falarem de suas mortes.
c) serem escritores.
d) gostarem da vida.
e) gostam do novo.

35. (EXÉRCITO – 2021 – ESA – SARGENTO) A expressão que fornece o número de anagramas da palavra SARGENTO, onde as vogais aparecem em ordem alfabética, é:

a) $\dfrac{8! - 5!}{3!}$

b) $\dfrac{8!}{3!}$

c) $8!$

d) $\dfrac{8! - 3!}{5!}$

e) $8! - 3!$

36. (EXÉRCITO – 2021 – ESA – SARGENTO) Identifique o ângulo X, em radianos, do intervalo $[0, 2\pi]$ cujo sen X é igual ao sen 2X.

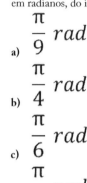

a) $\dfrac{\pi}{9}\ rad$

b) $\dfrac{\pi}{4}\ rad$

c) $\dfrac{\pi}{6}\ rad$

d) $\dfrac{\pi}{2}\ rad$

e) $\dfrac{\pi}{3}\ rad$

37. (EXÉRCITO – 2021 – ESA – SARGENTO) Considere a e b números reais positivos. Se $\log a = 2$ e $\log b = 3$, o valor de $\log(a.b^2)$ é igual a:

a) 18
b) 12
c) 11
d) 10
e) 8

38. (EXÉRCITO – 2021 – ESA – SARGENTO) Assinale a alternativa cujo gráfico representa a função exponencial $f(x) = 2^x$.

a)

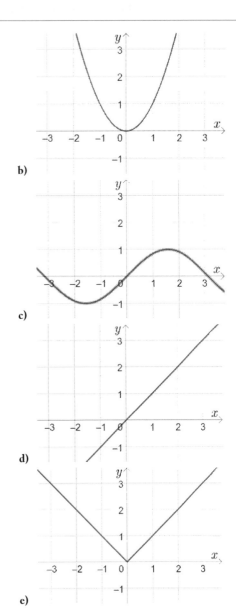

b)

c)

d)

e)

39. (EXÉRCITO – 2021 – ESA – SARGENTO) Qual é a posição do ponto P (5 , 3) em relação à circunferência de centro C (3 , 1) e raio igual a 5 unidades?
a) Externo.
b) Interno, não coincidente com o centro.
c) Pertence à circunferência.
d) Coincidente com o centro.
e) Excêntrico.

40. (EXÉRCITO – 2021 – ESA – SARGENTO) A "Operação Carro – Pipa" destina-se combater a seca no Nordeste. Essa logística é feita através de caminhões tanque. Admitindo que esses tanques sejam cilíndricos (raio = 0,8m e altura 6,25m). Quantas viagens desses carros cheios (carradas) serão necessárias para abastecer totalmente uma cisterna comunitária, em forma de paralelepípedo retângulo, cujas dimensões são: 7m×6m×2m? (Considere π = 3).
a) 5.
b) 6.
c) 4.
d) 7.
e) 3.

41. (EXÉRCITO – 2021 – ESA – SARGENTO) Observe o paralelepípedo retorretângulo da figura abaixo.

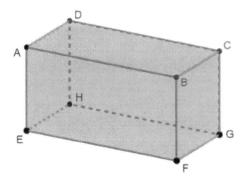

Sobre este sólido, assinale a única alternativa correta.
a) As retas $\overleftrightarrow{CD}$ e $\overleftrightarrow{CG}$ são ortogonais entre si.
b) A reta $\overleftrightarrow{CF}$ é paralela ao plano (ADH).
c) As retas $\overleftrightarrow{AC}$ e $\overleftrightarrow{HF}$ são paralelas entre si.
d) A reta $\overrightarrow{AB}$ é perpendicular ao plano (EFG).
e) As retas $\overleftrightarrow{BF}$ e $\overleftrightarrow{DH}$ são perpendiculares entre si.

42. (EXÉRCITO – 2021 – ESA – SARGENTO) Numa PA crescente, os seus dois primeiros termos são as raízes da equação $X^2 - 11X + 24 = 0$. Sabendo que o número de termos dessa PA é igual ao produto dessas raízes, então a soma dos termos dessa progressão é igual a:
a) 1.100
b) 1.200
c) 1.452
d) 1.350
e) 1.672

43. (EXÉRCITO – 2021 – ESA – SARGENTO) Sejam **A** e **B** matrizes de ordem 2 tais que **det A = 2** e **det B= 5**. Marque a alternativa que expressa o valor de **det (2AB)**.
a) 30.
b) 20.
c) 40.
d) 50.
e) 10.

44. (EXÉRCITO – 2021 – ESA – SARGENTO) Em uma urna existem 5 bolinhas numeradas de 1 a 5. Quatro dessas bolinhas são retiradas, uma a uma, sem reposição. Qual a probabilidade de que a sequência de números observados, nessas retiradas, seja crescente?
a) $\dfrac{2}{5}$
b) $\dfrac{1}{5}$
c) $\dfrac{1}{36}$
d) $\dfrac{1}{24}$
e) $\dfrac{1}{12}$

45. (EXÉRCITO – 2021 – ESA – SARGENTO) Considere um triângulo retângulo ABC, retângulo em A. Sendo H o pé da altura relativa à hipotenusa e sabendo que AH = 6 cm e BH = 2 cm, o produto dos comprimentos dos catetos é igual a:
a) 150 cm²
b) 144 cm²

c) 120 cm²
d) 180 cm²
e) 108 cm²

46. (EXÉRCITO – 2021 – ESA – SARGENTO) Observe o gráfico da função modular f: R→R definida pela lei $f(x) = |x|$.

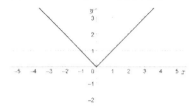

Nessas condições, assinale a alternativa que ilustra o gráfico da função g: R→R definida pela lei $g(x) = |x + 1|$.

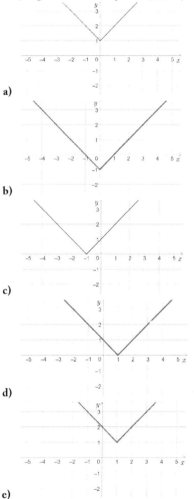

47. (EXÉRCITO – 2021 – ESA – SARGENTO) O valor de uma viatura militar decresce linearmente com o tempo. Se hoje ela custa 50 mil dólares e daqui a 5 anos vale apenas 10 mil dólares, qual seria o valor da viatura daqui a três anos?
a) 26 mil.
b) 30 mil.
c) 24 mil.
d) 32 mil.
e) 34 mil.

48. (EXÉRCITO – 2021 – ESA – SARGENTO) O produto de todos os números reais que satisfazem a equação modular $|3x - 12| = 18$ é um número P. Então, o valor de P é igual a:
a) –100.
b) –20.
c) –2.
d) 10.
e) 20.

49. (EXÉRCITO – 2021 – ESA – SARGENTO) "Algum tempo hesitei se devia abrir estas memórias pelo princípio ou pelo fim, isto é, se poria em primeiro lugar o meu nascimento ou a minha morte. Suposto o uso vulgar seja começar pelo nascimento, duas considerações me levaram a adotar diferente método: a primeira é que eu não sou propriamente um autor defunto, mas um defunto autor, para quem a campa foi outro berço; a segunda é que o escrito ficaria assim mais galante e mais novo. Moisés, que também contou a sua morte, não a pôs no intróito, mas no cabo: diferença radical entre este livro e o Pentateuco."

(Trecho do livro **Memórias Póstumas de Brás Cubas**, de Machado de Assis)

O autor personagem decidiu iniciar sua narrativa pelo fim, pois:
a) todos gostam de ouvir sobre a morte de alguém.
b) escritor que é escritor sempre faz dessa forma.
c) é comum para esse tipo de narrativa.
d) ninguém tinha feito assim antes.
e) a história é de terror.

50. (EXÉRCITO – 2021 – ESA – SARGENTO) "Algum tempo hesitei se devia abrir estas memórias pelo princípio ou pelo fim, isto é, se poria em primeiro lugar o meu nascimento ou a minha morte. Suposto o uso vulgar seja começar pelo nascimento, duas considerações me levaram a adotar diferente método: a primeira é que eu não sou propriamente um autor defunto, mas um defunto autor, para quem a campa foi outro berço; a segunda é que o escrito ficaria assim mais galante e mais novo. Moisés, que também contou a sua morte, não a pôs no intróito, mas no cabo: diferença radical entre este livro e o Pentateuco."

(Trecho do livro **Memórias Póstumas de Brás Cubas**, de Machado de Assis)

Qual a diferença entre "AUTOR DEFUNTO" e "DEFUNTO AUTOR"?
a) são sinônimos.
b) o primeiro iniciou sua carreira após a morte e o segundo, em vida.
c) o primeiro foi autor em vida e o segundo, só após a morte.
d) o primeiro escreve sobre a sua morte e o segundo, após a sua morte.
e) o primeiro tem como tema em sua obra a morte e o segundo, o ato de escrever.

51. (EXÉRCITO – 2020 – ESA – SARGENTO) The plural forms of table, box, kilo, sky, wife and tooth are respectively:
a) tables, boxes, Kiloes, skies, wives and teeth.
b) tables, boxes, kilos, skies, wives and tooths.
c) tables, boxes, kilos, skies. wifes and teeth.
d) tables, boxes, kilos, skys, wives and teelh.
e) tables, boxes, kílos, sKíes, wives and teeth.

52. **(EXÉRCITO – 2020 – ESA – SARGENTO)**

    Brazilian Armed Forces

    The Brazilian Armed Forces is the unified military organization formed by the Brazilian Army (including the Brazilian Army Aviation), the Brazilian Navy (including the Brazilian Marine Corps and Brazilian Naval Aviation) and the Brazilian Air Force.

    Brazil's armed forces are the third largest in the Americas, after the United States and Colombia, and the largest in Latin America by the level of military equipment, with approximately 318,480 active-duty troops and officers. They are expanding their presence in lhe Amazon under the Northern Corridor (Calha Norte) program. In 1994, Brazilian troops joined United Nations (UN) peacekeeping forces in five countries.

    The Brazilian military, especially the army, is more involved in civic-action programs, education, health care, and constructing roads, bridges, and rállroads across the nation. The 1988 Constitution preserves the external and internal roles of the Armed Forces, but it places the military under presidential authority.

    (Adaptado de Brazilian Armed Forces. Revolvy, 2019. Disponível em https://www.revolvy.com/page/Brazilian-ArmedForces?cr-1. Acesso em: 19 de ago. de 2019)

    According to the text, it is correct to say that:
    a) the Brazilian Naval Aviation is part of the Brazilian Aír Force.
    b) the Brazilian Army Aviation is part of the Brazilian Navy.
    c) the Brazilian Armed Forces is part of Brazilian Aír Force.
    d) the Brazilian Air Force is part of the Brazilian Armed Forces.
    e) the Brazilian Marine Corps is part of the Brazilian Armed Forces.

53. **(EXÉRCITO – 2020 – ESA – SARGENTO)** "My brother has a new job. He doesn't like ___ very much". Fill in the blank with the correct forms of the personal pronoun.
    a) her.
    b) she.
    c) him.
    d) it.
    e) he.

54. **(EXÉRCITO – 2020 – ESA – SARGENTO)** Mudando para base 3 o $\log_5 7$. obtemos:
    a) $\log_3 7/\log_3 5$.
    b) $\log_7 3/\log_5 3$.
    c) $\log_3 5$,
    d) $\log_3 7$.
    e) $\log_5 3/\log_7 3$.

55. **(EXÉRCITO – 2020 – ESA – SARGENTO)** "The President ___ The New York Times everyday." Complete the space with the correct forms of the verb.
    a) are reading.
    b) is read.
    c) reads.
    d) is reading
    e) read.

56. **(EXÉRCITO – 2020 – ESA – SARGENTO)** O Brasil, devido a sua dimensão geográfica e a suas condições climáticas, possui diversas bacias hidrográficas. Sobre as características dessas bacias, é correto afirmar que:
    a) a bacia do Rio Paraná é a bacia com maior potencial hidroelétrico disponível no país.
    b) a bacia do Rio Amazonas apresenta um regime nival e pluvial em toda sua extensão.
    c) na bacia do Rio Tocantins-Araguaia, localizam-se a hidroelétrica de Belo Monte e também a maior ilha fluvial do mundo, a do Bananal.
    d) a bacia do Rio São Francisco nasce na Serra da Canastra e atravessa o sertão semiárido. É navegável entre Pirapora-MG e Juazeiro-BA.
    e) a bacia do Rio Parnaíba é a mais importante da região Nordeste e apresenta afluentes perenes em toda sua área de drenagem.

57. **(EXÉRCITO – 2020 – ESA – SARGENTO)** O clima que se estende pela faixa litorânea do Nordeste ao Sudeste, com grande influencia da Massa Tropical (Ta), apresentando alta pluviosidade e elevadas médias térmicas. Trata-se do clima:
    a) litorâneo úmido.
    b) tropical semiárido.
    c) equatorial úmido.
    d) subtropical úmido.
    e) tropical de altitude.

58. **(EXÉRCITO – 2020 – ESA – SARGENTO)** Ao abdicar do trono brasileiro, em 1831, e tendo seu herdeiro ainda criança, foi estabelecido que se deveria seguir o previsto na Constituição de 1824 quanto a sucessão do trono em caso de renúncia do rei, isto é, que fosse organizada uma regência.

    Marque a alternativa que apresenta a sequência correta entre as formas de regências estabelecidas até a maioridade do herdeiro, Pedro de Alcântara.
    a) Regência Trina Provisória, Regência Trina Permanente, Regência Una de Diogo Feijó e Regência Una de Araújo Lima.
    b) Regência Una de Diogo Feijó, Regência Una de Araújo Lima e Regência Trina Permanente.
    c) Regência Trina Permanente, Regência Trina Provisória e Regência Una de Araújo Lima.
    d) Regência Trina Provisória, Regência Una de Diogo Feijó e Regência Una de Araújo Lima.
    e) Regência Una de Araújo Lima, Regência Una de Diogo Feijó, Regência Trina Provisória e Regência Trina Permanente.

59. **(EXÉRCITO – 2020 – ESA – SARGENTO)** No final do século XVIII, a colônia brasileira foi palco de alguns movimentos influenciados pela Independência das Treze Colônias Inglesas da América do Norte (1776) e pela Revolução Francesa (1789). A Inconfidência Mineira (1789) e a Conjuração Baiana (1798), respectivamente, estão inseridas nesse contexto histórico, cujo objetivo comum era:
    a) criação de um tipo de serviço militar obrigatório.
    b) abolição total da escravidão.
    c) melhoria da remuneração dos soldados.
    d) implantação de indústrias no Brasil.
    e) criação de uma República independente.

60. **(EXÉRCITO – 2020 – ESA – SARGENTO)** Nas últimas décadas, o Brasil vem passando por significativas mudanças estruturais em sua composição demográfica. Sobre esse assunto, assinale a opção correta.
    a) O Brasil permanece como um país cuja maior parte da população vive no campo, onde a taxa de natalidade é muito baixa.
    b) Os avanços na medicina ainda não foram suficientes para reduzir a taxa de mortalidade ao longo dos anos.
    c) A taxa de fecundidade, que indica o número de nascidos vivos, tem apresentado expressivo aumento neste século.

d) O envelhecimento da população brasileira se mantém em níveis baixíssimos, seguindo a tendência mundial.

e) Paralelamente à redução da natalidade, a esperança de vida ao nascer tem aumentado no Brasil.

61. (EXÉRCITO – 2020 – ESA – SARGENTO) Entre 1580 e 1640, o Rei da Espanha passou a ser também rei de Portugal, dando origem ao período denominado "União Ibérica". Em relação à ocorrência desta condição, podemos afirmar que:

a) A "união" entre Portugal e Espanha proporcionou grandes avanços para a economia lusitana, que passou a explorar ouro e prata em grande quantidade.

b) A administração Filipina promoveu melhorias para a economia açucareira no Brasil, gerando independência perante os interesses holandeses.

c) Felipe II decretou a liberdade de culto objetivando evitar tensões e movimentos revoltosos.

d) Apesar da influência política do rei espanhol, Felipe II concordou em preservar costumes, língua e aspectos da economia portuguesa em território português e em seus domínios.

e) A administração filipina sobre o território brasileiro e as atividades coloniais garantiu segurança necessária para que Salvador se mantivesse como capital colonial, não havendo incursões estrangeiras no Brasil.

62. (EXÉRCITO – 2020 – ESA – SARGENTO) É uma faixa de transição que se constitui de unidade paisagística nas quais mesclam vegetação da região Nordeste e Norte, respectivamente. O texto se refere a (ao):

a) Pantanal.

b) Pradaria.

c) Restinga.

d) Manguezal.

e) Mata dos Cocais.

63. (EXÉRCITO – 2020 – ESA – SARGENTO) Entre 1930 e 1956, a industrialização brasileira caracterizou-se por uma estratégia governamental de criação de indústrias estatais nos setores de bens de produção e de infraestrutura estratégica. Sobre esse período, em que o Estado passou a intervir diretamente na economia, é correto afirmar que:

a) os altíssimos investimentos estatais eram justificados pelo desinteresse do capital privado, nacional e internacional em investir em setores em que o retorno dos investimentos é reconhecidamente muito lento.

b) em função desse extraordinário crescimento do setor industrial brasileiro, perdeu importância a exportação de produtos primários, notadamente o café.

c) são exemplos de indústrias que se destacaram no período a Companhia Vale do Rio Doce, a Companhia Hidrelétrica do São Francisco e as montadoras de automóveis do ABC paulista.

d) o então presidente Getúlio Vargas implantou o Plano de Metas com o objetivo de impulsionar o crescimento da economia brasileira a partir do setor industrial.

e) esse modelo de industrialização ficou conhecido no Brasil como substituição de exportações e se caracterizou pelo incentivo às importações de bens de consumo.

64. (EXÉRCITO – 2020 – ESA – SARGENTO) Durante a chamada Era Vargas (1930-45), houve profundas mudanças em diversos setores estruturais do país. Dentre essas mudanças, é correto citar:

a) a grande democratização graças ao alinhamento com os aliados durante a 2ª Guerra Mundial.

b) a criação de leis trabalhistas e a regulamentação dos sindicatos.

c) o alinhamento com o bloco soviético, permitindo a participação do PCB nas eleições.

d) a criação de áreas de livre comércio que alavancaram a economia brasileira.

e) o incentivo à lavoura cafeeira para resgatar a grandeza econômica do país.

65. (EXÉRCITO – 2020 – ESA – SARGENTO) O planejamento regional da Amazônia foi deflagrado em 1953 com a criação da Superintendência do Plano de Valorização Econômica da Amazônia (SPVEA), cujo objetivo era coordenar planos federais para a região, dividindo-a em regiões de planejamento, Oriental e Ocidental, com suas respectivas área de influência e composição.

Assinale a alternativa que apresenta os estados brasileiros que compõem a Amazônia Oriental.

a) Maranhão, Pará, Amapá e Tocantins.

b) Mato Grosso do Sul, Acre e Pará.

c) Amazonas, Roraima e Piauí.

d) Acre, Rondônia e Mato Grosso.

e) Amazonas, Acre, Rondônia e Roraima.

66. (EXÉRCITO – 2020 – ESA – SARGENTO) Durante o avanço das Forças Brasileiras na Guerra da Tríplice Aliança, as tropas se depararam com uma posição defensiva estrategicamente construída pelos paraguaios, a fortaleza de Humaitá. Essa posição demandou muito tempo e vidas para ser conquistada. Tal Fortaleza estava estabelecida às margens do rio:

a) Paraíba do Sul.

b) Paraguai.

c) Paraná.

d) Uruguai.

e) Iguaçu.

67. (EXÉRCITO – 2020 – ESA – SARGENTO) Durante a permanência da Corte Portuguesa no Brasil (1808-1821) D. João VI tomou uma série de medidas que contrariavam os fundamentos mercantilistas do Sistema Colonial Português na América. Uma medida tomada pelo príncipe regente, nesse período, que conferia ao Brasil autonomia administrativa e selava o fim se sua situação colonial foi a:

a) criação da Real Academia Militar e da Marinha, além do Hospital Militar.

b) elevação do Brasil à categoria de Reino Unido de Portugal e Algarves.

c) abertura dos portos às nações amigas e o consequente fim do Pacto Colonial.

d) assinatura dos tratados de comércio e navegação com a Inglaterra em 1810.

e) extinção do Alvará de 1785 e a permissão para o funcionamento de indústrias no Brasil.

68. (EXÉRCITO – 2020 – ESA – SARGENTO) Marque a única opção em que a palavra se escreve sem a letra h.

a) omilia.

b) ediondo.

c) pan-ispânico.

d) ecatombe.

e) desarmonia.

69. (EXÉRCITO – 2020 – ESA – SARGENTO) Assinale a alternativa que apresenta a classificação correta do advérbio destacado na pergunta abaixo.

Por que as universidades internacionais querem **mais** mulheres no MBA?

(Disponível em: https://www.napratica.org.br/universidades-mulheres-no-mba/. Acesso em: 12 set. 2019).

a) modo.
b) afirmação.
c) interrogativo.
d) lugar.
e) intensidade.

70. (EXÉRCITO – 2020 – ESA – SARGENTO) No Barroco, é apresentada uma temática que expressa:
a) um culto do contraste, uma simplicidade acima de tudo.
b) um pessimismo, uma idealização da natureza.
c) um dinamismo, uma consciência social.
d) uma fusão de visões, uma fuga da cidade.
e) uma reflexão sobre a fragilidade humana, um destaque ao contraste.

71. (EXÉRCITO – 2020 – ESA – SARGENTO)

Importância e vantagens da reciclagem

A segunda metade do século XX foi marcada pelo surgimento de uma série de produtos que contribuíram para a praticidade do nosso cotidiano. A ascensão da indústria de materiais descartáveis foi uma das protagonistas desse desenvolvimento como, por exemplo, a invenção do PET (Politereftalato de etileno). Inicialmente empregado na indústria têxtil, esse tipo de plástico logo revolucionou o setor de armazenamento e transporte de alimentos e bebidas, com as vantagens de ser inquebrável, leve e de fácil manuseio - substituindo o vidro, pesado e frágil.

O consumo em grande escala dos plásticos gerou um problema em relação ao meio ambiente: o descarte desses resíduos. Nas últimas décadas, instituições defensoras da sustentabilidade passaram a pressionar os governos e as indústrias por posturas mais responsáveis: o crescimento econômico em detrimento do meio ambiente virou objeto de pesquisa de cientistas, tomou as manchetes das revistas especializadas e dos jornais e ganhou o apelo da população.

O fim do uso de materiais descartáveis é inviável, tampouco os ambientalistas clamam por isso. O desenvolvimento sustentável consiste em 3Rs: reduzir, reutilizar e reciclar. A indústria fica encarregada da terceira etapa. O processo de reciclagem não só preserva o meio ambiente, mas também gera riquezas e reduz os custos de produção das empresas que investem na prática, além de promover o marketing social de "empresa eco-friendly" ou "empresa verde" (amigável ao meio ambiente).

(Disponível em: https://www.simperj.org.br/blog/2018/09/27/a-importancia-e-vantagens-da-reciclagem/. Acesso em: 13 jun. 2019. Adaptado.)

Segundo o texto, a praticidade do cotidiano atual deve-se, em especial, à:
a) produção de embalagens sustentáveis.
b) escalada da indústria de materiais descartáveis.
c) substituição de manufaturas por produtos da indústria de base.
d) redução dos custos de produção, pois o PET é mais barato que o vidro, por exemplo.
e) facilidade de armazenamento dos produtos.

72. (EXÉRCITO – 2020 – ESA – SARGENTO) Sobre o Parnasianismo, assinale a alternativa correta.
a) Os autores não se preocupam com a metrificação dos poemas.
b) A perfeição das formas poéticas e o rigor estético, permeado por valores clássicos, caracterizam-no.
c) Os poetas exploram, unicamente, temas relacionados à emoção, à fantasia e ao sonho.
d) A valorização da paisagem nacional é tema primordial dos autores brasileiros dessa escola literária.
e) Algumas das produções dessa escola viraram cantigas de roda infantil.

73. (EXÉRCITO – 2020 – ESA – SARGENTO) Assinale a opção em que há erro de acentuação gráfica.
a) mágoa, tênue
b) fórceps, têxtil.
c) caquí, caríjos.
d) raízes, sóis.
e) crisântemo, ônix.

74. (EXÉRCITO – 2020 – ESA – SARGENTO) Assinale a alternativa em que as palavras preenchem corretamente as lacunas do seguinte período:
Os negros que _____ socialmente no Brasil continuam sofrendo _____ de forma _____ .
a) ascenderam, discriminação, eminente.
b) ascenderam, discriminação, iminente.
c) acender, discriminação, iminente.
d) acender, discriminação, eminente.
e) ascenderam, descriminação, eminente.

75. (EXÉRCITO – 2020 – ESA – SARGENTO) De acordo com a língua culta, assinale a alternativa correta.
a) Fazem muitos anos que não jogo xadrez.
b) Os Estados Unidos se recusaram a assinar o protocolo de Kioto.
c) Se não houvessem tantas brutalidades, o mundo seria uma maravilha.
d) Minas Gerais são uma das 27 unidades federativas do Brasil.
e) As esperanças do pai eram Carlota.

76. (EXÉRCITO – 2020 – ESA – SARGENTO) Sobre a arte barroca brasileira, pode-se afirmar que:
a) há uma presença de estilo tropical com elogios à diversidade social.
b) há elementos do conceptismo, marcado pela relação da argumentação.
c) usa linguagem rebuscada sem figuras de linguagem.
d) traz a ideia de que tudo pode ser estável.
e) usa uma linguagem simples e objetiva, sem exageros.

77. (EXÉRCITO – 2020 – ESA – SARGENTO) Leia o parágrafo a seguir e, em seguida, marque a alternativa que apresenta, respectivamente, a classificação quanto à classe gramatical das palavras em negrito.
"**Embora** haja um número crescente de estudos **sobre** o uso de celulares e suas consequências, **nenhum** deles provou definitivamente que o consumo excessivo do aparelho causa problemas de saúde mental."
a) conjunção, preposição e pronome.
b) preposição, pronome e conjunção.
c) conjunção, conjunção e pronome.
d) conjunção, preposição e numeral.
e) preposição, preposição e pronome.

SIMULADO PARA ESA

78. (EXÉRCITO – 2020 – ESA – SARGENTO)

Importância e vantagens da reciclagem

A segunda metade do século XX foi marcada pelo surgimento de uma série de produtos que contribuíram para a praticidade do nosso cotidiano. A ascensão da indústria de materiais descartáveis foi uma das protagonistas desse desenvolvimento como, por exemplo, a invenção do PET (Politereftalato de etileno). Inicialmente empregado na indústria têxtil, esse tipo de plástico logo revolucionou o setor de armazenamento e transporte de alimentos e bebidas, com as vantagens de ser inquebrável, leve e de fácil manuseio - substituindo o vidro, pesado e frágil.

O consumo em grande escala dos plásticos gerou um problema em relação ao meio ambiente: o descarte desses resíduos. Nas últimas décadas, instituições defensoras da sustentabilidade passaram a pressionar os governos e as indústrias por posturas mais responsáveis: o crescimento econômico em detrimento do meio ambiente virou objeto de pesquisa de cientistas, tomou as manchetes das revistas especializadas e dos jornais e ganhou o apelo da população.

O fim do uso de materiais descartáveis é inviável, tampouco os ambientalistas clamam por isso. O desenvolvimento sustentável consiste em 3Rs: reduzir, reutilizar e reciclar. A indústria fica encarregada da terceira etapa. O processo de reciclagem não só preserva o meio ambiente, mas também gera riquezas e reduz os custos de produção das empresas que investem na prática, além de promover o marketing social de "empresa eco-friendly" ou "empresa verde" (amigável ao meio ambiente).

(Disponível em: https://www.simperj.org.br/blog/2018/09/27/a-importancia-e-vantagens-da-reciclagem/. Acesso em 13 jun. 2019. Adaptado.)

Segundo o texto, a indústria, quanto ao desenvolvimento sustentável, deve:

a) escolher empresas que utilizem matérias-primas para a produção de embalagens sustentáveis.
b) responsabilizar-se pela reciclagem de materiais descartáveis.
c) pressionar o governo, a fim de que recursos sejam revertidos para "campanhas eco-friendly".
d) promover o marketing social, financiando estudos para a substituição do PET.
e) gerar riquezas e reduzir os custos de produção.

79. (EXÉRCITO – 2020 – ESA – SARGENTO) Segundo o acordo ortográfico de 2009/2010, quanto à acentuação, marque a alternativa em que a palavra em **negrito** está correta.

a) Quanto à limpeza, eu sou **paranôica**.
b) Sempre precisamos de novas **ideias**.
c) Nesta cidade, todos os **hoteis** são bons.
d) Os docentes não **vêem** com bons olhos a nova proposta de calendário escolar.
e) Meu esposo sempre **pára** o carro para atender ao celular.

80. (EXÉRCITO – 2020 – ESA – SARGENTO) A função $n(t) = 1000 \cdot 2^{0,2t}$ indica o número de bactérias existentes em um recipiente, em que t é o número de horas decorridas. Em quantas horas, após o início do experimento, haverá 16000 bactérias?

a) 20.
b) 50.
c) 15.
d) 30.
e) 10.

81. (EXÉRCITO – 2020 – ESA – SARGENTO) Um ponto P. de um sistema de coordenadas cartesianas, pertence à reta de equação y = x - 2. Sabe-se que o ponto P é equidistante do eixo das ordenadas e do ponto Q (16, O). Dessa maneira, um possível valor para as coordenadas do ponto P é:

a) P (8, 10).
b) P (10, 8).
c) P (9, 7).
d) P (12, 10).
e) P (7, 9).

82. (EXÉRCITO – 2020 – ESA – SARGENTO) Dado o polinômio $p(x)=4x^4 + 3x^5 -5x + x^2+ 2$. Analise as informações a seguir:

I. O grau de p(x) é 5.
II. O coeficiente de x^3 é zero.
III. O valor numérico de p(x) para x =-1 é 9.
IV. Um polinômio q(x) é igual a p(x) se, e somente se, possui mesmo grau de p(x) e os coeficientes são iguais.

É correto o que se afirma em:

a) II, III e IV apenas.
b) I, II, IIi e IV.
c) III e IV apenas.
d) I, II e III apenas.
e) I e II apenas.

83. (EXÉRCITO – 2020 – ESA – SARGENTO) O lucro de uma empresa é dado por uma lei $L(x) = - x2 + 8x - 7$, em que x é a quantidade vendida (em milhares de unidades) e L é o lucro (em Reais). Qual o valor do lucro máximo, em reais?

a) 8.000.
b) 10.000.
c) 9.000.
d) 7.000.
e) 6.000.

84. (EXÉRCITO – 2020 – ESA – SARGENTO) A água utilizada em uma residência é captada e bombeada do rio para uma caixa d'água localizada a 60 m de distância da bomba. Os ângulos formados pelas direções bomba - caixa d'água - residência é de 60º e residência - bomba - caixa d'água é de 75°. conforme mostra a figura abaixo. Para bombear água do mesmo ponto de captação, diretamente para a residência, quantos metros de tubulação são necessários? Use $\sqrt{6} = 2,4$

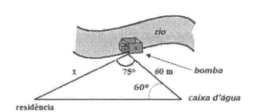

a) 12,5 metros.
b) 72 metros.
c) 35.29 metros.
d) 21,25 metros.
e) 28 metros.

85. (EXÉRCITO – 2020 – ESA – SARGENTO) A área da superfície de uma esfera é $144\pi cm^2$. O volume da esfera é igual a:

a) $216\pi cm^3$.

b) 288πcm³.
c) 2304πcm³
d) 162πrcm³
e) 72πcm³.

86. (EXÉRCITO – 2020 – ESA – SARGENTO) A soma dos possíveis valores de x na equação $4^x = 6 \cdot 2^x - 8$. é:
a) 6.
b) 7.
c) 3.
d) 2.
e) 0.

87. (EXÉRCITO – 2020 – ESA – SARGENTO) A solução da inequação $|3x-10| \leq 2x$ é dada por:
a) S={x ∈ R | x ≤ 10}.
b) S=∅.
c) S={x ∈ R | 2 ≤ x ≤ 10}.
d) S={x ∈ R | x ≥ 2}.
e) S={x ∈ R l x ≤ 2 ou x ≥ 10}.

88. (EXÉRCITO – 2020 – ESA – SARGENTO) Determine a distância real, em quilômetros, entre duas cidades que se encontram a 18mm de distância em um mapa cuja escala é 1 : 5.000.000.
a) 9.
b) 90.
c) 900.
d) 9000.
e) 0,9.

89. (EXÉRCITO – 2020 – ESA – SARGENTO) Se (40, x, y, 5, ...) é uma progressão geométrica de razão q e (q, 8 - a, 7/2, ...) é uma progressão aritmética, determine o valor de a.
a) 7.
b) 6.
c) 8.
d) 25/4.
e) 23/4.

90. (EXÉRCITO – 2020 – ESA – SARGENTO) Numa enquete foram entrevistadas 80 pessoas sobre os meios de transporte que utilizavam para vir ao trabalho e/ou à escola. Quarenta e dois responderam ônibus, 28 responderam carro e 30 responderam moto. Doze utilizavam-se de ônibus e carro, 14 de carro e moto e 18 de ônibus e moto. Cinco utilizavam-se dos três: carro, ônibus e moto. Qual é a probabilidade de que uma dessas pessoas, selecionada ao acaso, utilize somente carro?
a) 8,75%.
b) 35%.
c) 23,75%.
d) 33,75%.
e) 21,25%.

91. (EXÉRCITO – 2018 – ESA – SARGENTO) Se, para quaisquer valores X1 e X2 de um conjunto S (contido no domínio D), com X1 < X2, temos f(X1) < f(X2), então podemos afirmar que a função f é:.
a) Decrescente.
b) Inconstante.
c) Crescente.
d) Alternada.
e) Constante

92. (EXÉRCITO – 2018 – ESA – SARGENTO) Em um triângulo equilátero ABC inscreve-se um quadrado MNOP de área 3 m². Sabe-se o lado MN está contido em AC, o ponto P pertence a AB e o ponto O pertence a BC.
Nessas condições, a área, em m², do triângulo ABC mede:
a) $\dfrac{7\sqrt{3}+6}{4}$
b) $\dfrac{7\sqrt{3}+6}{2}$
c) $\dfrac{7\sqrt{3}+12}{4}$
d) $\dfrac{21\sqrt{3}-18}{2}$
e) $\dfrac{21\sqrt{3}+36}{4}$

93. (EXÉRCITO – 2018 – ESA – SARGENTO) Um cilindro equilátero é aquele cilindro reto que possui altura igual ao **dobro** do raio da base. Sabendo que o volume é calculado pela fórmula π.r2.h, quanto mede o volume de um cilindro equilátero que possui raio igual a π ?
a) $4 \cdot \pi^2$
b) $6 \cdot \pi$
c) π
d) $2 \cdot \pi^4$
e) π^6

94. (EXÉRCITO – 2018 – ESA – SARGENTO) Seja A uma matriz de ordem 3 tal que Det (A) = 4.
Então Det (2A) vale:
a) 128.
b) 64.
c) 8.
d) 32.
e) 16.

95. (EXÉRCITO – 2018 – ESA – SARGENTO) Um anagrama é uma espécie de jogo de palavras, resultando do rearranjo das letras de uma palavra ou expressão para produzir outras palavras ou expressões, utilizando todas as letras originais exatamente uma vez. Para participar de uma competição uma equipe decide criar uma senha, fazendo um anagrama do nome original da equipe, que é "**FOXTROT**". De quantas maneiras diferentes poderá ser criada essa senha?
a) 10080.
b) 1260.
c) 2520.
d) 1680.
e) 5040.

96. (EXÉRCITO – 2018 – ESA – SARGENTO) Identifique a alternativa que apresenta o produto das raízes da equação $5.x^3 - 4x^2 + 7x - 10 = 0$
a) 10.
b) -10.
c) -2.
d) 2.
e) 7.

SIMULADO PARA ESA

97. **(EXÉRCITO – 2018 – ESA – SARGENTO)** O valor que deve ser somado ao polinômio $2x^3 + 3x^2 + 8x + 15$ para que ele admita 2i como raiz, sendo i a unidade imaginária é:
a) -12.
b) 3.
c) 12.
d) -3.
e) -15

98. **(EXÉRCITO – 2018 – ESA – SARGENTO)** As medidas, em centímetros, dos lados de um triângulo são expressas por $x + 1$, $2x$ e $x^2 - 5$ e estão em progressão aritmética, nessa ordem. Calcule o perímetro do triângulo.
a) 18 cm.
b) 25 cm.
c) 15 cm.
d) 20 cm.
e) 24 cm.

99. **(EXÉRCITO – 2018 – ESA – SARGENTO)** Em uma escola particular foi feita uma entrevista com 200 alunos sobre curso de língua estrangeira. 110 alunos responderam que frequentavam um curso de Inglês, 28 alunos responderam que frequentavam somente o curso de espanhol e 20 responderam que frequentavam ambos, inglês e espanhol. Qual a probabilidade de um desses alunos não frequentar nenhum desses dois cursos?
a) 52%.
b) 55%.
c) 62%.
d) 31%.
e) 42%.

100. **(EXÉRCITO – 2018 – ESA – SARGENTO)** Para que $z=(5+i)/(a-2i)$ seja um imaginário puro, o valor de a deve ser:
a) -2/5.
b) 0.
c) 2/5.
d) 10.
e) -10.

101. **(EXÉRCITO – 2018 – ESA – SARGENTO)** Uma pequena praça tem o formato triangular, as medidas dos lados desse triângulo são 37 m, 4 m e 3 m . Qual é a medida do ângulo oposto ao maior lado?
a) 120°.
b) 60°.
c) 90°.
d) 45°.
e) 150°.

102. **(EXÉRCITO – 2018 – ESA – SARGENTO)** Assinale o item em que a explicação corresponde ao excerto citado:
a) " ... permitindo que fluísse em silêncio pelos cômodos ... "I A esposa silencia para agradar o marido.
b) "Largou o tecido em uma gaveta, esqueceu o batom." I Ela não tem mais atitudes humanas por causa da anulação de sua identidade.
c) "Uma fina saudade, porém, começou a alinhavar- se em seus dias."/ A esposa perde a matéria que a torna ser.
d) "E continuou andando pela casa de vestido de chita."/ Reforça a ideia de que o homem não se importava com a esposa.
e) "Ninguém a olhava duas vezes."/ Sua aparência não mais chamava a atenção.

103. **(EXÉRCITO – 2018 – ESA – SARGENTO)** Assinale a alternativa em que a figura de linguagem corresponde à frase relacionada:
a) "Preferimos o desconforto do estômago vazio." (catacrese)
b) "Às vezes, dá até vontade de desistir." (metonímia)
c) "Reunir todos é um problema, principalmente no Natal e no Ano Novo." (ironia)
d) "Aquele o surpreendeu e foi morar longe." (antítese)
e) "Família é prato difícil de preparar." (metáfora)

104. **(EXÉRCITO – 2018 – ESA – SARGENTO)** Assinale a alternativa que apresenta a correta análise dos termos respectivamente destacados na frase: "Beltrano veio **no ponto**, é o mais brincalhão e comunicativo, **unanimidade**."
a) objeto indireto e predicativo do sujeito.
b) objeto direto e aposto.
c) adjunto adverbial e predicativo do sujeito.
d) adjunto adverbial e predicativo do objeto.
e) adjunto adnominal e aposto

105. **(EXÉRCITO – 2018 – ESA – SARGENTO)** Assinale a alternativa em que todas as palavras são consideradas paroxítonas na escrita:
a) publica - astronauta - viajaram – história
b) Brasília -Amazônia - Califórnia- Júpiter.
c) universidade - significado-Singapura - país.
d) Paris - Brasil - Londres - Munique
e) rubrica - satélites - fenômeno - planetário

106. **(EXÉRCITO – 2018 – ESA – SARGENTO)** Assinale a alternativa que explica o sentido do trecho "**enquanto a rosa desbotava sobre a cômoda**" (linha 14):
a) O desbotamento da rosa simboliza a perda do estereótipo de fragilidade imputado à mulher.?
b) A perda de cor da rosa equivale ao comportamento de resistência e força da mulher.
c) O desbotamento sugere raiva e desleixo da personagem, que não cuidou da rosa.
d) A imagem da rosa desbotada traduz a anulação da identidade da personagem.
e) A rosa, tanto no conto como na literatura universal, simboliza a anatomia da mulher.

107. **(EXÉRCITO – 2018 – ESA – SARGENTO)** Marina Colasanti ressalta tanto a violência física quanto a violência simbólica praticada contra a mulher. Assinale o item em que há um exemplo de violência física:
a) "...pegou a tesoura e tosquiou-lhe os longos cabelos."
b) "Dos armários tirou as roupas de seda, da gaveta tirou todas as joias.
c) "...foi obrigado a exigir que eliminasse os decotes, jogasse fora os sapatos de saltos altos.".
d) "... mandou que descesse a bainha dos vestidos e parasse de se pintar."
e) "... um ou outro olhar viril se acendia à passagem dela,..."

108. **(EXÉRCITO – 2018 – ESA – SARGENTO)** Na oração: "Conheci, pois, Ari Ferreira, quando comecei a trabalhar em Clínica Médica, portanto em 1924", os termos sublinhados, ambos, têm função morfológica de:
a) conjunções explicativas.
b) conjunções adversativas
c) conjunções aditivas
d) conjunções conclusivas
e) conjunções alternativas

109. (EXÉRCITO – 2018 – ESA – SARGENTO) Leia os versos a seguir, e assinale a alternativa que os analisa corretamente:

Vozes veladas, veludosas vozes,

Volúpias dos violões, vozes veladas,

Vagam nos velhos vórtices de vozes

Dos ventos, vivas, vãs, vulcanizadas.

a) os versos decassílabos apresentam os paradoxos característicos do Barroco.
b) a expressão objetiva aponta para a racionalidade dos poetas do Realismo.
c) a linguagem dos versos materializa no texto a visão bucólica do Arcadismo.
d) as metáforas insólitas traduzem a crítica social própria do Modernismo.
e) a combinação vocabular provoca a ênfase na sonoridade típica do Simbolismo.

110. (EXÉRCITO – 2018 – ESA – SARGENTO) Assinale a alternativa em que todas as palavras possuam encontros consonantais:
a) samba, clima, apto.
b) mnetnônico, obturar, subdelegado.
c) sucção, istmo, chave
d) exceção, mundo, sonda.
e) jejum, aquilo, chave.

111. (EXÉRCITO – 2018 – ESA – SARGENTO) A respeito da regência verbal dos verbos nacionais na língua portuguesa, sabe-se que alguns possuem dupla regência. Assinale aquele que admite **apenas uma** regência:
a) carecer.
b) chamar.
c) aspirar.
d) assistir.
e) esquecer.

112. (EXÉRCITO – 2018 – ESA – SARGENTO) Com relação ao plural de adjetivos compostos, assinale a alternativa que apresenta uma forma INCORRETA:
a) institutos afro-asiáticos.
b) letras anglo-germânicas.
c) uniformes verdes-olivas.
d) canários amarelo-ouro.
e) consultórios médico-cirúrgicos.

113. (EXÉRCITO – 2018 – ESA – SARGENTO) Assinale a alternativa em que as regras de acentuação, nos conjuntos de palavras, foram empregadas de acordo com a norma padrão:
a) lmã, apto, bíceps.
b) panacéia, ápto, décadas.
c) herói, jaú, geléia.
d) taxímetro, pangeia, baú.
e) taínha, juiz, juizes.

114. (EXÉRCITO – 2018 – ESA – SARGENTO) O Brasil adquiriu o Acre por meio do Tratado de Petrópolis, mediante pagamento de uma soma em dinheiro e a promessa da construção de uma Ferrovia, que escoaria as exportações bolivianas até trechos navegáveis dos rios amazônicos. A ferrovia que o tratado faz menção é a ferrovia:
a) Madeira-Mamoré.
b) Barão de Rio Branco.
c) Norte-Sul
d) Presidente Dutra.
e) Transamazônica.

115. (EXÉRCITO – 2018 – ESA – SARGENTO) Nos anos 1624-1635, ocorreu a primeira tentativa dos holandeses de invadir e conquistar territórios do Nordeste brasileiro, que fracassou. Essa primeira invasão ocorreu na cidade de:
a) Salvador.
b) São Cristóvão.
c) Natal.
d) João Pessoa.
e) Recife.

116. (EXÉRCITO – 2018 – ESA – SARGENTO) Em 1980, deu-se o estouro da corrida do ouro em Serra Pelada, localizada no estado de (o):
a) Acre
b) Paraná.
c) Pará.
d) Sergipe.
e) Maranhão

117. (EXÉRCITO – 2018 – ESA – SARGENTO) Em relação à produção de petróleo no Brasil é correto afirmar que:
a) ocorre em escudos cristalinos.
b) um percentual muito expressivo das reservas encontra-se em áreas marítimas.
c) as maiores jazidas ficam nas regiões metropolitanas.
d) a produção em terra firme supera a produção offshore.
e) a Amazônia brasileira é maior área produtora

118. (EXÉRCITO – 2018 – ESA – SARGENTO) As primeiras atividades econômicas na América Portuguesa, por parte do governo, concentraram-se na extração de pau-brasil, dentro do regime de:
a) doação.
b) concessão.
c) permissão
d) estanco.
e) escambo

119. (EXÉRCITO – 2018 – ESA – SARGENTO) O Período Regencial Brasileiro foi uma época de agitações e rebeliões regenciais. Indique a alternativa que contém a relação correta entre o movimento e seu local de ocorrência:
a) Sabinada - Espírito Santo.
b) Balaiada - Ceará.
c) Levante Malê - Bahia.
d) Cabanagem - Goiás.
e) Farroupilha- Paraná.

120. (EXÉRCITO – 2018 – ESA – SARGENTO) No ano de 1930, foi rompido o acordo da política do café com leite, isto é, o desentendimento entre os partidários do Partido Republicano Paulista (PRP) e do Partido Republicano Mineiro (PRM). Nesse contexto histórico, que agitou a cena política nacional, nasceu a Aliança Liberal (AL), um agrupamento político que reunia líderes dos estados:
a) de Minas Gerais, do Mato Grosso e do Ceará.
b) de São Paulo, do Rio de Janeiro e do Rio Grande do Sul.
c) de São Paulo, da Bahia e de Pernambuco.
d) do Rio Grande do Sul, de Minas Gerais e da Paraíba.
e) do Rio de Janeiro, do Rio Grande do Sul e da Bahia.

318

121. (EXÉRCITO – 2018 – ESA – SARGENTO) Na disputa entre Portugal e Espanha pelos territórios a serem descobertos navegando-se a Oeste, o limite que vigorou até o fim da União Ibérica foi o:

a) meridiano de Tordesilhas.

b) meridiano de Utrecht.

c) trópico de Capricórnio.

d) meridiano de Greenwich.

e) meridiano de Cabo Verde.

122. (EXÉRCITO – 2018 – ESA – SARGENTO) Na Segunda Guerra Mundial, diferentemente do que ocorreu na Primeira Guerra, teve a participação direta do Brasil no conflito. O governo no qual se deu a inserção brasileira na Segunda Guerra Mundial foi:

a) João Goulart.

b) Jânio Quadros.

c) Getúlio Vargas.

d) Eurico Gaspar Dutra.

e) Juscelino Kubitschek.

123. (EXÉRCITO – 2018 – ESA – SARGENTO) A partir da década de 1990, intensificou-se no Brasil o processo de desconcentração industrial, ou seja, muitas indústrias deixaram áreas tradicionais e instalaram unidades fabris em novos espaços na busca de vantagens econômicas, como menores custos de produção. Um dos fatores responsáveis pelo processo de dispersão espacial da indústria, no Brasil, é:

a) predomínio de mão de obra qualificada no interior do território.

b) esgotamento das atividades tecnológicas nas áreas industriais tradicionais.

c) crescimento das cidades médias.

d) dispersão demográfica do país.

e) guerra fiscal entre estados e municípios.

124. (EXÉRCITO – 2018 – ESA – SARGENTO) Quando se observa a distribuição setorial da PEA (população economicamente ativa) no Brasil, percebe-se que os trabalhadores ligados ao Comércio e Serviços respondem pela maioria absoluta, na comparação com aqueles que trabalham nos outros dois setores da economia. Esse fenômeno é conhecido como:

a) hipertrofia do terciário.

b) informalidade.

c) terceirização.

d) razão de dependência.

e) desemprego tecnológico.

125. (EXÉRCITO – 2018 – ESA – SARGENTO) Caracteriza-se por ser quente e úmida, por originar- se no oceano Atlântico norte e, ainda, por atuar no litoral do Nordeste, principalmente, durante a primavera e o verão:

a) a massa equatorial continental.

b) a massa polar atlântica.

c) a massa tropical atlântica.

d) a massa tropical continental.

e) a massa equatorial atlântica.

126. (EXÉRCITO – 2018 – ESA – SARGENTO) According to the text, it is correct to say that:

a) only firefighters are working to find the missing people.

b) firefighters and volunteers are working together to find the missing people.

c) firefighters and volunteers are working together to identify the retrieved corpses.

d) Vale's officials are working to retrieve the corpses from the mud.

e) only volunteers are working to find the missing people.

127. (EXÉRCITO – 2018 – ESA – SARGENTO) "_____ *American?*" Complete the space with the correct form of the verb and the pronoun.

a) Is you.

b) Are you.

c) You is.

d) Am you.

e) You are.

128. (EXÉRCITO – 2018 – ESA – SARGENTO) Which sentence is grammatically correct?

a) Camila's dress is cheaper than mine.

b) I went to bed more earlier than usual.

c) Gustavo is more old than his brother.

d) Going by train is expensiver than by car.

e) My car is more fast than my sister's car.

129. (EXÉRCITO – 2018 – ESA – SARGENTO) Complete the sentence below using the appropriate words:

Mr. Harris _____ trains: He is afraid of airplanes and like buses, but _____ trains.

a) like/do/loves.

b) likes/don't/love.

c) like/does/love.

d) likes/doesn't/loves.

e) like/don't/love.

1 GABARITOS

01	E	02	D	03	C	04	C	05	B
06	A	07	D	08	E	09	B	10	D
11	D	12	D	13	C	14	E	15	E
16	D	17	E	18	A	19	A	20	A
21	D	22	D	23	A	24	D	25	C
26	C	27	A	28	D	29	A	30	D
31	B	32	C	33	A	34	B	35	B
36	E	37	E	38	A	39	B	40	D
41	B	42	C	43	C	44	D	45	C
46	C	47	A	48	B	49	D	50	C
51	E	52	D	53	D	54	A	55	C
56	D	57	A	58	A	59	E	60	E
61	D	62	E	63	A	64	B	65	A
66	B	67	B	68	E	69	E	70	E
71	B	72	B	73	C	74	A	75	B
76	B	77	A	78	B	79	B	80	A
81	B	82	D	83	C	84	B	85	B
86	C	87	C	88	B	89	B	90	A
91	C	92	C	93	D	94	D	95	B
96	D	97	D	98	E	99	D	100	C
101	A	102	E	103	E	104	C	105	A
106	D	107	A	108	D	109	E	110	B
111	A	112	C	113	D	114	A	115	A
116	C	117	B	118	D	119	C	120	D
121	A	122	D	123	E	124	A	125	E
126	B	127	B	128	A	129	D		